피터 럭크만의 주석서

여호수아

피터 럭크만 지음

김 진 석 옮김

말씀보존학회

The Bible Believer's Commentary Series

THE BOOK OF JOSHUA

By

Peter S. Ruckman, Ph.D.

Bible Baptist Bookstore

Pensacola, Florida

2017 / Korean by Word of God Preservation Society

Seoul, Korea

피터 럭크만의 주석서

여호수아

들어가는 말

여호수아서는 성경의 여섯 번째 책이다. 유대인들의 구약성경 분류법에 따르면(눅 24:44), 여호수아서는 “선지서”에 포함된다. 그러나 “그리스도인”은 구약성경을 유대인들과 다르게 분류한다. 또 성경의 첫 다섯 권의 책을 “모세오경”이라고 부르는데, 간혹 어떤 이들은 여호수아서를 이 다섯에 더하여 “육경” 또는 “모세육경”이라고 부르기도 한다. 이렇게 하는 이유는 여호수아의 사역을 모세의 사역의 연장으로 보기 때문이다. 그러나 보통의 경우 여호수아서를 역사서로 분류하는 것이 더 일반적이다. 역사서는 여호수아서에서 에스더서까지이다.

여호수아서는 총 24장, 658절, (영어 〈킹제임스성경〉의 경우) 18,854개의 단어로 구성되어 있다. 어셔 주교는 여호수아서에 기록된 사건들의 연대를 B.C. 1451-1427년으로 잡고 있으나, 필자는 B.C. 1510-1486년으로 본다.

여호수아서의 저자는 물론 여호수아임이 분명하다. 일부 내용은 재판관들의 통치기에 기록되었을 수 있고, 어쩌면 사무엘이 일부를 기록했을 가능성도 있다. 여호수아는 여호수아서뿐 아니라 신명기의 일부도 기록했으며, 창세기 일부를 기록했을 가능성도 있다(수 24:26, cf. 창 14:14).

여호수아의 이름은 출애굽기 17:9에 처음 나온다. 처음부터 여호수아는 전투에 임한 군인으로 등장한다. 따라서 여호수아가 항상 군사령관으로서 생각하고 판단하는 것을 볼 수 있다. 즉 십계명을 받은 후 시내 산에서 내려오면서 모세와 여호수아는 금송아지 주변에서 벌어지는 "록 콘서트"의 소리를 들었다. 그때 여호수아는 그 소리를 듣고 『**진영에 전쟁의 소리가 나나이다.**』(출 32:17)라고 했었다. 물론 착각이었지만, 여기서 우리는 여호수아의 평소 마음가짐을 알 수 있는 것이다.

여호수아는 에프라임 지파 출신이며, 카나안을 정탐하기 위해 선발된 열두 사람 중의 하나였다. 그중 여호수아와 칼렙 두 사람만이 이스라엘 민족이 그 땅의 거인들을 『**능히 이길 수**』 있다는 『**복음**』을 전파했다(히 4:2, cf. 민 13:30; 14:6-9). 여호수아의 전쟁 철학은 제2차 세계대전 때부터 전해 온 말로 요약할 수 있다. 곧 "주를 찬양하라! 그리고 탄약을 나르라!"이다. 여호수아는 하나님께서 자신에게 하라고 명령하신 일을 하고 있는 한은 반드시 승리할 것이라는 확신을 가지고 있었다.

여호수아의 생애는 이집트의 노예로 시작하여 약속의 땅을 정복하는 군사령관으로 끝맺음한다. 여호수아는 주 예수 그리스도의 고난과 영광의 위대한 그림인 것이다(빌 2:5-11).

여호수아서는 후기로서의 마지막 두 장을 제외하면, 크게 세 부분으로 나눌 수 있다. 1-12장은 카나안 정복을 다룬다. 13-21장은 카나안 땅의 분배를 다룬다. 22장은 요단 강 건너편 지파들인 르우벤, 갓, 므낫세 반 지파가 자기들의 유업으로 돌아가는 내용을 다룬다. 후기인 23,24장은 여호수아의 마지막 날들을 다룬다.

여호수아서의 교리적 중요성은 여호수아가 재림하시는 주 예수 그리스도의 예표라는 점에 있다. 여호수아라는 이름은 "예수"를 의미하는 히브리어 이름이다. 히브리서 4:8과 사도행전 7:45을 보라.

『**만일 예수가 그들에게 안식을 주었더라면 하나님께서 그후에 다른 날을 말씀하지 아니하셨으리라**』(히 4:8).

이 구절은 역사적으로 40년의 광야 생활 후에 이스라엘을 카나안 땅으로 데리고 들어간 여호수아에 대한 참조 구절이다(히 4:7, 시 95:7-11, 민 14:28-35). 여호수아는 이스라엘 민족을 카나안 땅으로 데리고 갈 수는 있었으나, 그들에게 영원한 안식을 주지는 못했다. 여호수아가 시작한 전쟁은 여호수아가 죽은 후 재판관기에서도 계속된다(판 1,2장).

그러나 그 문맥에서 히브리서 4:8이 어떻게 적용되는지 보라. 구약의 여호수아가 할 수 없었던 것을 신약의 "여호수아"께서는 이뤄 내셨던 것이다(히 4:9-16). 이 일은 영적으로는 교회 시대에 성취되었고, 실제적으로는 미래의 천년왕국에서 성취될 것이다.

『**우리 조상이 또한 그것을 물려받아 하나님께서 우리 조상의 면전에서 쫓아내신 이방인들의 땅으로 예수와 함께 가지고 와서 다윗 때까지 이르니라**』(행 7:45).

이 구절은 역사적으로는 여호수아서에서 이뤄졌고, 예언적으로는 재림하시는 예수 그리스도를 통해 다시 성취될 것이다. 예수 그리스도께서 재림하시면, 적그리스도의 수하에 있는 UN의 군대를 전멸시키실 것인데, 성령님께서는 이 사건을 여호수아 10장에서의 전쟁으로 보여 주신 것이다(슥 14:3, cf. 수 10:14). 예수 그리스도께서 오시면, 여호수아가 할 수 없었던 것을 하실 것이며, 모든 전쟁을 끝내실 것이다(사 2:4). 이스라엘 민족은 마침내 하나님께서 창세기 15:18에서 아브라함에게 약속하셨던 그 땅에 있게 될 것이다(겔 48장). 그러면 어떠한 민족도 창조주이신 왕께 대항할 수 없게 된다(슥 14:9,16-19).

만약 현대의 번역본들에서 히브리서 4:8과 사도행전 7:45을 찾아본다면, "예수"라는 이름이 "여호수아"로 바뀌어 있는 것을 발견하게 될 것이다. 별 것 아닌 것처럼 보일지도 모르지만, 이것은 권위를 인정받은 〈킹제임스성경〉 속에서 성령님께서 주신 계시를 파괴하려는 마귀의 교묘한 시도이다. 알다시피, 현대의 번역본들이 히브리서 4:8과 사도행전 7:45에서 "여호수아"로 번역한 단어는 헬라어 단어 "예수스"('Iησοῦς)이다. 이 단어는 모든 영어 성경에서 우리 주 예수 그리스도를 의미하는 "예수"로 번역된 바로 그 단어이다. 그러므로 히브리서 4:8과 사도행전 7:45에서 "예수"를 "여호수아"로 바꾸는 것은 여호수아와 예수 그리스도를 연결하는 고리를 끊어 버리는 것이다. 그러므로 이 두 구절의 "예수"가 역사적으로는 "여호수아"라 할지라도, 성경의 저자께서 주신 계시를 파괴하지 않기 위하여, 우리는 하나님께서 존중하신 영어 본문을 바꾸지 않을 것이다.

사도행전 7:45을 예로 든다면, 이 구절은 여호수아에 대한 역사적인 언급일 뿐만 아니라, 주 예수 그리스도께 "문자적으로 적용된다." 알다시피, 구약에서 주 예수 그리스도께서는 성육신 이전의 모습, 즉 주의 천사의 모습으로 나타나셨다(호 12:3,4). 여호수아 5:13-15에서 『**주의 군대 대장**』으로 여호수아에게 나타나신 분은 바로 주의 천사이셨다.

형제들이여, 이처럼 "예수"를 "여호수아"로 고치는 이런 변개는 무해한 것 같지만 실제로는 그렇지 않다. 즉 킹제임스성경에 어떤 변화를 가한다는 것은 성령님께서 주신 계시를 상실하게 되는 결과만을 낳을 뿐이다. 따라서 필자는 킹제임스성경의 본문을 있는 그대로 해석하고, 있는 그대로 그 뜻을 밝힐 것이고, 있는 그대로 가르칠 것이다. 그러나 결코 킹제임스성경의 본문을 바꾸지 않을 것이다.

여호수아서의 핵심 주제는 "전쟁"이다. 성경의 모든 구절은 세 가지로 적용할 수 있다. 역사적 적용, 교리적 적용, 영적 적용이 그것이다. 구약에서 여호수아서의 역사적 적용은 하나님께서 "실제적이고, 가시적이고, 물리적인 민족"에게 "실제적이고, 가시적이고, 물리적인 땅"을 약속으로 주셨다는 것이다. 마찬가지로 여호수아의 전쟁도 물리적이다. 물리적인 칼들, 창들, 투구들, 방패들, 활들, 화살들을 가지고 싸웠던 것이다.

여호수아가 수행한 물리적인 전쟁에 대해 세상 사람들은 두 가지 방식으로 접근한다. 하나는 자유주의자들, 회의론자들, 무신론자들, 불가지론자들의 접근 방식으로, 여호수아가 수행한 전쟁이 "부당하다"고 비난하는 것이다. 여호수아 당시의 유대인들은 카나안 땅으로 쳐들어가서 모든 남자와 여자와 아이들을 죽이라는 하나님의 명령을 받았다(신 20:16-18). "대량 학살"을 명령받은 것이다. 자, 분명 "구약의 하나님"은 결단코 신약의 "사랑의 하나님"(요일 4:8)이실 수가 없다. 어쨌든 "사랑의 하나님"이시라면 민족들 전체를 학살하는 데 찬성하실 리가 없지 않은가? 그렇지 않은가?!

구약의 하나님은 원시적이고 불평등하다고 생각하는 관념은 두 가지 중요한 사항을 무시한 것이다. 첫째, 하나님의 "고유의 속성" 자체를 무시한 것이다. 즉 성경의 하나님께서는 사랑과 자비의 하나님이실 뿐만 아니라, 절대적으로 "거룩하고" "의로우신" 하나님이시기도 하신 것이다. 하나님께서는 인간의 죄를 영원히 참으시지는 않는다. 하나님께서는 그분의 자비와 오래 참으심 속에서 인간이 돌이키기를 바라시면서 오랜 기간을 기다려 주신다(창 6:3). 그러나 마침내 하나님께서 도끼로 내려치실 때는, 죄인들은 자기 자신 외에는 누구도 비난할 수 없게 된다. 하나님께서 회개하고 바로잡을 수 있는 기회를 여러 번 연장해 주셨기 때문이다.

하나님께서 여호수아에게 멸절시키라고 말씀하신 헷인들, 아모리인들, 카나안인들, 프리스인들, 히위인들, 기르가스인들, 여부스인들이 바로 그 예이다. 주님께서는 그 민족들에게 돌이킬 수 있는 시간을 400년이나 허락하셨다. 그러나 그들은 돌이켜서 스스로를 바로잡지 않았다(창 15:13-16). 그 후에 하나님께서 그분의 택함받은 백성을 그들에게 보내시어 그들을 멸절하게 하신 것이다. 『**죄악**』이 마침내 『**다 차**』 버린 일곱 족속을 멸절하라고 하신 것이다. 카나안 땅의 족속들은 단지 우상 숭배만을 행했던 것이 아니다. 그들은 죄인이 행할 수 있는 가장 부패한 행위들을 행하고 있었다(레 18:3). 그들은 근친상간, 자녀를 희생제물로 바치는 것, 성도착, 수간 등을 행하고 있었다. 그런데 이러한 죄들을 미국 정부는 현재 공교육 체계 속에서 어린 학생들에게 무해한 것처럼 가르치고 있는 것이다.

전능하신 하나님께서는 그런 종류의 가증한 짓들이 그 국가는 물론 그 땅까지도 더럽힌다고 말씀하셨다(레 18:24,25). 미국이 지난 30년간 행한 이런 가증한 짓들을 행하는 국가는 어느 국가든지 동일한 운명을 맞이하게 된다. 『**그 땅도 스스로 그 거주자들을 토해 내느니라**』(레 18:25). 유대인들이 레위기 18장에 나오는 가증한 짓들을 행하기 시작했을 때, 하나님께서는 그분이 카나안 땅의 거주민들을 쫓아내셨듯이 유대인들도 동일하게 조치하실 것이라고 말씀하셨다(레 18:27,28 cf. 왕하 17:20-23). 유대인들이 그 땅의 이전 거주자들과는 달리 완전히 멸절되는 것에서 피할 수 있었던 이유는 오직 아브라함과 이삭과 야곱에게 하신 하나님의 약속 덕분이었다(롬 11:28).

그러나 미국은 그런 약속을 받은 적이 없다. 하나님께서 노아의 홍수 이전 사람들, 카나안인들, 이집트인들, 바빌론인들, 페르시아인들, 그리스인들, 로마인들을 다루신 방법 그대로 미국도 다루실 것이다. 미국이라고 해서 하나님의 규칙에 예외일 수는 없다. 미국의 긍지와 자만심이 아무리 높을지라도 말이다.

또한 여호수아가 수행한 전쟁을 보고 어떤 이들은 하나님께서 제정하신 구약의 "교회국가"를 복제하려는 시도를 한다. 로마카톨릭이 암흑시대에 수백만 명의 사람들을 살해했던 것은 바로 자신들이 구약의 유대인들의 신정정치를 대체했다는 생각을 굳게 믿었기 때문이다. 동일한 이유로 로마카톨릭은 성수, 성의, 제단, 향, 향로, 종, 실제적인 희생제물, 사제, 거룩한 기명, 감실 등을 가지고 있다. 그러나 신약의 그리스도인들은 이미 갈보리에서 폐기처분된 이런 것들을 가지고 놀지 않는다(골 2:14). 로마카톨릭은 구약 이스라엘의 이교도적 모조품에 불과한 것이다.

이스라엘을 대체하겠다고 주장하는 또 다른 "보좌 찬탈자"는 마호메트의 "이슬람 국가"이다. 마호메트는 일생 동안 독창적인 생각을 해 본 적이 없다. 그가 생각한 모든 것은 다른 종교에서 훔쳐 온 것이다. 마호메트가 강간, 살인, 노예제도, 정복 전쟁 등을 정당화하고자 할 때면, 그저 구약성경을 뒤져서 하나님께서 이스라엘 민족에게 실제 전쟁을 어떻게 수행해야 하는지에 관하여 주신 지시사항들을 훔쳐 낸 후 자신의 부패한 욕망에 끼워 맞춘 것이다.

이슬람은 자기들이 “방어 전쟁”만을 수행했을 뿐이라고 주장한다. 그러나 로마카톨릭의 십자군에 대항하여 팔레스타인을 방어했던 것을 제외하고는, 마호메트가 600개의 날개를 가진 천사 “가브리엘”에게서 계시를 받으며 간질 발작을 일으킨 이래로 600년 동안 모슬렘이 수행한 모든 전쟁은 침략 전쟁이었다. 팔레스타인, 이집트, 페르시아, 인도, 북아프리카, 에스파냐, 프랑스, 폴란드, 소아시아, 발칸 반도, 이탈리아에 있는 어느 누구도 이슬람을 먼저 공격한 적이 없다.

이슬람 체계 안에서는 어떤 국가가 그들의 종교를 받아들이지 않으면 정복을 목적으로 하는 물리적 전쟁을 수행해도 무방하다고 되어 있다. “알라의 평화”를 운운한다고 해서 그들이 적대감을 품지 않을 것이라고 착각하지 말라. 즉 “알라의 평화”는 그 나라에 “알라”에 대한 반대가 조금도 남아 있지 않도록 하겠다는 뜻이다. 어떤 국가가 “알라에 반대”하면, 그것은 알라에 대한 “공격”이므로 “방어”해야 한다는 것을 의미한다. 그러므로 “알라의 이름으로” 행해지는 모든 침략은 마호메트의 왜곡된 체계 속에서 “방어 전쟁”이 되는 것이며, 동시에 “거룩한 전쟁,” 곧 “지하드”가 되는 것이다.

사실 마호메트는 아브라함의 거절된 아들의 후손이다. 마호메트는 자기가 아브라함의 아들 이스마엘의 70대 후손이라고 주장했다. 이스마엘은 하나님께서 아브라함에게 『**내어쫓으라.**』고 말씀하신 아들이다(창 21:10-12, 갈 4:30).

아브라함, 이삭, 야곱, 모세, 여호수아에게 직접 대면하여 나타나셨던 하나님께서 마호메트에게는 한마디 말씀도 하지 않으셨다. 코란에 적혀 있는 내용 중에서 알라가 직접 마호메트에게 말한 것은 하나도 없다. 전체가 다 "가브리엘"에 의해서 "중개"된 것이다. 이슬람의 소위 "알라"가 도대체 어떤 신이든지 그는 구약이나 신약의 하나님은 아닌 게 분명하다.

모세와 여호수아에게 요단 건너편과 카나안 땅에 있는 거주자들을 학살하라고 명령하신 하나님께서는 어떤 유대인에게도 무력으로 그의 종교를 전파하라고 말씀하신 적이 없다. 무력으로 땅을 정복하기 위해 이스라엘이 국가로서 수행한 유일한 "공격 전쟁"은, 창세기 15:18에서 하나님께서 그들에게 약속하신 영토를 회복하기 위한 전쟁뿐이었다(사무엘하 8:3을 보라). 그 외에는 북왕국(이스라엘)이든 남왕국(유다)이든 유대인 왕이 터키, 그리스, 리비아, 알제리, 페르시아, 인도, 에스파냐, 프랑스 등 다른 나라의 땅을 조금이라도 취한 적은 역사상 단 한 번도 없다.

하나님의 택함받은 백성들이 그들의 메시아를 거절하자, 하나님께서는 일시적으로 그분의 백성 이스라엘을 버리셨다. 그들 대신 새로운 출생을 통해 새로운 영적 민족이 태어나게 하셨고, 그들로 새로운 제사장 직분을 누리게 하셨다. 따라서 교회는 물리적 전쟁과는 관련이 없는 것이다. 사도 바울은 『**우리의 전쟁 무기는 육신적인 것이 아니요**』(고후 10:4)라고 했다. 그리스도인의 무기는 칼, 폭탄, 로켓, 단검 등이 아니다. 그리스도인의 무기는 "하나님의 말씀"과 "기도"이다(엡 6:17,18).

그러므로 여호수아서가 신약 그리스도인들에게 물리적으로 적용될 수는 없지만, 세상과 육신과 마귀에 대항하여 싸우는 영적 전쟁에 적용할 수 있는 중요한 영적 교훈들을 담고 있음이 확실하다. 즉 거듭난 하나님의 자녀는 선한 싸움을 싸워야 하며(딤전 1:18), 예수 그리스도의 훌륭한 군사로서 고난을 견뎌 내야 한다(딤후 2:3). 여리코 평야에서 여호수아에게 나타나셨던 바로 그 『**대장**』께서(수 5:13-15) 바로 우리의 『**구원의 대장**』이시기 때문이다(히 2:10).

여호수아서는 그리스도인의 영적 전쟁을 보여 주는 그림이다. 여호수아서에서 이스라엘인들은 약속의 땅으로 들어가기 위해 요단 강을 건넌다. 이것은 두 가지를 보여 주는 그림인데, 우선 그것은 죽음의 강을 가로질러 하늘나라로 들어가는 그림이다. "나는 요단 강을 혼자서 건너갈 필요가 없네. 예수 그리스도께서 나의 죄들을 대속하시기 위해 죽으셨다네. 내가 흑암을 볼 때에 그분께서 나를 기다리고 계시리라. 나는 요단 강을 혼자서 건너갈 필요가 없네." 어떤 사람이 예수 그리스도를 자신의 구주로 영접하고 살았다면, 죽음의 시각이 되었을 때 그의 "여호수아"가 그에게 와서 그가 "요단 강"을 건널 수 있게 해 줄 것이며, 하나님께서 그에게 약속하신 유업으로 그를 데리고 갈 것이다(벧전 1:4).

그러나 여호수아서에서 유대인들은 자기들의 유업을 얻기 위하여 싸워야만 했다. 자, 이것은 하늘나라를 보여 주는 그림이 아니다. 우리가 우리의 주와 구주이신 예수 그리스도와 함께 하늘나라에 있게 될 때, 우리는 하늘나라에 계속 머물기 위해 싸울 필요가 없다. 우리의 "전쟁"은 이미 "끝났기" 때문이다.

옛 성도들은 "전투 중인 교회"(지상에 있는 성도들)와 "승리한 교회"(하늘에 있는 성도들)를 말하곤 했다.

또한 여호수아서는 예수 그리스도 안에서 구원을 받고 새 생명을 얻은 그리스도인을 보여 주는 그림이기도 하다. 구원받은 이후 그리스도인의 삶은 자신의 기쁨, 간증, 교제, 보상을 잃지 않기 위해 세상과 육신과 마귀에 대항하여 싸우는 싸움의 연속이기 때문이다. 여호수아서는 바로 그 싸움을 보여 주는 그림이다. 오늘날의 그리스도인들이 가진 문제점은 싸우기를 원치 않는다는 것이다. 어떤 목사는 찬양대에게 차마 ("믿는 사람들은 군병 같으니~"로 시작되는) 「앞에 가신 주를 따라갑시다」라는 찬송가를 부르게 할 수 없었다고 한다. 왜냐하면 그중에 너무 많은 "양심적 병역거부자들," 즉 싸우기를 거부하는 자들이 있었기 때문이다.

어쨌든 여호수아서를 역사적으로는 군사력을 이용해서 그 땅을 실제로 차지한 여호수아에 대한 것으로 적용할 수 있고, 영적으로는 『**정사들과 권세들과 이 세상 어두움의 주관자들과 높은 곳들에 있는 영적 악에 대항하는**』 그리스도인의 영적 전투에 적용해야 하며(엡 6:12), 교리적으로는 주 예수 그리스도의 재림에 적용해야 한다.

주 예수 그리스도께서 처음 오실 때는 정복하시는 왕으로서 오시지 않았지만, 두 번째 오실 때는 정복하시는 왕으로서 오실 것이다(살후 1:7-9, 계 19:11-21, 슥 14:1-15, 사 63:1-6). 여호수아 10:13,14에서 일어난 사건들은 재림과 관련하여 성경에서 두 번 언급된다(합 3:11, 슥 14:3). 예수 그리스도께서 다시 오실 때, 그분께서는 여호수아가 건넜던 바로 그 장소에서 요단 강을 건너실 것이며, 그 장소는 초림 때 예수 그리스도께서 침례를 받으신 곳이기도 하다. 주님께서는 저주받은 성읍에 대항하여 싸우실 것이다(신비의 바빌론: 계 17,18장). 주님께서는 『**저주받은 물건**』을 취한 아칸에 대해 발해진 하나님의 분노를 돌이키기 위해 아칸을 돌로 쳐 죽였던 바로 그 장소에서 이스라엘의 남은 자들에게 주어져 있던 저주를 제거하실 것이다. 그러므로 카나안 땅 정복에 관하여 성경을 읽을 때, 우리는 예수 그리스도께서 권능으로 재림하시면서 하실 일들의 그림을 보고 있는 것이다.

여호수아서의 본문을 다루기 전에, 성경대로 믿는 그리스도인들은 여호수아서의 위대한 교리적 교훈에 주목해야 한다. 이스라엘 민족을 약속의 땅으로 데리고 들어간 것은 모세가 아니라 여호수아였다는 것이다. 입법자는 유대인들을 약속의 땅으로 데리고 들어가지 못했다. 입법자 자신도 약속의 땅에 들어가지 못했다. 약속의 땅에 들어가게 해 주시는 분은 바로 『**예수**』이시다(행 7:45).

신약의 그리스도인을 위한 교훈은 분명하다. 만약 혹자가 "약속의 땅"(하늘 또는 새 예루살렘, 히 12:22)에 들어가고자 한다면, 모세(율법)는 그를 위해 아무것도 해 줄 수 없다. 약속의 땅에 들어가는 데는 신약의 "여호수아," 곧 예수님이 필요한 것이다.

『**율법은 모세를 통하여 받았지만 은혜와 진리는 예수 그리스도를 통하여 온 것이라**』(요 1:17).

『**너희가 모세의 율법으로는 의롭게 되지 못하였던 그 모든 일에 있어서도 믿는 자는 모두 그분을 통하여 의롭게 된다는 것이니라**』(행 13:39).

우리 앞에 놓여 있는 위대한 성경적 진리들을 가지고, 전쟁사에서 가장 위대한 장군들 중의 하나였던 여호수아의 책을 깊이 탐구해 보도록 하자. 여호수아는 자신이 직접 진두지휘한 전투에서는 한 번도 패한 적이 없는 세 명의 사령관 중 한 사람이다. 나머지 둘은 다윗과 올리버 크롬웰이다.

피터 럭크만의 주석서 시리즈의 모든 주석서와 마찬가지로 우리는 킹제임스성경의 본문을 있는 그대로 믿을 것이다. 학계나 "과학"이나 교계의 권위에 맞추어 본문의 한 단어라도 바꾸는 짓은 결단코 하지 않을 것이다. 우리는 킹제임스성경을 우리의 총사령관께서 우리에게 주신 위대한 『**성령의 칼**』(엡 6:17)로 여긴다. 우리의 총사령관은 신약의 "여호수아," 곧 주 예수 그리스도이시다(히 2:10). 우리는 우리가 성경을 믿고 따른다면 성경이 매 순간 그 막강한 위력을 발휘할 것이라는 진리를 확고부동하게 믿고 있는 것이다.

우리의 여호수아, 주 예수 그리스도 만세!

권위를 인정받은 〈킹제임스성경〉 만세!

차 례

이 책에 인용된 성경 구절은 〈한글킹제임스성경〉입니다.

여호수아 1장

1:1 그때 주의 종 모세가 죽은 후 주께서 모세의 일꾼, 눈의 아들 여호수
아에게 일러 말씀하시기를
2 "내 종 모세가 죽었으니, 이제 너와 이 모든 백성은 일어나 이 요단
을 건너 내가 그들, 즉 이스라엘 자손에게 주는 그 땅으로 가라.
3 내가 모세에게 말한 대로 너희의 발바닥으로 밟을 모든 곳은 내가
너희에게 준 것이라.
4 광야와 이 레바논에서부터 큰 강 유프라테스 강에 이르는 힛인의 온
땅과 해 지는 편 큰 바다에 이르기까지 너희의 지경이 되리라.
5 네 평생에 네 앞에 설 자가 아무도 없으리라. 내가 모세와 함께하였
던 것과 같이, 내가 너와도 함께하리니, 내가 너를 단념하지 아니하
고 버리지 아니하리라.

여호수아서는 여호수아가 모세를 대신하여 하나님의 명령을 받는 것으로 시작된다. 1절은 이 일이 신명기 34장에 기록된 모세의 죽음 이후에 일어난 일임을 분명히 해 주고 있다.

여호수아는 군대의 사령관이었을 뿐만 아니라, 모세의 『**일꾼**』이기도 했다(출 24:13). 엘리야와 엘리사의 관계도 비슷했다. 엘리사는 엘리야를 대신하여 『**선지자**』가 되도록 뽑혔고(왕상 19:16), 그의 "현장 연수"(OJT, on the job training)는 엘리야가 손을 씻도록 돕는 것이었다(왕하 3:11). 이것이 주는 실제적인 교훈은 주 예수 그리스도께서 말씀하신 바와 같다.

『**그렇지만 너희는 그렇게 되어서는 아니되느니라. 너희 가운데 누구든지 크게 되고자 하는 자는 너희를 섬기는 자가 되어야 하고 너희 중에 누구든지 으뜸이 되고자 하는 자는 너희의 종이 되어야 하느니라. 인자도 섬김을 받으려고 온 것이 아니라 섬기러 왔고, 또 많은 사람을 위하여 자기 생명을 몸값으로 주려고 온 것이라."고 하시더라**』(마 20:26-28).

모세는 하나님을 섬겼고, 침례인 요한과 예수 그리스도께서 나타나시기 전까지 구약에서 가장 위대한 선지자였다(신 34:10). 여호수아는 모세를 섬겼고, 때가 되자 모세의 위치까지 "승진"한 것이다. 즉 그리스도인의 삶의 원칙은 위로 올라가려면 아래로 내려가야 한다는 것이다.

『**그러므로 하나님의 능하신 손 아래서 겸손하라. 때가 되면 그분께서 너희를 높이시리라**』(벧전 5:6).

1절에서 보는 바와 같이 주님께서 여호수아에게 직접 말씀하셨다는 것에 주목하기 바란다. 여호수아는 마호메트처럼 "천사"로 가장한 600개의 날개 달린 마귀 따위는 필요로 하지 않았다(고후 11:14). 하나님께서 자신의 말씀을 계시하시기 위해 천사를 사용하실 때에는(단 8,9장, 눅 1장),

마호메트가 소위 "계시"라는 것을 받을 때 일어난 일 같은 것은 일어나지 않았다. 마호메트는 귓속에서 종소리가 울리고 얼굴이 벌게졌다. 그리고 땀을 뻘뻘 흘리며 땅에 쓰러져 이리저리 뒹굴고 몸부림쳤다. 간혹 의식을 잃고 드르렁거리며 낙타처럼 콧소리를 냈다. 이런 그가 의식이 돌아오면, "가브리엘"이 전해 주었다는 코란의 일부를 말하기도 했다고 한다.

성경에서 천사들이 나타나면 그들을 대면한 사람들은 두려움을 느꼈을 수도 있다. 그러나 그런 일이 일어났을 때에 명령하신 말씀은 『**두려워 말라.**』이다(눅 1:13,30; 2:10과 그 주석을 보라). 성경의 가브리엘은 다니엘, 사카랴, 마리아에게 하나님의 말씀을 전달해 주었으나, 마호메트가 코란의 계시를 받을 때 행했던 그런 "연출" 따위는 하지 않았던 것이다.

여호수아는 『**눈**[Nun]**의 아들**』로 불린다. 영어로 "Nun"은 "아무도 없다"는 뜻의 "넌"(None)과 발음이 같은 점에 착안하여 이런 수수께끼를 내기도 한다. "성경에서 어머니가 없는 사람은 누구인가?" 답은 바로 눈의 아들 여호수아이다. 눈(Nun)의 아들(son of Nun)은 "누구의 아들도 아니기 때문이다"(son of none). 또 "Nun"은 철자가 로마카톨릭의 수녀(nun)와 같다. 물론 이것은 생뚱맞은 "우연의 일치"일 뿐이다. "수녀"라는 뜻의 "넌"(nun)은 라틴어 "논나"(nonna)에서 온 단어로, 어머니나 할머니처럼 연장자인 여성을 부르는 애칭이었는데, 이 단어가 여성 교사를 가리키다가 나중에는 여자 수도승을 의미하게 되었다. 여호수아의 아버지의 이름 "눈"은 히브리어 알파벳의 14번째 글자의 명칭 "눈"과 발음이 같지만 이 둘은 연관성이 없다.

『**내 종 모세가 죽었으니**』(2절). 다시 한 번 예표에 주목하라. 모세는 율법을 나타내며, 여호수아는 예수 그리스도를 나타낸다(요 1:17). 영적인 의미에서 말하자면, 율법은 우리를 “약속의 땅”에 들어가게 해 주지 못한다. 사도 바울은 『**그러므로 율법의 행위로는 그분 앞에 의롭게 될 육체가 없나니 이는 율법을 통해서는 죄의 깨달음이 있음이니라.**』(롬 3:20)고 말했다. 율법이 우리에게 해 줄 수 있는 것은 우리가 하나님 앞에서 죄인임을 깨닫게 해 주는 것뿐이다. 율법은 그 죄를 제거해 줄 수는 없다. 율법은 “여호수아,” 곧 구주이신 예수님께 인도하는 역할을 한다(갈 3:24). “모세”는 “죄를 선고”해야 하고, 그래야 “여호수아”가 위력을 발휘할 수 있는 것이다(갈 3:25).

『**이제 너와 이 모든 백성은 일어나 이 요단을 건너**』(2절). 시온 산과 마찬가지로 두 개의 “요단 강”이 있다. 하나는 이스라엘에 있는 실제의 강이고, 다른 하나는 실제의 강이 영적으로 상징하는 것, 곧 죽음이다.

요단이라는 단어의 의미는 “내려가는 것”이라는 뜻이다. 요단 강은 해발 335m인 헤르몬 산에서 출발하여 해수면보다 423m 아래인 사해로 흘러들어간다. 요단 강은 세계에서 가장 굴곡이 많고 구불구불한 강들 중의 하나이다. 만약 갈릴리 바다에서 사해까지 직선으로 거리를 잰다면 105km 정도 되는 거리이지만, 강의 구불구불한 경로를 따라 거리를 재면 322km 정도의 거리가 된다.

요단 강은 죽음을 예표한다. 요단 강은 죽음(사해)에 이른다. 예수 그리스도께서는 이 요단 강에서 침례를 받으셨는데, 침례를 받으실 때 요단 강 물 밑으로 잠기신 것은 그분의 죽으심을 보여 주는 그림이다(롬 6:3). 이스라엘 자손들은 홍해를 건넜듯이 똑같은 방식으로 요단 강을 건넜다(수 3장). 사도 바울은 그렇게 건너간 것을 침례라고 기술하고 있다(고전 10:1,2). 그러므로 당시의 이스라엘 사람들은 죽음을 예표적으로 경험한 것이다.

요단 강이 예표로서 보여 주는 두 종류의 죽음이 있다. 하나는 당신을 하나님의 영광이 있는 본향으로 데리고 가는 실제적이고 물리적인 죽음이다. 이런 가사를 담은 오래된 찬송가가 있다. "요단이라 불리는 죽음의 강이 있다네. 사람들은 그 강이 깊고 넓다고 하네. 그 강변엔 왕과 거지가 나란히 서 있네." 죽음은 누구에게나 공평하다. 아무도 죽음을 피할 수 없는 것이다.

또 이런 찬송가도 있다. "폭풍 치는 요단 강둑에 나 서 있노라. 아름답고 복된 땅 카나안을 소망의 눈으로 바라보네. 그 땅에 나의 모든 유업이 있도다." 이것이 바로 죽음의 끝에 서서 하늘을 갈망하는 그리스도인의 고백이다.

죽음을 당신이 건너야 할 강이나 물로 표현하는 일은 거의 보편적이라 할 만하다. 그리스 사람들은 스틱스라는 이름의 검은 강으로 죽음을 표현했다. 그 강에서 뱃사공 카론은 사람을 하데스(지옥)나 엘리시안 평원(낙원)에 데려다 준다(눅 16장을 보라). 〈천로역정〉에서 주인공 "크리스찬"은 하늘의 도성에 도달하기 위해 죽음의 강을 건너야만 한다. 다른 누군가가 배로 그 강을 건너려 하면, 천사들이 그를 데리고 가서 지옥에 던져 넣는다.

그러나 서문에서 지적한 바와 같이, 이스라엘 자손들은 요단 강을 건너 카나안 땅으로 들어갔을 때 쉼을 얻지 못하고 싸워야 했다. 그러므로 또 다른 종류의 죽음이 있다. 곧 자아에 대한 죽음이다. 침례는 옛 사람 아담에게는 죽음을 의미하며 그리스도 안에 있는 새 사람에게는 부활을 의미한다. 그러나 새 사람도 자신의 남은 일생 동안 자신의 죄가 있는 육신의 몸과 여전히 싸워야만 하는 것이다(롬 6,7장). 또한 세상과도 싸워야 하고, 마귀와도 싸워야 한다(약 4장). 그리스도의 심판석에서 상을 얻기 위해서는 반드시 싸워야 하는 것이다.

『**내가 그들, 즉 이스라엘 자손에게 주는 그 땅으로 가라**』(2절). 이 명령은 문자 그대로의 뜻이다. 이 명령은 유럽 연합, 나토, 아랍 연맹, 테러 조직인 팔레스타인 해방 기구, 무슬림 형제단, 로마카톨릭, 미국에게는 죽음의 종소리와도 같다. 하나님께서는 팔레스타인 땅을 한 민족, 한 국가에게 주셨다. 하나님께서는 그 땅을 유럽인, 아프리카인, 아메리카인, 중국인, 아랍인, 모슬렘, "팔레스타인인"에게 주지 않으시고, 이스라엘 열두 지파의 후손인 이스라엘인들에게 주셨다. 이스라엘 열두 지파는 르우벤, 시므온, 레위, 유다, 잇사갈, 스불룬, 단, 납탈리, 갓, 아셀, 베냐민, 요셉(므낫세와 에프라임)이다. 팔레스타인인들, 아랍인들, 요르단인들, 레바논인들, 시리아인들, 이집트인들, 이라크인들, 이란인들, 모슬렘, 카톨릭, 그리스 정교, "영적인 유대인"이나 『**하나님의 이스라엘**』(갈 6:16)에게 주신 것이 아니다. 하나님께서는 그 땅을 이스라엘에게 주신다고 약속하셨고, 신명기 한 권에서만 보아도 신약에서 예수 그리스도의 동정녀 탄생을 언급한 횟수보다 훨씬 더 많이 땅의 약속을 언급하셨다(신명기 1:7,8; 2:24; 6:1,10; 7:1; 9:1-4,26-28; 11:23-25; 12:1-3; 16:20; 17:14; 19:1-3; 21:1 등을 보라).

이러한 약속들은 구약에만 한정되어 있는 것이 아니다. 주님께서는 유대인들을 그 땅에 "두 번째"로 데려오시겠다고 약속하셨으며(사 11:11, 첫 번째는 에스라와 느헤미야의 때였다), 그들은 비록 믿음 없는 상태이지만(슥 12장) 예수 그리스도의 재림 때 그곳에 있게 될 것이다. 더욱이 그분께서는 그 땅에 있는 그분의 백성들을 대적하러 온 이방 민족들과 싸우시고 그들을 멸망시키시겠다고 약속하셨다(슥 14장). 그러므로 만약 한 국가 전체가 사형 선고를 받고 싶으면, 부시, 클린턴, 오바마가 했던 것처럼 "팔레스타인 국가"를 지지하면 되는 것이다.

이 구절을 교훈적으로 적용한다면, "그리스도 안에서 약속된 승리와 축복들은 그리스도의 몸 안에 있는 모든 그리스도인들에게 주어진 것이다."라는 진리를 말하는 것으로 적용해야 한다. 성경은 『**그리스도 안에서 천상에 있는 모든 영적인 복으로**』 그리스도인들에게 복을 주셨다고 말씀하셨고(엡 1:3), 그리스도인들인 우리가 『**모든 것을 그 자신이 의도한 대로 행하시는 이의 목적을 따라 우리가 예정되어 그분 안에서 유업을 받았**』다고 말씀하셨으며(엡 1:11), 『**너희도 진리의 말씀, 곧 너희 구원의 복음을 듣고서 그분을 신뢰하였으니 또 너희가 그분을 믿고서 약속의 그 성령으로 인침을 받은 것이니라. 이는 값 주고 사신 그 소유를 구속하기까지 우리의 유업의 보증이 되사 그의 영광을 찬양케 하려 하심이니라.**』(엡 1:13,14)고 말씀하셨다. 거듭난 하나님의 자녀로서, 그리스도인들은 『**너희의 지성의 눈을 밝히셔서 너희로 하여금 그의 부르심의 소망이 무엇이며 성도들 안에 있는 그의 유업의 영광의 풍성함이 무엇인지**』 알 수 있으며(엡 1:18), 또한 『**하나님께서 그 능력을 그리스도 안에서 역사하게 하사 그를 죽은 자들로부터 살리셨으며 천상에서 하나님의 오른편에 앉히사 모든 정사와 권세와 능력과 다스림과 이 세상뿐만 아니라 오는 세상에서도 이름지어진 모든 이름 위에 뛰어나게 하셨**』다는 사실을 알 수 있다(엡 1:20,21).

예수 그리스도께서는 "지금"과 다가올 "하늘에서"의 당신을 위한 유업을 얻기 위해 죽으시고 다시 일어나셨다. 또한 예수님은 하늘로 올라가심으로 마귀와 마귀의 정사들과 권세들보다 높임을 받으셨다. 골로새서 2:15에서는 예수 그리스도께서 정사들과 권세들을 벗겨 내어 그것들을 공개적으로 나타내시고 갈보리에서 그들을 이기셨다고 말씀하신다.

그러므로 예수 그리스도께서는 마귀와 그의 무리들을 이기시고 승리를 얻으신 상태에서 저 위 하나님 아버지의 오른편에 계신 것이다. 주님께서는 우리가 예수 그리스도를 우리의 구주로 믿으면, 예수 그리스도께서 십자가에 죽으심으로써 사신 하나님의 모든 부요하심과 축복들을 우리에게 주시기로 미리 결정, 즉 『**예정**』하신 것이다. 우리가 구원받을 때, 하나님의 거룩한 영께서 우리 안에 들어오시고 우리를 『**구속의 날까지**』 인치셨다(엡 4:30). 성령님께서 내주하시고 인치신 것이 하나님의 "계약금"이다. 즉 우리가 하나님께서 약속하신 모든 것을 얻을 수 있다는 것을 보증하는 계약금인 것이다. 우리 안에 계신 성령님은 『**너희 안에 계신 그리스도시요, 곧 영광의 소망**』이시다(골 1:27). 예수 그리스도께서는 우리 안에 계시고, 우리는 그분 안에 있다. 이것은 영적으로 우리가 하늘, 즉 예수 그리스도와 함께 하나님의 오른편에 앉아 있다는 의미이다.

자, 만일 우리가 예수 그리스도와 함께 하늘에 있다면, 그것은 우리가 그분과 동일하게 『**모든 정사와 권세와 능력과 다스림... 위에 뛰어나**』다는 의미이다(엡 1:21). 이것이 바로 그리스도 안에서의 우리의 영적 위치(Position), 즉 우리의 영적 지위(Standing)이다. 그러나 우리의 상태(State)는 별개 문제이다. 우리의 상태는 현재 우리가 죄 있는 육신을 입고 지상에서 살고 있음을 의미한다. 그러므로 우리가 영적으로는 그리스도 안에서 정사들과 권세들 위에 있을지라도, 실제적으로는 정사들과 권세들을 대항하여 싸우는 일종의 레슬링 시합을 하고 있는 것이다(엡 6:12). 그리스도 안에서 약속된 승리를 얻으려면, 우리는 『**하나님의 전신갑옷**』을 입고 싸워야 한다(엡 6:11,13). 만일 그렇게 하지 않는다면, 우리는 재판관기에 기록된 이스라엘 자손의 상태와 똑같은 상태가 될 것이다. 마귀와 세상과 육신에게 지겹도록 패배하고 종노릇하는 상태가 되는 것이다. 우리는 『**성령의 칼**』을 집어 들고(엡 6:17, 히 4:12), 우리의 『**대장**』을 따라 전투 속으로 뛰어들어야 한다(히 2:10).

『**내가 모세에게 말한 대로 너희의 발바닥으로 밟을 모든 곳은 내가 너희에게 준 것이라**』(3절). 전투에서 성도의 책임과 주님의 책임 사이의 관계에 주목하라. 여기 3절에서 제시된 약속은 과거 시제로 되어 있다. 『**너희에게 준 것이라.**』 13-15절에서도 그렇다. 이스라엘인들은 카나안 땅을 한 치도 얻지 못했지만, 하나님의 관점에서는 이미 이루어진 사실인 것이다.

자, 그리스도인에 대하여 성경은 이렇게 말씀한다. 『**그리스도 안에서 천상에 있는 모든 영적인 복으로 우리에게 복 주신** 하나님, **곧 우리 주** 예수 그리스도의 아버지**께서는 복되시도다. 하나님께서 세상의 기초를 놓으시기 이전에 우리로 사랑 안에서 그분 앞에 거룩하고 흠 없게 하시려고 그리스도 안에서 우리를 택하시어 하나님의 기쁘신 뜻에 따라** 예수 그리스도**를 통하여 우리를 자신의 자녀로 입양할 것을 예정하셨으니**』(엡 1:3-5). 우리가 받은 "그리스도 안에 있는 모든 영적인 복"은 『**세상의 기초를 놓으시기 이전에**』 하나님께서 결정하신 것에 그 기반을 두고 있다. 튤립(TULIP, 칼빈주의 5대 강령)의 향기에 중독된 칼빈주의자들은 이 구절을

"창세기 1:1 이전에 하나님께서 구원받을 사람을 무조건적으로 선택하셨다."라고 읽는다. 한 사람이 구원받을 때, 성령께서는 그를 예수 그리스도 안에 넣어 주신다. 그러나 구원받기 전에는 누구도 그리스도 안에 있었던 적이 없다(고전 12:13).

하나님께서 창세기 1:1 이전에 정하신 것은, 어떤 사람이 예수 그리스도의 피의 속죄를 믿음으로써 그분 안에 들어오게 되면, 주님께서 그를 그분의 자녀로 택하시고 갈보리에서 구주 예수 그리스도께서 사신 모든 영적인 복을 그에게 주실 것이라는 것이다. 또한 하나님께서는 그러한 사람이 그분의 아들과 똑같은 형상을 입게 될 것을 오래전에 결정하셨다(롬 8:29).

하나님의 관점에서 이것은 이미 이루어진 사실이다. 그러나 그 날이 올 때까지, 우리 그리스도인들은 『**내가 이것을 말하노니 성령 안에서 행하라. 그리하면 너희는 육신의 정욕을 이루지 아니하리라.**』(갈 5:16)는 말씀과, 『**오직 은혜와, 우리 주 곧 구주 예수 그리스도를 아는 지식 안에서 자라가라.**』(벧후 3:18)는 말씀과, 『**또 너희 지체를 불의의 병기로 죄에게 내어주지 말고 다만 너희 자신을 죽은 자들로부터 살아난 자들처럼 하나님께 드리며 너희 지체를 의의 병기로 하나님께 드리라.**』(롬 6:13)는 말씀과, 『**그리스도 예수 안에서 하나님의 고귀한 부르심의 상을 위하여 그 푯대를 향해 좇아갈 뿐이라.**』(빌 3:14)는 말씀을 준행하며 살아야 한다.

말하자면, 우리의 영에 있어서 진리인 것을 우리의 몸으로도 살아내야 한다는 것이다. 그렇게 하기 위해 우리는 세상, 사탄과 그 군대, 그리고 우리의 죄 있는 육신과 싸워야만 한다. 만약 그렇게 하지 않는다면, 지상에서는 우리의 몸으로 그 대가를 치르게 될 것이고(갈 6:7,8, 롬 8:12,13,

고전 5:5), 그리스도의 심판석에서는 상을 잃게 될 것이다(고전 3:13-15).

3-5절은 원래 신명기 11:24,25에서 모세에게 주어진 약속들이다. 그래서 그 말씀들이 3절에 들어 있다. 『**내가 모세에게 말한 대로**』, 『**너희의 발바닥으로 밟을 모든 곳은 내가 너희에게 준 것이라**』(3절). 하나님께서는 그 땅을 당시의 유대인들에게 주셨다. 그러나 그들은 그 땅에 들어가서 싸워야만 했다. 그래서 『**너희의 발바닥으로 밟을**』이라고 말씀하신 것이다. 만약 그들이 실제로 전투를 벌여서 그 땅을 차지하지 않았다면, 그들은 그 약속하신 것을 얻을 수 없었을 것이다.

이것은 민수기 13,14장의 문제로 돌아가게 한다. 이스라엘 백성들은 열 명의 정탐꾼의 악한 보고 때문에 좌절하여 카나안 땅으로 들어가서 싸우기를 거절했다. 그것이 하나님께서 그들로 하여금 40년간 광야에서 방황하게 하신 이유이다. 많은 그리스도인들이 『**선한 싸움을 싸우라.**』(딤전 6:12)는 명령을 거절했기 때문에 자신의 그리스도인으로서의 삶에서 목표 없이 방황한다. 결과적으로 그들은 하나님의 약속의 실체를 경험하지 못한다. 만약 누군가 실제로 영적 전쟁에 참여한다면, 그는 자신이 싸우는 전쟁 때문에 반드시 무릎 꿇고 기도하게 되어 있다. 농담이 아니다. 영적 전쟁을 하면서 공격을 받을 때면 하나님의 "약속들을 주장한다."는 말의 뜻이 무엇인지 깨닫게 되는 것이다.

『**광야와 이 레바논에서부터 큰 강 유프라테스 강에 이르는 힛인의 온 땅과 해 지는 편 큰 바다에 이르기까지 너희의 지경이 되리라**』(4절). 4절은 창세기 15:18에서 아브라함에게 하신 약속을 기록한 것이다. 유대인들이 마침내 하나님께서 약속하신 모든 것을 다 받으면, "요단 강 서안 지구"와 "가자 지구"뿐만 아니라, 요르단 전체, 레바논 전체, "골란 고원"을 포함한 시리아의 대부분, 이라크의 절반, 시나이 반도, 나일 강 삼각주, 아라비아 북부를 갖게 될 것이다. 모슬렘들은 수치를 당하게 될 것이며, 그것도 아주 많이 당하게 될 것이다. "팔레스타인 국가" 같은 것은 없을 것이며, "요르단," "레바논," "시리아"도 없을 것이다. 이집트, 사우디아라비아, 이라크는 그들의 현재 영토의 많은 부분을 이스라엘에게 넘겨주게 될 것이다.

주석가들은 일반적으로 본문의 『**광야**』를 최남단 경계로 생각하며(그곳은 "네게브"라고 알려져 있다.), 레바논이 최북단 경계이다. 동쪽 경계는 유프라테스 강이고, 서쪽 경계는 지중해이다. (모슬렘들은 이스라엘을 지중해 속으로 밀어 넣을 수 있다고 생각하지만, 그들은 소스라칠 정도로 놀라게 될 것이다. 〈죽음의 재 같은 땅 이스라엘〉을 보라.)

4절에서 힛인들의 온 땅을 확인하는 문제가 있다. 클라크, 제미에슨, 포셋, 브라운 같은 오래된 주석가들은 카나안 땅의 "남쪽 끝"이라고 말한다. 그러면 그 땅은 카데스바네아 근처를 의미하는 것이 된다. 그곳은 이스라엘 민족이 처음 카나안 땅에 들어가려고 시도했던 지역이다(민 13, 14장).

성경에서 "원래의" 힛인들은 카나안 땅 남부인 헤브론에 위치해 있었다(창 23:10,19). 이 땅은 유다 지파가 유업으로 받는다(수 15장). 이곳은 예루살렘에서 남쪽으로 30km 떨어진 곳에 위치하는데, 이 지역을 "남쪽 끝"으로 보기는 어렵다.

힛인들의 왕국은 오늘날의 터키가 있는 지역인 소아시아에 위치해 있었다. 일부 학자들은 『**힛인들의 땅**』(판 1:26)에 세워진 신도시 루스가 카나안 북부의 골란 고원 부근에 세워졌다고 본다. 이곳은 시리아 접경 지역이다.

천년왕국이 임할 때 이스라엘의 북쪽 경계는 유프라테스 강의 상류 지역 부근인 시리아 북부와 터키 남동부까지이다(겔 48:1). 이것은 창세기 15:18-21에서 아브라함에게 주신 약속이 최종적으로 완전히 성취되었을 때의 경계이다. 그러므로 여호수아 1:4의 『**힛인의 온 땅**』은 지중해에서 유프라테스 강 서쪽까지의 모든 지역을 포함하는 지역을 의미하는 것이지, 단지 카나안 땅의 "남쪽 끝"만을 의미하는 것은 아닐 것이다.

4절의 『**이 레바논**』에서 『**이**』의 특별한 용례에 다시 한 번 주목하기 바란다. 이 표현은 또 다른 레바논이 존재한다는 것을 암시한다. 당신은 솔로몬의 노래 4:8에 무엇이 나와 있는지 아는가? 거기에 한 "급속 냉동기"(deep freeze)의 이름이 있는데, 바로 『**아마나**』이다. 이 "얼어 있는 깊음"은 레바논에 있으며, 그곳은 이스라엘 북쪽에 있다. 여기서 우리는 팔레스타인 땅이 우주를 보여 주는 그림인 것을 알 수 있는 것이다. 거대한 물층이 우주의 둘째 하늘과 셋째 하늘을 분리하고 있으며, 그 물층의 꼭대기는 얼어 있어서 『**수정과 같은 유리 바다**』를 형성하고 있다. (욥 38:30, 솔 4:8, 계 4:6의 주석을 보라.) 그러므로 이 지상에는 『**이 레바논**』이 있고, "저 위에는 또 다른 레바논"이 있는 것이다.

『**네 평생에 네 앞에 설 자가 아무도 없으리라**』(5절). 혹자가 전투에 나아갈 때 이런 약속을 받는다면 얼마나 좋겠는가! 이 약속은 여호수아가 그 누구와 싸우든지 여호수아가 그를 가차 없이 베어 버릴 것이라는 뜻이다. 전투에서 여호수아는 공포의 대상이었던 것이다. 그가 칼을 뽑았을 때, 아무도 그를 저지할 수 없었다. 그는 자기가 싸움에 나아갔을 때 자기와 맞서 있는 적이 누구든 자기 손에 죽게 될 것이라는 걸 알고 있었다. 유일한 문제점은 여호수아도 열심히 적들을 죽이다 보면 지치게 된다는 점이었을 것이다. 전투에서 수백 명을 죽이고 나서는(삼하 23장의 『**용사들**』을 보라), 너무 지쳐서 더 이상 단 한 명의 적도 뒤쫓아 "후려칠" 수 없을 만큼 녹초가 되었을 것이다.

5절에서 여호수아에게 하신 약속은 재림 때의 예수 그리스도께도 그대로 적용된다.

『**그러나 그가 오는 날에 누가 거할 수 있겠느냐? 그가 나타날 때 누가 서겠느냐? 이는 그가 정련하는 자의 불과 같고, 표백하는 자의 비누 같음이라**』(말 3:2).

『**이는 그분의 진노의 큰 날이 임하였음이니 누가 감히 설 수 있으리요?**』(계 6:17)

여호수아 1:5에 의하면 그 대답은 "아무도 설 수 없나이다."이다. 예수 그리스도께서 돌아오시면, 2억 명의 UN 군대를 땀 한 방울 흘리지 않으시고 으깨 버리실 것이다(계 9:16, cf. 계 14:14-20, 사 63:1-6). 그야말로 『**네 평생에 네 앞에 설 자가 아무도 없으리라.**』가 아닌가! 예수 그리스도께서 2억 명의 군대를 완전히 짓밟아 버리실 것이기 때문에 그 누구도 설 수 없을 것이다. 만약 천년왕국 때 이방 민족들이 예수 그리스도의 권위에 순종하지 않는다면, 예수 그리스도께서는 그 민족에게는 비가 오지 않게 하실 것이고, 그들은 굶어 죽게 될 것이다(슥 14:17-19).

『**네 평생에 네 앞에 설 자가 아무도 없으리라**』(5절). 예수 그리스도의 천년 통치 기간에도 이 말씀이 그대로 이루어질 것이다. 만약 이 구절을 영원에서의 예수 그리스도께 적용한다면, 구원받지 못한 죄인이 일단 불못에 들어가면 결코 그곳에서 나올 수 없을 것임을 의미하기도 한다. 그 죄인은 자신의 심판主께서 살아 계시는 한 계속해서 불못에 있어야 한다.

이 약속은 거듭난 성도에게 교훈적으로 적용할 수 있다. 즉 그리스도 안에서의 완전한 승리를 보여 주는 그림이라고 말할 수 있다. 이 약속에 대응하는 신약의 말씀이 바로 로마서 8:31-37이다.

『그렇다면 이런 일에 대하여 우리가 무슨 말을 하리요? 하나님께서 우리를 위하신다면 누가 우리를 대적하리요? 자기 아들을 아끼지 아니하시고 우리 모든 사람을 위하여 내어주신 분이 어찌 그 아들과 함께 또한 모든 것을 우리에게 값없이 주시지 아니하겠느냐? 하나님께서 택하신 자들에게 누가 혐의를 씌우리요? 의롭다 하시는 분은 하나님이시니라. 누가 정죄하리요? 죽었다가 다시 살아나신 분은 그리스도시라. 그분은 또한 하나님의 오른편에 계셔서 우리를 위하여 중보하시느니라. 누가 우리를 그리스도의 사랑에서 떼어 놓을 수 있으리요? 환난이나 곤경이나 박해나 기근이나 헐벗음이나 위험이나 칼이랴? 기록된 바와 같으니 "우리가 주를 위하여 온종일 죽임을 당하였으며 도살당할 양으로 여김을 받았나이다."라고 하였느니라. 그러나 이 모든 일에서 우리를 사랑하시는 그분으로 말미암아 우리가 이기는 자들보다 더 나으니라』(롬 8:31-37).

우리는 우리를 대적하여 오는 것들에 대해 단순히 이기는 자들이 아니다. 우리가 "이기는 자들보다 더 나은" 것이다. 물론 나는 이런 높은 수준의 승리를 쟁취하고 누린 사람은 오직 한 사람밖에 없다고 생각한다. 바로 사도 바울이다. 우리는 그가 기록한 13개의 서신에서 (히브리서를 포함한다면 14개의 서신에서) 바울이 단 한 번이라도 주님께 불평하는 것을 발견할 수 없다!

정말 대단한 것이다. 혹시 기억하는가? 모세도 불평했다. 당시의 유대인들이 계속해서 만나만 먹어야 하는 것에 불평을 하자, 모세도 그들에게 질린 나머지 주님께 불평을 한다. 『**모세가 주께 말씀드리기를 "어찌하여 주께서는 주의 종을 괴롭게 하시나이까? 어찌하여 나는 주의 목전에서 은총을 얻지 못하고 주께서 이 모든 백성의 짐을 내게 지우시나이까?**』(민 11:11)

다윗도 불평했다. 다윗은 시편에서 반복적으로 "왜 이렇게 하셨습니까? 왜 저렇게 하셨습니까?"라고 말한다. 그는 다음과 같이 말하며, 주님께 불평을 한다. 『**주여, 악인이 언제까지, 악인이 언제까지 환호하리이까?**』(시 94:3). 『**언제까지 내가 내 혼과 의논해야 하며 날마다 내 마음에 슬픔을 지녀야 하리이까? 언제까지 내 원수가 나를 누르고 의기양양하겠나이까?**』(시 13:2). 『**내가 나의 반석이신 하나님께 말씀드리기를 "어찌하여 주께서는 나를 잊으셨나이까? 어찌하여 내가 원수의 압제로 인하여 슬퍼하며 다녀야 하나이까?" 하리라**』(시 42:9).

예레미야도 불평했다. 그도 하나님께 불평하기를, 『**어찌하여 악인의 길이 번성하나이까? 어찌하여 아주 패역되이 행하는 자들이 다 행복하나이까?**』(렘 12:1)라고 했다.

욥도 불평했다. 고난당하던 욥이 한번은 하나님께 몹시 화를 내며 말한다. 『**언제까지 주께서는 내게서 떠나지 아니하시며 내 침을 삼킬 때까지도 나를 내버려 두지 아니하시나이까?**』(욥 7:19)

그러나 우리는 바울이 단 한 번이라도 불평했다는 말씀은 눈을 씻고 찾아도 찾을 수가 없다. 그는 매 맞고, 돌에 맞고, 난파당하고, 위협을 당하고, 핍박을 당하고, 배신을 당하고, 굶주리고, 비바람에 노출되어 고통을 당했다(고후 11:23-27). 그런데도 그는 "하나님, 왜 저에게 이렇게 행하셨습니까? 왜 이런 일이 저에게 일어나게 하셨습니까?"라고 말한 적이 없다. 육체의 가시를 제거해 달라는 그의 간구를 주님께서 세 번이나 거절하셨을 때조차도 바울은 투덜거리거나 불평하지 않았다. 오히려 자신의 약한 것을 자랑하고 기뻐했다(고후 12:8-10). 바울은 온전히 승리한 것이다. 실로 바울은 그리스도인이 따라야 할 귀감이요, 본보기인 것이다(고전 11:1).

『**내가 모세와 함께하였던 것과 같이, 내가 너와도 함께하리니**』(5절). 오래전 출애굽기 3:12에서 주님께서는 이스라엘 자손들을 이집트에서 데리고 나오기 위해 모세와 함께하시겠다고 약속하셨다. 이제 그들을 카나안 땅으로 데리고 들어가야 할 때가 왔다. 모세와 여호수아 둘 다 예수 그리스도의 예표이다. (예수 그리스도의 예표로서의 모세에 대해서는 신명기 18:18을 보라.) 그러므로 예수 그리스도께서 우리를 『**이 악한 현 세상**』(갈 1:4)으로부터 구원하실 수 있었던 것처럼, 주님은 그리스도인으로서의 삶에 있어서도 우리에게 승리를 주실 수 있는 것이다.

『**내가 너를 단념하지 아니하고 버리지 아니하리라**』(5절). 극단적 세대주의자들의 주장과 달리, 이 구절을 보면 구약에서도 신약의 진리를 발견할 수 있음을 알 수 있다. 주님께서는 신약에서 이 약속을 인용하셨다. 『**내가 너를 떠나지 아니하고 너를 버리지 아니하리라**』(히 13:5).

이 구절은 구원의 영원한 보장에 관한 위대한 약속이다. 구약에서 이 약속은 "이스라엘 민족 전체"에 적용되었다. 이스라엘 민족이 그들의 죄로 인해 많은 징계를 받았지만, 하나님께서는 그 민족을 완전히 거절하신 적이 없다. 그것은 아브라함과 이삭과 야곱에게 하신 그분의 약속 때문이다(롬 11:28,29). 신약에서는 그 약속이 "예수 그리스도 안에 있는 성도 개인"에게 적용된다. 주님께서 그분의 자녀에게 징계를 주시기는 하지만(히 12:5-7), 그들이 무슨 죄를 지었다 해도(고전 5:5) 그분께서는 그들을 버리지도, 지옥에 보내지도 않으신다(엡 4:30). 그렇다고 그리스도인이 죄에 굴복해도 된다는 뜻은 아니다. 죄에 굴복하면 자신의 기쁨, 확신, 교제, 간증, 보상, 건강, 생명을 잃게 된다.

『**내가 너를 단념하지 아니하고**[I will not fail thee]』(5절). 나는 여러 번 주님을 실망시켜 드렸다. 그러나 주님께서는 나를 결코 단념하신 적이 없으며 나를 저버리신 적도 없다. 이러한 간증은 그리스도인들 사이에서 흔한 간증이기 때문에 진부하게 들릴지 모르지만, 있는 그대로의 사실이다. 성도는 여러 번 반복해서 주님을 실망시켜 드릴 수도 있지만, 주님께서는 결코 성도를 단념하시지 않는다. 이 진리를 노래한 찬송가 한 소절이 있다. "하나님께서는 무엇이나, 무엇이나, 무엇이나 하실 수 있다네. 그러나 우리를 저버리실 수는 없네!" 정말로 사실이다.

1:6 강건하고 담대하라. 이는 내가 이 백성에게 주기로 네 조상들에게 약속한 그 땅을, 네가 그들에게 유업으로 나눠 줄 것임이라.

7 너는 오직 강건하고 아주 담대하여 내 종 모세가 네게 명령한 모든
율법대로 지켜 행하고 그로부터 오른편이나 왼편으로 돌이키지 말
라. 그리하면 네가 어디로 가든지 번영하리라.
8 이 율법책을 네 입에서 떠나지 않게 하고 주야로 그 안에 있는 것을
묵상하여 그 안에 기록된 모든 것대로 지켜 행하라. 그리하면 네가
너의 길을 번영하게 만들 것이고 네가 좋은 성공을 이루리라.
9 내가 네게 명령하지 아니하였느냐? 강건하고 담대하라. 무서워 말고
낙심치 말라. 이는 주 네 하나님이 네가 어디로 가든지 너와 함께함
이라." 하시니라.

『**강건하고 담대하라**』(6절). 이 명령이 여호수아 1장에서 네 번이나 나온다(6,7,9,18절). 신명기에서 모세도 여호수아에게 똑같은 명령을 세 번 반복해서 줬다(신 31:6,7,23). 이 명령은 여호수아 10:25, 역대기상 22:13; 28:20, 역대기하 32:7에도 나온다. 이 명령은 옳은 일을 행할 것이냐, 그릇된 일을 행할 것이냐, 하나님과 그분의 말씀을 존중할 것이냐, 존중하지 않을 것이냐, 주님께 순종할 것이냐, 순종하지 않을 것이냐와 같은 선택의 상황에서 주어진다. 우리는 할 수 있는 한 최선을 다해야 하며, 어떤 대가를 치르더라도 옳다고 알고 있는 바로 그것을 행해야 한다. 용기란 앞으로 일어날 결과를 알지만 그럼에도 옳은 일을 행하는 것이다. 배짱이 있어야 그렇게 용기 있게 행동할 수 있는 것이다.

성경에 구원받지 못한 사람이 말한 구절 하나가 있다. 그것은 일단의 구원받지 못하고 우상을 숭배하는 이방인들로부터 나온 것이지만 그리스도인을 위한 어떤 훌륭한 조언을 담고 있다.

『오 너희 필리스티아인들아, 강하고 사나이답게 행동하라. 그래야 너희는 히브리인들이 너희에게 종 되었던 것같이 그들에게 종이 되지 아니하리라. 사나이답게 행동하여 싸우라』(삼상 4:9).

유대인들은 언약궤를 필리스티아인들과의 전쟁에 가지고 나왔었다. 필리스티아인들은 모세와 여호수아가 이 언약궤를 가지고 다니던 시절에 이스라엘의 적들이 어떻게 되었는지를 알고 있었다. 하지만 항복하는 대신, "남자답게 행동하고" 어떻게든 싸우기로 결정한 것이다. 이 전쟁은 결국 필리스티아인들의 승리로 끝났는데, 이는 이스라엘인들이 언약궤를 우상처럼 다루고 있었기 때문이다. 그러나 필리스티아인들은 그 사실을 알지 못했다. 어쨌든 필리스티아인들은 패배의 기운이 짙었음에도 불구하고 굴하지 않고 맞서 싸운 것이다.

자, 우리가 구원받지 못한 이방인들의 조언이라는 이유로 이 조언을 무시해 버리기 전에, 그리스도의 몸 안에 있는 신약 그리스도인들에게 사도 바울이 무엇이라고 말했는지 보도록 하자. **『깨어 있으라. 믿음 안에 굳게 서라. 남자답게 처신하라. 강건하라』**(고전 16:13). 용기에 관해서라면 구원받지 못한 이방인 "보병들"도 그리스도인에게 한 수 가르쳐 줄 수 있는 것이다(고전 16:13의 주석을 보라).

단순한 용기(courage)가 아니라 선한 용기, 곧 "담대함"(good courage)이다. 그리스도의 군사는 비장한 결의 이상의 것을 가져야 한다. 그리스도의 군사는 하나님의 약속들을 신뢰하는 믿음을 가지고 기쁨으로 자기 자신을 드려 싸워야 하는 것이다. (역대기상 22:13; 28:20에서 다윗이 솔로몬에게 한 명령을 보라.) 그리스도인은 그냥 "강건"하기만 하면 되는 것이 아니라(고전 16:13), **『주 안에서와 그의 힘의 능력 안에서』** 강건해야 하고(엡 6:10), 『**그리스도 예수 안에 있는 은혜 가운데서**』 강건해야 한다(딤후 2:1).

자, 여기 6,7절에서 여호수아는 두 가지 이유로 『**강건하고 담대하라.**』는 명령을 받게 된다. 하나는 실제적인 이유이고, 다른 하나는 영적인 이유이다. 첫째는 실제적인 지파들에게 실제적인 유업으로 실제적인 땅을 나누어 주어야 하기 때문이고, 둘째는 영적인 법을 지켜야 하기 때문이다. 전자를 성취하려면 후자를 반드시 먼저 성취해야 한다. 만일 누군가 주님께로부터 유업을 얻고자 한다면, 『**성령 안에서 행하라.**』는 명령을 지켜야 한다(갈 5:16-25). 또 성령 안에서 행하려면 하나님의 말씀, 곧 영과 생명인 그 말씀들에 집중하고(요 6:63) 또 기록된 말씀들을 실행해야만 하는 것이다(약 1:22). 성령님께서는 그분의 말씀들, 즉 진리를 통하여 성도를 인도하시고 안내하신다(요 16:13; 17:17). 주님의 책인 성경에 기록된 성도들을 위한 말씀들을 지키고 행하는 데 신실하지 않다면, 그 성도는 주님께로부터 『**잘하였도다. 착하고 신실한 종아.**』라는 칭찬을 들을 수 없을 것이다(마 25:21,23).

자, 이제 성경의 위대한 구절들 중 하나를 읽어 보도록 하자.

『**이 율법책을 네 입에서 떠나지 않게 하고 주야로 그 안에 있는 것을 묵상하여 그 안에 기록된 모든 것대로 지켜 행하라. 그리하면 네가 너의 길을 번영하게 만들 것이고 네가 좋은 성공을 이루리라**』(8절).

이 구절에는 두 가지 위대한 진리가 있다. 첫째, 성도가 구원받은 것은 행하기 위해서이다. 하나님께서는 성도가 무언가를 행하기를 바라신다. 우리는 행위로 구원받은 것이 아니다. 행위로 구원이 유지되는 것도 아니다. 하지만 하나님께서는 우리가 구원받은 후 무언가를 행하기를 바라신다. 사도 바울도 우리가 행위로 구원받은 것이 아니며, 구원받는 믿음은 하나님께로부터 온 값없는 선물이라고 말한 직후 다음과 같이 말한다.

『**우리는 그분의 작품이니 그리스도 예수 안에서 선한 일들을 위하여 창조되었느니라. 이 일들은 하나님께서 미리 정하시어 우리로 그것들 가운데서 행하게 하려 하신 것이라**』(엡 2:10).

주님께서 우리를 구원하셨을 때, 그분은 우리를 그리스도 안에서 선한 일들을 행할 수 있는 『**새로운 피조물**』로 만드셨다(고후 5:17). 『**허물과 죄들 가운데서 죽었던**』(엡 2:1) 우리는, 그런 잃어버린 죄인의 상태로는 하나님을 기쁘시게 할 어떤 선한 일도 행할 수 없었다. 『**선을 행하는 자가 없으니 없도다, 한 사람도 없도다**』(롬 3:12). 그러나 그리스도 안에 있는 성도는 그 사람 안에 성령님께서 새로운 출생을 통해 만드신 새 사람을 소유하게 된다. 그 새 사람은 선한 행위들을 할 수 있다. 왜냐하면 그 새 사람이 바로 그 목적을 위해 창조되고 임명되었기 때문이다.

두 번째 진리는, 이 구절이 바로 하나님께서 한 "책"을 통해 한 사람을 온전히 인도하는 첫 번째 경우라는 것이다. 아담, 노아, 아브라함, 이삭, 야곱, 요셉, 모세는 모두 하나님께 직접 계시와 지시를 받았다. 그러나 여호수아의 시대에 이르면서 율법이라고도 불리고 모세오경이라고도 불리는, 성경의 첫 다섯 책인 창세기, 출애굽기, 레위기, 민수기, 신명기가 모두 완성된 것이다(신 31:26). 여호수아는 "성경"의 권위 아래서 백성의 지도자가 된 첫 번째 인물이다. 모세는 이스라엘 왕들이 성경의 필사본을 만들어 매일 읽어야 한다고 명령했다(신 17:18,19). 그러나 여호수아 1장에는 아직 왕이 없다. 성경에 복종해야 한다는 첫 번째 명령을 받은 사람은 여호수아인 것이다.

이것은 그리스도인에게 주시는 위대한 교훈이다. 그리스도인은 반드시 성경을 길잡이로 삼아야 한다. 베드로는 성경을 하나님께서 직접 말씀하신 것보다 『**더 확실한 예언의 말씀**』이라고 칭했다(벧후 1:16-20). 옛말에 "네 작은 검은 책에 그 말을 적어라."는 것이 있다. 이 표현은 지난 400년간 킹제임스성경이 검은 표지로 출판된 것에 기인한다. 검은색은 죽음을 상징한다. 성경은 우리가 죄와 자아에게는 죽은 자가 되고, 『**예수 그리스도 우리 주로 말미암아 하나님께는 산 자**』가 되게 하려고 주신 책이다(롬 6:11). 성령님께서 성도를 『**모든 진리로 인도**』하실 때에(요 16:13), 그분께서는 성경을 통해서 그 일을 하신다. 왜냐하면 『**아버지의 말씀은 진리**』이기 때문이다(요 17:17). 창세기 41:40에서 (문맥상 아버지 하나님을 예표하는) 파라오는 (아들 하나님을 예표하는) 요셉에게 『**나의 모든 백성이 네 말에 따라 다스림을 받으리니**』라고 말한다.

8절에서 성경에 밀착하라는 명령을 하신 후에 9절에서 용기를 가지라는 명령을 하셨다는 사실에 유념하라. 성경을 통하여 용기를 가지는 4가지 방법이 있다.

1. 성경을 읽음으로써 우리는 용기를 가질 수 있다. 바울은 에베소의 그리스도인들에게 『**이제 형제들아, 내가 너희를 하나님과 그분의 은혜의 말씀에 의탁하노니 그 말씀이 능히 너희를 굳게 세워 줄 것이며 또 거룩하게 된 모든 사람 가운데서 너희에게 유업을 줄 것이라.**』(행 20:32)고 말했다. 만약 우리가 그 말씀 안으로 들어가서 그것을 읽지 않는다면 굳게 서지 못할 것이다.

2. 성경을 말함으로써 용기를 가질 수 있다. 『**이 율법책을 네 입에서 떠나지 않게 하고**』. 우리는 성경의 약속들을 기억하고, 필요할 때에 그것을 인용해야 한다. 그것이 우리에게 용기를 줄 것이다.

우리는 한 혼을 이겨와 주님께 인도하려고 할 때에 성경을 인용해야 한다. 왜냐하면 능력이 우리의 명석함이나 설득하는 능력에 있지 않고, 성경 말씀 안에 있기 때문이다. 어떤 사람이 구원받았다면 그것은 하나님의 말씀이 이룬 일이지, 우리가 교묘한 전략이나 논쟁에 이겨서 그 죄인이 구원받은 것이 아니다(약 1:21, 벧전 1:23). 성경은 『**주의 일을 거짓되이 행하는 자는 저주를 받을 것이요, 자기 칼을 피로부터 숨기는 자도 저주를 받으리라.**』(렘 48:10)고 말씀하신다. 우리는 『**성령의 칼**』을 가지고 있으며(엡 6:17), 그 성령의 칼을 사용하여 찌르고 벨 수 있는 것이다(히 4:12). 우리가 어떤 사람에게 전파하였는데 그 사람이 영접하지 않았다면, 최소한 말씀을 사용하여 그 사람으로 하여금 생각하게 하고 영적으로 피 흘리게 만들어야 하는 것이다.

나를 사역으로 인도한 사람인 글렌 슝크(Glenn Schunk)가 한번은 사우스캐롤라이나의 그린빌에서 유대인 상인에게 복음을 전했다. 물론 예수 그리스도를 거부하는 그 유대인은 그의 말을 들으려 하지 않았고, 그 친구에게 나가라고 말했다. 글렌 슝크는 "좋아요. 나가죠. 하지만 『**한 번 죽는 것은 사람들에게 정해진 것이고 그 뒤에 심판이 정해진 것같이**』(히 9:27)라는 말씀을 꼭 기억하십시오."라고 말했다. 그러자 그 유대인은 "글쎄요, 난 못 믿겠는데요."라고 말했고, 글렌 슝크는 "당신이 그 사실을 믿든 믿지 않든 『**한 번 죽는 것은 사람들에게 정해진 것이고 그 뒤에 심판이 정해**』져 있답니다."라고 말했다. 글렌 슝크는 그 구원받지 못한 유대인에게 네다섯 번 그 구절을 인용하여 말했던 모양이다.

그 후 글렌 슝크는 가끔씩 그 가게에 들러 물건을 샀는데, 그때마다 그 유대인은 목청껏 소리 지르며, "어이, 『**한 번 죽는 것은 사람들에게 정해진 것이고 그 뒤에 심판이 정해진 것같이**』 양반!" 하며 그렇게 그를 조롱했다. 그러던 어느 날, 글렌 슝크가 그 가게에 들어서자 그 유대인 상인이 그를 옆으로 끌고 가서 얘기 좀 하자고 했다. 글렌 슝크가 그 친구에게 심어 놓았던 그 성경 말씀이 그 유대인에게 역사하여 결국 그가 더 이상 견딜 수 없게 된 것이다. 글렌 슝크는 그 유대인을 그리스도께 인도했다. 이러한 일은 성경을 인용하여 "피를 흘리게" 함으로써 일어나는 일인 것이다. 예수 그리스도께서 마귀에게 시험을 받으셨을 때, 성경을 인용하심으로 마귀를 패배시키신 것을 기억하라.

3. 성경을 묵상함으로써 용기를 얻을 수 있다. 묵상은 힌두교나 불교에서 들을 수 있는 "초월 명상"이 아니다. 묵상은 초월 명상처럼 어떤 수동적인 상태에 도달하기 위해 노력하거나 "유체 이탈 후에 여행"을 하려고 노력하는 것이 아니다. 오늘날 중세 로마카톨릭의 수도사들이 행한 신비주의적 관행을 재현하려는 신자유주의 교회들의 움직임이 있다. 그들은 힌두교의 만트라처럼 기도 중에 성경의 일부를 반복적으로 암송한다. 이렇게 하면 그 성경 구절을 암송한 사람을 하나님께 더 가까이 가게 해 준다고 생각한다. 예수 그리스도께서는 이것을 『**이교도들**』의 『**헛된 반복**』이라고 말씀하셨다(마 6:7).

기도나 성경 묵상 중에 성경의 약속을 주장하는 것에는 잘못이 없다. 오히려 그것은 올바른 실행이다. 그러나 하나님과 더 가까워지기 위해서 무언가를 계속 반복하는 것은 쓸데없는 일이다. 기도를 통해서 하나님과 가까워지는 방법은 죄를 "자백"하고(사 59:2, cf. 요일 1:9) 『**말씀에 의한 물로 씻어**』 매일의 생활을 깨끗하게 유지하는 것이다(엡 5:26). 그리스도인들은 신비주의적 명상을 통해서가 아니라, 우리의 대제사장이신 예수 그리스도의 공로만을 의지하여 『**은혜의 보좌**』로 나아간다(히 4:14-16).

말씀을 묵상하는 것은 성경에서 읽은 것에 관하여 생각하고, 성경에서 읽은 것을 그리스도인으로서의 삶에 어떻게 올바로 적용할 것인가를 숙고하는 것이다. 묵상하는 것은 소화시키는 것과 같다. 식사를 통해서 유익을 얻으려면 음식을 제대로 소화시켜야 하는 것이다.

성경을 묵상하는 것에 관하여 정말로 좋은 비유를 원한다면, 젖소를 보라. 젖소는 들에 나가 풀을 뜯어 먹는다. 그리고는 어디론가 가서 누운 후, 먹었던 음식을 다시 끌어 올려 한동안 다시 씹는다. 이것을 "되새김질"이라고 한다. 성경을 단지 읽는 것만으로는 성경으로부터 얻어야 할 모든 것을 얻을 수가 없다. 읽은 것을 매일의 생활 중에 다시 떠올리고, 생각하고, 숙고해야 한다. 바로 이것이 우리가 읽은 말씀을 우리에게 실제적인 것이 될 때까지 강화해 나가는 방법이다. 이렇게 했을 때 우리에게 필요한 용기를 만들어 가는 데 도움을 받을 수 있다.

『**주야로 그 안에 있는 것을 묵상하여**』(8절). 밤에 잠자리에 누워 잠이 오지 않으면, 잠깐 동안 성경 한 구절을 골라 마음속에 되새김질을 해 보자. 완전히 익히지 못한 구절을 선택하여, 그것을 완전히 익힐 수 있는지 점검하는 것이다.

일례로, 『**하나님의 영은 물들의 표면에서 거니시더라.**』(창 1:2)는 말씀이다. 자, 그 『**물들**』은 어디 있는가? 그 물들은 얼마나 큰가? 하나님의 영께서 물들의 표면에서 거니셨다고 할 때, 무엇을 하신 것인가? 그 『**물들**』

의 꼭대기는 어떻게 되어 있는가? 이러한 것들에 대해 계속 생각하며 곱씹어 보는 것이다. 그리고 아침에 일어나서 그 부분들에 대해 공부를 더 할 수도 있는 것이다. 이것이 진정한 성경 묵상이다.

4. 마지막으로, 성경 말씀을 실행함으로써 용기를 얻을 수 있다. 야고보는 『**그러나 너희는 말씀을 행하는 자가 되고, 단순히 듣기만 하는 자가 되어 자기 자신을 속이지 말라.**』고 기록했다(약 1:22). 말씀을 "행하지" 않는다면, 우리는 스스로를 속이고 있는 것이다. 우리는 용기를 얻기 위해 성경을 실천해야 한다. 병사는 모든 전투 기술을 익힐 수 있고, 자신의 무기를 어떻게 관리하고 사용하는지를 배울 수 있지만, 실제 전투를 경험하지 않으면 진정한 용기가 무엇인지 결코 알 수가 없다. 그리스도인은 실제적인 전투에 참가해야 한다. 그리하여 성경을 읽고, 인용하고, 묵상한 것을 통해 얻은 것을 영적 전투에 실제적으로 활용해야 한다.

『**그리하면 네가 너의 길을 번영하게 만들 것이고 네가 좋은 성공을 이루리라**』(8절). 문맥상, 땅을 차지하고 이방인들로부터 빼앗은 전리품으로 번영하게 되는 것에 관한 성공이다. 그러나 영적으로는 신약의 그리스도인에게 적용할 수도 있다. 신약에서 기억해야 할 것은, 예수 그리스도 안에 있는 성도는 영적인 번영의 약속을 받은 것이지, 물질적인 번영이나 경제적인 번영의 약속을 받은 것이 아니라는 것이다(요삼 1:2 주석 참조). 여호수아 1:8은 성경에서 "success"(『**성공**』)라는 단어가 나온 유일한 구절이다. 밥 존스 시니어는 "success," 곧 『**성공**』이라는 단어의 뜻을 "하나님께서 나에게 원하시는 일을 찾고 그 일을 행하는 것"이라고 정의했다. 어떤 사람이 빌 게이츠나 워렌 버핏처럼 억만장자가 될 수는 있지만, 그들은 여전히 영적으로는 비참한 실패자들이다. 영원의 관점에서 볼 때, 자신의 인생을 향한 하나님의 뜻이 무엇인지를 발견하고 그 뜻을 실현하는 것이 백만장자, 억만장자, 할리우드 스타, "십대들의 우상," 대통령이 되는 것보다 중요하다.

다윗은 성경에서 즐거움을 얻고 그것을 묵상하는 의인에 대하여 이렇게 말했다. 『**그의 즐거움이 주의 법에 있으니, 그가 주의 법을 주야로 묵상하는도다. 그는 강가에 심겨진 나무 같아서 계절을 따라 열매를 맺으며, 그의 잎사귀도 마르지 아니하리니, 그가 무엇을 하든지 번성하리로다**』(시 1:2,3). 이 성경 구절들이 말하는 번성은 부, 명예, 인기, 정치권력과는 관련이 없다. 여기서의 번성은 열매를 맺는 것과 관련이 있다. 우리가 우리의 구주께서 명령하신 바와 같이 『**열매**』, 『**더 많은 열매**』, 『**많은 열매**』를 맺고자 한다면, 성경 말씀에 밀착하여 성경을 묵상하고 성경을 실행해야 한다(요 15:1-8). 그리스도인이 열매를 맺는 부분에서 번영하고 좋은 성공을 이루려면 이것이 유일한 방법이며 다른 길은 없다.

국가적인 번영과 성공에 관해서 말하자면, 주 하나님께서는 성경을 따르는 국가를 축복하셨다. 영국은 빅토리아 여왕 시절이 최고의 번영기였고, 한 제국으로서 전 세계에 영향을 미쳤던 시기였다. 왜 그런지 아는가? 빅토리아 여왕이 미국의 대통령을 포함한 당시 세계에서 가장 영향력 있는 다섯 국가의 지도자들보다 더 킹제임스성경을 존중했기 때문이다. 빅토리아 여왕은 자기 왕좌 옆에 작은 탁자를 만들고 그 위에 항상 킹제임스성경을 두었다. 한번은 남아프리카 줄루족의 족장이 빅토리아 여왕을 방문하여, 무엇이 영국인들을 그렇게 위대하게 만들었는지를 물었다. 그

때 빅토리아 여왕은 그 성경을 가리켰다. 대영제국을 이룩한 것은 바로 킹제임스성경이었다. 빅토리아 여왕은 성경 보급이 허용되지 않는 나라와는 무역을 하지 않았다. 그녀는 63년간의 재임 기간 동안 약 800만 권의 성경을 전 세계에 보급했다. 이것이 마르크스주의자들과 자유주의자들이 빅토리아 여왕을 증오하는 이유이며, 빅토리아 왕조 중기와 그 시대의 도덕성을 혐오하는 이유이다. 그들은 성경에 충실했던 빅토리아 여왕의 담대함을 싫어했던 것이다.

빅토리아 여왕 통치기간 동안 "대영제국에는 해가 지지 않는다."는 말이 나왔다. 잉글랜드에서 해가 질 때 캐나다에서 해가 떴고, 캐나다에서 해가 질 때 오스트레일리아에서 해가 떴고, 오스트레일리아에서 해가 질 때 인도에서 해가 떴고, 인도에서 해가 질 때 남아프리카에서 해가 떴고, 요하네스부르크에서 해가 질 때 런던에서 해가 떴다. 그러나 지금은 해가 졌다. 1904년에 영국은 성경을 버리고 웨스트코트-홀트의 변개된 원문을 권장하기 시작했으며, 그 일이 일어나자 하나님께서는 대영제국을 버리시고 대영제국이 가졌던 모든 식민지를 빼앗아 버리셨다.

한 국가의 계몽과 번영은 항상 그 국가가 킹제임스성경을 얼마나 중요하게 생각하느냐와 직접적으로 관련이 있다. 그 국가의 경제적인 번영은 성경에 대한 그 국가의 태도에 달려 있다. 미국은 세계에서 가장 부유한 국가라고 할 수 있다. 최소한 그러한 국가들 중 하나이다. 왜일까? 누군가는 "미국의 자본주의 체계 때문이다."라고 말할지도 모르겠다. 물론 틀렸다. 도덕과 성경이 없는 자본주의는 탐욕과 탐욕이 원인이 되는 모든 해악을 가져온다. 그리고 혹자는 "헌법 때문이다."라고 말할지 모른다. 말도 안 된다. 1865년 이래로 미국은 헌법을 제대로 따르지 않고 있다. 또 다른 누군가는 "미국의 민주주의 원리 때문이다."라고 말할지 모르겠지만, 이 역시 틀렸다.

하나님께서 미국에게 부와 자유를 주신 것은 바로 킹제임스성경 때문이다. 미국의 청교도 선조들은 "하나님의 영광과 그리스도인의 믿음의 발전"을 위해서 미국으로 건너왔다(메이플라워 서약). 1777년 대륙 회의(Continental Congress)에서는 킹제임스성경 2만 부를 수입하기로 결정했다. 이유는 "성경의 용도는 광범위하며, 그 중요성은 매우 크기 때문"이다. 1782년 연방 의회(Congress)에서는 로버트 에이트켄에게 킹제임스성경을 출판하게 하고, "미국 거주자들"에게 킹제임스성경을 "권장"하기로 결정했다. 헌법 제정자들의 일부는 킹제임스성경을 보급하는 성경 협회를 설립하거나 협회 회장직을 맡았다. 존 퀸시 애덤스 같은 유니테리언이나 토머스 제퍼슨 같은 이신론자도 킹제임스성경을 권장했다. 존 퀸시 애덤스는 1844년에 미국 성경 공회(American Bible Society)의 회장으로 재임했는데, 그때 토머스 제퍼슨은 미국의 제3대 대통령으로 재임하면서 워싱턴 D.C.의 공립학교들에서 "킹제임스성경"과 아이작 와츠의 찬송가, 이 두 책으로 학생들을 교육하도록 했다. 실제로 미국 공립학교의 원래 설립 목적은 소년, 소녀들에게 성경을 가르쳐 마귀에게 속지 않도록 하려는 것이었다(일명 '옛날 미혹하는 자 사탄 법'(Old Deluder Satan Act), 1647년).

이것이 미국을 위대하게 만든 것이다. 미국인들이 오늘날 이처럼 엄청난 혼란 속에 있게 된 이유는 제2차 세계대전 이래로 성경을 가능한 한 빨리 버리려고 노력해 온 데 있다. 결과적으로 하나님께서는 대영제국을 버린 것과 마찬가지로 미국을 버리고 계시는 것이다. 영국이 성경을 존중했을 때 하나님께서는 영국을 위대하게 만드셨고, 미국이 성경을 존중했을 때 미국을 위대하게 만드셨다. 그리고 두 나라가 성경을 더 이상 존중하지 않을 때, 하나님께서도 그들에게서 자유, 돈, 권력, 안녕을 거두어 가셨다. 믿지 못하겠다면 역사를 공부하라.

『**내가 네게 명령하지 아니하였느냐? 강건하고 담대하라. 무서워 말고 낙심치 말라. 이는 주 네 하나님이 네가 어디로 가든지 너와 함께함이라." 하시니라**』(9절). 나는 그리스도인 청소년, 청년 혹은 장년이 성경에 서명을 해 달라고 하면 바로 이 구절을 써준다. 물론 이 구절은 율법하에 있는 구약의 말씀이지만, 이 시대의 그리스도의 몸을 위해서도 여전히 현재적 진리를 담고 있다.

자, 어떤 사람이 구원받았다면 주님께서 그 사람 안에 계신다. 맞는가? 물론 맞다. 『**너희 안에 계신 그리스도시요, 곧 영광의 소망이라**』(골 1:27). 그러므로 『**주 네 하나님이 네가 어디로 가든지 너와 함께**』하신다. 왜 그리스도인이 음행을 저지르면 안 되는가? 『**너희 몸은 너희가 하나님으로부터 받은 바 너희 안에 계신 성령의 전**』이기 때문이다(고전 6:18,19). 어디로 가든지 우리는 주 예수 그리스도와 성령님을 모시고 다니는 것이다. 왜냐하면 우리가 구원받았을 때 예수 그리스도께서 성령님을 통해 우리 안에 사시게 되었기 때문이다. 그러므로 강건하고 담대하라는 명령은 그리스도인인 우리를 위한 말씀이기도 한 것이다(6절의 주석을 보라).

용기를 잃어버리면 다 잃은 것이다. 용기를 잃으면 전투에서 이미 진 것이나 다름없다. "용기는 맹인이 입는 갑옷이다. 용기란 '두려움을 기도로 극복한 것'이다." 용기는 두려움이 없는 상태가 아니다. 두렵지만 어쨌든 앞으로 나아가는 것이다. 조지 패튼 장군은 “용기란 두렵지만 1분 더 버티는 것이다.”라고 말했다. 포기하지 말라. 일어나서 1라운드만 더 뛰어라. 우리는 우리가 무언가를 행할 때, 주님께서 함께 계신다는 사실과 무슨 일이 일어날지라도 주님의 손과 주님의 돌보심 안에 있다는 사실을 인식하며 용기를 가질 수 있다. 『**강건하고 담대하라. 무서워 말고 낙심치 말라. 이는 주 네 하나님이 네가 어디로 가든지 너와 함께함이라.**』

1:10 그러자 여호수아가 백성의 관원들에게 명령하여 말하기를
11 “진중을 돌아다니며 백성들에게 명령하여 말하기를 ‘식량을 준비하라. 삼 일 안에 너희가 이 요단을 건너 주 너희 하나님께서 차지하라고 너희에게 주신 그 땅을 가서 차지할 것이라.’ 하라.” 하더라.
12 또 여호수아가 르우벤 지파와 갓 지파와 므낫세 반 지파에게 일러 말하기를
13 “주의 종 모세가 너희에게 명령하여 말하기를 ‘주 너희 하나님께서 너희에게 안식을 주시고 이 땅을 너희에게 주셨다.’고 한 그 말을 기억하라.
14 너희 아내들과 자식들과 가축들은 모세가 요단 강 이편에다 너희에게 준 땅에 남겨 둘지니라. 그러나 너희는 무장한 너희 형제들과 모든 힘센 용사들보다 먼저 건너서 그들을 도우라.
15 주께서 너희에게 주신 것같이 너희 형제들에게 안식을 주셔서 그들도 또한 주 너희 하나님께서 그들에게 주시는 땅을 차지하리니, 그때에 너희가 너희 소유의 땅에 돌아와서 주의 종 모세가 너희에게 준

해 돋는 쪽 요단 이편을 차지할지니라." 하니라.

10,11절은 모세와 여호수아가 어떻게 60만 명 이상의 백성에게 말했는지 그 방법을 알려 준다. 모세와 여호수아는 장로들과 관원들에게 말했고, 장로들과 관원들은 각자가 담당하고 있는 백성들에게 그 내용을 전달한 것이다(출 12:21; 19:7,8, 신 5:23을 보라).

『**식량을 준비하라**』(11절). 『**식량**』에 해당하는 "victuals"은 "준비된 음식"이라는 뜻이다. 옛 격언에 "군대는 배(stomach)로 진군한다."는 말이 있다. 군대는 야전 취사장이 있어야 하고, C-레이션, K-레이션, 전투식량(MRE)이 있어야 한다. 그렇지 않으면 그 군대는 금방 기력을 소진하게 될 것이다(삼상 14:24-34을 보라).

『**식량을 준비하라.**』 그들은 지금 범람기의 강을 건너려는 것이다(3:15를 보라). 왜 배를 준비하라고 하지 않았는가? 지금 막 전투가 벌어지려 하는데, 왜 무기를 준비하라고 하지 않았는가? 주님께서는 주님의 방법으로 강을 건너게 하실 것이며, 강을 건넌 후에도 주님 나름의 전투 계획을 가지고 계시기 때문이다. 그들의 책임은 먹을 것을 챙기는 것이었고, 나머지 일은 주님께서 걱정하시도록 넘겨 드리면 되는 것이었다.

12-15절은 르우벤, 갓, 므낫세 반 지파에게 한 연설이다. 이 지파들은 민수기 32장에서 모세에게 트랜스요르단이라 불리는 요단 강 동편 땅, 즉 현재 요르단이라는 국가가 점유하고 있는 땅을 유업으로 요구했다. 민수기 32:6-15에서 모세는 이 지파들이 카나안 땅에 들어가 전쟁하기를

거절함으로써 민족을 배반하려 한다고 생각하면서 그들에게 호통을 쳤다. 모세는 민수기 13,14장에서 10명의 정탐꾼들이 나쁜 소식을 가져옴으로써 일어났던 일이 이스라엘 자손의 새 세대에게도 일어날까봐 걱정했던 것이다. 만일 그렇게 된다면 이번에는 모든 백성이 광야에서 방황하다 멸망하게 될 것이다.

그러나 이 세 지파는 자기들의 경우는 그것과 다르다고 주장했다. 그들의 아내와 자녀들을 위해 성읍을 건설하고, 가축들을 위해 우리를 만든 것일 뿐이며, "징집 연령"에 해당하는 남자들은 앞장서서 전쟁하러 갈 것이라고 약속했다. 『**우리 자신은 이스라엘 자손이 그들의 처소로 인도될 때까지 그들 앞에서 무장하고 갈 것이요, 우리의 어린 것들은 그 땅의 거민들로 인해 방벽 친 성읍들에 거하리이다. 우리는 이스라엘 자손이 각기 그의 유업을 얻을 때까지, 우리 집으로 돌아가지 아니하리이다**』(민 32:17,18). 그들이 이렇게 말하자, 모세가 그 요청에 동의했다. 그러나 한 가지 단서조항을 달았다. 『**그러나 만일 너희가 그렇게 하지 아니하면, 보라, 너희는 주를 거역하여 죄를 지은 것이니, 반드시 너희의 죄가 너희를 찾아낼 것임을 알라**』(민 32:23).

그래서 여호수아는 이 세 지파에게 모세와 맺은 약속을 상기시키고 있는 것이다. 이 구절이 그리스도인에게 주는 첫 번째 영적 교훈은, 이 생애에서 성도에게 약속된 유업이 하나님께는 이미 성취된 기정사실로 간주된다는 것이다. 신약성경은 『**이와 같이 너희도 너희 자신을 정녕 죄에게는 죽은 자요, 예수 그리스도 우리 주로 말미암아** 하나님께는 **산 자로 여기라.**』(롬 6:11)고 말씀한다. 바꿔 말하면, 하나님의 관점에서는 우리가 구원받았을 때 우리의 죄의 삶이 끝나 버린 것이다. 우리의 옛 죄의 본성은 그리스도와 함께 십자가에 못박히고 묻혔으며, 당신은 그리스도 안에서 새 사람으로 부활한 것이다(롬 6:3,4).

그러나 우리 자신의 관점에서 보자면, 좀 다른 점이 있다. 우리의 새 사람은 『**손으로 하지 아니한 할례**』에 의해 우리의 죄 있는 육신의 몸과 분리되어 있지만(골 2:11), 우리는 여전히 죄 있는 육신의 몸 안에 살고 있다. 새 사람이 우리를 이 길로 가자고 당기면, 죄 있는 육신은 반대 길로 가자고 당기는 것이다. 그러므로 우리의 옛 본성에 대해 하나님께서 『**여기라**』고 하신 대로 여겨야 한다. 하나님께서는 우리의 옛 본성이 이미 죽어서 우리에게 어떤 영향도 미치지 못한다고 여기신다. 또한 우리는 우리 지체를 『**의의 병기로 하나님께**』 드려야 하며, 죄가 우리를 『**주관하지**』 못하게 해야 한다(롬 6:13,14). 우리는 하나님께서 말씀하신 것을 믿어야 하고, 그에 따라 실행해야 한다.

구원받기 전이나 후나 문제는 하나님께서 말씀하시는 것을 그대로 믿을 것이냐 말 것이냐에 달려 있는 것이다. 휴 파일 목사님이 나를 그리스도께 인도했을 때, 나는 구원받기 위해 필요한 것이 오직 예수 그리스도를 믿는 것이라는 사실을 믿기가 매우 어려웠다. 어렸을 때는 영국 성공회교도로 자랐고, 당시에는 카톨릭 개종자 과정을 거치는 중이었다. 나는 구원받기 위해 뭔가를 해야 한다고 생각했었다. 휴 파일 목사님은 나를 주님께로 인도한 직후 요한일서 5:13을 보여 주며 그 구절로 나 자신이 구원받은 사실을 알 수 있다고 했다. 나는 나 자신이 구원받았다는 사실을 느낄 수 없었지만, 성경으로 논쟁을 하고 싶지는 않았다. 그래서 나는 자신이 구원받았음을 알지 못했음에도, 구원받은 것을 알겠다고 대답해 버렸다. 다음 주일 밤에 나는 브렌트 침례교회에서 초청 시간에 앞으로 나갔고, 그때서야 구원의 확신을 소유하게 되었다. 그 짧은 기간 동안 나의 문제가 무엇이었는지 알겠는가? 예수님을 영접하면 구원받은 것이라고 말씀하는 하나님의 말씀을 믿지 않는 "불신"이었던 것이다.

자, 우리가 구원받은 후에, 주님께서는 우리가 죄에 대하여 죽었으며, 더 이상 죄 있는 육신의 몸을 섬길 필요가 없다고 말씀하신다. 또한 육신이 우리 위에 군림하지 않고, 우리가 육신 위에 군림하여 매일의 삶에서 죄에 대해 승리를 거둘 수 있다고 말씀하신다. 그런데 왜 이것이 우리가 아는 대부분의 그리스도인들의 삶 속에서는 나타나지 않는 것일까? 그것은 믿지 않는 악한 마음 때문이다. 하나님께서 이와 같은 진리들을 말씀하셨을 때, 하나님의 말씀을 있는 그대로 받아들이지 않는 것이다. 그것이 문제인 것이다.

이 구절이 그리스도인에게 주는 두 번째 영적 교훈은, 그리스도인들이 서로를 돕고 서로를 위해 기도해야 한다는 것이다. 『**너희는 무장한 너희 형제들과 모든 힘센 용사들보다 먼저 건너서 그들을 도우라**』(14절). 사도 바울도 이렇게 말했다. 『**형제들아, 어떤 사람이 무슨 잘못을 범하였으면 영적인 너희는 온유의 영으로 그런 자를 바로잡고 네 자신을 돌아보아 너도 시험을 받지 아니하도록 하라**』(갈 6:1). 사도 베드로도 권면한다. 『**끝으로 너희는 모두 한 생각을 품고 서로 동정하고 형제로서 사랑하며, 인정을 베풀고 예의를 지키며 악을 악으로 또는 욕을 욕으로 갚지 말고 도리어 복을 빌라. 이를 위하여 너희가 부르심을 받은 것을 아노니 이는 너희로 복을 상속받도록 하려 함이니라**』(벧전 3:8,9). 달리 말하면, 우리가 복을 상속받기 바란다면 타인에게 복을 베푸는 사람이 되어야 한다는 것이다. 문맥상으로 보면, 특히 형제들에게 그렇게 해야 한다.

『주께서 너희에게 주신 것같이 너희 형제들에게 안식을 주셔서 그들도 또한 주 너희 하나님께서 그들에게 주시는 땅을 차지하리니, 그때에 너희가 너희 소유의 땅에 돌아와서 주의 종 모세가 너희에게 준 해 돋는 쪽 요단 이편을 차지할지니라." 하니라』(15절). 그리스도인에게 주는 세 번째 영적 교훈은 전투에서 승리하기 전까지는 그 땅을 『**차지할**』(enjoy) 수 없다는 것이다. 바울은 하나님께서 『**우리에게 모든 것을 풍요하게 주셔서 향유케**[enjoy]』 하신다고 말했다(딤전 6:17). 나는 이 세상이 주는 모든 좋은 것을 향유할 수 있다. 하나님께서 그것을 나에게 주셨기 때문이다. 문제는 내가 지금 당장 그 모든 것을 향유할 수는 없다는 것이다. 예수 그리스도를 영광 중에 만나게 될 때까지 우리의 속 사람은 날마다 새로워지고 있지만, 우리의 겉 사람은 지금 썩어지며 환난을 당하고 있기 때문이다(고후 4:16,17). 십자가 후에 면류관이 있는 법이다. 말하자면 맛없는 "시금치"를 먹은 후에 맛있는 "후식"을 주시며 칭찬하시는 것이다.

성경은 『**네 일을 밖에서 예비하고, 들에서도 적합하게 일할 수 있게 한 후에 네 집을 세우라.**』(잠 24:27)고 말씀한다. 이 구절은 농부에 관하여 말씀하는 것이다. 농부는 농토를 잘 정비해야 하고, 밭을 갈아야 하며, 곡식을 심고 돌봐야 한다. 또 추수를 잘 해서 시장에 팔아야 하고, 곡식 판 돈의 일부를 잘 비축해 놓아야 한다. 그 다음에야 농장이나 목장이 딸린 멋진 전원주택을 지을 수 있는 것이다.

우리는 이 원리를 삶의 거의 모든 영역에 적용할 수 있다. 복음전도자는 어느 지역에 정착하기로 결정하기 전에, 생활비뿐만 아니라 융자와 세금을 해결하기에 충분한 헌금이 그 지역에서 갖는 모임들에서 나오는지 확인할 필요가 있다. 샘 깁과 같은 일부 형제들은 집을 팔고 레저용

차량(RV)을 타고 “도로에서” 생활한다. 만일 목사가 나가서 교회를 개척하려고 하면, 가게 앞이나 지역 회관 앞에서 사역을 시작해야 한다. 직접 걸어다니며 집들을 방문하고, 복음을 전하고, 모임에 나가서 주민들을 만나야 한다. 결코 500-1,000석이 확보된 건물 안에서 시작하면 안 된다. 우리 졸업생 중 하나인 아트 마틴(Art Martin)은 주님께서 교회 건물을 주시기 전에 자기 집 지하실에서 사역을 시작했다.

현 세대의 문제점은 부모가 노력했던 만큼의 노력은 기울이지 않으면서 부모가 소유한 그 모든 것을 얻고자 한다는 것이다. 현 세대는 새 차, 큰 집, 좋은 텔레비전, 좋은 가구, 세탁기, 건조기 등을 당장 가지고 싶어 한다. 그들은 그 모든 것을 당장 가지는 일에 너무 몰입한 나머지 은행 융자 속으로 뛰어든다. 결과적으로, 많은 결혼이 바로 이 이유로 인해 파산하고 만다. 작게 시작할 필요가 있으며, 필요한 것들을 조금씩 장만해 가기 위해 필요한 일을 하는 것이 좋다.

어떤 사람들은 내가 넓은 마당, 연못, 넓은 정원이 있는 큰 집에서 사는 것을 본다. 그리고 교회 건물, 체육관, 신학교, 서점의 융자가 모두 해결되어 있는 것도 본다. 그들은 이것들을 보고는 ‘사역을 하면 누구나 처음부터 이렇게 하는구나!’라고 생각한다. 그러나 결코 그렇지 않다. 처음부터 그렇게 시작한 것이 아니다.

나는 12m 길이의 중고 합판 트레일러에 살면서 펜사콜라성경신학교를 시작했다. 그 트레일러에는 화장실도 없었고, 따뜻한 물도 나오지 않았으며, 냉장고도 없었다. “아이스박스”가 하나 있었을 뿐이다. 나는 얼음 덩어리들을 문자 그대로 끌고 와서 아이스박스 밑바닥의 얼음보관함에 넣어야 했으며, 그러면 음식을 차갑게 보존할 수 있었다. 또 물을 데울 때는 등유 풍로를 썼다. 화장실은 트레일러 주차장 끝에 있는 공용 주차장을 이용했다. 당시 내 수입은 주당 30달러였다. 나는 5년간 이렇게 가족을 돌봤다. 집, 차, 교회, 신학교, 서점, 체육관이 있기 전에 나는 그렇게 살았다. 나는 내 『**집**』을 짓기 전에, 내 사역을 『**들에서**』 적합하게 해야 했던 것이다.

1:16 그들이 여호수아에게 대답하여 말하기를 "당신이 우리에게 명령하신 모든 것을 우리가 행하고 당신이 우리를 어디로 보내든지 우리가 가리이다.
17 우리가 모든 일에 모세에게 경청했던 대로 우리가 당신에게 경청하겠으며, 오직 주 당신의 하나님께서 모세와 함께하셨던 것같이 당신과 함께하시기를 원하나이다.
18 누구든지 당신의 명령을 거역하고 당신이 명령한 모든 일에서 당신의 말에 경청하지 아니하면 그는 사형에 처하리니, 오직 강건하시고 담대하소서." 하더라.

『**당신이 우리에게 명령하신 모든 것을 우리가 행하고**』(16절). 대단한 약속이다. 이스라엘 민족은 하나님께서 십계명을 주셨을 때에도 모세에게 비슷한 말을 했었다. 『**주께서 말씀하신 모든 것을 우리가 행하리이다**』(출 19:8). 이러한 선언은 여호수아를 오싹하게 만들었을 것이 분명하다. 17절을 보라.

『**우리가 모든 일에 모세에게 경청했던 대로 우리가 당신에게 경청하겠으며**』(17절). 자, 사실 그들은 하나님께서 말씀하신 바를 행하거나 『**모든 일에**』 모세에게 경청함에 있어서 "성적"이 그리 좋지 못했다. 여호수아는 아마도 "만일 그들이 모세에게 했던 것처럼 나에게 복종한다면, 이거 정말 큰일 났는데."라고 생각했을 것이다.

『**오직 주 당신의 하나님께서 모세와 함께하셨던 것같이 당신과 함께하시기를 원하나이다**』(17절). 여호수아가 『**모세와 같은**』(신 34:10) 선지자는 아니었지만, 여호수아는 확실히 "모세와 같은 선지자"의 한 예표이고, 구약에서 가장 모세와 같은 선지자에 근접한 사람이었다. 주님께서는 모세와 함께하셨던 것처럼 여호수아와 함께하시겠다고 약속하셨다(수 1:5). 구약의 다른 어떤 사람에게도 그런 약속을 주신 적이 없다. 하나님의 "선지자"가 되는 것과 관련하여, 마호메트는 주 예수 그리스도는 고사하고 여호수아 옆에도 설 수 없는 자였다(행 3:22-26).

『**누구든지 당신의 명령을 거역하고 당신이 명령한 모든 일에서 당신의 말에 경청하지 아니하면 그는 사형에 처하리니**』(18절). 훗날 이 일이 아칸에게 일어났다. 이 일에 대해서는 7장에서 좀 더 다룰 것이다.

『**오직 강건하시고 담대하소서**』(18절). 강건하고 담대하라는 권고에 관해서는 앞에서 이미 다루었으므로 6절과 9절 주석을 보라. 여기서는 하나님이 아닌 백성들이 여호수아에게 주는 권고이다. 이 부분에서는 백성이 잘한 것이다. 왜냐하면 이스라엘 백성이 하나님과 같은 생각을 품었다는 뜻이기 때문이다.

바울은 『**너희 안에 이 생각을 품으라. 곧 그리스도 예수 안에도 있는 생각이라.**』(빌 2:5)고 말했다. 만약 우리가 어떤 일이나 대상에 대해 하나님께서 생각하시는 것처럼 생각하고자 한다면, 우리의 마음을 성경에 기록해 놓으신 하나님의 말씀으로 적셔야 하는 것이다. 성경을 통해서만 하나님께서 어떻게 생각하시는지 알 수 있기 때문이다.

여호수아 2장

2:1 눈의 아들 여호수아가 싯팀에서 두 사람을 몰래 정탐하러 보내면서
말하기를 "가서 그 땅, 즉 여리코를 엿보라." 하니, 그들이 가서 라합
이라 하는 창녀 집에 들어가서 거기서 묵으니라.
2 누가 여리코 왕에게 보고하여 말하기를 "보소서, 이스라엘 자손 중에
서 사람들이 이 땅을 탐지하러 이 밤에 들어왔나이다." 하니
3 여리코 왕이 라합에게 보내어 말하기를 "네 집에 들어와서 네게 온
사람들을 내보내라. 이는 그들이 온 땅을 탐지하러 왔음이라." 하니
4 그 여자가 두 사람을 데려다가 숨겨 놓고 이렇게 말하더라. "사람들
이 내게 왔었으나 나는 그들이 어디서 왔는지 알지 못하였으며
5 어두워지자 성문이 닫힐 때쯤 되어 그 사람들이 나갔으니 그 사람들
이 어디로 갔는지 나는 알지 못하노라. 속히 그들을 쫓으라. 그리하
면 너희가 그 사람들을 따라잡으리라." 하더라.

6 한편 그녀는 그 사람들을 지붕 위로 데리고 가서 그녀가 지붕 위에 가지런히 쌓아 둔 삼대로 숨겼더라.
7 그들이 요단으로 가는 길로 그 사람들을 쫓아 나루까지 갔으며, 쫓아가는 자들이 나가자마자 그들이 성문을 닫았더라.

요단 강을 건너기 전에, 여호수아는 이스라엘 백성이 처음으로 취하게 될 성읍인 여리코에 두 명의 정탐꾼을 파견한다. 물론 하나님께서는 그렇게 하라고 명령하지 않으셨다. 그건 정말로 할 필요가 없는 일이었다. 그러나 하나님께서는 그것을 허락하셨다.

여호수아는 이제 막 지도자로서 출발하려는 참이다. 그는 아직 온전히 믿음으로 행하고 보는 것으로 하지 아니함을 배우지 못한 상태이다(고후 5:7). 우리가 그리스도 안에서 갓난아기로서 삶을 시작할 때, 주님께서는 어느 정도의 재량을 허용하신다. 그러나 주님께서는 우리가 믿음 안에서 성장하기를 기대하신다. 정상적인 아이는 3세가 될 때까지 스스로 걷고 먹는 법을 배우게 된다. 스스로 걷거나, 먹거나, 옷 입는 일을 할 줄 모르는 10세, 15세, 18세의 아이가 있다면, 그 아이에게는 뭔가 문제가 있는 것이다. 만일 구원받은 그리스도인이 어느 정도 시간이 흘렀음에도 불구하고 성경으로부터 스스로 먹을 수 없거나 성령 안에서 행하지 못하거나(갈 5:16,25) 새 사람을 입고(엡 4:24) 또한 빛의 갑옷을 입고 행하지 못한다면(롬 13:12), 그 사람은 그리스도인으로서의 삶 어딘가에 문제가 있는 것이다. 그는 성장하지 못하고 있는 것이다.

이제 여호수아는 두 명의 정탐꾼을 선택한다. 의심할 바 없이 이것은 민수기 13장에서 오직 두 명의 정탐꾼만이 좋은 소식을 가져왔다는 사실을 염두에 둔 것이다. 바로 여호수아와 칼렙이었다. 그러나 여기에는 예언적 중요성도 들어 있다. 알다시피 여호수아 3-11장의 내용은 재림 때 팔레스타인 땅을 취하시는 신약의 "여호수아"를 보여 주는 그림이다. 예수 그리스도께서 이 땅에 돌아오시기 전에, 말씀을 전파할 두 명의 증인을 보내시는 것이다(계 11장). 예수 그리스도께서는 마태복음 10장에서 12명의 제자를 선택하신 후 이스라엘에 실제적이고 가시적이고 물리적인 천국을 전파하라고 보내셨을 때에도 둘씩 보내셨다(막 6:7). 바로 이 구절이 "재림 참조 구절"인 것이다(마 10:23). 그러므로 이 두 정탐꾼은 재림 직전에 이스라엘에서 전파할 두 증인을 보여 주는 그림이다.

『**그들이 가서 라합이라 하는 창녀 집에 들어가서 거기서 묵으니라**』(1절). 그들은 결국 "홍등가"로 들어간다. 라합은 "창녀," 즉 매춘부이다. 그러나 라합은 평범한 "밤거리의 여자"가 아니었다. 라합은 "매음굴"의 "포주"였다. 그것을 어떻게 알 수 있는가? 왕도 라합의 이름을 알고 있을 만큼 유명했기 때문이다(3절).

여기서 우리는 구원을 보여 주는 그림을 볼 수 있다(히 11:31). 그러나 단지 믿음에 의한 구원이 아니라 행위도 포함된 그림이다(약 2:25). 이것이 율법 아래 있는 구약의 구원이다. 율법 아래 있는 구약의 구원은 믿음과 행위가 함께 있어야 한다. 라합은 무언가를 단지 믿기만 한 것이 아니라 무언가를 행해야 했다. 그럼에도 불구하고, 그 안에는 예수 그리스도의 피의 속죄를 보여 주는 위대한 그림이 들어 있다.

4,5절은 현대의 "가치 명료화" 집단이 "상황 윤리"를 가르치기 위해 사

용하는 구절이다. 윤리, 즉 우리가 실천하는 윤리가 상황에 따라 바뀐다는 것이다. 이것은 어떤 상황에서는 올바른 것이 다른 상황에서는 올바르지 않을 수도 있다는 의미이다. 그러므로 절대적인 도덕률이나 절대적인 기준은 있을 수 없다는 결론에 이르게 된다.

여기서 일어난 일은, 라합이 정탐꾼들에 대하여 거짓말을 하여 왕이 보낸 사람들이 "헛수고"를 하게 만들었다는 것이다. 이 일로 인한 간접적인 결과는 주님께서 여리코를 멸하실 때 라합을 살려 주셨다는 것이다(약 2:25). 똑같은 경우를 알고 싶다면, 출애굽기 1:15-20을 보라. 거기서 히브리 산파들은 히브리 사내아이들을 살리는 일에 대하여 파라오에게 모든 진실을 말하지는 않았다. 성경은 그 산파들에 대하여 『**그러므로 하나님께서 그 산파들을 선히 대하셨으며**』(출 1:20)라고 말씀하신다. 왜인가? 진실의 일부를 숨겼기 때문이다(cf. 창 20:12).

무슨 말인지 모르겠는가? 난봉꾼들("가치 명료화" 집단)은 법칙을 뒤엎기 위해 예외를 사용하고 있는 것이다. 법칙은 『**너는 네 이웃에 대하여 거짓 증거하지 말지니라.**』이다(출 20:16). 그러나 난봉꾼들은 아주 동떨어진 두 개의 예외를 가지고, 거짓말하는 것을 금지하는 법을 무력화하는 데 이용하고 있는 것이다.

그러면 어떻게 된 것인가? 하나님께서는 이 상황에서 거짓말하는 것을 왜 눈감아 주셨는가? 첫째, 우리는 이것들이 성경 전체에서 두 번밖에 없는 예외들이라는 사실에 주목해야 한다. 이 두 경우에서 거짓말은 누군가가 생명을 잃는 것을 막아 주기 위한 것이었다. 그 대상이 그냥 어떤 사람이 아니고 "무죄한 유대인"이었다. 그러므로 여기에 다시 두 개의 다른 성경 구절들도 고려해야 하는 것이다. 『**너는 살인하지 말지니라**』(출

20:13). 『**너를 축복하는 자들에게 내가 복을 주고 너를 저주하는 자를 저주하리라**』(창 12:3). 그러나 주님께서는 누구든 자기의 죄나 그 죄의 결과를 감추기 위해 거짓말하는 것을 간과하지 않으신다(사무엘상 15장과 사무엘하 11,12장을 보라).

출애굽기 1장과 여호수아 2장의 상황에서, 정부는 누군가에게 하나님께서 말씀하신 것을 위반하라고 요구하고 있다. 하나님의 계명을 위반하지 않는 선에서, 우리는 기본적으로 정부의 명령에 복종해야 한다(롬 13:1-5, cf. 행 5:29). 그러므로 출애굽기 1장과 여호수아 2장에서 하나님께서 이런 거짓말을 허락하신 데에는 그만한 이유가 있는 것이다. 그러나 그 이유는 "가치 명료화"나 "상황 윤리"나 "목적이 수단을 정당화한다."는 것과 아무런 관련이 없다.

출애굽기의 산파들과 라합의 예를 따라 무턱대고 거짓말을 해서는 안 된다. 정말 거짓말이 허용되는 성경적인 경우인지, 성경을 열심히 읽고 기도해 보는 것이 좋을 것이다. 만일 독자가 리차드 움브란트와 같은 환경에 처해 있다면, 적용할 만한 경우가 될 것이다. 리차드 움브란트는 루마니아의 설교자였는데, 공산주의자들에 의해 감옥에 갇혀 있었다. 간수들에게 극심한 학대를 받은 후 독방에 갇혀 "하나님의 부당한 법들"에 관해 주님께 말씀드리곤 했는데, 그의 말은 이러했다. "하나님, 하나님께서는 『**거짓 증거하지 말지니라.**』(출 20:16)고 하셨습니다. 그러나 하나님께서는 저희가 이 법을 지킬 수 없다는 것을 알고 계십니다. 만일 우리가 거짓말하지 않는다면, 공산주의자들이 우리의 아내와 자녀와 다른 그리스도인들을 감옥에 던질 것이고, 우리를 고문하는 것처럼 그들도 고문할 것입니다. 우리는 그들을 보호하기 위해 거짓말을 할 수밖에 없습니다."

만일 누군가가 리차드 움브란트와 유사한 경우에 있다면, 그 사람은 아마도 출애굽기 1장과 여호수아 2장의 예처럼 거짓말을 할 권리를 가지고 있다고 할 수 있을 것이다. 그러나 이런 경우가 아니라면, 거짓말하지 않는 것이 좋을 것이다.

『**그 사람들이 어디로 갔는지 나는 알지 못하노라**』(5절). 이것이 라합이 말한 거짓말이다. 라합은 그들이 어디에 있는지 정확히 알고 있었다. 『**알지**』(wot)는 알다(know)라는 뜻의 고어이다. 이 단어의 뜻을 이 문맥에서 이해하는 것은 그리 어렵지 않다. 설사 조금 어렵다고 해도, 〈킹제임스성경〉에 있는 고어 하나를 제거하기 위해 〈신미국표준역본, NASV〉처럼 36,000군데를, 〈신국제역본, NIV〉처럼 64,000군데를 변개할 이유가 없는 것이다. 이런 단어를 만나면 성경 여백에 그 정의를 적어두면 된다. 〈Ruckman Reference Bible, 럭크만 주석성경〉을 출판할 때, 우리는 어렵다고 하는 소위 "고어들"의 뜻을 관주에 밝혀 놓았다. 우리는 킹제임스성경의 본문에 있는 단어를 단 한 개도 손대지 않은 것이다.

라합은 그 두 사람이 어디에 있는지 알고 있었다. 4절에 『**그 여자가 두 사람을 데려다가 숨겨 놓고**』라고 기록되어 있고, 6절에 『**그녀는 그 사람들을 지붕 위로 데리고 가서 그녀가 지붕 위에 가지런히 쌓아 둔 삼대로 숨겼더라.**』고 기록되어 있다(비슷한 상황을 보기 원하면 사무엘하 17:18-21을 보라.)

당시에는 지붕이 평평했다. 율법에서도 사람이 떨어지지 않도록 지붕에 『**난간**』을 만들라고 하셨다(신 22:8). 『**삼**』은 고대에 마직류나 밧줄을 만들기 위해 그 섬유질을 이용했던 식물이다. 그 줄기인 삼대를 지붕 위에 올려 햇볕에 말렸다가 섬유질을 추출하여 사용한다. 그렇게 두 사람은 라합의 집 지붕 위에 올라가 삼대 밑에 숨어 있었다. 15절에서 보는 바와 같이 『**그녀의 집이 그 성읍의 성벽 위에 있어**』 성 바깥쪽으로 난 창문이 있었다. 그러므로 라합의 집은 여리코 성벽 꼭대기에 있었을 것이다(수 6:20 주석 참조). 창이 나 있는 벽은 여리코의 바깥쪽 성벽의 일부였던 것이다.

『**그들이 요단으로 가는 길로 그 사람들을 쫓아 나루까지 갔으며, 쫓아가는 자들이 나가자마자 그들이 성문을 닫았더라**』(7절). 그 여리코의 사람들은 5절에 나온 라합의 거짓말을 따르고 있다. 『**나루**』(fords)는 자동차 영업소가 점유하여 차를 거래하는 땅이 아니다. 여기서 "fords"는 강이나 개천에서 헤엄치지 않고 걸어서 건널 수 있는 폭이 좁고 얕은 부분, 즉 여울을 의미한다. 추적자들이 일단 성읍에서 출발하자 성문이 닫히고 잠겼다. 이는 이스라엘 정탐꾼들이 성읍에 남아 있을 경우 그들이 성읍을 빠져 나가지 못하게 하려는 것이었다.

2:8 그 사람들이 눕기 전에 그녀가 지붕 위로 그들에게 올라왔더라.
9 그녀가 그 사람들에게 말하기를 "나는 주께서 이 땅을 너희에게 주신 것을 아노라. 너희의 공포가 우리에게 내려 있고 이 땅의 모든 거민이 너희로 인하여 힘이 빠져 있도다.
10 이는 너희가 이집트에서 나올 때, 주께서 너희를 위하여 어떻게 홍해 물을 마르게 하셨는가와 너희가 요단 저편에 있는 아모리인의 두 왕

시혼과 옥을 어떻게 완전히 멸망시켰는가를 우리가 들었기 때문이
라.
11 우리가 이런 일을 듣자마자 우리의 마음이 녹았고 너희로 인하여 그
누구에게도 아무런 용기가 남아 있지 않았으니 이는 주 너희 하나님
은 위로는 하늘에 아래로는 땅에 계신 하나님이심이라.
12 그러므로 이제 너희에게 간구하노니, 내가 너희에게 친절을 베풀었
으니 너희도 내 아버지의 집에 친절을 베풀 것을 주로 내게 맹세하
고 내게 진실한 표를 달라.
13 그리고 너희는 내 아버지와 어머니와 형제들과 자매들과 그들에게 있
는 모든 자를 살려 주어 우리의 생명을 죽음에서 구해내 달라." 하니

『**그 사람들이 눕기 전에 그녀가 지붕 위로 그들에게 올라왔더라**』(8절). 『**눕기 전에**』에서 눕는 것은 자려고 눕는 것을 뜻한다. 극단적 칼빈주의자인 A.W. 핑크는 유대인 정탐꾼들이 쉽게 말해서 간음하기 위해 라합의 집에 들어갔다고 말한다. 물론 헛소리이다. 정탐꾼들은 왕의 첩보원들이 그들을 미행하고 있다는 것을 알아챘을 때, 어디든 은신처를 찾아 숨으려고 했던 것이다. '율법을 준수하는 두 명의 유대인이 창녀에게 숨어들어 갈 것이라고는 아무도 생각하지 않을 것이다.'라고 생각하면서 말이다.

핑크는 좋은 책들을 썼다. 그는 성경의 영감에 대해 좋은 책을 썼다. 또 요한복음, 창세기, 출애굽기, 엘리야, 다윗에 대한 훌륭한 주석과 책들을 썼다. 그러나 그 뒤 〈하나님의 주권〉이라는 책을 썼을 때 그는 이 책에서 칼빈주의 5대 강령의 씨를 뿌렸다. 그 후 그는 기초를 완전히 벗어나게 되고, 그 결과 여호수아에 대한 주석을 포함하여 후기 저서들은 보

잘 것이 없게 되었다. 핑크는 정탐꾼들이 라합의 집에 들어간 것은 잘못된 행동이고, 라합이 그들을 구해 주기 위해 거짓말을 한 것도 잘못된 행동이라고 주장했다. 핑크는 너무나 신학적이고 자기 의로 가득 찬 상태가 되어서 실제적인 부분을 잊어버렸다. 그러나 그 수준이 바로 대부분의 칼빈주의자들의 수준이다. 핑크는 라합이 하나님께서 다른 방식으로 그 정탐꾼들을 구해 내시도록 기다렸어야 했다고 말한다. 핑크는 누군가가 우리의 가족과 친구들을 죽일지라도 결코 거짓말을 해서는 안 된다고 말하며 자신이 하나님의 주권을 믿는 그런 믿음을 가지고 있다고 고백했다. 그러나 핑크가 이 부분에 있어서 정말 자신의 믿음을 시험해 볼 만한 기회를 가졌었는지 의문이다.

에어컨이 갖춰진 사무실에 앉아 하나님의 명령들을 논하는 자들은, 그리스도인을 자기 딸로 둔 모슬렘이 그녀가 예수 그리스도를 부인하지 않는다고 그녀의 팔을 하나 자르고, 그 뒤 여전히 주님을 부인하지 않는다고 다리 한쪽도 자르는 것을 목도해야 하는 그리스도인의 현실을 결코 이해하지 못한다. 그런 야만인으로부터 자기 딸과 아내와 아들을 보호하기 위한 것일지라도 거짓말만은 하지 말아야 한다고 생각하는가? 핑크와 그와 유사한 사상을 가진 자들은 그러한 공포를 겪으며 살아야 하는 그리스도 안의 형제자매를 판단하기보다는 아예 입을 다무는 편이 낫다.

그 정탐꾼들이 창녀와 간음할 목적으로 누운 것이 아니라는 사실을 어떻게 알 수 있는가? 이어지는 구절들을 보라. 『**나는 주께서 이 땅을 너희에게 주신 것을 아노라**』(9절). 『**이는 너희가 이집트에서 나올 때, 주께서 너희를 위하여 어떻게 홍해 물을 마르게 하셨는가... 우리가 들었기 때문이라**』(10절). 『**이는 주 너희 하나님은 위로는 하늘에 아래로는 땅에 계신**

하나님이십이라』(11절). 『**그러므로 이제 너희에게 간구하노니... 주로 내게 맹세하고 내게 진실한 표를 달라**』(12절).

라합은 개종자이다. 라합은 자신의 거짓 신들을 버리고, "주의 이름을 부르고" 있는 것이다. 재림 때에도 이방인들이 이렇게 주의 이름을 부를 것이다(욜 2:32). 그래서 라합은 그들처럼 실제적으로도 영적으로도 구원받게 된다(cf. 롬 10:13). 라합은 먹고살기 위해 죄짓는 것을 직업으로 삼았던 것을 회개했음이 분명하다. 구원받은 후, 라합은 이스라엘인과 혼인했다(마 1:5).

『**그녀가 그 사람들에게 말하기를 "나는 주께서 이 땅을 너희에게 주신 것을 아노라. 너희의 공포가 우리에게 내려 있고 이 땅의 모든 거민이 너희로 인하여 힘이 빠져 있도다. 이는 너희가 이집트에서 나올 때, 주께서 너희를 위하여 어떻게 홍해 물을 마르게 하셨는가와 너희가 요단 저편에 있는 아모리인의 두 왕 시혼과 옥을 어떻게 완전히 멸망시켰는가를 우리가 들었기 때문이라**』(9,10절). 카나안 땅의 사람들은 이스라엘인들로 인해 공포에 질려 경직된 상태였다. 왜냐하면 하나님께서 홍해에서 파라오와 그의 군대에게 행하신 일을 들었기 때문이고, 이스라엘인들이 요단 강 동쪽의 아모리인들의 왕 시혼과 키가 4미터나 되는 거인인 바산의 왕 옥을 멸망시킨 일을 들었기 때문이다(신 3:11). 이것은 바울이 아그립파에게 『**이 일이 한쪽 구석에서 일어난 것이 아니기에**』(행 26:26)라고 말한 것과 같다. 하나님께서 이집트에서 행하신 일들, 즉 열 가지 재앙과 홍해를 건넌 일에 대한 소식은 이스라엘 자손들이 시내 산을 떠나기 전에 이미 지브롤터에서 페르시아까지 퍼져나갔을 것이다.

『우리가 이런 일을 듣자마자 우리의 마음이 녹았고 너희로 인하여 그 누구에게도 아무런 용기가 남아 있지 않았으니 이는 주 너희 하나님은 위로는 하늘에 아래로는 땅에 계신 하나님이심이라』(11절). 카나안인들은 완전히 타락한 상태였다. 유대인들은 그들을 "겁먹게" 했다. "그들을 기죽인" 첫 번째 일은 하나님께서 홍해에서 행하신 일이다. 카나안인들은 이미 40년 전에 열두 정탐꾼이 왔을 때부터 이스라엘 사람들로 인해 완전히 공포에 질려 있었다. 왜냐하면 하나님께서 당시 가장 강한 군대를 익사시키신 지 아직 3년이 채 되지 않은 때였기 때문이다(출 16:1, cf. 민 1:1; 9:1). 만약 이스라엘 자손들이 『**복음**』을 믿었다면(히 3:15-4:2의 주석을 보라), 그들은 40년 전에 이미 그 땅에 들어가서 그곳을 차지했을 것이다.

『이는 주 너희 하나님은 위로는 하늘에 아래로는 땅에 계신 하나님이심이라』(11절). 히브리서 11:31에서 말하는 라합의 믿음이 바로 이것이다. 야고보서 2:25에서 말하는 라합의 행위는 여호수아 2:21,22에 나온다. 라합의 행위가 그녀의 믿음을 나타내 보인 것이다.

13절에서 라합이 자신의 구원만 요구한 것이 아님에 주목하라. 이스라엘의 군대가 여리코를 멸망시킬 때, 그녀는 그녀 자신뿐만 아니라, 자신의 아버지, 어머니, 형제들, 자매들, 즉 가족의 구원을 요구한다. 바울은 빌립보 간수에게 『**주 예수 그리스도를 믿으라. 그리하면 너와 네 집안이 구원을 받으리라.**』고 말했다(행 16:31). 그러나 바울은 빌립보 간수가 예수님을 믿는 것이 그의 가족 전체의 구원도 자동으로 보장해 준다는 뜻으로 말한 것이 아니다. 바울은 빌립보 간수의 가족 중 누구라도 빌립보 간수가 믿은 것처럼 예수 그리스도를 믿으면, 그 사람은 빌립보 간수가 구원받은 것과 똑같이 구원을 받게 된다는 뜻으로 말한 것이다. 이 구절에서 일어난 일도 동일하다.

정탐꾼들이 라합의 가족들을 구해 주기로 약속할 때 제시한 조건은, 유대인들이 여리코를 멸망시킬 때 라합의 가족이 라합의 집 안에 들어와 있으면 산다는 것이었다. 라합의 가족은 라합이 믿은 것처럼 이스라엘의 하나님께서 그분의 백성이 카나안인들을 멸망시키도록 허락하신 참 하나님이라는 사실을 믿어야 했다. 그들은 그러한 믿음을 행동으로 옮겼고, 그래서 라합의 집에 와서 여호수아에게 이끌려 나갈 때까지 계속 머물러 있었다(수 6:22,23). 정리하자면, "가족 구원"이 일어나려면 가족의 구성원 각자의 개인적인 믿음이 있어야 하며, 구약의 경우에는 각 개인의 믿음에 따른 행위도 함께 있어야 한다는 것이다.

2:14 그 사람들이 그녀에게 대답하기를 "너희가 우리의 이 일을 발설하지 아니하면 우리의 생명으로 너희를 대신하노라. 주께서 이 땅을 우리에게 주실 때, 우리가 너를 친절하고 진실하게 대우하리라." 하더라.

15 그러자 그녀가 그들을 창문을 통해 줄로 내려가게 하였으니, 이는 그녀의 집이 그 성읍의 성벽 위에 있어 그녀가 그 성벽 위에서 살았음이더라.

16 라합이 그들에게 말하기를 "쫓는 자들이 너희를 만나지 않도록 너희는 산으로 가서 쫓는 자들이 돌아올 때까지 거기서 삼 일을 숨어 있다가 그후에 너희가 너희 길을 갈지니라." 하니

17 그 사람들이 그녀에게 말하기를 "네가 우리로 맹세하게 한 너의 이
맹세에 대하여 우리가 흠이 없게 하리라.
18 보라, 우리가 이 땅으로 들어올 때에 네가 우리를 내려가게 한 창문
에 이 주홍실 줄을 매어 두고 네 아버지와 어머니와 형제들과 네 아
비의 가족 모두를 네 집으로 모을지니라.
19 누구든지 네 집 문들에서 거리로 나가는 자는 그의 피가 그의 머리
로 돌아갈 것이요 그래도 우리는 죄가 없으리라. 그러나 누구든지
너와 함께 집에 있는 그에게 누가 손을 대면 그의 피가 우리의 머리
로 돌아오게 되리라.
20 네가 우리의 이 일을 발설한다면 그때에 우리는 네가 우리로 맹세케
한 네 맹세에 대하여 무죄하리라." 하더라.
21 그녀가 말하기를 "너희의 말대로 할 것이라." 하고 그들을 보내니 그
들이 떠나니라. 그리고 그녀가 창문에다 주홍색 줄을 매니라.
22 그들이 가서 산에 이르러 쫓는 자들이 돌아가기까지 삼 일을 거기서
머물렀더니 그 쫓는 자들이 모든 길에서 줄곧 그들을 찾았으나 발견
하지 못하니라.

정탐꾼들은 라합의 요구에 동의했으나, 세 가지 조건이 붙었다. 첫째, 정탐꾼에 관하여 비밀을 지켜야 한다(14,20절). 둘째, 정탐꾼을 내려가게 한 창문에 주홍색 줄을 매어 두어 유대인들이 요단 강을 건너 여리코에 들어올 때 잘 보이도록 해야 한다(18절). 셋째, 가족들이 목숨을 부지하려면 그들 모두 라합의 집 안에 있어야 한다(19절).

마지막 조건에 주목하라. 라합의 가족은 구원받기 위해서 성읍의 지저

분한 곳인 홍등가로 내려가야 했고, 가족의 "골칫덩어리"였던 라합과 함께 윤락업소에 머물러 있어야 했다. 그들은 "범죄자들과 더불어 헤아림을 받아야" 했으며(막 15:28), 구원받기 위해서 상류 사회로부터 배척당해야만 했다. 누구든 구원받는다면, 그에게도 같은 상황이 벌어질 것이다. 그는 살인자, 도둑, 폭동선동자, 착취자, 매춘부과 함께 자신도 동일한 범죄자임을 인정해야 한다. 왜냐하면 예수 그리스도께서는 바로 "죄인들"을 구원하려고 오셨기 때문이다(눅 5:32의 주석을 보라). 오늘날 변개된 성경 번역본들은 마가복음 15:28을 제거해 버렸다. 이 번역본들에 따르면, 구원받기 위해 그런 범죄자들과 자신이 같은 부류임을 인정하지 않아도 되는 것이다(롬 3:10-23을 읽어 보라).

『**그러자 그녀가 그들을 창문을 통해 줄로 내려가게 하였으니**』(15절). 여기의 『**줄**』(cord)은 라합의 구원에 필수적이다(정탐꾼들이 제시한 두 번째 조건을 보라). 이것은 18절에서는 『**주홍실 줄**』(line of scarlet thread)로, 21절에서는 『**주홍색 줄**』(scarlet line)로 불린다. 이것은 가는 줄들(cords)로 엮어 만든 굵은 줄(line)이다. 그리고 각각의 가는 줄(cord)은 실들(threads)로 만들어져 있다. 그런데 그 가는 줄들 하나하나가 주홍색 실들로 되어 있다. 그러므로 이 줄(line)은 그것을 늘어뜨리면 『**주홍실**』이 꼭대기에서 바닥까지 둥글게 꼬이면서 내려가는 2,3cm 두께의 줄인 것이고, 그 주홍실이 창녀의 창문 밖에 매달려 있었던 것이다. 그래서 오늘날까지도 "매춘부"들이 포진하고 있는 지역을 "홍등가"라고 부르는 것이다.

주홍실은 분명 구원을 보여 주는 그림이다. 그래서 우리는 많은 설교자들과 성경 교사들이 성경을 관통하는 "구속의 주홍실"에 관해 말하는 것을 듣게 된다. 즉 그들은 구약에서 죄인들을 구속하는 그리스도의 예표들에 관해 이야기함으로써(예를 들면 하나님께서 아담과 이브를 위해 만드신 가죽옷, 아벨, 노아의 방주, 아브라함이 제물로 이삭을 바치려 했던 일, 유월절 어린양 등) 결국 죄인들을 위해 십자가에서 못박혀 죽으신 예수 그리스도와 신약의 복음을 설교하는 것이다.

여기 이 구절의 주홍실은 예수 그리스도의 보혈을 의미하는 예표이다. 출애굽기 12장에서 문기둥들에 뿌려진 피가 예수 그리스도의 보혈을 의미하는 예표였던 것과 정확히 일치한다. 실제로 본문 19절을 보고, 라합과 그녀의 가족에게 주어진 조건이 첫 유월절에 유대인들에게 주어진 조건과 같다는 사실에 주목하라. 그들은 피가 뿌려진 집에서 나오지 말아야 했다. 만약 그 집에서 나온다면, "죽음의 천사"에게 "사냥감"이 되었을 것이다(출 12:22,23).

그 주홍실은 성읍에서 가장 죄 많은 여자와 그녀의 가족을 보호하기 위해 창 밖에 걸려 있었다. 예수 그리스도께서도 바리새인들과 서기관들에게 『**세리들과 창녀들이 너희보다 먼저 하나님의 나라에 들어갈 것이니라.**』고 말씀하셨다(마 21:31). 라합처럼 나쁜 여자는 자신이 구속받아야 할 죄인이라는 사실을 알고 있다. 그러나 매우 종교적인 사람들은 회개할 필요성을 느끼지 못하고, 자신의 죄들을 위한 예수 그리스도의 보혈의 희생을 신뢰하지 않는다. 그들은 그들 자신이 스스로 구원을 성취할 수 있을 만큼 충분히 선하다고 생각한다. 결과적으로, 그들은 구원을 놓치고 만다.

오늘날 유행하는 현대판 "구원 계획"은, 지옥에 갈 수밖에 없는 죄인을 존경받을 만한 사람인 양 여기게 만들고, 그 죄인과 헤어질 때에도 그가 스스로를 존경받을 만한 사람으로 여기게 만든다. 결국 이러한 현대판 구원 계획은 그처럼 죄인이 자신의 죄 문제를 해결 못하고 지옥의 불구덩이에 내던져지도록 만드는 것이다. 그러나 하나님의 말씀 어디에도 존경받을 만한 사람인데 구원받았다는 말씀은 없다. 우리 구주께서는 도둑과 살인자처럼 죽임을 당하셨다. 그분께서는 『**진영 밖에서**』 범죄자처럼 사형을 당하셨다. 벌거벗김을 당하셨고 수치를 당하셨으며, 채찍질당하셨고 침 뱉음을 당하셨다. 이 점에 관해 존경받을 만한 것은 아무것도 없다. 누군가가 구원받고자 한다면, 그는 자신의 거만함을 내려놓고, 수치스럽지만 자신이 죄인임을 인정해야 한다. 그러나 미국의 평균적인 중산층과 상류층은 다른 죄인들처럼 이렇게 낮아져서 자신이 지옥에 갈 수밖에 없는 죄인이라는 사실을 시인하기를 싫어한다.

자, 무엇보다도, 라합이 창 밖에 매어 둔 이 밧줄은 『**줄**』(cord)이라고 불린다. 줄은 무언가를 다른 것에 묶는 데 사용한다. 예수 그리스도의 보혈은 죄인을 그의 구속주와 함께 묶어 준다. 사무엘상 25:29에서 아비가일은 다윗에게 『**내 주의 혼은 주 당신의 하나님과 함께 생명의 묶음 안에 묶여 있으리이다.**』라고 말한다. 옛 찬송가에 이런 내용이 있다. "내 주 그리스도의 약속들 위에 서서, 사랑의 강한 줄로 그분께 영원히 묶여 있네." 신약에서는 성도가 주님과 갖는 연대가 매우 강하기 때문에 그것을 아내가 남편에게 묶인 것으로 표현한다(롬 7:2, 고전 7:27,39을 보라). 누구라도 구원받으면, 그는 그리스도의 신부가 되고 신랑에게 매우 밀접하게 묶인 나머지 신랑의 살과 뼈의 일부가 된다(엡 5:22,23). 주님의 살과 뼈의 일부가 되어 주님과 하나가 된 것이다!

호세아 11:4에서 하나님께서는 이스라엘에게 이렇게 말씀하셨다. 『**내가 사람의 줄, 사랑의 줄로 그들을 이끌었고, 내가 그들에게 그들의 턱에서 멍에를 벗기는 자들 같았으며, 내가 그들에게 음식을 두었노라.**』 예수 그리스도와 그분의 의에 묶이는 것은 "그들의 턱에서 멍에를 벗긴다"에서 알 수 있듯이 자유를 주는 일이며, "그들에게 음식을 두었다."고 하신 것처럼 생명을 주는 일이다.

예수 그리스도께서는 말씀하셨다. 『**수고하고 무거운 짐진 자들아, 다 내게로 오라. 그러면 내가 너희에게 쉼을 주리라. 나는 마음이 온유하고 겸손하니, 내 멍에를 메고 나에게서 배우라. 그리하면 너희가 너희 혼에 쉼을 얻으리라**』(마 11:28).

둘째, 그 밧줄은 『**실**』이라 불린다. 실은 물건을 수선하는 일과 관련이 있다. 구원은 죄인을 고치는 일이다. 구원은 그 죄인의 잘못된 부분을 수선한다. 게다가 실은 작고 사소한 물건이다. 세상도 예수 그리스도를 가볍게 여기고 예수님께서 그들의 죄들을 위해 십자가에서 죽으신 것을 대수롭지 않게 여긴다.

이사야는 『**그는 사람들에게서 멸시받고 거부되었으며... 그는 멸시받았고 우리는 그를 존중하지 아니하였도다.**』(사 53:3)라고 말했고, 바울도 『**십자가를 전파하는 것이 멸망하는 자들에게는 어리석은 것이지만**』(고전 1:18)이라고 말했다.

그래서 하나님께서 그분의 아들의 보혈을 통한 구원을 보여 주고자 하셨을 때, 하나님께서는 주홍실 같은 작고 사소한 것을 예표로 삼으신 것이다. 성경은 『**누가 작은 일들의 날을 멸시하였느냐?**』(슥 4:10)라고 말씀하신다. 어떻게 하면 하늘나라에 갈 수 있는가? 십자가에 못박혀 죽은 유대인을 신뢰해야만 한다. 이보다 더 사소하고 하찮게 보이는 일이 있겠는가? 죄인들이 보기에는 이것은 미친 짓이다. 그러나 "그것은 하나님께서 택하신 방법이다."

어떤 사람은 "구원받기 위해서는 이것 말고 뭔가 더 있어야만 해."라고 말할지 모르겠다. 아니다. 이것만 있으면 된다. 이것이 하나님께서 말씀하신 것을 믿지 않는 사람들을 바보로 만드시는 하나님의 방법이다. 십자가에 못박혀 죽은 유대인이 어떻게 우리를 하늘로 데려갈 수 있는가? 죄인들이 자기 지성으로 생각하기에는 말이 안 되는 것처럼 보인다. 그래서 성경은 복음을 『**하나님의 어리석음**』(고전 1:25)이라고 말씀하는 것이다. 성경은 『**하나님께서 세상의 어리석은 것들을 선택하심은 지혜로운 자들로 부끄럽게 하시려는 것이요**』(고전 1:27)라고 말씀한다. 그러나 하나님으로부터 『**지혜와 의와 거룩함과 구속**』을 얻고자 한다면, 십자가에서 죽은 그 유대인, 곧 예수님을 통해서 하나님께 나아가야만 하는 것이다(고전 1:30).

마지막으로, 이 밧줄은 『**줄**』(line)이라고 불린다. 줄은 무언가를 붙잡기 위해 놓여 있다. 빨랫줄은 빨래집게로 빨래를 붙들기 위한 것이다. 전선은 전선을 통과해 가는 전기를 붙잡고 있다. 구명 밧줄은 그것을 쥐고 있는 사람을 붙들기 위한 것이다. 구원은 우리를 붙들어서 불못에 가지 않도록 해 주는 줄이다.

그뿐 아니라 줄은 어떤 것을 다른 것에 연결해 준다. 전화선과 전보선은 사람과 사람을 연결해 준다. 구원은 구원받은 사람과 하나님을 연결해 준다. 우리는 언제든 필요한 때면 하늘나라에 전화해서 하나님께 도움을 요청할 수 있다(히 4:16).

『**네가 우리의 이 일을 발설한다면 그때에 우리는 네가 우리로 맹세케 한 네 맹세에 대하여 무죄하리라." 하더라**』(20절). 여기 『**무죄하리라**』(will be quit)에서 사용된 영어 단어 "큇"(quit)의 용례에 주목하라. 사무엘상 4:9과 고린도전서 16:13에서 이 단어는 "어떤 방식으로 행동하다."라는 뜻으로 사용되었다. 고린도전서 16:13의 『**남자답게 처신하라**』(Quit you like men)는 "남자처럼 행동하라," "일을 남자처럼 처리하라"는 뜻이다. 여기 본문에서의 "큇"(quit)은 "의무나 책임에서 면제되다."라는 의미이다. 말하자면, 라합이 마음을 바꾸어 정탐꾼에 대해 발설함으로써 정탐꾼들이 요단 강을 건너기 전에 붙잡히면, 모든 거래는 무효가 되고 성읍이 멸망당할 때 라합과 그녀의 가족이 구원받을 수 없음을 말한 것이다.

『**그들이 가서 산에 이르러 쫓는 자들이 돌아가기까지 삼 일을 거기서 머물렀더니 그 쫓는 자들이 모든 길에서 줄곧 그들을 찾았으나 발견하지 못하니라**』(22절). 정탐꾼들은 16절에서 한 라합의 충고를 받아들인다. 주석가들과 해설가들에 의하면, 『**산**』은 동굴이 많은 여리코 북쪽 산지의 정상이다. 정탐꾼들은 수색대가 수색을 포기하고 여리코로 돌아갈 때까지 3일간 여기에 숨는다. 여호수아가 1:11에서 백성들에게 『**삼 일 안에 너희가 이 요단을 건너**』리라고 말했고, 이 내용이 3:2에서도 반복되기 때문에, 여호수아 2장에서 우리가 읽은 내용은 1:11 이전에 일어났던 일을 설명한 삽입부이다.

2:23 그러므로 그 두 사람이 돌이켜 산에서 내려와 강을 건너 눈의 아들

여호수아에게 와서 그들에게 일어난 모든 일을 그에게 고하더라.
24 그들이 여호수아에게 말하기를 "참으로 주께서 그 땅 모두를 우리의 손에 넘겨주셨으니 그 땅의 모든 거민들마저도 우리로 인하여 힘이 빠졌나이다." 하더라.

『**그러므로 그 두 사람이 돌이켜 산에서 내려와 강을 건너 눈의 아들 여호수아에게 와서 그들에게 일어난 모든 일을 그에게 고하더라**』(23절). 두 명의 정탐꾼은 돌아와 여호수아에게 보고를 한다. 이 구절에서 신약에 적용할 수 있는 좋은 영적 교훈은, 예수 그리스도를 전파하는 성도들은 그들을 통해서 하나님께서 행하신 일들을 간증으로 나누어 다른 사람들에게 용기를 북돋워 주어야 한다는 것이다. 베드로와 요한은 사도행전 4장에서 산헤드린 공회에 의해 위협을 당한 후, 돌아와서 그들에게 있었던 일들을 다른 성도들에게 알린다(행 4:23). 결과적으로 그들은 기도하고 성령으로 충만하게 된다(행 4:24-31). 바울과 바나바도 안티옥 교회로 돌아와 선교 보고를 한다. 『**그들이 도착한 후 교회가 함께 모여 하나님께서 그들과 함께 행하신 일들과 이방인들에게 믿음의 문을 열어 주신 것을 모두 설명하더라**』(행 14:27). 바울이 야고보와 예루살렘 교회의 장로들에게 『**그의 사역을 통하여 하나님께서 이방인들에게 행하신 일들**』을 설명하였을 때, 형제들은 주님께 영광을 돌렸다(행 21:19,20). 그러므로 예수 그리스도를 전파하는 성도들은 서로에게 간증하고, 그 간증을 통해서 다른 성도들에게 용기를 주고 권면해야 하는 것이다.

『**그들이 여호수아에게 말하기를 "참으로 주께서 그 땅 모두를 우리의**

손에 넘겨주셨으니 그 땅의 모든 거민들마저도 우리로 인하여 힘이 빠졌나이다." 하더라』(24절). 두 명의 정탐꾼은 9-11절의 라합에게서 얻은 "정보"를 여호수아에게 보고한다. 예언적으로 24절의 내용은 재림 때에도 그대로 성취될 것이다(계 6:15-17). 그리스도인들을 위해 영적으로 적용하자면, 이것은 성도가 예수 그리스도 안에서 누리는 온전한 승리를 가리킨다(1:2의 주석을 보라).

여호수아 3장

3:1 여호수아가 아침 일찍 일어나서 그와 모든 이스라엘 자손이 싯딤에 서 이동하여 요단에 이르러서 건너기 전에 거기서 묵으니라.
2 삼 일 후에 관원들이 진중을 두루 다니며,
3 백성에게 명령하여 말하기를 "너희가 주 너희 하나님의 언약궤와 레위인 제사장들이 그것을 메는 것을 보거든 그때에 너희는 너희 자리에서 이동하여 그것을 따라가라.
4 너희와 언약궤 사이에 약 이천 큐빗을 재어 간격을 두고 그것에 가까이 오지 말라. 너희가 가야 할 길을 알게 되리니 이는 너희가 이전에 그 길을 지나가 보지 못하였음이라." 하더라.

여호수아 3:1은 1:10-18 바로 뒤에 이어지는 내용이다. 『**싯딤**』은 모압 평원에 있는 성읍이었다(민 22:1, cf. 민 25:1). 사해로부터 북동쪽으로

16km 정도, 요단 강으로부터 13km 정도 떨어진 곳에 있다. 싯딤은 이스라엘이 요단 강을 건너기 전 마지막 야영지였다. 싯딤은 이스라엘인들이 모압인들과 우상 숭배 의식의 일부분으로서 음행을 저질렀던 곳인데(민 25:1-3), 이 일은 발라암이 이스라엘 자손들을 직접 저주하지 못하게 되자 그가 발락에게 조언을 줌으로써 이루어졌다(미 6:5). 여호수아는 싯딤에서 두 명의 정탐꾼을 파견한다. 천년왕국 기간 동안에, 성전에서(겔 47장) 한 생명의 강이 흘러나오는데(새 예루살렘의 하나님의 보좌에서 흘러나오는 "생명수의 강"의 예표, 계 22:1), 이 생명의 강이 『**싯팀 골짜기**』(욜 3:18)를 따라 사해(the Dead Sea)로 흘러 들어가 그것을 살릴 것이다(더 자세한 내용은 슥 14:8의 주석을 보라).

『**그와 모든 이스라엘 자손이 싯팀에서 이동하여 요단에 이르러서 건너기 전에 거기서 묵으니라**』(1절). 이 구절은 그리스도인의 영적 전쟁을 위한 교훈을 보여 준다. 즉 전쟁을 수행하기 전에 휴식과 준비의 시간이 필요하다는 것이다. 그리스도인은 매일의 도전에 당면하기 전에, 기도와 성경으로 그날의 도전에 대비해 영적으로 충전하는 시간을 가져야 하는 것이다.

이스라엘은 삼 일 동안 요단 강가에서 쉬었다(2절). 삼 일은 1:11에서 여호수아가 명령한 바와 같이 음식을 준비하는 데 필요한 시간으로 쓴 것이다. 이 기간 동안에 무기와 장비도 정비했을 수 있다. 어쩌면 이 기간에 이스라엘 백성은 어려운 문제들을 겪었을 수도 있다. 왜냐하면 해마다 이 시기에는 요단 강이 헤르몬 산으로부터 내려온 눈 녹은 물로 강이 불어나서 강둑이 넘치기 때문이다(15절). 요단 강의 물은 급류처럼 그곳을 통과하여 흘러가고 있었다. 유대인들은 그것을 보았을 것이고, 도대체 어떻게 그곳을 건널 수 있을지 의심했을 것이다.

전투에 임하기 전에 주님께서는 우리에게 그 전투와 관련된 어려움들을 보여 주신다. 우리가 그 어려움을 보고 마음이 약해지지 않는지 확인하시기 위해 우리의 믿음을 시험하시는 것이다. 내가 입대하여 훈련받은 부대에서는, 공병들이 우기가 오기 전에 늪지를 깨끗이 정비해 놓는다. 그런 후에 우기가 되어 3주 동안 매일 비가 내리고 나면, 부대가 주둔한 지역 전체가 40cm 정도 높이의 물에 잠긴다. 미 육군 공병단이 그곳을 정비해 주겠다고 했지만, 어떤 부유한 개인 건설업자가 그곳으로 들어와서 무료로 복구해 주었다. 그러나 우리 군인들이 실제로 싸워야 하는 전투지는 물에 잠긴 늪지와 같은 지역이다. 남태평양은 계절풍 때문에 우기로 인한 강수량이 대단하다. 그래서 군인은 그런 엉망진창인 환경 속에서도 싸우고 작전을 수행할 수 있도록 준비되어야만 한다.

유대인들은 범람하는 물들을 바라보며 요단 강을 건너갈 수 있을지 고민했을 수도 있지만, 최소한 그들은 약속한 대로 여호수아의 말에 경청하며 따르고 있었다. 하나님께서는 그들의 믿음과 순종을 존중하시고, 그들을 위해 무언가를 곧 실행하실 것이다.

『백성에게 명령하여 말하기를 "너희가 주 너희 하나님의 언약궤와 레위인 제사장들이 그것을 메는 것을 보거든 그때에 너희는 너희 자리에서 이동하여 그것을 따라가라』(3절). 하나님께서는 이스라엘 자손들이 이집트를 떠난 이래로 줄곧 낮에는 구름 기둥으로, 밤에는 불 기둥으로 그들을 인도해 오셨다(출 13:21). 지금까지는 하나님께서 그들을 어디로 인도

하시는지 알기 위해 위를 올려다봐야만 했었다. 그러나 지금 그들은 언약궤를 옮기는 사람들이 있는 쪽, 즉 앞을 바라보고 있다. 그들의 인도자가 땅에 있는 것이다.

이 예표가 보여 주는 것은, 우리가 구원받을 때는 믿음으로 하늘을 올려다보고, 하늘에서 내려오셨다가 하늘로 올라가신 하나님의 아들을 영접했다는 것이다. 그러나 우리는 그리스도인으로서의 삶을 살면서 그 "언약궤"가 우리의 몸 안에 있다는 사실을 깨닫게 된다(고전 6:19). 예수 그리스도께서는 성령님을 통해 우리 안에 살고 계시는 것이다(골 1:27). 성령님께서는 그분의 진리의 말씀을 통해 우리를 인도하신다(요 16:13; 17:17). 그래서 우리는 우리의 인도자가 이 땅에 계심을 깨닫게 된다. 이것이 은사주의와 신자유주의[Emerging Church, 이머징(신흥) 교회]의 문제점인데, 그들은 주님의 인도하심을 그분의 말씀을 통해 따르려 하지 않는 것이다. 그들은 언제나 하나님께서 무릎에 놓아 주신 그 성경에서 찾을 수 없는 어떤 새로운 계시를 구하고 있다.

이제 이스라엘 백성은 자기들과 언약궤 사이에 2,000큐빗의 거리를 유지해야만 한다(4절). 2,000큐빗은 약 900m의 거리이다. 그렇게 해서 그들은 언약궤가 어느 방향으로 가는지 분명히 볼 수 있었다. 언약궤가 그들을 인도하고 있었고, 언약궤의 하나님께서 그것을 옮기는 제사장들을 인도하고 계셨다. 이렇게 할 필요가 있었던 것은 "이전에 그 길을 지나가 보지 못하였기" 때문이다(4절). 그들은 새로운 영토를 가로지르고 있었고, 믿음으로만 하나님을 따라야 했다. 이는 우리가 갓 구원받은 그리스도인을 보고 감동받는 이유이기도 하다. 그에게는 모든 것이 새롭고 신

선하다. 갓 구원받은 그리스도인은 교회 "정치"나 육신적인 형제들이나 "어떻게 영적인 척하는지"에 대해서 아무것도 모른다. 그는 어린아이처럼 진리에 열려 있고 교활함이 없다. 그가 아는 것이라고는 자기가 구원받았다는 것과 하나님을 사랑한다는 것뿐이다.

『**너희와 언약궤 사이에 약 이천 큐빗을 재어 간격을 두고**』(4절). 이 구절의 적용에 대해 꼭 내가 설명하는 것이 옳다고는 말하지 않을 것이다. 그러나 2,000이라는 수를 보라. 이것은 예수 그리스도의 초림과 재림 사이의 시간 간격인 2,000년과 일치한다(벧후 3:8의 주석을 보라). 이스라엘 백성들은 40년 전 홍해를 건넜던 것과 똑같이 요단 강을 건너려고 한다. 홍해(Red Sea)가 무엇의 예표인지 아는가? 둘째 하늘과 셋째 하늘을 나누는 물층의 예표이다. 그 물층은 예수 그리스도의 부활 이후에 그분의 피로 붉게 물들어(dyed red) 있다. 그 물층의 꼭대기는 얼어 있지만, 거기에는 성도들이 휴거되어 올라갈 때 통과해 지나갈 한 문이 있다(계 4:1).

그러므로 홍해를 건넌 것은 교회의 휴거를 보여 주는 예표이다. 그것이 여기 여호수아 3장에서 반복되려는 것이다. 언약궤와 이스라엘 백성 사이의 2,000큐빗은, 우리 주님께서 위에 있는 "홍해"를 통과하여 올라가신 때와 우리가 휴거로 그곳을 통과해 올라갈 때 사이에 놓인 2,000년이라는 시간 간격을 보여 준다. 앞에서 말했듯이, 이 해석에 있어서 내가 꼭 옳다고 하지는 않겠다. 적어도 내게는 그렇게 보인다는 것이다. 이 부분에 관해 더 깊이 공부하려면, 히브리서 9:11-14의 주석을 보도록 하라.

신약의 하나님의 자녀를 위해서 실제적인 적용을 해 보도록 하자. 대부분의 그리스도인들의 문제점은 베드로처럼 주님으로부터 너무 멀리 떨어져서 따르고 있거나(마 26:58, 눅 22:54의 주석을 보라), 주님보다 너무 앞서 달려간다는 것이다. 보통의 그리스도인은 행렬 뒤로 너무 뒤처져 있기에, 주님께서 그에게 무언가를 말씀하실 때 너무 멀리 있어서 그 말씀을 듣지 못한다. 주님께서 설교자나 선교사로 부르신 그리스도인들이 그 부르심을 깨닫지 못하는 이유는, 그들이 주님으로부터 너무 멀리 떨어져 주님의 말씀이 들리지 않기 때문이다.

그런가 하면 어떤 그리스도인들은 주님의 인도하심을 숙고하지 않고 인생 계획을 세운다. 만일 그들이 가는 길을 멈추고 뒤돌아본다면, 주님께서 한참 전에 그들과 다른 길로 가 버리셨다는 사실을 깨닫고 놀랄 것이다. 주님의 명령을 똑바로 보라. 『**나를 따라오라**』(눅 5:27의 주석을 보라). 쉽게 말하면 주님께서는 우리 앞에 가는 정찰병이시라는 뜻이다. 주님께서는 구보하거나 행군할 때 보조를 맞춰 따라가야 하는 "포인트맨"이시다. 우리는 멀리 뒤처져 가거나 앞서가서는 안 된다.

만일 당신이 그리스도인으로서 마땅히 살아야 할 믿음의 삶 속에서 주님을 따르고 있다면, 당신은 이전에 알지 못했던 방식으로 주님께서 당신을 인도하고 계신다는 사실을 깨닫게 될 것이다. 그리스도인으로서 당신의 안전은 당신이 주님의 명령에 복종하고 있는가와 주님보다 앞서지 않고 주님을 따라가고 있는가에 달려 있다.

나는 펜사콜라성경신학원에 입학한 젊은이들을 쭉 지켜보았다. 구원받은 지 오래되었든지, 아니면 아직 "초짜"이든지 간에, 학생들 대부분은 펜사콜라에 내려오기 전에 누렸던 삶을 기대하지 않는다. 이곳에서 학생들은 대개 고향에서 벌 수 있는 수입의 반이나 삼 분의 일밖에 안 주는 직업을 가져야 한다. 트레일러에서 숙식하고, 몇몇은 크래커에 땅콩버터를 발라먹으며 살기도 한다. 바퀴벌레와 모기가 우글대는 트레일러에서 사는 것이다. 북부에서 살던 학생들에게는 이런 해충들을 접하는 것이 충격이다. 일도 하고 강의도 듣고 공부도 해야 하기 때문에, 가족과 함께 하거나 여가 활동을 할 시간은 거의 없다. 주님께서 그들에게 너무나 많은 일들을 주시고, 신경 써야 할 것도 한두 가지가 아니기 때문에, 그들은 그들 자신에게 어떤 일이 일어나고 있는지 잘 깨닫지를 못한다. 그러나 그들이 그 모든 일을 겪는 동안, 하나님의 말씀이 그들 안에 깊이 뿌리를 내리는 것이며, 그런 방식으로 은혜 안에서 성장하는 것이다. 학생들은 이전에 그런 방식의 삶을 살아 본 적이 없지만, 주님의 인도하심을 따르면서 그들의 과업을 완수하게 되는 것이다.

그렇게 살고 난 후 학생들은 사역에 들어가기 위해 이곳을 떠난다. 그들은 3년 동안 훌륭한 성경적 가르침과 성경적 설교를 누리며, 회중이 역동적으로 하나님께 찬송하고 함성 지르고 찬양하는 곳에 있었다. 그 뒤 세상에 다시 나가면 상황이 힘겨울 수 있다. 상황이 펜사콜라성경신학원에 내려오기 전과 같지 않고, 이제는 많은 것들이 다르다. 그들은 사역에 들어가고 있는 것이다. 전에는 그와 같은 길을 지나 본 적이 없다. 그렇기에 주님을 믿음으로 계속 따라가야 하는 것이다.

3:5 여호수아가 백성에게 말하기를 "너희는 스스로를 성결케 하라. 내일
이면 주께서 너희 가운데 이적들을 행하시리라." 하더라.
6 여호수아가 제사장들에게 일러 말하기를 "언약궤를 메고 백성 앞서

건너라." 하니 그들이 언약궤를 메고 백성 앞서 가더라.
7 주께서 여호수아에게 말씀하시기를 "내가 오늘부터 모든 이스라엘의 목전에서 너를 크게 하리니 그들은 내가 모세와 함께하였던 것처럼, 내가 너와 함께하리라는 것을 알리라.
8 너는 언약궤를 메는 제사장들에게 명령하여 말할지니 '너희가 요단 물가에 이르거든 너희는 요단에 가만히 들어가 서 있으라.' 하라." 하시니라.

『**너희는 스스로를 성결케 하라**[Sanctify yourselves]』(5절). 하나님께서 성별(separation)을 말씀하고 계신다. 곧 "하나님께 드리기 위해 너 자신을 따로 떼어 놓으라."는 것이기 때문에, 성별은 깨끗하게 하는 것을 포함하는 말이다. 바울은 『**너희 몸을 하나님께서 기뻐하시는 거룩한 산 제물로 드리라.**』(롬 12:1)고 했다. 예수 그리스도께서는 『**아버지의 진리로 그들을 거룩하게 하여 주옵소서. 아버지의 말씀은 진리니이다.**』(요 17:17)라고 하셨다. 야곱은 그의 가족에게 『**너희 가운데 있는 이방 신들을 버리고 정결케 하**』라고 했다(창 35:2).

5절의 『**이적들**』은 기적으로 나타나는 표적들을 말한다(출 4:17,21). 물론 표적들은 유대인에게 주어진 것이다(고전 1:22). 이제 하나님께서는 그분께서 모세와 함께하셨듯이 여호수아와도 함께하심을 의심하지 않도록 유대인들에게 이적을 보여 주시려고 하신다(7절).

『**여호수아가 제사장들에게 일러 말하기를**』(6절). 이것은 중요하다. 보는 바와 같이 제사장에게 명령하고 있는 사람은 레위인이 아니다. 모세는 물론 레위인이었다. 그의 형 아론은 최초의 대제사장이었다. 모세는 제사장 지파 출신이지만, 여호수아는 에프라임 지파 출신이다(민 13:8). 여기서도 여호수아는 예수 그리스도의 예표가 된다. 신약의 "여호수아"께서도 레위 지파에서 나지 않으셨기 때문이다. 주님은 유다 지파 출신이시다(히 7:13,14). 그래서 여호수아는 레위 지파가 아니면서도 아론의 대제사장직과 레위 지파의 제사장직보다 우월한 지위를 가지신 주 예수 그리스도의 예표가 되는 것이다.

이제 여호수아는 『**요단 물가에 이르거든 너희는 요단에 가만히 들어가서 있으라.**』(8절)고 제사장들에게 명령한다. 이것은 주님께서 물을 가르시는 역사를 하시기 위한 준비이다(15-17절). 우리는 여기서 초림과 재림 때의 주 예수 그리스도를 볼 수 있다.

여호수아는 정탐꾼들이 건넜던 바로 그 나루 지점에서 요단 강을 건넌다(cf. 2:7). 이곳은 구약에서는 『**벳바라**』라고 불리고(판 7:24), 신약에서는 『**베다바라**』라고 불린다(요 1:28). 이 말은 "여울의 집"이라는 뜻이다. 이곳은 예수 그리스도께서 침례를 받으신 장소이기도 하다(요 1:26-28; 3:26). 여기서 곧 일어날 일은 "침례"의 예표가 된다(고전 10:1,2).

또한 우리가 곧 읽을 내용은 재림의 예표이다. 여호수아는 곧 저주받은 성읍을 멸망시키려는 참이다. 우리 주 예수 그리스도께서는 이처럼 재림 때에 저주받은 성읍을 멸망시키실 것이다(신비의 바빌론, 계 18장).

성전이 세워지고 언약궤가 그 안에 자리 잡은 후, 솔로몬이 자신의 아내인 『**파라오의 딸**』에 관해 뭐라고 말했는지 아는가? 『**내 아내는 이스라엘 왕 다윗의 궁에 거하지 못하리니, 이는 주의 궤가 이르렀던 자리들은**

거룩함이라』(대하 8:11).

언약궤는 시내 산에서 만들어졌고, 거기서 위로 이동하여 "왕의 대로"가 지나는 곳에 있는 에돔을 거쳐 모압 땅에 이르렀으며, 그곳의 베다바라에서 요단 강을 건너 카나안 땅에 들어갔다. 언약궤가 가는 곳에는 항상 대량살상이 잇따랐다. 즉 3천 명이 시내 산에서 죽었다. 민수기 14장에서 카나안 땅에 들어가기를 거절한 세대는 40년간 광야를 방황하면서 여기저기에 파리처럼 죽어 넘어졌다. 언약궤가 싯팀에 도착했을 때는(1절의 주석을 보라) 모압인들이 죽었고, 미디안인들이 죽었고, 이스라엘인들이 죽었고, 아모리인들이 죽었다(민 21-31장). 마침내 언약궤가 카나안 땅에 들어가자, 31개의 도시국가 거주민들이 죽었다(12:24). 사무엘상 4장에서 필리스티아인들이 언약궤를 빼앗은 후에는 수천 명의 필리스티아안들이 죽었다(삼상 5장). 언약궤가 이스라엘에 돌아왔을 때에는 『**벧세메스인들**』이 언약궤 안을 들여다보았기 때문에 그들 가운데 5만 명이 넘는 사람들이 죽었다(삼상 6:19). 다윗이 언약궤를 예루살렘에 가져오려 했을 때, 언약궤가 수레 위에서 흔들리자 웃사가 감히 "하나님을 도와드리려고" 손을 내밀어 언약궤를 붙잡았다. 그는 5만 볼트의 전기에 감전되어 급사하고 말았다(삼하 6:6,7).

언약궤는 거룩하며, 언약궤가 어디로 가든지 여전히 거룩하다. 하나님께서는 그분의 거룩함을 침범하는 자는 그가 누구일지라도 그를 죽이심으로써 그것을 증명하셨다. 그러므로 예수 그리스도께서 돌아오실 때, 주님은 언약궤가 이동한 바로 그 경로를 따라 오실 것이며(합 3장의 주석을 보라), 그 길에 있는 자들은 누구든지 도륙하실 것이다. 왜 그렇게 하시는가? 그분은 이 땅의 통치권을 탈환하시기 위해 돌아오시는 거룩하신 하나님이시기 때문이다(슥 14장). 그 때가 오면, 땅에 남아 있던 자들은 그 분께 경배하든지, 아니면 불타고 강타당하고 산산조각으로 난도질당할 것이다. 이분이 바로 자유주의자들과 "신자유주의자들"이 말하는 "사랑의 하나님"이시다.

"미소를 지어라! 즐겁게 하루를 보내라! 기억하라. 하나님께서는 당신을 사랑하셔서 당신의 삶을 위한 놀라운 계획을 가지고 계신다!" 죄에 대한 하나님의 심판과 주 예수 그리스도의 재림을 무시하는 이런 메시지들이 얼마나 가증한 것인지 알겠는가?

3:9 여호수아가 이스라엘 자손에게 말하기를 "이리 와서 주 너희 하나님의 말씀을 들으라." 하고

10 여호수아가 말하기를 "너희는 살아 계신 하나님이 너희 가운데 계심을 이로써 알지니 그분이 너희 앞에서 카나안인과 힛인과 히위인과 프리스인과 기르가스인과 아모리인과 여부스인을 반드시 쫓아내시리라.

11 보라, 온 땅의 주의 언약궤가 너희 앞서 요단으로 들어가 건너느니라.

12 그러므로 이제 이스라엘 지파 중에서 각 지파에서 한 사람씩 열두 사람을 뽑으라.

13 온 땅의 주이신 주의 궤를 멘 제사장들의 발바닥이 요단 물 속에 내려서면 곧 요단 물은 위에서 내려오는 물부터 끊어지고 그 물은 물무더기를 이루어 서리라." 하더라.

하나님께서 부르신 설교자는 9절처럼 회중을 초청해야 한다. 『**이리 와서 주 너희 하나님의 말씀을 들으라.**』 오늘날 미국의 평범한 교인들은 교회라는 곳에 가서 자기 개발, 사회주의, 심리학의 기독교적 각색, 도덕적 해이, "긍정적 사고방식" 따위를 얻어온다. 바울은 믿음 안에서 아들 된 디모데에게 『**말씀을 전파하라.**』(딤후 4:2)고 했다. 결코 "기독교적인" 심리치료, 시민권, 여론, 평화와 번영 따위를 전파하라고 하지 않았다. 미국이 오늘날처럼 엉망진창이 된 이유는, 설교자들이 그들의 회중에게 『**주의 말씀들**』을 전파하지 않았기 때문이다. 하나님의 말씀들은 『**영**』이요 『**생명**』인데(요 6:63), 설교자들이 이 말씀들은 버리고 메시지들, 원리들, 믿음의 근본사항들, 번역본들, 필사본들, (필사본) 본문들, 또 아무짝에도 쓸모없는 학자들의 견해들을 운운하고 있는 것이다.

10절에는 이스라엘이 멸망시켜야 할 민족들의 목록이 나온다. 창세기 15:19-21에는 10개의 민족들이 나오고, 출애굽기 13:5에는 5개의 민족들이 나온다. 그러나 여기 제시된 목록은 신명기 7:1에 나온 『**일곱 민족**』이다. 이 일곱 민족이 모두 함족임을 주목하라(창 10:15-20).

11절에 『**온 땅의 주의 언약궤**』라는 특별한 표현이 나온다. 모세오경의 표현은 "아브라함과 이삭과 야곱의 하나님"이다. 『**온 땅의 주**』와 가장 가까운 표현은 창세기 18:25에 나오는데, 거기서 아브라함은 하나님을 『**온 땅의 심판자**』라고 부른다. 『**온 땅의 주**』와 『**온 땅의 심판자**』라는 표현은 둘 다 재림과 관련된다. 구약에서 하나님께서는 아브라함과 이삭과 야곱의 하나님, 즉 유대인들의 하나님이시다. 신약에서 그분은 하나님의 거듭난 자녀인 교회의 하나님이시다. 그러나 예수 그리스도께서 돌아오시면 마태복음 25:31-46에 나온 바와 같이 『**모든 민족들**』을 심판하실 것이다. 성경은 『**주께서는 온 땅을 치리할 왕이 되**』실 것이라고 말씀하고 있다 (슥 14:9).

우리는 열두 지파에서 열두 명을 선발하는 목적에 대해 4장에서 더 많은 것들을 논의할 것이다. 여기 13절에서 여호수아는 마침내 백성들에게 주님께서 하실 일을 말한다. 하나님께서는 요단 강의 물을 멈추시고, 홍해를 건널 때와 똑같이 이스라엘 자손들이 마른 땅을 건너게 하실 것이다.

사실 이것은 홍해를 건넜던 기적을 능가하는 기적이 될 것이다. 배교한 학자들은 홍해에서 바다가 갈라진 기적에 대해 온갖 종류의 설명을 갖다 붙인다. 얕은 "갈대 바다"를 건넌 것이라는 둥, 에게 해의 섬이 폭발할 때 지진해일이 일어나 물을 이동시켰다는 둥 그들의 불신을 만족시키기 위해 온갖 이론을 꾸며내는 것이다. 그러나 홍수기에 빠른 유속으로 흘러가는 강물을 멈추게 한 것은 뭐라 설명하겠는가? 하나님께서는 여기서 물들이 멈추고 『**물 무더기를 이루어 서리라.**』고 말씀하신다. 군대 전체가 요단 강을 다 건널 때까지 물이 공중에 쌓여 있었던 것이다(16절). "진흙 땅"이나 해일로 설명해 낼 수 있겠는가?

3:14 백성이 요단을 건너려고 그들의 장막을 떠나자 언약궤를 멘 제사장들이 백성 앞서 가서

15 궤를 멘 자들이 요단에 이르니 궤를 멘 제사장들의 발이 물가에 잠

기자 (요단은 추수 때 항상 온 둑이 넘치기 때문이라.)
16 위로부터 내려온 물이 서서 사레탄 옆에 있는 아담 성읍으로부터 아
주 멀리 물 무더기를 일으키고 평원의 바다 쪽, 즉 염해로 흘러가는
물은 그쳐서 끊어지니 백성이 여리코 앞으로 바로 건너더라.
17 주의 언약궤를 멘 제사장들이 요단 한가운데 있는 마른 땅에 굳게
섰는데 온 이스라엘 백성이 마른 땅으로 건너 모든 백성이 요단을
완전히 건널 때까지 서 있더라.

본문의 대부분은 13절에서 여호수아가 예언한 바에 따라 발생한 일들을 단순하게 기술하고 있어서 추가 설명이 필요치 않다. 16절에 일어난 기적이 얼마나 놀라운 것인지 다시 한 번 주목하라. 『**위로부터 내려온 물이 서서 사레탄 옆에 있는 아담 성읍으로부터 아주 멀리 물 무더기를 일으키고**』. 『**아담**』은 요단 강으로 흘러들어가는 얍복 강 입구에 있는 성읍이다. 여리코로부터 32km 북쪽에 있다.

〈국제표준성경백과사전〉(ISBE)에 보면, 어떤 모슬렘 넝마머리(한 아랍 역사가)는 산사태가 그 강물을 막아 줘서 생긴 일이라고 주장했다고 적혀 있다. 뭐든 지어내지 못하겠는가! 거기서 일어난 일이 순전히 산사태였다고 치자. 그러면 제사장들의 발이 강물에 닿는 바로 그 순간에 산사태가 일어났고, 동시에 그 물이 말라 버리고, 산사태로 생긴 "댐"이 제사장들이 건너편의 마른 땅에 마지막으로 건너갈 때까지(수 4:8) 물을 담고서 터지지 않았다는 이야기가 된다. 게다가 그 산사태는 60만 명이 넘는 군대가 강을 가로질러 행진해 가는 그 긴 시간 동안 지속되었다. 정말 절묘한 "우연의 일치" 아닌가?

하나님께서 말씀하신 것을 믿지 않으면 이처럼 말도 안 되는 것을 주장하게 되는 것이다. 그것은 파라오와 그의 모든 군대가 "주변으로 쉽게 피해 돌아갈 수도 있었던 늪지대에 빠져 죽은 것"이라고 말하는 것과 같다. 성경을 기록된 대로 믿는 것보다 불신자들이 고안해 낸 설명을 믿는 것이 훨씬 더 많은 믿음을 필요로 한다. "산사태"라니, 이것이 말이나 되는가!

하나님께서는 다섯 가지 과학 법칙을 뛰어넘는 진정한 기적을 행하신 것이다. 애초에 자연의 법칙들을 만드신 분이 창조주 하나님이시기 때문에 그 법칙들을 초월해서 행하실 수 있는 것이다. 이 기적은 관성의 법칙에 위배된다. 운동하던 물체는 운동을 유지하려는 경향이 있다. "산사태"가 요단 강처럼 그렇게 빠르게 흐르고 유량도 많은 강을 멈추려면 그것은 정말 엄청난 규모의 "산사태"여야만 하는 것이다.

이 기적은 중력의 법칙에 위배된다. 물은 가장 낮은 곳으로 흘러간다. 그런데 물이 공중으로 솟아올라 물 무더기를 이루며 쌓였던 것이다. 그리고 그 물 무더기가 마지막 제사장이 강바닥에서 나올 때까지 계속 쌓여 있었다. 하나님께서 일으키신 기적이라고밖에 설명할 길이 없다.

이 기적은 물의 퍼짐의 법칙에 위배된다. 그 멍청한 모슬렘은 산사태로 성경의 기적을 해명해 보려고 애쓰다 보니, 산사태가 강물을 막았다면 물이 솟아오르기만 한 것이 아니라 양쪽 강둑을 넘어 범람하며 퍼져 나갔을 것이라는 사실을 잊은 것 같다. 강물은 강둑 너머로 흘러넘치지 않았다. 강물은 쌓여 올라갔으나 바깥이나 주변으로 흘러가지 않은 것이다.

이 기적은 응고의 법칙에 위배된다. 만약 흐르는 물을 멈추게 하려면, 물을 냉각시켜서 응고시켜야 한다. 그러나 그것은 불가능하다. 요단 강을 건넜을 때의 계절은 3,4월의 유월절 즈음으로, 봄이었기 때문이다(수 5:10, 11). 헤르몬 산의 눈이 녹아 범람하고 있었는데, 그렇게 흘러가는 급류를 냉각시키려면 얼마나 추워야 하는지 알기나 하는가?

이 기적은 증발의 법칙에 위배된다. 강이 얼지 않았다면, 흐르던 강물을 멈추게 하기 위해서 물들이 순식간에 증발했어야만 한다. 요단 강의 물이 순간적으로 증발해 버려서 60만 대군이 마른 땅을 건너갔다고 가정하면, 그것은 핵무기가 폭발할 때 나오는 엄청난 열과 같은 것이 주변 지역을 강타했다는 뜻인데, 그러려면 수소폭탄이 폭발할 때처럼 이스라엘 민족이 있던 지역을 포함하여 주변 수 킬로미터가 잿더미가 되었을 것이다.

여호수아 3장에서 그리스도인의 생활에 대해 실제적인 교훈을 얻는다면 어떤 것이 있을까? 앞에서도 언급한 바와 같이 요단을 건너는 것은 침례의 예표이고(고전 10:1,2), 침례는 죽음(롬 6:3,4), 곧 자아에 대한 죽음을 보여 준다. 아무리 열심히 섬긴다고 해서 그리스도인 안에 이 죽음의 역사가 일어나는 것은 아니다. 제사장들이 요단 강 바닥으로 들어갔을 때, 그들은 가만히 서 있었다. 그들은 물이 갈라지게 하기 위해 아무 일도 하지 않았다. 물론 그들은 의지적인 행위로 물에 들어갔지만, 일단 들어간 다음에는 강물을 멈추게 하는 데 그들이 한 것은 아무것도 없었다. 그것은 하나님께서 일으키신 기적이었던 것이다.

칼빈주의자들은 "전적인 타락"이, 죄인이 자유의지로 "예수 그리스도를 영접하지 못하는" "전적무능력"을 의미한다고 주장한다. 그것은 헛소리이다. 인간의 의지는 죽지 않았다. 인간의 의지가 살아 있기 때문에 이것과 저것 사이에서 선택할 수 있는 것이다. 주님께서 요한복음 1:13에서 『**육**

신의 뜻으로나 또한 사람의 뜻』에 의해 다시 태어나는 것이 아니라고 하신 것은, 인간이 자신의 자유의지로 예수 그리스도를 영접하는 것을 결정할 수 없다는 말씀이 아니다. 왜냐하면 죄인이 예수님을 영접할 수 있다고 이미 말씀하셨기 때문이다(요 1:12). 그러나 일단 사람이 예수 그리스도를 영접하기로 결정하면, 나머지 일은 온전히 하나님께서 이루시는 것이다. 새로운 출생은 인간 스스로의 뜻으로 일어나게 할 수 없다.

성령님께서 예수님을 영접한 사람 안에 새로운 출생이 있게 하실 때, 위치적으로든 실제적으로든 그 사람 안에 자아의 죽음을 이루시는 분도 성령님이시다. 주님을 위해서 더 많은 일들을 했다고 해서 그 성도가 더 영적으로 변화되는 것은 아니다. 사실 간혹 행위를 늘리는 것은 육신적인 상태의 표시이기도 하다. 다른 그리스도인들로부터 주목과 칭찬을 받고자 하는 욕망 때문에 할 수도 있기 때문이다. 자연적인 능력과 힘은 육신에서 오는 것이다. 하나님께서는 구원받지 못한 사람들에게도 재능을 주신다. 그러한 자연적인 재능들을 발휘하는 것이 성령 충만의 증거가 될 수는 없는 것이다.

내가 당신 자신의 성령 충만을 시험할 수 있는 좋은 방법을 제시하겠다. 만일 하나님께서 당신에게 주셨던 복들을 가져가 버리셔도 그 일에 대해 하나님께 감사할 수 있다면, 그것은 그 그리스도인이 영적임을 잘 보여 준다 하겠다. 복은 육신을 즐겁게 한다. 만일 당신의 육신이 좋아하는 복들을 하나님께서 없애 주신 것에 대해 그분께 감사할 수 있다면, 그것이야말로 당신이 영적임을 보여 주는 증거라 할 수 있다.

바울의 고백을 보라. 『**내가 궁핍하므로 말하는 것이 아니니 이는 내가 어떤 처지에서도 스스로 만족하는 법을 배웠기 때문이라. 나는 비천에**

처할 줄도 알고, 또 풍부함에 처할 줄도 알며, 모든 처지와 모든 일에 있어서 나는 배부름과 배고픔과 풍부함과 궁핍함을 다 배웠노라』(빌 4:11, 12). 만일 어떤 그리스도인이 바울이 말한 것처럼 말할 수 있고, 바울과 동일한 뜻으로 그렇게 말했다면, 그 사람이야말로 영적인 그리스도인인 것이다.

또한 자아에 대한 죽음은 반드시 부활을 동반한다는 것이다. 침례는 죽음과 장사됨뿐만 아니라 부활을 의미한다. 우리는 예수 그리스도와 함께 부활하여 『**생명의 새로움 가운데서 행하게**』 되었다(롬 6:4). 주님과 함께 죽고 묻히고 부활한 것이 우리의 삶에서 실제적으로 나타나려면 그 진리를 알아야 하고(롬 6:6,9), 그 진리대로 실제로 주님과 함께 죽고 장사되고 함께 일으켜졌다고 여겨야만 한다(롬 6:11). 이 진리의 지식을 얻으려면 말씀을 면밀하게 열심히 공부해야 한다. 다른 방법이 없다. 우리는 하나님께서 우리 안에 이루신 일과 그 일에 근거하여 우리가 어떻게 행동해야 하는지에 관해 하나님께서 말씀하신 바를 반드시 알아야만 하는 것이다.

예수 그리스도께서는 『**누구든지 나를 따라 오려거든 자기를 부인하고 날마다 자기 십자가를 지고 나를 따르라.**』(눅 9:23)고 말씀하셨다. 십자가는 죽이기 위한 형틀이기에, 바울은 『**내가 그리스도와 함께 십자가에 못박혀 있으나 그럼에도 나는 살아 있노라. 그러나 내가 사는 것이 아니요, 그리스도께서 내 안에 사시는 것이라.**』(갈 2:20)고 말했다. 로마서 6:3,4에서 말하는 죽음과 부활의 의미도 바로 이것이다. 그러나 우리는 이 자아의 죽음을 우리 자신에게 일어난 일로서 여기기를 정기적으로 해야 한다. 그래서 바울은 『**나는 매일 죽노라.**』(고전 15:31)고 고백한 것이다. 우리는 『**땅 위에 있는 너희의 지체를 죽이라.**』(골 3:5)는 말씀을 지켜야 하고, 『**너희 자신을 죽은 자들로부터 살아난 자들처럼 하나님께 드리며 너희 지체를 의의 병기로 하나님께 드리라.**』(롬 6:13)는 말씀도 지켜야 한다.

우리는 이 모든 진리를 알아야 한다. 이 진리를 알려면 성경을 읽어야 한다. 하나님께서는 여호수아에게 하나님의 말씀을 주셨고, 여호수아가 다시 제사장들과 백성에게 하나님의 말씀을 주었다. 예수 그리스도께서도 성경, 즉 킹제임스성경을 통해서 그분의 말씀을 우리에게 주신 것이다. 이제 성경을 사모하고 열심히 공부하고 파고들어서, 자아에는 죽고 하나님께는 산다는 말씀의 뜻이 무엇인지 알고 자신에게 적용해서 승리하는 그리스도인의 삶을 살아야 하는 것이다.

여호수아 4장

4:1 모든 백성이 완전히 요단을 건넜을 때, 주께서 여호수아에게 일러 말
씀하시기를
2 "각 지파에서 한 명씩 백성 중에서 열두 사람을 택하고
3 너희는 그들에게 명하여 말하기를 '요단 한가운데 제사장들의 발이
견고하게 선 곳에서 돌 열둘을 취하여 그 돌들을 옮겨 너희가 오늘
밤 유숙할 곳에 그 돌들을 두라.' 하라." 하시니라.
4 여호수아는 그가 이스라엘 자손 중 각 지파에서 한 사람씩 예비해
놓은 열두 사람을 불러서
5 그들에게 말하기를 "요단 한가운데 있는 주 너희 하나님의 궤 앞에
가서 이스라엘 자손의 지파 수대로, 너희 각 사람은 돌 한 개씩을 자
기 어깨 위에 메라.
6 이것이 너희 가운데 한 표적이 되리니 훗날 너희 자손이 그들의 아

비들에게 물어 말하기를 '이 돌들이 무슨 뜻이니이까?' 하거든
7 너희는 그들에게 대답할지니 '요단 물이 주의 언약궤 앞에서 끊어졌
나니 요단을 건널 때에 요단 물이 끊어졌도다. 이 돌들은 이스라엘
자손에게 영원히 기념이 되리라.' 하라." 하더라.
8 이스라엘 자손이 여호수아가 명한 대로 행하였으니 주께서 여호수아
에게 이르신 그대로, 이스라엘 자손의 지파 수대로 요단 한가운데서
돌 열둘을 취하여 그들이 유숙하는 곳으로 메어다가 내려놓았더라.
9 또 여호수아가 요단 한가운데에 돌 열둘을 세웠으니 언약궤를 멘 제
사장들의 발이 선 그 자리라. 그 돌들이 오늘까지도 거기 있더라.

1절에서 『**완전히... 건넜을 때**』(clean passed over)라는 미국 남부식 표현에 주목하라. 남부 사람들은 북부 사람들보다 성경적 표현을 더 많이 사용한다. 그래서 "내가 어떻다고 생각한다"(I reckon, 롬 8:18), "당신들 모두"(you all, 고후 2:5), "문을 닫다"(shut to the door, 창 19:10)와 같은 성경에서 유래한 표현들을 지금도 쓰고 있다. 이유는 미국 남북 전쟁 이후에 북부 사람들은 공업과 돈에 정신이 팔렸으나, 남부는 완전히 황폐해져서 남은 거라곤 하나님과 성경뿐이었기 때문이다. 결과적으로 남부 사람들은 말할 때 성경적 표현을 많이 사용하게 되었다. 물론 최근 30년 사이에 물질주의가 팽배해지면서 남부 사람들도 킹제임스성경을 버렸기 때문에 그러한 성향도 많이 줄어들었다.

2,3절에서 행한 일은 열두 지파에 속하는 모든 백성을 대표하기 위해 한 행동이다. 제사장들이 마른 강바닥 위에 섰을 때, 여호수아는 각 지파

에서 한 명씩 열두 명을 선택하여 언약궤를 메고 있는 제사장들이 있는 곳으로 내려 보낸다. 각 사람은 볼링공 정도 크기의 돌을 집어 들고, 강 반대편 그날 밤 그들이 야영할 곳으로 가지고 나와야 한다. 그런 후 9절에서 여호수아 자신이 그 땅에서 열두 개의 돌을 골라서 언약궤를 메고 있는 제사장들이 있는 강바닥에 갖다 놓는다. 그러므로 땅에는 강바닥에서 온 열두 개의 돌로 된 돌무더기가 하나 있고, 강바닥에는 땅에서 온 열두 개의 돌로 된 돌무더기가 하나 있는 것이다.

이것은 무엇을 의미하는가? 이 돌들은 한 『**표적**』을 위하여 있는 것이며(고전 1:22의 주석을 보라), 요단 강의 물을 끊으셔서 이스라엘 자손들이 마른 땅을 건너가게 하신 하나님의 기적에 대해 유대인의 미래 세대에게 『**기념**』이 되게 하려는 것이다. 다시 말하지만, 이것은 침례가 그러하듯이 예수 그리스도의 죽으심과 장사와 부활을 잘 보여 주고 있다.

돌은 죽음을 상징한다. 우리는 죽음에 관해 말할 때, "그가 돌처럼 차갑게 죽어 있다." 또는 "그가 돌처럼 굳어 있다."와 같이 말한다. 무덤은 흔히 돌로 표시된다. 하나님께서 파라오와 그의 군대를 홍해에 빠져 죽게 하셨을 때, 모세는 『**깊은 물이 그들을 덮쳤더니 그들이 돌처럼 바닥에 가라앉았도다.**』(출 15:5)라고 말했고, 또 『**주의 팔의 위엄으로 인하여 그들이 돌처럼 조용해지리니**』(출 15:16)라고도 말했다. 이 구절에서 모세는 『**오 주여, 주의 백성이 통과하기까지며 주께서 사신 그 백성이 통과하기까지니이다.**』(출 15:16)라고 말하는데, 이것은 여호수아 3,4장에서 이스라엘 자손들이 요단 강을 건널 때 일어났던 바로 그 일이다. 그러므로 돌은 죽음을 나타낸다.

요한계시록 18:21을 보라. 『**그러자 한 힘센 천사가 큰 맷돌 같은 돌을**

들어 바다에 던지며 말하기를 "큰 도성 바빌론이 이처럼 세차게 던져져서 결코 다시는 보이지 아니하리라.』

그러므로 물속으로 들어가는 것은 죽음과 장사를 보여 주는 그림이다. 여호수아는 요단 강 바닥에서 열두 돌을 메어다가, 그 약속된 땅에 쌓는다. 이는 부활을 의미한다. 『**그러므로 우리가 죽음 안으로 침례를 받아 그와 함께 장사되었으니... 그리스도께서 죽은 자들로부터 일으켜지심과 같이 우리도 또한 생명의 새로움 가운데서 행하게 하려 함이니라**』(롬 6:4). 이것이 우리가 구원받을 때 일어난 일이다.

물론 구주이신 예수 그리스도의 죽으심으로 보장된 그리스도인의 구원과 승리 사이에는 홍해와 요단 강 사이에 존재하는 그런 간격은 없다. 그러나 성령님께서는 구약에서 이 사건을 기록하심으로써, 신약의 그리스도인들이 자신의 삶 속에서 주님께서 행하신 일들의 결과를 이해할 수 있게 하셨다. 이스라엘 백성은 유월절에 구원받고, 홍해에 들어감으로써 그들을 지배했던 마귀의 지배에 대해 죽었으며, 광야의 여정을 겪으며 자아에 대해 죽어야 했고, 마침내 요단을 건너 카나안 땅에 들어가서 승리를 얻은 것이다.

그러나 재미있는 사실을 알고 싶으면, 시편 114:3을 보라. 『**바다가 이를 보고 도망쳤으며 요단이 물러났도다.**』 여기서 "바다"는 홍해를 말한다. 시편 114:1을 보라.

홍해를 건넌 일과 요단 강을 건넌 일을 40년의 시간 간격 없이 함께 언급하신 것이다. 이것은 구원받을 때의 그리스도인의 경험을 예표로 보여 준다. 우리의 구원은 구약 성도들의 구원처럼 과정이 아니다. 우리의 구원은 즉각적이다. 우리가 구원받았을 때, 단지 죄들을 용서받고 지옥의 형벌에서 벗어나기만 한 것이 아니다. 우리는,

1. 거듭났다. 즉 우리는 새롭고 살아 있는 영을 받았다.

2. 예수 그리스도 안에 놓여졌다. 즉 우리는 주님과 한 영으로 연합되었다.

3. 영적인 할례를 받았다. 즉 우리의 혼은 죄 있는 육신의 몸으로부터 분리되어 그 영향을 받지 않게 되었다.

4. 성령으로 인침을 받았다. 즉 무슨 일이 있어도 하늘에 가도록 보장받은 것이다.

이 모든 것이 구원받을 때 그리스도인에게 일어난 일들이다. 그러나 이런 진리들을 실생활에 적용하기 위해서는 믿음과 성장이 필요하다. 어떤 그리스도인이 예수 그리스도께서 이미 완성해 놓으신 역사를 기반으로 승리를 주장하지 않는다면, 그 과정은 시간이 많이 걸린다. 그럼에도 불구하고, 어떤 죄인이라도 하나님의 어린양의 보혈을 믿으면 즉각적으로 그 효력을 누리지는 못한다 해도 이 모든 것이 그에게 이루어진 것이다. 예수 그리스도께서 죽으시고 부활하셨을 때, 우리도 죽은 것이고, 우리도 함께 장사된 것이며, 우리도 함께 부활한 것일 뿐만 아니라, 우리도 새로운 생명을 보장받고 우리의 승리도 보장된 것이다. 이 모든 것이 예수 그리스도 안에서 완전히 보장되어 있다.

여호수아는 요단 강 바닥에 열두 개의 돌을 놓았고, 열두 사람은 강바닥에 있는 열두 개의 돌을 들어 올려 반대편 강변에 놓았다. 이것은 바로 예수님의 죽으심과 장사와 부활이다. 우리의 구주를 무엇이라 일컫는지 아는가? 그분께서는 『**건축자들이 버린 그 돌**』(벧전 2:7)이라 불리신다. 하

나님께서는 그 돌을 하늘로부터 내려 보내셔서, 예루살렘에서 『**모퉁잇돌**』이 되게 하셨다(벧전 2:6). 그런데 당시의 선임 제사장들과 서기관들이 그분을 거절하고, 그분을 반대하도록 백성들을 선동하여 주님을 죽였다. 그러나 하나님께서 그 돌을 선택하시어 사망에서 일으켜 세우셨으므로, 성경에서 주님은 이제 『**산 돌**』(벧전 2:4)이라 불리신다. 그분은 더 이상 죽은 돌이 아니시다.

예수 그리스도께서는 『**하나님께서는 이 돌들로도 아브라함의 자손이 되게 하실 수 있느니라.**』(눅 3:8)고 말씀하셨다. 그러므로 『**산 돌**』께서 무엇을 말씀하시는지 알겠는가? 그분께서는 『**많은 아들들을 영광에**』(히 2:10) 들어가게 하시며, 믿음에 의한 아브라함의 영적인 씨가 되게 하신다(갈 3:7). 그들의 구주께서 『**산 돌**』이신 것처럼, 그분께로부터 『**하나님의 아들들이 되는 권세**』(요 1:12)를 받은 우리도 그분 안에서 『**산 돌들**』이 되었다(벧전 2:5).

그러므로 우리도 예수 그리스도의 죽으심 속에서 함께 죽은 것이며, 예수 그리스도의 부활하심 안에서 살아 있는 것이다. 『**이제 우리가 그리스도와 함께 죽었으면 또한 그와 함께 살 줄을 믿으며**』(롬 6:8). 『**우리가 이것을 아나니 곧 우리 옛 사람이 그와 함께 십자가에 못박힌 것은 죄의 몸을 멸하여 더 이상 우리가 죄에게 종 노릇 하지 않게 하기 위함이니라**』(롬 6:6). 우리는 『**그리스도 안에**』 있는 『**새로운 피조물**』이다. 『**옛 것들은 지나갔으니, 보라, 모든 것이 새롭게 되었도다**』(고후 5:17).

문제는 육신이 계속 일어난다는 것이다. 육신은 마치 영화에 나오는 드라큘라나 좀비와 같다. 죽었는데 계속 일어나서 살아 있는 사람을 (곧 새 사람을) 죽이려고 하는 것이다. 육신은 우리에게 계속해서 "나는 살아 있다!"라고 말한다. 우리는 "아니야, 너는 죽었어!"라고 말한다. 그러면 육신은 "아니야! 난 죽지 않았어, 난 살아 있다고! 내가 움직이는 게 보이지 않아? 배고파! 목도 마르다고!"라고 말한다. 이것이 바로 육신이다. 육신은 육신의 욕망을 끊임없이 만족시키고자 하는 것이다.

그러면 당신은 어떻게 해야 하는가? "너는 죽었어! 성경에 네가 죽었다고 말씀하셨어! 그러니 입 닥쳐!"라고 해야 하는 것이다. 그리스도와 함께 죽었다는 것은 죄에 대해 우리 자신이 죽었다고 여기라는 의미이다(롬 6:11). 이는 날마다 죽는 것이며(고전 15:31), 『**땅 위에 있는 너희의 지체**』를 죽이는 것이다(골 3:5). 바로 "그것"을 해야만, 예수 그리스도의 죽으심과 장사와 부활로 보장된 그리스도 안의 승리가 우리에게 효과가 있게 되는 것이다.

이제 여호수아 4장으로 돌아가 보자. 『**너희가 오늘 밤 유숙할 곳에 그 돌들을 두라**』(3절). 하나님께서는 그날 밤 그들이 어디에 유숙할지도 말씀하지 않으셨다는 사실에 주목하라. 이것이 믿음으로 행하는 것이다.

하루는 어떤 사람이 예수 그리스도께 와서 『**주여, 주께서 어디로 가시든지 내가 따르겠나이다.**』라고 말했다(눅 9:57). 예수 그리스도께서는 그에게 『**여우들도 굴이 있고 공중의 새들도 보금자리가 있지만 인자는 자기 머리 둘 곳조차 없노라.**』고 말씀하셨다(눅 9:58). "나를 따라온다면, 오늘 밤 네가 어디서 묵을지를 모를 수도 있다. 그래도 나를 따르겠느냐?"라는 뜻이다. 그는 그 길로 물러나서 주님을 버리고 다른 일을 하러 갔다.

밥 존스 시니어가 살아 있을 때, 그는 매년 신입생 전체를 모아 놓고 이렇게 말하며 겁을 주곤 했다. "주님께서 열두 명의 사도와 함께 그분의 학교를 시작하셨다. 어떤 사람이 그분께 '입학 자격이 뭔가요? 인가받은 학교인가요? 교육과정이 어떻게 되죠? 평가기준은 뭐죠?'라고 물었다. 예수 그리스도께서는 '입학 자격은 십자가이다. 십자가를 지고 나를 따르라.'고 대답하셨다. '예수님, 인가받은 학교인가요?' '아니다.' '다른 교파들도 인정하는 학교인가요?' '아니다.' '취업난이 극심한데 졸업 후 직업이 보장되나요?' '나를 잘 따르면 나처럼 죽게 될 것이다. 너는 벌거벗겨지고 십자가에 못박힐 것이다. 그건 내가 보장하마. 그래도 너는 여전히 입학하겠느냐?'"

기독교대학의 학장이 오늘날 이런 식으로 학생을 모집하고자 한다면 과연 몇 명의 학생이 모이겠는가? 예쁜 여학생, 분홍빛 얼굴, 수영장, 대리석 건물, 분수대, 볼링장 등을 전혀 선전하지 않는 것이다. "너는 십자가에 못박히게 될 것이다!" 미국에서 이런 식으로 접근하면 과연 많은 그리스도인 학생들이 찾아오겠는가?

형제들이여, 성경과 오늘날의 기독교계 사이에는 엄청난 격차가 있는 것이다. 여호수아 당시의 유대인들은 그날 밤 어디서 자게 될지도 몰랐다. 그들은 하나님께서 그들에게 보여 주실 것을 신뢰해야 했다. 만일 당신이 믿음으로 살고자 한다면, 그 믿음은 당신에게 무언가 대가를 치르게 할 것이다. 그것이 경제적인 안정이나 가족의 부양을 포기하는 것일 수도 있다. 나는 알고 있다. 나도 힘겨운 시기를 겪었다(1:15의 주석을 보라.) 내가 할 수 있다면, 당신도 할 수 있다. 믿음으로 살 때 하나님께서는 당신이 가족 문제, 금전 문제, 건강 문제, 형제간의 문제를 겪게 하실 수도 있다. 당신에게 이런 문제들이 있을 것임을 내가 어떻게 알게 되었겠는가? 그렇다. 하나님께서 나로 하여금 이런 문제들을 겪게 하셨기 때문에 알게 된 것이다.

4:10 궤를 멘 제사장들은, 주께서 여호수아에게 명하사 모세가 여호수아에게 명한 모든 것에 따라 백성에게 말하게 하신 모든 것이 끝날 때까지 요단 한가운데 서 있었고 백성은 서둘러 건넜더라.
11 모든 백성이 완전히 건넜고 주의 궤와 제사장들도 백성의 면전에서 건넜더라.
12 르우벤 자손과 갓 자손과 므낫세 반 지파는, 모세가 그들에게 명한 대로 이스라엘 자손 앞에 무장을 하고 건넜으며,
13 약 사만 명이 싸울 준비를 하고 주 앞에서 전장으로 건너가서 여리코 평원에 이르니라.
14 그 날에 주께서 온 이스라엘의 목전에서 여호수아를 높이시니 백성이 여호수아를 그의 평생 동안 두려워하기를 그들이 모세를 두려워한 것처럼 하였더라.

요단 강에 첫 번째로 들어가고(수 3:11) 또한 마지막으로 나온 것은 바로 언약궤였다(10,11절). 그리스도인이 여기서 취해야 할 영적 교훈은 예수 그리스도께서는 『**우리 믿음의 창시자요 완성자**』(히 12:2)시라는 것이다. 또한 예수 그리스도께서는 요한계시록에서 사도 요한에게 주님 자신을 가리켜 『**나는 알파와 오메가요 처음과 마지막이라.**』(계 1:11)고 말씀하셨다.

"언약궤"는 모든 백성이 나갈 때까지 강바닥에 있었다. 예표적으로 이 사건은 백성이 죽음에서 탈출하는 동안 "언약궤"는 죽임을 당한 상태임을 보여 준다. 여기서 "언약궤"는 예수 그리스도께서 십자가에서 행하신 일을 보여 주는 것이다. 예수 그리스도께서 갈보리 십자가에 못박히셨을 때, 선임 제사장들과 서기관들은 그분을 조롱하며 『**그가 다른 사람들은 구원하였으나 자기 자신은 구원하지 못하는도다.**』라고 했다(마 27:41,42, 막 15:31). 이것은 조롱하고 비웃으며 한 말이지만, 있는 그대로 사실이기도 했다. 주님께서는 다른 사람들을 구원하기 위해 주님 자신은 죽임을 당하셔야 했던 것이다. 주님께서 우리를 구원하실 수 있는 유일한 방법은 주님의 생명을 먼저 내어주시는 것이었기 때문이다.

한 젊은 여자가 사역지에 가기 위해 선교위원회에서 자격 심사를 받게 되었다. 그녀가 다닌 신학교의 한 교수가 그 위원회에 "그녀가 사역에 적합한지 판단하기 전에, '대속'에 대해 어떤 생각을 가지고 있는지 확인해 보셔야 합니다."라는 글을 보냈다. 그래서 위원회는 그녀가 이단이거나, 대속에 대해 비성경적인 관점을 가지고 있을 것이라고 생각했다. 위원회가 그녀에게 대속에 관한 견해를 물었을 때, 그 위원회는 예상한 것과는 정반대의 대답을 듣고 놀라게 되었다. 예수 그리스도의 대속에 대한 그녀의 견해는 "예수 그리스도께서 우리를 위해 죽으셨다면, 우리도 그분을 위해서 죽어야 한다."는 것이었다. 그 자매는 그렇게 실제적으로 대속의 진리를 이해하고 있었던 것이다.

우리 자신을 아끼면서 사람들이 구원받도록 할 수는 없다. 곧 죄인을 그리스도께 인도하려면 희생이 필요한 것이다. 예수 그리스도께서는 『**누구든지 자기 생명을 구하고자 하면 잃을 것이요, 누구든지 나를 위하여 자기 생명을 잃으면 구하리라.**』(눅 9:24)고 말씀하신 바와 같다. 자기 자신을 희생하지 않고도 혼들을 이겨올 수 있는 사역은 없다. 그런 사역은 한다고 해도 효과가 없다.

『**백성은 서둘러 건넜더라**』(10절). 일단 한 사람이 구원받으면, 그리스도와 함께 죽고 또 하나님께 대해 살게 되었다는 '영적인 실제'를 즉각적으로 삶에 적용할 수 있어야 한다. 즉 그리스도 안에서의 새로운 생명과 관계된 진리들을 실제 삶에 적용하는 데에 시간이 많이 낭비되어서는 안 되는 것이다. 오늘날의 문제는 갓 구원받은 사람들이 대부분 이러한 진리들을 배우지 못하여 아는 바가 없고, 그래서 이러한 삶을 살 수 없다는 데 있다.

또 어떤 사람들은 구원을 받아 세상에 대하여 죽고 자아에 대해 죽었으나, 그런 후에 주님을 위해서는 아무것도 하지 않는다. 그들은 담배를 끊고, 술을 끊고, 마약을 끊는다. 욕도 안하고, 껌도 안 씹고, 춤도 안 춘다. 그러나 그들은 말씀을 전하지 않고, 구령하지도 않고, 하나님의 말씀을 열정적으로 공부하지도 않는다. 그들은 해외로 복음을 들고 나가는 일에 관심이 없다. 그들은 서로 둘러 앉아 자기들이 단절한 죄들을 말하면서 자랑만 하고 있는 것이다. 이런 사람들은 비록 예수 그리스도와 함께 죽고 묻혔으나, 일어나서 "생명의 새로움 가운데서 행하지는" 못하고 있는 것이다(롬 6:4).

12절은 요단 강 동편을 유업으로 받은 지파들이 여호수아 1:12-16에서 여호수아에게 했던 말을 이행하는 부분이다. 13절에 그들의 수가 4만 명이라고 나와 있다. 이스라엘 군대의 총 인원수는 60만 명이 넘는다(민

26:2,51).

『그 날에 주께서 온 이스라엘의 목전에서 여호수아를 높이시니 백성이 여호수아를 그의 평생 동안 두려워하기를 그들이 모세를 두려워한 것처럼 하였더라』(14절). 우리는 여기서 주님께서 1:5과 3:7에서 여호수아에게 약속하셨듯이 그대로 이행하시며 그를 높여 주신 것을 볼 수 있다. 다시 한 번 우리는 여호수아가 장차 나타날 모세와 같은 선지자의 예표임을 알 수가 있다(신 18:18, 행 3:22-26).

4:15 주께서 여호수아에게 일러 말씀하시기를
16 "증거궤를 메는 제사장들에게 명하여 그들로 요단에서 나오게 하라." 하신지라.
17 이에 여호수아가 제사장들에게 명하여 말하기를 "요단에서 나오라." 하더라.
18 주의 언약궤를 멘 제사장들이 요단 한가운데서 나오고 제사장들의 발바닥이 마른 땅을 밟자 요단 물이 제자리로 돌아와서 전처럼 강둑을 넘쳐 흐르더라.

여기서 하나님께서 요단 강을 마르게 하신 기적이 끝이 난다(3:16의 주석을 보라). 제사장들이 그 강바닥에서 나오는 순간 강물이 원래 흐르던 대로 흐른다. 만약 이 기적이 산사태로 일어난 일이어서 막혀 있던 물이 터져 나왔다면, 요단 강은 화물 열차처럼 돌진해 들이닥쳐서 평소에 넘실거리던 강둑을 넘어 범람했을 것이고, 증거궤를 멘 제사장들과 행렬 후미는 돌진하는 강물의 홍수에 휩쓸려 버렸을 것이다. 다시 한 번 "산사태"는 말도 안 되는 헛소리임을 알 수 있다. 마호메트의 추종자들은 무슨 말을 하는지도 모르면서 거짓말을 뇌까린 것이다. 물론 자기가 무슨 말을 하는지 모르기는 그들의 "선지자"인 마호메트도 마찬가지였다.

요단 강이 18절에서 인격화되는 것에 주목하라. 요단 강의 『**강둑**』이 영어 본문에서는 남성으로 표기되어 있다(his banks). 성경에서는 인격이 없거나 무생물인 대상을 남성이나 여성으로 취급할 때가 있다. 이것을 "의인법"이라고 한다. 인격이 없는 대상에 인격을 부여하는 것이다. 예를 들면 출애굽기 25:31에서 성막의 금촛대를 남성으로 취급함을 알 수 있다. 그래서 금촛대에 딸린 『**그 대와 그 가지들과 그 대접들과 그 꽃받침들과 그 꽃들**』(his shaft, and his branches, his bowls, his knops, and his flowers)을 말할 때 모두 남성 대명사를 사용했다.

같은 이유로, 성경에는 남성이 중성으로 취급되는 경우들도 있다. 예를 들면 빌립보서 4:13이다. 『**내게 능력 주시는 그리스도를 통하여 내가 모든 것을 할 수 있느니라**』(I can do all things through Christ <u>which</u> strengtheneth me). 모든 배교자들은 여기서 그리스도를 가리키는 선행사는 "휘치"(which)가 아니고 "후"(who)가 되어야 한다고 주장한다. 이유인즉 앞에 나온 『**그리스도**』가 사물이 아니라 사람이기 때문이라는 것이다. 그렇게 주장하면서 그들은 본문을 변개시켜 아예 예수 그리스도를 구절 밖으로 내던져 버렸다. "내게 능력 주시는 분을 통해 내가 모든 것을 할 수 있다"(I can do all things through him who strengthens me.)로 말이다. 얼마나 위선적인 배교자들인지 알겠는가! 그러나 그들은 예수 그리스도께서 마리아의 태 안에 있을 때 성령님께서 친히 예수 그리스도를 가리켜 "holy thing"(『**거룩한 이**』)이라고 칭하셨음을 잊어버린 것이다(눅 1:35). 헬라어 원문도 영어와 똑같이 되어 있다. 〈현대인을 위한 좋은 소식〉이나 CEV 같은 부패하고 배교한 번역본들은 어떤 헬라어 사본에도 없는 단어 "아이"(child)를 거기에 첨가했고, ESV와 유사한 변개된 번역본들은 아예 "thing"이라는 단어를 삭제해 버렸다. 이들은 진리를 완전히 가리기 위해서는 무슨 짓이라도 한다. 성경을 고치기 위해 항상 헬라어 원문으로 달려가는 모든 근본주의자들과 보수주의자들은 로마서 8:16에서 킹제임스성경이 성령님을 사물처럼 "itself"라고 표기했다고 불평한다. 헬라어에서 『**성령**』(the Spirit)에 해당하는 단어가 중성이어서 그렇게 표현된 것임을 무시하고서 말이다. 킹제임스성경을 공격할 때는 헬라어 문법을 무시하는 것이다!

형제들이여, "헬라어"나 "헬라어 원문"이 실제로 문제가 되는 것이 아니라 킹제임스성경을 공격하고 싶어서 이런 것을 들고 나오는 것이다. 다들 아는 얘기지만, 킹제임스성경의 시제, 태, 성, 관사 등이 헬라어 문법과 일치할 때도 배교자들은 킹제임스성경의 본문을 바꾸려 한다. 히브리어나 헬라어 학자들의 일관성 없는 의견들에 귀를 기울이기보다는 킹제임스성경을 굳게 믿는 편이 더 좋은 것이다.

4:19 백성이 첫째 달 십일에 요단에서 나와 여리코의 동편 경계에 있는 길갈에 진을 쳤더라.

20 그들이 요단에서 취한 그 돌 열둘을 여호수아가 길갈에 세우고
21 이스라엘 자손에게 일러 말하기를 "훗날 너희 자손이 그들의 아비들 에게 물어 말하기를 '이 돌들이 무슨 뜻이니이까?' 하거든
22 너희는 너희 자손들로 알게 할지니 '이스라엘이 이 요단을 마른 땅 위로 건너왔다.' 하라.
23 주 너희 하나님께서 너희 앞에서 너희가 건널 때까지 요단 물을 마르게 하셨으니, 이것은 주 너희 하나님께서 우리 앞에서 우리가 건널 때까지 홍해를 마르게 하셨던 것처럼 하신 것이라.
24 이는 땅의 모든 백성으로 주의 손이 강력하심을 알게 하려는 것이며 너희로 주 너희 하나님을 영원히 두려워하게 하려 함이라." 하더라.

이때는 유월절 기간이다(5:10). 『**첫째 달 십일**』(19절)은 유월절 양을 고르는 때이다(출 12:3). 유월절 양을 고르는 것이 11-18절에서 살펴본 "부활"과 연결되는 것은 결코 우연의 일치가 아니다. 죄인들을 위해 희생 제물이 되시고(요 1:29), 그들에게 영원한 생명을 주시기 위해 다시 살아 나신(요 14:19) 하나님의 어린양은 『**우리의 유월절 양**』이시다(고전 5:7).

이것으로 충분치 않은가? 우연의 일치가 아니라는 증거가 더 있다. 예수 그리스도의 죽으심과 장사와 부활 속으로 침례 받은 "부활한 죄인"은 이스라엘 자손들이 다음 장에서 실제적으로 할례 받는 것처럼(수 5:3-9) 영적으로 할례 받는다(골 2:11-13).

이제 이 문제에 대해 잠깐 생각해 보도록 하자. 1,500년의 시간 간격이 있는 세 명의 기록자가 있다. 이들은 담합을 할 수도 없었는데 이 부분에 있어서 세 사람이 "교리적으로" 일치한 것이다. 그러나 마호메트는 코란의 114개의 수라들이나 "그의 언행"을 담아 놓은 하디스와도 모순되는 삶을 살았다. 마호메트의 "계시"는 그가 가졌던 욕망, 즉 부나 음행이나 권력에 따라 변경할 수 있는 것이었다. 감히 성경에 비하자면, 소위 "거룩한" 코란이나 "거룩한" 하디스는 웃기지도 않는 유치한 농담에 불과한 것이다.

19,20절의 『**길갈**』은 약속의 땅인 요단 강 서쪽의 첫 야영지이다. 이 단어는 "굴려 보냈다"는 뜻이다. 왜냐하면 길갈은 하나님께서 이집트에서 나온 모든 남자들에게 할례를 행하심으로써 이스라엘 자손들에게서 "이집트의 치욕을 굴려 보내신" 곳이기 때문이다(5:8,9). 이 점에 대해서는 다음 장에서 계속 공부하도록 하자. 주일학교에 다니는 어린이들이 잘 부르는 노래, "굴려 보냈네, 굴려 보냈네, 굴려 보냈네! 내 마음의 모든 짐을 굴려 보냈네!"도 여기서 나왔다. 존 번연의 〈천로역정〉에서도 주인공 "크리스찬"이 갈보리에 무릎을 꿇자, 멸망의 도성에서 나올 때부터 그가 짊어지고 있던 모든 죄의 짐들이 어깨에서 풀리고 언덕을 굴러 내려가 열린 무덤 속으로 들어가 버린다. 〈천로역정〉의 이 대목은 길갈의 예표적인 의미를 잘 설명해 준다.

『**길갈**』은 신명기 11:30에 처음 나온다. 이 구절은 여호수아가 신명기에 길갈의 위치를 추가로 써 넣었을 가능성을 보여 준다(서론에서 여호수아서의 저자에 관한 언급을 보라). 길갈은 유대인 남자들이 할례를 받은 곳이고, 이스라엘 백성이 약속의 땅에서 첫 유월절을 보낸 곳이다(수 5:1-10). 이곳은 전쟁을 수행하면서 여호수아가 본부로 삼았던 곳이다(수 9:6; 10:6,7,15,43; 14:6). 사울은 이곳에서 왕이 되었고(삼상 11:15), 사울이 전쟁에 나갈 때 이곳에서 시작했다(삼상 13:4,7,8,12,15; 15:12,21,33). 또 이곳은 엘리사가 독이 든 국을 해독한 곳이고(왕하 4:38-41), 북왕국 이스라엘이 우상에게 희생제사를 행한 대표적인 장소 중 하나이기도 하다(호 4:15; 9:15; 12:11, 암 4:4; 5:5).

예표적으로 4,5장에 나오는 길갈은 그리스도인에게 다음과 같은 의미가 있다.

성도가 새로운 생명 안으로 처음 들어감(19절, 수 5:9,10).

성도가 전투를 위해 준비함(수 5:15).

육신의 죽음(삼상 15:33).

배교의 원천(암 4:4).

주님의 경고(판 2:1).

성도가 왕을 만날 장소(삼하 19:15).

훈련과 회복을 위해 머무는 곳(수 10:15).

『**이 돌들이 무슨 뜻이니이까?**』(21절) 여호수아서에서 돌들은 중요한 의미를 갖는다. 이 돌들은 여호수아 4:9,20; 7:26; 8:29; 10:18,27; 24:26에 나온다.

『**이 돌들이 무슨 뜻이니이까?**』(21절) 장례식에서 전하기 좋은 설교이다. 무덤에는 한 사람의 인생을 기념하는 각각의 묘비들이 있다. 그러나 묘비는 다 죽음의 표시이다.

여호수아는 그 돌들이 『**한 표적**』이 될 거라고 말했고(6절) 『**기념**』이 될 거라고 말했다(7절). 묘지들을 다른 말로 "기념 정원"이라고도 부른다. 무덤들은 동쪽을 향해 있다. 왜냐하면 예수 그리스도께서 다시 오실 때 주님께서는 아침 태양이 떠오르는 것처럼 오실 것이고(말 4:2의 주석을 보라) 태양은 바로 동쪽에서 떠오르기 때문이다. 누군가는 부활을 기대하고 있는 것이다.

묘비들에는 "표지판"(sign)처럼 그 표면에 글귀가 새겨져 있다(아무도 킹제임스성경의 영향력에서 벗어날 수 없는 것이다. 성경이 무엇을 말하면, 사람들은 그것을 하게 되어 있다. 사람들이 그것을 알든지 모르든지 간에 말이다). 만일 재미있는 연구를 하고 싶다면, 묘비에 쓰여진 글귀를 보라. 예전에 라디오 복음설교자요 성경 교사였던 M.R. 디한 박사는 묘비에 단 두 단어를 남겼다. "어쩌면 오늘!"(Perhaps today!) 디한 박사는 평생 재림에 관해 설교했고, 자기 묘비를 보는 모든 사람이 죽음은 결코 그로 하여금 예수 그리스도의 재림을 기다리는 것을 멈추게 할 수 없었음을 알게 되길 원했다.

『**이 돌들이 무슨 뜻이니이까?**』(21절) 이 돌들은 이스라엘이 홍해를 건넌 것처럼 요단 강을 건넜음을 상기시켜 주는 기념물로서 서 있다(23절). 성경을 배우고자 할 때 꼭 알아야 할 두 개의 단어가 있다. 그것은 "처럼"(like)과 "같이"(as)이다. 이 두 단어는 하나님께서 비교하기를 원하시는 두 대상의 유사성을 파악하게 해 준다. 하나님께서는 호세아 12:10에서 『**내가 또한 선지자들을 통하여 말하였고 내가 환상들을 많이 늘렸으며, 선지자들의 사역을 통해서 비유**[similitudes]**를 사용했노라.**』고 말씀하셨다. 그러므로 하나님께서 성경에서 무언가를 가르치시고자 하실 때,

그분께서는 그것이 무엇과 같은지 또는 비슷한지를 말씀하실 것이다. 요단 강을 건넌 것은 홍해를 건넌 것과 유사하고, 홍해를 건넌 것은 침례와 유사하고, 침례는 죽음, 장사, 부활과 유사하다. 그러므로 길갈에 놓여 있는 그 돌들은 부활을 나타낸다.

『**이 돌들이 무슨 뜻이니이까?**』(21절) 각 지파에 하나씩 열두 개의 돌들이 있고, 그것들은 한 무더기로 쌓여 있다. 그러므로 그 돌들은 한 단위, 즉 한 국가로서 구속받고 속량되는 이스라엘의 단일성을 나타낸다. 대제사장은 흉배에 부착된 열두 개의 보석을 가지고 있다. 각각 특정 지파를 나타내는 그 보석들 밑에는 이스라엘 지파들의 이름이 새겨져 있다(출 28:17-21). 칼멜 산에서 엘리야는 이스라엘 열두 지파를 대표하는 열두 개의 돌로 제단을 쌓는다(왕상 18:31,32). 새 예루살렘의 기초석은 열두 보석으로 만들어져 있고(계 21:19,20), 각 기초석에는 열두 사도의 이름이 새겨져 있다(계 21:14). 각 사도는 천년왕국에서 열두 지파 중 하나를 다스린다(마 19:28). 그러므로 여호수아 4장의 이 열두 돌은 함께 구속된 이스라엘 민족의 단일성을 의미한다.

지금부터 설명하는 내용에 대해서는 내가 반드시 옳다고는 생각지 않음을 먼저 확실히 해두고자 한다. 그러나 내가 내기를 한다면, 반드시 거기에 돈을 걸 것이다. 길갈은 예수 그리스도께서 침례를 받으신 요단 강 서쪽에 있다(3:8의 주석을 보라). 물론 나는 여호수아가 길갈에 세운 그 돌들이 1,450년 후 침례인 요한이 침례를 줄 때까지 여전히 있었는지 확실히 알 수는 없다. 그러나 침례인 요한이 『**하나님께서는 이 돌들로도 아브라함의 자손이 되게 하실 수 있느니라.**』(눅 3:8)고 말했을 때, 나는 그가 여호수아가 세운 돌들을 가리켰던 것이라고 생각한다. 그때 그 돌들이 여전히 거기에 있어서 누구나 볼 수 있기에 그가 "문자 그대로" 그 돌들을 가리켰을 수 있고, 아니면 그의 말을 듣는 사람들에게 여호수아서의 내용을 상기시키며 그가 "비유적으로" 그 돌들을 가리켰을 수 있지만, 어쨌든 침례인 요한은 여호수아가 세운 그 돌들을 언급한 것이라고 나는 생각한다.

21-23절에서, 유월절이 출애굽을 기억나게 하기 위한 것인 것처럼(출 12:26,27), 이 돌들은 이스라엘 자손들로 하여금 요단 강을 건널 때 하나님께서 행하신 것을 기억나게 하기 위한 것이다. 이스라엘의 자손들이 유월절과 이 돌들에 대해 질문하는 말도 거의 동일하다. 『**이 의식이 무엇을 의미하는 것이니이까?**』(출 12:26) 요단 강을 건넌 일이 유월절 기간에 일어난 것은 우연의 일치가 아니다(19절의 주석을 보라).

『**이 돌들이 무슨 뜻이니이까?**』(21절) 그 돌들은 이스라엘 자손들을 두렵게 하려고 거기에 놓은 것이다. 『**너희로 주 너희 하나님을 영원히 두려워하게 하려 함이라**』(24절).

성경은 『**주를 두려워함이 지혜의 시작이라.**』고 말씀하시며(시 111:10, 잠 9:10), 『**주를 두려워하는 것이 지식의 시작**』이라고 말씀하신다(잠 1:7). 욥기 28:28은 『**주를 두려워함이 곧 지혜**』라고 말씀하신다. 주님을 두려워하지 않는 사람은 어리석은 자이다(잠 1:7).

당신은 그리스도인들조차도 하나님을 두려워하지 않는 시대에 살고 있다. 하나님을 두려워하지 않는 그리스도인들은 똑똑한 척하며 요한일서 4:18을 인용하는 것을 좋아한다. 『**온전한 사랑은 두려움을 쫓아내느니라.**

이는 두려움에는 고통이 있음이라.』 이 구절이 무슨 뜻인지도 모르면서 인용하고 있는 것이다. 요한일서 4:18의 『**두려움**』은 하나님을 두려워하는 것과는 아무런 상관이 없다. 요한일서 4:18의 두려움은 어떤 그리스도인이 자기가 지옥에 갈까 봐 두려워하는 것에 대해 얘기하는 것이다. 하나님의 거듭난 자녀들은 지옥에 가는 것을 두려워할 필요가 없다. 그 무엇도 그를 『**그리스도 예수 우리 주 안에 있는 하나님의 사랑에서**』 떼어 놓을 수 없기 때문이다(롬 8:39, cf. 요일 4:16,19).

어떤 사람은 "아, 하나님을 두려워하는 것은 하나님께 대한 '거룩한 경외'를 말하는 것이죠."라고 말한다. 헛소리이다! 경외함과 두려워함은 완전히 다른 별개의 것이다. 믿지 못하겠으면 히브리서 12:28을 펴서 읽어 보라!

다른 어떤 사람은 "아, 하나님을 두려워하는 것은 구약적인 것이죠. 율법하에서 분노하시고 복수하시는 하나님께나 행해야 할 일이었지, 은혜로우신 사랑의 하나님께는 아니죠." 자네는 성경을 다시 읽어 보는 게 좋겠네. 바울은 "하나님을 두려워함으로 거룩함을 온전히 이루라."고 말했고(고후 7:1), 또 『**하나님을 두려워함으로 서로 복종하라.**』(엡 5:21)고 말했다. 베드로도 『**하나님을 두려워**』하라고 명령했으며(벧전 2:17), 또한 이 땅 위에 전파될 마지막 『**복음**』은 『**하나님을 두려워하며 그분께 영광을 돌리라.**』(계 14:6,7)이다.

하나님을 두려워한다는 것은 용광로를 태양보다 더 뜨겁게 하실 수 있고 사람을 거기에 던져 넣으실 수 있는 분을(시 9:17) 떨며 무서워하여(고후 5:11, 히 12:21), 두루두루 자신의 행보를 살펴 하나님의 거룩하심과 의로우심을 침범하지 않도록 하는 것이다(욥 28:28, 잠 8:13; 14:27; 16:6).

하나님을 두려워하지 않는다는 것이 바로 악인들의 문제점이다(시 36:1, 롬 3:18). 미국의 그리스도인들이 하나님을 두려워하는 것을 멈추자, 미국은 오늘날과 같이 나라 전체가 엉망진창이 되어 버린 것이다. 하나님을 두려워하면 할수록, 우리는 더욱더 많은 문제들을 피할 수 있게 된다.

여호수아 5장

5:1 요단 서편에 있는 아모리인의 모든 왕과 해변에 있는 카나안인의 모든 왕이, 주께서 우리가 건널 때까지 이스라엘 백성 앞에서 요단 물을 마르게 하셨다는 말을 듣고, 이스라엘 자손 때문에 그들의 마음이 녹았고 그들이 더 이상 정신도 없더라.

1절은 4장 마지막 절에 이어지는 구절이다. 『**우리가 건널 때까지**』. 1인칭 복수형을 사용했다는 사실에 주목하라. 이 표현은 실제로 거기 있었고 그 일들을 겪었던 사람이 이 구절을 기록했음을 보여 준다. 코란과는 달리, 성경은 실제로 하나님을 만난 사람들이 목격자로서 증언한 것이다(눅 1:2의 주석을 보라).

하나님께서 요단 강을 마르게 하셔서 이스라엘 자손들을 건너가게 하셨을 때, 여호수아 4:24 말씀처럼 두 가지 일이 성취된 것이다. 하나는 이방인들에게 하나님의 능하신 손을 보여 준 것이고, 다른 하나는 이스라엘 자손들이 하나님을 두려워하게 되었다는 것이다. 여기 1절을 보면 아모리인의 왕들과 카나안인의 왕들이 하나님께서 행하신 일들로 인해 너무 두려워서 완전히 낙심하고 사기가 꺾였음을 알 수 있다.

이것은 하나님을 두려워한다고 할 때 두 종류의 두려움이 있다는 사실을 보여 준다. 하나는 경찰에게 잡히지 않으려는 범죄자가 갖는 그런 종류의 두려움이고, 다른 하나는 아이가 아버지에 대해 갖는 두려움이다. 훌륭한 아버지를 모신 사람은 내가 의미하는 바를 알 것이다. 만일 엄마가 아이에게 "아빠가 집에 오시면 그때 보자."라고 말하면, 아이는 무언가 잘못해서 혼나야 한다는 것을 알고 두려움을 갖게 된다. 그러나 동시에 아이는 아버지가 자기를 사랑한다는 사실도 알고 있다. 아이는 아빠를 사랑하지만 동시에 아빠를 두려워한다. 아이가 늘 자기 부모를 사랑해서 올바르게 행동하는 것은 아니다. 많은 경우에 아이는 아버지의 몽둥이와 매가 두려워서 못된 짓을 하고 싶어도 하지 못하는 것이다.

이것이 바로 하나님께서 우리에게 원하시는 두려움이다. 하나님께서는 우리가 하나님을 두려워하여 자신의 죄와 악을 스스로 점검하고 바로잡기 원하신다(욥 28:28, 잠 3:7). 이런 두려움은 카나안인들이나 아모리인들이 가졌던 두려움과는 다른 것이다. 그들이 가졌던 두려움은 범죄자가 경찰에 잡힐까 봐 두려워하는 그런 두려움이다. 범죄자는 잡히고 처벌받는 것을 두려워하는 것이며, 그런 두려움은 그 사람을 법을 준수하는 훌륭한 시민이 되게 할 수는 없다. 범죄자는 위법을 하고도 처벌받지 않으려 하고, 잡히는 것을 피하려고 도주, 폭행, 살인 같은 극단적인 행동들을 서슴지 않을지도 모른다. 카나안인들과 아모리인들은 두려웠지만 무기를 버리고 항복하려 하지는 않았다. 하나님께서 요단 강에서 행하신 기적을 보았음에도 불구하고 어쨌든 나아가 싸웠다.

어떤 사람들은 너무 거칠어서 스스로의 유익을 거절한다. 나는 교도소에서 그런 사람들에게 많이 설교해 왔다. 사람이 자신의 직업과 가족을 잃고 자유마저도 잃고 나면 돌이킬 것이라고 생각하기 쉽지만, 의외로 그런 사람들은 많지 않다. 그들은 너무 거칠고 완고하여 아무도 그들에게 다가가거나 뭘 시키지 않는다. 그들은 결국 지옥에 떨어지고 나서야 자신이 강하지 않다는 것을 알게 될 것이다.

나는 그렇게 거칠지는 않다. 사람들은 나의 말투와 글 쓰는 방식 때문에 내가 정말 거친 사람일 거라고 생각한다. 그러나 어떤 부분에서는 나도 약골이다. 한번은 누군가가 내게 "럭크만, 당신이 구원받은 유일한 이유는 지옥에 가기 싫어서야."라고 말했다. 아멘! 옳다! 나는 지옥에서 영원히 불타고 싶지 않아서 구원받았다.

지금도 나는 지나가다가 출입구에 머리를 부딪치면, 하나님께서 그런 일이 일어나도록 하신 것은 나에게 뭔가 바로잡아야 할 것이 있어서 그런 것이 아닐까 생각한다. 하나님의 "매"을 감지하는 것이다. 매 맞는 일은 전혀 재미있지 않다. 어떤 사람들은 1년, 2년, 5년, 20년, 30년 주구장창 매를 맞고 있으면서도 잘 깨닫지 못하는데, 나는 그렇게 하나님께 매 맞고 싶지는 않다. 올바로 행동하고 하나님 보시기에 항상 올곧게 인생을 살아서 매를 맞고 싶지 않은 것이 솔직한 나의 심경이다.

5:2 그때에 주께서 여호수아에게 말씀하시기를 "너는 예리한 칼들을 만들

어 이스라엘 자손에게 다시 두 번째로 할례를 행하라." 하시니,
3 여호수아가 예리한 칼들을 만들어 포피의 산에서 이스라엘 자손들에
게 할례를 행하니라.
4 여호수아가 할례를 행한 연유는 이것이니, 이집트에서 나온 모든 백
성 중 남자, 즉 모든 전사들은 이집트에서 나온 후 도중에 광야에서
죽었으므로
5 나온 모든 백성은 할례를 받았으나 그들이 이집트에서 나온 후 도중
에 광야에서 태어난 모든 백성은 할례받지 못하였음이라.
6 이집트에서 나온 전사들인 모든 백성이 진멸되기까지, 이스라엘 자
손이 광야에서 사십 년 동안 행하였으니 이는 그들이 주의 음성에
복종하지 아니하였음이라. 주께서는 그들에게 맹세하시기를 주께서
우리에게 주시기로 그들 조상에게 맹세하신 젖과 꿀이 흐르는 땅을
그들에게는 보여 주지 아니하시겠다고 하셨더라.
7 그들 대신으로 일으키신 그들의 자손에게 여호수아가 할례를 행하였
으니, 이는 그들이 도중에 할례를 행하지 못하였으므로 그들이 할례
받지 아니하였음이라.
8 그들이 모든 백성에게 할례를 행하였더니 그들이 다 나을 때까지 진
영에 있는 그들의 처소에 머물렀더라.
9 주께서 여호수아에게 말씀하시기를 "오늘 내가 이집트의 치욕을 너
희에게서 굴려 보냈다." 하시더라. 그러므로 그곳의 이름을 오늘까지
길갈이라 부르니라.

이 구절들은 할례의 의식을 다시 제정하신 일을 다룬다. 창세기 17장

에서 처음으로 하나님께서는 아브라함에게 할례를 명령하셨다. 할례는 율법을 따른 것이 아니다. 할례는 율법 이전에 있었다. 할례는 은혜 아래 있는 아브라함에게 주어진 것이다. 예수 그리스도께서도 『**그러므로 모세가 너희에게 할례를 주었으니 (그것은 모세로부터 온 것이 아니고 조상으로부터 온 것이기 때문이라.)**』(요 7:22)고 말씀하셨다.

『**이스라엘 자손에게 다시 두 번째로 할례를 행하라**』(2절). 하나님께서 처음 할례를 명령하셨을 때, 하나님께서는 아브라함에게 그 집안의 모든 남자와 사내아이에게 할례를 받게 하라고 말씀하셨다. 사내아이가 태어나면, 난 지 팔 일 되는 날에 할례를 받아야 했다. 그렇게 하지 않으면 "백성 중에서 끊어질" 것이라고 말씀하셨다. 그 아이는 죽는 것이다. 할례는 아브라함의 때로부터 유대인들이 이집트에서 나올 때까지 계속되었다. 그러나 이스라엘 자손들이 40년간 광야에서 방황할 때에는 사내아이들에게 할례를 주지 않았다. 즉 40년 동안 그들은 하나님과의 교제 밖에 있었고, 아브라함과 맺으신 하나님의 언약을 깬 것이다(창 17:14).

그러므로 이것은 하나님의 은혜를 보여 주는 놀라운 그림이다. 하나님께서 아브라함과 맺은 언약에 따르면, 광야에서 태어난 이스라엘의 모든 사내아이는 죽임을 당했어야만 한다. 그러나 하나님께서는 그 심판을 단행하지 않으셨다. 오히려 다시 기회를 주신다. 이것이 은혜이다. 그들을 죽이는 대신에 이방인 무리로 간주하신 것이다. 할례 받기 전에 아브라함은 누구였는가? 그는 이방인이었다. 그러므로 여기서 하나님께서는 이스라엘이 언약을 위반한 것을 간과하시고 그들을 살려 주신다. 대신에 할례 받기 이전의 아브라함을 다루시듯이 이스라엘 자손들을 다루신다. 그래서 이제 하나님께서는 아브라함의 언약을 재제정하시고, 할례를 행하도록 다시 요구하시는 것이다.

하나님께서는 신약에서 그분의 자녀들을 다루실 때도 이렇게 행하신다. 만약 하나님께서 하나님과의 교제를 떠나 수년간 돌이키지 않는 모든 그리스도인들을 죽이신다면, 플로리다 주 펜사콜라에서 앨라배마 주 모빌까지 시체가 즐비하게 널려 있을 것이다. 그러나 하나님께서는 타락한 그리스도인에게도 은혜와 자비를 베푸셔서 그들이 다시 하나님과의 교제를 회복하도록 권면하면서 기다리신다.

위에 쓴 것은 그리스도인들을 위한 실제적인 교훈이었다. 그러나 교리적으로 말하면, 모든 그리스도인들은 구원받는 순간 할례를 받은 것이다. 『**또한 너희가 그의 안에서 손으로 하지 아니한 할례를 받았으니 곧 그리스도의 할례로 육신의 죄들의 몸을 벗어 버린 것이라. 너희가 침례로 그와 함께 장사되었고 또 하나님께서 그를 죽은 자들로부터 살리신 역사를 믿음으로 말미암아 너희도 그와 함께 살아났느니라**』(골 2:11,12).

여호수아서에서 읽는 바와 같이 우리는 침례와 함께 영적 할례도 받은 것이다. 한 사람이 구원받을 때, 그 사람은 영적으로 성령님에 의해 그리스도의 몸 안으로 들어가는 침례를 받게 된다(고전 12:13). 이 성령 침례와 동시에, 성령님께서 그의 몸 안에 들어와서 사시며, 그분께서는 두 번째 출생을 통해 그 사람 안에 창조하신 새 영을(고후 5:17, cf. 요 3:5-7) 그의 죄 있는 육신의 몸으로부터 "베어내시는" 것이다.

여호수아 5장으로 다시 돌아가자. 『**이집트에서 나온 전사들인 모든 백성이 진멸되기까지, 이스라엘 자손이 광야에서 사십 년 동안 행하였으니 이는 그들이 주의 음성에 복종하지 아니하였음이라. 주께서는 그들에게**

맹세하시기를 주께서 우리에게 주시기로 그들 조상에게 맹세하신 젖과 꿀이 흐르는 땅을 그들에게는 보여 주지 아니하시겠다고 하셨더라』(6절). 이것은 민수기 13,14장에서 일어났던 일이다. 열 명의 정탐꾼이 돌아와 나쁜 소식을 전함으로써, 하나님께서 말씀하신 것과 반대로 백성들로 하여금 그 땅에 들어갈 수 없다고 확신하게 만들었다. 여호수아와 칼렙은 그들이 "능히 이길 수 있다."는 좋은 소식을 전했으나(히 4:2, 민 13:30), 백성들은 그 『**복음**』을 믿지 않았다. 결과적으로 그 땅에 들어가 싸우고 그것을 차지했어야 할 모든 사람들이 광야에서 죽고 말았다.

그리스도인들이 여기서 얻어야 할 영적 교훈은 그리스도인이 세상과 육신과 마귀와 싸우기를 거절하면, 하나님께서 주시려고 했던 복을 잃게 된다는 것이다. 민수기 13,14장에서와 똑같이, 문제는 바로 "죄"와 "불신"이다. 성도가 간직해야 할 표어는 올바르게 행하고 『**믿음의 선한 싸움을 싸우라.**』(딤전 6:12)는 것이다. 옛날 찬송가에도 이런 가사가 있지 않은가? "전진하며 남자답게 싸우라. 어두움의 정욕들을 정복하고, 항상 예수님을 바라보라. 주님께서 그대를 승리하게 하시리라!"

『**그들이 모든 백성에게 할례를 행하였더니 그들이 다 나을 때까지 진영에 있는 그들의 처소에 머물렀더라**』(8절). 곰곰이 생각해 보면, 이것이야말로 진정한 믿음의 행위이다. 할례를 받은 후 회복되는 기간은 가장 취약한 시기일 수밖에 없다. 세켐이 시므온과 레위의 여동생 디나를 강간했을 때 시므온과 레위가 행했던 것처럼, 적들이 침입하여 할례받은 이스라엘 자손을 쓸어버릴 수도 있었다(창 34:24-27). 그러므로 이 할례는 또 다른 믿음의 시험이었던 것이다. 이스라엘 자손들은 적의 영토 안에 있으면서 어떤 다른 도움을 기대할 수 없었고, 오직 하나님만을 신뢰해야 했다.

주 예수 그리스도의 군사로서, 우리도 위험의 한가운데서 하나님을 신뢰할 수 있어야 한다. 우리는 적진 한가운데에 있다. 사람들은 "개혁주의," "주권주의," "후천년주의" 같은 것을 외치며 온 세상을 변화시켜 예수 그리스도를 따르게 할 수 있을 것처럼 말하지만 그런 것은 없다. 우리는 타국인이며 순례자로서 전쟁을 수행하는 것이다(벧전 2:11). 사도 바울은 우리 그리스도인들이 『**비뚤어지고 변질된 민족 가운데**』 있다고 말한다(빌 2:15). 보호와 승리에 대해 하나님을 신뢰할 수 없다면 우리는 낭패를 당하고 말 것이다.

우리는 4:19에서 『**길갈**』(9절)의 의미에 대해 논의했었다. 『**이집트의 치욕**』이란 40년간의 무할례 상태를 의미한다(창 34:14 참조). 그러나 『**이집트의 치욕**』은 약속의 땅으로 그분의 백성을 데리고 들어가는 하나님의 능력을 이집트인들이 비웃은 것을 의미하기도 한다. 이스라엘 자손들이 민수기 13,14장에서 카나안 땅에 들어가지 못했을 때, 하나님께서는 그들 모두를 쓸어버리시고, 모세를 통해 완전히 새로운 민족을 시작하시려고 했다. 그러나 모세가 주님을 설득하여 이스라엘은 재앙을 모면했다. (잭 하일스는 하나님과 모세가 동시에 이스라엘 민족을 멸하고자 하는 생각이 들지 않은 것이 얼마나 감사한 일인지 모른다고 말하면서, 그렇지 않았더라면 오늘날 지상에 유대인은 한 명도 남아 있지 않았을 것이라고 설교하곤 했다.) 그때 모세는 사실상 "주님, 만약 주님께서 이 백성을 모두 죽이시면, 이집트인들이 이 이야기를 듣고 애초에 주님께서 그들을 약속의 땅으로 데리고 들어가실 능력이 없으셨다고 말하면서 주님을 모독할 것입니다. 그리고 카나안인들도 이 이야기를 듣고, 주님의 이름을 비웃을 것입니다."라고 말한 것이다.

이집트인들이 예전에 그들의 노예였던 이스라엘 자손들이 약속의 땅에 들어가지 못하고 광야를 방황하면서 여기저기 쓰러져 죽고 있다는 얘기를 들었을 때, 그들이 어쨌든 약간은 주님을 비웃었으리라 짐작할 수 있을 것이다. 그러므로 하나님께서 『**이집트의 치욕을 너희에게서 굴려**』 보내셨을 때, 그것은 단지 무할례의 치욕에만 관련된 것이 아니라, 주님께서 그분의 백성을 약속의 땅으로 데리고 오지 못할 것이라고 생각한 모든 이방 민족들로 하여금 그들의 생각이 착각이었음을 인정하게 하는 것과도 관련이 있었다.

5:10 이스라엘 자손이 길갈에서 진을 치고 여리코 평원에서 그 달 십사일 저녁에 유월절을 지켰으며

11 유월절 이튿날에 그 땅의 옛 곡식을 먹었으니 바로 그 날 누룩 없는 과자와 볶은 곡식을 먹었더라.

12 그들이 그 땅의 옛 곡식을 먹은 이튿날에 만나가 그쳤으니 이스라엘 자손이 더 이상 만나를 얻지 못하였으나, 그들이 그 해 카나안 땅의 열매를 먹었더라.

10절은 약속의 땅에서 지켜진 첫 유월절이다. 이것은 이스라엘 자손이 음식으로 만나만을 마지막으로 먹은 때이기도 하다. 그래서 모세오경에 여호수아가 추가 기록한 부분들 중의 하나가 출애굽기 16:35이다. 『**이스라엘 자손이 사람이 거하는 땅에 이를 때까지 사십 년 동안 만나를 먹었으니 그들이 카나안 땅의 경계에 올 때까지 만나를 먹었더라.**』

11,12절은 만나에서 『**카나안 땅의 열매**』로의 전환을 보여 준다. 유월절에 이스라엘 자손들은 만나를 먹었다. 유월절 다음 날, 즉 무교절의 첫날 그들은 만나를 먹었을 뿐만 아니라 『**그 땅의 옛 곡식**』을 먹었다. (여기서 『**곡식**』(corn)은 밀알을 의미할 수도 있고, 옥수수 알갱이를 의미할 수도 있다. 눅 6:1의 주석을 보라.) 『**누룩 없는 과자**』는 만나로 만들어진 것이고, 『**볶은 곡식**』은 나중에 먹으려고 말려서 볶은 밀이나 옥수수의 알갱이이다. 무교절의 둘째 날부터는 만나가 완전히 멈추었으므로, 그때부터 이스라엘 자손들은 자급자족해서 먹고 살아야 했다.

우리는 여기서 영적으로 은혜 안에서 성장하는 것을 볼 수 있다. 이스라엘 자손들은 40년 동안 기적적으로 먹고 살았다. 물이 필요하면 하나님께서 반석에서 물이 나오게 하셨고, 음식이 필요하면 하늘에서 음식이 비처럼 내려오게 해 주셨다. 그들은 옷과 신도 닳지 않았다(신 29:5). 곡식을 심을 수 없고 필수품을 교체할 수 없는 장소(광야)에 있는 동안 하나님께서 그들이 필요로 하는 것을 기적적으로 제공하셨다. 그러나 이제 그들은 심고, 거두고, 실을 잣고, 옷감을 짤 수 있고, 일을 함으로써 자기들의 힘으로 살아갈 수 있다. 성경의 원리는 일하지 않는다면 먹어서는 안 된다는 것이다(살후 3:10). 구약에서 하나님의 "복지 정책"은 가난한 백성들이 스스로 들로 나가서 밭의 모퉁이에 떨어진 곡식을 줍는 것이었다(레 19:9). 먹을 것을 얻으려면 일을 해야만 했던 것이다.

우리가 처음 구원받았을 때, 하나님께서는 섭리적이고 영적인 방식으로 곧 "기적적"으로 우리에게 많은 것들을 주셨다. 성령님께서는 그리스도 안에 있는 갓난아기에게 단지 성경을 읽는 것만으로도 성경에 있는 많은 것들을 볼 수 있게 해 주신다. 갓난아기는 그리스도 안에서 사는 새로운 삶에서 많은 감동과 흥분을 경험하게 된다. 그리스도인들은 이러한 경험을 "표준"이라고 생각하기 쉽다. 그래서 막상 세상, 육신, 마귀와 싸워야 할 때가 되면, 싸우기보다는 갓난아기일 때에 주님께서 주신 경험들만을 찾고 그것만을 붙들려고 한다. 그들은 성령님, 하늘나라, 기적들과 같은 주제의 설교를 좋아한다. 그런 주제로 설교하면 그들은 "아멘!"과 "할렐루야!"를 외치고 잘 지낸다. 그러나 과장, 소문, 폭식, 십일조 내기, 원한 품는 것 등과 같이 부정적이며 실제적인 그리스도인의 삶에 대해 설교하면 그들은 매우 조용해진다.

그러나 이런 것이 성장이다. 이스라엘 자손들은 카나안 땅에서조차도 여전히 기적들을 경험했다. 확실히 그러했다. 즉 카나안 땅에서 여리코의 성벽이 무너지고 해와 달이 멈춰서는 기적이 일어났다. 그러나 그들이 매일을 기적에 의존해서 산 것은 아니다. 그들은 밖으로 나가 만나를 줍는 대신, 들에 나가 곡식을 거둬야 했다. 또 모든 성읍을 여리코와 같이 기적적으로 얻은 것도 아니었다. 그 땅을 얻기 위해 실제로 전투를 치러야 했다.

그리스도인으로서의 삶에서 우리는 성장하지 않으면 안 된다. 처음에 하나님의 말씀을 단지 읽기만 했다면 이제는 그 말씀을 공부하는 생활로 옮겨와야 한다. 성령님께서 성경을 통해 우리에게 무언가를 주시려면 우리도 실제로 성경을 공부하는 데 노력과 시간을 들여야 하는 것이다. 그렇게 해야만 우리는 『**부끄럽지 않은 일꾼**』이 될 수 있다(딤후 2:15). 우리는 단지 『**순수한 말씀의 젖**』만을 마시지 말고(벧전 2:2) 이제는 『**단단한 음식**』도 섭취할 수 있어야 한다(히 5:12-14).

은사주의자들의 문제점은, 그들은 평생토록 영적 갓난아기로 살고 싶어 한다는 것이다(고전 3:1,2). 그들은 교리와 성별을 추구하지 않고 감정과 경험을 추구하면서 소위 믿음의 삶을 살려고 한다. 그래서 그들은 모든 은사들 중에서 가장 작은 은사에 끌리는 것이다(고전 12:28-31의 주석을 보라). 그들은 육신을 내려놓고, 세상에 역행하며, 마귀를 대적하는 대신 화려하고 현란한 경험을 원한다. 성숙을 이루고 영적 전투로 강건해진 그리스도인은 매 5분마다 자신을 인도하는 기적적인 사건을 바라지 않는다. 성숙한 그리스도인은 하나님의 말씀을 가지고 있기에, 믿음으로 하나님의 말씀에 순종하며 그리스도인의 삶의 행보를 내딛는다.

우리는 또한 이 구절에서 필요를 기적적으로 공급해 주시는 특별한 역사가 없음을 볼 수 있다. 이제 이스라엘 자손들은 일상적이고 평범한 방법으로 필요한 것을 조달해야 했다. 이것은 마치 걸음마를 배우는 어린아이와 같다. 갓난아기가 아장아장 걷기 시작하면, 엄마와 아빠는 아이를 도와준다. 그들은 아이가 몇 발자국 어색하게 걷다가 넘어지면 아이의 손을 잡아 준다. 그러나 얼마 지나지 않아 아이는 엄마와 아빠의 손을 뿌리친다. 아이는 혼자서 걷기 원하는 것이다. 마침내 우려와 불안은 사라지고, 아기는 혼자서도 잘 걸으며 부모의 사랑을 받는다.

이런 원리는 그리스도인인 우리에게도 적용된다. 나는 예수님께서 우리의 손을 잡고 우리와 함께 걸으신다는 내용의 찬송가를 좋아하지 않는다. 그분은 우리 옆에 계시지 않는다. 그분은 우리 안에 계신다. 우리가 그리스도인으로서 행할 때 그분은 우리 안에서 행하고 계시는 것이며(고후 6:16), 우리는 그분 안에서 행하고 있는 것이다(골 2:6). 그래서 주님께서는 우리가 구원받은 그 순간부터 우리가 영광에 이를 때까지 "우리의 손을 잡아" 주실 필요가 없다. 그리스도인은 믿음으로 행하고(고후 5:7), 진리 안에서 행하고(요삼 1:4), 성령 안에서 행해야 한다(갈 5:16,25).

5:13 여호수아가 여리코 근방에 있었을 때 눈을 들어 보니, 보라, 어떤 사람이 손에 칼을 빼어 들고 그를 향해 서 있는지라. 여호수아가 그 사람에게 가서 말하기를 "너는 우리 편이냐, 우리의 대적 편이냐?" 하니

14 그가 말하기를 "아니라, 나는 주의 군대 대장으로 지금 여기에 왔노라." 하더라. 여호수아가 땅에 엎드려 경배하고 그에게 말씀드리기를 "나의 주여 종에게 무엇을 말씀하시나이까?" 하니

15 주의 군대의 대장이 여호수아에게 말씀하시기를 "네 발에서 신을 벗으라. 네가 서 있는 곳은 거룩함이라." 하시니, 여호수아가 그대로 하더라.

13절의 『**어떤 사람**』은 주의 천사임을 알 수 있다. 여호수아는 주의 천사인 그 사람 앞에서 신을 벗어야 했다(15절). 모세도 불타는 가시덤불 앞에서 신을 벗어야 했다(출 3:1-6). 모세처럼 여호수아도 주님의 임재 앞에 있게 된 것이다.

성경에서 모든 천사는 예외 없이 서른세 살 반의 날개 없는 남자이다

(요일 3:2의 주석을 보라). 재판관기 13장에서 마노아와 그의 아내에게 나타났던 천사는 『**하나님의 사람**』(판 13:6)이라 불린다. 요한계시록 21장에서 새 예루살렘을 측량한 천사는 『**사람의 척도, 곧 천사의 척도**』로 성벽을 측량했다(계 21:17).

사람들은 천사가 날 수 있기 때문에, 날개를 가지고 있어야만 한다는 기이한 생각을 가지고 있다. 슈퍼맨을 생각해 보라. "무슨 소리죠?"라고 할지도 모르겠다. 만화책에 나오는 슈퍼맨도 날개 없이 날아다닌다. 물론 이해를 돕기 위해 예를 든 것이지, "만화책"에 그렇게 나와 있기 때문에 그렇다는 뜻은 아니다. 히브리서 13:2을 보라. 『**나그네 대접하는 일을 잊지 말라. 이렇게 하다가 자기도 모르는 사이에 천사들을 대접한 사람들도 있었느니라.**』

당신에게 한 가지 물어 보겠다. 어느 날, 누군가 문을 두드려 나가보니 3m 길이의 날개를 가진 사람이 서 있었다. 당신은 그 사람을 보고 누구라고 생각하겠는가? 당연히 천사라고 생각할 것이다.

사람들은 깊이 생각하려고 하지 않는다. 천사들이 롯을 소돔에서 끌어낼 때(창 19장), 그들이 스스로를 천사로 드러내기 전에 그들이 천사인 것을 아무도 알지 못했다. 소돔인들은 그 낯선 두 사람을 성적으로 학대하기 위해 롯의 집에 와서 『**오늘 밤 네게 온 사람들이 어디 있느냐?**』(창 19:5)라고 했다. 소돔인들은 그 낯선 두 사람이 천사인 줄 알지 못했다.

이 구절에서 여호수아는 그 사람이 말해 주기 전까지는 그 사람이 누군지 알지 못했다. 여호수아는 그 사람에게 『**너는 우리 편이냐, 우리의 대적 편이냐?**』(13절)라고 묻는다. 여호수아는 그분이 주의 천사라는 사실을 몰랐다. 여호수아에게는 어떤 사람이 전쟁터에서 칼을 빼어 들고 서 있는 것으로 보였을 뿐이다.

13절에서 여호수아의 특징을 알 수 있다. 그는 그의 "대적"을 정찰하기 위해 나왔는데 근처에서 칼을 빼어 든 한 사람을 본다. 그는 주저 없이 묻는다. 『**너는 우리 편이냐, 우리의 대적 편이냐?**』 나는 여호수아가 『**대적 편**』이라는 대답을 들으면 당장 상대를 찌르기 위해 칼을 뽑으면서 이 질문을 했을 것이라고 확신한다. 여호수아가 상대방의 정체를 물은 것처럼, 오늘날의 군대에서도 "아군이냐, 적군이냐?"라고 간결하게 말하면서 암호를 묻는다.

우리는 여기서 천사가 『**손에 칼을 빼어 들고**』 있는 것을 본다. 천사는 성경 전체에서 볼 수 있다. 물론 그룹은 천사와는 다른 영적 존재이다. 하나님께서 아담과 이브를 에덴 동산에서 쫓아내셨을 때, 아무도 그곳에 돌아와서 생명의 나무에서 나는 열매를 먹지 못하도록 그룹들과 『**불타는 칼**』을 놓아 그 문을 지키게 하셨다(창 3:24).

발라암이 모압 평지에 있는 이스라엘 자손들을 저주하기 위해 집을 나와 자기 길을 가고 있을 때, 주의 천사가 발라암을 죽이려고 『**그의 손에 칼을 빼어**』 들고 길에 서 있었다(민 22:22,23). 만약 발라암의 나귀가 길에서 벗어나지 않았거나 땅에 엎드리지 않았다면, 주의 천사는 발라암을 죽였을 것이다.

다윗이 이스라엘을 계수하는 죄를 지었을 때, 다윗은 예루살렘의 거주민들을 죽이려고 칼을 빼들고 예루살렘 위에 서 있는 주의 천사를 보았다(대상 21:16). 다윗은 성막의 번제단에 가지 못했는데, 성경은 그 이유를 『**다윗이 하나님께 물으러 그 앞에 가지 못하였으니 이는 그가 주의**

천사의 칼로 인하여 무서워하였기 때문이더라.』(대상 21:30)고 말씀하셨다. 그래서 타작마당을 사서 거기서 제단을 세웠던 것이다.

그러므로 주의 천사가 손에 칼을 빼어 든 것은 단순한 위협이 아니다. 앗시리아인들이 히스키야에게 대항하여 왔을 때, 주의 천사가 하룻밤에 185,000명을 죽였다(왕하 19:35). 예수 그리스도께서 돌아오시면 『**그의 입에서는 예리한 칼이 나와서 그것으로 민족들을 칠**』 것이다(계 19:15).

본문에서는 바로 이런 무시무시한 존재인 주의 천사께 여호수아가 덤벼들려고 했던 것이다. 물론 그 천사의 칼은 이스라엘의 적들을 향해 있었지만, 여호수아는 그것을 알지 못했다. 여호수아는 예의를 갖추고 눈치를 살피고 사교술에 능한 사람이 전혀 아니었던 것이다. 여호수아는 낯선 사람을 보고 똑바로 걸어 올라가서 묻는다. 『**너는 우리 편이냐, 우리의 대적 편이냐?**』

두 편이 있다. 중립 지역 같은 것은 없다. 에큐메니칼 운동도 전혀 중립적인 것이 아니다. "우리 편이냐, 대적 편이냐? 한 편을 선택하라."

예수 그리스도께서는 『**나와 함께하지 않는 자는 나를 반대하는 자요, 또 나와 함께 모으지 않는 자는 흩뜨리는 자니라.**』(마 12:30)고 말씀하셨다. 당신은 예수 그리스도 편이든지, 예수 그리스도의 대적 편이다. 양다리를 걸칠 순 없다. 예수 그리스도를 영접하지 않는다면, 그분을 거절하는 것이다.

예수 그리스도께서는 『**어떤 종도 두 주인을 섬길 수 없나니, 그가 한 쪽을 미워하고 다른 쪽을 사랑하거나, 한쪽을 존중하고 다른 쪽을 경시하게 됨이라. 너희는 하나님과 재물을 동시에 섬길 수 없느니라.**』(눅 16:13)고도 말씀하셨다. 엘리야는 칼멜 산에서 거기 있는 유대인들에게 물었다.

『너희가 얼마나 더 두 의견 사이에서 지체하려느냐? 주가 하나님이시면 그를 따르라. 그러나 만일 바알이면 그를 따르라』(왕상 18:21). 여호수아는 나중에 이스라엘 백성에게 똑같은 선택을 하게 한다. **『너희가 섬길 자를 오늘날 너희가 택하라』**(수 24:15). 이쪽, 아니면 저쪽을 택하라. 그러나 양다리는 걸치지 말라!

『너는 우리 편이냐, 우리의 대적 편이냐?』(13절) 이것은 영들을 시험하는 것에 관한 좋은 영적 교훈이다(요일 4:1). 여호수아는 무엇이든 그러려니 하면서 당연한 것으로 받아들이지 않았다. 그는 그것이 하나님으로부터 온 것인지, 아니면 마귀로부터 온 것인지 알기 위해 그 영을 시험했다. 우리도 그렇게 해야 한다. 우리가 만약 영적이라면 **『모든 것들』**을 판단할 것이며(고전 2:15), 성경을 가지고 성경의 진리로 모든 것을 판단해야 한다(고전 2:13).

『그가 말하기를 "아니라, 나는 주의 군대 대장으로 지금 여기에 왔노라." 하더라』(14절). 의심할 바 없이, 이 사람은 주의 천사이시다. 출애굽기 23장에서 하나님께서는 모세에게 다음과 같이 말씀하신다.

『보라, 내가 한 천사를 네 앞에 보내어 길에서 너를 지키게 하고 내가 예비한 곳으로 너를 인도하게 하리라. 그를 주의하고 그의 음성에 복종하며 그를 화나게 하지 말라. 그가 너의 허물들을 용서하지 아니하리니, 이는 내 이름이 그의 안에 있음이니라. 그러나 만일 네가 정말로 그의 음성에 복종하고 내가 말한 모든 것을 행하면 그때는 내가 네 원수들에게는 원수가 되고 네 대적들에게는 대적이 되리라』(출 23:20-22).

여기에 나타난 주의 천사가 성육신 이전의 예수 그리스도의 현현이라는 사실에는 의심의 여지가 없다. 이사야는 메시아에 관해 예언하며 『**보라, 내가 그를 백성에게 증거로 주었고, 또 백성에게 인도자와 명령자로 주었노라.**』(사 55:4)고 말했다. 히브리서 2:10에서, 예수 그리스도께서는 『**구원의 대장**』이라고 불리신다. 현대 번역본들은 여호수아 5:14과 히브리서 2:10의 연관성을 알지 못하게 하려고, 히브리서 2:10에서 『**대장**』(captain)이라는 단어를 제거해 버렸다. 새로운 "성서들"의 개정자들과 번역자들은 성경이 예수 그리스도를 군대의 총사령관으로 묘사하는 것을 별로 달가워하지 않는 것이다. 그러나 예수 그리스도께서 다시 오실 때 그분은 그분의 군대들을 이끌고서 맨 앞에서 말을 타고 오실 것이다(계 19:14).

육군에서 대위(captain)는 어디서나 80-250명으로 구성된 중대를 지휘한다. 소총 중대에서는 대위를 "노인 양반," 즉 "올드 맨"(old man)이라고 부르곤 한다. 당신은 내가 자주 밥 존스 시니어를 "올드 맨 밥"이라고 부르는 것을 들었을 것이다. 나는 그를 불손하게 칭하는 것이 아니다. 자기 아버지를 "올드 맨"이라고 부르는 사람이 있는데 그것은 불손한 짓이다. 그러나 내가 "올드 맨 밥"이라고 부를 때는 밥 존스 시니어를 소총 중대의 대장으로 간주하며 그 용어를 사용하는 것이다. 즉 일종의 존중의 표현인 것이다.

『**여호수아가 땅에 엎드려 경배하고**』(14절). 이 구절은 구약에서 주의 천사가 하나님의 현현임을 보여 준다(호 12:4,5의 주석을 보라). 신학에서는 이러한 것을 "신현"(神現, theophany)이라고 부르기도 한다. 요한이 『**아무도 어느 때나 하나님을 본 사람이 없지만 아버지의 품 안에 계신 독**

생자, 그가 하나님을 분명히 밝히셨느니라.』(요 1:18)고 말했으므로, 우리는 주의 천사는 성육신 이전의 예수 그리스도의 현현, 곧 "그리스도의 나타나심"이라고 말할 수 있다.

여호수아는 그 천사에게 경배했고, 그 천사는 그 경배를 막지 않았다. 요한계시록에서는 두 번이나 요한이 천사에게 경배하려 했으나, 그 천사는 두 번 모두 『**그리하지 말라.**』고 말한다(계 19:10; 22:8,9). 이것은 일반적인 천사와 하나님께서 나타나신 주의 천사 사이에 차이가 있다는 사실을 보여 준다. 여기 출현한 천사는 예수 그리스도께서 지상에 계실 때 경배를 받으신 것처럼 여호수아의 경배를 받는다(마 8:2; 9:18; 14:33; 15:25; 28:9,17, 막 5:6, 눅 24:52, 요 9:38). 누군가 예수 그리스도께 경배하기 위해 엎드렸을 때, 주님께서는 경배를 마땅하게 여기셨다. "그래, 좋아. 마땅히 해야 할 바를 하는구나! 계속 경배하도록 하라!" 자유주의자들은 예수님께서 스스로를 하나님이라고 주장하신 적이 없다고 말하지만 전혀 그렇지 않다. 예수 그리스도께서는 경배를 받아 마땅하신 육신으로 오신 하나님이시다(요 10:30-33).

13,14절은 우리가 그리스도인으로서 영적 전쟁에 참여할 때 필요한 세 가지를 깨닫게 한다. 우리에게는 13절에서 여호수아가 그 사람에게 도전할 때 가졌던 것처럼 "용기"가 필요하고, 영들을 시험할 수 있는 "분별력"이 필요하다. 일과 사물을 나타나는 대로 믿어서는 안 된다. 마귀도 성령님처럼 그리스도인을 "인도"할 수 있다. 사람들은 마귀를 따라 실수하면서도 성령님께서 자기를 "인도"하셨다고 성령님을 비난한다. 어떤 설교자들은 소위 "초록색 인도하심"을 따른다. 즉 "돈을 따라서" 가장 많은 보수

를 제안하는 교회에 가서 사역하는 것이다.

마지막으로 "하나님의 말씀"이 필요하다. 여호수아는 주의 군대 대장께 경배하고 나서 『**나의 주여 종에게 무엇을 말씀하시나이까?**』라고 여쭙는다. 예수님께서는 『**하나님께로부터 나온 사람은 하나님의 말씀들을 듣느니라.**』(요 8:47)고 말씀하셨고, 『**나를 사랑하는 사람은 내 말들을 지키리니**』(요 14:23)라고도 말씀하셨다. 그리스도인으로서 우리는 『**믿음의 말씀들과 선한 교리의 말씀들로**』 양육을 받아야 한다(딤전 4:6). "메시지"나 "근본사항들"이나 "원리들"이 아니라, 성경 말씀들이야말로 『**영**』이요 『**생명**』인 것이다(요 6:63).

『**주의 군대의 대장이 여호수아에게 말씀하시기를 "네 발에서 신을 벗으라. 네가 서 있는 곳은 거룩함이라." 하시니, 여호수아가 그대로 하더라**』(15절). 여기서 또 한 구절이 UN의 멸망을 보증하고 있다. 왜냐하면 이 구절은 하나님께서 모세에게 불타는 가시덤불에서 하신 것과 직접 연결되는 말씀이기 때문이다(출 3:5). 두 구절 모두 재림과 관련되어 있으며, 수백만 명이 학살당하는 것과 관련이 있다. 출애굽기 3:5은 언약궤가 만들어진 시내 산에서 일어난 일이며, 우리는 이미 언약궤가 가는 곳마다 죽음이 따라다닌다는 사실을 살펴보았다(3:8의 주석을 보라). 예수 그리스도께서 오실 때, 주님은 언약궤가 이동한 경로를 따라 시내 산에서 카나안 땅으로 오실 것이며, 여호수아가 『**주의 군대 대장**』을 만난 바로 그 지점에서 요단 강을 건너실 것이다(합 3:3의 주석을 보라). 예수 그리스도께서 오실 때 그분의 길에 그분을 대적하는 사람은 한 사람도 남지 않고 진멸당할 것이다. 왜냐하면 그 땅은 『**거룩**』하기 때문이다.

『**거룩**』(holy)이라는 단어가 성경에 처음 나왔을 때, 이 말이 "하나님"이나 "성령"이나 "성경"과 같은 용어를 가리키는 것이 아니라는 사실이 이상하지 않은가? 『**거룩**』이라는 단어는 땅을 언급하는 데 맨 처음 사용되었다(출 3:5의 주석을 보라). 시내 산으로부터 그 위로 에돔과 요단 강 동편까지의 모든 땅은 원래 하나님께서 아브라함에게 주신 땅의 일부이다(창 15:18). 이 땅은 하나님의 땅이며, 그분께서는 그것을 "그분의 백성"만을 위하여 지구상의 다른 모든 땅들과 구분해서 따로 떼어놓으셨다. 이 땅은 아랍 연맹, 이슬람 형제단, "팔레스타인 자치 정부"(수천 명의 무죄한 시민들의 죽음에 책임져야 할 테러 조직), 로마카톨릭, UN, 혹은 미국에 속한 땅이 아니다. 이 땅은 하나님께 거룩하며, 전능하신 주 하나님께서는 그분의 땅을 점거한 무단침입자들을 철저히 심판하실 것이다.

여호수아 6장

6:1 그때 여리코는 이스라엘 자손들로 인하여 굳게 닫혀 있어, 아무도 나
가거나 들어가는 자가 없더라.
2 주께서 여호수아에게 말씀하시기를 "보라, 내가 여리코와 그 왕과 힘
센 용사들을 네 손에 주었으니,
3 너희 모든 전사들은 성읍을 에워싸고 성읍 주위를 한 번 돌되, 육 일
동안 그리하라.
4 일곱 제사장은 일곱 양뿔 나팔을 들고 궤 앞에 가고 일곱째 날에는
너희가 성읍을 일곱 번 돌 것이며 제사장들은 나팔을 불지니라.
5 제사장들이 양뿔 나팔을 길게 불 때 너희가 그 나팔 소리를 들으면
모든 백성은 큰 소리를 지를지니라. 그리하면 그 성벽이 완전히 무
너져 내리리니, 백성들은 각기 자기 앞으로 곧장 올라갈지니라." 하
시니라.

위 본문은 여리코 성읍을 함락시키기 위해 여호수아와 백성에게 주신 하나님의 전투 계획을 보여 준다. 2절의 『**주**』는 여호수아에게 말씀하고 계신 『**주의 군대 대장**』이시다(5:15). 그러므로 이분은 의심할 바 없이 주의 천사이시고, 주의 천사는 여호수아에게 나타나신 주님의 현현이다. 즉 신약의 "여호수아"께서 구약의 여호수아에게 말씀하고 계시는 것이다.

『**그때 여리코는 이스라엘 자손들로 인하여 굳게 닫혀 있어, 아무도 나가거나 들어가는 자가 없더라**』(1절). 이것은 고전적인 "요새" 방어 전술로서, 지금은 기계화된 기갑부대, 대포, 미사일, 비행기, 폭탄 등이 발달하여 전술적으로 효과적이지 않은 구식 전술이 되어 버렸다. 여리코 성읍은 포위 작전에 대비하여 단단히 준비를 한 상태이다. 이러한 여리코 성읍은 마치 마음이 완고하게 된 죄인의 모습을 보여 주는 것이기도 하다. 이런 상태의 죄인은 복음이 들어가서 그를 정복하여 그리스도께로 사로잡아 올 수가 없는 상태이다. 칼빈주의자들은 "저항할 수 없는 은혜"의 교리로 이런 완고한 마음을 강제적으로 뚫을 수 있다고 반박하려 할 것이다. 즉 죄인이 복음을 거절하고 성령님의 역사를 거절하고 그리스도를 전파하는 사람들을 거절해도, 그가 창세기 1:1 이전에 "택함받은 사람"이면(엡 1:4의 주석을 보라.) 그의 의지는 "묶여 있는" 상태이므로 하나님의 은혜에 저항할 수 없다고 주장하는 것이다(루터도 이런 주장을 했다).

물론 이런 비성경적인 극단적 칼빈주의 교리는 순전히 헛소리일 뿐이다. 사도행전 7:51에서 스테판은 유대인 지도자들에게 『**너희도 늘 성령을 거역하는도다.**』라고 말했다. 이 구절에서 보는 바와 같이, 은혜는 "저항할 수 없는" 것이 아니다. 예수 그리스도께서도 예루살렘을 보시고 『**내**

가 얼마나 자주 네 자녀들을 모으려고 하였더냐? 그러나 너희가 원치 아니하였도다!』라고 말씀하셨다(눅 13:34의 주석을 보라). 하나님께서는 그들을 구원하시고자 했으나, 그들은 그것을 조금도 원하지 않았다. 이 문제에 관한 한, 죄인들은 자신의 의지로 하나님의 뜻을 좌절시킬 수 있다. 성령님께서 죄인의 양심에 찔림을 주시면 죄인은 성문을 닫고 "방어 태세"로 들어간다. 그리고 예수 그리스도를 영접하지 않으려고 장벽을 쌓는 것이다.

이 구절들은 또한 그리스도인이 가진 죄 있는 육신의 상태를 영적으로 보여 주기도 한다. 성령님께서는 성도의 몸 안에 살고 계신다(고전 6:19). 그러나 그 몸 자체는 『**육신적이어서 죄 아래**』 팔린 상태이며(롬 7:14), 그 안에는 죄의 욕망이 있기에 "선한 것이 거하지 않는다"(롬 7:18). 육신은 그것이 성령님의 통제 아래 있어야 한다는 사실을 결코 수긍하지 않으며, 육신의 욕망을 죽이는 것에 대해서도 결코 찬성하지 않는다. 즉 우리 안에는 아담의 본성이라는 마귀의 협력자가 있는 것이다. 이 협력자는 성도의 몸 안에서 성령님의 역사를 저지하기 위해 필사적으로 노력한다. 그러나 이 육신적인 본성은 여리코가 멸망당해야 하는 것과 마찬가지로 똑같이 죽어야만 한다. 성도가 승리를 쟁취하고 주님께서 주시는 유업을 누리고자 한다면 반드시 육신을 죽은 것으로 여겨야 하는 것이다.

『**여러 가지 구상과 하나님을 아는 지식을 거역하여 스스로 추켜세운 모든 높은 것들을 무너뜨리며 모든 생각을 사로잡아서 그리스도께 복종케 하니**』(고후 10:5).

다시 여호수아 6장으로 돌아가 보도록 하자. 『**주께서 여호수아에게 말**

씀하시기를 "보라, 내가 여리코와 그 왕과 힘센 용사들을 네 손에 주었으니』(2절). 당장에는 전혀 그렇게 보이지 않았을 것이다. 그 성읍은 그곳에 굳건히 서 있었다. 당시에 여리코 성읍의 크기는 거의 31,600m²(약 9,500평)의 크기였고, 성벽은 방어를 위한 이중 성벽이었다. 바깥 성벽은 180cm 두께였고, 안쪽 성벽은 360cm 두께였다. 높이는 3층 높이였다. 식량이 준비되어 있었고, 여리코에 살았던 사람들은 포위 작전이 오랫동안 지속되어도 견딜 수 있었다. 여호수아는 공성 장비도 없었고, 성벽을 오를 사다리도 없었다. 그러나 하나님께서는 여호수아에게 『**내가 여리코와 그 왕과 힘센 용사들을 네 손에 주었으니**』라고 말씀하셨다. 마치 그 성읍이 이미 함락된 것처럼 말씀하신 것이다. 이것은 하나님께서 그 일을 이미 성취된 사실로 보고 계셨음을 의미한다(1:3의 주석을 보라).

우리는 여호수아가 주님께서 하신 말씀에 대해 어떤 마음이 들었는지 짐작할 수 있다. 당신도 예수 그리스도를 위해서 살려고 애쓰고 있다면, 신약을 읽으면서 간혹 본문의 여호수아처럼 느낄 때가 있을 것이다. 즉 이 구절은 주님께서 신약의 그리스도인들에게 주신 약속과 같은 것이다. 『**그러나 나의 하나님께서 그리스도 예수를 통하여 영광 가운데서 그의 풍요함을 따라 너희의 모든 필요를 채워 주실 것이라**』(빌 4:19). 당신도 융자 상환일이 다가오거나, 의료비 청구서를 지불해야 하거나, 아이들이 치아교정기를 해야 하거나, 차가 고장 났을 때, 이 약속을 읽으면서 "정말 주님께서 그렇게 해 주실까?!"라고 의심한 적은 없었는가? 성도들은 때로 이런 의심을 가질 때가 있는 것이다.

성경은 『**내게 능력 주시는 그리스도를 통하여 내가 모든 것을 할 수 있느니라.**』(빌 4:13)고 말씀하신다. 당신은 이 약속을 읽으면서 "내가 어떻게 하면 수년간 나를 괴롭혀 온 이 나쁜 습관과 죄를 이길 수 있을까?" 라고 생각한 적은 없는가? 물론 당신은 이길 수 있다. 이 말씀은 전능하신 하나님의 약속인 것이다. 그러나 실제로 죄를 극복하는 것은 만만치 않아 보인다. 그렇지 않은가? 본문의 여호수아도 아마 그렇게 느꼈을 것이다.

3-5절은 여리코를 함락하기 위한 주님의 전투 계획이다. 전쟁위원회, 국방성, 합동참모본부 같은 것은 필요 없었다. 하나님께서는 명령하시고, 여호수아는 그대로 실행하는 것이다. 그러나 오늘날의 일반적인 침례교회가 이런 전쟁을 수행했다면 어떻게 되었겠는가? 일을 하기 위한 위원회들을 편성할 것이고, 위원회들을 감독하는 위원회들이 있고, 또 그 위원회들을 감사하는 위원회가 있어서 실제로는 아무 일도 성취할 수 없을 것이다.

모든 전쟁사에서 가장 이상한 전투 계획들 중의 하나가 여기 있다. 6일 동안 전체 60만 명의 군대가 아무것도 하지 않고 하루에 한 번 언약궤를 지고 성읍 주위를 행진한다. 일곱 제사장이 양뿔 나팔을 불며 언약궤 앞에서 걷는다. 그 6일 동안은 행진하면서 아무 말도 하지 않고, 어떤 소리도 내지 않는다. 일곱 제사장이 부는 일곱 양뿔 나팔 소리만 들을 수 있는 것이다(10절).

그 후 일곱째 날 이스라엘 백성은 그 성읍 주위를 일곱 번 돌아야 한다. 일곱 번을 다 돈 후, 양뿔 나팔을 가진 제사장들은 나팔을 길게 한 번 불어야 한다. 그 나팔 소리를 들으면 모든 백성은 함성을 질러야 한다. 그러면 주님께서 성벽을 완전히 무너뜨리시겠다고 하셨고, 이스라엘 백성은 경사로를 뛰어 올라가듯 그 성벽의 잔해를 밟고 뛰어 올라갈 수 있다고 말씀하셨다.

여러 번의 전투 경험이 있었던 여호수아 같은 사람에게는 정말 이상한 전투 계획으로 들렸을 것이다. 여호수아는 출애굽기 17장, 민수기 21장, 민수기 31장에서 이미 전투를 경험했다. 그 교전들은 일반적인 전투 방식으로 승리했다. 그러나 여기 여리코에서의 전투는 전투를 마무리하는 "패잔병 소탕"일 뿐이다. 여리코 성읍을 함락시키기 위한 주요 전술이 "행진하기," "나팔 불기," "함성 지르기"가 전부인 것이다.

이 일은 단지 주일학교 아이들이나 좋아하는, 용기와 감동을 주는 옛날이야기가 아니다. 우리가 지금 읽고 있는 것은 실제로 일어난 역사적인 사건이었음은 물론, 재림 때 일어날 일의 예시인 것이다. 알다시피, 여리코는 재림 때의 "큰 바빌론"처럼 "저주받은 성읍"이었다(계 17,18장). 그 성읍은 적그리스도의 예표인 님롯(창 10:8,9)에 의해 창세기 10:10에서 시작되었으며, 그 뒤 6,000년간 지속되다가 진짜 적그리스도의 통치하에 있는 신비적인 형태에 이르게 된다. 그렇기에 "여섯 날" 동안(벧후 3:8의 주석 참조) 성령님께서는 죄로 저주받은 이 땅 곳곳에 설교자들의 군대를 보내셔서 "나팔을 불도록" 하신 것이다(사 58:1 참조).

여호수아 6장의 일곱째 날은 다니엘의 70번째 주의 일곱 "날들"을 암시한다(단 9:24-27). 이 구절들에 나오는 모든 "일곱"들에 주목하기 바란다. 『**일곱 제사장**』, 『**일곱 양뿔 나팔**』, 『**일곱째 날**』, 『**일곱 번**』(4절). 이 모든 일곱이 7년 대환란을 가리키고 있다.

5절의 『**나팔 소리**』는 가을에 있는 나팔절에 일어날 환란 후 휴거와 관련이 있다. 환란 후 휴거 직후에 재림이 있을 것이다(욜 2:1, 습 1:16, 슥

9:14). 그때 주님께서 일어서셔서 함성을 외치실 것이다(시 78:65; 47:5의 주석을 보라).

당신이 여기서 읽는 것은 예표로 보는 미래의 역사인 것이다. 『**이미 있었던 것이 앞으로 있을 것이며**』(전 1:9). 여호수아 6장의 사건들은 다시 일어날 것이다. 앞으로 이런 사건들이 엄청난 규모로 재현될 것이다.

여호수아 6장의 나팔이 양뿔이라는 사실 속에 위대한 영적 교훈이 있다. 양뿔 나팔은 숫양의 속 빈 뿔의 끝부분을 부는 것이다. 민수기 10장에서 주님께서는 모세에게 다른 종류의 나팔인 은 나팔을 만들라고 명령하셨다. 『**은으로 나팔 두 개를 만들되, 한 덩어리를 가지고 만들지니, 집회를 소집할 때와 진영을 이동시킬 때 사용할지니라**』(민 10:2).

은 나팔은 7개가 아니라 단 2개만 있었고, 전쟁을 위해서는 사용하지 않았다. 은 나팔의 용도는 이스라엘 자손들의 집회를 소집하는 일과 이동할 때 지파들을 출발시키기 위한 경고로서 소리를 내는 것이다. 반면 일곱 양뿔 나팔의 용도는 이스라엘의 적에게 곧 멸망당하게 될 것이라는 경고를 보내는 것이다.

이 나팔들은 설교자에게 좋은 영적 교훈이 된다. 이사야 58:1에는 『**아끼지 말고 크게 외치며, 나팔처럼 네 목소리를 높이라. 내 백성에게 그들의 허물을, 야곱의 집에 그들의 죄들을 보이라.**』고 기록되어 있다. 설교자는 적이 오는 것을 보면 힘껏 나팔을 부는, 성벽 위에 서 있는 파수꾼과 같아야 한다(겔 33:3-6).

가끔 설교자는 은 나팔을 불어야 한다. 설교자는 자신이 전파하는 메시지로 자기 회중이 믿음 안에서 용기를 갖도록 격려해야 하며, 하나님을 섬기는 데 분발하도록 도전을 주고 동기를 부여해야 한다. R.G. 리, 월리 크리스웰, 리 로버슨 같은 설교자들은 은 나팔을 잘 사용했다.

그러나 양뿔 나팔을 불었던 설교자들도 있었다. J. 프랭크 노리스, 메이즈 잭슨, 샘 존스, 빌리 선데이 같은 설교자들이다. 그들의 설교는 날카로웠고 양심에 찔림을 주었다. 책망과 회개로의 초대로서, 그들의 설교는 회중들의 죄들을 표적으로 삼았다. 오늘날 우리는 바로 이런 종류의 설교가 필요하다. 일곱 양뿔 나팔과 두 개의 은 나팔이 있다. 그러므로 성경적 모범을 따르는 설교자라면 격려와 권고보다는 죄에 대해 3배 정도 더 설교할 것이다. 모든 오래 참음과 교리로 권면하기 전에 먼저 견책하고 책망해야 하는 것이다(딤후 4:2).

만약 당신이 설교하도록 부르심을 받았다면, 하나님께서 당신에게 어떤 나팔을 불라고 주셨는지 나는 알 수 없다. 그러나 하나님께서 당신에게 어떤 나팔을 주셨든지, 그분이 주신 그 나팔을 불어야 한다. 남의 나팔을 불려고 하지 말라.

성경을 전파하는 설교자가 두 명 있다고 할 때 그들은 서로 똑같을 수 없다. 그들이 정말 성경을 전파하는 설교자들이라면 분명히 다르게 설교할 수밖에 없다. 만약 당신이 일단의 설교자들이 설교하는 것을 들었는데 유사하게 들린다면, 그 설교는 제대로 된 설교가 아닌 것이다.

소위 "그리스도의 교회"에 속한 캠벨주의 설교자들의 설교를 들어 본 적이 있는가? 그들은 모두 똑같은 어조로 설교하고, 똑같은 표현들을 사용한다. 그래서 강세가 들어가지 말아야 할 음절에 강세를 넣어 특이하게 설교한다. 그래서 그냥 "침례 받다"(baptized)라고 편하게 발음하면 되는데 "침" 자를 침이 튈 정도로 강조해서 발음하는 것이다(BUPtized)! 왜 그렇게 되었겠는가? 오래전 어떤 말이 어눌하고 멍청한 캠벨주의자가 그 단어를 똑바로 발음할 수 없어서 "침" 자를 침이 튈 정도로 강조해서 이상하게 발음했는데(BUPtized) 그 뒤로 그를 추종하는 모든 캠벨주의자들이 그렇게 발음하는 것이 맞는 줄 알고 똑같이 발음했던 것이다. 그래서 그 뒤로 캠벨주의자들은 모두 로봇처럼 그렇게 발음하며 물침례가 구원의 일부라고 고래고래 설교한 것이다. 그렇게 모두 똑같이 주구장창 지겹도록 잘못된 발음으로 거짓 교리를 지금까지도 설파하고 있는 것인데, 말하자면 그들은 성경을 전파하는 설교자가 아니다.

수년 전에 "혹시 '헛기침'(hack) 설교자에 대해 들은 적이 있느냐?"는 질문을 받은 기억이 난다. 그때 나는 솔직히 그가 무슨 말을 하는지 몰랐었다. 거칠게 숨을 쉬며 설교하는 사람을 말하는 것이겠거니 짐작했었다. 그러나 전혀 그것이 아니었다. 언젠가 테네시 주나 노스캐롤라이나 주 어딘가의 산간 지역을 운전해 가고 있을 때였다. 마침 그 지역 라디오 설교 방송을 들어보려고 라디오를 켰는데, 어떤 설교자가 설교를 하면서 주기적으로 "핵"(hack)거리며 헛기침 설교를 하는 것이 아닌가! 말하자면 이렇게 설교했다. "모세가 그 산속으로 올라갔습니다, 핵. 그러자 하나님께서 그에게 십계명을 주셨습니다, 핵." 어떻게 된 일인가 하면 오래전 기관지에 문제가 있었던 어떤 설교자가 어쩔 수 없이 그런 식으로 설교를 했던 것이다. 하나님께서 쓰셨던 설교자였던 것 같다. 그런데 그 후로 그의 설교를 들었던 미국 두메산골 촌뜨기 설교자들이 "저렇게 제대로 된 설교를 하려면 저 사람처럼 '핵핵' 해야 하는구나!"라고 생각하며 따라했던 것이다. 성경을 설교하는 것은 이런 것이 아니다. 그들은 단지 다른 설교자를 앵무새처럼 따라했을 뿐이다.

우리는 잭 하일스가 설립한 하일스앤더슨 대학을 졸업한 설교자들도 그렇게 하는 것을 들을 수 있다. 하일스 목사도 목에 문제가 있어서 설교하는 내내 목소리를 가다듬어야 했다. 그런데 하일스가 훈련시킨 설교자들 중 일부가 그를 똑같이 따라하고 있는 것이다. 그들은 하나님께서 복 주신 설교자를 따라 똑같이 "행하면" 자신들도 복을 받으리라 생각하면서 그 설교자의 어떤 특성을 모방한 것이다. 그러나 그들은 다른 설교자의 "나쁜 습관들"만 배워 버린 것이다!

성경은 철저히 개별적인 특성을 형성하게 만든다. 레스터 롤로프, 해럴드 사이틀러, J. 해럴드 스미스, 밥 존스 시니어, 뷰챔 빅, 리 로버슨, J. 프랭크 노리스, D.L. 무디는 그들의 설교 스타일에 관한 한 비슷한 부분이 전혀 없다. 그들이 다른 설교자들로부터 전달받은 것에서 서로 다른 것들을 채택했을 수는 있지만, 그들은 항상 성경에만 집중했다. 하나님께서는 이처럼 그들이 성경에만 집중한다는 장점을 사용하셔서 누구도 가지지 못한 그들만의 고유한 특성을 가지고 설교하게 하신 것이다.

근본주의자 "형제들"은 언제나 젊은이들에게 경고하여 필자가 세우고 가르친 펜사콜라성경신학원에 오지 못하게 한다. 그들은 "자네가 거기 가서 배우면, 자네는 럭크만처럼 될 거야."라고 말한다. 그것은 새빨간 거짓말이다! 심지어 나의 부목사도 이곳을 졸업했으나, 설교 스타일에 있어서 나와 전혀 다르다. 웰던 존스 역시 나와 조금도 유사하게 설교하지 않는다(웰던 존스는 펜사콜라성경신학원의 졸업생으로서, 멕시코 과달라하라에 내려가 여러 교회를 세웠다). 그 외에도 카일 스티븐스, 릭 소월, 릭 드미셸, 네이선 베미스, 스티브 앤드러스가 모두 필자와 펜사콜라성경신학원에서 공부했지만 필자와 같은 구석이 조금도 없다. 젊은이들이 이곳에 내려오면, 그들은 "럭크만"과 같아지는 것이 아니다. 근본주의 "형제들"이 나를 그렇게도 싫어하는 이유는 이곳에서 배운 젊은이들이 킹제임스성경만을 믿게 되기 때문이다.

성경에 집중하고 성경을 올바로 나누어서 열심히 공부하고 배우면, 당신은 하나님께서 바라시는 바로 그런 사람이 될 것이다. 다른 누군가와 비슷해지는 것이 아니다. J. 프랭크 노리스의 신학교를 나온 일부 목사들은 노리스가 한 일을 따라하려고 했다. 그러나 아무런 열매도 내지 못했다. 한번은 노리스가 "자신에게 반대하는" 23명의 집사회를 해임시킨 적이 있다. 그런데 노리스에게서 배운 어떤 학생이 집사들이 "장기근속"하며 자신들의 방식으로 고착되어 버린 시골 교회에 목사로 부임하게 되었다. 그 집사들이 신임 목사의 의견에 처음 반대했을 때, 그 초보 목사는 노리스가 했던 것처럼 집사들을 해임시키려고 했다. 그러나 그는 즉시 자신은 노리스가 했던 일을 할 수 없다는 점을 깨달았다. 당신은 직접 성경을 읽고 묵상하고 공부하고 파고들어서, 하나님께서 당신을 빚으셔서 그분께서 원하시는 설교자로 만드시도록 자신을 내어드려야 하는 것이다. 그렇게 해야만 하나님께서 부르신 설교자요 하나님께서 원하시는 설교자가 될 수 있다.

6:6 눈의 아들 여호수아가 제사장들을 불러 그들에게 말하기를 "언약궤를 메라. 그리고 일곱 제사장은 일곱 양뿔 나팔을 들고 주의 궤 앞에서 행하라." 하고

7 또 백성에게 말하기를 "나가서 성읍을 돌되, 무장한 자로 주의 궤 앞

에 가게 할지니라." 하더라.

8 여호수아가 백성에게 말하자 일곱 제사장이 일곱 양뿔 나팔을 들고
주 앞에 가며 나팔을 부니 주의 언약궤가 그들을 따르더라.
9 무장한 자들이 나팔을 부는 제사장들 앞서 가고 후진은 궤를 따르니
제사장들은 가면서 나팔을 부니라.
10 여호수아가 백성에게 명하여 말하기를 "내가 너희에게 소리지르라
명하는 날까지 너희는 소리지르지 말며 너희 음성으로 소리도 내지
말며 너희 입에서 어떤 말도 내지 말고 있다가 그후에 너희는 소리
를 지를지니라." 하더라.

여기서 언약궤에는 요단 강을 건널 때에는 대동하지 않았던 것이 대동하게 되었다. 바로 무장한 호위병이다. 『**무장한 자로 주의 궤 앞에 가게 할지니라**』(7절). 『**무장한 자들이 나팔을 부는 제사장들 앞서 가고**』(9절). 여기서는 『**무장한 자들**』이 누구인지 나오지 않지만 여호수아 4:12,13을 참조한다면 그들은 요단 강 동편 지파들이다.

『**르우벤 자손과 갓 자손과 므낫세 반 지파는, 모세가 그들에게 명한 대로 이스라엘 자손 앞에 무장을 하고 건넜으며, 약 사만 명이 싸울 준비를 하고 주 앞에서 전장으로 건너가서 여리코 평원에 이르니라**』(수 4:12,13).

그러므로 언약궤와 제사장들은 그 앞에 호위병이 있었고, 나머지 군대는 언약궤와 제사장들 뒤를 따라온 것이다. 9절의 『**후진**』은 영어로 "리어워드"(rereward)인데, 이것은 "리리워드"(re-reward)가 아니다. 즉 "뒤"를 말하는 "리어"(rear)의 철자가 고어식으로 표기되어 있는 것이다(rere). 그러므로 "리어워드"(rereward)는 "뒤쪽 호위병," 곧 후진이라는 뜻이다.

이 구절을 읽고 누가 그것을 이해하지 못하겠는가? 『**무장한 자들이 나팔을 부는 제사장들 앞서 가고 후진은 궤를 따르니**』(9절).

변개된 성서를 만들어낸 위선적인 학자들은 킹제임스성경은 엘리자베스 여왕 시절의 고어로 기록되었다고 불평하면서도 "늑대인간"(werewolves)이 나오는 영화를 보러 가는 것이다. "늑대인간"을 말하는 영어 단어 "웨어울프"(werewolf)를 보라. 여기서 "웨어"는 바로 "사람"을 뜻하는 고어이다. "고어"를 사용한 표현인데도 왜 영화에서 "고어"를 사용했다고 비난하거나 그 단어를 바꿔야 한다고 말하지 않는가? 할리우드 영화가 성경보다 더 고귀하다고 말할 텐가? 오늘날에도 여전히 킹제임스성경에 있는 소위 "고어"들이 많이 사용되고 있음을 알고 싶다면, 로렌스 밴스의 책, 〈Archaic Words in the Authorized Version, 킹제임스성경의 고어들〉을 보라. 요는 킹제임스성경의 "고어"들은 학자들의 주장과 달리 전혀 "고어"가 아니라 오늘날에도 여전히 많이 사용되는 표현이라는 것이다.

『**여호수아가 백성에게 명하여 말하기를 "내가 너희에게 소리지르라 명하는 날까지 너희는 소리지르지 말며 너희 음성으로 소리도 내지 말며 너희 입에서 어떤 말도 내지 말고 있다가 그후에 너희는 소리를 지를지니라." 하더라**』(10절). 고대로부터 중세 후기까지 일반적인 관례는 전쟁에서 함성을 지르고 난 뒤 전진하여 공격하는 것이었다. 여기에는 두 가지 목적이 있다. 적에게 공포심을 심어 주는 것과 공격하는 아군에게 용기를 불러일으키는 것이다. 그러나 본문에서 하나님께서는 이스라엘 군대가 일종의 "사열 행진"을 6일간 하는 동안 계속 입을 다물고 있어야 하며, 일곱째 날에도 오직 여호수아의 명령이 있을 때에만 소리를 지르라고 하신 것이다.

이스라엘 군사들이 이 명령에 관하여 어떻게 생각했을 것 같은가? 나는 보병들을 안다. 불평과 불만이 그들에겐 제2의 본성이다. 7일간 아무런 불평도 할 수 없다는 것은 그들을 거의 미치게 만드는 지시이다. 60만 대군이 그 성읍 주위를 행진하고, 발자국 소리와 양뿔 나팔 소리 외에는 아무 소리도 나오지 않았다. 누군가 발이 걸려 넘어져도 아무 소리 낼 수 없었고, 다른 사람도 그에게 괜찮은지 물을 수 없었다. 배고프거나 갈증이 나도 무언가 말하기 위해 입을 열 수도 없었다. 그 누구도 잡담으로 시간을 보낼 수 없었다. 그들은 자기 목소리로 말을 하거나 소리를 내서는 안 되었다.

나는 개인적으로 이러한 조치가 주님께서 이스라엘 백성이 40년 동안 주 하나님께 항의하고 불평했던 것에 대해 하나님께서 벌주시는 것이라 생각한다. 40년간 주님께서는 "음식은 도대체 어디 있습니까?", "물은 어디 있죠?", "여기 이 광야에 얼마나 머물러야 하는 겁니까?", "왜 모세와 아론만 다스리는 거죠?", "왜 매일 만나만 먹어야 하죠?" 등등의 말들을 들으셔야만 했다. 나는 이것이 40년간 그처럼 줄기차게 불평한 이스라엘이 하나님의 명령에 순종하여 입을 다물 수 있는지를 알아보기 위한 하나님의 시험이었다고 생각한다. 그러나 이스라엘은 이번만큼은 시험에 통과했다.

사도 바울은 데살로니가에 있는 새로운 그리스도인들에게 『**너희는 조용히 하고**』라고 말했고(살전 4:11), 솔로몬도 『**어리석은 자의 음성도 말이 많음으로 알려지느니라**』(전 5:3), 『**말이 많으면 죄가 그치지 아니하나, 자기 입술을 제어하는 자는 현명하니라.**』고 말했다(잠 10:19). 옛 격언에 "물고기도 입을 다물면 화를 피한다."는 말이 있다.

『내가 너희에게 소리지르라 명하는 날까지 너희는 소리지르지 말며 너희 음성으로 소리도 내지 말며 너희 입에서 어떤 말도 내지 말고 있다가 그후에 너희는 소리를 지를지니라』(10절). 이 말씀은 그리스도인들에게도 좋은 교훈이 된다. 형제들이여, 주님께서 소리지르라 명하시면 소리를 지르라!

물론 나는 당신이 예배 중에 "아멘!"과 "할렐루야!"와 "주님을 찬양하라!"를 외치거나 말할 때조차도, 당신이 "육신적"일 수 있다는 사실을 알고 있다. 그러나 나는 훨씬 더 많은 사람들이 찬양이나 설교를 통해서 축복을 받고도 입을 다물고 있을 때, 성령님을 슬프시게 한다고 생각한다. 교회에서 할렐루야를 외치거나 아멘을 말하는 것이 "경외"의 표시로서 필수적인 것은 아니지만, 그렇게 하지 않는 것은 죽어 있다는 표시일 수도 있다.

솔직히 말하면, 나는 외치기를 좋아하는 사람이 아니다. 나는 구기 종목 경기를 할 때도 외치지 않는다. 어렸을 때 사람들이 구기 종목 경기를 하는 것을 보면 모두 미쳤다고 생각하곤 했었다. 그러나 고백컨대 나는 인생에서 입을 닫음으로써 성령님을 슬프시게 한 적이 여러 번 있다. 한번은 뉴욕 주 로체스터 시에 모임이 있어서 갔는데, 찬양대가 성경에 관한 좋은 찬송을 부르고 있었다. 회중은 흥분하여 "할렐루야!" "아멘!" "주님을 찬양하라!"를 연발하며 함성을 질러댔다. 그러나 나는 끝끝내 소리를 지르지 않았고, 그럼으로써 나는 내가 성령님을 슬프시게 했다고 생각한다. 성령님께서 외치라고 하실 때가 있다. 그때에는 소리를 지르는 것이 옳은 것이다.

6:11 그러므로 주의 궤는 성읍을 돌았는데 한 번 돌고 나서 그들이 진영
으로 돌아와서 진영에서 유숙하니라.
12 여호수아는 아침에 일찍 일어났으며 제사장들이 주의 궤를 메더라.
13 주의 궤 앞에서 일곱 양뿔 나팔을 든 일곱 제사장이 계속해서 행진
하며 나팔을 불고 무장한 자들은 그들 앞서 가더라. 그러나 후진은
주의 궤 뒤를 따라가고 제사장들은 나팔을 불며 행진하더라.
14 둘째 날에도 그들은 성읍을 한 번 돌고 진영으로 돌아오니라. 그들
은 육 일 동안을 그렇게 행하고
15 칠 일째 되었을 때 그들은 그 날 새벽에 일찍 일어나서 그 성읍을 같
은 방법으로 일곱 번 돌았으니 그들은 그 날에만 성읍을 일곱 번 돌
았더라.
16 일곱 번째 돌 때 제사장들이 나팔을 부니 여호수아가 백성들에게 말
하기를 "소리지르라. 주께서 너희에게 이 성읍을 주셨느니라.
17 이 성읍, 즉 성읍과 그 안에 있는 모든 것이 주께 저주받을 것이라.
창녀 라합, 즉 그녀와 그 집 안에 그녀와 함께한 모든 사람은 살 것
이니, 이는 그녀가 우리가 보낸 사자들을 숨겨 주었음이라.
18 너희는 어찌하든 저주받은 물건으로부터 스스로 주의하여 저주받은
물건을 취해서 너희 자신도 저주받지 않도록 하고 이스라엘의 진영
으로 저주를 받거나 고통을 당하지 않도록 하라.
19 그러나 모든 은과 금과 놋과 철 기명들은 주께 바쳐서 그것들을 주

의 보고로 들여와야 하리라." 하더라.
20 그리하여 제사장들이 나팔을 부니 백성들이 소리질렀더라. 백성들이
나팔 소리를 듣자 큰 소리로 소리를 지르니 성벽이 완전히 무너져
내린지라. 백성들이 각자 자기 앞으로 곧장 성읍으로 들어가서 그
성읍을 취하니라.
21 그들은 칼날로 성읍에 있는 모든 것을 완전히 멸하였으니 남녀노소
와 소와 양과 나귀라.

11절은 일곱 날 이외의 다른 날 성읍을 돌았다는 내용이 아니고, 일어난 일들을 요약하여 기록한 것이다. 12-14절은 11절에서 일어난 모든 일의 세부사항을 기록한 것이다. 성경은 이와 유사한 기록 방식을 성경 전체에서 사용하고 있다. 특히 이러한 기록 방식으로 잘 알려져 있는 부분들 중의 하나가 창세기 1,2장이다. 장 아스트룩(Jean Astruc)과 구약의 고등 비평가들은 이런 기술 방식을 매우 어려워했다. 그들은 멍청하고 하나님과 히브리 기록자들이 사용한 반복법이라는 기록 방식을 이해할 수 없어서(창 41:32의 주석을 보라), 창세기 1장은 신원미상의 기록자 "E"가 기록했고 창세기 2장은 신원미상의 기록자 "J"가 기록했다는 이론을 만들어냈다. 그럼으로써 그들은 모세가 창세기의 기록자임을 부인했을 뿐만 아니라 1장과 2장을 분리시킴으로써 창조에 대한 두 가지 서로 상충되는 설명을 만든 셈이다. (더 나아가 이들은 모세오경의 나머지 부분에 대해서도 "P," "D," "R" 등의 기록자가 더 있었다고 주장했다.) 그러나 창세기 1장은 창조의 개괄적인 내용을 제시해 주신 것이고, 창세기 2장은 창조의 한 부분에 관한 세부적인 설명을 하신 것이다. 이런 이론들은 모두 그들 자신의 불신의 표출이다. 이들은 하나님의 말씀을 거절하기 위해서라면 어떤 계략이라도 서슴지 않는다.

15절에 쓰인 표현에 주목하라. 『**칠 일째 되었을 때**』. 이것이 왜 그렇게 중요한지 알겠는가? 이스라엘 백성은 안식일을 위반했다. 그것도 하나님께서 그들에게 말씀하신 것을 행하느라 안식일을 위반한 것이다.

여기에는 두 가지 교훈이 있다. 첫째는 은혜이다. 하나님께서는 그들이 40년 동안 할례를 행하지 않은 것에 대해서 은혜를 베푸셨던 것처럼 안식일을 위반하는 것에 대해서도 은혜를 베푸신 것이다(5:2-9의 주석을 보라).

두 번째 교훈은 초림 당시 예수 그리스도의 삶에서의 증거이다. 예수 그리스도께서는 사역 중에 매우 반복적으로 안식일에 치유를 행하셨다. 이것으로 인해 서기관들과 바리새인들은 주님을 철저히 혐오했다. 어떤 『**회당장이... "사람들이 일할 날이 엿새나 있으므로 그 동안에 와서 병을 고칠 것이요, 안식일에는 하지 말아야 하리라."**』(눅 13:14)고 말하기까지 했다. 예수 그리스도께서는 조금도 주저하지 않으시고 그의 위선을 질타하셨다. 주님을 반대했던 종교 지도자들도 안식일에 가축에게 먹이를 주고 물을 먹였다. 그러면서도 그들은 하나님께서 안식일에 한 여인을 사탄의 속박으로부터 풀어 주신 일이 그릇된 것이라고 반대했던 것이다(눅 13:15,16).

예수 그리스도께서 안식일에 병든 사람을 치료하셨다는 이유로, 유대인 지도자들이 그분을 죽이려고 했을 때, 주님께서는 『**나의 아버지께서 지금까지 일하시니 나도 일하노라.**』(요 5:17)고 말씀하셨다. 말하자면,

"나의 아버지께서 안식일에도 일하기로 결정하셨다면, 나도 나의 아버지를 따를 것이고 아버지께서 내게 하라고 시키신 일을 행할 것이다."라고 하신 것이다. 하나님께서는 그분의 결정에 따라 그분 자신의 법을 보류시킬 권한을 가지고 계신다. 하나님의 아들이시자 메시아로서, 예수 그리스도께서는 그분의 아버지와 마찬가지로 『**안식일의 주**』(눅 6:5)이시기도 하다. 여기 구약의 여호수아도 안식일에 "일하고" 있다. 그것이 하나님께서 그에게 하라고 명령하신 일이기 때문이다. 신약의 "여호수아"께서도 동일한 특권을 행사하셨다.

『**저주받을 것이라**』(17절). 이 말씀은 재림 때의 『**큰 바빌론**』을 생각나게 한다(계 18:2). 저주받은 성읍은 18절의 『**저주받은 물건**』과 연관되어 있음에 주목하라. 이 『**저주받은 물건**』은 『**약탈물**』임이 판명된다. 특히 아칸의 경우에 있어서는 『**아름다운 바빌론제 옷 한 벌과 은 이백 세켈과 오십 세켈 무게의 금덩이 하나**』였다(수 7:21). "저주"는 단지 "물건들"에만 관련된 것이 아니라, 십계명의 열 번째 계명을 위반한 것과도 관련이 있다(『**탐내서**』, 수 7:21).

변개된 영어 번역본들(ASV, RSV, NRSV, NIV, ESV 등) 중에 지금 가장 쉽게 구할 수 있는 것을 집어서 이 구절을 확인해 보면, 『**저주받은**』(accursed)이라는 단어가 "바쳐진"(devoted)으로 번역되어 있는 것을 알 수 있을 것이다. 그들이 그렇게 한 이유는 『**저주받은**』이라는 단어가 19절의 『**바쳐서**』(consecrated)와 연결된다고 생각했기 때문이다.

『**그러나 모든 은과 금과 놋과 철 기명들은 주께 바쳐서 그것들을 주의 보고로 들여와야 하리라**』(19절).

그러나 "바쳐진"으로 번역하면 놓치는 부분이 있다. 펜사콜라기독대학의 공식 입장은 킹제임스성경이 "정확한 번역본들 중의 하나"(An accurate translation)임을 믿는다고 말한다(2013년 "신앙 신조" 목록). 그러나 이 말은 무의미하다. 그들은 ASV도 "정확한 번역본들 중의 하나"로 여기고, NASV도 "정확한 번역본들 중의 하나"로 여기고, ESV도 "정확한 번역본들 중의 하나"로 여기기 때문이다. 우리가 원하는 것은 "정확한 번역본들 중의 하나"가 아니다. 우리가 원하는 것은, 성령께서 우리가 읽기 원하시는 그 "모든" 말씀을 성령께서 의도하신 "방식"대로 우리에게 전달해 주는 "완벽하고 온전한" 번역본이다.

"바쳐진"이라고 번역하면 히브리어 "카렘"(cherem)이 가진 의미를 올바로 전달하지 못한다. 바쳐졌다는 것은 죽음과 연관되어 있다(레 27:28, 29). 여리코는 단순히 "바쳐진" 성읍이 아니고 실제의 저주가 그 성읍(26절)과 그것으로부터 물건을 취하는 모든 사람 위에 내려져 있었다(18절). 더욱이 주님께 바쳐져야 할 것들은 금, 은, 놋, 철뿐이었으며(19절), 다른 모든 것들은 완전히 멸해야 했다(21,24절).

또 17,18절에서 『**저주받은**』이라는 단어를 제거하면 무엇을 놓치게 되는가? "저주"에 "탐욕"이 동반된다는 사실을 놓치게 되는 것이다. 『**그들은 마음이 탐욕으로 단련되었으니 저주받은 자식들이니라**』(벧후 2:14). 또한 이스라엘 자손들이 십일조를 내지 않았을 때 그들은 저주를 받았다(말 3:8,9).

신약의 하나님의 자녀로서 우리의 혼은 저주를 받을 수 없다. 왜냐하면 『**그리스도께서 우리를 위하여 저주가 되셔서 율법의 저주로부터 우리를 구속**』하셨기 때문이다(갈 3:13). 그러나 우리의 몸은 저주를 받을 수 있다.

『**너희가 육신을 따라 살면 죽을 것이나**』(롬 8:13).

『**만일 누구든지 하나님의 성전을 더럽히면 하나님께서도 그 사람을 멸하시리라. 이는 하나님의 성전은 거룩하며 너희는 그 성전이기 때문이라**』(고전 3:17).

아나니아와 삽피라가 그들의 탐심 때문에 성령님께 거짓말했을 때, 둘 다 "쓰러져 죽었다"(행 5:1-10). 돈에 대한 탐심은 『**모든 악의 뿌리**』이다(딤전 6:10). 바울은 탐심을 우상 숭배라고 했고(골 3:5), 탐심 때문에 천년왕국의 유업을 잃어버릴 수 있다고 했다(엡 5:5). 그러므로 거듭난 성도들도 탐심과 관련된 저주를 받을 수 있는 것이다.

그리스도인들이여, 한번 대답해 보라. 우리가 가진 것 중에 하나님께 속하지 않은 것이 무엇인가? 우리가 가진 것은 모두 하나님께서 창조하셨거나, 하나님께서 이미 만들어 놓으신 재료들로 만든 것이다. 모든 것이 하나님 소유의 세계이고, 하나님 소유의 공기이고, 하나님 소유의 물이다(시 24:1). 우리 것이 아니다. 또한 하나님의 자녀로서, 우리의 몸도 하나님의 것이다(고전 6:19,20). 바울은 자신을 예수 그리스도께 속한 종(노예)이라고 말했다(롬 1:1, 갈 1:10, 딛 1:1). 노예는 자기 소유가 없다. 모든 것이 주인의 소유이다.

혹자는 "내가 나가서 일하고, 내가 돈을 벌어서 이 모든 것을 샀다."고 말할지 모른다. 그러나 주의하라. 신명기 8:18에서는 우리에게 『**재물을 얻을 능력**』을 주신 분이 바로 하나님이시라고 기록하고 있다. 하나님께서 우리의 건강을 가져가 버리시면 우리는 영락없이 병원 침대나 휠체어 신세를 지게 될 것이고, 돈을 한 푼도 못 벌게 될 것이다.

자, 우리가 가진 모든 것이 하나님의 소유라면, 하나님의 것은 하나님께 드리는 것이 마땅하다는 생각이 들지 않는가? 형제들이여, 기쁨으로 드리는 것이 탐심을 죽이는 것이다(고후 9:7). 하나님의 저주 대신 하나님의 축복을 바라는가? 탐욕스럽고, 인색한 수전노가 되지 말라. 죽도록 일해서 돈을 벌고는 돈 가방 위에 앉아 장의사를 기다리고 있지 말라. 주님과 그분의 사역에 기쁨으로 드리는 자가 되라.

여기 17,18절에서 일어나고 있는 일은, 무언가 하나님과 그분의 사역에 바쳐졌는데, 그것이 다른 목적에 사용되면 그것은 저주를 받는다는 것이다. 벨사살은 성전에서 가져온 기명들을 연회용으로 사용하고서야 하나님의 성전 기명을 함부로 쓰면 안 된다는 교훈을 받았다(단 5:3-6).

자, 여기서 다시 한 번 여리코가 예언적으로 신비의 바빌론과 관련 있음을 알 수 있다. 『**저주받은 물건**』은 바빌론제 옷, 금덩이, 은 한 자루였다. 예언적으로 말하면, 그 『**바빌론제 옷**』은 큰 창녀가 입은 『**세마포와 자주색과 주홍색**』이다(계 18:16; 17:4,5). 그녀는 『**금과 보석과 진주로 장식**』했고(계 17:4), 『**상품**』 목록의 첫 두 개가 『**금과 은**』이다(계 18:12). 그 성읍은 음행 위에 세워졌을 뿐만 아니라(라합처럼 cf. 계 17:1-5; 18:3), 탐심 위에 세워졌다(계 18:12-14). 여리코처럼(24절), 미래의 바빌론도 불로 완전히 태워지게 될 것이다(계 18:8,9).

여기에는 눈에 보이는 것 이상의 것이 있지만, 나는 내가 그것에 관해 모두 안다거나 완전히 이해한다고 말하지는 않는다. 그러나 예표론적인 측면에서 보면, 예수 그리스도께서 돌아오셔서 『**큰 바빌론**』을 멸망시키실 것이며, 그 성읍의 약탈물은 주님께 속하게 될 것이다. 그분께서는 불타지 않은 모든 것을 가지실 것이며(금, 은, 보석, 진주, 놋, 철, 대리석 -

계 18:12을 보라), 이것들은 에스겔 40-46장에 나오는 천년왕국 성전을 세우는 데 사용될 것들의 일부가 될 것이다. 그래서 짐작컨대, 주님께서 종교적인 로마카톨릭(계 17장)과 상업적인 바빌론(계 18장)의 유형(有形)의 재물을 취하셔서 그것을 주님의 것으로 삼으신 후, 주님의 용도와 목적에 맞게 사용하실 것이라는 것이다. 그러나 지금 당장 그것, 즉 "바티칸의 부"는 "저주"이며(아브로 맨해튼의 〈Vatican Billions, 억만장자 바티칸〉을 보라), "월 스트리트의 부"(전 세계적인 증권 거래소들과 은행들)는 이 시대에 수십 억의 사람들을 저주했다. 『**돈을 사랑하는 것이 모든 악의 뿌리니, 이것을 욕심내는 어떤 사람들이 믿음에서 떠나 방황하다가 많은 슬픔으로 자신들을 찔렀도다**』(딤전 6:10). 그러나 예수 그리스도께서 돌아오시면, 그분은 그것을 취하셔서 선한 일에 사용하실 것이다. 즉 하나님과 그분의 메시아께 영광을 돌리고 경배를 드리는 데 사용되게 하실 것이다.

여호수아 6:17로 돌아가 보자. 『**창녀 라합, 즉 그녀와 그 집 안에 그녀와 함께한 모든 사람은 살 것이니, 이는 그녀가 우리가 보낸 사자들을 숨겨 주었음이라.**』 두 정탐꾼이 이 구절에서 무어라 불리는지 주목하라. 『**우리가 보낸 사자들**[the messengers]』. 그 두 사람은 사자들이 아니었다. 그들은 정탐꾼이었다. 그들은 『**엿보라.**』(수 2:1)는 지시를 받고 파견된 것이다. "사자"(messenger)는 "공식적인 선언"을 암시한다. 그래서 『**우리가 보낸 사자들**』이라는 말은 예언적으로 대환란 때 예언하기 위해 땅에 보내진 두 증인을 떠올리게 한다(계 11장과 수 2:1의 주석을 보라).

이 구절은 여호수아 2:14-19에서 두 정탐꾼이 라합에게 맹세한 그 서약을 온전히 지킨 것을 보여 준다. 라합은 자신의 말에 신실했고 두 정탐꾼을 배신하지 않았으며 정탐꾼을 탈출시킨 이래로 그녀의 창에 그 주홍색 줄을 매달아 놓았다(수 2:21).

이스라엘 군대가 그 성읍 주위를 돌며 행진할 때, 창문에 그 줄이 내려진 벽도 그 성벽의 일부였다. 그래서 창문 밖에 매달아 놓은 그 밝은 빨간색 줄은 모든 유대인 병사들의 눈을 사로잡는 물건이었다. 그 주홍색 줄이 매달려 있는 집 안에서는 라합과 그녀의 가족이 모여 앉아 무슨 일이 벌어질지 두려워하고 있었을 것이다. 그러나 그들은 믿는 것이 하나 있었다. 창문에 주홍색 줄이 걸려 있는 집 안에 있으면, 유대인들이 그 성읍을 뚫고 들어와 남자와 여자와 아이와 가축을 도살할 때, 자신들은 살아남게 되리라는 것이었다.

7일간 그들은 그 집 안에 머물며 밖으로 나가지 않았다. 그리고 일곱째 날에 이스라엘 군대로부터 함성이 들리자, 여리코의 성벽이 완전히 무너졌다(20절). 라합의 집이 있는 그 성벽 부분만 남아서 서 있었다.

군대가 성 밖에서 공성 망치(파성퇴)와 전쟁 장비들을 사용해서 성읍을 공격할 경우 성벽은 으레 안쪽으로 무너질 것으로 예상되지만, 여리코 성벽은 그것이 완전히 무너졌을 때 안쪽으로 무너지지 않았다. 그것은 "바깥쪽으로" 무너졌다.

존 가스탱 박사가 1926년에서 1936년 사이에 여리코를 발굴했을 때, 그는 외벽이 바깥쪽으로 무너질 때 외벽과 내벽 꼭대기에 걸쳐진 집들이 내벽을 함께 끌고 간 것을 발견했다. 이스라엘 군대는 밖으로 넘어진 성벽을 경사로처럼 이용해서 공격할 수 있었다. 전체 성벽이 라합의 집이 있는 부분만 빼고 다 무너졌으므로, 이스라엘 군대는 자기 앞에 있는 경사로를 곧장 올라가기만 하면 성읍에 침투할 수 있었던 것이다.

『그들은 칼날로 성읍에 있는 모든 것을 완전히 멸하였으니』(21절). **『그들이 불로 그 성읍과 그 안에 있는 모든 것을 태웠으며』**(24절). 가스탱은 이 구절에 대한 증거도 발견했다. 그는 여리코에 목탄과 재로 된 큰 지층이 있고 성벽의 폐허들이 불로 그을려 있었음을 발견한 것이다. 넘어진 성벽 주변의 집들은 완전히 타 버렸고, 그것들이 원래 서 있던 자리에서 검은 잔해들, 흰 재, 타 버린 벽돌들로 구성된 지층을 이루었다.

여러 번 기술한 바와 같이 이 사건은 예표적으로 재림을 보여 준다. 일치점들을 확인하고 싶으면 요엘 2장을 펼쳐라.

요엘 2:1, **『너희는 시온에서 나팔을 불고』**. 여호수아 6:20에서도 여리코의 성벽을 무너뜨린 **『나팔 소리』**가 나온다. **『내 거룩한 산에서 경고의 소리를 내어 그 땅의 모든 거민들로 떨게 하라.』** 여호수아 2:9-11과 비교하라. **『이는 주의 날이 오며』**. 재림이다.

요엘 2:2, **『흑암과 암영의 날, 구름과 짙은 어두움의 날이 산들 위에 펼쳐진 아침 같으니』**. 여호수아 6:12에서도 **『여호수아는 아침에 일찍 일어났으며』**라고 되어 있다. 여호수아 6:15에서는 **『칠 일째 되었을 때 그들은 그 날 새벽에 일찍 일어나서』**라고 말씀하신다. **『많고 강한 사람들이라. 이 같은 일은 전에도 없었고, 또 이후, 곧 많은 세대들의 연수에까지도 다시 없으리라.』** 이것은 아마겟돈 전쟁에서 예수 그리스도를 따라 하늘에서 내려오는 **『군대』**이다(계 19:14). 이 구절은 재림 때의 교회에 적용되는 참조 구절이다.

요엘 2장은 스코필드가 크게 실수한 부분들 중 하나이다. 스코필드는 요엘 2:20에서 완전히 착각하여 요엘 2:1-10의 군대가 적그리스도의 군대라고 생각해 버렸다. 그는 교회가 누군가를 불태운다는 것을 받아들일 수 없었던 것이다(욜 2:3,5,6). 그러나 요엘 2:11을 보면 절대로 적그리스도의 군대가 될 수 없음을 알게 된다. 『**주께서 그의 군대 앞에서 그의 음성을 발하시리니**』. 즉 이것은 "마귀"(Devil)의 군대나 "적그리스도"의 군대가 아니다. 이 구절에 대한 자신의 사사로운 해석을 강화하기 위해, 스코필드는 12절에 있는 문단 표시를 원래 있지도 않았던 11절로 옮겨 버렸다. 왜 그 군대가 주의 군대인지 알겠는가? 그 이전에도 그와 같은 군대가 없었고, 그 후에도 그와 같은 군대가 없을 것이며(욜 2:2), 그 기병들은 상처를 입지도 않기 때문이다(욜 2:8). 데살로니가후서 1:7,8에서는 재림 때에 『**주 예수께서 그의 능력의 천사들과 함께 하늘로부터 나타나실 때에 하나님을 알지 못하는 자들과 우리 주 예수 그리스도의 복음에 순종치 아니하는 자들을 불길 가운데서 벌하시리니**』라고 말씀하신다. 이 말씀은 재림 때 불을 가지고 오는, 하늘로부터 오는 군대들을 말하는 것이지, 결코 적그리스도의 군대가 아니다.

오해하지 말라. C. I. 스코필드는 훌륭한 그리스도인이었다. 그는 위대한 세대주의 성경 교사였다. 스코필드 주석성경은 우리가 얻을 수 있는 최고의 주석성경 중 하나이다. 우리가 스코필드 주석성경을 가지고 있다면, 주 예수 그리스도의 전천년적, 환란 전 재림을 포함한 믿음의 근본사항들에 관해서 절대로 실수하지 않을 것이다. 그렇다고 우리가 『**유익을 위해 사람들의 외모를 칭찬하는 자들**』이 될 수는 없다(유 1:16). 누구든 스스로 똑똑하다고 생각하고 자만하게 되어 자신의 학식으로 킹제임스성경을 고칠 수 있다고 생각하면 그는 실족하게 되는 것이다. C. I. 스코필드든, R.A. 토레이든, 근본주의자들이 칭송하는 "친애하는 존 R. 라이스 박사"든, 아니면 그것이 부모든, 조부모든 마찬가지다.

당신은 내가 어떻게 킹제임스성경이 어떤 학자들보다 우월하다는 사실을 알았는지 아는가? 바로 당신이 요엘 2:12에서 읽은 그 내용 때문이다. 킹제임스성경을 번역한 청교도 번역자들과 성공회 번역자들은 전천년주의자들이 아니었다. 그들은 후천년주의자들과 무천년주의자들이었다. 그러나 킹제임스성경을 보면 그들이 거듭 거듭해서 전천년주의적 신학 체계에 따라 번역했다는 명백한 증거가 보인다(필자의 〈에스라〉 주석서 서문을 보라. 일례로 역대기상하, 에스라, 느헤미야, 에스더, 욥기, 시편의 순서는 전천년주의 신학과 일치한다). 또한 킹제임스성경의 단락 부호는 번역자들의 신학으로는 도저히 설명될 수 없다.

그러면 혹자는 "럭크만, 당신은 킹제임스성경의 단락 부호가 영감받았다고 얘기하는 건가요?"라고 물을지도 모른다. 나는 그렇게까지 말하지는 않지만, 다만 킹제임스성경이 하나님께서 영어로 주신 성경이라는 것과 『**모든 성경은 하나님의 영감으로 주어진 것**』이라는 진리를 믿는 것이다(딤후 3:16). 또한 나는 성경 안에 있는 하나님의 『**모든 말씀**』이 『**하나님의 영감으로 주어진 것**』이라는 사실을 믿는다(마 4:4, 잠 30:5, 요 6:63; 8:47). 비록 단락 부호들과, 세미콜론 또는 콤마 같은 구두점들이 말씀들은 아닐지라도, 그것들은 실로 성령님께서 킹제임스성경 번역자들을 초자연적으로 인도하셨음을 보여 주는 표시들임에는 틀림이 없다.

따라서 요엘 2장은 여호수아 6장에서 발견되는 예표의 예언적 성취이다. 요엘 2:7을 펼쳐서 그 예를 한 가지 더 살펴보도록 하자.

『**그들은 용사들같이 달릴 것이며 그들은 전사들같이 성벽을 기어오를**

것이요, 그들은 각기 자기의 길로 행군할 것이나 그들은 그 대열을 흩뜨리지 아니하리라.』

요엘 2장에 모든 것이 있다. 나팔, 행군, 대열, 성벽 기어오르기, 불. 이처럼 우리는 여호수아 6장에 기록된 일들이 재현될 것임을 분명하게 알 수 있다.

우리는 본문 21절에 나온 학살이 왜 이루어졌는지에 관해서는 서문에서 충분히 논한 바 있다. 신약 성도들을 위한 영적 적용은 골로새서 3:5과 연결하여 얻을 수 있다. 『**그러므로 땅 위에 있는 너희의 지체를 죽이라. 곧 음행과 부정과 사욕과 악한 색욕과 탐심이니 탐심은 우상 숭배니라.**』

우리는 자신의 육신에 영적 학살을 단행해야 한다.

6:22 그러나 여호수아는 그 땅에 정탐을 보냈던 두 사람에게 말하기를 "너희는 창녀의 집으로 들어가서 너희가 그녀에게 맹세했던 대로 그 여인과 그녀에게 속한 모든 것을 거기서 데리고 나오라." 하니

23 정탐꾼이었던 젊은이들이 들어가서 라합과 그녀의 아비와 어미와 형제들과 그녀에게 속한 모든 것을 데리고 나왔으며 그들은 그녀의 모든 친척도 데리고 나와서, 그들을 이스라엘의 진영 밖에다 두었더라.

24 그들이 불로 그 성읍과 그 안에 있는 모든 것을 태웠으며 은과 금과 놋 기명과 철 기명만 주의 보고로 들였더라.

25 여호수아가 창녀 라합과 그녀의 아비 가족과 그녀에게 속한 모든 것을 살렸으므로 그녀가 오늘까지 이스라엘에 거하나니 이는 여호수아가 여리코를 정탐하도록 보낸 사자들을 그녀가 숨겨 주었기 때문이라.

이 구절들은 라합과 그녀의 가족의 구원에 관한 내용이다. 라합은 하나님의 율법과 제대로 된 사회에서 살았다면 마땅히 "죽었어야" 했던 악한 여인이었다(신 22:21, 창 38:24). 게다가 라합은 하나님의 저주 아래 있었던 이방인이었다(신 7:1, 수 3:10). 그러나 여기서 그녀는 "구속의 주홍실" 덕분에 살아남았다. "은혜"와 신약의 "구원"을 보여 주는 얼마나 놀라운 그림인가!

『**정탐꾼이었던 젊은이들이 들어가서 라합과 그녀의 아비와 어미와 형제들과 그녀에게 속한 모든 것을 데리고 나왔으며 그들은 그녀의 모든 친척도 데리고 나와서, 그들을 이스라엘의 진영 밖에다 두었더라**』(23절). 이 구절은 신약의 구원을 보여 준다. 히브리서 13:12,13은 다음과 같이 말씀하신다. 『**그런즉 예수께서도 자신의 피로써 사람들을 거룩하게 하시려고 성문 밖에서 고난을 받으셨느니라. 그러므로 우리도 그의 수치를 짊어지고 진영 밖에 있는 그에게로 나아가자.**』 흥미롭게도 『**진영 밖에 있는**』 예수 그리스도와 함께하는 것을 말씀하는 구절 다음에 『**여기에는 우리에게 영구한 도성이 없는고로**』(히 13:14)라는 진술이 나온다. 이 구절은 라합의 상황과 정확하게 들어맞는다. 라합의 "고향"은 불에 타서 잿더미가 되었던 것이다.

그러나 여호수아 6장에서 여기 25절을 보라. 『**여호수아가 창녀 라합과 그녀의 아비 가족과 그녀에게 속한 모든 것을 살렸으므로 그녀가 오늘까지 이스라엘에 거하나니**』. 라합은 『**그의 수치를 짊어지고 진영 밖에 있는**』 상태에서 시작하여 "그 사랑하시는 이 안에서 받아들여진" 상태로 끝이 난다(엡 1:6). 알다시피 라합은 룻처럼 유대교로 개종하여 유대인 살몬과 결혼한다(마 1:5). 라합은 보아스의 어머니요, 다윗 왕의 고조모가 되었는데(마 1:5,6), 이로써 라합은 당연히 주 예수 그리스도의 계보에 들게 되었다(마 1:5-16).

『**그들이 불로 그 성읍과 그 안에 있는 모든 것을 태웠으며 은과 금과 놋 기명과 철 기명만 주의 보고로 들였더라**』(24절). 범죄한 아칸을 제외한 나머지 이스라엘 자손은 아무것도 취하지 않았다. 가스탱 박사가 여리코를 발굴했을 때, 그곳의 창고들이 오랜 포위 공격을 견딜 만큼 많은 양식들로 채워져 있음을 발견했다. 보통의 점령군이라면 그것들을 군수품으로 전용했겠지만, 이 경우의 정복자들은 그대로 남겨 두었던 것이다.

6:26 여호수아가 그때 백성들에게 엄명하여 말하기를 "이 여리코 성읍을 일으켜 세우는 사람은 주 앞에 저주를 받으리라. 그가 그 기초를 놓을 때는 그의 첫째 아들을, 그가 그 문들을 세울 때는 그의 막내 아들을 *잃으리라*." 하더라.

27 이처럼 주께서 여호수아와 함께하시니 그의 명성이 온 땅으로 두루 퍼지더라.

26절은 여리코를 재건하는 사람에 대한 저주일 뿐만 아니라, 예언이기도 하다. 이 예언은 426년 후인 열왕기상 16:34에서 성취되었다.

『**그의 시대에 벧엘인 히엘이 여리코를 건축하였는데 그가 그 기초를 놓았을 때 그의 첫째 아들 아비람을, 그가 그 문들을 세웠을 때 그의 막**

내 아들 스굽을 *잃었으니*, 눈의 아들 여호수아를 통해 하신 주의 말씀대로 되었더라.』

우리는 다른 책에서도 성취된 예언의 중요성을 여러 차례 논의했다. 성취된 예언은, 샤스타, 베다, 푸라나, 대장경, 젠 아베스타, 코란 같은 풋내기들의 쓰레기와는 반대로, 성경이 영감으로 기록되었음을 보여 주는 주요 증거이다(사 42:9; 43:9; 44:7; 46:9,10; 48:3-8). 요한계시록 19:10은 『**예수의 증거가 예언의 영**』이라고 말씀하신다.

다른 종교의 소위 "경전들"에는 우리가 성경에서 발견할 수 있는 것들과 같은 것이 전혀 없다. 성경은 더 이상 지체하지 않을 "마지막 날"에 일어날 일들만을 우리에게 알려 주는 것이 아니다(계 10:6). 성경은 또한 "역사 속에서" 일어나게 될 일들을 알려 주어 우리가 그것을 확인해 볼 수 있게 해 주는 것이다(사 44:28-45:1을 보라).

마호메트가 정말 "위대한" 선지자였다면, 그는 왜 여호수아가 여기 26절에서 했던 일을 전혀 할 수 없었는가? "코란"과 "하디스"(두 번째로 거룩한 이슬람 경전)의 "어느 곳"에서도 마호메트가 425년 후, 400년 후, 300년 후, 200년 후, 100년 후, 50년 후, 아니면 10년 후의 일이라도 예언한 것을 찾아볼 수가 없다. 설혹 그가 예언을 했다고 할지라도, 두 "경전" 중 어떤 책도 그러한 예언의 성취를 보여 줄 수 없다. 왜냐하면 "계시"가 마호메트와 함께 "중단되었기" 때문이다.

코란에는 마호메트가 태어나기 1,000년도 더 전에 기록된 다니엘서에서 로마제국의 부활에 관한 예언 하나를 베낀 부분이 있다(단 2,7장). 그러나 그것조차도 다니엘서처럼 세부 사항이 나와 있는 것이 아니다. 또한 번은, 마호메트가 위험을 불사하고 어떤 전쟁의 결과에 대해 추측을 한 적이 있는데 공교롭게도 그렇게 되었다. 그러나 전쟁의 승패라고 하는 것은 누구나 알 수 있듯이 뭐라고 말해도 50:50의 확률인 것이다. 이것이 모슬렘에게 마호메트가 선지자라는 "증거"가 되는 것이다.

50%의 확률로 적중했다는 것은 아무런 의미도 없다. 그것은 누구나 할 수 있는 일이다. 하나님의 계시로 인한 초자연적인 현상을 보고 싶다면, 성경을 읽으라. 성경은 한 사람에 관하여 48가지 예언들을 기록하고 있다. 그 예언들은 그 사람이 태어나기 1,500년 전에서 400년 전 사람들이 서로 다른 장소에서 예언한 것이다. 그리고 그 예언들은 모두 적중했다. 그런 일이 일어날 확률이 얼마인지 아는가?

수학자이자 통계학자인 피터 스토너는 그의 책 〈Science Speaks, 과학은 말한다〉에서 48가지 예언들이 한 사람에게서 성취될 확률이 10의 157제곱 분의 1이라고 계산했다. 10의 157제곱은 현재 우리가 사는 우주에 있는 모든 전자수의 세 배보다 더 큰 수이다. 게다가 다른 확률 법칙에 따르면, 한 가지 사건이 발생할 확률이 10의 50제곱 분의 1보다 작으면, 그 사건은 통계학적으로 "불가능"하다. 그 사건은 "결코" 일어나지 않을 것이다. 예수 그리스도의 생애는 성경이 하나님의 영감받은 말씀이라는 사실을 보여 주는 확실한 증거들 중 하나이다. 마호메트는 이러한 것들 중 하나도 따라할 수 없었다. 어떤 의미에서도 마호메트는 결코 "선지자"가 아니다. 그는 진정한 의미에서 단 하나의 예언도 하지 못했으니 말이다.

26절은 여호수아서가 『**하나님의 영감으로 주어진 것**』(딤후 3:16)이라는 증거를 제공할 뿐만 아니라, 여리코가 신비의 바빌론의 예표임을 보여 주는 추가 증거가 되기도 한다. 여리코는 북왕국 이스라엘에서 가장 악한 왕이자 적그리스도의 예표인 아합의 통치하에서 재건되었다(왕상 16:30-33). (참고로 이 도시가 두 번째로 재건되었을 때에는 적그리스도의 또 다른 예표인 "헤롯"에 의해 건립되었으며, "로마"의 도시로서 건립되었다. cf. 계 17:9,18) 이 도시는 "여왕"인 "창녀"에 의해 재건되었고(왕상 16:31, 계 2:20 cf. 계 17:1-5), 우상 숭배를 하는 기간에 재건되었다(왕상 16:31,32, cf. 계 13:14,15). 이 도시의 재건은 인신 제사와 연관되어 있다(시 16:4, 사 6:13). **『그 기초를 놓을 때는 그의 첫째 아들을, 그가 그 문들을 세울 때는 그의 막내 아들을** ***잃으리라.*****』**는 예언 부분은 아이가 태어날 때를 의미하는 것일 수도 있지만, 그보다는 그의 아들들이 살해당한다는 의미로 보는 것이 더 적절하다. 이교도의 봉헌식에는 자녀 희생제사가 동반되었기 때문이다(왕하 3:27; 16:3; 17:17, 렘 32:35). 홍해를 건넌 사건이나 요단 강 동편에서 아모리인들의 두 왕을 패배시킨 사건처럼, 여호수아 4-6장의 사건이 "단에서 브엘세바"까지 전해지는 데에는 시간이 걸리지 않았다. 여호수아의 승리는 모든 신문의 일면 상단 기사였고, 모든 뉴스 방송의 첫 뉴스였다.

27절에서 그리스도인들에게 주는 영적 교훈은 무엇인가? 그것은 요한복음 12:26에서 예수 그리스도께서 하신 말씀에 나와 있다.

『누구나 나를 섬기고자 하면 나를 따라오라. 내가 있는 곳에는 나의 종도 거기에 있으리니, 누구나 나를 섬기면 아버지께서 그를 높이시리라.』

따라서 어떤 사람이 주님을 섬기면, 하나님께서 그와 함께하시며 그를 높이실 것이다. 그렇다면, 여기에 하나님을 섬기는 것과 관련하여 여호수아 6장에서 얻을 수 있는 몇 가지 영적 교훈이 있다.

1. 하나님을 섬기는 사람은 누구나 "세상에서 독특한 존재"가 되어야 한다(딛 2:14, 벧전 2:9). 여호수아는 누구도 받아 보지 못한 독특한 전투 계획을 받았다. "6일 동안 매일 한 번씩 적 주위를 행진하고, 7일째에는 그 주위를 7번 행진하라. 그 후에 공격하지 말고, 나팔을 불고 함성을 질러라." 도대체 그게 다 뭐란 말인가?!

여리코 성벽 위의 적병들은 뭐가 어떻게 되고 있는지 궁금했을 것이다. 홍해를 마른 땅으로 건너고, 요단 강 동편의 두 왕을 패배시키고, 요단 강을 마른 땅으로 건넌 민족에 대해 벌벌 떨고 있었다. 그런데 이제 이스라엘 군대가 하는 일이라고는 성읍 주위를 행진하는 것뿐이었다. 그러니 일곱째 날까지 여리코 성 안에 있던 아모리인들은 이스라엘 군대가 하는 독특한 행동을 비웃고 조롱하고 있었을 것이 확실하다.

2. 하나님의 종들은 "모든 장애물들에 대해 나팔을 불어야" 한다. 스카랴 4:7에서, 주님께서는 이스라엘 민족이 포로되었던 곳에서 돌아와 성전을 재건할 것이라고 용기를 주고 계신다. 그런데 그들은 사마리아인들의 방해와, 아랍인들의 방해와 페르시아 왕의 방해에 직면하고 있다.

『오 큰 산아, 네가 누구냐? 너는 스룹바벨 앞에서 평지가 되리라. 그가 큰소리와 함께 머릿돌을 내어 놓으리니 부르짖기를 '은혜가, 은혜가 그것에 있을지어다.' 하리라』(슥 4:7).

만일 하나님께서 당신을 불러 무언가를 하도록 하셨다면, 당신이 포기하지 않는 한 어떤 장애물도 당신을 막을 수 없다. 물론 그것이 당신이 아무런 탈 없이 잘 지낼 것이라는 뜻은 아니다. 당신은 발로 차이고, 욕먹고, 맞고, 침 뱉음을 당하고, 조롱당하고, 배신당하게 될 것이다. 그러나 당신은 하나님께서 당신에게 맡기신 그 과업을 달성하기 위해 모든 장애를 극복할 것이다.

바울을 보라. 그는 지역 교회들에서 나오는 불평과 불만, 거짓 형제들에 의한 고소, 그를 대적하는 유대인들, 그를 대적하는 로마인들, 폭풍우, 매 맞음, 돌에 맞음, 파선, 육체에 있는 가시 등을 견뎌야 했다(고후 11,12장). 누군가 정말 포기할 만한 이유가 있는 사람이 있다면 바울이야말로 그런 사람이었다. 그러나 그는 계속 전진했고, 마귀가 그 앞에 놓은 모든 장애물을 극복했다. 그래서 그는 자기 생애의 마지막 때에 『**내가 선한 싸움을 싸우고 달려갈 길을 마치고 믿음을 지켰으니**』(딤후 4:7)라고 말할 수 있었던 것이다.

3. 예수 그리스도의 종들은 "믿음 안에서 과감해야" 한다. 이스라엘 군대는 요새도, 공성 장비도, 사다리도, 파성퇴도, 투석기도 없이 적진에 들어갔다. 그러나 그들은 앞으로 나아갔고, 그것이 완전히 바보 같은 짓처럼 보였을지라도, 어쨌든 하나님께서 하라고 하신 것을 수행했다.

4. 주님의 종들은 "훈련을 받아야" 한다. 이스라엘 군대는 아무 소리도 내지 말라는 명령을 들었고, 그렇게 했다. 만약 그리스도인이 하나님을 섬기고자 한다면, 성경 읽기, 기도 생활, 예배로 훈련을 받아야 한다. 바울은 『**이기려고 애쓰는 사람은 누구나 모든 일에 자제하나니**』(고전 9:25)라고 말했다.

5. 하나님의 종들로서 훈련되기 위해 필수불가결한 요소는 바로 지속적인 "자기 부인"이다. 하나님께서는 백성들에게 약탈물에 손대지 말라고 말씀하셨다. 한 사람을 제외하고는 모두 그 명령에 따랐다.

주 하나님께서는 아말렉인들에 관해서 여호수아에게 하신 것과 똑같은 지시를 사무엘상 15장에서 사울에게 하셨다. 『**이제 가서 아말렉을 치되,**

그들이 소유한 모든 것을 완전히 멸하여 그들을 남겨 두지 말지니, 남자와 여자, 아기와 젖먹이, 소와 양, 낙타와 나귀를 다 죽이라』(삼상 15:3). 그러나 사울은 자기 부인을 하지 못하고, 즉 "전리품"을 포기하지 못하고, 가두행진을 하며 자랑하기 위해 아말렉 왕을 살려 둔다. 사울의 백성도 자기 부인을 하지 못하고 가장 좋은 가축들을 살려 둔다(삼상 15:9). 사무엘이 이 불순종의 문제로 사울을 만났을 때, 사울은 주님께 희생제물로 드리려고 가장 좋은 가축들을 남겨 둔 것이라고 변명했다(삼상 15:15). 그러자 사무엘은 사울에게 말했다. 『**주께서 번제와 희생제를 주의 음성에 복종하는 것만큼 크게 기뻐하시나이까? 보소서, 복종하는 것이 희생제물보다 낫고, 경청하는 것이 숫양의 기름보다 낫나이다**』(삼상 15:22).

형제들이여, 종교적인 의식을 아무리 많이 행해도 하나님의 말씀에 주의를 기울여 순종하지 않는 죄를 만회할 수 없다. 하나님께서는 그분의 말씀을 존중하지 않는 것을 "마법"과 "우상 숭배"와 똑같이 취급하신다(삼상 15:23). 신약에서도 성도가 하나님의 나라에서 받을 유업을 잃게 만드는 죄들이 있는데, 그것이 바로 『**육신의 일들**』이다(갈 5:19-21). 사울은 "자기를 부인하려" 하지 않았기 때문에 왕국을 잃고 말았다(눅 9:23의 주석을 보라).

여호수아 7장

7:1 그러나 이스라엘 자손이 저주받은 물건으로 범죄하였으니 이는 유다 지파 중 세라의 증손이요, 삽디의 손자요, 칼미의 아들인 아칸이 저주받은 물건을 취하였음이라. 이스라엘 자손에 대해 주의 분노가 일어났더라.

이 장은 부흥에 관한 위대한 장이다. 설교자들이 이 장을 설교할 때 대개 설교 제목을 "진영 내의 죄"라고 잡는다. 이는 이 장이 한 사람의 불순종하는 그리스도인 때문에 교회나, 신학교나, 사역이 어떻게 어려움을 겪게 되는지를 잘 보여 주기 때문이다. 이 원리는 하나님께서 성경에서 누차 말씀하신 것이기도 하다.

『**지혜가 전쟁의 무기들보다 나으나 한 명의 죄인이 많은 선을 파괴시키느니라**』(전 9:18).

『죽은 파리들이 약제사의 향유에서 악취를 내뿜는 것같이, 조그마한 우매도 지혜와 존귀로 평판이 있는 사람에게 마찬가지니라』(전 10:1).

『적은 누룩이 온 반죽을 부풀게 하느니라』(갈 5:9).

여기 이 구절은 『**이스라엘 자손이... 범죄하였으니**』라고 말씀한다. 하나의 무리로서 집단적으로 『**범죄**』하였다고 말씀한다. 엄밀히 따지면 그렇지 않다. 범죄한 것은 한 사람이었다. 『**아칸이 저주받은 물건을 취하였음이라.**』 한 사람의 죄가 집단 전체에 부과되었던 것이다.

이것은 사무엘하 24장과 역대기상 21장에서 이스라엘이 다윗의 죄로 인해 심판받은 것과도 일맥상통한다. 교만해진 다윗은 이스라엘에서 전쟁에 나갈 수 있는 남자를 계수했다. 그 목적은 이스라엘 군대의 크기를 자랑하기 위한 것이었다. 그러나 그 결과 수많은 백성이 하나님의 심판으로 죽었다. 다윗은 『**실로 죄를 짓고 악을 행한 자는 바로 나니이다. 그러나 이 양들로 말하면 그들이 무엇을 행하였나이까?**』(대상 21:17)라고 기도했다. 자, 이스라엘 백성은 여기서 아무것도 잘못하지 않았다. 그러나 다윗의 죄는 백성 전체에 영향을 미쳤다.

아담의 죄도 마찬가지이다. 아담이 죄를 지었고, 인류 전체를 죄 속으로 밀어 넣었다.

『이런 연유로 한 사람에 의하여 죄가 세상으로 들어오고 그 죄에 의하여 사망이 왔으니 그리하여 모든 사람이 죄를 지었으므로 사망이 모든 사람에게 전달되었느니라』(롬 5:12).

이것은 조직신학에서 "연합 대표설"(Federal headship)이라는 용어로 알려져 있다. 한 집단이 그 지도자의 행위와 결정에 의해 판단 받는 것이다. 선임 제사장들이 예수 그리스도를 거절하고, 마귀들린 로마의 통치자를 그들의 왕이 되도록 요구했기 때문에(요 19:15), 그 결과 2,000년간 갖가지 형태로 로마의 지배하에 있게 되었다. 백성들은 지도자의 결정에 의해 판단받았던 것이다.

이것이 "공정하지 않다."고 생각한다면 당신이 하늘나라에 가게 된 것도 한 분 예수님의 의로 말미암아 가능하게 되었음을 기억하라.

『그 범죄와는 다르지만 그 값없는 선물도 그러하도다. 만일 한 사람의 범죄로 인하여 많은 사람이 죽었다면 더욱더 하나님의 은혜와 한 사람 예수 그리스도로 인한 은혜로 말미암은 선물이 많은 사람에게 풍성하였느니라. 또 그것이 범죄한 한 사람으로 인한 것과는 다르지만 그 선물도 그러하도다. 이는 심판은 한 사람으로 말미암아 정죄에 이르렀지만 값없는 선물은 많은 범죄로 인해 의롭다 하심에 이르기 때문이라. 한 사람의 범죄로 말미암아 사망이 그 한 사람으로 인하여 군림하였다면 더욱더 은혜의 풍성함과 의의 선물을 넘치도록 받는 사람들이 한 사람 예수 그리스도로 인하여 생명 안에서 군림할 것이니라.) 그러므로 한 사람의 범죄로 말미암아 심판이 모든 사람에게 임하여 정죄에 이른 것같이 한 사람의 의로 말미암아 값없는 선물이 모든 사람에게 임하여 생명의 의롭다 하심에 이르렀느니라. 한 사람의 불순종으로 인하여 많은 사람이 죄인이 된 것같이 한 사람의 순종으로 인하여 많은 사람이 의인이 되리라』(롬 5:15-19).

7:2 여호수아가 사람들을 여리코로부터 벧엘 동편 벧아웬 곁에 있는 아이로 보내며 그들에게 일러 말하기를 "올라가서 그 지역을 살펴보라." 하니 그 사람들이 올라가서 아이를 살펴보니라.

3 그들이 여호수아에게 돌아와서 그에게 말하기를 "백성을 모두 올라가게 하지 말고 약 이삼천 명만 올라가서 아이를 치게 하시고 온 백성으로 거기서 수고하지 않게 하소서. 이는 그들이 소수임이니이다." 하므로

주님께서는 이스라엘 민족 전체에 대해 분노하고 계시는데, 여호수아는 이를 알지 못한다. 여호수아는 몇 사람을 보내어 다음 성읍을 정찰하게 한다. 아이 성읍은 매우 작고 인구가 적어서 여호수아가 보낸 사람들은 여리코에서의 승리에 뒤이어 그 성읍을 차지하는 데 별 어려움이 없으리라고 생각한다.

3절에서 교만와 오만이 드러나는 것에 주목하라. 『**백성을 모두 올라가게 하지 말고 약 이삼천 명만 올라가서 아이를 치게 하시고 온 백성으로 거기서 수고하지 않게 하소서. 이는 그들이 소수임이니이다.**』

그들은 너무나 교만해지고 오만해져서 총사령관에게 공격하는 방법까지 언급하고 있다. 여호수아가 총사령관이지, 그들이 총사령관이 아니었다. 그들의 임무는 아이 성읍에 관하여 보고하는 것이지, 여호수아가 어떻게 해야 할지 조언하는 것이 아니었다.

그들은 "과신한"(overconfident) 것이다. 성경은 『**교만은 멸망에 앞서 있으며 거만한 영은 몰락에 앞서 있느니라.**』(잠 16:18)고 말씀한다. 그들은 상대적으로 적은 군사력을 가지고도 아이 성읍을 함락할 수 있다고 생각했다. "그들은 이제 곧 거덜 나게 될 것이다."

그들이 여리코에서 승리한 것은 그들 자신의 군사적 역량이 대단해서가 아니었다. 그 전투를 주의 군대 대장의 명령에 따라 수행했기 때문에 승리한 것이었다(5:14-6:5). 그때는 하나님께서 여호수아에게 말씀하셨고 그에게 무엇을 해야 할지 알려 주셨다. 그런데 여기서는 "기도"도 없고, 문제에 있어서 "하나님의 얼굴을 구하지도 않는다." 대신 여호수아는 "사람들"의 계획을 따르고 만다.

7:4 백성 가운데서 약 삼천 명이 거기로 올라갔다가 아이 사람들 앞에서 도망하니라.

5 아이 사람들이 그들 가운데 약 삼십육 명을 쳤으니 그들이 문 앞에서부터 세바림까지 쫓아가서 내리막 길에서 그들을 쳤더라. 그러므로 백성의 마음이 녹아 물같이 되니라.

6 여호수아가 자기 옷을 찢고 그와 이스라엘의 장로들이 주의 궤 앞에서 땅에 엎드려 머리에 티끌을 쓰고 저녁 무렵까지 있더라.

7 여호수아가 말하기를 "슬프도소이다. 오 주 하나님이여, 어찌하여 주께서는 이 백성을 인도하여 요단을 건너게 하시고 우리를 아모리인의 손에 넘겨주어 멸망시키려 하시나이까? 하나님께서 우리를 만족케 하시고 요단 건너편에 거하게 하셨다면!

8 오 주여, 이스라엘이 그들의 원수 앞에 등을 돌렸으니 내가 무엇을 말하리이까?

9 카나안인과 그 땅의 모든 거민이 그것을 듣고 우리를 둘러싸서 우리의 이름을 땅으로부터 끊으리니 주께서는 주의 크신 이름을 어찌하시려나이까?" 하였더라.

이스라엘 백성 중 3,000명이 쉽게 승리하리라 생각하면서 아이 성읍의 성문으로 직접 돌격해 들어갔다. 그러나 그들은 아이 성읍 사람들에게 완패를 당한다. (여호수아 8:25에 보면, 아이 성읍의 전체 인구는 남녀를 합하여 12,000명이다. 그러므로 아이 성읍의 군대는 6,000명이 안 됐을 것이다.) 36명이 아칸의 죄의 결과로 죽었다. 아칸의 행위가 무고한 백성에게 영향을 미친 것이다.

여기 5절에서 『**세바림**』은 『**내리막 길**』이 있는 장소로 아이 성읍 앞에 있는 계곡의 이름인 것 같다(8:11을 보라). 이 단어는 "파괴" 또는 "폐허"라는 뜻이다.

『**그러므로 백성의 마음이 녹아 물같이 되니라**』(5절). 이스라엘 백성들은 이제 포기하려고 한다. 우리도 자주 이런 식이기 쉽다. 하나님께서 은혜를 베푸시겠거니 짐짓 짐작하다가 교만하고 오만해진다. 그러다 하나님께서 치시면 이제 못하겠다고 하면서 포기하려고 하는 것이다.

여호수아도 예외는 아니었다. 나쁜 소식을 접하자, 여호수아는 옷을 찢고, 머리에 티끌을 쓰고, 주의 궤 앞에서 땅에 엎드려 있었다. 이 모든 것은 죽음을 의미하는 동양적 행위이다. 이러한 행위는 이렇게 끔찍한 소식을 접하느니 차라리 죽는 게 낫겠다는 것을 뜻한다.

민수기 13,14장에서 거인들과 맞붙어 보겠다고 했던 그 여호수아가 이렇게 말하고 있는 것이다. 게다가 그는 여호수아 5장에서 주의 천사에게 덤벼들려고 하기까지 했다. 그러나 본문의 여호수아를 보라. 땅에다 얼굴을 대고 투덜거리며 불평한다. "오 하나님, 아모리인들에게 죽게 하시려면 왜 우리를 요단 강을 건너 여기로 오게 하셨습니까? 차라리 르우벤 지파, 갓 지파, 므낫세 지파와 함께 모압 평원에 있는 게 낫지 않았습니까! 적들 앞에서 후퇴할 때 백성들에게 뭐라고 말해야 합니까? 모든 카나안 인들이 이 얘기를 들으면 우리를 포위하고 쓸어버리려고 할 것입니다. 그렇게 되면, 주님, 주 하나님의 이름이 모독당하지 않습니까!"

여호수아의 말을 들어보면 출애굽기 17:3, 민수기 11:20; 14:2,3에서 유대인들이 불평하고 투덜거렸던 것과 거의 똑같음을 알 수 있다. 여호수아는 자신의 인생에서 바닥으로 곤두박질한 상태였다. 그는 자신의 믿음을 잃어버렸던 것이다. 여기 7-9절의 본문에서 우리는 여호수아가 하나님께서 광야에서 죽이신 백성들만큼이나 타락한 상태임을 볼 수 있다.

성경은 이처럼 소위 "영웅들"의 모습을 정직하게 제시한다. 그들은 완전하지 않았다. 이곳의 여호수아는 열왕기상 19:3-10의 엘리야와 똑같은 상태에 있었다. 레스터 롤로프는 이것을 엘리야가 "향나무 아래서 자기 연민에 빠져 하소연했다."라고 표현하곤 했다. 야고보의 표현을 빌리자면 엘리야는 『**우리와 같은 성정에 속한 사람**』(약 5:17)이라는 것이다.

『**오 주여, 이스라엘이 그들의 원수 앞에 등을 돌렸으니 내가 무엇을 말하리이까?**』(8절) 여호수아는 정말 할 말이 없었다. 바울은 에베소서 6장에서 그리스도의 군사의 전신갑옷에 관해 얘기할 때 등에 대해서는 아무것도 말하지 않았다. 흉배, 방패, 칼 등 모든 것이 전진 공격을 위한 것이다. 왜냐하면 그리스도 안에 있는 성도에게는 결코 후퇴란 있을 수 없기 때문이다.

7:10 주께서 여호수아에게 말씀하시기를 "일어나라. 어찌하여 네가 이렇게 네 얼굴을 대고 엎드려 있느냐?
11 이스라엘이 죄를 지었고 그들은 내가 그들에게 명한 나의 언약도 어겼나니, 이는 그들이 저주받은 물건을 취하고 도둑질하고 속여서 심지어는 그것을 자기들의 사물 가운데 두었음이라.
12 그러므로 이스라엘 자손이 그들의 원수들 앞에 설 수 없었고 그들의 원수들 앞에서 그들이 등을 돌렸으니 이는 그들이 저주를 받았기 때문이라. 너희가 그 저주받은 것을 너희 가운데서 멸하지 아니하면 내가 다시는 너희와 함께 있지 아니하리라.
13 일어나서 백성을 성결케 하고 말하기를 '너희는 자신을 성결케 하여 내일을 대비하라. 이스라엘의 주 하나님이 이같이 말하노니, 오 이스라엘아, 네 가운데 저주받은 물건이 있나니 너희가 너희 가운데서 저주받은 물건을 제거하기 전에는 너희가 너희 원수 앞에 서지 못하리라.
14 그러므로 아침에 너희는 너희 지파대로 불러내라. 주께서 택한 지파는 그 족속대로 불러낼 것이며 주께서 택한 족속은 가족대로 불러낼 것이요 주께서 택한 가족은 남자를 각각 불러낼지니라.
15 저주받은 물건과 함께 뽑힌 자는 그와 그가 소유한 모든 것을 불로 태울지니 이는 그가 주의 언약을 어기고 이스라엘에서 어리석은 짓을 행하였기 때문이라.' 하라." 하시니라.

여호수아가 기도 모임을 하고 있는데, 하나님께서 여호수아에게 "일어나라!"고 말씀하신다. 지금은 기도할 때가 아니다. 지금은 움직일 때다.

마귀는 간교하다. 마귀는 우리가 움직이고 있어야 할 때 기도하게 하고, 기도해야 할 때 움직이게 한다. 마귀는 우리가 올바른 일을 부적절한 때에 하게 하는 것이다. 올바른 일을 해야 할 때를 아는 것이 바로 영적 분별력이다.

밥 존스 시니어는 "의무들은 서로 충돌하지 않는다."고 말하곤 했다. 말하자면, 의무들을 수행함에 있어서 우선순위가 필요하다는 것이다. 헬라어 문법 공부를 하고 있어야 할 때 구령한다고 밖으로 나가지 말라. 마땅히 기도해야 할 때 공부하지 말라. 독자들은 이것이 무슨 말인지 알 것이다.

나는 학생들에게 헬라어 수업에 빠지고 싶으면 내게 와서 요청을 하라고 한다. 학생들은 이안 페이슬리(Ian Paisley) 같은 훌륭한 설교자가 펜사콜라에 오면 수업을 빼먹고 가서 그의 설교를 듣고 싶어 하기 때문이다. 학생들은 헬라어 문법 강의보다 이안 페이슬리의 설교에서 더 많은 축복을 받을 수 있다고 생각하는 것이다. 그러나 축복이 되고 좋아하는 일을 하는 것은 언제나 쉬운 일이다. 중요한 것은 당신이 좋아하는 일이 무엇이냐가 아니라 "당신이 마땅히 해야 할 의무가 무엇이냐?"이다. 하나님께서 당신을 신학교로 부르셨는가? 그렇다면 신학교에 다니면서 들어야 할 과목들을 수강하고, 해야 할 과제가 있으면 그 과제를 하도록 하라!

기도 모임에 가야 하는가? 그렇다면 기도하고 있어야 할 때 시험공부 한답시고 앉아 있지 말라는 것이다. "의무들은 서로 충돌하지 않는다." 아멘, 아멘, 아멘!

『**어찌하여 네가 이렇게 네 얼굴을 대고 엎드려 있느냐?**』(10절) 여호수아가 땅에 얼굴을 대고 엎드리고 있었던 것은 당연한 반응이었다. "주님, 주님께서는 『**그러므로 하나님의 능하신 손 아래서 겸손하라.**』(벧전 5:6) 고 말씀하셨습니다. 그래서 저는 겸손한 자세로, 자신을 낮추고 있습니다. 주님께서 주님의 이름을 부르라고 하셨기 때문에, 주님의 이름을 부르고 있습니다. 주님께서는 '구하라, 찾으라, 두드리라.'고 하지 않으셨습니까? 주님은 제가 무엇을 하고 있는지 아시잖습니까?"

그렇다면 무엇이 문제였는가? 바로 죄였다. 『**이스라엘이 죄를 지었고**』(11절). 이사야가 말한 바를 들어보라. 『**오직 너희 죄악들이 너희와 너희 하나님 사이를 나누었고 너희 죄들이 그의 얼굴을 너희로부터 가렸기에 그가 듣지 아니하심이라**』(사 59:2).

하나님께서 『**이스라엘이 죄를 지었고**』라고 말씀하신 것에 주목하라. 하나님께서는 이스라엘 백성 중에 한 명이 죄를 지었다고 말씀하지 않으시고, 민족 전체에 관해 말씀하셨다. 구약에서 이스라엘 민족은 단수로서 하나님의 아들이다(출 4:22). 그들 각자가 하나님의 아들들이었다는 뜻이 아니다. 구약에는 하나님께서 창조하신 아들들인 아담과 천사들을 제외하고는, 개별적으로 하나님의 아들들이라고 불릴 수 있는 사람들이 없었다(눅 3:38의 주석을 보라). 따라서 하나님께서는 그 구성원 한 사람의 죄들로 인해 이스라엘 민족 전체를 심판하시는 것이다.

신약에서는 당신이 예수 그리스도를 믿음으로 각자가 하나님의 아들이 되며(요 1:12), 동시에 그리스도의 몸이라는 한 집단의 구성원이 되기도 한다. 그리스도의 몸의 한 지체로서 당신이 한 행동은 그리스도의 몸 전체에 영향을 줄 수 있다. 고린도전서 12:25-27을 보라.

『**이는 몸 안에 분열이 없게 하실 뿐만 아니라 지체들이 서로에게 동일**

한 관심을 가지게 함이라. 만일 한 지체가 고통을 받으면 모든 지체가 그와 함께 고통을 받으며 만일 한 지체가 영광을 얻으면 모든 지체가 함께 기뻐하느니라. 이제 너희는 그리스도의 몸이요 개별적으로는 그 지체들이라.』

그러므로 그리스도인이 한 행동은 좋은 영향력이든 나쁜 영향력이든 그리스도의 몸에 영향을 미친다. 이런 일은 비일비재하게 일어난다. 설교자가 도덕적 문제로 실족하면, 대개의 경우 그 교회는 구원받지 못한 세상 사람들 앞에서 수치를 당하게 된다. 구원받지 못한 사람들은 이 교회와 저 교회를 구분할 수 없고, 이 교파와 저 교파의 차이를 알지 못한다. 그들은 그리스도인들을 모두 하나로 싸잡아서 "그리스도인이라는 것들이 다 그렇지, 뭐."라고 도매금으로 매도하는 것이다.

한 설교자가 성경을 믿는 믿음을 저버리면 그것은 그리스도의 몸 전체에 영향을 준다. 그자는 자신도 알지 못하는 어떤 학생에게 영향을 주고, 그 학생은 기독교 대학의 교수가 되어 학생들 전체에 해악을 끼친다. 그러면 그 학생들이 목회자가 되어 사역을 한다며 나가서 설교하면 그 회중들도 결국 성경을 믿지 못하게 된다. 그런 식으로 그 나라의 교회들 전체가 최종권위로서의 성경을 믿지 않게 되는 것이다. 배교는 이처럼 전염성이 강하다.

한 사람이 대열에서 이탈하면, 전체가 이탈하여 결국엔 뿔뿔이 흩어지게 된다. 나는 대학에서 미식축구를 하지 않았다. (미식축구를 하기엔 덩치가 너무 작았고, 농구를 하기엔 키가 너무 작았다.) 그러나 미식축구에 대해서 조금 아는 것이 있는데, 전위 선수가 방어선을 유지해 주지 못하면 후위 선수들이 어려움을 겪게 된다는 것쯤은 상식적으로 알고 있다.

그러므로 어떤 목사나 기독교 대학 교수가 성경에 대한 믿음을 저버리고 성경을 다른 권위로 대체하면, 그는 그리스도의 몸을 해치는 자가 되는 것이다.

『**그들은 내가 그들에게 명한 나의 언약도 어겼나니, 이는 그들이 저주받은 물건을 취하고**』(11절). 여호수아 10장까지 이스라엘 백성들은 열 개의 성읍을 공격한다. 여리코는 열 개의 성읍들 중 첫 번째 성읍이고, 하나님께서는 이스라엘 백성에게 첫 성읍의 금, 은, 놋, 철이 하나님의 것이라고 말씀하셨다(수 6:19). 그 성읍은 저주받은 성읍이므로, 다른 모든 것은 완전히 파괴되어야만 했다(6:26의 주석을 보라). 이스라엘 백성은 나머지 아홉 성읍에서 전리품을 취할 수 있었다. 그러나 첫 번째 성읍의 전리품은 하나님의 것이었다. 그러므로 우리가 여기서 다루고 있는 것은 "십분의 일," 곧 "십일조"이다(창 14:20의 주석을 보라). 하나님께서는 이스라엘 백성에게 하나님께 『**첫열매들**』을 드리라고 명령하셨다. 이것은 이스라엘이 차지하는 카나안 땅의 첫열매들도 포함된다. 여리코가 그 "첫열매"들이었고, "십일조"였던 것이다.

레위기 27:30은 『**땅의 모든 십일조는 그것이 땅의 씨앗이든 나무의 열매이든 주의 것이니, 그것은 주께 거룩한 것이니라.**』고 말씀하신다. 아칸이 전리품의 일부를 취했을 때, 그는 주님께 드릴 십일조를 취하여 말라키 3:8,9의 저주에 빠지게 된 것이다.

『**사람이 하나님*의 것*을 도둑질하겠느냐? 그러나 너희는 내 것을 도둑질하였도다. 그래도 너희는 말하기를 "우리가 어떻게 주의 것을 도둑질하였나이까?" 하니, 십일조와 제물들이라. 너희가 저주로 저주를 받았으니, 이**

는 너희와 이 온 민족이 나의 것을 도둑질하였음이라.』

11절의 『**도둑질하고**』라는 단어에 주목하라. "아칸은 하나님의 것을 도둑질했다"(말 3:9). 또 11절에서 『**속여서**』(dissembled)라고 말씀하셨다. 즉 아칸이 시치미를 떼고 그것을 "숨겼다"(hid), "감추었다"(concealed)는 것이다. 그는 그것을 자기의 사물 가운데 두었다. 그는 하나님의 것을 자기 것처럼 취급한 것이다. 그가 그것을 숨겼다는 것은 자기가 한 일이 잘못이라는 사실을 알았다는 것을 보여 준다.

『**그러므로 이스라엘 자손이 그들의 원수들 앞에 설 수 없었고 그들의 원수들 앞에서 그들이 등을 돌렸으니 이는 그들이 저주를 받았기 때문이라**』(12절). 엄밀히 말하면, 예수 그리스도께서 십자가에서 우리를 대신해 저주받으셨기 때문에, 그리스도인은 아무도 저주받지 않았다(갈 3:13). 그러나 그리스도인은 스스로에게 저주를 불러들일 수 있다.

『**너희가 육신을 따라 살면 죽을 것이나 성령을 통하여 몸의 행실을 죽이면 살리라**』(롬 8:13).

『**만일 누구든지 하나님의 성전을 더럽히면 하나님께서도 그 사람을 멸하시리라. 이는 하나님의 성전은 거룩하며 너희는 그 성전이기 때문이라**』(고전 3:17).

『**이는 주의 몸을 분별하지 못하고 합당치 않게 먹고 마시는 자는 자신의 저주를 먹고 마시는 것이기 때문이라. 이 때문에 너희 가운데 많은 사람이 약하고 병들었으며 상당수가 잠들었느니라**』(고전 11:29,30). "합당치 않게 먹고 마신다."는 것은 주의 만찬에 대해서 하신 말씀이다.

이제 여호수아 7:12로 돌아가 보도록 하자. 『**너희가 그 저주받은 것을 너희 가운데서 멸하지 아니하면 내가 다시는 너희와 함께 있지 아니하리라.**』 다시 말하지만, 엄격하게 따지자면 이 말씀도 그리스도인에게 적용되지 않는다. 그리스도 안에 있는 성도는 다음과 같은 약속을 받았기 때문이다.

『**내가 너를 떠나지 아니하고 너를 버리지 아니하리라**』(히 13:5).

『**우리를 그리스도 예수 우리 주 안에 있는 하나님의 사랑에서 떼어 놓을 수 없으리라**』(롬 8:39).

『**우리가 이것을 확신하노니 너희 안에서 선한 일을 시작하신 그분께서 예수 그리스도의 날까지 그 일을 완성하시리라**』(빌 1:6).

일단 예수 그리스도께서 성령님을 통해 당신 안에 오시면, 주님은 당신을 떠나지 않으신다. 『**너희와 항상 함께 있으리라.**』라고 약속하신 대로 당신과 항상 함께하신다. 그러나 당신은 성령님을 슬프게 하여(엡 4:30), 주님과의 교제를 잃고 당신의 삶에서 하나님의 능력을 잃는 지경까지 갈 수 있다. 이것이 우리가 "그 저주받은 것을 너희 가운데서 멸하라."는 말씀에 유념해야 하는 이유이다. 그리스도인이 자신의 삶에서 멸해야 하는 것은 바로 각인의 육신의 일들이다(롬 8:13). 우리는 『**쉽게 에워싸는 죄를 벗어**』(히 12:1) 버려야 한다. 이것은 중대한 죄를 짓고도 뉘우치지 않는 그리스도인을 교회가 합심하여 『**사탄에게 넘겨주어 그 육신은 멸망케 하여도 그 영은 주 예수의 날에 구원받게**』 하는 것이다(고전 5:5). 그렇게 해야만 죄를 짓는 그리스도인 한 명 때문에 전체 회중이 무너지지 않게 되며, 또 그렇게 해야만 그 그리스도인이 자기가 하고 있는 행동의 심각성을 인식하고 돌이킬 수 있는 기회를 얻을 수 있다. 그렇게 해서 돌이키면 그는 다시 회복될 수 있다(고후 2:5-8).

그러면 어떻게 『**그 저주받은 것**』을 이스라엘 자손들에게서 멸하였는가? 첫째가 "성결"이었다. 『**일어나서 백성을 성결케 하고 말하기를 '너희는 자신을 성결케 하여 내일을 대비하라**』(13절). 성결케 하는 것은 사람들을 "깨끗게 하는 것"을 포함한다(cf. 출 19:10). 그리스도인에게 적용하자면 죄를 자백하는 것과(요일 1:9), "말씀에 의한 물로 씻는 것"을 의미한다(엡 5:26). 이는 성경을 읽고 묵상하여 말씀을 통해 성령님께서 우리의 내면을 깨끗케 하시도록 하는 것이다.

둘째로 『**그 저주받은 것**』을 멸하는 일은 주님께서 누가 『**저주받은**』 자인지 전체 회중에게 공개적으로 드러내심으로 이뤄졌다. 이것은 "복권"처럼 제비를 뽑는 방식이었다. 열두 지파의 대표가 앞으로 나와 제비를 뽑는데, 그러면 저주받은 자가 속한 "지파"가 뽑힌다. 그 지파에서 각 족속의 대표가 나와 제비를 뽑으면, 저주받은 자가 속한 "족속"이 뽑힌다. 그 족속에서 각 가족의 대표가 나와 제비를 뽑으면 저주받은 자가 속한 "가족"이 뽑힌다. 마지막으로 그 가족 중에서 죄를 지은 자가 뽑히는 것이다.

이 부분은 하나님의 심판이 어떻게 진행될지를 보여 준다. 하나님께서는 심판 받을 국가를 불러내신다. 그런 후 그 국가에서 한 족속을, 그 족속에서 한 가족을, 그 가족에서 개인들을 불러내신다. "영국, 앞으로 나와. 튜더 왕가, 앞으로 나와. 헨리 8세 집안, 앞으로 나와. 피의 여왕 메리, 너부터 심판받는다." 앞으로 이런 식이 될 것이다.

15절을 주목하라. 불태워진 것은 사람만이 아니다. 『**그가 소유한 모든 것**』이 불태워졌다. 아칸뿐만 아니라 그의 가족과 그의 모든 소유물을 불태웠다. 아칸은 그가 소유한 모든 것에 저주를 가져온 것이다. 우리가 지금 율법하에 살고 있지 않다는 것이 얼마나 감사한 일인가!

7:16 그리하여 여호수아가 아침에 일찍 일어나 이스라엘을 그들의 지파대로 불러냈더니 유다 지파가 뽑힌 고로

17 유다 족속을 불러내어 사르인들의 족속을 택하였고 사르인들의 족속에서 남자를 각각 불러냈더니, 삽디가 뽑혔더라.

18 여호수아가 삽디의 가족에서 남자를 각각 불러냈더니 유다 지파의 세라의 증손이며, 삽디의 손자요, 칼미의 아들인 아칸이 뽑히니라.

19 여호수아가 아칸에게 말하기를 "내 아들아 내놓으라. 내가 네게 부탁하노니 이스라엘의 주 하나님께 **영광을 돌리고 그분께 자백하라. 그리고 이제 네가 행한 일을 내게 고하고 그것을 내게 숨기지 말라." 하니**

20 아칸이 여호수아에게 대답하여 말하기를 "참으로 내가 이스라엘의 주 하나님께 **죄를 지어 내가 이렇게 행하였나이다.**

21 내가 약탈물 가운데서 아름다운 바빌론제 옷 한 벌과 은 이백 세켈과 오십 세켈 무게의 금덩이 하나를 보고 탐내서 그것들을 취하였나이다. 보소서, 그것들을 내 장막 가운데 땅에 숨겼으며 은은 그 밑에 있나이다." 하니라.

우리는 아칸이 자신이 속한 지파가 뽑히고 자신이 속한 족속이 뽑히고 자신의 가족이 뽑히는 동안 거기 서 있으면서 어떤 마음이 들었을지 짐작할 수 있다. 아칸은 자신이 하나님의 것을 훔치고 숨겼다는 사실을 알고 있었기 때문에 양심의 가책이 점점 무겁게 느껴졌을 것이다. 60만 명이 넘는 무리 중에서 하나님의 정죄가 자신에게 가까워 옴에 따라 몹시도 두려웠을 것이다.

16-18절에서 우리가 배워야 할 두 가지 중요한 교훈이 있다. 첫 번째는 『**주의 눈은 어느 곳에서나 악한 자와 선한 자를 살피시느니라.**』(잠 15:3)는 말씀이다. 어떤 것도 하나님께로부터 숨길 수 없다. 요나는 하나님께서 가라고 하신 곳으로 가지 않고 정반대 방향으로 가는 배를 타고 배 밑층에 숨어 있으려고 했지만 별 소용이 없었다. 다윗은 우리야를 죽게 만들어서 자신의 간음을 숨기려 했지만, 나단 선지자는 정확하게 다윗의 얼굴을 손가락으로 가리키며 『**당신이 그 사람이니이다.**』(삼하 12:7)라고 했다. 성경은 『**주께서 우리의 죄악들을 주 앞에 놓으시며 우리의 은밀한 죄를 주의 얼굴빛 가운데 두셨으니**』(시 90:8)라고 말씀한다.

이 구절이 그리스도인에게 주는 두 번째 교훈은 『**그러므로 우리 각 사람이 하나님께 자신에 관해 설명하리라.**』이다(롬 14:12). 이 말씀은 구원받지 못한 사람들을 위해서만 기록된 것이 아니다. 바울은 『**우리 각 사람**』이 설명해야 한다고 말하면서 자신을 포함시켰다. 이 문맥은 그리스도의 심판석이며(롬 14:10), 그리스도의 심판석에서도 "불로 태우는 일"이 수반된다(고전 3:13-15). 물론 아칸과 달리, 그리스도인 자신이 불태워지는 것이 아니라(고전 3:15), 그에게 저주를 가져온 육신의 일들이 불태워지게 된다(갈 5:19-21, cf. 롬 8:13).

『**내 아들아 내놓으라. 내가 네게 부탁하노니 이스라엘의 주 하나님께**

영광을 돌리고』(19절). 왜 그분께 영광을 돌려야 하는가? 그분께서는 모든 것을 아시는 전지하신 분이시기 때문이며, 위대하신 재판관이시기 때문이다. 법정에서는 판사를 "존경하는 재판장님"이라고 불러야 한다. 범죄자라 할지라도 그를 그렇게 불러야 하며, 그렇게 하지 않으면 "법정모독죄"가 선고된다. 인간 판사도 그러한 존귀와 영광을 받는다면, 하물며 『**온 땅의 심판자**』(창 18:25)이신 하나님께는 얼마나 더 극진히 존귀와 영광을 돌려드려야 하겠는가!

『**그분께 자백하라**』(19절). 잠언 28:13은 『**자기 죄들을 숨기는 자는 번성하지 못할 것이나, 죄들을 자백하고 버리는 자는 누구나 자비를 얻으리라.**』고 말씀한다. 아칸은 자신의 죄를 실제로 흙으로 덮어서 숨겨 버렸다. 결과적으로 그는 『**번성하지**』 못했다. 그 금, 은, 옷이 그에게 아무런 득이 되지 못했다. 사실 아칸은 그것들 때문에 모든 것을 잃었다. 그러나 우리가 곧 직면하게 될 문제는, 아칸이 자신의 죄를 자백했는데 잠언의 말씀대로 그에게 『**자비**』가 어떤 식으로든 베풀어졌는가이다. 여호수아서의 본문에서는 이에 대해 명확하게 말씀하지 않는다. 때때로 자백이 너무 늦게 이뤄지기도 하는데, 사무엘상 15:24에서 사울이 그랬다. 때때로 잘못된 동기나 마음의 숨겨진 계획을 가지고 자백하기도 하는데, 이는 민수기 22:34의 발라암과 출애굽기 9:27과 10:16의 파라오의 자백이 그런 경우이다. 때때로 잘못된 대상에게 자백하기도 하는데, 유다 이스카리옷은 "제사장"에게 자백했다(마 27:3,4).

아칸의 경우는 자백을 너무 늦게 한 편에 속한다. 그는 완전히 발각될 때까지 자백하지 않았다. 그러나 더 생각해야 할 부분이 있다. 다윗도 자신의 간음과 살인이 드러날 때까지 자백하지 않았다. 그런데 다윗은 자비를 받았지만, 아칸은 받지 못했다. 아칸은 그의 죄가 그와 이스라엘에 저주를 가져올 것이라는 경고를 미리 들었으므로, 자백이 저주를 제거할 수 없었던 것이다. 따라서 우리는 아칸의 자백에 대해 어떤 영적인 자비가 베풀어졌는지에 관해서는 추측만 해 볼 수 있을 뿐이다. 그러나 그의 저주가 가져온 물리적인 결과들에 관해서는 어떠한 자비도 주어지지 않았다.

자, 아칸의 경우는 율법하에 있는 구약적 상황이었다. 신약에서 자백은 구원의 조건이 아니라 "교제"의 조건이다. 혹자가 자신의 죄들을 아무리 자주 로마카톨릭 사제에게 자백한다 해도 그는 유다 이스카리옷처럼 지옥에 던져지게 되는 것이다(행 1:25, cf. 마 27:3-5). 구원은 죄의 자백과는 아무런 상관이 없다. 설혹 하나님께 자백했다 할지라도 아무 소용이 없다. 구원은 예수 그리스도께서 자신의 구주이심을 믿음으로 시인할 때에만 이루어지는 것이다(롬 10:9,10). 구원받고 나서야 비로소 죄의 자백이 필요한데, 바로 죄를 지은 경우이다. 그런 경우 하나님과의 교제를 회복하기 위해서 죄의 자백이 필요하다. 구원받고 나서 죄를 지으면 주 예수 그리스도께서 십자가에서 흘리신 피를 의지하며 죄를 자백함으로 하나님과의 교제를 회복할 수 있는 것이다(요일 1:7-9).

『**아칸이 여호수아에게 대답하여 말하기를 "참으로 내가 이스라엘의 주 하나님께 죄를 지어 내가 이렇게 행하였나이다**』(20절). 아칸의 자백에 관해서 고려해 볼 두 가지 내용이 있다. 첫째, 아칸은 자신이 다름 아닌 하나님께 죄를 지었다는 사실을 알고 있었다는 점이다. 이 부분이 왜 중요한가? 마호메트와 "알라"는 이 진리가 틀렸다고 말하기 때문이다. 수라

4:111에는 "죄를 지은 사람은 누구나 자기 자신의 혼에 대하여 죄를 지은 것이라."고 써 있다. 마호메트가 떠받든 "신"이 누구든 간에("알라"는 "신"이라는 뜻이다), 그는 확실히 성경을 기록하신 하나님은 아니다. 코란이 아니라 "성경"에 의하면 죄는 "하나님"께 짓는 것이다. 요셉은 하나님께 죄를 지을까 봐 걱정했다(창 39:9). 다윗도 『**내가 주를 거역하여 죄를 지었노라.**』(삼하 12:13)고 자백했다. 탕자도 『**내가 하늘을 거역하여... 죄를 지었나이다.**』(눅 15:21)라고 했다. 사무엘상 7:6의 타락한 유대인들이나 출애굽기 10:16의 파라오 같은 지옥행 이교도들조차도 그들이 하나님을 거역하여 죄를 지었다는 사실쯤은 알고 있었던 것이다. 이슬람의 "알라"만큼이나 멍청한 존재들, 즉 마호메트와 그에게 나타났다는 "가브리엘"만이 죄는 기본적으로 하나님을 거역하여 짓는 것이라는 진리를 몰랐던 것이다(마호메트가 말한 "가브리엘"은 누가복음 1장에서 사카랴와 마리아에게 나타난 천사가 아니고, 마호메트에게 코란을 말해 준 날개 600개 달린 마귀이다). 우리는 우리 자신에게나 타인에게 잘못을 행할 수 있다. 그래서 성경은 실제적인 측면에서 "누구누구를 거역하여 죄를 짓다"는 표현을 분명히 사용하고 있다(판 11:27, 삼상 19:4; 24:11을 보라). 그러나 신학적인 관점과 교리적인 관점에서 보자면, "죄"가 죄인 것은 하나님을 거역하여 짓는 것이기 때문이다. 『**죄는 곧 율법을 범하는 것**』이기 때문이다(요일 3:4). 율법은 다름 아닌 "하나님"의 법이다.

아칸의 자백에 관해 고려해 볼 두 번째 사항은, 누군가 "내가 죄를 지었다."라고 말했을 때, 그가 그렇게 말한 의미를 항상 알 수 있는 것은 아니라는 사실이다. 아칸의 자백은 "하나님과 올바른 관계를 형성하기를 원한다"는 뜻이 아니었다. 아칸은 자신의 죄가 드러났기 때문에 『**내가... 죄**

를 지』었다고 말한 것이다. 궁지에 몰린 상황에서 그것 외에 무엇을 할 수 있었겠는가? 출애굽기 9:27; 10:16에서 파라오가 『**내가 죄를 지었도다.**』라고 했을 때, 그가 한 말 역시 "이제 이런 재앙들이 정말 지겨우니, 나를 그만 좀 괴롭혀라!"는 뜻이었다. 사울이 『**내가 죄를 지었나이다.**』(삼상 15:30)라고 했을 때도, 그는 "아무 일 없었던 것처럼, 내가 계속 왕으로 있게 해 달라."는 뜻이었을 뿐이다. 또한 발라암이 『**내가 죄를 지었나이다.**』(민 22:34)라고 했을 때, 발라암이 원한 것은 "제발 저를 죽이지는 말아 주십시오!"였다. 주의 천사가 칼을 빼고 그 길에서 당장이라도 그의 목을 베어 버릴 참이었기 때문이다(민 22:31). 마찬가지로 유다 이스카리옷이 『**내가.. 죄를 지었다.**』(마 27:4)라고 했을 때, 유다는 "무죄한 사람을 배반해서 내 양심이 찔려 죽을 지경이다."라는 뜻이었을 뿐이다.

물론 성경에 나온 모든 자백이 다 이런 식은 아니었다. 탕자가 『**내가... 죄를 지었나이다.**』(눅 15:18-21)라고 했을 때, 그는 원래 자신의 집으로 돌아가 아버지와 올바른 관계를 맺을 의도를 가졌던 것이다. 다윗이 『**주, 주만을 거역하여 내가 죄를 지었으며 주의 목전에서 이 악한 행실을 행하였으니**』(시 51:4)라고 했을 때, 그는 얼굴을 땅에 대고 엎드려 하나님과의 관계를 회복하고 있었다.

형제들이여, 하나님께서는 한 사람이 "내가 죄를 지었나이다."라고 말할 때 그 말이 의미하는 바가 무엇인지 알고 계신다. 나는 제1차 세계대전 중에 영국군과 독일군 사이의 포격 지역에서 붙잡힌 영국인의 증언을 알고 있다. 그는 포격으로 조각난 주변의 시체들을 보고는 진흙 속에 얼굴을 대고 엎드려 있었다. 그는 생각나는 모든 것을 하나님께 자백했고, 포격 내내 계속해서 그렇게 했으며, 그렇게 하는 것을 멈출 생각이 전혀 없었다고 한다. 자신의 목숨을 부지하기 위해서 하나님과 거래를 하고 싶었던 것이다. "내가 죄를 지었나이다."라는 그의 말은 전혀 의미가 없었다. 주님은 자백이 진실한 때와 그렇지 않은 때를 알고 계시는 것이다.

21절은 죄의 진행 과정을 보여 주는 성경 구절들 중의 하나이다. 이 부분을 다루는 또 다른 구절을 들자면 야고보서 1:15이다. 죄의 첫 단계는 제시(presentation)이다. 『**내가 ...를 보고**』. 그 다음은 조명(illumination)이다. 성령님께서는 시험에 대해 그것이 옳은지 그른지 빛을 비춰 주신다. 아칸은 6:18,19에서 그 조명을 받은 것이다.

여기까지는 괜찮다. 제시나 조명으로 죄가 성립되지는 않는다. 죄는 유혹받은 것을 행할 것이냐 말 것이냐에 대해 마음에서 논의(debate)할 때 성립되는 것이다. 이처럼 그 문제를 마음속에서 논의하는 것은 하나님께서 당신에게 주신 빛에 대한 불신의 요소가 있음을 보여 주는 것이다. 논의란, 만일 당신이 죄를 짓는다면 나쁜 결과가 거의 없거나 아예 없게 저지를 수 있는가를 알아내려고 하는 것이다. 논의할 때 죄가 들어오게 된다. 유혹으로 제시된 일을 마음에서 논의하는 것이 곧 죄인 것이다. 내가 보장하건대, 아칸은 아름다운 바빌론제 옷과 은 자루와 금덩이를 보았을 때, 이렇게 생각했을 것이다. "오 이런, 저렇게 좋은 옷을 불태워야 한다고! 그리고 저 돈을 봐. 저 아래 성막에서는 사람들이 모두들 돈, 돈, 돈, 돈 드는 얘기만 하잖아. 저 아래 성막의 제사장들 대신 내가 저 돈으로 물건을 좀 산다고 해서 뭐가 나쁘겠어!" 이와 비슷한 생각들이 아칸의 머릿속을 스쳐갔을 것이다. 죄는 논의할 때 성립되는 것이다.

아칸은 보았고, 그런 후 욕심이 생겼다. 이것이 야고보서 1:15에서 말한 『**욕심**』이다. 『**그러므로 욕심이 잉태하면 죄를 낳고**』. 아칸의 욕심이 낳은 죄는 도둑질이다. 『**탐내서 그것들을 취하였나이다.**』 그리고 야고보서 1:15이 말씀하신 바와 같이, 아칸의 욕심과 죄는 그 자신을 죽음으로 이끌었다(25절).

21절의 『**금덩이**』에 관한 흥미로운 참조 구절이 있다. 이사야 13:12이다. 『**내가 사람을 정금보다 더 귀하게 하며, 오필의 금덩이보다도 더 귀하게 하리라.**』 이 구절에서는 어떤 사람들이 "금"에 비유된다. 성경에서 금이 맨 처음 나왔을 때, 금은 "사람이 창조된" 장소와 연관되어 있었다(창 2:7-12). 요한계시록의 끝에 가면, 『**순금**』으로 된 도성인 새 예루살렘을 발견하게 된다(계 21:18,21). 그 도성은 『**신부인 어린양의 아내**』라고 불린다(계 21:9,10). 자, 에베소서 5:25-32에서 『**어린양의 아내**』는 교회, 즉 이 시대에 구원받은 성도들로 이루어진 예수 그리스도의 몸이다. 그러나 부활 후 영원에서, 구원받은 성도의 영광스러운 몸이 아마도 살아 있는 금으로 되어 있을 것이라고 말하면, 몇몇 형제들은 이것도 "럭크만의 괴상한 교리"라고 하면서 비난할 것이다. 따라서 그에 대한 논의는 여기서 끝내기로 한다.

7:22 그리하여 여호수아가 사자들을 보내더라. 그들이 그 장막으로 달려 갔더니, 보라, 약탈물이 장막에 감춰져 있고 은이 그 밑에 있더라.
23 그들이 장막 가운데서 그것들을 꺼내어 여호수아와 모든 이스라엘 자손들에게로 가져와서 주 앞에 놓으니라.
24 여호수아가 모든 이스라엘과 더불어 세라의 자손 아칸과 은과 의복

과 금덩이와 그의 아들들과 딸들과 소들과 나귀들과 양들과 장막과
그가 소유한 모든 것을 데리고 아콜 골짜기로 가져왔더라.
25 여호수아가 말하기를 "어찌하여 네가 우리를 괴롭게 하였느냐? 주께
서 오늘 너를 괴롭게 하시리라." 하고, 모든 이스라엘이 그를 돌로
치고 또 그들을 돌로 친 후에 불로 태우니라.
26 그들이 그 위에 큰 돌 무더기를 쌓았더니 오늘까지 있더라. 그리하
여 주께서는 그의 분노의 열화에서 돌이키시니라. 그러므로 그곳의
이름을 오늘까지 아콜 골짜기라 부르니라.

바빌론제 옷과 금덩이는 아칸의 장막 밑 땅에 묻혀 있었고, 은은 옷과 금덩이 밑에 있었다. 여호수아는 그 물건들을 회수하기 위해 몇 사람을 보낸다. 그리고 그들이 그것들을 가져오자 『**주 앞에**』 놓는다. 즉 언약궤나 성막 앞에 놓은 것이다. 그러나 금과 은이 처음 규정대로 주의 창고로 들어가지는 않는다. 그것들은 저주받았기 때문이다. 그래서 금과 은을 옷, 아칸, 아칸의 가족, 아칸의 모든 소유물과 함께 불태워서 돌 무더기 아래 묻어 버린다.

24절은 이스라엘 백성이 요단 강을 건너올 때, 단지 60만 명의 무장한 남자들만 온 것이 아님을 보여 준다. 카나안 땅에서 유업을 받을 아홉 지파와 반 지파의 가족들도 함께 건너온 것이다. 따라서 거의 150만 명에 육박하는 백성이 요단 강을 마른 땅으로 건넌 것이 된다. 그런데 산사태가 일어나서 요단 강을 건넜다고?!(3:13의 주석을 보라.) 말도 안 되는 소리는 집어치우라.

여기에 두 가지 중요한 교훈이 있다. 첫째, 『**돈을 사랑하는 것이 모든**

악의 뿌리』(the love of money is the root of all evil, 딤전 6:10)이다. 이 구절은 모든 변개된 "성서들"에서 "돈을 사랑하는 것이 모든 악의 한 뿌리"(the love of money is a root of all evil)라고 변개되었다. 이유는 헬라어 원문에는 정관사(the)가 없다는 것이다. 이런 변명은 순진한 사람들을 속이는 논리적 오류일 뿐이다. 왜냐하면 모든 번역본은 헬라어 원문이나 히브리어 원문에 없어도 의미 전달을 위해서 정관사를 넣기 때문이다. 고린도전서 2:16을 보면, 『**그러나 우리는 그리스도의 생각을 가졌느니라.**』(But we have the mind of Christ.)고 되어 있는데, 헬라어 원문에는 『**생각**』(mind)이라는 단어 앞에 정관사(the)가 없다. 그러나 모든 번역본은 그 단어 앞에 정관사를 넣었다. 왜인 줄 아는가? 거기에 부정관사를 넣어 "그러나 우리는 그리스도의 한 생각을 가졌느니라."(But we have a mind of Christ.)로 쓰면 말이 안 되기 때문이다. 그러므로 이들은 킹제임스성경이 원어에 없는 정관사를 넣었다고 비난하지만 곧바로 돌아서서 똑같은 일을 하는 위선을 떨고 있는 것이다.

이 시대에는 『**돈을 사랑하는 것이 모든 악의 뿌리**』이다. 이 『**돈을 사랑하는**』 죄는 구약에서 탐심의 죄로 시작되었고, 그 죄는 확실히 『**모든 악의 뿌리**』이다. 마귀도 하나님의 보좌를 탐내는 것으로 타락했다. 그리고 그 탐심은 실제로 그것을 할 수 있다고 생각하는 교만으로 변했다. 탐심은 기본 뿌리가 되는 죄이고, 『**돈을 사랑하는 것**』은 탐심에서 나온다. 바울은 『**탐심은 우상 숭배니라.**』(골 3:5)고 했다. 왜냐하면 탐심은 하나님과 하나님의 말씀이 차지해야 할 자리에 자기가 바라는 다른 것을 놓는 것이기 때문이다. 이것이 바로 아칸이 한 짓이다.

두 번째 중요한 교훈은, 죄가 무죄한 사람들에게 영향을 준다는 것이다. 아칸의 죄 때문에 36명이 죽었을 뿐만 아니라, 아칸은 자신의 아내, 자신의 자녀들, 자신의 가축들도 죽게 했다. 아칸의 죄는 아칸의 죄와 관련이 없는 사람들에게 영향을 주었다. 아칸의 죄는 회중에게 영향을 주었고(13절), 영적 지도자에게 영향을 주었고(7절), 가족에게 영향을 주었다(24절).

그러나 이 구절에서 우리가 배워야 할 가장 중요한 교훈은 죄를 지었다면 그 죄는 반드시 판단하고 자백해야 하며 결코 숨겨져서는 안 된다는 것이다. 이 점에 대해 신약은 『**만일 우리가 우리 자신을 판단한다면 판단받지 않으리라.**』(고전 11:31)고 주석을 달았다. 만일 주님께 판단받기를 원하지 않는다면, 그 일을 스스로 판단해서 처리하는 것이 좋을 것이다.

『**어찌하여 네가 우리를 괴롭게 하였느냐? 주께서 오늘 너를 괴롭게 하시리라**』(25절). 24절의 『**아콜**』이라는 단어의 뜻이 "괴로움"이다. 역대기상 2:7에서 아칸은 『**아칼**』이라 불린다. 『**아칼**』은 "문제를 일으키는 자"라는 뜻이다. 『**칼미의 아들들은 아칼인데, 그는 이스라엘에 문제를 일으켰던 자며**』.

『**모든 이스라엘이 그를 돌로 치고 또 그들을 돌로 친 후에 불로 태우니라**』(25절). 여호수아 7장은 엄격한 말씀을 담고 있다. 이 구절은 절도에 대해 사형이 실행되었음을 보여 준다. 구약은 단순히 살인뿐만 아니라 다른 죄에 대해서도 사형을 규정하고 있다. 간음, 성적 변태, 부모에 대한 불순종과 공손하지 못함, 우상 숭배, 강신술이나 신접하는 죄에 대해서도 사형이 규정되어 있었다. 만일 전체 율법을 오늘날의 미국인들에게 적용한다면, 당신은 시체들을 밟지 않고서는 집에서 직장으로 출근할 수 없을 것이다.

처벌이 이토록 엄격했던 것에는 두 가지 이유가 있다. 첫째는 거룩하신 하나님께서 어떤 존재이신지를 보여 주려는 것이다. 미국인들은 하나님을 산타클로스나 맹목적으로 사랑만 베푸는 할아버지 정도로 생각한다. 하나님께서는 사람들에게 좋은 일만 하시고, 우리가 죄를 지어도 벌하지 않는 분이시며, 혹시 벌하신다 해도 설마 지옥까지는 보내시지 않을 거라고 생각하는 것이다. 그러나 똑똑히 들으라. 하나님께서는 지극히 거룩하신 분이시기 때문에, 나무에서 열매 하나를 훔친 죄에도 사형을 선고하셨다(창 3장). 『**죄의 삯은 사망이요**』(롬 6:23).

둘째, 아칸의 죄가 그 땅을 정복하려는 이스라엘 백성의 동기를 의심스럽게 보이도록 만들 수 있었기 때문에 하나님께서 그의 죄를 매우 엄격하게 심판하신 것이다. 카나안인들은 아칸이 한 행동을 보고 바바리안족이 로마를 약탈한 것이나 바이킹이 잉글랜드를 약탈한 것처럼 이스라엘 백성이 단지 훔치고 약탈하기 위해 카나안 땅에 들어온 약탈자라고 여길 수 있었다. 다시 말해 아칸의 죄 때문에 카나안인들은 카나안 땅 정복이 하나님께서 일으키신 일이 아니며, 이스라엘 백성이 그 땅을 정복하려는 것도 어떤 영적 목적이 있어서가 아니라 약탈하고자 하는 야욕 때문에 벌인 일이라고 여길 수 있었던 것이다.

하나님께서 그분의 백성이 여리코에서 약탈물을 취하도록 허락지 않으신 이유들 중 하나는, 하나님께서 이스라엘 백성을 이집트에서 불러내신 것이 남의 재산이나 훔치게 하려는 의도가 아니었다는 사실을 그곳 카나안 땅의 이방인들에게 보여 주시기 위함이었다. 카나안 땅 정복은 그 땅의 이방인들이 범한 사악한 죄들을 벌주시기 위한 하나님의 심판이었던 것이다(서문을 보라). 여리코는 그 땅의 정복 배후에 있는 영적 동기와 영적 능력 둘 다를 보여 주는 것으로, 하나님께서 아칸의 죄를 엄격하게 심판하신 것은 이스라엘 민족이 여리코를 탐심 때문에 정복하려 한다는 비난을 이방인들이 원천적으로 할 수 없도록 만드는 일이었다.

말하자면 바로 그것이 그리스도인이 사역을 함에 있어서 명심해야 할 부분이다. 당신이 더 많은 대지, 더 많은 건물, 또는 텔레비전 방송국이나 라디오 방송국 등을 가지려고 한다면, 그 동기가 무엇인가? 자신의 동기가 정말로 돈과 무관하다고 확실하게 말할 수 있는가? 왜냐하면 세상은 그런 문제들에 있어서 당신이 돈만을 목적으로 한다고 주저 없이 판단할 것이기 때문이다. 그리스도인의 사역은 누구도 그 동기를 의심할 수 없는 방식으로 수행되어야만 한다.

『**그들이 그 위에 큰 돌 무더기를 쌓았더니 오늘까지 있더라**』(26절). 새까맣게 탄 아칸, 아칸의 가족, 아칸의 가축, 아칸의 물건들의 잔해 위로 돌이 쌓여 무더기가 되었다. 세월이 흘러 여호수아서의 끝부분에 이르러서도, 이 돌 무더기 옆을 지나가는 사람은 누구나 그것을 보고 왜 그것이 거기에 있는지를 기억할 것이며, 하나님의 것을 탐내거나 훔쳐서는 안 된다는 교훈을 기억하게 될 것이다.

아칸 위에 쌓인 돌 무더기는 4장에서 요단 강으로부터 가져온 돌 무더기와 대조를 이룬다(4장의 주석을 보라). 4장의 돌들은 옛 생명에는 죽었고 부활하여 새로운 생명을 누림을 의미하는 것으로서 요단 강에서 가져와 강둑에 쌓은 것이다. 아칸을 죽이고 쌓은 돌들은, 옛 생명이 죽어 강바닥에 묻혔으므로 다시 그것을 일으켜서 이것저것을 탐내며 정욕대로 살아서는 안 된다는 것을 보여 주는 그림이다. 이에 관한 신약성경의 주석은 로마서 8:13이다. 『**너희가 육신을 따라 살면 죽을 것이나 성령을 통하여 몸의 행실을 죽이면 살리라.**』

여호수아 7:26로 돌아가도록 하자. 『**그리하여 주께서는 그의 분노의 열화에서 돌이키시니라. 그러므로 그곳의 이름을 오늘까지 아콜 골짜기라 부르니라.**』 실제로 B.C. 740년까지 그곳은 『**아콜 골짜기**』로 알려졌다. 성경에 나온 지명들 중 일부가 시간의 흐름에 따라 상실되긴 했지만 주님께서 그곳들을 잊으신 것이 아니다. 이 골짜기를 언급하는 성경 구절이 두 구절 더 있다. 두 구절 다 재림 때의 이스라엘의 회복과 관련이 있다.

『**주가 이같이 말하노라. 포도송이에 새 포도주가 보이면 누가 말하기를 "그것을 상하게 말라. 이는 복이 그 안에 있음이라." 하는 것같이 나도 내 종들을 위하여 그들 모두를 상하게 하지 아니하리라. 내가 야곱에게서 씨를 내고, 유다에게서 내 산들의 상속자를 내리니 나의 택한 자가 그것을 유업으로 받고 내 종들이 거기에 거하리라. 샤론이 양떼의 우리가 되겠고 아콜 골짜기는 소떼가 눕는 자리가 되며, 나를 찾는 내 백성을 위한 자리가 되리라**』(사 65:8-10).

『**그러므로 보라, 내가 그녀**[하나님에 의해 본토로 돌아온 이스라엘 백성들]**를 꾀어 광야로 데려가서 그녀에게 위로하여 말하리라. 또 내가 거기에서 그녀에게 그녀의 포도원을 주고 아콜 골짜기로 소망의 문을 삼으리니, 그녀가 거기에서 그녀의 젊은 시절처럼, 또한 그녀가 이집트 땅에서 올라오던 날처럼 노래하리라**』(호 2:14,15). 이 구절에서 『**그녀**』는 하나님께서 버리셨던 이스라엘 민족을 말하는 것인데, 하나님께서 이스라엘 민족을 위로하시고, 아콜 골짜기를 소망의 문으로 삼으시겠다고 말씀하고 있다. 언제 그런 일이 일어나는가? 다음 절을 보라.

『**주가 말하노라. 그 날이 이르리니 너는 나를 이쉬라 부르고, 다시는 나를 바알리라 부르지 아니하리라**』(호 2:16). 여기서 『**그 날**』은 재림을 가리키는 것으로, 참조 구절로는 이사야 2:11,17; 4:2; 10:20,27; 11:10,11을 보라.

그러므로 예수 그리스도께서 재림하시면, 주 하나님께서 "그의 분노의 열화에서 돌이키시려고" 끔찍한 심판을 집행하셨던 바로 그 장소에서 이스라엘은 축복을 받게 될 것이다. 주님은 가장 나쁜 환경을 취하셔서 그것으로부터 좋은 것을 만드실 수 있다. 하나님의 거듭난 자녀들을 위한 영적 적용은 로마서 8:28을 보라.

『**우리가 알거니와 하나님을 사랑하는 자들, 곧 그분의 목적에 따라 부르심을 받은 자들에게는 모든 일이 합력하여 선을 이루느니라.**』

여호수아 8장

8:1 주께서 여호수아에게 말씀하시기를 "너는 두려워 말고 낙심치 말라.
너는 너와 함께 모든 군인들을 데리고 일어나 아이로 올라가라. 보
라, 내가 아이 왕과 그의 백성과 그의 성읍과 그의 땅을 네 손에 주
었노라.
2 너는 여리코와 그곳의 왕에게 했던 것처럼 아이와 그곳의 왕에게도
행할지니라. 그곳의 탈취물과 가축만 전리품으로 너희 것을 삼을지
니라. 너는 성읍 뒤에 복병을 둘지니라." 하시더라.

『**주께서 여호수아에게 말씀하시기를**』(1절). 여호수아는 7장에서 교훈을 얻었다. 3절에 주목하라. 『**그리하여 여호수아**[가]**... 일어나더라.**』 여호수아는 다시 엎드려 기도하며 주님께로부터 전투 계획을 지시받았던 것이다. 이제 여호수아는 하나님의 은혜와 과거의 승리들에 주제넘게 편승

하지 않고 있었다. 이전에 아이에서 그랬던 것과는 달랐다(7:3의 주석을 보라). 이것이 그리스도인에게 주는 교훈은, 한 번 하나님 앞에서 잘못하여 혼이 났으면 다시는 동일한 우를 범하지 말라는 것이다. 뭔가 배운 것이 있다면 다음번엔 더 신중을 기하고 충분히 기도해야 하는 것이다.

『**너는 두려워 말고 낙심치 말라**』(1절). 일단 심판을 받은 죄는 잊어버려야 한다. 여호수아와 이스라엘 백성은 죄에 대한 끔찍한 심판을 받았고 통과했다. 주님께서는 "그럼 이제 잊어버리고 계속 가자!"라고 말씀하시는 것이다.

어떤 사람들은 과거에 얽매여서 인생을 산다. 그들은 5년, 10년, 때론 25년 전에 있었던 과거의 일에 계속 연연해한다. 형제들과 옥신각신 싸우다가 상처를 받고 주저앉아, 그때부터 주님을 위해 아무것도 하지 않는 그리스도인들이 있다. 이럴 때는 과거에 일어났던 일로 낙심하지 말아야 함을 기억하라. 죄를 자백하고 심판했다면 주저앉아 있지 말고 툴툴 털고 일어나 앞으로 나아가라.

사도 바울은 말했다. 『**형제들아, 나는 내가 붙잡은 것으로 여기지 아니하노라. 다만 한 가지 일, 즉 뒤에 있는 것은 잊어버리고 앞에 있는 것들에 손을 뻗쳐 그리스도 예수 안에서 하나님의 고귀한 부르심의 상을 위하여 그 푯대를 향해 좇아갈 뿐이라**』(빌 3:13,14).

2절에서 하나님께서 이스라엘 백성이 아이 성읍의 약탈물을 가지도록 허락하셨음을 주목하라. 여리코는 카나안 땅 정복에 있어서 "첫열매들"이었으며 일종의 "십일조"로 하나님의 것이었다(7:11의 주석을 보라). 그러나 이제부터는 정복한 성읍들의 약탈물을 취할 수 있었다. 아칸이 조금만 기다렸더라면, 그는 자기가 취할 수 있는 모든 것을 가질 수 있었던 것이다.

그리스도인들은 십일조가 신약 성도들에게도 의무냐 아니냐로 항상 고민한다. 나는 이 문제를 말라기 3:8의 주석에서 논의했다. 사실 사람들이 십일조를 거론하며 문제를 삼는 것은 십일조를 하고 싶지 않기 때문이다. 성경은 하나님께 드릴 때 용기가 있어야 함을 말하면서, 단순히 수입의 10%만을 드리는 것보다 더 중요한 원칙을 제시하고 있다. 잠언 3:9을 보라. 『**네 재물과 네 모든 소산물의 첫열매들로 주를 공경하라.**』

당신이 무엇을 얻든지 첫 부분은 하나님의 것이다. 이것으로부터 빠져나가기 위한 핑계들은 많이 있다. "나는 갚아야 할 빚이 있어." "먼저 청구서부터 지불해야 하지 않을까?" 등이다. 그러나 나는 여기서 당신에게 말해 두고자 한다. 만약 당신이 하나님의 축복을 받고자 하고, 또 하나님의 돌보심을 필요로 할 때 그분의 돌보심을 받고자 한다면, 『**네 모든 소산물의 첫열매들**』을 그분께 드리는 것이 좋을 것이다. 나 자신의 경험으로 나는 그렇게 말할 수 있다.

나는 이 교훈을 시행착오를 통해 배웠다. 나는 구원받기 전에, 카톨릭 성당에 십일조를 했었다. 주님을 믿고 구원받은 후에는, 하늘나라에 가려고 애쓰지 않아도 되기 때문에 더 이상 십일조를 하지 않아도 된다고 생각했다. 그 후 그린빌에 있는 밥존스대학에 다니면서, 나는 십일조를 내지 않기 위해 온갖 변명을 생각해 냈다. "등록금을 내야 해." "아기들 우유를 사야 해." "월세를 내야 해." 그러나 상황이 너무 나빠져서 결국 아내와 아이들을 앨라배마 주에 있는 아내의 친정으로 보내야 했다. 먹을 것을 살 돈도 없었기 때문이다.

급기야는 3일 동안 먹을 음식을 구하지 못했다. 결국 이전 세입자가 찬장 뒤에 남기고 간 조금 오래된 팬케이크 가루를 발견하고는 그것을 물에 섞어 날반죽을 만들어 먹었는데, 그걸 먹고서 병이 났다. 그때 주님께서는 그동안 십일조를 하지 않은 것에 대해 찔림을 주셨다.

그때 나는 무슨 일이 있어도 내게 들어온 수입의 첫 십분의 일을 무조건 주님께 드리겠다고 결심했다. 그 당시에 나는 돈을 작은 컵에 넣어놓았는데, 5달러가 생기면 50센트를 그 컵에 넣었다. 내가 그렇게 하자 주님께서 내게 복을 주시기 시작했다. 누군가 내 문 앞에 식료품 두 봉지를 놓고 가기도 했고, 얼마 지나지 않아 아내와 아이들을 다시 데리고 올 수 있었고 모든 것이 순탄하게 돌아갔다. 당신이 경험하고 있는 것을 나도 경험했기 때문에 이처럼 나 자신의 경험을 장황하게 설명한 것이다(마귀는 욥을 시험했던 것처럼 당신의 믿음을 시험하기 위해 헌금하는 일에도 개입할 수 있는 것이다). 이제 내 인생을 돌아보며 당신에게 말해 줄 수 있는 것은, 주님을 첫째 자리에 모시면 그 일의 결말은 언제나 올바로 나온다는 것이다.

8:3 그리하여 여호수아와 모든 군인들이 아이를 치러 올라가려고 일어나더라. 여호수아가 힘센 용사 삼만 명을 뽑아 밤에 그들을 보내며
4 그들에게 명하여 말하기를 "보라, 너희는 성읍 뒤에서 성읍을 향하여 매복하고 성읍에서 너무 멀리 가지 말고 모두가 준비하라.
5 나와 나와 함께한 모든 백성은 성읍에 접근하다가 그들이 처음처럼 우리를 치러 나오면 우리가 그들 앞에서 도망치리라.

6 (이는 그들이 우리를 쫓아 나올 것임이라.) 우리가 그들을 성읍에서
끌어내리니 이는 그들이 말하기를 '그들이 처음과 같이 우리 앞에서
도망친다.' 할 것임이라. 그러므로 우리가 그들 앞에서 도망치리라.
7 그때에 너희는 매복한 곳에서 일어나 그 성읍을 점령하라. 주 너희
하나님께서 그 성읍을 너희 손에 넘겨주시리라.
8 너희가 그 성읍을 빼앗으면 그 성읍에 불을 놓을지니라. 너희는 주
의 명령대로 행할지니라. 보라, 내가 너희에게 명령하였느니라." 하더
라.
9 그러므로 여호수아가 그들을 보내니 그들이 매복할 곳으로 가서 아
이 서편 벧엘과 아이 사이에 머무르더라. 한편 여호수아는 그 밤에
백성 가운데서 유숙하니라.

주님께서는 여호수아에게 아이 성읍 뒤편에 복병을 두라고 명령하신다(2절). 여호수아는 그 성읍에 대해 정면 공격을 실시했다가 후퇴하는 척하여 아이 성읍의 모든 남자를 밖으로 유인한다. 그때 매복조가 성읍을 공격하고 불을 놓아 아이 성읍 군대가 요새로 돌아가는 퇴로를 차단한다. 그러면 여호수아는 후퇴하던 병력을 되돌려 반격한다.

여기서 하나의 문제가 대두되는데, 이스라엘 군대의 주공격 인원수와 매복조의 인원수가 어떻게 되는가이다.

3-5절에는 이렇게 기록되어 있다.

『**그리하여 여호수아와 모든 군인들이 아이를 치러 올라가려고 일어나더라. 여호수아가 힘센 용사 삼만 명을 뽑아 밤에 그들을 보내며 그들에게 명하여 말하기를 "보라, 너희는 성읍 뒤에서 성읍을 향하여 매복하고**

성읍에서 너무 멀리 가지 말고 모두가 준비하라. 나와 나와 함께한 모든 백성은 성읍에 접근하다가 그들이 처음처럼 우리를 치러 나오면 우리가 그들 앞에서 도망치리라.』

그런데 11-13절에는 다음과 같이 기록되어 있다.

『모든 백성, 즉 그와 함께한 군인들도 올라가 접근하여 성읍 앞에 이르러 아이 북편에 진을 치니 그들과 아이 사이에는 한 골짜기가 있더라. 그가 약 오천 명을 택하여 그 성읍의 서편 벧엘과 아이 사이에다 매복시키고 백성을 배치했으니 모든 군대는 성읍의 북쪽에 있고 성읍의 서쪽에는 그들의 매복병들이 있더라. 여호수아가 그 밤에 골짜기 가운데로 들어갔더라.』

그러면 『**매복**』한 병사가 30,000명인가, 아니면 5,000명인가? 또한 그들은 성읍 뒤에 있었던 것인가, 아니면 성읍 서쪽에 있었던 것인가?

이 문제에 대한 해법으로 기본적으로 세 가지 방법이 있다. 첫째는 "선하고, 경건한" 보수주의 성경 개정자들과 근본주의 성경 개정자들이 쓰는 방법인데, 보수주의와 근본주의 배교자들의 아주 전형적인 방법이다.

이들은 본문을 있는 그대로 다루기에는 멍청하기도 하고 다룰 만한 믿음도 없기 때문에, 3절이 "필사상의 오류"라고 말해 버린다. "히브리어 원문"으로 가는 것도 별 소용이 없다. 거기에도 3절에 30,000명이라고 기록되어 있기 때문이다. 소위 "히브리어 원문"은 이 배교자들에게는 아무 의미도 없다. 그들은 자기가 원하는 것을 성경에서 얻기 위해서라면 킹제임스 성경의 본문을 바꾸는 것만큼이나 쉽게 소위 "원문"도 바꾸기 때문이다.

두 번째 방법은 좀 더 본문에 충실한 편이다. 그러나 이 방법도 문제가 전혀 없지는 않다. 이 방법에 의하면, 3절의 30,000명이 아이 성읍을 공격하는 총인원이고, 그 중에서 『**약 오천 명**』이 아이 성읍을 매복 공격하기 위해 갔다는 것이다. 그러므로 나머지 25,000명이 아이 성읍의 남자들을 아이 성읍 밖으로 유인한 주공격 병력이었다. 13절에서 『**그들의 매복병들**』이라고 한 것은 "모든 군대의 매복병"이라는 뜻으로 이러한 설명을 뒷받침한다는 것이다.

그러나 이런 설명에도 어려움이 따르는 것은 4절에서 여호수아가 매복조에게 한 지시를 보면, 『**그들**』과 『**너희**』가 가리키는 말이 3절의 『**힘센 용사 삼만 명**』이라는 것이다. 이들은 5절에서 여호수아와 주병력과는 구별되어 언급된다. 그러나 4,5절을 여호수아가 하나님의 계획에 대해 주병력과 매복조 모두에게 한꺼번에 전투 지시를 한 것으로 간주하면 이 부분도 설명이 가능하다.

세 번째 방법으로, 나는 3절과 12절에서 두 개의 서로 다른 병력이 있었다고 생각한다. 왜 그런가? 17절을 보라.

『**아이나 벧엘에는 이스라엘을 쫓아가지 아니한 자가 한 사람도 남지 않았으며 그들이 성읍을 열어 놓고 이스라엘을 쫓으니라.**』

매복조는 아이와 벧엘 사이에 있었고, 벧엘 사람들은 아이 성읍 사람들과 함께 이스라엘 주병력을 공격했던 것이다. 그 5,000명의 추가 인원은, 이스라엘이 아이 성읍을 공격하기 이전에 벧엘 사람들이 『**매복병들**』을 발견하고 공격할 때를 대비하여 편성한 보충 병력이었을 수 있는 것이다.

또한 여호수아서에서 세부적으로 정확하게 언제 쳤는지는 나오지 않지만 이스라엘 백성은 아이를 칠 때 벧엘도 쳤던 것이다(수 12:16). 벧엘을 아이 성읍과 동시에 쳤다면, 5,000명은 벧엘을 치려고 매복한 병력의 일부이고, 나머지 30,000명은 아이 성읍을 치기 위해 매복한 병력이었을 수 있다.

『**성읍 뒤에**』와 『**성읍 서쪽에**』로 묘사하면서 차이가 나는 것은, 『**뒤**』는 성문을 기준으로 매복조의 위치를 나타낸 것이고, 『**서쪽**』은 벧엘을 기준으로 매복조의 위치를 나타낸 것이다(12절). 만약 여호수아와 주공격군이 볼 때 아이 성읍의 성문이 북쪽으로 나 있었다면, 『**매복병들**』이 그 성읍의 남서쪽에 있었을 것이다. 그렇다면 그들의 위치는 성읍 뒤이기도 하며 서쪽이기도 한 것이다.

3절로 다시 가 보도록 하자. 『**여호수아가 힘센 용사 삼만 명을 뽑아 밤에 그들을 보내며**』. 매복조로 선택된 사람들은 단순한 병사, 즉 그냥 전사가 아니라 엘리트 "특수 부대"였다(말하자면 미군 내의 여러 특수 부대들인 씰즈, 레인저스, 그린베레, 델타 포스 등과 같았다). 그들은 야음을 틈타 그들이 있어야 할 위치로 갔고, 여호수아가 아이 성읍 사람들을 유인해 낼 때까지 매복해 있었다.

그 계획은 여호수아와 주력 부대가 여호수아 7:4에서 했던 것처럼 아이 성읍 사람들 앞에서 후퇴하면 아이 성읍의 사람들이 7:5에서처럼 그들을 추격하리라는 것이었다. 얼마나 굴욕적인가! 아칸의 죄와 자신의 기도 부족 때문에 여호수아는 다시 한 번 적 앞에서 겁쟁이처럼 비굴하게 달아나는 시늉을 해야 했던 것이다. 그것도 여리코에서 위대한 승리를 한 다음에 말이다!

하나님께서 여호수아에게 아이 성읍을 함락할 전투 계획을 주셨을지라도, 이번에는 여리코에서처럼 초자연적인 개입이 없다는 사실이 중요하다. 당신이 그리스도인으로서 인생을 살면 살수록 초자연적 개입은 더 적어진다는 것을 경험하게 될 것이다(5:10-12의 주석을 보라). 그리스도인으로서 성장해 감에 따라, 인생은 단순히 더욱더 하나님을 신뢰하는 것과 하나님께서 성경에서 말씀하신 바를 믿음으로 더 온전히 실행하는 데 의미를 갖게 된다.

형제들이여, 믿음의 삶이란 하나님께서 당신을 위해 기적을 행하시길 기다리며 주저앉아 있는 것이 아니다. 믿음의 삶이란 당신이 성경에서 읽은 대로 실행하는 것이며, 그렇게 행할 때 하나님께서 당신의 필요를 제공해 주신다는 것을 신뢰하는 것이다. 이것이 영국의 성경 교사 로버트 앤더슨 경의 저서 〈하나님의 침묵〉(말씀보존학회)의 주제이다. 모든 그리스도인은 이 책을 구해서 읽어야 한다. 앤더슨 경은, 이 "은혜의 시대"에는 하나님께서 그분의 자녀들로 하여금 하나님께서 주신 기록된 계시에 근거하여 믿음을 통하여 살게 하시려고 새로운 계시와 초자연적인 개입을 거두셨다고 설명했다. 이 시대의 하나님의 자녀들을 위한 원리는 『**믿음으로 아니하는 모든 것이 죄니라.**』(롬 14:23)이다.

믿음은 오직 성경만을 우리의 안내자로 삼고 하루하루를 살아내는 것이다. 나는 이런 삶이 쉽지 않다는 것을 잘 알고 있다. 당신은 자신이 기도하면 하나님께서 당신을 위해 하늘들을 열어 주시기를 바랄 것이다. 당신은 환상을 보고, 천사들이 날아다니고, 소름 돋을 정도의 황홀감을 느끼기를 원할 것이다. 그러나 그것은 믿음의 삶이 아니다. 때때로 예배를 드릴 때 성령님께서 정말 강력하게 임재하실 때도 있지만, 늘 그런 것은 아니다. 믿음의 삶이 이런 것임을 고려할 때, 매일매일의 고된 일상을 견뎌내기 위해 당신에게 줄 수 있는 최상의 조언은 바로 이것이다. 즉 밥 존스 시니어의 말인데, "내일을 위한 최상의 준비는 오늘 해야 할 일을 하는 것이다."라는 것이다. 만약 당신이 하나님께 불순종하고 있다면, 매일의 필요들에 대한 기적적이고 갑작스런 공급은 있을 수 없다. 당신이 게을러서 일하고 있지 않다면, 하나님께서 기적적인 방식으로 당신의 냉장고에 음식을 채워 주시거나 당신의 생활비가 생기게 하시지 않을 것이다.

『**(이는 그들이 우리를 좇아 나올 것임이라.) 우리가 그들을 성읍에서 끌어내리니 이는 그들이 말하기를 '그들이 처음과 같이 우리 앞에서 도망친다.' 할 것임이라**』(6절). 이번에는 아이 성읍 사람들이 교만하고 거만하고 과신하게 된다. 그들은 이번에도 이스라엘 군대를 완패시킬 거라고 생각했다. 그들의 지난번 승리가 하나님께서 그분의 백성을 죄로 징계하신 것임을 알지 못한 것이다. 그들은 자기들이 더 강한 전투력을 가지고 있다고 생각했다. 여호수아의 "미끼"에 완전히 걸려든 것이다.

『**그때에 너희는 매복한 곳에서 일어나 그 성읍을 점령하라. 주 너희 하나님께서 그 성읍을 너희 손에 넘겨주시리라**』(7절). 여기서 믿음과 행위라는 두 요소에 주목하라. 믿음은 하나님께서 그들에게 그 성읍을 넘겨주셨다는 것을 믿는 것이다. 그들은 그 전투의 결과에 대해서 하나님의 말씀을 믿어야 했다. 그러나 그것을 믿음과 동시에, 그들은 일반적인 군사 전략도 시행해야 했다. 아이 성읍을 얻기 위해서는 이 두 가지가 모두 필요했다.

이 구절에서 배울 수 있는 또 하나의 교훈은, 가끔은 다시 만회하기 위해 작전상 땅을 양보해야 할 때도 있다는 것이다. 당신이 자신을 보호하거나 자신의 이익을 위해 유혹에 항복하거나 마귀에게 항복하지 않는 한 그것은 타협이 아니다. 당신은 잠시 양보함으로써 거점을 확보하거나 다시 공격할 수도 있으며, 이것은 적절한 군사 전략이다. 합기도라는 무술의 원리도 이와 같다.

구령할 때도 잠시 뒤로 물러나는 것은 좋은 전략이다. 구원받지 못한 죄인이 당신에게 이렇게 쏘아붙일 때가 있다. "그러면 당신은 자신이 하늘나라에 갈 수 있을 정도로 선하다고 생각하세요?" 그러면 이렇게 응수하라. "아닙니다. 사실 저는 선하지 않습니다. 예수 그리스도께서 없으셨다면, 저는 죽어서 지옥에 갈 수밖에 없을 겁니다." 그렇게 말하면서 그 말을 듣는 죄인도 선하지 않고 지옥에 갈 수밖에 없음을 다시 지적하는 것이다. 또 만일 어떤 사람이 핑계를 대면서 "저는 그리스도인으로 착하게 살 수 없어요."라고 한다면, 당신은 그 말에 맞춰서 한발자국 뒤로 물러나 줬다가 다시 돌아와야 한다. "맞아요. 그렇게 살 수 없죠. 죄인들은 누구도 그렇게 살 수 없어요. 그래서 예수 그리스도께서 당신을 위해 완벽한 삶을 사신 거예요!" 즉 죄인이 한 말로 다시 그에게 복음의 진리를 증거할 기회를 얻을 수 있는, 딱 그 정도까지만 후퇴해야 한다.

『**너희는 주의 명령대로 행할지니라**』(8절). 여호수아 7:3,4에서 행한 바와 달리, 이스라엘 백성은 사람들의 조언이 아닌 『**주의 명령대로**』 작전을 수행하고 있다. 그러므로 이번에는 공격이 효과를 발휘할 것이다. 그리스도인에게 적용하자면, 그리스도인은 성경이 말씀하시는 대로 실행해야 한다는 것이다. 그리스도인은 릭 워렌, 로버트 슐러, 조엘 오스틴, 롭 벨, 브라이언 맥래런, 덕 패짓, 리버티대학, 하일스앤더슨대학, 펜사콜라 기독대학, 크라운대학, 테네시템플대학, 밥존스대학, 무디성경신학원, 〈주의 칼〉, 〈크리스채니티 투데이〉, 트리니티 방송국(TBN), 교단 본부가 주는 조언에 따라 실행하면 안 된다. 그들이 성경을 따를 때는 괜찮다. 그러나 그들이 성경을 따르지 않을 때는 모두 쓰레기통에 던져 버리라.

8:10 여호수아가 아침에 일찍 일어나서 백성들을 점호하고 그와 이스라엘의 장로들이 백성에 앞서 아이로 올라가니

11 모든 백성, 즉 그와 함께한 군인들도 올라가 접근하여 성읍 앞에 이르러 아이 북편에 진을 치니 그들과 아이 사이에는 한 골짜기가 있더라.

12 그가 약 오천 명을 택하여 그 성읍의 서편 벧엘과 아이 사이에다 매복시키고

13 백성을 배치했으니 모든 군대는 성읍의 북쪽에 있고 성읍의 서쪽에는 그들의 매복병들이 있더라. 여호수아가 그 밤에 골짜기 가운데로 들어갔더라.

14 아이 왕이 그것을 보자 그들이 서둘러 일찍 일어나서 성읍 사람들, 즉 그와 그의 모든 백성이 이스라엘 백성을 대항하여 싸우러 정해진 시간에 평원 앞으로 나갔으나 그는 성읍 뒤에 그를 대적하여 매복한 복병들이 있는 줄은 알지 못하였더라.

15 여호수아와 온 이스라엘이 마치 그들 앞에서 타격을 받은 척하고 광야 길로 도망을 치니

16 그들을 좇아가려고 아이에 있는 모든 백성이 함께 소집되더라. 그들이 여호수아를 추격하니 성읍에서 멀어지더라.

17 아이나 벧엘에는 이스라엘을 좇아가지 아니한 자가 한 사람도 남지

않았으며 그들이 성읍을 열어 놓고 이스라엘을 쫓으니라.
18 주께서 여호수아에게 말씀하시기를 "네 손에 있는 창을 아이를 향하
여 뻗치라. 내가 아이를 네 손에 주리라." 하시니, 여호수아가 자기
손에 갖고 있던 창을 그 성읍을 향하여 뻗치더라.
19 여호수아가 팔을 뻗치자 매복병들이 그들의 자리에서 급히 일어나서
성읍으로 달려 들어가 그것을 함락시키고 서둘러 그 성읍에다 불을
놓았더라.
20 아이 사람들이 그들 뒤를 돌아보자, 보라, 성읍의 연기가 공중으로
올라가는 것을 보니 이 길로나 저 길로나 도망갈 힘이 없어졌더라.
그때 광야에서 도망간 백성이 추격한 자들에게로 돌아섰더라.
21 여호수아와 온 이스라엘이, 매복병들이 성읍을 차지하고 성읍의 연
기가 올라가는 것을 보고 다시 돌이켜 아이 사람들을 죽이니라.
22 그 나머지가 성읍에서 나와 그들을 치니 그들이 이스라엘 중간에 들
어 있어 얼마는 이편에 얼마는 저편에 있더라. 이스라엘이 그들을
쳐서 그들 중 그 누구도 남아 있지도 도망하지도 못하게 하더라.
23 그들이 아이 왕을 사로잡아 여호수아에게 데려왔더라.
24 이스라엘이 광야의 들에서 자기들을 쫓던 아이의 모든 거민을 죽이
기를 마치고 또 그들이 칼날에 쓰러져 진멸되었을 때 모든 이스라엘
은 아이로 돌아와서 그 성읍을 칼날로 치더라.
25 그 날에 쓰러진 남자와 여자가 모두 일만 이천 명이었으니 아이 사
람 전부였더라.
26 여호수아는 아이의 거민을 완전히 멸하기까지 창을 폈던 그의 손을
거두지 아니하였더라.

27 이스라엘은 주께서 여호수아에게 명령하신 주의 말씀대로 그 성읍의
가축과 탈취물만을 그들을 위한 전리품으로 취하였더라.
28 여호수아가 아이를 불태우고 그것으로 영원한 무더기를 만들었으니
그 황폐함이 오늘에 이르니라.
29 그가 아이 왕을 저녁 때까지 나무에 매달았다가 해가 지자 여호수아
가 그들에게 명하여 그의 시체를 나무에서 내려서 성문 입구에 버리
고 그 위에 큰 돌무더기를 쌓도록 하니 오늘까지 남아 있더라.

3절에서 여호수아는 『**밤에**』 『**매복**』하도록 첫 30,000명을 보냈다(참조 9절). 매복조가 매복하고 있는 동안, 『**여호수아는 그 밤에 백성 가운데서 유숙**』했다(9절). 10절에서는 『**여호수아가 아침에 일찍 일어나서 백성들을 점호하고**』 나서, 첫 30,000명에 더하여 『**매복**』할 5,000명을 더 보내고 (12절), 성읍 북쪽에 주력 부대를 배치했다(11절). 여호수아가 이 일들을 『**아침에 일찍**』 행한 후에, 13절에서는 『**여호수아가 그 밤에 골짜기 가운데로 들어갔더라.**』고 되어 있다. 골짜기는 주력 부대와 아이 성읍 사이에 있는 골짜기이다.

현대인들은 성벽이 있는 요새를 공격하는 데 쓰는 군사 전략에 익숙지 않기 때문에 이 부분이 쉽게 이해되지 않을 것이다. 이럴 때의 공격은 흔히 아침에 해 뜨기 전에 시작된다. 왜냐하면 그때가 가장 어두운 때이기 때문이다. 산타 안나가 알라모를 공격한 것도 아침 5:30경이었다. 10절의 『**아침에 일찍**』(early in the morning)은 구약의 새벽 경점(morning watch)을 말하며, 오전 2시에서 오전 6시 사이이다(판 7:19, cf. 눅 12:38). 대부분의 "새벽 경점"은 사실 밤인 것이다.

『여호수아가... 그와 이스라엘의 장로들이 백성에 앞서 아이로 올라가니』(10절). 이들은 "총사령관"과 공격을 지휘할 "참모들"이다. 그들은 후방에서 작전을 지휘하지 않고, 최전선에서 지휘하고 있다.

그리스도인이 싸우는 영적 전쟁에서도 "우리의 구원의 대장"(히 2:10)께서는 전장에 직접 들어오셔서 전쟁을 지휘하신다. 가끔은 주님께서 우리를 이끄시며 함께 싸우시지 않는 것처럼 보일 때도 있다. 그러나 주님은 그저 하나님의 오른편에 앉아 당신에게 이렇게 하라 저렇게 하라고 지시하는 분이 아니시다. 주님께서는 성령님을 통하여 당신의 몸 안에 계신다(골 1:27, cf. 고전 6:19). 그분께서는 **『나를 따라오라.』**고 말씀하신다(눅 5:27의 주석을 보라). 이 말씀은 주님께서 우리 앞서 가시며 우리를 이끄신다는 뜻인 것이다.

만약 당신이 지역 교회의 목사나 영적 지도자라면(벧전 5:1의 **『장로』**), 그 직위가 당신의 자세이기도 해야 한다. 바울은 고린도 교회의 그리스도인들에게 **『내가 그리스도를 따르는 것처럼, 너희는 나를 따르는 자가 되라.』**(고전 11:1)고 했다. 당신은 하나님께서 맡기신 회중에게 무엇을 해야 한다고 "말하지만" 말고, 어떻게 해야 하는지 "본"으로 "보여 주어야" 한다. 바울은 젊은 설교자에게 **『너는 말과 행실과 사랑과 영과 믿음과 순결에 있어서 믿는 자들의 본이 되라.』**(딤전 4:12)고 했다. 베드로도 장로들에게 편지를 보내어 **『하나님께서 맡겨 주신 자들을 지배하려 하지 말고 오직 양무리의 본이 되라.』**(벧전 5:3)고 했다.

『그들과 아이 사이에는 한 골짜기가 있더라... 여호수아가 그 밤에 골짜기 가운데로 들어갔더라』(11,13절). 이 설명은 사무엘상 17장의 장면을 연상시킨다. 거기서 이스라엘 백성은 필리스티아인들과 대결 중이었고, 그 사이에 골짜기가 있었다(삼상 17:2,3). 이런 상황에서는 공격하는 쪽의 "챔피언"이 방어하는 쪽에 도전하여 전투를 벌이려고 골짜기 안으로 들어간다. 그 의미는 "내가 여기 왔다. 겁쟁이가 아니라면 내려와서 나와 한번 붙어 보자!"이다. 여호수아는 아이 성읍의 왕을 자극하여, 이스라엘을 공격하도록 "부추기고" 있는 것이다. 이 계략은 효과가 있었다(14절).

여기에 신약 성도를 위한 몇 가지 놀라운 영적 적용이 있다. 주님께서는 당신이 그리스도인으로서 당신의 대적을 정복하는 삶을 살기를 바라신다. 그런데 당신의 대적과 당신 사이에 "골짜기"가 있을 수 있다. 이 골짜기는 당신이 승리를 쟁취했다고 생각할 수 없는 낮은 영적 상태를 말한다. 사람들은 "산꼭대기"에 올라가 있는 경험을 좋아하지, "골짜기" 아래로 내려가 있는 경험은 좋아하지 않는다. 그러나 우리의 구주께서도 지상 생활에서 그런 낮은 지점들을 거치셔야 했다. 당신은 겟세마네 동산이 주님께 그런 "골짜기"였음을 모르는가?(마 26:37,38을 보라.) 그리스도인으로서, 당신은 인생의 슬픔과 역경에서 면제되지 않는 것이다(요 16:33, 행 14:22, 살전 3:4).

당신이 인생의 골짜기들과 어두운 시기들을 통과할 때 기억해야 할 것은, 주 예수 그리스도께서 그곳에 함께 계시면서 당신이 그곳을 통과하도록 이끄신다는 사실이다. 주님은 『**골짜기들의 백합화**』(솔 2:1)라고 불리신다. 복수형으로 『**골짜기들**』이다. 주님은 모든 골짜기들에서 백합화이시지 골짜기 하나를 지날 때만 백합화가 되시는 것이 아니다. 성경은 주님께서 『**밤에 노래를 주시는 분**』이라고 말씀한다(욥 35:10). 이것이 바울과 실라가 매 맞고 감옥에 갇혔을 때 하나님께 찬송을 부를 수 있었던 이유이다(행 16:23-25). 인생의 "골짜기들"과 "밤"을 지날 때에도 주 예수 그리스도를 통하여 승리를 얻을 수 있는 것이다.

여호수아 8장으로 돌아가도록 하자. 『**여호수아와 온 이스라엘이 마치 그들 앞에서 타격을 받은 척하고 광야 길로 도망을 치니 그들을 쫓아가려고 아이에 있는 모든 백성이 함께 소집되더라. 그들이 여호수아를 추격하니 성읍에서 멀어지더라**』(15,16절). 계략이 성공했다. 아이 성읍은 지키는 사람이 없이 비어 있어서 완전히 무력한 상태가 되었다(17절). 아이 성읍 사람들은 이스라엘을 이길 수 있다고 과신하여 "성문을 열어 둔 채 나간" 것이다(17절).

사도 바울은 『**내가.. 교활한 자가 되어 너희를 간계로 붙들었다**』는 표현을 쓴 적이 있다(고후 12:16). 여기서 『**간계**』는 "속임수"를 말한다. 물론 바울은 늘 그렇듯이 "영적으로" 말하며 "빈정대고" 있는 것이다. 그러나 가끔은 당신도 구원받지 못한 사람이 그의 잃어버린 상태와 그리스도에 대한 필요성을 깨달을 수 있도록 "속임수"처럼 보이는 것을 사용해야 한다(7절의 주석을 보라).

한번은 이곳 펜사콜라에서 가가호호 방문하며 복음을 전파하는데, 한 여자가 문으로 나왔다. 나는 나를 소개한 뒤, "이 동네에 그리스도인이 있는지 알아보려고 왔습니다."라고 말했다. 그 여자는 "저는 카톨릭이에요."라고 말했다. 카톨릭교도들은 이런 식으로 말하여 복음 전파를 거절하도록 교육을 받는다. 나는 거기서 멈추지 않고 곧바로 이어서 말했다. "아시다시피 두 종류의 카톨릭이 있습니다. 구원받은 카톨릭교도와 구원받지 않은 카톨릭교도가 있는데, 어느 쪽이세요?"

그렇다. 굳이 개인 구령을 할 때 교황이 적그리스도라고 말하면서 필요 이상으로 혹독하게 말하지 않아도 되는 것이다. 기억해야 할 것은, 당신은 죄인들이 복음을 듣게 하기 위해서 나갔다는 것이며, 따라서 자연스러운 대화의 "흐름을 타면서" 기회를 엿보면 되는 것이다.

내 질문에 그 여자는 침묵을 깨고 웃으면서 말했다. "아, 그게, 나쁜 쪽인 것 같네요." 나는 그녀에게 "몇 분만 시간을 내 주면, 구원받은 사람이 되는 법을 알려 드리겠습니다."라고 말했다.

그녀는 나와 동료 구령자를 집 안으로 들어오라고 했다. 나는 성경이 있는지 물었다. 그녀는 킹제임스성경을 가져왔다. 나는 그녀의 성경을 가지고 앉아서 30분도 되지 않아 그녀를 주님께로 이끌었다. 나는 일종의 무해한 "간계"를 사용하여 그 여자를 주님께 이겨온 것이다.

나는 어느 날 밤 구령을 하러 시내 거리에 나가 전도지를 나눠 주고 있었다. 한 술 취한 군인이 지나가기에 전도지를 주었더니 흘낏 보고는 "음, 뭘 팔려고 그러시오?"라고 물었다.

나는 "행복을 파는데, 좀 사시겠소?"라고 대답해 주었다.

그 대답이 그를 뒷걸음치게 했다. 그는 다시 전도지를 보더니 "카톨릭이시오?"라고 물었다.

나는 "그렇소."라고 답했다. 만약 내가 그 친구에게 침례교 설교자라고 말했다면, 그는 라디오 꺼버리듯이 무시하고 지나갔을 것이다. 나는 그가 쓴 "카톨릭"이라는 용어를 사용하여 접점을 찾은 것이다. 원래 "카톨릭"(Catholic)이라는 단어는 "보편적인"(universal)이라는 뜻이다. 나는 확실히 진정한 "보편적인 교회," 곧 예수 그리스도의 몸의 일원이기 때문이다. 그래서 나는 "그렇소. 나는 카톨릭이오. 오늘밤 당신의 이런 모습은

'카톨릭 교회'에 대한 수치라고 생각하오."라고 말했다.

이 말에 그는 더 진지해졌다. 그래서 나는 그에게 흔히 "로마서의 길"이라고 부르는 로마서의 구절들을 보여 주며 복음을 전했다. 그러자 잠시 후 그는 또다시 "아저씨, 정말 카톨릭 맞아요?"라고 물었다.

나는 "물론이오."라고 대답하고는 몇 가지 성경 구절을 더 제시했다.

내가 그에게 제시한 많은 구절들이 신부들이 사용하는 구절이 아니었기 때문에, 그는 의아해하면서 "그런데 아저씨, 도대체 무슨 분파의 카톨릭이오?"라고 물었다.

나는 "사도적인 카톨릭이오!"라고 말했다. 응수하기 위해서 한 말이지만 확실히 맞는 말이다. 왜냐하면 나는 참된 "보편적인 교회"가 지상에서 믿어야 할 교리와 따라야 할 실행을 정립시킨 사도들의 그 가르침을 따르고 있기 때문이다.

마침내 그는 그의 "빠져나갈 구멍"을 찾은 것이다. 그는 나에게 그 전도지를 돌려주며 "아, 어쩐지, 나는 로마카톨릭이오!"라고 말했다.

그러나 나는 거기서 멈추지 않고, 그에게 더 바짝 다가가서 이렇게 말했다. "그래요? 나는 당신의 종교에 대해 많이는 모르지만..." 고백컨대, 그것은 분명 거짓말이었다. 나는 그가 알고 있는 것보다 훨씬 더 많이 그의 종교에 대해 알고 있었다. 그러나 내가 지식을 뽐내거나 그와의 논쟁에서 이기려고 대화를 시작한 것이 아니었다. "나는 당신의 종교에 대해 많이는 모르지만, 세 가지 질문을 할 테니 즉시 대답해 줄 수 있겠소?"

"좋아요." 그가 대답했다.

"첫 번째 질문이오. 진실을 말해야 하오. 당신은 당신의 종교로 행복하시오?"

그는 머리를 흔들며 “아니오.”라고 답했다.

나는 두 번째 질문을 했다. “그러면 당신은 자신의 죄들이 용서받았다는 확신이 있고, 그걸 성경으로 보증받았소?”

그 질문에도 그는 “아니오.”라고 답했다.

나는 세 번째 질문을 했다. “그러면 당신은 지금 죽으면 지옥에 안 갈 확신이 있소?”

그는 “아니오.”라고 답했다.

나는 그의 어깨에 팔을 두르고, 다시 전도지를 손에 쥐어 주며 말했다. “이보게 친구, 내가 당신의 종교에 대해 많이 알지 못하지만, 그 세 가지 질문에 ‘예’라고 대답할 수 없는 종교라면, 그런 종교는 가져서 도대체 어디에 써먹겠소!” 그리고 등을 살짝 두드려주고 보냈다.

나는 그 “물고기”를 “낚아 올리지”는 못했지만 그에게 제대로 “낚싯바늘”을 걸어놓은 것이다. 나는 그가 부대로 돌아가는 버스를 타려고 걸어가는 것을 보았다. 그는 가면서 그 전도지를 펼쳐서 읽고 있었다. 이번에도 나는 일종의 무해한 “간계”를 사용해서 낚시 바늘을 제대로 걸었던 것이다.

『**네 손에 있는 창을 아이를 향하여 뻗치라. 내가 아이를 네 손에 주리라**』(18절). 창을 드는 것은 승리를 보여 주는 상징적 그림이다. 그러나 또 다른 것을 의미하기도 한다. 여호수아가 창을 든 손을 뻗친 것은 매복조에게 아이 성읍을 공격하라는 신호였다(19절).

깨닫지 못하고 지나치는 사람이 많지만, 여호수아가 그 창을 뻗치고 있는 것은 대단히 막중한 일이었다. 26절을 보라.

『**여호수아는 아이의 거민을 완전히 멸하기까지 창을 폈던 그의 손을 거두지 아니하였더라**』(26절).

여호수아는 전투가 벌어지는 내내 그 창을 뻗고 있었다. 아무리 적게 잡아도 6시간은 넘을 것이다. 대단한 일이 아니라고 생각한다면, 한번 시도해 보라. 모세는 혼자서 손을 들고 있을 수 없어서 도움을 받은 바 있다. 출애굽기 17장에서 아말렉이 이스라엘을 공격할 때, 모세가 그의 막대기를 들고 있을 때마다 전투의 흐름이 이스라엘 쪽에 유리하게 되었다. 그러나 모세가 전투 중 내내 막대기를 들어 올리고 있을 수 없어서 팔을 내리면, 전투가 아말렉에게 유리하게 되었다(출 17:9-11). 결국 이스라엘이 아말렉을 패배시킬 때까지 모세가 돌 위에 앉고 아론과 훌이 그의 손을 붙들고 있었다(출 17:12,13).

당신이 빨랫줄에 빨래를 널어 본 적이 있다면, 내 말을 이해할 것이다. 빨래를 너는 내내 손을 뻗치고 있으면 별거 아닌 거 같아도 팔이 아픈 것이다. 그래서 미국에서는 대부분의 여자들이 빨래를 널고 말리는 수고를 덜려고 건조기를 사용해서 빨래를 말린다.

미 육군에서 복무할 때, 나는 훈련병들에게 총검술을 훈련시키면서 소총의 개머리판을 오른쪽 아래팔뚝에 놓고, 왼손으로는 총검의 끝을 들어 올리게 했다. 총검이 허공 위로 향하게 한 것이다. 교관들이 그런 자세를 유지하도록 시키는 이유는 훈련병들에게 힘과 인내심을 길러 주려는 것이었다. 훈련병이 얼마나 강한지, 또 얼마나 무거운 역기를 들어 올릴 수 있는지는 전혀 중요하지 않았다. 그런 자세로 10분 정도만 있어도 훈련병들의 총검 끝이 내려오기 시작했던 것이다.

따라서 여호수아도 그 창을 들고 있기 위해 모세처럼 도움을 받았거나, 그것을 들고 있을 수 있도록 주님께서 초자연적인 힘을 주셨을 것이다. 아무리 강한 인간이라도 창을 6시간 동안 들고 있을 수는 없다.

18절과 26절에서 그리스도인이 배워야 할 교훈은 명백하다. 즉 그리스도인은 끈기가 있어야 한다는 것이다. 원래는 사전에 없었는데 얼마 전에 등재된 영어 단어가 있다. 바로 "스틱투이티브니스"(sticktoitiveness)라는 단어이다(한글로 번역하자면 "끈질긴 근성" 정도가 될 것이다 - 역자 주). 당신은 하나님께서 당신에게 주신 과업이 끝날 때까지 지독스러울 정도로 "끈질기게 붙어 있어야" 하는 것이다. 출애굽기 17장에서 모세가 보여 주는 그림은 "기도"이다. 당신은 기도 제목이 있는가? 주님께로부터 그 문제에 대한 확정적인 응답을 받을 때까지 포기하지 말라. 바울은 말했다. 『**쉬지 말고 기도하라**』(살전 5:17). 이것은 1년 365일 하루 24시간 계속 기도하라는 뜻이 아니다. 당신의 기도가 응답받을 때까지 기도하기를 멈추지 말라는 의미인 것이다.

당신의 생활에서 제거해야 할 죄나 나쁜 습관이 있는가? 승리를 얻을 때까지 싸움을 멈추지 말라. 누군가는 "그런데, 럭크만 형제님. 노력하고 또 노력했지만 전혀 나아질 것 같지 않아요."라고 말할지도 모른다. 그러나 확실한 것은, 만일 당신이 포기한다면 결코 승리를 얻을 수 없다는 것이다. 반대로 절대로 포기하지 않는다면 승리를 쟁취할 수 있게 된다.

잠언 24:16은 『**의로운 사람은 일곱 번 넘어져도 다시 일어나나, 악인은 재앙으로 인하여 넘어지리로다.**』라고 말씀한다. 올바르게 행하려고 노력하고 있는 사람은 죄나 유혹으로 타격을 받아서 넘어지더라도, 계속 주저앉아 있지 않는다. 그는 일어나서 회개하고 그 보혈 아래로 갈 것이다

(요엘 1:7-9). 그리고 다시 나가서 싸울 것이다.

『팔을 뻗치자 매복병들이 그들의 자리에서 급히 일어나서 성읍으로 달려 들어가 그것을 함락시키고 서둘러 그 성읍에다 불을 놓았더라』(19절). 20절에 **『성읍의 연기가 공중으로 올라』**갔다고 되어 있다. 이것은 소돔과 고모라에서 일어났던 일이었으며(창 19:28), 대환란 때에 큰 바빌론도 똑같이 될 것이다(계 18:9,18; 19:3). 또한 이것은 천년왕국 때 에돔에서 일어날 일이며(사 34:6-17), 지옥에 간 구원받지 못한 자들도 동일한 일을 겪게 될 것이다(계 14:11).

당신이 여호수아 8:19,20에서 읽은 것은 지상의 "모든" 도시의 숙명이다. 거기에는 뉴욕, 시카고, 로스앤젤레스, 잭슨빌, 펜사콜라, 모빌, 애틀랜타, 마이애미, 워싱턴 D.C., 베이징, 마드리드, 리스본, 모스크바, 런던, 베를린, 파리, 로마, 마닐라, 메카, 메디나, 하이데라바드, 요하네스부르크가 포함된다. 그들 전체가 그렇게 될 것이다.

『그러나 주의 날이 밤에 도둑같이 오리니 그 날에는 하늘들이 굉장한 소리를 내며 사라지고 우주의 구성 요소들이 맹렬한 불로 녹아내리며 땅과 그 안에 있는 일들이 타버릴 것이라』(벧후 3:10).

흑인들이 부르는 노래가 있다. "오 나의 사랑하는 형제여, 세상이 불타버릴 때 그대는 하나님의 품에 안전하게 안겨 있기를 바라지 않는가?" 나는 바란다. 모든 것을 불태우고 날려 버리시고 영원한 왕국이 임할 때, 나는 우주의 소각을 의미하는 "버튼을 누르시는" 그분과 하나 되어 그분 안에 있을 것이다. 나는 영원히 불타야 할 죄인들 중의 하나가 되지 않을 것이다.

『**아이 사람들이 그들 뒤를 돌아보자, 보라, 성읍의 연기가 공중으로 올라가는 것을 보니 이 길로나 저 길로나 도망갈 힘이 없어졌더라**』(20절). 구원받지 못한 사람에 대한 표현이다. 욥기 11:20에서는 『**그러나 악인의 눈은 보지 못하여 도망하지 못하리니 그들의 소망은 숨을 거두는 것과 같으리라.**』고 말씀한다. 예수 그리스도께서 이 땅을 심판하시기 위해 돌아오실 때, 사람들은 그분에게서 벗어나기 위해 동굴 속이나 산 밑에 숨으려고 애쓸 것이다. 그러나 아무런 소용이 없을 것이다(계 6:15-17).

큰 백보좌 심판 역시 죄인들에게는 "도망 갈 곳도 없고, 숨을 곳도 없는" 극단적인 상황이 될 것이다. 성경은 『**땅과 하늘**』이 보좌에 앉으신 분 앞에서 사라졌다고 말씀한다(계 20:11). 그러므로 구원받지 못한 사람들은 숨거나 도망치지 못하고 보좌 앞에 끌려나오게 될 것이다. 구원받지 못한 사람들은 자기 의로 된 더러운 누더기를 걸치고 주님 앞에 서게 된다(사 64:6). 그가 아래를 내려다보면, 땅이나 자기를 받쳐 줄 것이 없음을 알게 될 것이다. 그는 100만 광년 아래에 있는 불못을 내려다볼지도 모른다. 난생 처음 그는 자신을 포함한 우주의 모든 구성 요소들을 붙들고 계시는 분이 하나님이라는 사실을 깨닫게 될 것이다(골 1:16,17). 그는 보좌에 앉으신 분을 올려다보려 할 것이다. 그분은 죄인인 그를 사랑하셔서 그를 위해 죽으신 바로 그분이시다(요 5:22, 행 17:31). 그러나 그는 즉시 고개를 숙인다. 왜냐하면 『**어떤 사람도 접근할 수 없는 빛**』을 똑바로 쳐다볼 수 없기 때문이다(딤전 6:16). 그리고 그는 끔찍한 판결을 들을 것이다. 『**너희 저주받은 자들아, 내게서 떠나 마귀와 그의 천사들을 위하여 준비한 영원한 불 속으로 들어가라**』(마 25:41). 그러면 그는 아래로 떨어지게 된다. 정말 어떻게 해 볼 방법이 없을 것이다. 피할 길이 없을 것이다. 『**이 길로나 저 길로나 도망갈 힘**』조차 없을 것이다.

매복조가 그 성읍에 불을 놓은 것은, 이제 여호수아와 주력 부대가 돌아서서 벧엘과 아이 성읍 사람들을 반격하라는 신호이다(21절). 물론 아이 성읍의 군대는 매복병들이 그 성읍에서 나와 그들의 후미를 공격하기 때문에 후퇴할 수가 없다(22절). 아이 성읍 사람들은 완전히 포위되어 패배 속에서 처참하게 쓰러져 간다.

『**그 나머지가 성읍에서 나와 그들을 치니 그들이 이스라엘 중간에 들어 있어 얼마는 이편에 얼마는 저편에 있더라. 이스라엘이 그들을 쳐서 그들 중 그 누구도 남아 있지도 도망하지도 못하게 하더라... 이스라엘이 광야의 들에서 자기들을 쫓던 아이의 모든 거민을 죽이기를 마치고 또 그들이 칼날에 쓰러져 진멸되었을 때 모든 이스라엘은 아이로 돌아와서 그 성읍을 칼날로 치더라. 그 날에 쓰러진 남자와 여자가 모두 일만 이천 명이었으니 아이 사람 전부였더라**』(22,24,25절). 여호수아는 사무엘상 15장에서 사울이 이행하지 않은 것을 이행한다. 사울은 왕부터 신생아까지 모든 아말렉인과 모든 가축을 죽이라는 명령을 받았다(삼상 15:3). 그러나 사울은 전리품으로서 왕을 살려 주었고(cf. 판 1:7), 백성들은 가장 좋은 가축들을 모두 살려 두었다(삼상 15:9). 본문 23절에서 이스라엘 백성은 아이 왕을 산 채로 잡아왔다. 그러나 여호수아가 그를 살려 준 것은 아이 성읍에 대한 승리의 전리품으로 죽이지 않은 것이 아니었다. 여호수아는 하나님과 그분의 군대에 저항한 사람에게 어떤 일이 일어나는지를 보여줄 본보기로서 그 왕을 나무에 목매달았다(cf. 신 21:22).

서문에서 논의한 대로, 무신론자들과 자유주의자들에게 "충격을 주는 것"

은 바로 이러한 구절들이다. 그들이 깨닫지 못하거나 알려고 하지 않는 것은, 하나님께서 구약에서 명령하신 학살은 단순한 학살이 아니라 죄에 대한 징벌이라는 점이다. 『**아모리인들의 죄악**』은 마침내 다 채워졌던 것이다(창 15:16). 그들의 죄악이 얼마나 만연했는지 알고자 한다면, 레위기 18장을 읽어 보라. 그것은 2014년 현재 샌프란시스코, 뉴올리언스, 펜사콜라, 뉴욕, 워싱턴 D.C.에서 똑같이 실행되고 있다. 소돔과 고모라가 불타서 잿더미가 된 이유도 바로 이런 죄악들 때문이었다(유 1:7). 주님께서 느부캇네살을 약속의 땅으로 보내셔서 그분의 백성을 사로잡아가게 하신 것도 바로 이러한 죄악들 때문이었다(왕상 14:24, cf. 렘 23:14, 겔 16:49-52). 그러므로 우리는 하나님께서 소돔과 고모라나 유다를 아끼시지 않고 심판하셨던 것처럼, 미국 또한 자연 재해나 적국들을 사용하셔서 심판하실 것임을 예상할 수 있는 것이다.

자유주의자들은 여호수아서의 이 구절과 같은 구절들을 골라서 다음의 구절들과 비교한다. 『**화평케 하는 자들은 복이 있나니, 그들이 하나님의 자녀라 불릴 것임이요**』(마 5:9). 『**어린아이들이 내게 오는 것을 허락하고, 금하지 말라. 하나님의 나라가 이런 자들의 것이니라**』(막 10:14). 『**하나님은 사랑이시기 때문이라**』(요일 4:8). 이 멍청한 얼간이들은 서로 다른 성품의 두 "하나님"이 계시다고 생각한다. 즉 잔인하고, 포악하고, 복수심에 불타서 살인을 자행하는 구약의 폭군 하나님과, 우리를 얼마나 사랑하시는지를 보여 주기 위해 자기 아들을 이 땅에 내려 보내신 부드럽고 사랑이 많으시며 친절하신 신약이 가르치는 "하늘에 계신 아버지"이다.

물론 거짓말이다. 인류를 구속하시기 위해 한 『**씨**』를 보내시겠다고 약속하신 분은 구약의 하나님이시다(창 3:15). 『**주는 나의 목자시니, 내가**

부족한 것이 없으리로다.』로 시작되는 시편 23편의 그 아름다운 말씀을 통해 다윗이 찬양한 그분은 구약의 하나님이시다. 반면 부드럽고 친절한, 그 "온화하신 예수님"께서 하신 말씀을 들어보라. 『**너희 뱀들아, 독사들의 세대야, 어떻게 너희가 지옥의 저주에서 피할 수 있겠느냐?**』(마 23:33) 『**그 날이 너에게 임하리니, 그때에는 네 원수들이 너의 주위에 방벽을 쌓고 너를 포위하여 사방에서 가두리라. 또 그들은 너를 땅에 내어 치리니, 네 안에 있는 네 자식들까지라. 그리고 그들은 너에게 돌 위에 돌 하나도 남겨 두지 아니하리라. 이는 너를 감찰하는 때를 네가 알지 못하기 때문이라**』(눅 19:43,44).

사실 두 하나님이 아니라 한 분 하나님께서 계신 것이다. 불신자들이 도저히 해결할 수 없는 문제는, 이처럼 하나님께서 두 가지 측면을 가지셨다는 점이다. 즉 이 두 특징은 구약의 율법과 신약의 복음으로 대변되고, 거룩함과 사랑으로, 또 분노와 자비로 요약할 수 있다. 그분께서는 믿음 없고 불순종하며 타락한 자들에게는 그분의 거룩하심의 속성을 보여 주시고, 그분을 사랑하고 그분의 말씀을 믿고 그분께 순종하는 자들에게는 사랑의 속성을 보여 주신다. 『**하나님을 두려워하고 악을 피하는**』(욥 1:1) 욥 같은 이방인에게는 하나님의 자비로우신 얼굴을 보여 주셨고, 우상 숭배와 성도착에 빠져 온갖 죄악을 범하는 카나안 땅 족속들에게는 진노하신 얼굴을 보여 주셨다. 다윗과 히스키야 같은 왕에게는 하나님의 은혜로우신 면을 보여 주셨고, 사울과 아합 같은 왕에게는 공의로우신 면을 보여 주셨다. 예수 그리스도의 초림 때에도, 세리들과 창녀들은 예수 그리스도의 자애로우심을 경험하게 하셨고(마 21:31,32), 서기관과 바리새인들은 예수님의 정죄하심을 경험했던 것이다(마 23장).

신약 성도로서, 당신은 왜 자신이 결국 하늘나라에 있게 되는지 알고 있는가? 당신이 구원받을 때 성령님께서 당신을 그리스도 안에 넣어 주셨고(고전 12:13), 그래서 당신이 죽으면 당신은 그분이 계신 곳에 가 있게 되는 것이다(고후 5:5-8, 빌 1:23). 그러나 당신은 구원받지 못한 사람 역시 그가 죽으면 자신이 하나님 안에 있다는 사실을 알게 된다는 것을 알고 있는가? 그는 단지 "우리를 사랑하시어 자신의 피로 우리의 죄들에서 우리를 씻기신" 분 안에 있지 않을 뿐이다(계 1:5).

당신은 구원받지 못한 사람이 지옥에서 깨어나 "나의 하나님, 제가 어디 있는 거죠?!"라고 소리 지르는 것을 상상해 보았는가? 그러면 불길과 어두움 속에서 한 목소리가 나와 "너는 주 안에 있다."라고 말한다. 그는 "이게 다 어찌 된 일이죠?"라고 물을 것이고, 그 목소리는 『**우리 하나님은 소멸케 하시는 불이심이라.**』(히 12:29)고 대답할 것이다. 그 잃어버린 죄인도 하나님의 한 부분이되, 다만 자신이 원하지 않는 부분에 있을 뿐인 것이다.

27절에서 이스라엘 백성들은 전투에서 돌아와 아이 성읍을 약탈한다. 28절에서는 아이 성읍이 불타고 『**영원한 무더기**』가 되었다. 따라서 19절의 불이 성읍 전체를 태운 것은 아니다. 여호수아의 반격을 위해 "연기 신호"를 올려 보내는 정도만 불을 낸 것이다. 일단 전투가 끝나고 성읍을 파괴했으므로 임무는 완수되었다.

『그가 아이 왕을 저녁 때까지 나무에 매달았다가 해가 지자 여호수아가 그들에게 명하여 그의 시체를 나무에서 내려서 성문 입구에 버리고 그 위

에 큰 돌무더기를 쌓도록 하니 오늘까지 남아 있더라』(29절). 이것은 자기 죄 가운데 죽어 지옥에 가서 영원히 불타는 구원받지 못한 사람의 모습을 보여 준다. 『**나무**』는 물론 십자가를 보여 주는 그림이다(갈 3:13, 벧전 2:24). 율법은 『**만일 어떤 사람이 죽을 죄를 범하고 그가 죽임을 당하여 네가 그를 나무에다 매달거든 그의 시체를 밤새도록 나무에 두지 말고 어떻게 해서라도 그 날에 장사하여서 (나무에 매달린 자는 하나님께 저주를 받았음이니) 주 너의 하나님께서 네게 유업으로 주시는 네 땅을 더럽히지 말지니라.**』(신 21:22,23)고 말씀한다. 예수 그리스도께서도 『**나무**』에 매달리셔서 하나님의 저주 아래 놓이셨으나(갈 3:13), 주님 자신의 범죄와 죄들로 인해 매달리셨던 것이 아니었다(벧전 2:24). 예수 그리스도께서 당신의 저주를 감당하셨기 때문에, 당신은 하나님의 복을 향유할 수 있는 것이다. 이 복이 무엇인가? 바로 "하나님의 완전한 의"이다.

『**하나님께서 죄를 알지도 못하는 그를 우리를 위하여 죄로 삼으신 것은 우리로 하여금 그 안에서 하나님의 의가 되게 하려 하심이라**』(고후 5:21).

구원받지 못한 사람이 예수 그리스도를 거절할 때, 그는 예수 그리스도께서 담당하신 그 저주를 자신이 직접 받겠노라고 주장하는 것이다. 영적으로 말하면, 그는 십자가에 못박혀 자기 죄로 인해 죽어야 하는 것이다. 그가 묻히면, 그는 예수 그리스도처럼 무덤에서 다시 나올 수 없다. 여호수아 8장에서 『**큰 돌무더기**』 아래 묻힌 아이 성읍 왕이 바로 이 진리를 보여 주는 예표이다. 그의 육체는 무덤에 남아 있지만, 그 혼은 지옥에 떨어지게 된다. 그는 "죽은 자들로부터" 일어날 수 없다(눅 20:35의 주석을 보라). 그는 『**사망과 지옥**』의 상태에 있다가 중간에 심판을 거쳐(계

20:12,13) 다시 『**둘째 사망**』이라 불리는 상태에 들어가야 한다(계 20:14). 일단 그가 『**둘째 사망**』에 들어가게 되면, 온 우주가 안식일마다 그의 고통을 목도할 수 있을 것이다(사 66:23,24). 아이 성읍 왕의 저주받은 몸이 물리적으로 『**오늘까지 남아 있더라.**』고 하신 말씀은 구원받지 못한 사람들이 영적으로 또 영원히 고통받을 것임을 보여 준다.

8:30 그후에 여호수아가 에발 산에 이스라엘의 주 하나님을 향하여 한 제단을 쌓았으니,

31 이것은 주의 종 모세가 이스라엘 자손들에게 명령했던 것과 같이 모세의 율법책에 기록된 대로 통돌로 만든 제단으로, 사람들이 철 연장으로 손대지 아니한 것이더라. 그들이 주께 번제와 화목제를 그 위에 드리니라.

32 여호수아가 거기에서 모세의 율법의 사본을 그 돌 위에 기록하였는데 그가 그것을 이스라엘 자손들 면전에서 기록하더라.

33 온 이스라엘과 그들의 장로들과 관원들과 그들의 재판관들이 주의 언약궤를 멘 레위 사람인 제사장들 앞에서 궤의 이편과 저편에 섰고, 타국인까지도 그들 가운데 태어난 사람처럼 서니라. 그들 중 반은 그리심 산을 향하고 그들 중 반은 에발 산을 향해 섰으니 이는 전에 주의 종 모세가 명한 대로 그들이 이스라엘 백성을 축복하려 함이더라.

34 그후에 여호수아는 율법책에 기록된 모든 것대로 율법의 모든 말씀, 복들과 저주들을 낭독하더라.

35 모세가 명령한 모든 말씀 가운데 여호수아가 이스라엘 온 회중과 여인들과 아이들과 그들 가운데서 지내는 타국인들 앞에서 낭독하지 아니한 것은 하나도 없더라.

이 구절들에 있는 내용은 신명기 11:29,30과 27:1-8에서 모세가 명령했던 것이다. 하나님께서는 이스라엘 백성에게 철 연장으로 손대지 아니한 『**통돌로 만든 제단**』을 만들라고 명령하셨다(31절). 하나님께서는 출애굽기 20:25, 신명기 27:5,6, 그리고 여기에서 그것에 관해 그들에게 경고하셨다. 그 이유는 성경 전체에서 "철"은 뭔가 좋지 않은 것으로 묘사되기 때문이다.

철은 창세기 4:22에서 카인의 후예들과 관련하여 처음 언급된다. "카인"이라는 이름 자체도 히브리어로 "철"창과 연관되어 있다(창 4:1의 주석을 보라). 철창을 썼던 인물은 거인 골리앗이었다(삼상 17:4-7). 카인과 골리앗 모두 적그리스도의 예표이다(필자의 〈짐승의 표〉 2,3장을 보라). 철은 우리의 구주를 십자가에 못박은 세상의 이방인 정권과도 관련이 있고(단 2:40), 적그리스도의 왕국과도 관련이 있다(단 2:41-45; 7:7,8,19-25).

철은 노아의 방주를 만드는 데도 그 사용이 금지되었고, 성막을 만들 때도 언급되지 않는다. 철이 솔로몬의 성전을 짓는 데는 사용된 반면(대상 22:3,14,16; 29:2,7, 대하 2:7,14), 성전이 예루살렘에 지어질 때는 어떤 『**철 연장**』도 사용되지 않았다(왕상 6:7). 당신은 노아의 방주가 상징하는 바를 못 보고 지나칠 수 없으며("예수 그리스도 안에 있는" 사람들이 하나님의 진노로부터 구원을 받은 것처럼, "노아의 방주 안에 있던" 사람들도 하나님의 심판으로부터 구원을 받았다.), 예수님께서는 친히 그분의 몸을 성막과 성전에 비유하셨다(요 2:19-21).

31절은 출애굽기와 신명기가 "실제의 책들"로서 카나안 땅 정복 "이전에" 존재하고 있었으며 "모세"가 그 기록자라는 증거이다. "고등 비평"을 주장하는 불신자들은 이 세 가지를 모두 부정한다(아스트룩, 그라프, 벨하우젠, 아이히호른, 스피노자 등).

이 제단을 쌓는 것은 여호수아의 편에서는 위대한 믿음의 행위였다. 일반적으로 어떤 땅을 정복하고 소유하고 난 뒤에 제단을 쌓는다(다윗이 제단을 쌓기 전에 성전 산을 구입한 것을 보라, 삼하 24:24,25). 그러므로 여호수아가 이 제단을 쌓았을 때, 그것은 "복종"의 행위였을 뿐만 아니라 "믿음"의 행위이기도 했던 것이다. 그는 두세 성읍밖에 취하지 못했는데도 카나안 땅 전체의 소유권을 주장하는 행동을 하고 있는 것이다.

『**이것은 주의 종 모세가 이스라엘 자손들에게 명령했던 것과 같이 모세의 율법책에 기록된 대로 통돌로 만든 제단으로, 사람들이 철 연장으로 손대지 아니한 것이더라. 그들이 주께 번제와 화목제를 그 위에 드리니라**』(31절). 이 구절은 예수 그리스도의 희생제사를 예표로 보여 준다. 주님은 『**손으로 다듬지 아니한 돌**』이시며(단 2:34,45), 그분의 교회는 『**산 돌들로서 영적인 집으로 지어지고 예수 그리스도로 인하여 하나님께서 기뻐하실 영적인 제물들을 드리는 거룩한 제사장이**』 된다(벧전 2:5). 그러므로 그 교회는 "사람"이 만든 돌이 아니라, "하나님"께서 만드신 돌들로 구성되어 있으며, 그 일은 예수 그리스도의 희생제사와, 그 희생제사를 믿는 믿음을 통해 우리에게 부여된 새로운 출생을 통하여 이뤄졌다. 우리는 그 새로운 출생으로 『**하나님께서 기뻐하실 영적인 제물들**』을 드릴 수 있게 되었다. 예수 그리스도의 희생제사 외에는, 이 지구상의 어떤 제사장이 드린 어떤 희생제사도 카인의 농작물만큼이나 하나님께 호의를 얻을 수가 없다(창 4:3-7의 주석을 보라).

『여호수아가 거기에서 모세의 율법의 사본을 그 돌 위에 기록하였는데』 (32절). 신명기 27:4-8에 주어진 명령에 따르면, 여호수아는 제단을 쌓은 돌들에 석회를 바르고 그 석회 위에 십계명을 적어 넣은 것이다. 예표적으로 적용하여 신약 성도를 위한 영적 교훈을 얻으려면 고린도후서 3:2-9을 보라. 이 부분에 대한 자세한 내용은 필자의 〈고린도후서〉 주석서를 참조하기 바란다.

33,34절을 제대로 이해하려면 먼저 신명기 27:11-26을 읽어야 한다. 그 구절들에서 언약궤를 멘 레위 지파 제사장들은 여호수아가 에발 산에 쌓은 제단 앞에 서 있었다. 그리고 그리심 산 기슭에 여섯 지파가 있고, 에발 산 기슭에 여섯 지파가 있다. 그 지파들은 그들을 낳은 "어머니"에 따라 나뉜 것이다. 그리심 산에는 라헬과 레아의 자손들이 있다[시므온, 레위, 유다, 잇사갈, 요셉(므낫세와 에프라임), 베냐민]. 에발 산에는 두 여종, 즉 빌하와 실파의 자손들이 있다. 에발 산에서 주목할 만한 두 예외들은 "르우벤"과 "스불룬"이다. 르우벤은 레아를 통해 난 장자이지만 여종의 자손들과 함께 있다. 왜냐하면 르우벤은 자기 아버지의 첩인 빌하와 간음을 범하여 장자권을 잃었기 때문이다(창 35:22, cf. 대상 5:1). 스불룬은 레아의 막내아들인데, 그가 왜 여종의 자손들과 같은 자리에 있게 되었는지 성경에 명확한 이유가 제시되어 있지 않다.

여호수아 8:33,34에서 여호수아와 이스라엘 민족은 번갈아가며 성경 말씀을 읽는다. 오늘날 일부 교회들이 하나님의 말씀을 번갈아가며 읽는 것을 볼 수 있는데 바로 여기서 따왔을 수 있다. 여호수아는 신명기 28장에 기록된 복과 저주를 읽는다. 그가 복을 읽으면, 그리심 산의 지파들이 "아멘!"으로 화답하고, 그가 저주를 읽으면 에발 산의 지파들이 "아멘!"으로 화답한다.

그러나 흥미로운 것은, 여호수아가 읽어 주는 그 복과 저주가 언약궤를 메는 레위인 제사장들에 의해 먼저 말해진다는 점이다(신 27장). 제사장들은 십계명 중의 어느 하나라도 어기는 모든 개인에게 부과될 저주들의 긴 목록을 낭독한다. 각각의 저주가 낭독될 때마다, "모든" 백성은 그 뒤 『**아멘**』으로 화답해야 한다. 언약궤를 멘 제사장들이 읽는 내용은 구약적 구원의 특성을 보여 준다.

『**이 율법의 모든 말씀을 행하려고 확정하지 않는 자는 저주를 받으리라**』(신 27:26).

근본주의자들의 전형적인 가르침은 구약의 구원이 신약의 구원과 같다는 것이다. 즉 구약에서도 행위 없이 믿음을 통하여 은혜로 구원을 받는다는 것이다. 그들은 "미친" 것이고, "제정신이 아닌" 것이다. 이 정도면 정신과 치료를 받아야 할 것 같다. 구약에서 하나님은 그분을 사랑하고 그분의 계명들을 지키는 사람들에게 자비를 베푸셨다(출 20:6, 신 5:10). 계명들을 지키는 것이 바로 "행위"가 아니고 무엇이란 말인가!

형제들이여, 잘 들으라. 만약 사람들이 신약과 동일한 방식으로 구약에서도 구원을 받았다면, 왜 구약과 신약을 구분해 놓았겠는가? 구약에서는 사람들의 죄가 깨끗하게 되거나 제거되지 않았다(출 34:7). 구약에서는 성도의 새로운 출생이나 양자됨이 없었다. 심지어 율법 이전에 은혜 아래에서조차, 피에 의한 구속은 단지 "일시적인" 것이었을 뿐이다. 바로 그 이유로 그들은 희생제사를 계속 드려야 했던 것이다(히 9:7-12). 『**이는 황소들과 염소들의 피로는 죄들을 제거하는 것이 불가능하기 때문이라**』(히 10:4). 구약에서는 황소들과 염소들과 양들의 피가 사람들의 구속을 위한 "유일한" 피였다.

그러므로 구약 성도들의 구원 방법과 신약 그리스도인들의 구원 방법은 "다르다." 구약의 구원에는 믿음과 "행위"가 모두 필요했던 것이다. 이 모든 『**복과 저주**』의 결론을 보라. 『**내가 오늘 하늘과 땅을 불러서 너희에 대하여 증거를 삼아 네 앞에 생명과 죽음, 복과 저주를 두었은즉, 그러므로 너와 네 자손이 살려면 생명을 택할지니라. 이는 너로 주 너의 하나님을 사랑하게 하고 너로 그분의 음성에 복종하게 하며**["행위"] **또 그분께 밀착하게 하려 함이니**["믿음"], **그분은 너의 생명이시요 네 날들의 기한이시라. 이는 주께서 네 조상, 아브라함과 이삭과 야곱에게 주시기로 맹세하신 그 땅에서 너로 살게 하려 하심이라**』(신 30:19,20). 하나님의 음성에 복종하는 것은 "행위"이며, 하나님께 밀착하는 것은 "믿음"이다. "행위"가 구약의 구원의 일부라는 데 의심이 든다면, 신명기 30:15,16을 보라.

『**보라, 내가 오늘 생명과 선, 그리고 죽음과 악을 네 앞에 두어, 그 안에서 내가 오늘 네게 명령하여 주 너의 하나님을 사랑하고 그분의 길에서 행하고**["행위"] **그분의 계명들과 그분의 규례들과 그분의 명령들을 지키게 하였으니**["행위"], **이는 네가 살고 번성케 하려 함이라.**』

"그분의 길에서 행하는" 것과 "그분의 계명들과 그분의 규례들과 그분의 명령들을 지키는" 것이 "행위"가 아니면 무엇이란 말인가!

자, 여호수아 8장으로 돌아오도록 하자. 『**온 이스라엘과 그들의 장로들과 관원들과 그들의 재판관들이 주의 언약궤를 멘 레위 사람인 제사장들 앞에서 궤의 이편과 저편에 섰고... 이는 전에 주의 종 모세가 명한 대로 그들이 이스라엘 백성을 축복하려 함이더라**』(33절). 제사장들은 백성들이 십계명을 어겼을 때 일어날 일에 대한 경고로서 신명기 27장의 저주들을 선포했을 뿐만 아니라, 이스라엘 민족에게 주어진 복도 선포했다. 그 복은 민수기 6:22-27에 나온다.

『**주께서 모세에게 일러 말씀하시기를 "아론과 그의 아들들에게**[즉 언약궤를 책임지던 제사장들에게] **고하여 말하라. 너희는 이스라엘 자손에게 이와 같이 축복하고 그들에게 말하기를 '주께서 너에게 복 주시고 너를 지키시기를 원하며 주께서 그의 얼굴을 네게 비추시고 네게 은혜로우시기를 원하노라. 주께서 그의 얼굴을 네게 드시고 네게 화평을 주시기를 원하노라.' 하라. 그들이 내 이름을 이스라엘 자손 위에 둘지니, 그리하면 내가 그들에게 복을 주리라." 하시니라.**』

형식적인 교회들에서는 민수기 6:24-26의 말씀을 소위 "축도"로 사용하기도 한다. 심지어 찬양대가 이 본문으로 만든 곡을 부르며 예배를 마치기도 한다.

그리스도인으로서 우리가 이 복을 영적으로 적용하여 몇 가지 교훈을 얻자면 다음과 같다. 첫째, 복들은 대제사장과 그의 아들들로부터 온다는 것이다. 신약에서는 그 대제사장은 바로 예수 그리스도이시며(히 3:1), 성도인 우리들은 그분의 아들들이다(요 1:12, 히 2:10). 죄로 저주받은 이 땅이 여전히 누릴 수 있는 복이 있다면, 그것은 구원의 문을 계속 열어 두고 계시는 주 예수 그리스도로부터 오는 복과 아직 이 땅에 남아 있는 진정한 그리스도인들로부터 오는 복이다.

나는 그리스도인들이 – 물론 내가 말하는 "그리스도인들"은 문자 그대로의 구원받은 성경대로 믿는 그리스도인들이다 – 가끔은 참 한심하게 행동한다는 사실을 알고 있다. 그러나 조금만 지나보라. 그리스도인들이 휴거된 후 세상이 어떻게 될지 두고 보라. 지옥이 지상으로 올라왔다고 착각할 정도가 될 것이다. 지금 이 세상이 엉망진창이라고 생각한다면 휴거 이후의 세상이 어떻게 될지 생각해 보라. 학교에 구원받은 아이가 하나도 없고, 구원받은 경찰관이 하나도 없고, 병원에 구원받은 의사도 없고, 구원받은 판사도 없고, 미식축구 팀에 구원받은 선수가 하나도 없다면 과연 어떻게 되겠는가? 구원받지 못한 죄인들은 그들이 그렇게도 원했던 것을 얻게 될 것이다. 즉 그들이 원하는 대로 죄악을 저지르고 살아도 아무도 제재하지 않는 것이다. 옳은 것을 상기시켜 줄 사람이 아무도 없을 것이며, 그들이 행하는 것이 잘못된 것임을 알게 해 줄 사람이 주변에 아무도 없을 것이다. "억지로 종교를 강요할" 그리스도인들이 아무도 없을 것이다. 철저한 "도덕적 무정부상태"가 펼쳐지는 것이다.

둘째, 이 복을 말씀하는 말씀에서 삼위일체적인 특성을 발견할 수 있다. 『**주께서 너에게 복 주시고 너를 지키시기를 원하며 주께서 그의 얼굴을 네게 비추시고 네게 은혜로우시기를 원하노라. 주께서 그의 얼굴을 네게 드시고 네게 화평을 주시기를 원하노라**』(민 6:24-26).

『**주께서 너에게 복 주시고 너를 지키시기를 원하며**』. 이것은 아버지 하나님께서 하시는 일이다.

『주께서 그의 얼굴을 네게 비추시고 네게 은혜로우시기를 원하노라.』 이것은 성령님께서 하시는 일이다.

『주께서 그의 얼굴을 네게 드시고 네게 화평을 주시기를 원하노라.』 이것은 아들 하나님께서 하시는 일이다(요 1:14,18, 롬 5:1).

삼위일체를 "카톨릭"의 교리라고 생각하는데 그것은 큰 오산이다. 삼위일체는 창세기 1장에서 요한계시록 22장까지 성경 전체에 걸쳐 나타나 있는 하나님의 교리이다.

셋째, 민수기 6:27에서 『**이스라엘 자손 위에**』 두신 『**이름**』을 주목하라. 구약에서 이 이름은 "여호와"이며(출 6:3), 신약에서는 "예수 그리스도"이다(요일 5:20). 그 이름은 절대로 "알라"가 아니다. 이전에도 아니었고 앞으로도 아닐 것이다. "알라"는 "하나님"(the God)이라는 뜻이다. 그러면 도대체 "어떤 하나님"을 말하는 것인가? 그것은 『**하나님, 곧 우리 주 예수 그리스도의 아버지**』(고후 11:31, 엡 1:3, 벧전 1:3)가 아닌 것이 확실하다. 왜냐하면 "이슬람"의 기본 교리들 중 하나가 "하나님"(알라)에게는 "아들이 없다"는 것이기 때문이다(수라 23:89; 37:150; 25:2; 17:111; 19:34). 오히려 "알라"는 고린도후서 4:4과 다니엘 11:38에 묘사된 바로 그 "신"(the god)이다.

마지막으로 성경이 부정적인 것을 강조한다는 사실에 다시 한 번 주목하라. 신명기 6장의 복은 네 구절로 구성되어 있다. 반면 제사장들이 낭독한 저주들은 13개의 절로 구성되어 있다. 3배가 넘는다. 여호수아 8장에서 읽은 것은 바로 신명기 28장의 복들과 저주들인데, 거기에는 54개의 부정적인 진술이 나온 후에 14개의 긍정적인 진술이 나온다. 3:1의 비율이다. 하나님께서 생각하시는 "균형 잡힌" 사역은 75%가 부정적인 것이다. 고린도전서 15:3,4에 제시된 복음도 75%가 부정적이다. 『**그리스도께서 우리의 죄들로 인하여**[부정적이다] **죽으시고**[부정적이다] **장사되셨다가**[부정적이다] **성경대로 셋째 날에 다시 살아나셔서**[긍정적이다]』. 어떤 설교자가 있다고 할 때 그가 설교하고 있는 내용이 모두 긍정적인 생각과 "긍정적인" 메시지 일색이라면, "그는 성경적인 사역을 하고 있는 것이 아니다." 만약 설교자가 성경적인 사역을 하고자 한다면, 그의 설교는 75%가 "부정적인" 내용이어야 한다.

여호수아 8장으로 돌아가도록 하자. 『**그후에 여호수아는 율법책에 기록된 모든 것대로 율법의 모든 말씀, 복들과 저주들을 낭독하더라. 모세가 명령한 모든 말씀 가운데 여호수아가 이스라엘 온 회중과 여인들과 아이들과 그들 가운데서 지내는 타국인들 앞에서 낭독하지 아니한 것은 하나도 없더라**』(34,35절).

문맥으로 볼 때, 여호수아가 낭독한 것은 신명기 27,28장의 말씀이다. 이렇게 여호수아가 읽고 회중이 화답했다고 한다면 20분에서 30분은 족히 걸렸을 것이다. 낭독한 내용이 신명기 전체일 수도 있는데, 그러면 낭독 시간이 3시간 정도는 되었을 것이다. 혹은 『**율법책**』 전체, 즉 창세기에서 신명기를 모두 낭독한 것이라면, 낭독 시간은 14시간에서 16시간은 걸렸을 것이다. 그렇다면 아침 6시에서 밤 8시 혹은 10시까지 읽었다는 얘기이다. 그랬다면 정말로 긴 "예배"였을 것이다. 느헤미야 8장에서의 에스라조차도 그렇게까지 길게 하지는 않았다. 에스라는 한 번에 "6시간"씩(『**아침부터 정오까지**』, 느 8:3) "7일"에 걸쳐서 읽었다(느 8:18).

35절의 『**회중**』은 전쟁에 참가한 60만 명보다 많은 인원이다. 여인들과 아이들이 포함되기 때문이다. 『**타국인들**』은 유대교로 개종하여 이스라엘 민족 중에 있는 이방인들을 언급하는 것이다(cf. 행 2:10; 13:43). 여기에는 라합과 그녀의 가족이 포함되었을 것이다.

『**지내는**』(conversant)이라는 단어는 "~과 관련되다"라는 뜻의 프랑스어 고어에서 왔다. 이 단어가 사용된 것은 그 이방인들이 이스라엘인들 가운데서 이스라엘인들처럼 살았다는 사실을 설명해 준다. 이것은 같은 어근에서 나온 단어가 고린도후서 1:12, 갈라디아서 1:13, 에베소서 2:3; 4:22, 빌립보서 3:20, 히브리서 13:5,7 등에서 "conversation"으로 번역된 것과도 일맥상통한다. 이 단어는 두 사람 사이의 대화라는 뜻으로 사용된 것이 아니고, 당신이 "사는" 법에 관해 이야기하고 있다(벧전 3:1의 주석을 보라).

신약에서는 이방인들이 『**이스라엘 나라**』의 일부가 되기 위해 유대교로 개종하지 않는다(엡 2:12). 예수 그리스도를 영접하면 "이제부터 더 이상 나그네도 타국인도 아니요 오히려 성도들과 같은 시민이며 하나님의 가족"이 되는 것이다(엡 2:13-19).

"conversation"에 관한 한, 당신은 『**이전 행실**[conversation]**에 관해서는 기만의 욕망에 따라 썩어진 옛 사람을 벗어 버리고**』 생활해야 하며(엡 4:22), 오직 자신의 행위를 그리스도의 복음에 합당하게 하여 생활해야 하고, 『**너희를 부르신 그분께서 거룩하신 것처럼 너희도 모든 행실**[conversation]**에 거룩**』하게 생활해야 한다(벧전 1:15). 왜 그런 것인가? 그것은 당신의 『**시민권**』(conversation)이 이곳 땅에 있는 것이 아니라, "저 위에" 있기 때문이다(빌 3:20).

34절의 『**율법책**』에 관하여 마지막으로 생각해 볼 것이 있다. 그리스도인은 마땅히 자기 성경을 자기 "손"에 가지고 다녀야 한다(시 149:6). 그리스도인은 성경을 자기 "마음"에 담고 다녀야 하며(신 6:6), 또한 성경을 자기 "입"으로 말하며 다녀야 한다(수 1:8).

여호수아 9장

9:1 요단 이편과 산지와 계곡과 레바논을 향한 대해의 모든 해변에 있는 모든 왕들과, 헷인과 아모리인과 카나안인과 프리스인과 히위인과 여부스인들이 그 소식을 듣고,

2 함께 모여 한마음으로 여호수아와 이스라엘과 더불어 싸울 것을 정하더라.

먼저 이 본문에서 주목해야 할 부분은 『**왕들**』이라는 "복수형" 표현이다. 12장에서 살펴보겠지만, 성경은 "팔레스타인 사람들"로 구성된 "단일" 왕국이나 제국이나 국가는 존재하지 않는다고 말씀한다. 여기서 『**왕들**』은 "도시" 국가들의 통치자들이다. 즉 각 성읍이 정치적인 독립체였던 것이다. 정치적으로나 인종적으로나 "팔레스타인 사람들"로만 구성된 국가는 없다. 아브라함 때에도(B.C. 1913년), 여호수아 당대에도(B.C. 1405년),

에스라와 느헤미야 시대에도(B.C. 445년), 예수 그리스도의 지상 사역 기간에도(A.D. 33년), 로마인들이 이스라엘 땅의 이름을 "팔레스타인"이라고 바꿨을 때도(A.D. 135년), 모슬렘인 "아랍인들"이 침공했을 때도(A.D. 638년), A.D. 750년부터 A.D. 1098년까지 "서로 다른 여섯 개"의 모슬렘 집단들이 그 땅을 침공했을 때도(그들 중 누구도 "팔레스타인 사람들"이 아니었다), 로마카톨릭 십자군이 그 땅을 차지했을 때도(A.D. 1099년) 없었다. 그뿐 아니라 A.D. 1244년에도 없었고(호라즘 타타르족), A.D. 1260년에도 없었고(맘루크 왕조), A.D. 1517년에도(오스만 제국), A.D. 1831년에도(이집트인들), A.D. 1840년에도(다시 오스만 제국), A.D. 1917년 알렌비 장군이 예루살렘을 차지하고 팔레스타인에 영국 통치가 시작되었을 때도, A.D. 1948년 이스라엘이 다시 국가가 되어 다섯 개의 아랍 국가들이 이스라엘을 공격했을 때도 없었으며, "지금"도(2014년) "팔레스타인 사람들"로 구성된 단일 국가나 왕국은 없다. 역사적으로 지금까지 "팔레스타인 사람들"은 "카나안인들, 필리스티아인들, 아모리인들, 힛인들, 히위인들, 기르가스인들, 프리스인들, 여부스인들, 유대인들, 사마리아인들, 아라비안인들, 로마인들, 그리스 정교회, 로마카톨릭들, 모슬렘들, 이집트인들, 터키인들, 프랑스인들, 러시아인들, 독일인들, 이탈리아인들, 영국인들"이었다.

그렇다면 "팔레스타인"이라고 불리는 그 땅을 누가 차지하는가에 있어서 앞에서 말한 이 모든 것이 무엇을 의미하는지 아는가? 아무 의미도 없다. 지구상에서 "단 하나의 나라"만 제외하고는 다른 모든 민족과 나라는 그 땅에 대한 어떤 권리도 없으며, 다만 하나님의 땅을 함부로 침입하고 차지했던 것이다. 하나님께서는 그 땅이 "그분"의 것이라고 분명하게 말씀하셨다(레 25:23, 민 35:34, 신 32:43). 하나님께서는 그 땅을 유대인들에게 주시겠다고 맹세하셨다. 즉 아브라함과 이삭과 야곱의 후손들인 "유대인들"에게 약속하신 것이다. 아브라함과 이스마엘과 에서의 후손들이 "아니다"(신 1:8,21,25,35-39; 2:12,24; 3:2,20; 4:1,21,38,40; 5:16,31,33; 6:10,18,23과 "이외에도 같은 책에서 발견되는 50개의 구절들"). 이 약속들은 유대인들이 무언가를 하거나 하지 않는다고 해서 그 효력이 상실되는 것이 아니다. 왜냐하면 하나님께서 이스라엘과 맺으신 언약은 "무조건적"이며(레 26:42-45) "영원하기" 때문이다(시 105:7-11).

하나님께서는 이전에 유대인들을 그 땅에서 몰아내신 적이 있고, 다시 데려오시기도 했다(대하 36장 – 스 1장). 하나님께서는 A.D. 70년에서 135년까지 그들을 두 번째로 그 땅에서 몰아내셨고, 그들을 두 번째로 다시 데려오겠다고 약속하셨다(사 11:11). "그것이 정확히 1917년(밸푸어 선언)과 1948년(이스라엘이 국가가 됨) 사이에 하신 일이다." 이른바 "팔레스타인 국가"를 세우는 것은 자유지만, 그것은 자신의 안전을 담보로 한 도박임을 알아야 한다(슥 14:1-3, 습 3:8-13).

본문에서 주목해야 할 또 하나의 진리는 1절에 나열된 민족들은 모두 "함족" 출신이라는 점이다(창 10:15-20, cf. 대상 1:8-16). "인종" 문제에 민감한 현대인들의 기분을 상하게 할지는 모르지만, 그것이 있는 그대로의 사실이다. 이 목록에서 빠진 유일한 민족이 신명기 7:1과 여호수아 3:10에 나와 있는데, 바로 "기르가스인들"이다. 그러나 여호수아 24:11을 보면, 기르가스인들은 이스라엘 자손들이 그 땅을 차지하려고 했을 때 그들을 대적해서 싸운 민족들 중 하나임을 알 수 있다. 본문 1절에 보면 기르가스인들이 빠져 있고, 창세기 15:19-21에는 히위인들이 빠져 있다. 이런 현상을 보고 주석가들과 해석가들은 기르가스인들이 히위인들의 자손이라고 결론 내린다. 필자는 그것이 그런지 그렇지 않은지 모르지만, 당신은 이제 곧 여호수아가 "히위인들"과 맞닥뜨리는 것에 관해 읽게 될 것이다(7절).

자, 본문에서 벌어지고 있는 것은 여호수아의 대적들이 "에큐메니칼 운동"을 통해 모두 함께 모여들고 있다는 것이다. 여호수아와 이스라엘이 나타나기 전에는 모두가 서로 치고 박고 싸우는 민족들이었지만, 여호수아가 여리코와 아이를 정복하자 생각이 달라져서, 살아남으려면 뭉치는 것이 낫겠다고 결론을 내린 것이다.

2절에서 『**한 마음으로**』(with one accord)라는 표현을 보라. 이 표현은 사도행전의 초대 교회에 사용되었던 것과 같은 표현이다(행 1:14; 2:1, 46; 4:24; 5:12; 15:25). 바울은 빌립보인들에게 이렇게 말했다. 『**같은 생각이 되어 같은 사랑을 가지고 하나 되고**[being of one accord] **한 생각이 되어 너희는 나의 기쁨을 이루라**』(빌 2:2).

종교 단체들과 정치 단체들에서 주로 외치는 표어가 바로 "연합"이다. "우리들이 서로 힘을 합해 하나의 지도자만을 둡시다!" 교황이 "한 양무리에 한 목자"가 있어야 한다고 외칠 때 그는 자신이야말로 그 "양무리"의 수장이며 당신도 그의 권세에 복종하여 로마카톨릭교도가 되어야 한다고 말하는 것이다. 제2바티칸 공회는 로마카톨릭 교리 중 단 하나도 수정하지 않았다. 요한 바오로 2세, 베네딕트 16세, 교황 "프란시스" 등을 포함하여 모든 교황은 처음부터 "특히 거룩한 트렌트 공회와 거룩한 규범들과 일반적인 공회들을 통해 전수받고 규정하고 선포한 다른 모든 것을 수용하고 고백한다."고 맹세해야만 한다.

이를 "트라이덴타인 고백"(Tridentine Confession)이라고 부른다. 한 사람이 교황이 되기 위해서는 트렌트 공회(1545-1563)를 통해 "전수받고 규정되고 선포된" 모든 것을 믿는다고 맹세해야 하는 것이다. 그런데 이 "트렌트 공회"는 지구상에 사는 모든 침례교인, 감리교인, 회중교인, 루터교인, 장로교인, 복음주의자, 근본주의자 등에 125개의 저주를 명시한 공회였다. 말하자면 거룩하게 됨, 구원, 미사, 성사들, 죽은 성자들에게 하는 기도, 연옥, 교황의 우월성과 무오성에 관한 로마카톨릭의 교리들에 찬성하지 않으면, "지옥의 정죄를 받는다"는 것이다. 따라서 로마카톨릭이 1965년에 있었던 제2바티칸 공회에서 무엇이 어떻게 변했다고 말한다고 할지라도, 그들은 이미 1563년에 선포한 트렌트 공회의 선언들에 따라 맹세하고 실행하고 있는 것이다.

트렌트 공회는 또한 우리가 토빗, 유디스, 벨과 용, 마카비1,2서, 에스드라1,2서, 집회서 등 통속 소설처럼 유치하고 저속한 책들을 『**진리의 성경**』(단 10:21)과 구약의 일부로 받아들이지 않으면 저주를 받는다는 내용도 포함하고 있다("정경으로서의 성경"의 Session 4). 또한 로마카톨릭이 승인하지 않고 그들의 교리를 가르치는 각주를 달지 않은 성경을 카톨릭 주교의 서면상의 허락 없이 "인쇄하거나" "배포하거나" 심지어 "소지하면" 아나테마(anathema), 곧 "저주받아 지옥에 간다"고 선언하고 있다("거룩한 책들의 판본과 사용"의 Session 4).

또한 로마카톨릭의 물 세례가 그리스도의 보혈의 구속을 적용하는 것이라는 그들의 교리나, 로마카톨릭 사제가 아기에게 세례를 주는 것이 아기의 "원죄"를 제거한다는 교리를 믿지 않으면 저주를 받는다. 만약 예수 그리스도를 믿는 믿음만으로 의롭게 되고 "성사들"을 통해서는 전혀 구원하는 은혜의 효력을 누릴 수 없다고 믿고 가르치면 당신은 지옥의 정죄를 받게 된다고 선언한다(Session 6, Cannon IX).

교황이 이것을 믿는다고 맹세해야 한다는 사실을 이제 알았다면, 그들의 소위 "연합"이라는 것은 실제적으로는 어떤 의미로도 연합이 아니며 "그리스도인 연합의 아름다운 정신" 같은 것은 존재할 수도 없음을 알아야 한다. 말하자면 교황의 말만이 권세가 있는 것이다. 이처럼 로마카톨릭의 공회를 있는 그대로 평가하지 않고 다르게 말하는 것은 당신을 로마에 있는 술주정뱅이에게 굴종케 하려는 속임수요 거짓말일 뿐이다.

그들은 로마카톨릭의 세례가 없이 의롭게 될 수 있다고 믿으면 저주를 받는다고 선포한다(Session 6, Cannon XI). 또 오직 예수 그리스도의 보혈로 인한 속죄를 믿음으로만 구원받을 수 있다고 믿으면 저주를 받는다고 한다(Session 6, Cannon XII). 예수 그리스도를 믿는 사람이 예수 그리스도 안에서 영원히 안전하다고 믿으면, 당신에게 "아나테마"를 선포한다(Session 6, Cannon XVI). 게다가 이 시대에 당신을 지옥으로 보내는 유일한 죄는 예수 그리스도를 자신의 구주로 믿지 않는 것이라고 믿으면 저주를 받는다고 말한다(Session 6, Cannon XXVII). 연옥을 믿지 않아도 지옥에 가야 한다고 선언한다(Session 6, Cannon XXX).

우리는 로마카톨릭이 그리스도인에게 내린 저주 9가지를 살펴보았다. 그러나 이것은 새 발의 피에 불과하다. 아직도 116가지의 저주가 더 남아 있다. 당신의 생각에는 정상적인 그리스도인이 로마카톨릭과 "어울릴" 수 있다고 생각하는가? 로마카톨릭과 어울리려고 한다면 성경을 창문 밖으로 던져 버려야 하는 것이다.

성경이 거듭난 그리스도인에게 가르치는 유일한 "연합"은 그리스도의 몸 안에 있는 믿는 자들의 "영적" 하나 됨이다. 바울이 "하나 되고 한 생각이 되는 것"을 말할 때(빌 2:2), 그 교제는 지역 교회 내에서의 교제이며, 『**같은 생각**』은 『**그리스도의 생각**』을 말한 것이다(고전 2:16, 빌 2:5). 당신이 예수 그리스도처럼 생각할 수 있는 유일한 방법은 성경에 집중하는 것밖에 없다. 왜냐하면 성경이야말로 하나님께서 자신의 "생각"을 계시하신 유일한 책이기 때문이다. 지역 교회에서의 연합은 하나님의 말씀을 믿는 믿음과 신뢰를 기반으로 한 연합이며, 그런 연합이 아니라면 성경적 연합이 아니다. 그것은 가식이며 위선일 뿐이다.

문제는 하나님의 말씀은 나누는 역할을 한다는 것이다(히 4:12). 예수 그리스도께서는 "연합"시키려고 오신 것이 아니다. 주님은 오히려 나누시려고 오셨다(눅 12:51). 당신이 성경을 더 많이 믿으면 믿을수록 성경을 믿지 않는 자와의 간격은 더 벌어질 수밖에 없다. 당신이 예수 그리스도께 다가가면 갈수록 예수 그리스도와 상관없는 사람들과는 공유할 수 있는 부분이 없어질 수밖에 없다.

독립적이고 근본주의적이며 성경대로 믿는 침례교인들이 다른 어떤 무리들보다도 서로 "어울리기"가 힘든 이유는, 그들에게 성경에 대한 가장 강력한 믿음이 있기 때문이다. 카톨릭, 현대주의자들, 자유주의자들, "이머전트"(신흥) 교회들(Emergent churches), "구도자 친화적" 교회들은 교회 분열이나 갈등이 거의 일어나지 않는다. 왜냐하면 그들은 성경대로 믿는 침례교인들처럼 분명하고 확고하게 믿는 것이 하나도 없기 때문이다. 그들이 모종의 신앙고백을 하고 매 주일 무슨 "신조"를 함께 낭독한다고 할지라도, 그들은 서로 잘 "어울리기" 위해서라면 성경을 변개하고 수정하며 제 맘대로 해석하기를 주저하지 않는 것이다.

킹제임스성경이 참된 하나님의 말씀임을 믿는 하나님의 사람들이 모든 부분에서 『**한 마음**』이 된다는 것은 쉽지만은 않은 일이다. 그러나 마귀의 무리는 두 가지만 서로 맞으면 함께하는 데 아무런 문제가 없다. 즉 "진리"를 없애 버리고 "주 예수 그리스도"를 제거한다는 두 가지 조건이다. 카나안 땅의 이방 민족들은 항상 서로 싸우며 헐뜯는 자들이었으나 여호수아를 대적하기 위해서 하나가 되었다. 신약의 "여호수아"에 대해서도 마찬가지다. 예수 그리스도께서 오시기 전에는 헤롯과 빌라도가 서로 정적이었지만, 그들은 "나사렛에서 오신 선지자"를 제거하기 위해서 서로에 대한 적의를 제쳐두고 "친구"가 된 것이다(눅 23:11,12).

만일 당신이 강력하게 전투적으로 복음을 전파하면 이전에는 서로 연합하지 않던 무리들이 "당신을 제지하기 위해" 하나가 되는 것을 보게 될 것이다. 그들은 자신들에게 결국 어떤 공통분모가 있음을 알게 되는데, 즉 거리에서 복음을 전파하는 것을 못하게 하거나, 라디오에서 하나님의 말씀을 전파하여 그들의 체면을 깎아내리지 못하게 하는 것이다. 나의 졸업생들 중 하나가 켄터키 주에서 목회를 시작하자, 로마카톨릭과 "그리스도의 교회" 이단과 남침례교인들이 모두 함께 모여 그를 대적하기 시작했다. 가감 없이 전투적으로 진리를 선포하면 그런 일이 일어나는 것이다. 진리를 대적하는 무리들이 함께 모여 당신의 입을 틀어막으려고 하는 것이다.

여호수아 9:2은 하나님께서 예수 그리스도의 재림 이전에 어떤 일을 이루실지를 예언적으로 보여 준다. 카나안 땅의 이방 왕들은 함께 모여서 여호수아를 대적하는 연합 전선을 형성하려고 했다. 마치 미국의 건국 선조들 중 한 명이 “우리는 똘똘 뭉쳐야 한다(hang together). 그렇지 않으면 제각각 교수형을 당할(hang separately) 것이 분명하다.”라고 말한 것과 같았다. 그러나 하나님께서 그들을 하나로 모으신 것은 여호수아가 그들을 한 방에 궤멸하도록 하신 것이다(수 11:1-8). 이것이 예수 그리스도의 지상 재림에 앞서 일어날 일이다.

『**주가 말하노라. 그러므로 너희는 내가 일어나서 먹이로 삼는 날까지 나를 기다리라. 이는 내 결심이 민족들을 모으는 것임이니 내가 왕국들을 모아서 그들 위에 내 분노, 곧 나의 모든 격노를 쏟으리라. 이는 온 땅이 내 질투의 불로 삼켜질 것임이라**』(습 3:8).

UN은 하나님께서 만드신 것이다. 그러나 UN이 “평화를 위한 인류의 마지막이자 최고의 희망”으로 만들어진 것은 아니다(욕쟁이 해리 트루먼이 내뱉은 미친 소리를 읽어 보라). UN은 하나님을 거절하고, 하나님의 성경을 무시하고, 하나님의 아들을 거절하고, 그분의 백성인 유대인들을 압제한 모든 민족을 불태우기 위해 하나님께서 만드신 것이다.

이것을 단지 “복수하기 좋아하는, 증오로 가득 찬 구약의 하나님”이라고 치부하고 싶은가? 그렇다면 신약의 “상냥하고 온화하신 예수님”께서 하신 말씀을 보라.

『**그러므로 독보리들을 거두어서 불에 태웠듯이 이 세상의 끝에도 그렇게 되리라. 인자가 그의 천사들을 보내리니, 그러면 그들이 실족케 하는 모든 것들과 불법을 행하는 자들을 그의 왕국에서 *가려내어* 모으리라. 그리하여 그들을 불타는 용광로 속으로 던지리니, 거기서 울며 이를 갈고 있으리라**』(마 13:40-42).

이처럼 하나가 되어 하나님을 대적하고자 하는 것이 이 세상 제도가 품은 "한 마음"이며, 그들은 불타는 용광로 속에 던져지게 될 것이다.

9:3 기브온 거민들이 여리코와 아이에 대해 여호수아가 행한 것을 듣고
4 그들이 간교하게 행하였으니 가서 마치 그들이 사신들인 것처럼 꾸
며 그들의 나귀에는 낡은 자루와 낡고 찢어져 꿰맨 포도주 부대를
싣고
5 그들의 발에는 낡고 기운 신을 신고 낡은 옷을 입고 모두 마르고 곰
팡이 난 빵을 예비하고
6 길갈에 있는 진영으로 여호수아를 찾아 가서, 그와 이스라엘 사람들
에게 말하기를 "우리는 먼 나라에서 왔나이다. 그러므로 이제 우리
와 조약을 맺으소서." 하니
7 이스라엘 사람들이 히위인들에게 말하기를 "혹시 너희가 우리 가운
데 거하는지도 모르니 우리가 어떻게 너희와 조약을 맺을 수 있으
랴?" 하자
8 그들이 여호수아에게 말하기를 "우리는 당신의 종이니이다." 하더라.
여호수아가 그들에게 말하기를 "너희는 누구며 어디서 왔느냐?" 하
니
9 그들이 그에게 말하기를 "당신의 종들은 주 당신의 하나님의 이름으
로 인하여 아주 먼 나라로부터 왔사오니 이는 우리가 그분의 명성과
그분께서 이집트에서 행하신 모든 일을 들었으며
10 또 그분이 요단 건너편에 있는 아모리인의 두 왕, 헤스본 왕 시혼과

아스타롯에 있는 바산 왕 옥에게 행하신 모든 일을 들었음이니이다.
11 그러므로 우리의 장로들과 우리 나라의 모든 거민이 우리에게 일러
말하기를 '너희는 여행을 위해 식량을 가지고 가서 그들을 만나 말
하기를, 우리는 당신들의 종이니이다. 그러므로 이제 우리와 조약을
맺으소서 하라.' 하였나이다.
12 이것은 우리가 당신들에게 오려고 떠나던 날 우리 집에서 우리의 양
식으로 뜨거운 것으로 취하였던 우리의 빵인데, 보소서, 이제 빵이
말랐고 곰팡이가 났나이다.
13 이 포도주 부대들은 우리가 채울 때는 새 것이었는데, 보소서, 찢어
졌으며 우리의 옷과 신도 아주 먼 여행길로 인하여 낡아졌나이다."
하더라.
14 사람들이 그들의 식량을 취하고 주의 입에 조언을 구하지 아니하고
15 여호수아가 그들과 화친하고 그들과 더불어 그들을 살리리라는 조약
을 맺었으며 회중의 고관들이 그들에게 맹세하였더라.

위의 본문은 기브온 거민들이 이스라엘을 속인 일을 기술한 부분이다. 기브온은 히위인들의 성읍이다(7절; 11:19). 여호수아 10:2은 기브온을 『**큰 성읍**』이라고 부른다. 즉 인구가 많은 성읍이었던 것이다. 또한 기브온은 『**왕의 성읍들 중 하나**』와 같다고 했다. 즉 히위인들이 카나안 땅의 그 지역에 세운 네 개의 성읍들 중 주요 성읍이 바로 기브온이었던 것이다(17절).

이 기브온인들에 대해서 알아야 할 것이 또 있다. 그들은 히위인들이었다(7절). 이스라엘이 이전에 히위인들을 어디서 만난 적이 있는 줄 아는가? 바로 창세기 34장에서이다.

창세기 34장에서 히위인들의 통치자, 세켐은 야곱의 딸 디나를 겁탈했다. 그녀의 형제들인 시므온과 레위가 무슨 일이 일어났는지를 듣더니, 야곱 가문 사람과 혼인하기 위해서는 할례를 받아야 한다고 히위인들을 속였다. 그들 히위인들이 할례를 받고서 치료되는 동안, 시므온과 레위가 그들 가운데로 직접 들어가 성읍 전체를 몰살시켜 버렸다. 이곳 여호수아 9장의 히위인들은 유대인들과 그들의 친족이 가졌던 그 마지막 만남을 기억하고서 그들과 다시는 연루되고 싶어 하지 않았음이 틀림없다.

놀랍지 않은가? 287년 전에 시므온과 레위는 그 히위인들을 속였고, 그들의 후손인 이스라엘 사람들이 자신들의 선조가 287년 전에 뿌렸던 것을 거두려는 참인 것이다. 성경은 『**속지 말라, 하나님은 우롱당하지 아니하시느니라. 이는 사람이 무엇을 심든지 그대로 거둘 것이기 때문이라.**』(갈 6:7)고 말씀하신다. 하나님께서 나의 증인이시거니와, 나는 20대 때에 뿌린 것을 50대가 되어서도 거둬들여야 했다. 성경의 하나님께서는 결코 잊지 않으시며 기억력이 좋으시다는 점을 명심하라.

1절의 왕들과 달리, 기브온인들은 그들이 여호수아를 대적하면 어떻게 될 것인지 재빨리 알아차렸다. 그들은 여리코와 아이 성에 일어난 일을 보고서 "재앙의 조짐을 느꼈던" 것이다. 그래서 『**간교하게**』 행하여(4절) 여호수아를 속여서 이스라엘과 『**조약**』을 맺으려는 획책을 꾸민 것이다(6절).

『**간교하게**』(wilily)란 말은 "간교한"(wily)에서 나온 부사이다. 이 말은 "속임수를 잘 쓰는," "간사한," "영리한" 등의 뜻이다. 사실 이 단어는 전혀 고어가 아니지만 미국의 교육 수준이 오늘날 보는 바와 같이 형편없게 되어 버렸기 때문에 이런 단어마저 생소하게 느껴져 고어처럼 여기는 것이다. 옛날 이야기책들에는 "간사한 여우"(wily fox)라는 표현이 자주 나왔다. 코미디 애니메이션 만화 시리즈인 "루니 튠즈"에 등장하는 "와일 E. 코요테"(Wile E. Coyote, 간사한 코요테)라는 캐릭터도 이런 옛날 이야기책에서 아이디어를 얻은 것이다. 어떤 여자가 남자를 속임수로 꾀어서 결혼을 성사시키려고 할 때, 사람들은 그녀가 "여자의 간계"(womanly wiles)를 썼다고 말한다.

기브온인들은 사람들 몇 명을 『**먼 나라에서**』 온 사신들(대사들)처럼 옷을 입혀서 여호수아에게 보내어 속이려고 했다(6절). 달리 말해, "그들은 실은 그런 사람들이 아닌데 그런 것처럼 공언했던 것이다." 그리스도인이 여기서 얻어야 하는 영적 교훈은, "거짓으로 믿음을 고백하는 사람들"을 경계해야 한다는 것이다.

바울은 사도들이 『**그리스도를 대신한 대사들**』이라고 했다(고후 5:20). 그러나 사도가 아니면서 자신이 사도인 양 돌아다니는 자들도 있었다(계 2:2). 그들은 거짓 사도들이며 그리스도의 사도들로 가장하는 자들이다(고후 11:13). 즉 그들은 "가짜 대사들"이다. 그들은 "마귀의 일꾼들"이면서 『**그리스도를 대신한 대사들**』인 척하는 것이다(고후 11:14,15).

가짜 대사들은 오늘날도 존재한다. 그들은 여전히 활개를 치면서 문제를 일으키고 있다. 즉 이들은 마태복음 16장에서 "사도적 계승"을 따랐다고 거짓말한다. 그들은 가지고 있지도 않은 "사도의 표적들"을 받았다고 주장한다. 성경은 예수 그리스도만이 『**우리의 고백하는 바 사도이며 대제사장**』(히 3:1)이라고 말씀하는데, 자신이 하나님의 "사도"나 "주의 사자" 또는 "선지자"라고 말하는 것이다. 잘 들으라. 오늘날 혹자가 자신을 "사도"라고 부르거든, 그자야말로 거짓말쟁이임을 알아야 하는 것이다(계 2:2).

기브온인들은 연기를 제대로 했다. 그들의 나귀에는 모두 낡은 "배낭들"만 실려 있었다(『**나귀에는 낡은 자루와 낡고 찢어져 꿰맨 포도주 부대를 싣고**』, 4절). 밑창이 다 떨어져 나갈 지경이고 끈으로 간신히 동여맨 신발을 신었다. 『**낡고 기운 신을**』(5절) 신었다고 했는데, 여기서 『**기운**』(clouted)이란 말은 "덧댄" 것이나 "기워 고친" 것을 말한다. 그들의 옷은 누더기가 된 상태였으며, 그들의 빵은 딱딱해지고 곰팡이가 핀 것이었다. 모든 것이 그들이 여호수아에게 오기 전에 긴 여행을 한 것처럼 보였다. 그러나 사실 그들은 삼 일 거리도 되지 않는 가까운 성읍에서 왔던 것이다(16,17절).

이 모든 것은 실제로는 그렇지 않으면서 "그리스도의 대사" 행세를 하는 자들에 대한 완벽한 예표이다. 예수님께서는 이렇게 말씀하셨다. 『**거짓 선지자들을 조심하라. 그들은 양의 옷을 입고 너희에게 나아오나 속은 약탈하는 이리들이라**』(마 7:15). 가짜 대사들은 "가난을 가장한다"(『**낡은 자루**』). 그들은 "그리스도인 형제들 양조장"(Christian Brothers Distillery)처럼 "오래된 포도주"를 가지고 돌아다닌다. 그들의 『**발**』은 전혀 『**화평의 복음을 준비한 것으로**』(엡 6:15) 신겨져 있지 않다. 그들의 발은 『**화평의 복음**』과 『**좋은 일들의 기쁜 소식**』(롬 10:15)을 전하지 않기에 아름답지도 않다. 그들은 세상을 걸어 다닌 탓에 낡고 기워진 신을 신고 있을 뿐이다. 그들은 자기 의의 『**더러운 걸레**』(사 64:6)를 입고 다니며, 그들의 설교는 바싹 마른 먼지처럼 메마르고 생명력이 없다.

기브온인들은 『**먼 나라에서**』 왔다고 거짓말을 했다(6절). 성경에서 『**먼 나라**』는 "하늘나라"나(눅 19:12, 잠 25:25) 사탄의 왕국인 "바빌론"을 예표한다(눅 15:13, 사 39:3). 역사적인 관점에서 볼 때, 6절은 후자를 의미한다. 영적으로 고린도후서 11장의 『**거짓 사도들**』과 연관하여 보면, 이들은 실제로는 『**그리스도의 복음**』을 변질시키는 『**다른 복음**』을 전하면서(갈 1:6,7) 『**먼 땅에서 오는 좋은 소식**』(잠 25:25)을 전하는 것인 양 가장하는 거짓 일꾼, 곧 거짓 대사들에 해당한다.

『**그러므로 이제 우리와 조약을 맺으소서**』(6절). "우리와 함께 언약을 맺읍시다. 서로 잘 지내봅시다. 너무 까탈스럽게 굴면서 따로 노시면 안 되죠. 말썽쟁이를 누가 좋아하겠어요? 자, 우리 모두 행복한 지구촌 가족으로 함께 잘 살아봅시다!" 그러나 이것은 그 유대인들이 절대로 해서는 안 되는 일이었다.

『**내가 네 경계를 홍해로부터 필리스티아 바다까지와 광야에서부터 강까지 정할 것이라. 내가 그 땅의 거민들을 너희 손에 넘겨주리니 너는 그들을 네 앞에서 쫓아내지니라. 너는 그들과 더불어 또한 그들의 신들과 더불어 언약을 맺지 말라**』(출 23:31,32).

『**너는 네가 가는 그 땅의 거민들과 언약을 맺지 않도록 조심하라. 그래야 그것이 네 가운데 올무가 되지 않으리라**』(출 34:12).

『**주 너의 하나님께서 네 앞에 그들을 넘겨주실 때, 너는 그들을 쳐부수고 완전히 진멸시키며, 너는 그들과 어떤 언약도 하지 말고 어떤 자비도 보이지 말지니라**』(신 7:2).

유대인들은 카나안 땅에 있는 어떤 이방 민족과도 조약이나 협약을 맺어서는 안 되었다. 왜냐하면 이방 민족들이 유대인들을 미혹하여 그들의 가짜 신들을 숭배하게 될 것이며, 게다가 우상 숭배에 따라오는 온갖 가증함을 저지를 것이기 때문이었다.

『**그들이 여호수아에게 말하기를 "우리는 당신의 종이니이다." 하더라**』(8절). 그렇지 않다. 그들은 이 말을 할 때 종들이 아니었다. 이제 곧 종들이 될 것이었다. 여호수아가 나중에 그들의 정체를 알게 되었을 때, 그들을 성막을 섬기는 "종들"로 삼은 것이다(23절). 성경은 『**이는 네 말들로 인하여 네가 의롭게 되고, 또 네 말들로 인하여 네가 정죄함을 받게 될 것이기 때문이라.**』(마 12:37)고 말씀한다. 기브온인들은 그들 스스로가 한 말로 벌을 받게 된 것이다. 『**우리는 당신의 종이니이다.**』

우리는 여호수아가 8절에서 두 가지 중요한 질문을 하는 것을 보게 된다. 『**너희는 누구며 어디서 왔느냐?**』 그러나 여호수아는 이 질문들에 대한 답을 면밀히 찾고 조사하지 않았다. 그는 첫 번째 질문에 대해서는 답을 받지도 못했고, 두 번째 질문에 대한 답을 확인해 보지도 않았다.

『**너희는 누구며**』. 그들은 여호수아에게 이 질문에 대한 답을 하지 않았다. 거짓말도 하지 않았다. 그들은 히위인들이었다(7절). 그러나 그들은 이 사실을 가리면서 여호수아가 주의를 기울이지 않고 넘어가 주기를 바랐던 것이다. 그렇다. 그들의 바람대로 여호수아는 주의를 기울이지 않았다. 여호수아가 집요하게 "너희는 누구냐?"고 묻지 않았기 때문에 그들은 그에게 거짓말을 할 필요도 없었다.

『**어디서 왔느냐?**』 그들은 『**아주 먼 나라로부터 왔사오니**』라고 대답했다. 거짓말이었다. 그들은 길갈에 있는 진영에서 삼 일 거리도 되지 않는 곳에 있었다(16절, 소규모의 병력보다 군대 전체가 이동하는 것이 느릴 수밖에 없음을 기억하라). 그러나 여호수아는 "어느 나라"인지 묻지도 않았다. 그들은 목숨을 부지하기 위해 거짓말을 하고 있었다. 그들은 여호수아가 그 땅의 거민 중 누구도 살려두지 않을 것이며, 그들 중 누구와도 조약을 맺지 않을 줄 알고 있었던 것이다.

9,10절에서 그들은 이집트에서 근 43년 전에 일어났던 일과, 2년 전 요단 저편에 있는 시혼과 옥에게 일어난 일을 언급한다. 그러나 그들은 여리코와 아이 성읍 정복에 대해서는 말하지 않는다. 왜냐하면 이스라엘이 그들을 정복한 지 얼마 되지 않았기 때문이다. 그들은 여호수아가 그들이 지난 2년간 바빌론이나 페르시아에서 출발하여 길을 왔다고 생각하기를 바랐다("2년"이란 시간은 헤롯이 동방에서 현자들이 예루살렘에 도착하는 데 걸렸을 것이라고 생각한 것과 같은 시간이다, 마 2:16).

따라서 그들이 『**아주 먼 나라**』에서 왔음을 여호수아에게 납득시키기 위해 했던 첫 번째 행동은 뭔가를 "말하지 않는" 것이었다. 알렉산더 솔제니친에 의하면, 공산주의자들은 러시아를 차지했을 때 설교자들이 하나님의 선하심을 말하는 것을 싫어하지 않았다고 한다. 그들이 금지했던 것은 "마귀가 나쁘다"는 말이었다. 빌리 그래함과 신복음주의자들의 문제점도 바로 이것이다. 문제는 그들이 말하는 것에 있지 않고 "말하기를 거부하는 것"에 있는 것이다. 빌리 그래함과 함께한 무리들은 특정한 죄들을 지적하고 책망하며 설교하기를 원하지 않는다. 그들은 예수 그리스도를 거절한 죄인들이 지옥에 떨어진다고 설교하기를 꺼려하는 것이다. 설사 지옥에 대해 설교한다 해도, 지옥은 "영원한 불"이라고 말하지 않고 단지 "하나님과 분리됨"이라고 말한다. 기브온 거민들도 이처럼 그들이 말하지 않은 뭔가로 여호수아를 속였던 것이다.

둘째, 그들은 여호수아에게 그가 "볼" 수 있는 뭔가를 제시했다는 사실이다. 그들은 메마르고 곰팡이가 핀 빵과 찢어지고 덧댄 포도주 부대와 누더기가 된 옷들을 보여 줬다. "낡고 헤어진 거 보이시죠? 이것 봐요! 이것이 우리가 먼 나라에서 오랫동안 여행을 해서 여기까지 온 '증거'라고요!" 그러나 모두 '거짓말'이었다. 그들은 "당신의 눈으로 보니까 확실하게 믿을 수 있으시겠죠?!"라고 말한 것과 같은 것이다.

이것이 바로 무신론자들과 불가지론자들, 진화론자들이 쓰는 논법이다. 기브온인들이나 그들의 주장은 모두 저주받기에 합당한 것들이다. "이것 봐요, 하나님을 볼 수 없잖아요. 그러니까 하나님은 존재하지 않는 거예요!" 그러나 공기나 중력도 볼 수 없다. 그렇다고 그것이 없다고 생각하는가? "우리는 진화론이 진실인 줄 알아요. 저 공룡 모형을 좀 보세요." 그러나 박물관에 있는 공룡의 뼈들과 모형들은 진화가 실제로 일어났다는 증거가 될 수 없다. 그것이 증명하는 것은 누군가가 철사와 석고를 가지고 정교하게 작업하고 색칠을 잘했음을 의미할 뿐이다.

당신은 당신의 눈을 항상 믿을 수 있는 것은 아니다. 무대에서 벌어지는 마술쇼를 생각해 보라. 마술사는 당신이 하나의 것에 집중하게 하여 주의를 끌면서 다른 수작을 한다. 그렇게 해서 일종의 "환상"을 보게 하는 것이다. 그래서 성경은 우리에게 『**이는 우리가 믿음으로 행하고 보는 것으로 하지 아니함이라.**』(고후 5:7)고 말씀한다. 『**이제 믿음은 바라는 것들에 대한 실상이요, 보이지 않는 것들에 대한 증거니**』(히 11:1). 즉 하나님께서 당신에게 당신이 볼 수 없는 뭔가를 믿으라고 하실 때, 그분은 당신에게 그것을 믿을 수 있는 실질적인 증거를 주신다는 것이다. 하나님께서는 우리가 그분의 말씀을 믿기 원하실 때, 그 말씀이 진리라는 증거로서 "성취된 예언"을 보여 주시는 것이다(6:26에 관한 주석을 보라).

그러면 무엇이 여호수아의 문제였는가? 14절을 보라.

『**사람들이 그들의 식량을 취하고 주의 입에 조언을 구하지 아니하고**』.

여호수아가 잘못을 범한 것이 두 가지 있다. 본문과 아이 성에서였다. 두 번 다 여호수아가 어떤 일에 대해서 기도하지 않았기 때문에 일어난 문제였다. 여호수아는 언약궤 앞으로 가서 무릎을 꿇고 하나님께 "주여, 이들을 어떻게 할까요?"라고 물었어야 했다. 그러나 그렇게 하지 않았고, 그래서 그는 구제 선교(rescue mission)를 감독했던 나의 친구가 "비성경적인 상황"이라고 부른 상황에 들어가게 된 것이다. 그는 이교도 우상숭배자들과 조약을 맺었고 재판관기에서 일어날 일들에 대한 씨를 뿌린 것이다(판 1,2장).

그리스도인이 여기서 배워야 할 교훈은 누군가와 어울리기 전에 잘 살펴야 한다는 것이다. 성경은 이렇게 말씀한다.

『**믿지 않는 자들과 멍에를 같이 메지 말라. 의가 불의와 어찌 관계를 맺으며 빛이 어두움과 어찌 사귀겠느냐? 그리스도가 벨리알과 어찌 조화를 이루며 또한 믿는 자가 믿지 않는 자와 어떤 부분을 같이하겠느냐? 하나님의 성전과 우상들이 어찌 일치되겠느냐? 이는 너희가 살아 계신 하나님의 성전임이라. 하나님께서도 말씀하시기를 "내가 그들 가운데서 살 것이며 그들 가운데서 다닐 것이며 나는 그들의 하나님이 되고 그들은 나의 백성이 되리라. 그러므로 주가 말하노라. 너희는 그들에게서 나와 따로 있고 더러운 것을 만지지 말라**』(고후 6:14-17).

그리스도인은 이 악한 세상 체계에서 자신을 분리하여 성별해야 한다(갈 1:4). 왜냐하면 『**악한 사귐은 좋은 행실을 부패시키느니라.**』(고전 15:33)고 말씀하기 때문이다. 만약 싱싱한 사과 하나를 상한 사과들이 있는 궤짝에 넣으면 싱싱한 사과가 상한 사과들을 싱싱하게 만들겠는가? 오히려 상한 사과들 때문에 싱싱한 사과마저도 상하게 될 뿐이다. 그리스도인들은 구원받지 않은 죄인들과 너무 친밀하게 지내서는 안 된다. 무슨 말인가? 세상의 죄인들과 함께 어울려서, 성경 말씀을 거스르며 그들이 가는 곳에 함께 가고 그들이 하는 짓에 동참해야 하는 상황을 만들어서는 안 된다는 것이다.

오해하지 말라. 당신은 구원받지 못한 세상에 살면서 그 안에서 일을 해야 한다. 그것은 불가피한 일이다. 그러나 당신이 연관될 필요가 없는 특정한 상황들이 있다. 예컨대, 그리스도인인 당신은 구원받지 않은 사람과 결혼해서는 안 된다. 만일 그렇게 하면 그 사람과 함께 멍에를 지게 되어, 배우자가 원하는 곳에 함께 가고 배우자가 하는 것을 함께해야 하며, 좋든 싫든 그런 일들에 동참자가 되어야 하기 때문이다. 또한 당신은 "오로지" 비성경적인 일을 하거나 그런 일을 부추기는 일을 하는 자들을 윗사람으로 두고 일하거나 그런 자들과 동업해서도 안 된다.

언젠가 한 그리스도인이 내게 이렇게 말한 적이 있다. "럭크만 형제님, 저는 성별된 삶을 살 수 없어요. 만약 그렇게 살면 직장을 잃게 될 거예요. 저는 맥주 트럭을 운전해서 먹고사는데, 만일 성별된 삶을 살면 맥주 트럭 운전을 그만둬야 해요." 당신은 정말 하나님께서 당신에게 맥주 트럭을 운전하는 일보다 더 좋은 일을 주실 수 없다고 생각하는가? 정말 그런 분께서 저 셋째 하늘의 보좌에 좌정해 계신다고 믿는가! 그렇게 말하는 것은 그 사람 자신의 불신을 보여 줄 뿐이다. 하나님께서는 반드시 성도들의 필요를 채워 주신다.

형제들이여, 성경은 『**두 사람이 동의하지 않고 함께 걸을 수 있겠느냐?**』(암 3:3)라고 말씀한다. 어쩌면 당신은 어머니, 아버지, 자녀들, 배우자, 친척들, 친구들과의 관계에서 어려움을 겪고 있을 수도 있다. 그러나 하늘이 무너져도 관계를 지켜내야 하는 유일한 분은 "하나님"이시다. 다른 사람들과는 잘 어울릴 수 없다 해도, 주님과는 동의하며 그 길을 함께 갈 수 있어야 한다. 왜냐하면 얼마 지나지 않아 당신도 오직 하나님께서만이 도우실 수 있는 상황에 처하게 될 것이기 때문이다. 그런 상황에서 도움을 받기 원한다면, 당신은 평소에 주님과 원만한 관계를 유지해야만 하는 것이다.

기브온 거민들의 속임수에서 우리가 배워야 할 중요한 교훈들이 몇 가지 있다.

1. "가장 사악한 거짓말도 그 대부분은 진실이다." 상한 사과 한 궤짝을 팔려면 적어도 맨 위에는 좋은 사과들을 깔아 놓아야 한다. 기브온 거민들의 거짓말이 그렇게 효과적이었던 것은 그 거짓말 안에도 진실이 있었기 때문이다. 그들은 정말 『**주 당신의 하나님의 이름으로 인하여**』 여호수아에게 왔다(9절). 그들이 『**그분의 명성과 그분께서 이집트에서 행하신 모든 일**』과 『**그분이 요단 건너편에 있는 아모리인의 두 왕, 헤스본 왕 시혼과 아스타롯에 있는 바산 왕 옥에게 행하신 모든 일**』을 들은 것도 사실이었다(9,10절). 11절도 모두 진실이다. 기브온 거민들의 지도자들은 실제로 그렇게 말하라고 했다. 그들의 빵을 화덕에서 뜨거운 것으로 취한 것도 사실이었으며, 그들의 빵이 마르고 곰팡이가 핀 것도 사실이었다(12절). 그러나 나머지 모든 것은 거짓말이었다. 그들이 말한 것의 80%는 "진실"이었고, 그들은 그 80%의 진실을 이용하여 "새빨간 거짓말"을 믿게 한 것이다.

이런 점에서 볼 때, 시중에 나온 소위 "성경"이란 것들 중에서 가장 위험한 것은 "진짜 성경"(AV 1611)과 가장 유사한 성경이다. 시중에 나온 성경 중 가장 나쁜 것은 이사야 7:14에서 동정녀 탄생을 부인한 자유주의자들의 RSV가 아니다. NASV, ESV, NIV 등이 그것보다 조금 더 낫다고 하지만 이 변개된 역본들은 모두 RSV와 예수회의 1582년판 림즈 역본과 같은 변개된 원문에서 나온 것이다. 이 역본들은 RSV와 똑같이 누가복음 2:33에서 동정녀 탄생을, 요한일서 5:7에서 삼위일체를, 디모데전서 3:16에서 그리스도의 신성을 공격한다.

그러나 가장 위험한 성경은 진짜 성경과 동일한 히브리어 원문과 헬라어 원문에서 나왔다고 선전하는 "성경"인 뉴킹제임스성경이다. 이 성경은 NASV, NIV처럼 36,000에서 40,000단어를 삭제함으로써 하나님의 말씀을 공격하지는 않는다. 대신에 배교하고 영적으로 죽은 학자들의 의견에 따라 올바른 원문의 단어들을 재해석하여 영어로 주신 하나님의 말씀들을 공격하는 것이다. 그 위험의 핵심은 뉴킹제임스성경을 읽어 보면 여러 곳에서 킹제임스성경을 읽는 것처럼 느껴지지만 실제로는 전혀 킹제임스성경이 아니라는 점에 있다. 사실 뉴킹제임스성경은 변개된 ASV의 본문들을 킹제임스성경에다 집어넣은 것일 뿐이다.

2. "구원받지 못한 세상이 그리스도인의 신앙을 옹호할 때 특히나 조심해야 한다." 스룹바벨 시대에 사마리안인들은 유대인들에게 이렇게 제안했다. 『**우리로 너희와 함께 건축하게 하라. 이는 우리도 너희가 하는 것처럼 너희 하나님을 찾으며**』(스 4:2). 그러나 그것은 반만 옳은 말이었다. 그들은 하나님을 두려워할 뿐만 아니라 우상들도 섬겼다(왕하 17:41). 사실 그들은 성전 재건을 방해하려는 『**유다와 베냐민의 대적들**』에 불과했다(스 4:1). 그리스도인이여, 세상이 당신의 편을 들어 줄 때 성경이 말씀하

신 바와 같이 당신을 찌르려는 "요압의 손에 들린 칼"을 주의해야 하는 것이다(삼하 20:10).

3. "'종교'는 하나님을 두려워하면서도 구원받지 못한 죄인들의 헛된 행위일 뿐이다." 구원받지 않는 사람들 중에도 하나님을 두려워하는 사람들이 있다. 그러나 그들은 성경의 진리에 따라 하나님을 두려워하지 않는 것이다. 바울은 그의 당대에 그리스도를 거절한 유대인들이 『**하나님께 대한 열성은 있으나 지식을 따라 된 것은 아니니라.**』(롬 10:2)고 했다. 그들은 하나님을 기쁘시게 하기 위해 뭔가를 행할 정도로 하나님을 두려워하긴 했지만, 하나님께서 그분의 아들을 통해서 주신 계시를 따라(히 1:1,2) 온전히 하나님을 두려워하지는 않았던 것이다. 그들은 일면 로마카톨릭과 비슷하다. 그들은 하나님을 두려워하긴 하지만 "잘못된 방법"으로 하나님과 화해하려고 하는 것이다.

라합이 들었던 이야기들을 이 기브온 거민들도 들었을 것이다(수 2:10). 그들은 라합이 하나님께 드렸던 것과 같은 헌신을 드리기를 원하지 않았다(수 2:11). 대신 그들 자신의 머리를 굴려서 하나님의 "선한 은총"을 받기를 원했던 것이다. 거의 모든 "종교"가 이와 같다. "하나님의" 방법대로 하나님의 요구를 만족시키려 하지 않고 "인간의" 방법대로 하나님을 만족시키려고 하는 것이다.

4. "지역 교회들도 거듭나지 못한 회원들로 가득 찰 수 있다." 기브온 거민들은 이스라엘의 하나님을 받아들이지 않고서 이스라엘인들에게 "편승"하길 원했다. 거듭나지 않은 사람들이 지역 교회를 가득 채울 수 있음을 알아야 한다. 즉 집안 내력 때문에 교회에 다니는 사람들이 있다. 어머니, 아버지가 교회에 다니니까 자신도 다니는 사람들이다. 때로는 집안 대

대로 소위 "기독교 집안"인 사람들도 있다.

"친인척"이나 특히 "결혼" 관계 때문에 교회에 다니는 사람이 많다. 나의 아버지는 성공회 교회에서 교구위원이셨다. 아버지의 가족은 원래 일리노이 주의 농장주 출신으로 침례교인이었다. 그러나 나의 어머니는 캘리포니아 주 파사데나 출신의 성공회교도셨다. 그래서 아버지는 성공회 교회에 다니게 되었다.

시골 교회들은 한 가족이 장악하는 경우가 대부분이다. 교회에 출석하는 사람 모두가 이래저래 친인척 관계이다. 교회에 다니는 이유가 친척들이 다 거기에 있기 때문이다. 즉 거듭났기 때문에 교회에 다니는 것이 전혀 아니라는 것이다.

5. "『**경건의 능력**』은 부인하면서 『**경건의 모양**』만 얻기 위해 교회 다니는 사람들이 있다"(딤후 3:5). 쉽게 말해 그들은 자기 자신은 예수 그리스도께 헌신하지 않지만 단지 교회에서 이뤄지는 활동에만 참여하기 원하는 것이다. 성사와 의식들이 뭔가 도움이 된다고 배웠기 때문에, 교회에 다니면서 그것을 믿든 안 믿든 종교적인 활동에 참여하는 사람들이다. 로마카톨릭교도들에게 복음을 전해 본 사람이라면, 그들 대부분이 자신이 뭘 믿는지도 제대로 알지 못한다는 사실을 알 것이다. 그러나 그들은 소위 "교회"를 통해서만 구원받을 수 있다고 배웠기 때문에 습관적으로 성당에 다니고 미사에 참여하고 신부에게 죄를 고백한다.

6. "구원받은 사람들의 말투를 배워 교회 안으로 들어오는 구원받지 못한 죄인들이 있다." 미국인들이 성경을 읽었을 때는 이런 일이 다반사였다. 그때는 거듭난 그리스도인이 아니면서도 그리스도인이 쓰는 표현을 따라함으로써 그리스도인인 척하기가 쉬웠다.

7. "죄인들이 구원받지 않은 채 교회나 교회 관련 단체에 다니는 이유는 '박애주의'를 실천하기 위해서이다." 그들은 다른 사람들에게 잘해 줌으로써 자신의 죄들을 탕감 받고 싶어 하는 것이다. 많은 사업가들이 교회를 다니거나 "크리스찬사업가협회"와 같은 단체에 가입하는데, 그 이유는 양심의 부담을 줄이기 위해서이다. "미국아동가정부서"(과거의 '미국보건교육후생부')와 같은 많은 사회주의적 단체들의 직원들은 대부분 구원받지 못한 자들로서, 그들은 다른 사람들에게 자기 생각대로 선을 행함으로써 자신의 죄들을 씻어낼 수 있다고 생각한다.

8. "종교 단체가 주는 사회적 유익들을 얻기 위해 구원받지 못한 사람들이 교회를 가득 채울 수도 있다." 예를 들어 이들은 자기 자식들이 교회의 프로그램으로 유익을 얻기를 바라고 교회에 오는 것이다. 가난한 사람들은 식료품을 사고 월세나 전기세를 내는 데 지역 교회 회중이 도움을 주기를 바라면서 교회에 다닌다. 사업가들은 자신들의 사업에 도움이 될 사람들을 만나기 위해서 교회에 다닌다. 그들은 교회가 운영하는 "가족 건강 센터"를 이용하고 싶어 한다. 그들은 교회에서 하는 소프트볼 프로그램에 참가하기를 원한다. 이들은 교회가 주는 사회적 유익들로 득을 보기 위해 교회에 다니는 것이다.

9. "자신이 경멸하는 사람들을 도와줌으로써 자기만족을 추구하는 소위 '상위 계층' 사람들도 있다." 그들은 그 도시의 의사, 변호사, 은행가들로서, 진짜 성경대로 믿는 그리스도인들을 경멸의 눈으로 보면서도 사람들을 돕기 위해 교회의 회원이 된다. 그들은 성경적이며 강력한 설교를 혐오하면서도, 할 수만 있다면 집사와 교회 임원 등 교회를 이끌어가는 직책을 얻기 원한다. 이들은 자신이 조종할 수 있는 "착한" 설교자를 원한

다. 그래서 새장에 갇힌 카나리아처럼 데리고 있으면서 주일 아침마다 카나리아처럼 아름답게 "지저귀는" 소리만 들려주기를 원하는 것이다. 이런 자들은 마지막 부류와도 연결된다.

10. "구원받지 않은 자들이 그리스도인의 사역에 동참하여 그 사역을 조종하려고 한다." 당신은 얼마나 많은 미국 대학들이 처음에는 "그리스도인의" 사역으로서 출발했지만 그 뒤 구원받지 못한 교수들에게 서서히 점령당했다는 것을 알면 깜짝 놀랄 것이다. 이들은 전혀 믿음이 없으면서도 소위 "기독교"에 대해 공부하고, 학교가 요구하는 "신조"에 서명함으로써 가르치는 자리를 얻는다. 그 후 강의실에 들어가서는 자신의 불신을 내비치고, 학생이 불만을 토로하면 "학구적인 자유"라는 변명 뒤에 숨어 버린다. 학교 당국은 교조적이고 편협하고 무식한 "광신자" 집단으로 보이고 싶지 않기 때문에 그런 불신이 슬며시 들어오는 것을 묵과한다. "학자적인 탁월함"이 있다고 불신자를 학교에 들이기 시작하면 또 다른 사람을 영입하지 못할 이유가 없다. 이런 식으로 10년, 20년이 지나면 학교 전체가 온통 마들린 머레이 오헤어나 리차드 도킨스 같은 무신론자들로 뒤덮이게 된다. 그런 후 얼마 지나지 않아 그 학교는 국제적인 사회주의의 온상이 되고 만다. 그래서 "학구적인 자유"를 구실로 불신자가 불신을 가르치자 술과 마약이 뒤따라오고, 그 다음에는 난잡한 성적 죄들이 만연하게 되고, 급기야는 학교 전체가 술주정뱅이들과 마약중독자들과 간음하는 남자들과 여자들로 가득 차게 되는 것이다.

당신은 "어떤 학교를 말씀하시는 겁니까?"라고 물을지도 모른다. 시카고대학이다. 그곳은 처음에는 "침례교" 학교로 시작했다. 플로리다 주에 있는 스텟슨대학도 얼마 전까지는 "남침례교" 대학이었다. 그런데 나체 행렬,

록 콘서트, 무도회 등을 종횡무진 벌이더니, 결국 침례교 학교인 척도 하지 않게 되었다. 프린스턴대학도 목회자들을 양성하는 "장로교" 학교였다. 하버드와 예일도 목회자들을 양성하는 학교였다. 그러나 오늘날의 하버드나 예일을 보고 누가 목회자 양성 학교라고 생각하겠는가? 이 학교들도 옛날에는 황무지에 교회를 세우고 인디언들에게 갈 선교사들을 양성하기 위해 세워졌던 것이다. 그러나 오늘날 이 학교들은 자유주의자들의 아지트가 되어 버렸다. 에모리대학(감리교), 웨이크포레스트대학(남침례교), 듀크대학(감리교), 다트마우스대학(청교도) 등의 학교들도 마찬가지이다.

여기 여호수아 9장에서 기브온 거민들은 여호와 하나님을 믿거나 그분께 순종하지도 않으면서 이스라엘인들 안에 침입하여 "축복"을 공유하려고 했다. 그들은 성경이 『**혼혈의 무리**』라고 부르는 무리였다. 혼혈의 무리는 이스라엘이 출애굽했을 때에도 문제였고(출 12:38), 이스라엘이 포로 생활에서 돌아왔을 때에도 문제였다(느 13:3). 『**혼혈의 무리**』가 원하는 것은 『**그의 수치**』를 짊어지지 않은 채(히 13:13) "좋은 일들에 동참하는" 것뿐이다.

9:16 이스라엘이 그들과 더불어 조약을 맺은 후 삼 일이 지나서 그들이 자기들의 이웃이었음과 그들이 자기들 가운데 거한다는 것을 들으니라.

17 이스라엘 자손이 진행하여 삼 일째에 그들의 성읍들에 이르렀으니 이제 그들의 성읍들은 기브온과 크피라와 브에롯과 키럇여아림이더라.

18 그러나 이스라엘 자손은 그들을 치지 못하였으니 이는 회중의 고관
들이 이스라엘의 주 하나님으로 그들에게 맹세하였음이라. 그러자
모든 회중이 고관들에게 불평하니라.
19 그러나 모든 고관들이 모든 회중에게 말하기를 "우리가 이스라엘의
주 하나님으로 그들에게 맹세하였도다. 그러므로 이제 우리가 그들
을 손대서는 아니되리라.
20 우리가 그들에게 행할 것은 이것이니 우리가 그들을 살려 줘야 하리
라. 그래야 우리가 그들에게 서원한 맹세로 인한 진노가 우리에게
임하지 아니하리라." 하며
21 또 고관들이 그들에게 말하기를 "그들을 살려 주고 그들로 모든 회
중을 위하여 나무패는 자와 물긷는 자가 되게 할지니라." 하고 고관
들이 그들에게 약속하였던 대로 하였더라.
22 여호수아가 그들을 불러서 일러 말하기를 "너희가 우리 가운데 거하
면서 어찌하여 우리를 속여 말하기를 '우리는 너희에게 아주 멀리
있다.' 하였느냐?
23 그러므로 너희는 이제 저주를 받아 너희 가운데 종에서 풀려날 자가
없으리니 내 하나님의 집을 위하여 나무패는 자와 물긷는 자가 되리
라." 하더라.
24 그들이 여호수아에게 대답하여 말하기를 "주 당신의 하나님께서 그
의 종 모세에게 명하여 모든 땅을 당신들에게 주고 이 땅의 모든 거
민을 당신들 앞에서 멸하라 하신 것이 당신의 종들에게 분명히 들렸
기에 우리는 당신들로 인하여 우리의 생명을 잃을까 몹시 무서워서
이같이 행하였나이다.

25 이제 보소서, 우리가 당신의 손 안에 있나이다. 당신이 우리에게 행하기에 좋고 옳은 대로 행하소서." 한지라.
26 여호수아가 그들에게 그대로 행하였으니 그들을 이스라엘 자손의 손에서 구해 내어 죽이지 아니하였더라.
27 그 날로 여호수아가 주께서 택하시는 곳에서 그들을 회중과 주의 제단을 위하여 나무패는 자와 물긷는 자로 삼아 오늘까지 이르니라.

여호수아는 해서는 안 되는 일을 한다. 곧 기브온 거민들과 조약을 맺은 것이다(15절). 그는 이 문제에 대해서 기도해 보지 않고(15절), 그들을 살려주겠다고『**주 하나님으로**』맹세했다(18절).

이스라엘 자손은 삼 일 정도 여행하자 기브온 거민들이 바로 "옆 동네 사람들"이라는 사실을 알았다(16,17절). 그러나 그 "먼 나라에서 온 대사들"이 "그 땅에 사는 히위인들"임을 알았을 때는, 때가 너무 늦어 버렸다. 맹세를 이전에 이미 해 버렸기 때문이다(19절). 맹세를 깨뜨린다면 오히려 주님께서 이스라엘인들을 벌주셔야 될 상황이 된 것이다(삼하 21:1,2).

민수기 30:2은 이렇게 말씀한다.『**어떤 남자가 주께 서원하였거나, 자기 혼을 속박으로 묶기 위해 맹세하였거든, 그는 자기 말을 파기하지 말고 자기 입에서 나온 모든 것에 따라 행할지니라.**』

구약의 명령은, 만일 당신이 주 하나님께 뭔가를 서원하거나 하나님의 이름으로 뭔가를 하겠다고 맹세하면 그 서원이나 맹세를 지켜야 한다는 것이다. 만일 지키지 않으면 당신은 죄를 짓는 것이다.

『**네가 주 너의 하나님께 서원하거든 너는 그것을 갚는 데 게을리하지 말라. 이는 주 너의 하나님께서 반드시 네게서 그것을 요구하실 것임이니**

계을리하는 것은 네게 죄가 되리라』(신 23:21).

그러나 주 하나님께 서원하는 것이 의무는 아니었다.

『**그러나 네가 만일 서원하는 것을 그만두면 네게 죄가 되지 않겠으나**』(신 23:22).

사실 솔로몬은 서원하고 갚지 않는 것보다 처음부터 서원하지 않는 편이 낫다고 했다(전 5:5). 만약 당신이 주님께 약속을 하려고 한다면 이 점을 명심하라. 약속을 하고 지키지 않느니 차라리 처음부터 하지 않는 편이 나은 것이다. 어떤 그리스도인들은 어떤 설교를 듣고서 확신이 들어, 자신이 치러야 할 대가를 고려해 보지도 않은 채 하나님께 뭔가를 하겠다고 약속한다(눅 14:28-32과 해당 주석을 보라). 설교 말씀에 반응하는 것에는 전혀 잘못된 점이 없지만, 할 수 없거나 할 마음이 없는 약속 따위는 처음부터 하나님께 하지 말라는 뜻이다. 미국의 침례교회들에서 흔히 행하는 "믿음으로 약속하는 헌금"(faith-promise giving)이나 "청지기 맹세"(stewardship pledges) 등도 여기에 포함된다.

알지 못한 상태에서 잘못 서원했을 때 율법에는 이런 사람을 구제하는 조항이 있다. 레위기 5:4-6을 보라.

『**또한 어떤 사람이 자기 입술로 악을 행하거나 선을 행하리라고 공언하여 맹세하였으면 그 사람이 맹세로 공언한 것이 어떤 것일지라도, 그리고 그것이 그로부터 감추어져 있을지라도**[즉 율법이 그 문제에 대해서 무엇이라 말씀하는지 몰랐다면, 레 5:13], **그가 그것을 알게 되면**[옛말처럼 "법을 몰랐다는 것은 변명이 될 수 없다."] **이것들 중 하나에 그는 죄가 있느니라. 그것들 중 하나가 그에게 죄가 될 때**[모든 사실을 다 알지 못한 채 성급히 맹세함으로써, 결국 맹세로 죄를 지은 것이다.] **그는 그 일에 죄**

를 지었다고 자백해야 할 것이요』. 그리고 레위기 5:6은 이런 사람이 어떤 제물을 드려서 무지한 상태에서 드린 맹세로 인한 죄를 속죄할 수 있는지를 제시하고 있다. 『**그가 지은 자기 죄를 위하여 그는 주께 속건제물을 가져와야 하리니, 양떼나 염소떼에서 암컷으로 어린양이나 염소 새끼를 속죄제물로 드릴지니 제사장은 그의 죄에 관해 그를 위하여 속죄할지니라.**』

재판관기 11장에서 입다가 성급하게 맹세한 것도 율법의 이 조항으로 문제를 해결할 수 있었다. 이처럼 입다는 자신의 맹세에서 구제될 수도 있었으나 성경에 무지했기에 자기 딸을 희생제물로 드리는 끔찍한 일을 저지른 것이다. 재판관들 시대에는 『**사람마다 자기 눈에 옳은 대로 행하였더라.**』고 성경은 말씀한다(판 17:6; 21:25). 그러나 여호수아는 『**율법책**』에 근거해서 판단해야 했다(1:8의 주석을 보라). 따라서 이곳 여호수아 9장에서 당신이 읽는 것은, 여호수아가 기도하지 않았을 뿐만 아니라(14절), 그가 무지 가운데 행한 맹세의 문제에 있어서 성경이 무엇이라고 말씀하시는지를 알기 위해 성경을 찾지 않았다는 것이다. 만일 이것이 아니라면, 레위기 5장의 명령은 "개인들"에게 적용되고 "집체적으로" 민족에게는 적용되지 않는 것이 될 것이다.

만일 전자의 경우라면, 하나님께서는 지도자들이 맹세했을 때 그것을 그대로 적용되게 하신 것이다. 이것을 보여 주는 좋은 예가 바로 사울이다. 사울은 입을 열 때마다 "주"(the Lord)로 맹세했고, 하나님께서는 그 맹세에 대한 책임을 물으셨다. 사울은 자신이 한 맹세에 대해 한 번도 회개하지 않았고, 그래서 하나님께서는 그의 맹세에 대해 책임지게 하셨다.

한번은 사울이 전투에서 그의 대적들을 쳐부수기 전에 자기 백성 중 누구라도 뭔가를 먹으면 저주를 받을 것이라고 맹세했는데, 그의 아들 요나단은 그 맹세하는 곳에 없었기 때문에 꿀을 조금 먹게 되었다. 자, 그런데 백성들은 전투에서 이겼지만 배가 너무 고파서 전투에서 얻은 노획물들을 날것으로 피째 먹음으로써 율법을 위반하게 되었다. 사울은 그것을 자신의 맹세를 위반한 사람 탓으로 돌렸고, 그래서 그 사람을 그가 자신의 아들 요나단일지라도 죽일 것이라고 또 다시 맹세했다. 하나님께서 사울에게 제비로(수 7:16-18) 그와 그의 아들 요나단에게 책임이 있음을 알려주시자, 사울은 자신의 성급한 맹세의 결과로 아들 요나단을 죽이려 했다. 그러나 백성들은 그들을 승리로 이끈 사람은 다름 아닌 요나단이었기 때문에 사울이 그렇게 하는 것을 막아섰다. 당신은 사무엘상 14장에서 그 이야기를 읽을 수 있을 것이다. 그러나 사울은 맹세를 하고도 어떤 회개나 어떤 자백이나 어떤 속죄도 하지 않았기 때문에, 하나님께서는 사울의 맹세대로 그에게 갚으셨다. 말하자면 요나단은 사무엘상 31장에서 그의 아버지와 함께 죽었던 것이다.

위에서 논한 내용을 고려할 때, 신약의 그리스도인들은 이런 교훈을 얻어야 한다. 즉 그리스도인은 "성경에 대한 무지"를 "죄"를 짓는 것에 대한 변명으로 삼을 수 없다는 것이다. 그리스도인이여, 당신이 성경에 무엇이 있는지 알든 모르든 간에 당신은 그 "책"에 있는 것에 대해 "책임을 져야" 한다. 그리스도인들이 때때로 정말로 멍청할 때가 있는데, 당신은 그것을 알고 있었는가? 그들은 자신이 모르는 것에 대해 책임을 지지 않을 거라는 생각에 성경 읽는 일을 피하는 것이다.

정지 신호를 무시하고 달리다가 교통경찰에게 걸려 보았는가? 아무리 몰랐다고 변명해도 소용없을 것이다. "경찰아저씨, 정지신호를 보지 못했다니까요!" 경찰은 정지신호를 가리키면서 똑똑히 보라고 말한다. 그러면 당신은 "보지 못했다니까요!"라고 말한다. 당신은 볼 수 있었고 또 보았어야만 했다. 면허증을 얻고 차를 운전하고 다닌다면 신호를 찾아서 눈여겨봐야 하는 책임이 당신에게 있는 것이다. 만일 사람에게도 그런 허접한 변명이 통하지 않는다면, 어떻게 하나님께서 책임을 물으실 때 무사히 통과할 수 있다고 생각하는가?

주님께서는 몰랐다는 변명을 하지 못하도록 성경에 두 개의 명령을 기록해 놓으셨다. 물론 변개된 성경들은 당신이 하나님의 말씀을 모르면 그것으로 주님께서 봐주실 것이라고 생각하도록 이 명령들을 삭제시켜 버렸다. 이 명령들은 요한복음 5:39과 디모데후서 2:15에 기록되어 있다.

『**성경을 상고하라. 이는 너희가 성경에 영생이 있다고 생각함이니, 그 성경은 나에 관하여 증거하고 있음이라**』(요 5:39).

모든 변개된 현대 번역본들은 이 구절을 바꿔서 명령이 더 이상 명령이 되지 못하게 만들었다. 그들은 명령문을 평서문으로 만들어 "너희는 성경을 상고하는도다. 이는 너희가 성경으로 영생을 얻는다고 생각함이라."는 식으로 변개했다. 이는 주님께서 하신 말씀의 진의를 완전히 왜곡하는 것이다. 주님께서는 유대인들이 행하는 방식을 관찰하신 것이 아니다. 주님께서 하신 말씀은, 만일 그들이 성경으로 영생을 얻을 수 있다고 생각한다면 (그럴 수 있다, 요 6:63), 성경을 상고하라는 것이다. 왜냐하면 성경은 주님에 대해서 증거하고 있으며, 바로 그 주님께서 영생을 주시는 분이시기 때문이다.

변개된 성경들은 『**성경을 상고하라.**』는 명령을 제거하는 것에 만족하지 못하고 디모데후서 2:15의 성경을 『**공부하라.**』는 명령도 제거해 버린다. 변개된 성경들에 따르면 성경을 상고해야 한다는 명령도 없고 성경을 공부해야 한다는 명령도 없기 때문에, 그리스도인은 하나님께서 말씀하신 바를 알아야 하고 또 그 말씀에 순종해야 한다는 의무에서 자신이 자유롭다고 생각하게 된 것이다. 그러나 전혀 그렇지 않다.

아직도 미국에서는 킹제임스성경을 쉽게 구할 수 있다. 어떤 그리스도인도 주님 앞에 서서 "몰랐습니다!"라고 변명할 수 없는 것이다. 당신은 알 수 있었고, 알려고 했어야 했고, 또 알았어야 했다. 하나님께서 무엇이라고 말씀하셨는지 알고 그것을 행하는 것은 하나님의 자녀의 마땅한 의무인 것이다(약 1:22).

자, 맹세와 관련해서 모든 그리스도인이 기억해야 할 것이 있다. 만약 한 사람이 자신이 하지 말아야 할 맹세를 성급하게 했다면, 예를 들어 프리메이슨에 가담하여 피의 서약 같은 것을 했다가 나중에 그리스도인이 되어 자신이 어리석은 짓을 했음을 깨달았다면, 그는 요한일서 1:9을 따라 자백하면 되며, 그 뒤에는 그런 서약을 지킬 필요가 없다.

『**우리가 우리 죄들을 자백하면 그는 신실하시고 의로우셔서 우리 죄들을 용서하시며, 모든 불의에서 우리를 깨끗하게 하시느니라**』(요일 1:9).

그리스도인은 더 이상 양이나 숫양이나 염소, 집비둘기, 산비둘기 등을 희생제물로 바칠 필요가 없다. 이미 속죄함을 받았기 때문이다. 『**그의 아들 예수 그리스도의 피가 우리를 모든 죄에서 깨끗하게 하시느니라**』(요일 1:7). 성급한 맹세를 한 죄를 자백하고, 그 보혈을 적용하고, 비성경적인 단체에서 빠져나와 이제 하나님을 위해 살면 되는 것이다. 예수 그리스도께서 이미 당신을 용서하신 일을 가지고 시간을 끌면서 슬퍼하고 스스로 자학할 필요가 없는 것이다.

다시 여호수아서로 돌아가도록 하자. 『**그러므로 너희는 이제 저주를 받아 너희 가운데 종에서 풀려날 자가 없으리니**』(23절). 이것은 창세기 9:25,26에 기록된 노아의 예언이 문자적으로 성취된 것을 보여 준다.

『**말하기를 "카나안은 저주를 받으리니, 그가 그의 형제들에게 종들의 종이 될지어다." 하고, 또 그가 말하기를 "셈의 주 하나님을 송축하리로다. 카나안은 그의 종이 되리라**』(창 9:25,26).

창세기 9장에서 『**종**』(servant)이라는 단어가 무엇을 의미하는지 전혀 의심의 여지가 없다. 여기서 『**종**』은 곧 "노예"(slave)와 같은 뜻이다. 기브온 거민들은 히위인들이었고(7절), 히위인들은 카나안의 후손이었다(창 10:15-17). 그들이 쓴 속임수로 인해 여호수아는 기브온 거민들을 『**종**』(bondmen)으로 만들었다. 즉 카나안의 후손이 셈의 후손에게 노예가 된 것이다.

기브온 거민들은 영원히 저주를 받아 『**내 하나님의 집을 위하여 나무 패는 자와 물긷는 자**』(23절)가 되었다. 이 말씀에서 특이한 점은 당시 하나님께는 "집"이 없었다는 사실이다. 그 당시 하나님께는 천막, 즉 성막이 있었다. 그런데 사무엘상 1:9을 보라. 『**그리하여 그들이 실로에서 먹고, 마신 후에 한나가 일어나더라. 그때 제사장 엘리가 주의 성전 기둥 옆자리에 앉아 있는데**』.

사무엘상 1장에는 『**성전**』이 없었다. 사무엘상 1장의 상황은 사무엘이 태어나기 전 재판관들의 시대였다. 성전은 솔로몬의 통치 기간에, 그러니까 171년 후에나 건축된다. 그러나 사무엘상 1:9; 3:3에서는 성막을 『**성전**』이라고 부른다. 이는 성막이 하늘에 있는 성전의 모양을 따라 만들었기 때문이다(히 8:5, cf. 계 11:19; 14:17; 15:5).

당신은 이 사실이 왜 그렇게 중요한지 아는가? 대환란 전이나 대환란 기간 중에 유대인들의 성전이 다시 세워질 것이기 때문이다(살후 2:3,4). 지금은 유대인들이 성전 산에 그 어떤 것도 지을 수가 없다. 왜냐하면 모슬렘 모스크가 그 자리에 세워져 있기 때문이다(그것을 '오마르 사원'이나 '바위 사원'이라고 부른다). 1968년 예루살렘에서 열린 모슬렘 공회의 수장은 "모슬렘들은 어떤 유대인도 이 지역에서 기도하는 것을 허락하지 않을 것이다. 우리는 이 일을 위해 죽을 각오가 되어 있다."라고 말한 바 있다.

성전을 재건하기 위해서 유대인들에게는 다섯 가지 선택 사항이 있다.

1. "바위 사원을 무너뜨리는 것이다"(Rabby Levy, Tremont Temple, Bronx, New York, 1948). 물론 이렇게 하면 모슬렘들이 유대인들에 대한 보복으로 "지하드"(holy war, 성전)를 감행할 것이다.

2. "모슬렘들에게서 다시 그 산을 사는 것이다." 이런 주장은 마호메트가 태어나기 1,500년 전에 유대인들의 조상이 이미 그 산을 값 주고 샀음을 간과한 것이다(삼하 24:18-24, 대상 21:18-25). 아닌 게 아니라 유대인들은 1968년에 1억 달러에 그 산을 팔라고 제안한 바 있지만 팔레스타인의 가난하고 핍박받는 "피난민"들의 지도자들은 이를 거절했다.

3. "하나님께서 그 바위 사원을 자연적 또는 초자연적 재앙으로 무너뜨리시기를 기다리는 것이다." 궁극적으로는 이렇게 될 것이다(슥 14:4,5). 그러나 유대인들의 성전이 세워져서 적그리스도가 대환란 기간에 그곳에 앉으려면(단 11:31, 마 24:15) 지상 재림이 일어나기 4년 전에 이 일이 일어나야 한다.

4. "예루살렘이 아닌 다른 곳에 성전을 짓는 것이다." 이렇게 되면 성

경이 미래의 성전의 위치에 대해서 말씀하신 것에 위배된다(사 2:2,3, 시 2:6).

5. "모슬렘들과 '합작'으로 성전을 재건하려고 시도하는 것이다."

자, 유대인들이 어떻게 성전 산에 접근할 수 있을 것인가는 차치하고, 사실 유대인들은 솔로몬과 스룹바벨과 헤롯의 날들에 했던 것처럼 석조 구조물을 세워야 할 필요는 없을 것이다. 아모스 9:11을 보라.

『**그 날에 내가 무너진 다윗의 장막을 일으키고 그 틈을 막으리라. 또 내가 그의 패망을 일으켜 옛날처럼 세우리니**』.

『**다윗의 장막**』은 다윗이 언약궤를 예루살렘에 가져왔을 때 그 언약궤를 위해 세운 장막을 말한다(삼하 6:17). 그렇다면 대환란 기간에 있을 재건된 성전에 관한 예언들은 일종의 장막을 다시 세움으로써 성취될 수도 있음을 의미하는 것이다. 우리가 사무엘상 1:9에서 보았듯이, 성막이 『**성전**』으로 여겨질 수도 있기 때문이다.

『**그 날로 여호수아가 주께서 택하시는 곳에서 그들을 회중과 주의 제단을 위하여 나무패는 자와 물긷는 자로 삼아 오늘까지 이르니라**』(27절). 『**오늘까지**』라는 말로 우리는 사무엘이나 다윗 시대에 여호수아서에 덧붙인 부분이 있음을 알 수 있다(기브온인들은 사무엘하 21:1-9의 다윗의 통치 기간에 다시 등장한다).

그러나 더 중요한 것은 『**주께서 택하시는 곳**』(in the place which he should choose)이라는 표현이다. 이는 하나님께서 언약궤를 위해 한 장소를 선정하심을 말하며, 이는 이미 신명기 12:5; 16:2,6,16 등에서 그렇게 하시겠다고 말씀하신 바 있다. 여호수아와 재판관들의 시대 동안에 하나님께서 선정하신 장소는 실로였다(수 18:1, cf. 렘 7:12). 성경은 하나님께서 『**내 백성 이스라엘의 사악함으로 인하여**』(렘 7:12) 『**실로의 성막, 곧 그가 사람들 가운데 세우신 장막**』을 떠나셨다고 말씀한다(시 78:60). 이것은 또한 사무엘상 2-4장에서 보듯이 제사장 엘리의 집안에 하나님께서 내리신 형벌의 일부이기도 하다.

언약궤는 필리스티아인들이 차지해 버렸고, 그것이 다시 이스라엘로 돌아왔을 때는 다시 성막 안으로 들어가지 않았다. 언약궤는 다윗이 사무엘하 6장에서 그것을 "예루살렘"으로 가져오기까지 이곳저곳으로 옮겨 다녔다. "실로"는 파괴되었고, 놋제단과 함께 성막은 이리저리 옮겨지다가 솔로몬이 "예루살렘"에 성전을 건축하기까지 노예들이 있던 기브온에 있었던 것이다(대상 16:39; 21:29, 대하 1:3,13).

시편 기록자는 이렇게 기록했다. 『**또 그가 요셉의 장막을 거절하시고 에프라임 지파를 택하지 아니하시고**[실로가 있던 곳이 아니라] **다만 유다 지파, 곧 그가 사랑하시는 시온 산**[곧 예루살렘]**만을 택하시어**』(시 78:67,68).

하나님께서는 다윗에게 말씀하셨다. 『**이제 내가 예루살렘을 택하였으니 내 이름을 거기에 두기 위함이요, 또 다윗을 택하여 내 백성 이스라엘을 다스리게 하였노라**』(대하 6:6). 예루살렘은 하나님께서 그분 자신이 지상에서 『**영원히**』 사실 곳이라고 말씀하신 장소이다(시 132:13,14). 언젠가 "육신을 입으신 하나님"께서 이 땅을 통치하며 군림하실 때(딤전 3:16, 슥 14:9) 주님께서는 예루살렘으로부터 다스리실 것인데(슥 14:16-21), 이는 그곳이 『**위대한 왕의 도성**』(마 5:35)이기 때문이다. 메카, 메디나, 로마, 제네바, 뉴욕, 런던, 워싱턴 D.C. 등은 모두 자격미달이다. 그것들은 어림 반 푼어치도 안 되는 것들이다.

예루살렘이야말로 하나님의 도성이며, 하나님께서 언젠가 그곳에서 다스리실 것이다. 주님께서는 모슬렘, 유럽인, 미국인, 로마카톨릭, 그리스정교회 사람들을 그곳에서 모두 쫓아내실 것이다.

여호수아 10장

10:1 그때 예루살렘 왕 아도니세덱은 여호수아가 아이를 취하여 완전히
멸하였음과, 또 여리코와 그 왕에게 했던 것처럼 아이와 그 왕에게
도 행했음과, 기브온 거민이 이스라엘과 화친하여 그들 가운데 있다
함을 듣고
2 크게 두려워하였으니 이는 기브온이 왕의 성읍들 중 하나같이 큰 성
읍이며 그 성읍이 아이보다 더 크고 그 성읍의 모든 사람들이 강했
음이라.
3 그러므로 예루살렘 왕 아도니세덱이 헤브론 왕 호함과 야르뭇 왕 피
람과 라키스 왕 야피아와 에글론 왕 드빌에게 보내어 말하기를
4 "내게로 올라와서 나를 도와 우리로 기브온을 치게 하라. 이는 기브
온이 여호수아와 이스라엘 백성과 화친을 맺었음이라." 하니라.
5 그러므로 아모리인들의 다섯 왕, 즉 예루살렘 왕, 헤브론 왕, 야르뭇

왕, 라키스 왕, 에글론 왕이 함께 모여 그들과 그들의 군대들이 올라 와서 기브온 앞에 진을 치고 기브온을 대항하여 싸움을 벌이더라.

여호수아 9장은 『**주께서 택하시는 곳**』으로 끝이 난다. 10장은 『**예루살렘 왕 아도니세덱**』으로 시작한다(1절). "예루살렘"은 하나님께서 그분의 이름을 두시기로 선정하신 장소인데(대하 6:6), 여기 10장에서는 아직 그렇지 않다.

예루살렘이 성경에서 처음 나오는 것은 창세기 14:18이며, 그 구절에서는 『**살렘**』으로 나온다. 『**살렘**』은 "화평"에 해당하는 히브리어 단어이기 때문에, "예루-살렘"이라고 하면 "화평의 성읍"이 된다. 여기서 우리는 하나님의 특이하신 유머 감각을 볼 수 있다. 이 "화평의 성읍"은 1949년 이래로 33번이나 공격을 받았다. 정말 대단한 "화평의 성읍"이 아닌가?

여호수아가 그 땅에 들어갔을 때, 그 성읍은 아모리인들과 여부스인들이 관장하고 있었고(수 10:5; 15:63), 『**여부스**』(Jebus, 판 19:10, 대상 11:4) 혹은 『**여부시**』(Jebusi, 수 18:28)라고 불렸다. 이 이름은 "짓밟힌"이란 뜻이며 오히려 이것이 이 도성에 대한 적절한 이름이라 할 수 있다(성령님께서 달아놓으신 주석을 보라, 애 1:15, 단 8:13, 눅 21:24, 계 11:2).

이 도성은 먼저 유다가 여부스인들에게서 빼앗았고(판 1:8), 다윗이 다시 빼앗았다(삼하 5:6-9). 그 뒤로 1,000년이라는 기간이 흐르는 동안 시삭(대하 12:2-9), 여호아스(왕하 14:13,14), 르신(왕하 16:5) 등이 예루살렘을 공격했으며, 느부캇넷살은 세 번씩이나 공격했고(대하 36:6, 왕하 24:10-12), 구약과 신약의 중간기 동안에도 네 번 이상 공격받았다.

사도행전이 다루는 기간 이후로 예루살렘은 로마에 의해서 공격받고

(A.D. 70년, 135년), 페르시아인들이 또 공격하고(A.D. 614년, 샬바라즈), 비잔틴제국 사람들이 또 공격했다(A.D. 629년, 헤라디우스). A.D. 638년과 1098년 사이에 예루살렘은 일곱 개의 서로 다른 모슬렘 집단에 의해 공격받았다. 로마카톨릭이 십자군 전쟁 기간에 1099년에 차지했고, 모슬렘 살라딘 장군이 다시 1187년에 차지했다. 사자 왕 리차드가 1192년에 차지했으며, 호라즘 타타르족이 유럽인들에게서 다시 1244년에 빼앗았다. 1260년과 1840년 사이에 또다시 서로 다른 네 개의 모슬렘 집단에 의해서 공격받았으며(물론 그들 중 누구도 "팔레스타인 사람"이 아니다), 오스만 트루크족이 1917년까지 차지했다가, 1917년에 알렌비 장군이 이 도시를 해방시켰다. "화평의 성읍"의 역사치고는 너무 파란만장하지 않은가? 물론 1948년에 있었던 "해방 전쟁"이나 1967년에 있었던 "육일 전쟁"이나 1994년과 2004년 사이에 있었던 "인티파다"에 소속된 모슬렘들의 38차례의 자살폭탄 시도는 포함시키지도 않았다. 또 1991년에 사담 후세인이 예루살렘으로 로켓을 발사한 것이나, 가자 지구에 있는 "팔레스타인 사람들"이 로켓을 발사한 것도 포함시키지 않았다. 이런데도 "화평의 성읍"인가?

그러나 이 성읍이 "화평의 성읍"이라고 불리는 데는 그만한 이유가 있다. 하나님께서 마침내 "지상에 화평"을 보내실 때, 하나님께서는 바로 이 성읍에 화평을 보내신다(학 2:7,9, 시 76:2,3). 이 성읍은 하나의 전투를 겪어야 한다. 그때 UN이 동원할 수 있는 모든 군사력이 예루살렘을 대적하여 총집결할 것이다(슥 12:2,3; 14:2). 이때 창조주 하나님께서 직접 내려오셔서 그분의 피조물들과 담판을 내실 것이다(슥 14:7). 하나님께서는 지구에 궁극적인 평화를 가져오실 것이며, 2억 명의 UN 군대의 저항을 으깨 버리심으로써 사방 200마일에 피가 흘러 말고삐까지 차오를 것이다(계 9:16-19; 14:18-20; 19:11,12, 사 63:1-6). 그렇게 되고 나면, 주 예수 그리스도의 발 앞에 무릎 꿇고 그 발에 입 맞추든지, 아니면 2인치 두께의 쇠몽둥이로 머리를 얻어맞게 될 것이다(시 2:6-12).

이런 일이 어디서 벌어지는가? 바로 예루살렘, 곧 『**위대한 왕의 도성**』(마 5:35)에서 벌어진다. 클린턴(힐러리 또는 빌), 오바마, 부시, 케리, UN, NATO, EU, "무슬림 형제단" 등이 그 무엇을 한다 해도(또 앞으로 무엇을 한다 해도) 방금 위에서 읽은 미래의 일들을 조금도 바꾸지 못할 것이다. 그것은 내일 아침 태양이 뜨는 것보다도 더 확실히 일어날 것이다(욜 3:15, 마 24:29, 계 6:12; 8:12; 16:10).

다시 여호수아 10:1로 돌아가도록 하자. 예루살렘의 왕의 이름을 보라. 아도니세덱이다. 이 이름은 "의의 주"(Lord of righteousness)라는 뜻이며 예루살렘의 첫 번째 왕의 이름과 대조가 된다. 성경에 기록된 예루살렘의 첫 번째 왕은 "멜키세덱"이며(창 14:18), 그 이름의 뜻은 『**의의 왕**』이다(히 7:2). 멜키세덱은 왕이었을 뿐만 아니라 제사장이었다(창 14:18, 히 7:1). 그래서 그는 그리스도의 예표가 된다(히 7:3).

"의의 주"라는 뜻의 "아도니세덱"이라는 이름을 가졌다면 이 사람도 그리스도의 예표가 되지 않을까 하고 생각할 수도 있지만 전혀 그렇지 않다. 사실 그는 정반대의 사람이다. 그는 이방 왕들을 규합하여 예수 그리스도의 예표인 여호수아를 대적해서 싸우려 하고 있다. 그래서 여기서 우리는 재림의 예표를 볼 수 있는 것이다. "의의 주"라고 행세하는 왕이 있는데, 그는 『**멸망하는 자들 안에 있는 모든 불의의 속임수**』로 역사하는 자다(살후 2:10). 즉 아도니세덱은 여기서 "적그리스도"의 예표인 것이다.

대환란 때에는 10명의 왕들이 신약의 "여호수아"와 유대인들을 대적해서 모일 것이다. 이 열 명의 왕들 중에서 한 작은 왕이 일어나 자기 이전에 있었던 세 왕들을 꺾는다. 그가 권세를 차지하고 10명의 왕들과 함께 통치하는 것이다. 이를 위해 다니엘 7장과 요한계시록 17장을 공부하라. 이 작은 왕은 물론 적그리스도이다. 3절에서 아도니세덱과 그의 동료들이 예표하는 바가 이것이다. 그들은 적그리스도와 10명의 왕들의 예표인 것이다.

4,5절에 보면 3절에 나온 다섯 왕이 모여서 "여호수아와 화친을 맺었다"는 이유로 기브온인들을 쓸어버리려고 하는 것을 볼 수 있다(4절). 여기서 우리는 중요한 영적인 교훈을 받을 수 있다. 구원받지 못한 세상은 "여호수아"의 친구라면 그 누구라도 미워한다는 사실이다. 심지어 "중립적인" 친구까지도 미워한다. 기브온인들은 전쟁을 하지 않았다. 그들은 단지 협정을 맺었을 뿐이다. 카나안 정복에 있어서 기브온인들은 여호수아와 이스라엘을 도와준 것이 아니다. 이런 점에서 그들은 중립이었을 뿐이다.

그러나 예수 그리스도와 관계된 일에는 중립이 있을 수가 없다. "구원받은" 많은 그리스도인들이 있지만, 그럼에도 그들은 주 예수 그리스도를 위해 목소리를 높이고 간증이 되는 점에 관해서는 "몸을 낮추고" 그저 조용히 은혜를 힘입어 하나님의 영광에 슬쩍 들어가기로 마음을 굳혔다. 그들은 "세상이 나를 대적할 것이 아무것도 없을 거야. 내가 무슨 문제를 만드는 것도 아니고, 잡음을 일으키는 것도 아니잖아."라고 생각하는 것이다.

하지만 "당신이 틀렸다." 당신은 주님과 세상 사이에서 중간을 택할 수 없다. 주님도 세상도 당신의 충성을 요구하기 때문이다. 세상은 만일 당신이 "세상을 위하고 사랑하고"(요일 2:15-17) "세상과 일치하지" 않으면(롬 12:2) 당신이 다른 쪽을 위한다고 생각하며, 그러면 세상은 그 다른 쪽을 "미워하는" 것이다(요 15:18,19, 요일 3:13). 또한 주 예수 그리스도께서도 이렇게 말씀하셨다. 『**나와 함께하지 않는 자는 나를 반대하는 자요, 또 나와 함께 모으지 않는 자는 흩뜨리는 자니라**』(마 12:30). 즉 당신은 붙어 있든지 떨어져 나가든지 해야 한다. 당신은 한 편에 있든지 다른 편에 있든지 둘 중 하나라는 것이다. 이도 저도 아닌 "중립"은 없다.

만일 당신이 주님과도 세상과도 잘 지내려고 한다면, 당신은 둘 다로부터 압력을 받을 것이다. 즉 남북전쟁 당시 남부 편도 북부 편도 들기 싫어서 상의는 청색 유니온 군복을 입고 하의는 회색 연합군 군복을 입은 사람과 같은 것이다. 그는 북군이 그의 상의를 보면 그가 북군 소속인 줄 알고 총을 쏘지 않고, 남부 연합군이 그의 하의를 보면 그가 남부 연합군에 속한 줄 알고 쏘지 않을 것이라고 짐짓 생각했던 것이다. 그러나 전투가 끝난 후에 이 사람은 전쟁터에서 죽은 채로 발견되었는데, 북군이 쏜 총알이 바지에 박혀 있었고 남부 연합군이 쏜 총알이 북군 상의에 박혀 있었다. 그는 스스로 똑똑하다고 생각했으나 사실 두 편 모두의 타겟이 되었을 뿐이다. 당신이 세상과 구주 예수 그리스도와 동시에 잘 지내려고 한다면 당신도 이렇게 될 것이다.

10:6 그때 기브온 사람들이 길갈 진영으로 여호수아에게 보내어 말하기를 "당신의 손을 당신 종들에게 더디 마시고 속히 우리에게 올라와

서 우리를 구해 주시고 우리를 도우소서. 이는 산간에 거하는 아모
리인들의 모든 왕이 우리를 대항하여 함께 모였음이니이다." 하니
7 여호수아가 모든 군인들과 모든 힘센 용사들과 더불어 길갈로부터
올라가니라.
8 그때 주께서 여호수아에게 말씀하시기를 "그들을 두려워 말라. 내가
그들을 네 손에 넘겨주었으니 그들 중에는 너를 당할 자가 없으리
라." 하신지라.
9 여호수아가 길갈을 떠나 밤새도록 올라가 갑자기 그들에게 이르니
10 주께서 그들을 이스라엘 앞에서 패주시키시고 기브온에서 큰 살육으
로 그들을 죽이시고 벧호론으로 오르막길을 따라 그들을 추격하여
아세카와 막케다까지 이르러 그들을 치시니라.
11 그들이 이스라엘 앞에서 도망하여 벧호론에 이르는 내리막길에 있을
때 주께서 하늘에서 큰 돌덩이들을 아세카에 이르기까지 그들 위에
내리시니 그들이 죽으니라. 우박덩이에 죽은 자가 이스라엘 자손이
칼로 죽인 자보다도 더 많더라.

이제 다섯 명의 왕들이 기브온을 공격하고, 기브온인들은 길갈에 있는 여호수아에게 도움을 요청한다. 그들은 『**당신의 손을 당신 종들에게 더디 마시고**』라고 말한다(6절). 여기서 『**더디**』(slack)라는 말은 문맥으로 볼 때 "느슨하게"(loose)나 "천천히"(slow)를 의미한다. 즉 말 탄 사람이 고삐를 느슨하게 잡고 있으면 말은 빨리 달리지 않는다. 그래서 기브온인들은 여호수아에게 "지체하거나 천천히 하지 말고" 『**속히 우리에게 올라와서 우리를 구해 주시고 우리를 도우소서.**』라고 말하고 있는 것이다.

여기서 우리는 중립적인 그리스도인이 "전투적인" 형제에게 도움을 청하는 모습을 볼 수 있다. 나는 이런 경우를 본 적 있다. 성경에서 좋은 예가 오바댜와 엘리야이다. 열왕기상 17장에서 엘리야는 아합을 대적하고, 아합에게 엘리야 자신의 말이 없으면 비가 내리지 않을 것이라고 말한다. 그런 후 엘리야는 "크릿 시냇가"에 숨고(왕상 17:3), 까마귀들이 와서 그를 하루에 두 번 먹여 준다. 그러는 동안 오바댜는 왕의 가족 가운데 머물러 있고, 누구도 자신이 바알이 아닌 여호와 하나님을 섬기는 것을 모르게 한다. 삼 년 반이 지난 후 가뭄이 극심해지자 아합은 오바댜를 보내서 말들에게 줄 물을 찾게 하고, 오바댜는 아합을 만나러 가고 있던 엘리야를 만난다. 오바댜는 엘리야에게 자신의 간증을 말하며 자신이 얼마나 훌륭한 "그리스도인"인가를 엘리야에게 설명하려고 한다.

『이세벨이 주의 선지자들을 죽일 때에, 내가 무엇을 하였는지, 내가 어떻게 주의 선지자 백 명을 한 굴에 오십 명씩 숨기고, 그들을 빵과 물로 먹였는지, 내 주께 말씀드리지 아니하였나이까?』(왕상 18:13)

엘리야는 그에게 그런 것에 대해서 묻지 않았고, 다만 아합에게로 가서 자신이 아합을 보기 원한다고 전하라고 했었다. 오바댜는 중립으로 남아 있기를 원했었지만, 여전히 하나님을 섬기고 있는 것처럼 보인다. 엘리야가 가서 아합을 데려오라고 그에게 요구했을 때, 오바댜는 아합이 엘리야에게 화가 많이 나서 전달자인 자신을 죽이면 어쩌느냐며 두려워했다. 그는 능력 있는 사람에게서 도움을 받으려 하고 있었다. 오바댜도 아합 궁의 장관으로서 "영향력"이 있었을지 모르지만(왕상 18:3), 엘리야에게는 "능력"이 있었다.

다시 여호수아 10:6로 돌아가도록 하자.

『이는 산간에 거하는 아모리인들의 모든 왕이 우리를 대항하여 함께 모였음이니이다.』 우리는 여기서 누구를 "아모리인들"이라고 부르는지 잘 알 수 있다. 아모리인들은 카나안에게서 나온 특정 민족일 뿐만 아니라(창 10:15,16), 산악 지방에 살았던 카나안 사람들을 통칭해서 부르는 이름이었던 것이다. **『산간에 거하는 아모리인들』**. 그래서 예루살렘의 여부스인들이 **『아모리인들』**이라고 불리는 것이다. 구약에서 **『카나안인』**이라는 단어도 동일한 방식으로 쓰였다. 그것은 카나안 땅에 있는 특정 종족의 이름이었을 뿐만 아니라(출 33:2; 34:11) 카나안 땅에 사는 모든 인종을 가리키는 말이다(수 13:3).

잠시 동안 여호수아가 기브온인들을 위해서 아무 일도 하지 않고 앉아 있을 수도 있었음을 생각해 보라. 오히려 그 편이 더 쉬웠을 것이다. 그렇게 했다면 여호수아 9:18-20의 문제를 해결할 수도 있었을 것이다. 여호수아가 아모리인 왕들이 기브온인들을 죽이게 내버려 두었다면 그들을 죽이지 않겠다고 한 맹세는 신경 쓰지 않아도 되었을 것이다.

그러나 여호수아가 그들을 구하러 간 것은 바로 그 맹세 때문이었다. 다윗이 힛인 우리아를 전투에서 죽게 만들었을 때, 나단 선지자는 다윗왕이 **『암몬 자손의 칼에 그를 죽게』** 했다고 말했다(삼하 12:9). 다윗은 암몬 자손들에 대한 공격을 우리아를 죽이는 기회로 사용했던 것이다. 다윗이 우리아를 죽인 칼을 휘두르지 않았다고 해서 살인의 죄책이 그에게서 제거되는 것이 아니다. 이것이 바로 여호수아가 처한 상황이었다. 그가 아모리인들이 기브온인들을 죽이도록 내버려 두었다면, 그는 아무 행동도 취하지 않음으로써 그들을 죽였다는 살인의 죄책을 받게 되는 것이다. 여기서 그리스도인이 받아야 할 교훈이 에스겔 3:18에 나와 있다.

『내가 악인에게 말하기를 "너는 반드시 죽으리라." 할 때에 네가 그에게 경고도 주지 아니하고 그 악인에게 그의 악한 길에서 떠나라고 경고하여 그의 생명을 구하라고 말하지도 아니하면 바로 그 악인은 그의 죄악 가운데서 죽을 것이나 나는 네 손에서 그의 피를 요구하리라.』

이것은 단순히 구약의 권면이 아니다. 신약도 동일하게 말씀하고 있다(행 20:26,27). 하나님께서는 그리스도인인 당신에게 『**화해의 말씀**』을 의탁하셨고(고후 5:19), 당신에게 『**온 세상에 가서 모든 피조물에게 복음을 전파하라.**』(막 16:15)고 말씀하셨다. 만일 당신이 가지 않거나 복음을 전파하는 데 적극적으로 참여하지 않는다면, 하나님께서는 잃어버린 죄인들의 피를 당신의 손에서 요구하실 것이다. 그저 한가롭게 앉은 채 아무것도 하지 않으면서 그리스도의 심판석에서 어떤 책망도 받지 않을 것이라고는 생각하지 말라.

『**여호수아가 모든 군인들과 모든 힘센 용사들과 더불어 길갈로부터 올라가니라... 여호수아가 길갈을 떠나 밤새도록 올라가 갑자기 그들에게 이르니**』(7,9절). 앞에서 우리는 여호수아와 모든 군대가 길갈에서 기브온으로 갈 때 "삼 일"이 걸린 것을 보았다(9:16,17). 그러나 여기서는 "하룻밤" 만에 올라갔다. 군사용어로 이것을 "강행군"(forced march)이라고 부른다. 유대인 군대는 20마일(36km)의 거리를 8시간에서 10시간 만에 주파했는데, 말하자면 그들은 구보해서 간 것이다.

네이선 베드포드 포레스트가 그 좋은 예다. 물론 그는 보병이 아니라 기병이었다. 그의 전술은 "가장 많은 군사들을 데리고 가장 신속하게 도착하는 것"이라고 한다. 네이선 베드포드 포레스트와 함께했던 사람들에 따르면 그와 함께 말을 타며 공격하는 것은 기병대의 공격이라기보다는 경주하는 것과 비슷했다고 한다. 또한 나는 포레스트가 북군을 삼 일 밤과 사 일 낮 동안 쫓아갔던 이야기를 읽은 적이 있다. 그가 결국 북군을 따라잡았을 때, 북군은 스스로를 방어하기 위해 원형으로 대형을 만들었다. 그런데 그 북군이 총을 쏘려고 바닥에 엎드렸을 때, 그들은 그동안 도망 다닌 것이 너무나 피곤해서, 적이 공격해 들어오고 있는데도 그만 곯아떨어졌다고 한다.

지금까지 있었던 가장 혹독한 "강행군"은 마오쩌뚱의 "장거리 행군"이었다. "마오 서기장"은 공산주의자이고 자기 민족을 죽인 대량학살자였지만 훌륭한 군인이었다. 그는 중국 서쪽 지방의 가장 험준한 지역을 370일 동안 8,000마일을 이동하여 중국 국민당군을 피했던 것이다.

『**그들을 두려워 말라. 내가 그들을 네 손에 넘겨주었으니**[아직 전투를 하지도 않았는데 하나님께서는 이미 이루어진 사실처럼 말씀하고 계신다, 1:3의 주석 참조] **그들 중에는 너를 당할 자가 없으리라**』(8절).

이런 말씀을 믿을 수 있다면 정말 대단한 군인이 될 것이다. 이렇게 믿는다면 정말 열정적으로 전투에 돌입할 것이다. 그래서 여호수아와 유대인들은 하룻밤 사이에 20마일 거리를 단숨에 주파한 것이다.

그리스도인이여, 죄와 육신과 싸울 때 바로 이 점을 기억하라. 하나님께서 보시기에는 당신의 옛 사람은 죽었고 당신은 이미 승리를 얻었다(롬 6장). 만약 당신이 이 점을 깨닫고 믿을 수 있다면 당신은 사도 바울에 버금가는 삶을 살 수 있을 것이다. 사도 바울은 박해와 파선과 여행과 강도들과, 동족이 자신을 죽이려고 하는 음모들과 이교도들이 죽이려고 하는 일들과 명목상의 "그리스도인들"이 그를 죽이려고 하는 일들을 통과했으며, 배고픔과 피곤과 항상 고통 가운데 살면서 온갖 재해를 다 겪었다. 그 모든 것을 통과하고 바울은 승리를 얻었다(고후 11장). 바울이 믿은 대로 믿고 그가 행한 대로 행한다면, 바울로 하여금 그 모든 것을 통과하도록 해주었던 그 동일한 영적 위치와 약속들과 은혜를 그리스도인이라면 누구나 활용할 수 있는 것이다.

『주께서 그들을 이스라엘 앞에서 패주시키시고 기브온에서 큰 살육으로 그들을 죽이시고 벧호론으로 오르막길을 따라 그들을 추격하여』(10절). 이 말씀을 보라. 싸움을 하는 것은 이스라엘인데(**『이스라엘 자손이 칼로 죽인』**, 11절) 그들을 "패주"시키시는 분은 하나님이시다. "패주시키다"(discomfit)라는 단어는 "패배시키다, 전투에서 이기다"를 의미하는 고어이며, "불편"(discomfort)이라는 단어와 관련이 있다. 하나님께서 아모리인들을 얼마나 "불편"하게 만드셨는지 알고 싶으면 다음 구절들을 보라.

『내가 말벌들을 네 앞에 보내리니 그들이 히위인과 카나안인과 힛인을 네 앞에서 쫓아내리라』(출 23:28).

『또한 주 너의 하나님께서 말벌을 그들 가운데로 보내시어 남은 자들과 너로부터 숨은 자들을 멸하게 하시리라』(신 7:20).

『내가 말벌을 너희 앞에 보내었고 그 벌이 아모리인의 두 왕을 너희 앞에서 몰아내었으니 너희 칼로나 너희 활로 한 것이 아니니라』(수 24:12).

유대인들이 카나안인들과 아모리인들과 히위인들과 힛인들과 기르가스인들 등과 싸울 때, 유대인들이 그들에게 칼과 창과 활을 찔러 넣기 전에, 하나님께서 그 이교도들의 군대에게 이스라엘 사람들 앞에서 말벌 떼를 보내신 것이다. 얼마나 불편할지 생각해 보라! 3인치에서 5인치 크기의 말벌이 온몸을 쏘아 대는 가운데 칼과 창을 막아내야 한다고 생각해 보라!

그러나 주님께서는 이 일 외에도 다른 일을 하셨다. 이스라엘 사람들이 아모리인들을 완패시키고 아모리인들이 벧호론으로 도망가자 주님께서는 그들 위에 거대한 우박을 내리신 것이다. 기록상으로 가장 큰 우박은 2010년 10월 3일 인도에 떨어진 것으로 약 112파운드에 달했다고 한다. 주님께서는 이런 우박을 대환란 기간에 땅에 쏟아 부으실 것이다. 하나님께서 1달란트 무게가 나가는 우박을 내리게 하실 것이며(계 16:21), 그것은 달란트라는 무게 단위를 얼마로 설정하느냐에 따라 다르기는 하지만 대략 50에서 120파운드 무게의 우박이 내릴 것이다.

본문은 이 우박의 크기를 제시하지는 않는다. 단지 우박이 『**큰 돌덩이들**』(11절)이었다고 말한다. 상공 20,000피트에서 약 25파운드 무게의 농구공 크기의 얼음 덩어리가 떨어져 당신을 친다고 상상해 보라. 『**우박덩이에 죽은 자가 이스라엘 자손이 칼로 죽인 자보다도 더 많더라.**』고 말하는 것이 전혀 이상하지 않은 것이다. 그런 우박에 맞으면 두개골이 남아나지 않을 것이다.

10:12 주께서 아모리인을 이스라엘 자손 앞에 넘겨주시던 날에 여호수아가 주께 고하였으니 그가 이스라엘의 목전에서 말하기를 "태양아, 너는 기브온 위에 머무르고, 달아, 너는 아얄론 골짜기에 머무르라." 하자

13 태양이 멈추고 달이 머물렀으니 백성이 그 원수에게 원수를 갚기까
지 하였느니라. 해가 하늘 중간에 멈추어서 거의 종일 속히 내려가
지 아니하였다고 야셀의 책에 기록되지 아니하였느냐?
14 주께서 사람의 음성에 경청하신 그와 같은 날은 전에도 후에도 없었
나니 이는 주께서 이스라엘을 위하여 싸우셨음이니라.

위의 본문은 바로 "여호수아의 길어진 날"(Joshua's Long Day) 사건을 보여 주고 있다. 회의론자들이 성경에서 가장 믿을 수 없는 기적들 중의 하나로 여기는 사건이다. 그러나 이것이 실제의 역사적인 사건이며 "신화"나 "전설" 등이 아님은 저자가 성경 독자들에게 다른 저작(『**야셀의 책**』, 13절)을 가리키면서 그 사실성을 논증하고 있음을 보면 알 수 있다.

본문과 관련된 이야기가 많다. 우리는 여기서 "지구중심설"(즉 우주가 지구를 중심으로 돈다는 이론)이나 "태양중심설"(지구가 지축을 중심으로 회전하고 태양을 중심으로 돈다는 이론)을 다루지는 않을 것이다. 여호수아가 태양과 달을 멈추라고 명령했을 때 그것은 단지 관찰자의 관점에서 한 말이었다. 그래서 12절에서 『**이스라엘의 목전에서**』라고 말하고 있는 것이다.

정확하게 말해서 어떤 이론을 따르든, 태양 자체가 "떠오르거나" "지거나" 하는 것이 아니다. 태양이 지구 주위를 돌든지(지구중심설), 지구가 돎으로써 태양이 하늘을 가로질러 이동한다는 인식을 만들어낼 뿐이다(태양중심설). "떠오르다"와 "지다"는 일상적인 평범한 표현이며, 그것은 우리가 수평선을 바라보면서 관찰할 수 있는 현상이다. 우리의 관점에서는 태양이 동쪽 수평선에서 "떠올라" 서쪽 수평선 아래로 "지는" 것이다.

여호수아는 여기서 우주 역학의 관점에서 정확하고 과학적인 진술을 한 것이 아니다. 그는 단지 B.C. 4000년에서 A.D. 2014년 현재까지 살고 있는 사람이라면 누구라도 알아들을 수 있는 말로 표현하고 있었던 것이다. 회의론자는 이런 식으로 말한다. "성경이 틀렸어. 여호수아가 태양을 보고 멈추라고 했잖은가?! 태양은 언제나 가만히 있고 단지 지구가 태양 주위를 돌고 있을 뿐인데 말이야!" 그런데 이 위선자들은 신문에서 "일출" 혹은 "일몰"이라는 표현을 쓰면 아무런 이의도 제기하지 않는다. 정말 대단한 위선자들이 아닌가! 한 가지 기준으로 성경을 쟀다면 똑같은 기준으로 인간의 저작도 재야 할 것 아닌가?

고도로 정밀한 전문용어들과 과학자들이 쓰는 "직업 용어들"과 평균적인 사람들이 쓰는 실용적인 관찰과 적용에는 차이가 있다. 그림을 예로 들어보자. 화가의 팔레트에는 일곱에서 여덟 가지의 색이 있다. 빨강, 노랑, 주황, 녹색, 보라, 검정, 그리고 어떨 때는 흰색이 있다. 이 색들이 있다면 어떤 색이든지 만들어낼 수 있다. 내가 이 말을 할 때마다, 어떤 똑똑한 척하는 사람이 와서는 "검정은 색깔이 아니에요. 색깔이 없는 상태예요." 라고 말한다. 어떤 사람은 "진짜 색깔은 흰색이에요. 다른 모든 색은 흰색 안에 있는 거예요."라고 말하고 한다. 그는 그것에 대한 증거로, 으레 스펙트럼을 꺼내서 흰색 빛이 스펙트럼을 통과하면 서로 다른 색깔들로 나타나는 것을 보여 준다.

그런데 그게 그림 그리는 것과 무슨 상관이 있는가? 아무 상관도 없다! 우리는 빛과 광학에 대해서 말하고 있는 것이 아니다. 우리는 화가가 캔버스에 뭔가를 그릴 때 팔레트 위에 있는 색상들을 말하는 것이다. 어떤 사람들은 너무 비실용적이 되어 버려서 자기가 무슨 말을 하고 있는지도 모른다.

여호수아 10장에서 여호수아는 어떤 이스라엘 사람이라도 눈을 들어 확인할 수 있는 진술을 하고 있었다. 태양과 달이 하늘을 지나가는 이동이 멈췄거나 적어도 느려진 것이다.

어떤 입장을 취하더라도 이것은 정말 대단한 기적이다. 창조주 하나님께서 그분의 창조물에 대해 권위를 행사하고 계셨던 것이다. 여호수아는 먼저 주님께 기도로 말씀드리고, 그 다음에 태양과 달에게 멈추라고 명령을 내린다(12절). 하나님께서는 여호수아의 말에 태양과 달이 멈추게 하심으로써 응답하셨다(14절). 여기서 우리는 신약의 "여호수아"께서 자연 현상을 보고 명령하시자 폭풍이 잠잠해졌던 기적을 떠올리게 된다(막 4:39).

임마누엘 벨리코브스키(무신론자)와 도날드 패튼(그리스도인)과 같은 저자들은 이 사건을 역사적인 사실로서 받아들이지만, 왜 이런 현상이 일어났는지에 대해서는 자연주의적 설명을 시도하려고 한다. 즉 지구와 다른 행성이(벨리코브스키는 "금성," 패튼은 "화성"이라고 말한다.) 거의 충돌할 뻔했다는 것이다. 이것도 천문학적 관점에서는 재밌는 읽을거리가 되겠지만, 성령님께서 말씀하신 그대로의 성경 본문의 기적과는 아무런 관련이 없다.

이 기적이 어떻게 일어났는가를 설명하는 것은, 마치 예수 그리스도께서 어떻게 보리빵 다섯 덩어리와 물고기 두 마리로 거의 15,000명에 달하는 사람들을 먹일 수 있었는지를 설명하는 것과 같다(눅 9:14의 주석을 보라). 여기서 우리는 하나님께서 그분 자신이 세우신 자연 법칙들을 초월하셔서 초자연적으로 역사하시는 것을 볼 수 있다. 벽시계나 손목시계는 당신이 그것을 조작하지 않는 한(시간을 앞으로 당기든, 시간을 뒤로 늦추든) 시계공이나 제작자가 설계한 목적에 따라 일정하게 작동한다. 만일 사람도 그렇게 할 수 있다면, 하나님께서 이 우주를 그분이 원하시는 방식대로 운행하게 하시고, 또 특정한 시기에는 평소와 다른 방식으로 운행하게 하실 수 없다고 생각하는가?

태양과 달과 관련된 기적을 찾자면 이 기적은 구약에서 전무후무한 기적이었다(14절). 이사야 28:21은 이것을 주님의 『**기이한 일**』과 『**기이한 역사**』라고 부른다. 주님께서 다음에 이런 기적을 행하실 때는 신약의 "여호수아"께서 권능으로 지상으로 돌아오실 때가 될 것이다(합 3:11과 그 주석을 보라).

여기서 중요한 것은 창조주 하나님께서 친히 그분이 만드신 하늘들을 관장하신다는 것이다. 하나님께서는 욥에게 이렇게 물으셨다. 『**네가 플레아데스 성단의 아름다운 감응력을 묶을 수 있으며 오리온의 띠를 풀 수가 있느냐? 네가 열두 궁성**[황도 12궁]**을 그의 시기를 따라 불러낼 수 있느냐? 아니면 네가 악투루스 성단을 그의 아들들**[별자리에 있는 한 별과 그 별과 관련된 다른 별들]**과 함께 인도할 수 있느냐?**』(욥 38:31,32)

답은 당연히 "그렇게 할 수 없습니다."이다. 그러나 하나님께서는 하실 수 있다. 만약 하나님께서 10의 27승에 달하는 별들을 모두 헤아리시고 운행하신다면(시 147:4), 그것도 매일 그렇게 하신다면, 태양과 달의 움직임을 제어하는 것쯤이 어려운 일이라고 생각되는가? 전혀 어려운 일이 아니다. 오늘날 미국과 다른 나라들의 구석구석에 포진한 마르크스주의자들과 진화론자들이 여기서 배워야 할 교훈은, 하늘들을 만드시고 운행하시는 바로 그 하나님을 찾아 만나는 것이 신상에 좋다는 것이다.

『일곱 별과 오리온을 만들고 죽음의 그림자를 아침으로 바꾸며 낮을 밤으로 어둡게 만들며 바다의 물들을 불러 지면에다 붓는 그를 찾으라. 주가 그의 이름이니』(암 5:8).

여호수아의 "길어진 날"을 "증명"하기 위해서 다양하고도 미심쩍은 시도들이 있어 왔다. 1970년대에 헤롤드 힐이라는 사람은 〈어떻게 왕의 자녀처럼 살 것인가, How to Live Like a King's Kid〉라는 책에서 주장하기를, 매릴랜드 그린벨트 시의 고다드 우주 비행 센터에서 컴퓨터로 태양과 달과 행성들의 위치를 계산하면서 앞으로 있을 우주선 발사를 알아보던 중, 컴퓨터들이 그 계산에서 "잃어버린 날"을 찾았다고 했다. 어릴 때 주일학교를 다녔던 한 과학자가 컴퓨터를 다시 프로그램해서 여호수아 10장의 사건과 아하스의 해시계가 10도 뒤로 간 사건(왕하 20:9,10)까지 입력했더니 그 정보들 때문에 컴퓨터가 제대로 작동했다는 것이다. 즉 여호수아 10장에서 23시간 20분이 나오고, 열왕기하 20장의 해시계가 뒤로 간 것으로 40분이 나온다는 것이다.

문제는 〈성경-과학 뉴스레터, The Bible-Science Newsletter〉지가 이 이야기를 확인하려고 했을 때, 책의 저자인 힐이 이 프로젝트에 참여한 유일한 일이 그의 회사가 그 기관의 전기 발전기들 중 일부를 제공한 것밖에 없음을 알아냈다는 것이었다. 나사(NASA) 사무실에서는 아무도 헤롤드 힐이나 "잃어버린 날"의 문제에 대해서 아는 사람이 없었던 것이다. 힐은 이 문제에 관해서 질문을 받자, 자신은 사람들이 말하는 것을 듣고서 썼을 뿐 어떤 근거 자료도 기억하지 못하겠다고 답했다고 한다.

원래 이 이야기는 해리 림머(Harry Rimmer)가 1936년에 출간한 책, 〈과학과 성경의 조화, The Harmony of Science and Scripture〉(Eerdman's, Grand Rapids, MI, pp.269,270)에 들어 있었는데, 림머 자신도 C.A.L. 토튼(Totten)이라는 예일대학의 교수가 쓴 책을 인용한 것이었다. 그 내용을 보면 토튼이라는 사람이 천문학자인 예일대학의 또 다른 교수와 서신 왕래가 있었는데(이 천문학자의 이름은 제시되지 않았다), 이 천문학자는 성경을 믿지 않는 사람이었다고 한다. 그가 토튼에게 지구가 24시간 원래의 "스케줄에서 벗어나" 있다고 하자, 토튼은 그에게 성경에 답이 있는지 성경을 읽어 보라고 도전을 줬다. 그 후 그들이 만났을 때 그 천문학자는 23시간 20분이 여호수아 10장에서 사라진 것을 인정했지만, 그것이 그가 성경이 영감받은 하나님의 말씀이라고 믿도록 확신을 주지는 못했다. 이유인즉 하나님께서 정말로 계시다면 그 40분의 오차를 만들지는 않았을 것이기 때문이라는 것이었다. 그래서 토튼은 다시 그에게 도전을 주며 계속 성경을 읽어 보라고 했고, 그 구원받지 않은 천문학자는 열왕기하 20장을 읽다가 아하스의 해시계 그림자가 10도 뒤로 간 것을 확인하고서(40분) 그리스도인이 되었다고 한다.

보통 "창조론 대 진화론"에 관한 해리 림머의 책은 좋은 자료이다. 하지만 펜실베이니아 주, 햇필드 시의 성경 신학원 로버트 뉴만 교수는, 림머가 토튼의 책에서 직접 인용했다고 주장한 뒤 그가 말한 것에 관해 어떤 자료도 제시하지 않은 점을 주목했다. 뉴만이 따로 조사를 벌였고 결국 림머가 참조한 책이 〈Joshua's Long Day and the Dial of Ahaz, 여호수아의 길어진 날과 아하스의 해시계〉라는 사실을 알아냈다. 중요한 것은 림머가 토튼이 썼다고 하는 구원받은 천문학자의 이야기가 책 어디에도 나오지 않는다는 사실이었다. 대신 토튼은 주장하기를(토튼은 예일대학의 천문학이 아닌 군사과학 교수였다), 자신이 여러 번 계산을 해봤는데(어떤 계산들이었는지 제시하지 않았다.) "아마도" 과거로부터 24시간의 시간이 상실되었을 것이며, 그 "없어진 날"이 "7월 22일 화요일"인 것을 알아냈다고 했다. 그러니까 두 이야기 모두 꽤 의심스러운 부분이 있지만, 만일 관심이 있다면 이 주제에 대한 책들을 찾아볼 수도 있을 것이다.

성경 외에 이 기적에 대한 가장 좋은 "증거"는 다른 문화권들에 있는 신화들과의 관련성이다. 노아의 홍수가 전 세계 270여 개의 다른 문화권들과 연관이 있듯이, 여호수아의 길어진 날도 마찬가지다. 길어진 날에 대한 언급은 고대 그리스와 고대 멕시코에서 발견된다. 또한 힌두교와 불교 관련 책들에서도 볼 수 있는 내용이다. 중국인들도, 페루의 잉카인들도, 멕시코의 아즈텍인들도, 아메리카의 인디언들도 유사한 이야기를 전한다. 그것은 바빌론인들, 페르시아인들, 이집트인들도 말하는 바다. 심지어 남태평양의 폴리네시아인들도 이 사건을 전한다. 이 이야기를 다양한 문화권에서 하는 이유는, 이것이 실제 역사에서 일어난 일이기에 인류의 기억 속에 뿌리박혔기 때문이다. 성경은 실제로 일어난 사건에 대해서 실제의 사실적인 기록을 전달하고 있는 것이다. 성경이 대홍수 이전에 있었던 긴 시대들과 그 홍수에 대해서 실제 역사를 기록하고 있다는 부분도 마찬가지이다.

그러면 실제로 여호수아 10장에서 일어난 일은 무엇인가? 태양과 달이 하늘에서 전혀 움직이지 않고 『**거의 종일**』 있었다는 말은 아니다. 13절의 설명을 보라.

『태양이 멈추고 달이 머물렀으니 백성이 그 원수에게 원수를 갚기까지 하였느니라. 해가 하늘 중간에 멈추어서 거의 종일 속히 내려가지 아니

하였다고…』

즉 내려가기는 했던 것이다. 단지 천천히 내려갔을 뿐이다. 갑자기 브레이크를 건 것처럼 끼이익 하면서 멈췄다가 여호수아가 승리하고 나자 납덩어리처럼 뚝 떨어진 것이 아니었다. 과학자의 입장에서 볼 때, 여호수아 10장에서 일어난 일은 하나님께서 지구가 회전하는 것을 이 전투가 끝날 때까지 천천히 이뤄지게 하신 것이다. 헨리 모리스에 따르면(〈과학과 성경, Science and the Bible〉, Moody Press, Chicago, 1986, p.30) 이것이 대기의 회전에 영향을 주었을 것이며, 이 점이 11절에서 내린 우박을 설명해 줄 것이라고 한다.

물론 그럴 수도 있지만, 기억해야 할 것은 주님께서 지구의 회전을 느리게 하셨다면 그렇게 하심으로 일어난 결과도 이 사건에서 관장하셔서 여호수아로 전투에서 이기게 하셨다는 것이다. 우리가 걱정하지 않아도, 주 하나님께서 이 죄로 저주받은 세상을 파괴시키려고 하실 때는 얼마든지 그렇게 하실 수 있다. 이사야 24:19,20을 보라.

『**땅이 완전히 헐리고 땅이 깨끗이 해체되며 땅이 심하게 움직였도다. 땅이 술 취한 사람같이 비틀거리며 오두막같이 흔들거리고 그곳의 죄악이 그 위에 무겁게 되리니 그것이 떨어져서 다시 일어나지 못하리라.**』

이것이 이후로 주 하나님께서 태양과 달을 다시 멈추게 하실 때 일어날 일이다. 이 일은 재림 때 일어난다. 이곳 여호수아 10:14은 『**이는 주께서 이스라엘을 위하여 싸우셨음이니라.**』고 말씀한다. 이 구절을 기억하면서 스카랴 14:3을 보라.

『**그때에 주께서 나가 그 민족들을 대적하여 싸우시리니, 전쟁의 날에 싸우셨을 때처럼 하시리라.**』

문맥은 재림 때에 예수 그리스도께서 권능을 가지고 다시 돌아오시는 것이다. 주 예수께서 오실 때, 태양과 달은 다시 한 번 멈출 것이다(합 3:11). 하박국 3장의 문맥은 출애굽이나 광야에서의 방황이나 여호수아 아래서의 카나안 땅 정복이 아니라, 지상 재림이다. 뱀의 씨의 머리가(창 3:15) 하박국 3:13에서 깨지는 것을 볼 수 있다. 예수 그리스도를 따르는 흰 말을 탄 군대가 하늘에서 내려오는데, 이것이 하박국 3:15에 나와 있다. 하박국 3:16의 『**고난의 날**』은 예레미야 30:7의 『**야곱의 고난의 때**』와 일치하며, 곧 대환란을 지칭한다.

그래서 여호수아 10장의 이 본문은 주 예수 그리스도의 재림의 예표이다. 그래서 우박이 내리는 것이다(계 16:21). 여호수아 때처럼 재림 때에도 태양과 달이 멈추는 것과 연관된 "대기 불안정" 현상들이 나타날 것이다. 예수 그리스도께서 다시 오실 때, 주님은 모든 것을 부숴 버리는 "회오리 바람"을 지구 전역에 보내실 것이다. 이 부분에 대해서 지금 파고 들 수는 없지만, 이 사건과 관련된 구절들을 나열할 테니 당신이 직접 공부해 보라. 열왕기하 2:1,11, 욥기 21:17,18; 38:1; 40:6, 시편 58:9,10, 잠언 1:26,27; 10:24,25, 이사야 5:26-28; 17:13; 21:1; 40:23,24; 41:15,16; 66:15, 예레미야 4:13; 23:19, 에스겔 1:4, 호세아 13:3, 나훔 1:3, 하박국 3:14, 스카랴 9:14 등이다. 이 모든 구절들은 재림에 대한 "예표"나 "예언"을 제시한다.

『**야셀의 책에 기록되지 아니하였느냐?**』(13절) 이것은 성경의 정경에 포함되지 않은 책에 대한 언급이며, 이 책은 사무엘하 1:18도 언급하고 있다. 이런 구절을 보면 사람들은 성경의 "정경의 범주," 즉 현재 성경에 포함되지 않은 책들을 성경에 포함해야 하는가의 문제를 들고 나온다.

〈다빈치코드〉를 쓴 댄 브라운(Dan Brown)과 같은 소설가들이 주장하는 바는, 현재의 성경이 그 속에 마땅히 포함되어야 할 모든 책들을 지닌 것은 아니라는 것이다. 브라운은 신약의 정경이 정해지고 100년이나 지나서 기록된 "유다의 복음서," "도마의 복음서," "예수 그리스도의 유아기 복음"과 같은 영지주의적 복음서들을 로마카톨릭이 제외시켰다고 주장한다. 〈The Lost Books of the Bible, 성경의 잃어버린 책들〉이라는 책에는 이런 책들이 더 많이 열거되어 있다. 로마카톨릭은 그들 스스로 예수 그리스도와 사도들과 정통 유대인들이 구약의 정경으로 받아들인 책들에 15권이나 더한 바 있다(눅 24:44의 주석을 보라). 이것은 현대의 변개된 역본들의 문제들과 연결되는데, 사실 웨스트코트와 홀트, 알란드, 메츠거, 유진 니다, F.F. 브루스, A.T. 로버트슨과 같은 배교자들이 추종한 소위 "가장 오래되고 가장 좋은 필사본들"(즉 변개된 바티칸 사본과 시내 사본)은 외경을 영감받은 구약의 일부로 포함하고 있다. 출판사들은 사실상 그들 자신이 따르는 필사본들의 전체 내용을 인쇄하기를 거부하고 있는 것이다. RSV, NASV, NIV, NRSV, ESV 등이 그것들의 출처인 필사본들(시내사본, 바티칸사본, A사본, D사본)에 있는 외경들을 포함하지 않는 이유는, 만약 그 필사본들처럼 외경까지 출판해 버리면 "그 역본들이 로마카톨릭의 트렌트 공회에서 정한 로마카톨릭 정경과 일치하는 로마카톨릭 필사본들에서 나왔음"이 단박에 탄로 나기 때문이다(9:2의 주석을 보라).

자유주의 "고등 비평가들"은 성경 자체가 다른 책들을 언급하고 있기 때문에 그 책들도 성경의 일부여야 한다고 주장한다. 그래서 소위 "학자들"은 성령님께서 영감으로 주시고 섭리로 보존하신 66권의 『**성경**』보다 (딤후 3:15) 더 우위에 놓을 책들을 찾느라 쓰레기통을 뒤지고 있는 것이다. 사람들이 "성경의 잃어버린 책들"이라고 하는 것들을 나열하면 다음과 같다.

『**주의 전쟁들의 책**』(민 21:14).

『**야셀의 책**』(수 10:13, 삼하 1:18).

『**책**』(수 18:9).

『**선견자 잇도가 느밧의 아들 여로보암을 대적하여 쓴 환상록**』(대하 9:29; 12:15).

『**선지자 스마야의 책**』(대하 12:15).

『**하나니의 아들 예후의 책**』(대하 20:34).

『**선지자 나단의 책**』(대상 29:29, 대하 9:29).

『**솔로몬의 행적의 책**』(왕상 11:41).

『**이스라엘 왕들의 역대서**』(왕상 14:19; 15:31).

『**유다 왕들의 역대서**』(왕상 14:29; 15:7,23).

『**역사 기록서**』(스 4:15).

『**메디아와 페르시아의 왕들의 역대서**』(에 10:2; 2:23).

『**라오디케아에서 온 편지**』(골 4:16).

사람들은 또한 유다서 1:14이 소위 "에녹의 책"을 언급하고 있다고 말한다.

그렇다면 이 소위 "성경의 잃어버린 책들"을 어떻게 해야 하는가? 먼저 알 것은, 선지자들과 사도들이 말하거나 기록했다고 해서 모두 성령님께서 영감으로 주신 정경으로서의 성경에 포함되어야 하는 것은 아니라는 것이다. 선지자 요나가 예언한 것이 요나서뿐인 것은 아닐 것이다(왕하 14:25). 하나님께서는 그 예언들 중에서 단지 두 가지만 우리에게 필요하다고 여기신 것이다. 바울은 분명 신약에 포함된, 바울 자신의 인사말로 시작하는 로마서에서 빌레몬서에 이르는 13권의 편지보다는 더 많은 편지를 썼을 것이다. 그렇다면 이게 무슨 말인가? 아무 의미도 없다. 성령님께서는 "라오디케아에 보내는 서신"을 우리의 신약성경에 넣지 않기로 결정하신 것이다.

형제들이여, 하나님께서 그분의 아들 예수님께서 지상에 계실 때 12세에서 30세까지의 행적들을 숨기신 것은 그 정보가 우리에게 필요 없다고 생각하셨기 때문이다. 마찬가지로 성령님께서 어떤 예언들과 저작들을 우리에게 주시지 않은 것은 그것들이 『**생명과 경건에 속한 모든 것을 우리에게 주심에 따라 우리를 영광과 덕에 이르도록 부르신 분에 관한 지식**』을(벧후 1:3) 얻는 데 불필요하기 때문이다.

형제들이여, 오늘날 하나님께서 우리에게 주셔서 갖게 하신 보존된 성경에 있는 책들은 정확하게 하나님께서 우리가 소유하기를 바라신 그대로의 책들이다. 혹자가 시간을 거슬러 올라가서 "원본들"을 구할 수 있다 손치더라도, 계시에 있어서는 우리에게 전혀 더해 줄 것이 없는 것이다. "원본들"을 가진다 해도 "야, 저것 봐!" 하는 신비감만 있을 뿐이지 특별할 것이 없는데, 왜 그런 것인가? 왜냐하면 한때 누군가가 "원본들"을 가졌었지만 그것을 불태워 버렸기 때문이다. 예레미야 36장을 읽어 보라. 성령님께서 예레미야가 기록한 말씀들에 "다시 영감"을 주셨고(학자들이 비난하는 "이중 영감"이다!), 하나님께서는 『**그 외에도 많은 비슷한 말씀들을 거기에 더하였더라.**』(렘 36:32)고 말씀하신다. 혹자가 예레미야서의 "원본"을 구할 수 있다고 해도, 그것은 하나님께서 우리가 소유하기를 원하는 『**진리의 성경**』(단 10:21)이 되지 못하는 것이다.

또한 바울이 라오디케아인들에게 쓴 서신을 찾아서 그것을 성경의 정경에 포함시키려고 한다면, 당신은 하나님의 저주를 받게 된다(잠 30:6, 계 22:18). 왜 그런 것인가? 하나님께서 그 책을 성경에 포함시키기를 원하시지 않았기 때문이다.

그래서 "에녹의 책" 운운하는 것은 농담밖에 되지 않는 것이다. 유다서 1:14,15은 에녹이 뭔가를 썼다고 말하지 않는다. 똑똑하다고 하는 사람들이 "하나님을 도와주려고" 하다가 그런 과정에서 웃사처럼 스스로를 저주하고 있는 것이다(삼하 6:6,7).

허망한 사람들이 『**야셀의 책**』을 운운하며 하는 짓이 바로 이런 것이다. 구약에는 『**야셀의 책**』이 없고 하나님께서 구약의 정경을 확정하시고 수없이 세월이 흘렀음에도, 사람들은 지금까지 적어도 5번은 『**야셀의 책**』을 만들어 내려고 했다. 유타 주의 솔트레이크 시에 있는 몰몬교 출판사(J. H. Parry & Co.)가 이런 위작들 중 하나를 번역하여 구약성경의 완전성에 대해 의심을 품도록 한 바 있는데, 이는 결국 그들이 "예수 그리스도의 또 다른 언약"이라고 말하는 몰몬경을 팔아먹으려는 수작이었다. 누가 혹은 어떤 출판사가 "야셀의 책"을 출간하고 보급한다 할지라도, 쓰레기는 모두 쓰레기통에 던져 버리라. 지금까지 사람들이 출간한 것은 성경의 정경과는 아무런 상관이 없으며, 성경의 진리에 속하지도 않고, 여호수아 10:13이나 사무엘하 1:18에서 말하는 실제 『**야셀의 책**』도 아니다.

그러면 『**야셀의 책**』은 무엇인가? 야셀이라는 말은 히브리어로 "올곧은 자"를 의미한다. 그렇다면 여호수아 10장의 문맥으로 볼 때, "올곧은 자"

는 여호수아 자신을 가리킨다고 봐야 하며(14절), 그렇다면 『**야셀의 책**』은 여호수아서를 일컫는 것이다.

혹자는 이렇게 말할지도 모른다. "그런데 여호수아서가 여기서 끝난 게 아니잖아요?" 우리는 이미 여호수아의 삶의 말기에 여호수아서의 서술에 덧붙여진 부분들을 살펴보았다(수 4:9; 5:9; 6:25; 7:26; 8:28,29; 9:27). 그래서 이것은 여호수아가 나중에 덧붙인 내용일 수도 있고 누군가가 여호수아가 죽은 후에 더한 내용일 수도 있다. 그러나 어떤 일이 끝나지 않았는데 성령님께서 그것을 끝난 것처럼 말씀하실 때가 있다는 것은 이미 주지의 사실이다. 예레미야 25:13을 보라.

『**내가 또 그 땅에 대하여 선언하였던 모든 내 말, 즉 예레미야가 모든 나라들에 대하여 예언하였던 이 책에 기록된 모든 것을 그 땅에 가져오리라.**』

이 말씀은 여호야킴의 통치기간에 기록된 것이다. 여호야긴과 시드기야가 유다의 마지막 두 왕인데, 그들은 아직 보좌에 오르지도 못했다. 그런데 예레미야는 두 왕에 대해서 예언한 것이다. 그런데 예레미야서는 아직 반 정도밖에 기록되지 않은 상태였다. 그러나 주님께서는 예레미야서가 기록된 당시 이미 그것이 완성된 것처럼 취급하시는 것이다.

자, 이곳 본문의 경우가 예레미야서와 같은 경우인지 아닌지는 명확하지가 않다. 만일 같은 경우라면 단지 여호수아서만 언급하는 것이 아니다. 사무엘하 1:18에서 『**야셀의 책**』을 언급한 것은 사울과 요나단의 때로 거슬러 올라간다. 그러므로 『**야셀의 책**』은 여호수아서에서 사무엘상하까지의 역사적인 책들의 묶음을 말하거나, 동일 기간을 다루는 성경의 정경 외의 저작인 것이다. 구약은 자주 구약의 진실성에 대한 증명으로 다른 역사적인 저작들을 언급한다(위의 목록에서 이스라엘과 유다의 왕들의 역대기서에 대한 언급을 보라).

10:15 여호수아가 온 이스라엘과 더불어 길갈 진영으로 돌아오니라.
16 그러나 이 다섯 왕은 도망하여 막케다에 있는 굴에 숨었더니
17 누군가가 여호수아에게 고하여 말하기를 "다섯 왕이 막케다에 있는 굴에 숨은 것을 발견하였나이다." 하더라.
18 여호수아가 말하기를 "굴 입구에 큰 돌들을 굴려 막고 사람들을 그 곁에 세워 지키게 하며
19 너희는 지체하지 말고 너희 원수들을 추격하여 그들의 후미를 쳐서 그들로 그들의 성읍들로 들어가지 못하게 하라. 이는 주 너희 하나님께서 그들을 너희 손에 넘겨주셨음이라." 하더라.
20 여호수아와 이스라엘 자손이 원수들이 진멸될 때까지 아주 큰 살육으로 그들을 죽이기를 마치니 그들 가운데 남은 몇 사람이 방벽 친 성읍들로 들어가니라.
21 모든 백성이 막케다에 있는 진영으로 여호수아에게 평안히 돌아왔으나, 이스라엘 자손을 대적하여 자기 혀를 놀리는 자는 아무도 없더라.

여호수아 당대의 카나안 땅을 그린 지도를 보면 이 전투에서 여호수아가 기브온을 공격한 다섯 왕들의 군대를 패주시킨 것을 알 수 있다. 이 일이 일어났을 때, 그들은 북서쪽의 벧호론으로 도망갔다. 그때 주님께서 하늘에서 우박들을 내리게 하셔서 그들을 치셨으며, 그들은 방향을 남쪽으로 바꿔 아세카와 막케다로 도망했다.

15절은 사실 14절과 16절 사이에 일어날 일은 아니다. 15절은 10장 전체에서 벌어졌던 전투가 승리로 끝났음을 요약하고 있다(43절). 여호수아가 다섯 왕을 쫓아 막케다로 갔고, 거기서 그 왕들이 막케다의 동굴에 숨은 것을 보아 알 수 있다. 여호수아는 "싹쓸이" 작전을 끝낼 때까지 그 동굴의 입구를 돌을 굴려 막아 놓으라고 명령한다. 그러는 동안 여호수아는 막케다에 진영을 세우고(21절) 거기서 그 성읍에 공격을 감행한다. 그가 만일 10,11절의 전투에서 길갈로 돌아갔다면 다섯 왕들은 도망갈 충분한 시간을 가졌을 것이다. 왜냐하면 여호수아가 막케다를 떠나 길갈로 돌아갔다가 다시 돌아왔다는 말이 되기 때문이다. 그래서 15절은 실제로는 43절의 시점을 말하고 있다. 서술의 앞부분에 삽입된 것은 전투가 성공적으로 끝났음을 처음부터 보여 주는 것일 뿐이다. 요즘 말로 하면, 처음부터 결말을 보여 주기 때문에 일종의 "스포일러"(spoiler)가 될 수도 있다.

본문의 역사적인 적용은 카나안 땅의 다섯 왕들이 실제로 있었고 여호수아가 그들을 패배시켰다는 것이다. 그러나 역사적인 적용 외에도 두 가지의 다른 적용을 할 수 있다. 첫 번째는 예언적인 적용이다. 이 사건은 11-14절처럼 지상 재림에 대한 예표이다. 예수 그리스도께서 권능으로 다시 오셔서 이 세상의 나라들을 정복하셔서 그분의 나라들로 만드실 때(계 11:15), 주님께로부터 도망치기 위해 동굴에 숨어 있을 어떤 "왕들"이 있을 것이다.

『**땅의 왕들과 위대한 자들과 부자들과 대장들과 힘 있는 자들과 모든**

종과 모든 자유인이 각자 토굴과 산들의 바위틈에 숨어서 산들과 바위들에게 말하기를 "우리 위에 떨어져서 보좌에 앉으신 분의 얼굴과 어린양의 진노에서 우리를 숨기라. 이는 그분의 진노의 큰 날이 임하였음이니 누가 감히 설 수 있으리요?" 하더라』(계 6:15-17).

그러나 또한 그리스도인의 영적 전쟁을 위한 "영적" 적용도 있다. 이 "다섯 왕"은 그리스도인의 삶에 있는 그리스도인의 숨겨진 죄들을 의미한다. 우리의 "여호수아"께서 갈보리에서 이 죄들을 패배시키셨지만 그것들은 도망가 숨어서 당신 안에 거점을 차지하고자 하는 것이다. 이 죄들이 막케다 동굴에 숨은 다섯 왕들처럼 당신의 죄 많은 육신의 몸에 숨어 있는 것이다.

이러한 죄들이 숨어 있을 수 있는 가장 좋은 장소는 당신의 "지성"과 당신의 "생각들"과 당신의 "상상"이다. 마귀는 그리스도인인 당신 안에 들어가 당신의 생각들과 상상을 위조할 수 있다. 마태복음 16:22,23에서 마귀가 베드로에게 했던 일이 바로 이것이다.

그리스도인이여, 따라서 자신의 생각들을 점검하고 생각들이 방황하게 내버려 둬서는 안 된다. 당신이 생각을 하는 것일 수도 있지만, 마귀가 자신의 생각을 당신의 생각인 것처럼 만들기도 한다. 스스로에게 물어보라. "이 생각이 내 생각일까, 아니면 마귀가 주는 생각일까, 아니면 주님께서 주시는 생각일까?" 당신이 영적이고 주님을 사랑하고 성령님을 사랑한다고 해서, 마귀와 그의 수하의 악한 영들이 당신의 사고 생활을 그냥 내버려 둘 것이라고 착각하지 말라.

어떤 사람들은 "마귀들림"에 대해서 오해하고 있다. 오늘날 성경 교사들과 목사들 사이에서는 그리스도인이 "마귀에게 억압을 당할 수 있지만"(demon obsessed) "마귀들릴 수는 없다"(demon possessed)는 말이 표준적인 상투어로 통하고 있다. 그러나 사실이 아니다. 마귀는 당신의 삶의 어떤 부분들을 차지할 수 있고, 그렇게 되면 그 부분만큼은 그의 소유인 것이다(possession). 심지어 사탄은 성령께서 그리스도인을 채우시듯이 그리스도인을 가득 채울 수도 있다(행 5:3, cf. 엡 5:18).

영적 전쟁과 관련하여 모든 그리스도인이 읽어야 할 책이 있다. 제시 펜-루이스의 〈마귀들과 싸우는 영적 전쟁, War on the Saints〉(말씀보존학회)인데, 그리스도인의 삶과 관련하여 마귀론에 대해 실제적으로 다룬 책이다. 이 책의 주요 논지 중 하나는 당신이 마귀에게 넘겨주는 당신의 삶의 영역은 곧 그 악한 영들의 소유가 된다는 것이다. 당신이 하나님께 불순종하거나 성경의 명령들에 불순종하는 삶의 부분은 무엇이나 사탄에게 넘겨주는 셈이다.

그렇게 넘겨준 부분은 그 죄를 자백하고 그것에 대해 예수 그리스도의 보혈을 주장함으로써 다시 이겨올 수 있다. 자백하는 것은 "용서받는 것"을 의미하며(요일 1:9), 그리스도의 보혈은 "깨끗게 해 주신다"(요일 1:7). 그러나 점유당한 영역을 다시 주장하는 부분에 있어서는 싸워야 한다. 성령님의 통제에 넘겨드리지 않았던 부분을 이제는 넘겨드려야 하는 것이다(롬 6:13,16,19). 당신은 적극적으로 "마귀를 대적하고" "하나님께 복종해야" 한다(약 4:7). 당신은 『**여러 가지 구상과 하나님을 아는 지식을 거역하여 스스로 추켜세운 모든 높은 것들을 무너뜨리며 모든 생각을 사로잡아서 그리스도께 복종케**』 해야 한다(고후 10:5).

여호수아는 숨어 있는 왕들에 대해서 어떤 해결책을 내놓았는가? 그들이 도망가지 못하도록 그 입구를 막아 버렸고, 그들이 동굴 안에만 있도록 사람들을 세워 지키도록 했다. 그들을 가둔 것이다. 우리도 죄를 이렇게 처리해야 한다. 그것을 저항해야 하고, 결사반대해야 한다. 코너에 몰아서 가둬 버려야 한다. 죄가 풀려나서 도망가게 되면, 나중에는 당신 자신을 파괴할 것이다.

기본적으로 인생을 대하는 두 가지 철학이 있다. 하나는 죄가 원하는 대로 하도록 내버려 두라는 것이고, 두 번째 것은 죄를 통제하라는 것이다. "쾌락주의"와 "절제"라고 할 수 있다. 전자는 "뚜껑을 열어서 난장판이 되어도 좋으니까 내버려 둬!"라고 말하고, 후자는 "뚜껑을 단단히 닫아놔. 죄를 풀어줘서 위험을 야기하면 안 돼!"라고 말한다. 오늘날 미국인들의 조부와 증조부 시절에는 두 번째 철학을 따라 살았다. 그러나 지난 두 세대 혹은 세 세대의 미국인들은 첫 번째 철학을 따라 양육되었다.

미국은 인간이 기본적으로 "악하다"는 철학의 기조 위에 세워졌다. 그래서 정부도, 권세자들도, 당신 자신도 "점검"을 받아야 했다. 학교에서 학생들은 자신의 지성을 "통제"하고, 자신의 육신을 "통제"하고, 자신의 말을 "통제"하도록 배웠다.

그러나 현대의 자아중심적인 교육받은 멍청이들은 "옛날 사람들은 위선자들이었어. 그들도 오늘날 사람들처럼 악하면서도 더 나은 사람인 척하며 살았던 거야."라고 말한다. 아니다. 그렇지 않다. 그들은 그들의 기본적인 본능들을 억제하기 위해 더 많이 노력했을 뿐이다. 그러나 이 세대는 그렇지 않다.

형제들이여, 1920년 이후로 미국이 왜 이 지경까지 되었는지 알고 싶은가? (이제 모든 타락의 과정이 거의 다 완성되었다.) 바로 버트란드 러셀과 존 듀웨이 같은 자들이 퍼뜨린 잘못된 철학 때문이다. 현대 철학이 미국을 이렇게 만든 것이다. 그들은 어떤 것이든 통제하려고 하지 말고, 그냥 내버려 두라고 말하는 것이다.

그래서 미국은 술을 통제하지 않게 되었다. 그래서 술주정뱅이들이 득실거리는 나라가 되었고 이들은 마약중독자로 발전한다. 포르노를 통제하지 않게 되었다. 그랬더니 고등학교와 대학교 캠퍼스에서 음행과 난잡한 성적 죄가 넘쳐나게 되었고(각종 성병과, 이혼, 불법적인 출생과 낙태 등이 하늘 높은 줄 모르고 치솟았다.), 동성연애자들이 대놓고 대낮에 그들의 추잡한 '생활방식'을 선전한다고 퍼레이드를 하면서 "그들의 권리"를 주장하고 있으며(하나님께서 유다서 1:7에서 그들의 죄에 대해서 그들에게 주신 "권리"는 "영원한 불"로 불타는 것밖에 없다.) 미국 최고법원은 누구든지 자신의 변태적 성행위를 주정부와 연방정부의 제재 없이 행할 수 있도록 하는 판결을 내렸다. 공립학교에서 진화론 교육을 허락하고 아이들에게 그들이 동물에서 나왔다고 가르치게 하니까, 그들이 짐승들처럼 행하는 것이 당연하다. 그래서 학교에서 총기 난사 사고들이 계속 생기는 것이다. 그것이 정글의 법칙이다. "죽이라, 아니면 네가 죽게 된다."는 것이다.

사람들은 "저는 기준을 지킬 수가 없어요."라고 말한다. 기준이 문제가 아니다. 당신이 문제다. 기준을 지키도록 노력하라. 기준을 제거하지 말라. 기준을 위반하면 사람들이 스스로 화가 나게 해야 한다. 당신은 "그래 봤자 아무 소용없어요."라고 할지도 모른다. 아니다. 기준을 위반하면 사람들은 그것에 마음을 쓰게 되고, 그러면 다음부터는 기준을 위반하기 전에 두 번 생각하게 되는 것이다.

루즈벨트와 하원은 지난 1933년에 다음과 같이 말했다. "술 거래를 통제할 수 없으니까, 그냥 내버려 둬야겠어." 그들은 내버려 두지 말았어야 했다. 금주법 시행 시대에 있었던 갱단 관련 살인 사건보다 고속도로에서 술 관련 사망 사고가 10배 이상 증가했다. 또한 술에 부과한 세금으로 거둬들인 "수익"보다 알코올 중독을 예방하고 치료하는 데 쓰는 돈이 훨씬 많다. 술 거래를 계속 통제했어야 했던 것이다.

어떤 사람들은 "그렇게 하는 것은 득보다 실이 많아요."라고 말한다. 근본주의를 표방하고, 킹제임스성경을 믿는 침례교인들도 마리화나나 마약 거래에 대해서 그런 입장을 취하는 것을 볼 수 있다. "마약을 불법화하고 그것을 이 나라에서 몰아내려고 한 노력이 실패했으니까, 그냥 합법화하면 되는 거 아닌가요!"

바보나 그런 식으로 생각한다. 당연히 타락을 통제하려고 하는 것이 타락을 방치하는 것보다 낫다. 그릇된 것을 못하도록 압력을 가하는 것이 그릇된 행동을 허락하는 것보다 당연히 나은 것이다.

"그래도 통제가 안 돼요!" 통제할 수 있도록 노력하라! 노력했는데도 실패했다면, 다시 노력하라. 그렇게 싸우는 것이 아무 소용도 없다는 식으로 생각하지 말라. 왜냐하면 유익이 있기 때문이다. 도덕적인 근성을 만들고 인격을 형성하는 것이다. 또한 이러한 노력은 당신이 얼마나 연약한지 깨닫고 주님을 더욱 의지하게 만든다. 당신을 겸손하게 한다. 아무 소용이 없다고 말하지 말라.

경건한 척하는 위선자는 이렇게 말한다. "당신이 악을 생각한다면, 그냥 그 악을 행하는 것과 별반 차이 없는 것 아닌가요!" 차이가 있다. 물론 마음에 죄를 생각하기만 해도 죄가 되는 것은 맞다. 그러나 그 죄가 다른 사람에게 영향을 끼치지는 않는 것이다. 내가 말하고자 하는 것은, 『**자기**

형제를 미워하는 자는 누구나 살인자』(요일 3:15)이지만, 당신은 그 죄를 저지르지는 않았다는 것이다. 미움을 받은 사람이 여전히 살아서 건재한 것이다. 당신이 만약 "미워하는 생각이 들기 때문에 그렇게 행동해야겠어!"라는 식으로 살면 당신의 형제가 미울 때, 그냥 총으로 그의 머리를 날려 버리게 될 것이다. 내가 장담하건대, 그것은 분명 생각으로 죄를 짓는 것보다 훨씬 사악한 것이다.

밥 존스 시니어는 미국의 문제점은 "기준들을 낮추는 데 있다."라고 했다. 그리스도인들로서 우리는 기준들을 높여야 할 필요가 있다. 당신의 기준을 높게 유지하면, 낮은 기준으로 사는 것보다 훨씬 나은 삶을 살게 될 것이다.

당신은 성경이 하나님의 말씀이라고 믿는가? 그렇다면 단 1인치라도 물러서지 말라. "어떤 성경을 하나님의 말씀으로 믿는가?"라고 물을 수도 있다. 바로 미국이라는 국가를 세워 준 성경이다. 조나단 에드워즈, 조지 휫필드, 찰스 피니, D.L. 무디, 샘 존스, 빌리 선데이, 밥 존스 시니어, J. 프랭크 노리스, 리 로버트슨, 그리고 미국에서 있었던 위대한 근본주의 운동들은 모두 그 오래된 검정색 커버의 1611년판 킹제임스성경에 의해서 이뤄진 것이다. "뉴"킹제임스성경과 같은 가짜로 이뤄진 것이 아니다.

미국 교회들은 과거 100년 동안 기독교대학들과 신학교들에서 목회자 후보생들에게 오직 원본만이 영감받았다고 가르친 결과를 거둬들이고 있다. 그런 가르침은 어떤 헬라어 원문, 어떤 히브리어 원문, 어떤 번역성경, 어떤 역본도 하나님의 말씀이 아니라는 뜻이다. 그들은 디모데후서 3:16을 오직 "원본들"에만 적용하기 때문에 어떤 원문이나 번역성경도 『**영감으로 주어진 것**』이 아니게 되는 것이다.

만일 그러한 원문들과 번역성경들이 하나님의 말씀들이 아니라면 결국 인간의 말이라는 뜻이 된다. 인간의 말이라면 실수들이 있다는 뜻이다. 이것이 바로 밥존스대학에서 가르치는 바이다. 곧 모든 원문들, 모든 번역성경들, 모든 역본들에는 실수들이 있고 그 어떤 것도 완전한 것이 없다. 그렇다면 하나님께서 말씀하신 참된 말씀과 하나님께서 말씀하시지 않은 것을 누가 결정하고 구분하는가? 인간이 하는 것이다(즉 기독교 대학의 교수들, 학자들, 강사들 등이다).

이렇게 100년간을 가르쳤더니 이러한 학교들에서 공부한 목사들은 결국 어떤 성경을 써도 상관없고 어떤 성경도 최종권위가 될 수 없다고 생각하게 된 것이다. 근본주의자들과 보수주의자들이 킹제임스성경의 후광을 덧입고자 자신들도 킹제임스성경을 "사용"한다고 선전하던 시절도 지나갔다. 마침내 밥존스대학은 "이 강단에서는 킹제임스역본만을 쓰시오." 라고 했던 그 가식적인 지침마저도 없애 버렸다. 그들은 그런 표시 자체를 없애 버렸고 NIV를 들여온 것이다.

이 모든 것은 결국 "목적이 이끄는" "구도자 친화적인" "신흥" 교회를 찾는 무리들을 만들어냈고, 그들은 "성경에서 회중을 불편하게 느끼도록 만드는 부분은 무엇이든지 제거하라."는 원칙을 갖게 된 것이다. 결국 그들의 목표는 "관계를 맺고" "타인에게 다가가고" "우리를 둘러싼 이들의 필요에 민감하게" 되는 것이지, 하나님과 그분의 말씀들을 믿는 믿음이 아니다. 그래서 미국은 오늘날 이 지경에까지 이르게 된 것이다. 기준이 땅에 떨어져서 사람들의 발에 밟히고 있는 것이다.

『너희는 지체하지 말고 너희 원수들을 추격하여 그들의 후미를 쳐서』

(19절). 예수 그리스도 안에서 당신에게 주어진 완전한 승리를 활용하기 위해서는 지속적으로 쫓아가야 한다. 느슨해져서는 안 된다. 나사렛교인들과 그들과 유사한 무리들은 "은혜의 두 번째 역사"를, 은사주의자들은 "영 안에서 죽임당하는 것"을, 성결교인들은 "옛 성품의 제거"를 운운한다. 그들이 하고자 하는 말은 구원받은 후에 성령님께서 당신 안에서 행하시는 두 번째 역사가 있으며, 성령님께서 당신의 삶에서 모든 죄를 제거하신다는 것이다. 그러나 이들은 모두 완전히 소경이 된 것이다.

죄와 싸우는 것은 평생토록 지속되는 싸움이다. 지금까지 살았던 가장 위대한 그리스도인도 평생토록 죄와 싸웠다(롬 7:15-20). 죄가 한 번에 완전히 제거될 수 있었다면, 왜 사도 바울이 『**그러므로 땅 위에 있는 너희의 지체를 죽이라.**』(골 3:5)고 명령했겠는가? 바울 자신도 그렇게 살았고, 『**나는 매일 죽노라.**』(고전 15:31)고 고백했다.

나는 구원받은 지 64년이 되었다. 당신에게 솔직히 고백하는 것은, 나는 성경에 명시된 모든 죄들이 지금까지 내 삶에서 행동으로 나타나지는 않았을지라도 생각 속에서 일어나는 것을 보았다. 만약 당신이 구원받은 지 상당 시간이 흘렀고 또 지속적으로 성경을 읽고 있는 정직한 사람이라면, 스스로 "선하게" 되려는 소망을 접었을 것이다. 솔로몬이 늙은 시므이에게 말했던 말과 같은 것이다. 『**네 마음에 숨겨 둔 모든 사악함을 네가 아나니**』(왕상 2:44). 당신은 아직도 자신이 괜찮은 사람이라고 생각할지 모르지만, 나는 위의 말씀에 동의한다. 사악함을 이기기 위해서는 지속적으로 싸워야 한다.

이제 20절에서 일어난 일을 보라. 여호수아는 백성에게 『**그들로 그들**

의 성읍들로 들어가지 못하게 하라.』(19절)고 했다. 왜 그런가? 만약 그들이 전쟁에 대비한 성읍들에 들어가면 그들을 끌어내기가 어렵기 때문이다. 그러나 그 일이 일어나고 말았다. 이스라엘은 그들을 추격하는 데 지체해 버렸고, 아모리인들의 일부가 도망가서 『**방벽 친 성읍들로 들어가**』 버린 것이다.

여기서도 그리스도인의 영적 전쟁을 위한 실제적인 교훈을 얻을 수 있다. 곧 당신의 삶에 있는 죄를 밀어붙이며 공격하는 것을 지속적으로 하지 않는다면, 죄는 당신의 삶에서 요새를 만들 것이며, 그렇게 되면 그것을 제거하기가 훨씬 더 어려워진다는 것이다.

『**모든 백성이 막케다에 있는 진영으로 여호수아에게 평안히 돌아왔으나, 이스라엘 자손을 대적하여 자기 혀를 놀리는 자는 아무도 없더라**』(21절). 주님께서 여호수아와 유대인들을 위해서 너무나 위대하고 능력있는 일을 행하셨기 때문에 히위인들 중 그 누구도 그들에 대해서 뭐라고 말하는 사람이 없었다(유사한 상황을 출 11:7에서도 볼 수 있다). 성경은 말씀한다. 『**사람의 행위가 주를 기쁘시게 하면 주께서 그 사람의 원수들까지도 그와 화목하게 하시느니라**』(잠 16:7).

10:22 그후 여호수아가 말하기를 "굴의 입구를 열어 그 굴에서 그 다섯 왕을 내게로 끌어내라." 하니

23 그들이 그대로 하여 굴에서 그 다섯 왕을 그에게로 끌어내었으니 예루살렘 왕, 헤브론 왕, 야르뭇 왕, 라키스 왕, 에글론 왕이라.

24 그들이 그 왕들을 여호수아에게로 끌어내자 여호수아가 이스라엘
의 모든 사람들을 부르고 그와 함께 간 전사들의 대장들에게 말하
기를 "가까이 와서 너희 발로 이 왕들의 목을 밟으라." 하니 그들이
가까이 와서 그들의 발로 그 왕들의 목을 밟으니
25 여호수아가 그들에게 말하기를 "두려워 말고 낙심치 말며 강건하고
담대하라. 이는 주께서 너희가 대적할 모든 너희 원수들에게 이같
이 하실 것임이라." 하니라.
26 그후에 여호수아가 그들을 쳐 죽이고 다섯 나무에 매어다니 그들이
저녁 때까지 나무에 달려 있더라.
27 해질 때에 여호수아가 명하니 군인들이 그들을 나무에서 내려서 그
들이 숨어 있던 굴 속으로 던지고 그 굴 입구를 큰 돌로 막았더니
그것이 바로 오늘까지 남아 있더라.

여호수아는 굴의 입구를 열어 다섯 왕을 자신에게 끌어내라고 명령한다. 여호수아는 앞서 8:29에서 아이 왕에게 했듯이 그들에게도 행하려고 했던 것이다. 그리스도인에게 영적 적용을 하자면 당신의 숨겨진 죄들을 예수 그리스도께 끌어내어 그분 앞에 드러내라는 것이다. 옛날 찬송가에 보면(O For a Closer Walk with God), "내가 가장 사랑하는 우상도, 그 우상이 무엇이든지, 그 우상을 주님의 보좌에서 끌어내어 제거하고, 오직 주님만 경배하도록 도와주소서!"라는 가사가 있다.

언젠가 한 십대 소년이 잡지에서 록음악 가수 사진들과 반쯤 벗은 여자들의 사진들로 자신의 방 벽을 도배를 해 놓았다. 그의 어머니는 아무 말도 하지 않고, 가정용 대형 성경에 실려 있는 컬러로 된 십자가에 못박히신 예수님 그림을 잘라서 아들이 붙여 놓은 사진들 가운데 붙여 놓았다. 어느 날 이 어머니가 아들의 방을 치우려고 들어가자 다른 모든 사진들은 다 없어지고 예수님 그림만 남아 있는 것을 보게 되었다. 그녀는 아들에게 물었다. "그 사진들 다 어떻게 했니?" 아들은 "예수 그리스도께서 올라가시면, 다른 모든 것은 내려와야죠!"라고 대답했다고 한다.

아멘! 그렇다! 예수 그리스도께서 당신의 삶에서 올라가시면, 다른 모든 것은 내려와야 한다.

여호수아는 다섯 왕들을 굴에서 나오게 했고, 그들을 바닥에 납작 눕게 만들었다. 그런 후 이스라엘의 장로들이 나와서 그들의 발로 그 왕들의 목을 밟게 했다. 이런 행동은 정복과 승리의 상징이다. 이러한 행동은 앞으로 전개될 28절에서 43절까지의 전투들에 있어서도 유대인 지도자들에게 용기를 주기 위한 것이었다.

그리스도인이 받아야 할 영적 교훈은 이것이다. 『**죄가 너희를 주관하지 못하리니 이는 너희가 율법 아래 있지 아니하고 은혜 아래 있기 때문이라**』(롬 6:14). 『**그러므로 너희는 죄가 너희 죽을 몸 안에서 군림하지 못하게 하여 몸의 정욕 가운데 죄에게 순종하지 말고**』(롬 6:12). 당신의 삶에서 특정한 죄를 이긴 승리는 당신이 직면한 다른 죄들과 싸울 수 있는 용기를 준다.

그리스도인으로 살면서 맛보는 가장 큰 축복들 중의 하나는, 자신을 평생토록 따라다니고 괴롭히고 해를 끼쳤던 죄를 극복하고 자신의 발아래 짓밟는 것이다. 물론 그것은 스스로를 짓밟는 것이라고도 할 수 있는데, 결국 자신의 몸의 행위들을 죽이는 것이기 때문이다(롬 8:13). 기억해야 할 것은 그 "왕"이, 즉 그 죄가 당신의 발아래서 일어나려고 할 때마다 다시 쓰러뜨리고 또 쓰러뜨려서 계속 발아래 있게 만들어야 한다는 것이다.

구식 그대로의 감리교 복음전파자였고 로스앤젤레스의 트리니티감리교 교회의 목사이기도 했던 로버트 슐러(흔히 밥 슐러라고 부름)는 이런 이야기를 들려준 적이 있다. (여기서 로버트 슐러는 긍정적인 사고방식의 누룩을 퍼뜨리고 캘리포니아 가든 그로브에서 "그루멘의 중국 극장"을 운영한 TV 설교자 "로버트 슐러"가 아니다.) 감리교 목사 슐러는 버지니아 주의 산악 지방에 살았던 한 소년을 알고 있었다. 사람들은 이 소년을 "푸딩 머리 윌슨"이라고 불렀다. 이 푸딩 머리 윌슨과는 아무도 싸움을 하고 싶어 하지 않았지만, 이 소년은 그 누구와도 싸움을 하고 싶어서 안달이었다. 그런데 막상 싸우면 잘 이기지도 못했다. 키가 작은 데다가 깡마르기까지 했고, 이 녀석은 싸움을 했다 하면 두들겨 맞아 땅바닥에 쓰러지곤 했다.

문제는 이 푸딩 머리 윌슨은 땅바닥에 그냥 넘어져 있지 않는다는 것이었다. 언젠가 다른 녀석이 윌슨을 땅바닥에 넘어뜨리곤 이제 이겼구나 생각하고 몸을 돌려 길을 가려는데 푸딩 머리가 일어나서 그 사람 뒤에서 칼을 꺼내 배를 찢어 버리고 말았다. 또 다른 남자가 푸딩 머리를 넘어뜨리고 길을 가려는데 열다섯 걸음도 못가서 푸딩 머리가 던진 돌에 뒤통수를 맞고 말았다. 슐러와 푸딩 머리가 맞붙었을 때 슐러는 푸딩 머리의 귀를 물어뜯을 때까지 싸웠다고 한다.

슐러와 푸딩 머리 윌슨은 성장하면서 서로의 근황을 모르게 되었다고 한다. 그런데 어느 날 슐러가 건물을 짓기 위해 돈을 빌리려고 은행에 갔다. 은행 지점장을 만나려고 했더니 직원이 그를 지점장 사무실로 데려갔다고 한다.

슐러는 그 지점장의 이름이 윌슨인 것을 보았고 지점장이 몸을 돌려

슐러를 보았을 때 지점장의 귀의 일부분이 없는 것을 보게 되었다. 아니나 다를까, 그 지점장은 그 오랜 세월 전에 슐러와 싸웠던 푸딩 머리 윌슨이었던 것이다.

두 사람은 그의 사무실에서 오래간만에 만나면 늘 그렇듯이 포옹을 하며 그동안 어떻게 지냈는지를 물었다. 그리고 슐러가 물었다. "그런데 어떻게 자네가 은행 지점장이 되었나?" "자네 고등학교도 졸업 못했잖아!" 윌슨이 말했다. "밥, 여기서 심부름꾼으로 일했는데, 그 다음에는 어떻게 하다 보니까 이렇게 됐어."

푸딩 머리 윌슨은 그리스도인이라면 반드시 가져야 하는 그런 특징을 가지고 있었던 것이다. 그는 결코 넘어진 그대로 있지 않았다. 어른이 되어서도 아무 전망이 없는 직업인 심부름꾼이 된 것이 이 사람을 넘어진 채로 남아 있게 하진 못했던 것이다. 그는 계속 일어나고 또 일어나서 또 전진하고 또 전진하여 성공했던 것이다. 요즘 세대는 자신이 생각하던 바를 이루어서 소유하지 못하면 쉽게 포기해 버린다. 그래서 평생을 포기만 하는 사람으로 사는 것이다.

『**여호수아가 그들에게 말하기를 "두려워 말고 낙심치 말며 강건하고 담대하라**』(25절). 앞선 1장에서 여호수아가 백성을 지도하게 되었을 때 이스라엘 백성은 똑같은 말로 여호수아에게 용기를 북돋아 주었다. 『**오직 강건하시고 담대하소서**』(수 1:18). 이제는 여호수아가 백성의 장로들에게 용기를 주고 있다. 신약 그리스도인들은 이와 같이 서로 위로하고(살전 4:18) 서로 세워 주며(살전 5:11) 서로 권면하라는 명령을 받았다(히 3:13; 10:25).

『**이는 주께서 너희가 대적할 모든 너희 원수들에게 이같이 하실 것임이라**』(25절). 전쟁에서 주 하나님의 몫이 있고 당신이 해야 할 몫이 있음을 주목하라. 주님께서 모든 것을 다해 주시는 것이 아니다. 당신이 직접 노력을 들여서 싸워야 한다. 마귀가 성도들에게 주는 유혹들 중 하나는, 그저 앉아만 있으면서 아무것도 하지 말고 주님께서 당신을 위해 모든 것을 해 주시기만을 바라라는 것이다. 주님의 일은 그렇게 이뤄지지 않는다. 물론 당신은 『**주 안에서와 그의 힘의 능력 안에서 강건**』해야 한다(엡 6:10). 당신의 힘과 능력으로 영적 전투에서 승리할 수 있는 것은 아니지만, 그럼에도 여전히 "무언가"를 해야 하며, "싸움"은 바로 그렇게 하는 것이다.

바울은 『**내가 선한 싸움을 싸우고 달려갈 길을 마치고 믿음을 지켰으니**』(딤후 4:7)라고 말했다. 당신이 평생토록 싸우는 싸움 중 가장 힘든 것은 자신의 삶 속에 있는 죄와의 싸움이다. 아멘! 휴거가 있을 때까지 성도가 싸우는 싸움 중 이보다 더 큰 싸움은 없다.

나는 밥 존스 시니어가 이렇게 말하는 것을 들은 적이 있다. "자네들이 사역 현장에 나가서, 말씀에 집중하고 그 말씀으로 사람들 가운데서 사역하려고 할 때, 자네들은 이 세상에서 벌어지는 그 모든 전쟁들이 장난처럼 보이는, 피가 낭자하는 전투에 돌입하게 될 걸세!" 그때 나는 속으로 픽 웃었다. 실제 전장에서 어떤 일이 벌어지는지를 알고 있었기 때문이다. 나는 사역과 그리스도인의 삶보다 훨씬 극심하게 여겨지는 많은 일들을 떠올릴 수 있었다. 그래서 속으로 생각했다. '과장이 좀 지나치시군!' 그러나 당시 나는 영적으로 어린 그리스도인이었고 사역에 대해 아는 바가 없었기 때문에 그렇게 생각한 것이었다.

일반적인 실제 전투를 생각해 보도록 하자. 싸우다가 부상을 입기도 하고 죽기도 하고, 복무기간이 다 돼서 제대하기도 하고, 그 전에 전쟁 자체가 끝나서 싸움을 중단하기도 한다. 그러나 죄와의 싸움은 빠져나올 수가 없다. 성경은 말씀하신다. 『**그 전쟁에는 면제되는 사람도 없고**』(전 8:8). 당신은 매일 죄와 싸워야 하는 것이다.

또한 죄를 이기는 승리는 십자가에 못박히신 예수 그리스도와 관계가 있다는 것을 알아야 한다. 여호수아는 이 다섯 왕을 다섯 나무 위에 매달았다. 앞서 8:29에서 보았듯이, 이는 예수 그리스도의 십자가 사건의 예표이다. 그런 후 여호수아는 이 왕들의 시신을 취해서 그들이 숨어 있었던 굴에 넣고 입구를 『**큰 돌로**』 막았다(27절). 이것은 명백하게 예수 그리스도의 장사되심의 예표이다. 따라서 당신은 위치적으로 그리스도 안에 있으며, 당신의 죄들은 예수 그리스도와 함께 죽고 장사된 것이다. 그리고 구원받을 때 "무덤"에서 나온 것은 다름 아닌 죄로부터 자유롭게 된 새 사람, 곧 그리스도 안에 있는 새 사람인 것이다(롬 6:3-7).

바울이 이렇게 기록했다. 『**내가 그리스도와 함께 십자가에 못박혀 있으나 그럼에도 나는 살아 있노라. 그러나 내가 사는 것이 아니요, 그리스도께서 내 안에 사시는 것이라. 내가 이제 육신 안에서 사는 삶은 나를 사랑하시어 나를 위해 자신을 주신 하나님의 아들을 믿는 믿음으로 사는 것이라**』(갈 2:20).

따라서 예수 그리스도의 죽으심과 장사되심을 통하여, 죄는 그리스도인의 삶에서 정복당한 것이다. 문제는 죄가 몸에 남아 있으며, 그것이 단지 죽어 있는 상태라는 것이다. 죄가 몸에 있다는 사실 자체는 부정할 수 없다. 결국 사도 요한도 이렇게 기록했다. 『**만일 우리가 우리에게 아무**

죄도 없다고 말하면 우리 자신을 속이는 것이요, 진리가 우리 안에 있지 아니하나』(요일 1:8). 그러나 죄가 당신에 대해 갖는 유일한 힘은 당신이 죄에게 주는 만큼의 힘이다. 당신의 『**지체를 불의의 병기로 죄에게**』 내어 주면(롬 6:13), 당신은 썩어가는 시체의 노예가 되는 것이다. 그래서 당신은 『**이와 같이 너희도 너희 자신을 정녕 죄에게는 죽은 자요, 예수 그리스도 우리 주로 말미암아 하나님께는 산 자로 여기라.**』(롬 6:11)는 말씀에 순종해야 하는 것이다. 만약 당신이 죄에 죽고 죄가 당신에게 죽었다면 둘 사이에는 어떤 소통도 있을 수 없다. 죽은 사람이 두 명이 있다고 할 때 둘이 모여서 무엇을 할 수 있겠는가? 아무것도 없는 것이다.

10:28 그 날로 여호수아는 막케다를 취하고 칼날로 그 성읍과 그 왕을 치고 병사들과 그 성읍 안에 있는 모든 사람을 완전히 멸하고 아무도 남겨 두지 아니하였으니 그가 여리코 왕에게 행했던 것처럼 막케다 왕에게도 행하니라.

29 그리고 나서 여호수아는 모든 이스라엘과 더불어 막케다에서 립나로 이동하여 립나를 대적하여 싸우니

30 주께서 그 성읍과 그 왕을 이스라엘의 손에 넘겨주신지라. 그가 칼날로 그 성읍과 그 안에 있는 모든 사람을 쳐서 한 사람도 남기지 아니하였으니 여리코 왕에게 행했던 것처럼 그 왕에게도 행했더라.

31 여호수아가 모든 이스라엘과 더불어 립나에서 라키스로 이동하여 라키스를 대적하여 진을 치고 싸우니라.

32 주께서 라키스를 이스라엘의 손에 넘기시니 둘째 날에 그것을 취하

여 그 성읍과 그 안에 있는 모든 사람을 칼날로 쳤으니 그가 립나
에 행한 모든 것대로더라.
33 그때 게셀 왕 호람이 라기스를 도우려고 올라오니 여호수아가 그와
그의 백성을 쳐서 한 사람도 남기지 아니하였더라.
34 여호수아가 모든 이스라엘과 더불어 라기스에서 에글론으로 이동
하여 그들이 에글론을 대적하여 진을 치고 싸워
35 그 성읍을 그 날로 취하고 칼날로 그것을 쳐서 그가 그 안에 있는
모든 사람을 그 날로 완전히 멸하였으니 그가 라기스에 행한 모든
것대로더라.
36 여호수아가 모든 이스라엘과 더불어 에글론에서 헤브론으로 올라가
서 그 성읍을 대적하여 싸워
37 그 성읍을 취하고 그 성읍을 칼날로 치고 왕과 모든 성읍들과 그
안에 있는 모든 사람들을 쳐서 하나도 남기지 아니하였으니 그가
에글론에서 행한 모든 것대로더라. 그 성읍과 그 안에 있는 모든
사람을 완전히 멸하였더라.
38 여호수아가 모든 이스라엘과 더불어 드빌로 돌아와 그 성읍을 대적
하여 싸워
39 그것을 취하였으니 그 왕과 그 모든 성읍들이라. 이스라엘이 칼날
로 그들을 쳤으며 그 안에 있는 모든 사람을 완전히 멸하고 하나도
남기지 아니하였으니 그가 헤브론에 행한 것같이 드빌과 그 왕에게
도 행했으며 그가 또한 립나와 그 왕에게 행한 것과 같더라.
40 그리하여 여호수아가 산지와 남쪽과 계곡과 샘들의 모든 지역과 그
모든 왕을 쳐서 하나도 남기지 아니하고 호흡이 있는 것은 모두 완

전히 멸하였으니 이스라엘의 주 하나님께서 명하신 대로 하였더라.
41 또 여호수아가 카데스바네아에서 가자에 이르기까지 그들을 치니
고센의 모든 지역과 기브온까지라.
42 여호수아가 이 모든 왕과 그들의 땅을 한 번에 취했으니 이는 이스
라엘의 주 하나님께서 이스라엘을 위하여 싸우심이라.
43 여호수아가 온 이스라엘과 더불어 길갈 진영으로 돌아왔더라.

위의 본문은 '남쪽 정벌'로 알려진 사건을 다루고 있다. 여호수아가 카나안 남부에 있는 성읍들을 정벌하고 있는 것이다(40절). 41절에는 이러한 정복 전쟁의 범위가 제시되어 있다. 예루살렘 위의 기브온에서 이스라엘이 카나안 땅으로 들어온 민수기 13,14장에서 말했던 카데스바네아까지다. 또한 해안 옆의 "가지 지구"부터 사해 옆에 있는 고센까지다(여기서의 "고센"은 이집트의 고센이 아니다).

본문에는 여호수아가 정복한 여섯 개의 주요 성읍들이 나열되어 있다. 곧 막케다, 립나, 라키스, 에글론, 헤브론, 드빌이다. 막케다같이 하루 만에 정복당한 성읍들도 있었다(28절). 라키스는 조금 정복하기 어려워서 이틀이 걸렸다(32절). 라키스에서 게셀 왕은 라키스 왕을 도우려고 자신의 군대를 데리고 왔다(9:1,2의 주석을 보라). 다른 성읍들에 대해서는 정복하는 데 걸린 시간을 명시하지 않았다. 그러나 그 모든 성읍들을 다 정복하는 데는 한 주, 한 달, 심지어 한 해보다 더 많은 시간이 걸렸다는 것이다. 여호수아 11:18은 이렇게 말씀한다. 『**여호수아가 이들 모든 왕과 오랫동안 싸웠더라.**』

여기서 다시 한 번 그리스도인은 죄와의 싸움은 평생의 싸움이라는 진리를 기억해야 한다. 성도 안에 있는 옛 아담의 본성을 제거해 주는 "두 번째 축복," "성령 안에서 죽음" 따위는 없다.

이런 구절들이 다른 구절들처럼 그리스도인들이 신나게 읽는 부분이 아니라는 것은 알지만, 성령님께서 이런 구절들을 성경에 넣으신 데는 그만한 이유가 있는 것이다. 우선 이런 본문은 성경이 역사책이라는 특성을 보여 준다. 성경은 종교 서적이 그 본질이 아니다. 성경은 무엇보다도 "역사"책이다. 주님께서는 그분이 개인들의 삶과 민족들의 역사에서 어떻게 일하셨는가를 보여 주심으로써, 지금 21세기를 사는 우리가 B.C. 4000년, 1500년, 1000년, 400년에 살았던 사람들에게 일어났던 일들로부터 배울 수 있게 하시는 것이다.

물론 문제는 "인간이 역사에서 배우는 유일한 교훈은 인간은 역사로부터 배우는 바가 없다는 것이다." 막케다의 왕과 『**게셀 왕 호람**』, 에글론, 헤브론, 드빌에 사는 사람들에게 일어난 일에 신경 쓰는 사람이 어디 있는가? 그러나 이들에게 일어났던 일을 명심하는 것이 좋다. 왜냐하면 당신과 당신의 국가가 올바로 행하지 않는다면, 똑같은 일이 당신과 당신의 국가에도 일어날 것이기 때문이다(눅 13:3 주석을 보라).

둘째로, 주님께서 성경에서 여러 번에 걸쳐 어떤 일들을 반복해서 말씀하시는 것은 우리가 주님께서 말씀하시는 바를 제대로 깨닫게 하기 위해서이다. 똑같은 내용이 반복되어 있는 본문과 같은 구절들을 읽는 것은 솔직히 좀 지루할 수 있다는 것을 필자도 알고 있다. 그러나 뭔가를 배우고 학습함에 있어서 그 방법의 핵심은 무엇보다도 그것을 계속 반복하는 것이다. 내가 학교에 다닐 때, 선생님은 우리에게 "구구단"을 외우게 하셨고, 시를 암송하게 하셨고, 유명한 연설들을 외워서, 완전히 보지 않고 암송할 수 있게 하셨다. 요즘 공립학교들은 물론 이렇게 하지 않는다. 그들은 그냥 아이들에게 어떻게 간음하고 동성연애를 하는지만 가르친다. 그러나 당신이 뭔가를 배우고 싶다면, 그것이 뼛속 깊이 녹아들 때까지 반복해야 하는 것이다.

이런 원리를 가장 잘 활용하는 것이 바로 광고업계다. 표지판과 광고용 전광판 TV와 라디오 선전에서 "콜라를 마셔요, 콜라를 마셔요, 콜라를 마셔요."라고 하는 것을 볼 수 있다. 사실 콜라에는 사람의 갈증을 해소시켜 주는 요소가 없다. 진짜 갈증을 해소하려면 물을 마시면 된다. 그러나 코카콜라 회사는 이런 선전 문구를 계속 반복해서 당신에게 들려줌으로써, 갈증이 나면 당신에게 떠오르는 첫 번째 생각이 "아, 콜라를 마셔야 돼!"가 되도록 하는 것이다. 이처럼 당신은 성경의 구체적인 내용들을 철저히 반복적으로 숙지하여서 어떠한 상황이 닥치더라도 자신의 첫 번째 반응이 "하나님께서 뭐라고 말씀하시는가"가 되도록 해야 하는 것이다.

주님의 백성은 잘 잊어버리는 백성이다. 그래서 성령님은 뭔가를 우리에게 반복해서 말씀하심으로써 우리가 잊지 않게 하시는 것이다. 찬송가에도 "네 축복들을 헤아려 보아라, 하나씩 그 이름을 불러보아라."고 되어 있지 않는가? 왜냐하면 우리는 하나님의 축복들을 쉽게 잊기 때문에, 잊지 않도록 그것들을 말해 보아야만 하기 때문이다. 주님께서 똑같은 것을 반복해서 말씀하시는 이유는, 그 말씀이 우리에게 각인되어 주님께서 말씀하신 바를 기억할 수 있게 하기 위함인 것이다.

이 장을 마치기 전에, 여호수아의 남쪽 지방 정복 일화를 다루는 지루해 보이고 딱딱해 보이는 이 구절들에서 한두 가지 교훈을 취해 보도록 하자. 첫째, 여호수아가 각 성읍을 『**칼날로**』 쳤다는 것이다. 우리는 여호수아와 이스라엘 사람들이 그 당시에 가졌던 무기가 칼 말고도 물매와 창도 있었다는 것을 알고 있다. 그러나 우리는 그리스도인들의 영적 전쟁에 대한 예표로 이 사건을 보고 있다. 그리스도인들의 무기는 『**양날이 있는... 칼**』이며(히 4:12) 이 칼은 『**성령의 칼**』(엡 6:17)이라고 불린다. 그리스도인이여, 당신의 무기는 하나님의 말씀, 곧 성경이다. 만약 당신이 죄와 유혹을 이기는 승리를 원한다면, 주님께서 시험받으실 때 그렇게 하셨듯이 당신도 하나님의 말씀을 사용하여 마귀를 대적해야 하는 것이다(마 4:1-10, 눅 4:1-12).

둘째, 구약성경이 여호수아 10장에서 "혼"을 의미하는 단어 "soul"을 어떻게 사용했는지 보라(28,30,32,35,37,39절, 『**사람**』). 구약에서 "혼"이라는 단어는 육체의 생명과 동일시되었다(민 31:28에서 동물들에게 이 단어가 쓰였을 때 바로 이런 의미로 쓰인 것이다). 이는 갈보리 십자가와 예수 그리스도의 부활이 있기 전까지는, 사람의 혼이 육신의 몸에 붙어 있었기에(롬 7:1-5) 육체가 하는 것은 무엇이나 혼에게 영향을 주었기 때문이다(예를 들어 레 5:2; 7:18,20,21,25,27; 17:10,12,15; 22:6).

죄인이 구원받기 위해서 예수 그리스도께 오면, 성령님께서는 영적 할례라는 "수술"을 통해서 그의 혼을 육신으로부터 도려내신다(골 2:11,12). 그렇게 함으로써, 육신으로 범한 죄가 그리스도 안에 있는 새 사람의 영원한 운명에 전혀 영향을 끼치지 못하게 된 것이다(사 55:3, 행 13:34, 롬 8:1,2,29,38,39, cf. 겔 4:14). 물론 당신이 자신의 육신에 심는다면, 그 심은 것을 거두게 될 것이고(갈 6:8), 그리스도의 심판석에서 상들을 잃어버리게 될 것이다(고후 5:10, cf. 고전 3:13-15). 그러나 아담이 죄를 지었을 때 그에게 일어난 일처럼 『**허물과 죄들 가운데**』(엡 2:1) 다시 죽게 되지는 않는 것이다.

여호수아 11장

11:1 하솔 왕 야빈이 이런 일을 듣고 마돈 왕 요밥과 심론 왕과 악삽 왕과
2 산지 북쪽과 긴네롯 남쪽 평원과 골짜기와 서편에 있는 돌 접경에 있는 왕들과
3 동편과 서편에 있는 카나안인과 아모리인과 힛인과 프리스인과 산지에 있는 여부스인과 미스페 땅 헤르몬 아래 히위인에게 보냈더니,
4 그들이 그들의 모든 군대와 더불어 나왔으니 사람이 많아 마치 해변에 있는 많은 모래 같고 아주 많은 말들과 병거들도 함께하니라.
5 이 모든 왕이 함께 만나 나와서 이스라엘과 싸우려고 메롬 물가에 함께 진을 쳤더라.

11장은 "북쪽 정벌"로 알려진 사건을 다룬다. 10장에서 여호수아는 카나안 남쪽 지방에 있는 성읍들을 차지했고, 여기 11장에서는 카나안 북쪽 지방에 있는 성읍들을 차지하되 레바논의 헤르몬 산까지 이른다(17절). 여기에 관련된 성읍들을 보라. 1절의 『**하솔**』은 갈릴리 바다 위쪽으로 훌레(Huleh) 호수 쪽을 향한 곳이다. 또한 『**마돈**』은 갈릴리 서쪽에 위치해 있다. 『**심론**』은 키손 강 근처에 있다. 『**악삽**』은 칼멜 산 아래쪽에 동쪽을 향해 위치해 있다. 2절의 『**돌**』은 칼멜 산 아래의 해안선에 있는 성읍이고, 『**킨네롯**』은 갈릴리 바다의 또 다른 이름이다(수 12:3, cf. 수 21:32, 사 9:1).

위의 본문에서 당신은 지금까지 있었던 가장 큰 연합군이 형성된 것을 볼 수 있다. 4절을 보라.

『**그들이 그들의 모든 군대와 더불어 나왔으니 사람이 많아 마치 해변에 있는 많은 모래 같고 아주 많은 말들과 병거들도 함께하니라.**』

이 말씀은 9:1,2에도 암시되어 있다. 그 구절들의 주석을 참조하라. 여기서 주목할 것은 바로 하나님께서 친히 이 민족들을 모으셔서 멸망시키려 하고 계신다는 점이다. 요엘 3장의 말씀을 보라.

『**보라. 내가 유다와 예루살렘의 사로잡힌 자를 다시 데려올 그 날들과 그 때에**[대환란 끝을 가리키는 표현이다, 계 16:12-16] **내가**[여기서 화자는 바로 주 하나님이시다.] **또한 모든 민족들을 모아 그들을 여호사밧 골짜기 아래로 데려와서 거기서 그들과 더불어 내 백성과 내 유업 이스라엘을 위하여 변호하리라. 그들이 이스라엘을 민족들 가운데 흩뜨리고 나의 땅을 나누었고... 너희 모든 이방들아, 모여서 오라**[UN이 집결하는 것이다, 슾 3:8]**. 다 함께 주위에 모이라. 오 주여, 주의 용사들로 그곳으로 내려오게 하소서. 이방으로 깨어서 여호사밧 골짜기로 올라오게 하라. 이**

는 내가 거기에 앉아서 주위의 모든 이방을 다 심판할 것임이로다』(욜 3:1,2,11,12).

이것은 주님께서 민족들을 모으셔서 재림 때 그들을 싹 쓸어버리려고 하시는 것이다. 신약의 "여호수아"께서 돌아오시면 주님은 시내 산과 에돔과 예루살렘에서 "남쪽 정벌"을 하시고, 아마겟돈에서 더 많은 무리들을 무찌르시며 "북쪽 정벌"을 이루실 것이다. 그래서 앞에서도 자주 설명한 바와 같이 여기 여호수아 9,10,11장은 재림에 대한 예표인 것이다.

그리스도인을 위한 실제적인 교훈도 잊지 말라. 앞서 8:3을 다룰 때 이미 한 번 언급한 바 있지만, 그리스도인의 삶을 살면 살수록 죄와 세상과 마귀에 대항해 싸우는 싸움에 있어서 "하나님의 직접적인 개입"은 더 적어지고, 싸움은 더 어려워질 수밖에 없는데, 이는 오직 하나님의 말씀과 기도만을 의지해야 하기 때문이다. 이스라엘인들이 싸워야 했던 첫 번째 싸움에서는 그들이 해야 할 것이 거의 없었다. 그들이 해야 할 것이라고는 여리코를 돌고 함성을 지르는 것뿐이었고, 하나님께서 성벽을 무너지게 하셨던 것이다. 다음 전투(아이 성 전투)는 죄 때문에 힘들게 되었지만, 하나님은 이후 다섯 왕들과의 전투에는 기적적으로 개입하셔서 그들을 무찌르게 하셨다. 본문의 거대한 연합군에 대항한 전투에서는 하나님께서 어떤 기적도 일으키지 않으셨다. 순전히 서로 싸우는 것만 있었다. 하나님의 약속을 믿고(6절) 열심히 쟁취해 내는 것만이 있었을 뿐인 것이다.

그런데 이것이 주 하나님께서 그리스도인의 삶에 있어서 우리를 다루시는 방식이다. 나처럼 늦은 나이에 구원받으면 어느 정도의 "짐"을 지고 그리스도인의 삶에 돌입하게 된다. 처음에는 하나님께서 즉각적으로 해결해 주시는 것들이 있다. 그래서 나머지 죄들도 그렇게 쉽게 제거할 수 있을 것이라고 생각하기 쉽다. 그러나 주님께서는 당신이 해결할 수 없어 보이는 것들로부터 당신을 구해 주실 것이고, 당신이 기도와 말씀으로 해결해야 할 것들은 당신으로 하여금 직접 싸우게 하실 것이다.

옛 속담에 이런 말이 있다. "아무리 개가 깨끗해도 개는 자신이 개인 것을 잊지 않을 정도의 벼룩은 가지고 있기 마련이다." 마찬가지로 그리스도인은 구원받은 후 자신이 "구원받은 죄인"임을 상기하기에 충분한 죄를 가지고 있다. 자신이 술 마시지 않고, 담배 피우지 않고, 욕하지 않고, 머리와 옷도 단정히 하고, 복음도 전하고 성경을 읽고 기도도 하기 때문에 죄를 완전히 이겼다고 생각할 즈음, 바로 그 즈음에 교만과 게으름과 시기, 분노, 사실과 다르게 말함, 변명을 통한 기만, 사실을 제대로 알지 못한 상태에서 판단하는 속단, 뭔가 선입견을 가지고 있기 때문에 혹은 자신의 유익 때문에 다른 사람의 말을 그대로 믿어 버리는 경향 등과 맞닥뜨리게 되는 것이다.

은사주의자들과 성결교인들은 자신들의 옛 성품이 제거되었기 때문에 스스로가 완전히 거룩해져서 죄 없이 산다고 착각한다. 필자는 오래전에 "성결교인들의 악몽"이라고 이름 붙인 글을 써놓았다. 그 전체를 로마서 15:1 주석에서 읽어볼 수 있다. 그 핵심을 미리 말하자면, 당신이 자신의 삶에서 모든 죄를 제거했다고 생각하자마자, 은밀한 교만, 쓴 뿌리, 굽히지 않는 태도, 자기중심적 생활, 탐욕, 기만, 복수하려는 마음, 자신의 삶에서 죄를 용납하는 행위, 인색함, 허영심, 편파적임, 자비롭지 않은 태도, 가식적인 겸손, 하나님의 일들에 대한 무관심 등의 죄들을 다뤄야 함을 깨닫게 될 것이다. 마약, 술, 담배, 욕하며 나쁜 말들을 하는 습관을 다 극복했다고 해도, 이런 죄들은 평생토록 싸워야 하는 죄들이다.

다시 여호수아 11장으로 돌아가도록 하자. 『**동편과 서편에 있는 카나안인**』(3절). 갈릴리 바다 위로 요단 강의 동편과 서편을 말하고 있다. 『**헤르몬 아래**』 즉 레바논 남쪽의 단 지파 땅 위에 있는 헤르몬 산을 말하는 표현이다. 『**미스페 땅**』(3절)과 『**미스페 골짜기**』(8절)는 훌레 호수 북쪽에 있는 지역이며, 그래서 이 미스페는 요단 동편의 길르앗에 있는 미스페와는 다른 미스페이다(창 31:23-25,48,49, 판 10:17; 11:1).

『**그들이 그들의 모든 군대와 더불어 나왔으니 사람이 많아 마치 해변에 있는 많은 모래 같고 아주 많은 말들과 병거들도 함께하니라**』(4절). 이스라엘은 겉으로 보기에는 절망적인 상황에 봉착해 있는 것이다. 이스라엘은 병거들을 보유하고 있는, 모든 면에서 우세한 적군과 마주한 것이다. 인간적으로 볼 때는 전혀 승리할 수 있으리라는 소망을 가질 수가 없다. 그러나 성경은 말씀한다. 『**어떤 이들은 병거들을 의지하고 어떤 이들은 말들을 의지하나, 우리는 주 우리 하나님의 이름을 기억하리로다**』(시 20:7). 『**전쟁의 날을 위하여 말이 예비되어도, 구원은 주께 속한 것이니라**』(잠 21:31). 어떤 군대도 병거들과 말들이 많다고 해서 구원받고 승리하는 것이 아니다. 미국을 예로 들자면, 수많은 탱크, 폭격기, 항공모함, 크루즈 미사일 등이 있다 해서 승리하는 것이 아님을 알 수 있다. 구원은, 심지어 "물리적인" 구원 또한 주님께 속한 것이다.

이스라엘을 대적해서 모인 민족들은 수적으로도 우세하고 더 좋은 무기들을 가졌음에도 이제 완전히 체면을 구기게 된다. 미국이 전 세계를 돌아다니며 그 세력을 과시할 수 있는 것은 적군보다 더 잘 훈련된 군대와 더 좋은 군사장비들을 가지고 있기 때문이다. 그러나 일단 하나님께서 미국이 짓는 가증한 죄로 미국을 대적하려고 마음만 먹으시면(별의별 종류의 동성연애자들과 모슬렘들이 미군을 이끈다는 사실을 생각해 보라.) 핵미사일, 항공모함, 탱크, 크루즈 미사일, 폭격기, "드론" 등은 무용지물이 되고 말 것이다.

『**메롬 물가**』(5절). 이곳은 이 북쪽 지방의 연합군이 진 친 지역으로, 여기서 이스라엘에 대한 공격을 감행하려고 한 것이다. 메롬 물가는 메롬 성읍에서 갈릴리 바다로 흘러들어가는 강을 일컫는 말이며, 갈릴리 바다의 북서쪽에 있다.

참으로 여호수아는 엄청난 연합군을 상대하고 있다. 나는 당신이 그리스도인으로서 이처럼 많은 반대에 부딪힐 것이라고는 생각하지 않는다. 중세 암흑시대에 살았던 그리스도인들은 그러했을 수 있다. 팔레스타인에 있는 모슬렘들을 대항해서 십자군을 결성해서 공격했던 것처럼, 로마카톨릭들은 십자군을 결성해서 남부 프랑스에 살았던 알비겐스들을 죽였던 것이다. 마틴 루터는 자신을 반대하여 종교적으로 정치적으로 연합한 로마카톨릭 세력에 맞섰으며, 그의 믿음을 철회하라고 요구받은 보름스 회의에서 다음과 같이 외쳤다고 전해진다. "여기 내가 서 있노라! 나는 내 믿음과 달리 행할 수 없도다! 하나님이시여, 나를 도우소서, 아멘!"

고백컨대 나는 이날 이때까지 살면서 그런 정도의 반대에 부딪혀 본 적이 없다. 물론 열다섯 개의 기독교대학들의 교수진들이 그들의 강의시간에 나를 비난하기도 했지만, 뭐 그리 대단한 것은 아니었다. 로마카톨릭교도들이 우리의 사역지를 폭파시키겠다고 협박하기도 했지만, 별일 없었다. 사람들이 나를 걸어 고소한 일도 여덟 번 정도 있었지만, 그것도 큰 일이 아니었다. 거리설교할 때 경찰이 나를 멈춰 세워 놓고 체포해서 경찰차에 태우겠다고 으름장을 놓았지만, 그것도 딱히 반대라고 할 만한 것은 아니었다.

그런데 레스터 롤로프(Lester Roloff)처럼 미국 보건 교육 후생부[HEW, 현 HRS(미국 아동 가정부)]에 맞서야 하고, 이안 페이슬리(Ian Paisley)처럼 로마카톨릭, 아일랜드공화국군(IRA), 유럽 연합 회의, 영국공영방송(BBC) 등과 맞서야 한다면 이야기는 달라진다. 말하자면 미국에서 뉴스 미디어, 동성연애자들, 성전환자들, 연방정부, 주정부, 지방정부 등이 연합하여 동성연애자들을 강제로 교회에서 받아들이게 함으로써, 그리스도인들이 그들을 "수용해야" 하고 그들의 변태 행위를 권장해야 한다고 압박을 받을 때가 다가오고 있다(이 책을 출간하고 있는 지금 그런 일이 일어나고 있다). 이런 날이 오면 내가 당신에게 해 줄 수 있는 말은 성경 말씀을 굳게 붙들고 기도에 전념하라는 것이다. 그리스도인들은 여호수아처럼 물리적이고 실제적인 해방을 약속받은 것은 아니다. 그러나 우리는 하늘에 있는 상을 약속받았다(딤후 4:7,8, 약 1:12, 계 2:10). 하나님께서 원하시는 일만을 꿋꿋하게 실행하면서 조금도 타협하지 말라! 명심할 것은, 이러한 싸움은 육신으로 행하여 승리할 수 있는 것이 아니라, 무릎을 꿇고 전진할 때 승리할 수 있다는 사실이다!

11:6 주께서 여호수아에게 말씀하시기를 "그들로 인하여 무서워 말라. 내일 이맘때에 내가 그들을 이스라엘 앞에 넘겨 몰살시키리니 너희는 그들의 말 뒷다리의 힘줄을 끊고 불로 병거들을 태우라." 하시므로

7 여호수아가 모든 군인들과 더불어 와서 메롬 물가에서 갑자기 그들
을 치니 그들이 그들 위에 쓰러지더라.
8 주께서 그들을 이스라엘의 손에 넘겨주셨더니 이스라엘이 그들을 치
고 추격하여 큰 시돈과 미스레봇마임과 동쪽으로는 미스페 골짜기까
지 이르니 이스라엘이 그들을 쳐서 한 사람도 남기지 아니하였더라.
9 여호수아가 주께서 그에게 명하신 대로 그들에게 행하였으니 그들의
말 뒷다리의 힘줄을 끊고 병거들을 불태웠더라.

여호수아는 이제 그가 지금까지 겪었던 적군 중에 가장 거대한 수의 군대를 마주하고 있다. 주님께서 그에게 오셔서 여호수아 1:9에서 주셨던 말씀을 다시 확증해 주신다. 『**그들로 인하여 무서워 말라**』(11:6). 모세는 백성에게 이렇게 말했다. 『**너는 네 원수들과 대적하여 싸우러 나가서 말들과 병거들과 너보다 많은 사람들을 보더라도 그들을 두려워하지 말라. 이는 이집트 땅에서 너를 데리고 나오신 주 너의 하나님께서 너와 함께 계심이라**』(신 20:1).

나는 그것이 말로는 쉬워도, 실제로 항상 이렇게 믿고 행하기가 늘 쉽지만은 않다는 것을 알고 있다. 그러니까 카톨릭교도들과 은사주의자들과 남침례교인들과 캠벨주의자들과 자유주의자들과 미지근한 라오디케아 시대의 그리스도인들이 모두 당신을 대적하고, 언론과 TV, 라디오 뉴스 방송국들이 당신을 대적하고, 동성연애자들과 정부가 당신을 대적한다면, 당신도 자신을 대적한 "북쪽 연합군"에 맞서고 있는 셈이다. 정말 쉽지 않은 상황에 처한 것이다! 그런 상황에서 얼마 되지 않는 사례비로 아내와 아이들을 먹여 살리는 것은 정말 낙담되고 근심이 될 수밖에 없을 것이다. 이런 상황에서는 정말 하나님께서 당신을 돌보시고 계신지 의문이 들 것이다.

모순처럼 들릴지도 모르지만, 당신이 만약 그런 상황에 봉착한다면 당신이 필요한 것은 카톨릭교도나 캠벨주의자나 변태성욕자나 은사주의자나 자유주의자나 뉴스미디어나 정부의 도움이 아니며, 심지어 그리스도인 형제들의 도움도 아니다. 하나님의 도우심만이 필요한 것이다. 만일 주님께서 함께하신다면, 또 당신이 주님과 함께한다면, 그렇다면 그 모든 것을 통과할 수 있게 된다. 밥 존스 시니어는 이렇게 말하곤 했다. "하나님께서 당신과 함께하신다면, 당신이야말로 다수이다." 바로 이것이 진정한 "연합"인 것이다.

당신이 정말로 염려해야 할 것이 무엇인지 아는가? 당신은 자신과 하나님 사이의 개인적인 교제에 대해서 염려해야 한다. 돈을 벌기 위해서, 자신의 사역이나 기관을 운영하기 위해서 세상과 타협하는 자들은 누구나 결국에는 영적으로 파산하게 되어 있다. 그러나 하나님과의 교제를 지속한다면, 당신은 결국 승리하고 말 것이다. 어쩌면 얼마간 시간이 걸릴지도 모른다. 그러나 반드시 이기고야 말 것이다. 노아의 경우 120년이라는 세월이 걸렸지만, 그가 방주에서 걸어 나왔을 때 그는 세상의 왕이 되어 있었다. 주님께서 당신에게도 이생에서 그렇게 해 주실지 그렇지 않으실지 모르지만, 만일 주님과의 교제를 지속하고 주님께서 원하시는 방식으로 주님을 섬긴다면, 언젠가 당신은 틀림없이 왕과 제사장으로서 주님과 함께 다스리고 통치할 것이다.

한 옛 성도는 이렇게 말했다. "주께서 미소 지으시면 무엇이든 할 수 있고, 주께서 찡그리시면 아무 일도 못하나이다." 즉 당신이 주님과 온전한 교제 가운데 거하고 주님을 기쁘시게 하는 한, 당신은 무엇이든지 할 수 있다. 그리고 그 반대도 마찬가지다. 주님과의 교제가 어긋나 있다면, 물질적으로나 재정적으로 얼마나 잘 살고 있든 간에 당신은 아무 일도 해낼 수 없다. 주님과의 교제 속에 거하며 야채수프 한 그릇과 물 한 컵에 딱딱한 빵 한 조각을 먹는 것이, 주님과의 교제에서 벗어나 두툼한 등심 스테이크나 랍스터에 샴페인을 곁들여 먹는 것보다 나은 것이다.

『**내일 이맘때에 내가 그들을 이스라엘 앞에 넘겨 몰살시키리니**』(6절). 하루가 얼마나 큰 차이를 가져오는지 보라. 북쪽 연합군은 알지 못했지만, 그들이 살 수 있는 시간은 24시간밖에 남아 있지 않았던 것이다. 열왕기하 7장에도 유사한 사건이 있다. 사마리아가 시리아인들에 의해 포위당했는데, 기근이 너무 심하여 여자들이 자식들을 잡아먹었다(왕하 6장). 이스라엘 왕은 엘리사와 하나님을 원망하고서 엘리사를 죽이려고 사자를 보냈는데, 그때 엘리사는 이렇게 예언했다.

『**그때 엘리사가 말하기를 "너희는 주의 말씀을 들으라. 주께서 이같이 말씀하시기를 '내일 이맘때 사마리아 성문에서 고운 가루 한 되가 한 세켈에, 보리 두 되가 한 세켈에 팔리리라.' 하시느니라." 하니**』(왕하 7:1).

즉 기근은 끝났고 음식이 "똥값"에 팔릴 것이라는 뜻이다. 왕의 고문인 귀족은 이에 엘리사를 놀리며 말했다. 『**보소서, 만일 주께서 하늘에 창문들을 내신들 이런 일이 있으리이까?**』(왕하 7:2) 그러나 그는 크게 잘못 말한 것이다. 하나님께서는 정말 "하늘에 창문들"을 내시는 분이시기 때문이다(창 7:11). 엘리사는 이 귀족의 불신을 지적하며 다음과 같이 말했다. 『**보라, 네가 네 눈으로 그것을 볼 것이나 그것을 먹지는 못하리라**』

(왕하 7:2).

여기서 그 사건을 모두 다룰 필요는 없다. 열왕기하 7장을 읽어 보면 된다. 그 다음 날 음식이 풍족하게 되자, 이 귀족은 음식을 구하려고 뛰쳐나가는 사람들의 발에 밟혀 압사당하고 만다. 그 귀족은 자신의 인생이 많이 남았고 아직도 화려한 경력을 쌓을 기회가 있을 것이라고 생각했을 테지만, 살날이 24시간밖에 없었던 것이다. 누가복음 12:20의 부자처럼 어리석었던 것이다.

성경은 말씀한다. 『**너는 내일을 자랑하지 말라. 하루 동안에 무슨 일이 일어날는지 네가 알 수 없음이라**』(잠 27:1). 사도 바울 또한 이렇게 말했다. 『**보라, 지금이 기뻐 받아들여진 때요, 보라, 지금이 구원의 날이라**』(고후 6:2). 만일 당신이 구원받지 못했다면 "바로 지금"이 구원받기에 가장 좋은 때이다. 당신은 내일 죽을지도 모르기 때문이다. 만일 당신이 구원받은 사람이고 주 예수 그리스도를 위해 뭔가 해야 할 일이 있다면, 내일이 될 때까지 기다리지 말라. 내일이면 너무 늦을지도 모르기 때문이다.

『**너희는 그들의 말 뒷다리의 힘줄을 끊고 불로 병거들을 태우라." 하시므로**』(6절). 여호수아는 말들을 잡아 그 힘줄을 끊어 불구로 만들었다(9절). 다윗도 사무엘하 8:4에서 똑같이 한 것을 볼 수 있다. 이렇게 하는 데는 두 가지 이유가 있는데, 첫째는 말들이 태양신을 숭배하는 우상 숭배에 쓰였기 때문이며(왕하 23:11), 수간을 하기 위해 말들을 사용했기 때문이다. 레위기 18:23-25을 보라.

『**또한 너는 어떤 짐승과 교접함으로 네 자신을 더럽히지 말라. 또 어떤 여자도 짐승과 교접하려고 그 앞에 서지 말지니 그것은 난잡한 짓이**

니라. 너희는 이런 것들 중 어떤 것으로도 자신들을 더럽히지 말지니라. 이는 내가 너희 앞에서 쫓아내는 민족들이 이런 모든 일들로 더럽혀졌으며 그 땅도 더럽혀졌음이라. 그러므로 내가 그 위에 있는 죄악을 벌하고 그 땅도 스스로 그 거주자들을 토해 내느니라.』

오늘날 미국도 이와 동일한 타락의 시궁창 속에서 뒹굴고 있다. 전능하신 하나님께서 레위기 18장에 기록된 모든 성적 타락을(물론 "게이 결혼"을 포함해서, 레 18:22) 『**가증함**』과 『**가증한 관습**』이라고 부르셨음에도, 미국의 함족 대통령(오바마)은(카나안 땅에서 이런 추잡한 죄들을 저지른 것은 모두 함족이었다.) 남자 둘이서 혹은 여자 둘이서 서로 욕보이며 죄 짓는 것을 바다 가재나 새우, 메기를 먹는 행동처럼 선호의 문제이며 무해하다고 생각했다(레 11:10). "성경은 그 땅의 거주민들이 조개나 굴, 가리비를 먹었다고 해서 그 땅이 그들을 토해 낸다고 말씀하시지 않는다." 어떤 이는 변태 성욕에 너무 도취해 있다 보니 글도 제대로 읽을 수 없는 것이다.

오늘날 미국은 카나안인들과 프리스인들과 힛인들과 히위인들과 아모리인들과 기르가스인들과 여부스인들이 저지른 이런 가증한 성적 죄들을 저지르고 있으며, 아이들에게까지 그렇게 하라고 공립학교에서 가르치고 있는데, 이제 무슨 일이 일어날 것이라고 생각하는가? 당신은 그 땅이 그것의 시민들을 토해 낼 것이라고 기대해도 좋다. "아름다운 아메리카 대륙"은 갖가지 종류의 동성연애자들과 성전환자들을 "토해 내되," 그들을 용납하고 그들의 죄를 권장하고 "수용"하고 그들에게 "도움과 위로"를 주는 모든 자들과 함께 토해 낼 것이다. 하나님께서는 미국을 벌하시되, 소돔과 고모라와, 카나안의 일곱 이방 민족들을 벌하신 것처럼 벌하실 것이다. 미국이 성경을 믿고 성경을 읽는 국가로 시작했고 국민의 75%가 "그리스도인"이라고 고백한다 해서 이러한 벌을 피해 갈 것이라고 생각하지 말라.

밥 존스 시니어는 말했다. "하나님께서는 다른 국가들보다 미국에게 더 많은 것을 요구하실 것이다. 왜냐하면 미국은 올바로 시작했기 때문이다." 미국은 이방 종교나 로마카톨릭으로 시작하지 않은 유일한 이방인 국가이다. 미국은 하나님과 성경으로 시작했으나, 돈, 섹스, 교육의 순으로 우상 숭배를 자행했으며, 이런 가증한 우상 숭배를 자행하며 하나님과 성경을 버리고 말았다. 예수님은 말씀하셨다. 『**이는 많이 받은 자에게서는 많이 찾게 될 것이요, 또 사람들이 많이 맡긴 자에게는 더 많이 달라고 할 것이기 때문이라**』(눅 12:48). 이 나라 미국은 그 어떤 나라보다도 성경과 복음과 설교를 많이 누렸고, 성경대로 믿는 그리스도인의 신앙으로 더 많은 축복을 누렸기 때문에, 심판의 도끼가 떨어질 때 그만큼 더 세게 떨어질 수밖에 없는 것이다.

하나님께서 여호수아에게 말들의 힘줄을 끊고 병거들을 불태우라고 하신 데는 또 다른 이유가 있다. 유대인들이 만약 그 말들과 병거들을 노획물로 취한다면 그들은 내로라하는 기병대를 가지게 될 것이며 주 하나님을 신뢰하지 않고 말들과 병거들을 신뢰할 것이기 때문이다. 주님께서는 그들에게 경고하셨다. 『**도움을 청하러 이집트로 내려가는 자들에게 화로다. 말들을 의지하고 병거들을 의뢰하나니, 이는 그것들이 많이 있음이라. 또 기병들을 의뢰하니, 이는 그들이 매우 강함이라. 그러나 그들은 이스라엘의 거룩한 분을 바라보지 아니하며, 주를 찾지도 않는도다!**』(사 31:1)

솔로몬의 문제들 중 하나가 바로 이것이었다. 하나님께서는 유대인 왕들에게 말들이나 아내나 금을 늘리지 말라고 하셨다(신 17:16,17). 그러나 솔로몬은 이 세 가지 모두를 위반했다. 솔로몬은 병거 4,000대를 가졌고(대하 9:25) 한 병거 당 말이 열 필이었다(왕상 4:26). 다윗이 자신의 백성을 계수한 이유도 자신의 군대의 규모를 자랑하기 위해서였으며, 그래서 주께서 이스라엘에 역병을 보내신 것이다(삼하 24:15). 하나님께서는 유대인들이 자신의 군대나 기병대가 아니라 주 하나님을 신뢰하기를 원하셨다(시 20:7).

이런 면에서 미군이 자신의 군인, 해군, 해병대, 전함, 잠수함, 탱크, 대륙간탄도미사일, 크루즈 미사일 등의 숫자를 헤아리는 것은 전혀 이롭지 못한 행동이다. 주님께서 미국을 심판하시기로 작정하시면 이 모든 것은 휴지조각이 되어 버릴 것이다. 미국은 동전과 지폐에 "In God We Trust(우리는 하나님을 신뢰한다)"라는 모토를 새겨 놓았다(물론 지금 그것은 동전 끄트머리에 새겨져 있어서 동전이 닳으면 제일 먼저 글자가 없어지게 해 놓았다). 그러나 미국인들은 더 이상 하나님을 신뢰하지 않는다. 미국인들이 실제로 신뢰하는 것은 그 동전과 지폐로 살 수 있는 물건뿐이다.

7절은 "기습"(the element of surprise)이라 불리는 군사 전략이다. 여호수아와 이스라엘 군대는 또 한 번 강행군을 했고(10:9의 주석을 보라.), 북쪽 연합군이 공격 준비가 되어 있지 않았을 때 쳐 버린 것이다. 전쟁사에서는 남북전쟁 때 스톤월 잭슨이 챈셀러스빌에서 이와 같은 작전을 펼쳤고, 히틀러도 폴란드 침공 때 동일한 작전을 썼으며, 제2차 세계대전 때 일본의 진주만 공격도 동일한 전술이었고, 제1차 세계대전 때 탱크로

프랑스 캉브레를 침공한 것도 마찬가지였고, 알카에다가 비행기 두 대를 탈취해 뉴욕 시의 쌍둥이 빌딩을 들이받은 사건도 이에 해당했다(2001년 9월 11일).

여호수아와 이스라엘인들은 북쪽 연합군을 기습 공격했고, 주님께서는 이스라엘에게 승리를 주셨다. 북쪽 연합군에서 남은 자들은 세 방향으로 도망친다(8절). 북쪽 레바논 쪽의 해안에 있는 『**시돈**』으로, 또 레바논 국경에서 남쪽으로(13:6) 투로 아래 쪽 해안에 있는 『**미스레봇마임**』으로, 그리고 『**미스페 골짜기**』로 도망친다. 레바논에서 시돈과 헤르몬 산까지가 모두 이스라엘에 속하는 땅이다. 오늘날 국가로서의 이스라엘이 하나님께서 여호수아에게 주셨던 땅을 갖는다면, 현재 영토의 네 배에서 다섯 배를 가지게 될 것이다. 그렇게 되면 "요르단," "가자 지구," "웨스트 뱅크," "남부 레바논" 등이 사라질 것이다. 이 모든 지역이 이스라엘의 영토가 될 것이다. 걱정하지 말라. 예수 그리스도께서 다시 오시면 유대인들이 그 땅을 차지할 뿐만 아니라, 이스라엘은 시내 반도와 이집트의 나일 강 삼각지대, 시리아와 이라크의 모든 땅에서 유프라테스 강에 이르는 거대한 지역을 유업으로 얻게 될 것이다(창 15:18).

9절에 대해서는 6절을 주석할 때 이미 설명한 바 있다.

11:10 여호수아가 그때 뒤로 돌아와서 하솔을 취하고 칼로 그 왕을 쳤으니 이는 하솔이 전에 이 모든 왕국의 우두머리였음이라.

11 이스라엘이 칼날로 그 안에 있는 모든 사람을 쳐서 완전히 멸하였

으니, 호흡이 있는 자는 하나도 남기지 아니하였으며 또 여호수아가 하솔을 불태웠더라.

12 여호수아가 그 왕들의 모든 성읍과 그들의 모든 왕을 취하고 칼날로 그들을 쳐서 완전히 멸하였으니 주의 종 모세가 명령한 대로더라.

13 그러나 여전히 든든하게 서 있는 성읍들에 대해서는 여호수아가 불태운 하솔 외에 이스라엘이 그것들 중 아무것도 불태우지 아니하였더라.

14 그런데 이 성읍들의 모든 탈취물과 가축을 이스라엘 자손이 자신들을 위하여 전리품으로 취하고 모든 사람을 그들이 칼날로 쳤으니 그들이 호흡이 있는 자는 하나도 남기지 아니하고 멸할 때까지 하였더라.

15 주께서 그의 종 모세에게 명령하신 대로 모세도 여호수아에게 명하였으며 여호수아도 그렇게 명했으니 그가 주께서 모세에게 명령하신 모든 것을 하나도 행하지 아니한 것이 없었더라.

여호수아는 본문에서도 "남쪽 정벌" 때(10장) 행한 것과 마찬가지로 행한다. 적군 전체를 친 후에 돌아오면서 성읍들을 하나씩 정복하여 모든 성읍을 차지했다. 여호수아가 취한 첫 번째 『**우두머리**』 성읍은 『**하솔**』이며(10절), 이 성읍을 중심으로 북쪽 연합군이 결성되었었다(1절). 여호수아는 가장 으뜸가는 성읍을 먼저 취하고 완전히 불태워 버림으로써 연합군에 속한 나머지 성읍 사람들도 사기를 꺾어 버린 것이다(13절).

11절에서 『**모든 사람**』(all the souls)이라고 되어 있는데, 우리는 이미

10:28-39에서 혼을 의미하는 단어 "soul"이 구약에서 어떻게 사용되는지 살펴보았다. 아이 성읍 이후로 모든 성읍들을 정복할 때와 마찬가지로 이스라엘 백성은 성읍들에서 노획물들을 가질 수 있었고, 우리는 이에 대해 이미 7:11과 8:2에 주석을 달아 놓았다.

12절과 15절은 여호수아에 따른 지휘 계통이 어떤 것이었으며, 그가 행한 모든 일들에 있어서 얼마나 철저하게 온전히 순종했는지를 보여 준다. 온전히 순종했다고 할 때, 모세나 여호수아가 죄 없는 완전함을 소유했다는 뜻이 아니다. 모세는 화가 나서 반석에 말을 해야 할 때 반석을 내려치기도 했고(민 20:8-11), 여호수아는 두 번이나 어떤 일에 있어 기도하는 것을 망각하고 자신과 백성을 곤란하게 만들었다(7,9장). 그러나 그 땅의 이방인들을 멸하는 일에 있어서는 모세가 하라 한 대로 그대로 실행했다(신 7:2; 20:16,17). 물론 모세도 그 명령을 주 하나님께로부터 받은 것이었다(신 7:23,24).

여기서 우리는 죄와 맞서 싸우는 그리스도인의 영적 전쟁에 대한 교훈을 얻을 수 있다. 우리는 다시 한 번 이 부분에 있어서 믿음과 행위가 함께 있어야 함을 볼 수 있다. 이번 장에서, 여호수아는 하나님께서 6절에서 그에게 하신 말씀을 믿고 있다. 그러나 한번 생각해 보라. 만일 여호수아가 하나님께서 자기에게 승리를 주실 것이라고 믿고, 칼과 창과 방패도 없이 북쪽 연합군을 대적해 올라가서 "주님께서 그들 모두를 나에게 넘겨주셨다. 해냈어! 우리가 이긴 거야!"라고 한다면 어떻게 되겠는가? 오히려 여호수아와 이스라엘은 적군에게 완전히 도살당했을 것이다. 승리는 여호수아가 그의 역할을 하는가에 달려 있었다. 즉 그는 "싸워야" 했던 것이다.

죄와 맞서 싸우는 그리스도인의 싸움에서도 마찬가지다. 위치적으로 당신은 죄에 대해서 죽었고, "그리스도 안에 있는 새로운 피조물"이 되었다(롬 6:2-4, 고후 5:17). 당신은 영적으로 거듭났으며, 『**성령으로 난 것은 영**』(요 3:6)이다. 그러므로 이전에 없던 새로운 영적 생명을 가지게 된 것이지만, 동시에 『**육신은 성령을 거슬러 욕심을 부**』린다(갈 5:17). 이 죄 있는 육신의 몸에 거할 동안은 갈등이 있을 수밖에 없는 것이다. 말하자면 위치적으로 진리인 것을 실제적으로 이루어 내야 한다. 마냥 앉아서 그리스도 안에서 자신에게 주어진 교리적 위치만을 믿고서 아무 일도 하지 않는다면, 육신은 당신을 정복해 버릴 것이다. 당신은 반드시 새로운 무기들, 곧 하나님께서 주신 "영적인" 무기들을 사용해야 한다(고후 10:3-6). 바로 "하나님의 말씀"과 "기도"를 사용하여(엡 6:17,18) 육신의 정욕들을 이겨야 하는 것이다. 그래서 단지 위치적으로만 성령님 안에서 사는 것이 아니라, 실제로 성령님 안에서 행하며 육신의 정욕들을 못 박아야 한다(갈 5:24,25). 즉 주 예수 그리스도께서 약속하신 승리를 당신의 것으로 만들려면 당신이 직접 "적극적인 전쟁"을 치러야 한다는 얘기이다.

11:16 그리하여 여호수아가 그 모든 땅을 취하였으니 산지와 온 남쪽 지역과 고센의 모든 땅과 골짜기와 평원과 이스라엘의 산과 그 계곡이며

17 세일로 올라가는 할락 산으로부터 헤르몬 산 아래 레바논 계곡에

있는 바알갓까지라. 그가 그 모든 왕을 잡아 그들을 쳐 죽이니라.
18 여호수아가 이들 모든 왕과 오랫동안 싸웠더라.
19 기브온 거민 히위인 외에는 이스라엘 자손과 화친을 맺은 성읍은
하나도 없었으며 그들이 다른 모든 성읍을 싸워서 취하였더라.
20 그들의 마음을 완악하게 하신 분은 주시니 그들이 전쟁으로 이스라
엘을 대적하여 오게 하셨으며 그가 그들을 완전히 멸하시고 그들로
은총을 받지 못하게 하셨으니 주께서 모세에게 명령하신 그대로 그
들을 멸하신 것이더라.
21 그때에 여호수아가 와서 산지와 헤브론과 드빌과 아납과 유다의 모
든 산지와 이스라엘의 모든 산지로부터 아낙인을 끊었으니 여호수
아가 그들의 성읍들과 더불어 그들을 완전히 멸하였더라.

위의 본문은 카나안 땅 정복에 대한 요약이다. 남쪽 정벌과 북쪽 정벌 둘 다를 다루고 있다. 10:41에서 지적했듯이 『**고센의 모든 지역**』에서의 고센은 이스라엘이 이집트에 있을 때 기거했던 고센이 아니다(창 47:27, 출 9:26). 이 고센은 사해 근처에 있는 유다 지파의 지경 중 산악지대의 한 지역을 말하는데, 이런 현상을 성경에서 자주 볼 수 있다. 칼멜은 북이스라엘에 있는 산의 이름일 뿐만 아니라(왕상 18장), 유다에 있는 한 지역의 이름이기도 하다(삼상 25장). 미국에도 32개의 주에 "그린빌"이라는 이름의 도시가 있다.

『**이스라엘의 산과 그 계곡**』(16절). 이 표현은 에프라임 산에 대한 언급으로 보이며, 카나안 땅 중간에 있는 골짜기에 둘러싸인 산악 지방을 일컫는 것으로 보인다. 21절에서는 이 『**이스라엘의 모든 산**』을 또한 복수의 산들을 가리키는 『**산지**』(mountains)라고 말하고 있다. 이는 "헤테로시스"(heterosis)라고 불리는 수사법을 사용한 것으로, 벌링거는 "하나의 태(voice), 법(mood), 시제(tense), 인칭(person), 숫자(number), 정도(degree), 성(gender)을 가지고 실제로는 다른 것을 나타낸 것"으로 정의하고 있다(〈Figures of Speech Used in the Bible〉, 1898). 여기 16절에서는 단수를 사용하여 복수를 나타냈다.

17절은 여호수아가 정복한 땅의 남단과 북단을 보여 주고 있다. 『**할락 산**』은 에돔(『**세일**』)의 경계를 이루는 사해의 남쪽에 위치해 있고, 『**바알갓**』은 단의 북쪽인 레바논 중앙의 헤르몬 산 서편 끝자락에 있다.

여기까지 여호수아가 카나안 땅을 정복한 일이 기술되었지만, 이와 관련한 시간적 요소는 주어지지 않았다. 18절은 그 일이 얼마나 오래 걸렸는가를 최초로 암시하고 있다. 『**여호수아가 이들 모든 왕과 오랫동안 싸웠더라.**』 여호수아 14:6-10에 주어진 칼렙의 나이를 지표로 삼고 계산해 보면, 18절이 말씀하는 "오랫동안"은 적어도 5년 정도를 말하며, 어쩌면 더 길 수도 있는 기간이다.

19절에 대해서는 9장을 주석할 때 다뤘다. 20절은 칼빈주의자가 가장 좋아하는 구절 중 하나이다. 그들이 가르치는 것은, 창세기 1:1 이전에 "택함받은 자들"이라고 불리는 선택받은 사람들이 있었으며, 하나님께서 이들은 그들의 의지가 어떠하든지 간에 (소위 "저항할 수 없는 은혜"로) 하늘나라에 가기로 예정해 놓으셨다는 것이다. 선택받지 못한 사람은 모두 "버림받은 자들"이며, 하나님께서 그분의 선한 기쁘심에 따라 창세기 1:1 이전에 이들을 거절하셨다는 것이다. 하나님께서는 그들이 확실히 지옥에 가도록 그들의 마음을 완악하게 하셔서 복음을 믿지 못하게 만드신다고 칼빈주의자들은 가르친다. 그들은 로마서 9:17,18과 출애굽기 4:21의 파라오를 그 예로 든다.

칼빈의 "튤립"(TULIP, 5대 강령)을 너무 오래 냄새 맡고 있으면 그 냄새로 혼란스럽게 되어 이런 신학적, 철학적 난센스를 주장하게 되는 것이다. 칼빈주의자들은 그들의 학생들과 회중들이 성경에 대해 무지하다는 사실을 이용하여 이런 신학적 거짓말을 영속화하고 있는 것이다. "선택"은 하나님의 "선한 기쁘심"에 근거한 것이 아니다. 선택은 하나님의 "미리 아심"을 근거로 한 것이다. 『**곧 하나님 아버지의 미리 아심을 따라 성령의 거룩케 하심을 통하여, 순종함과 예수 그리스도의 피뿌림으로 택함받은 자들에게**』(벧전 1:2).

하나님께서는 파라오의 마음을 완악하게 하시기 전에 『**내가 확실히 아노니, 어떤 능한 손으로도 이집트 왕이 너희를 결코 가게 하지 아니할 것이나**』(출 3:19)라고 말씀하셨다. 실제로 그를 완악하게 하신 것은, 파라오가 하나님께서 출애굽기 5장에서 말씀하신 것을 거절하고 출애굽기 7:11,12의 마법사들을 동원하여 하나님을 모독했을 때이다(출 7:13,14). 다시 말해서 파라오는 주 하나님께서 그에게 뭔가를 하시기 전에 "그의 자유의지에서 나온" 행위를 했던 것이다.

카나안 땅의 이방인들의 경우, 그들은 지옥에 가기로 예정된 것이 아니었다. 하나님께서는 독단적으로 그들의 마음을 완악하게 하신 것이 아니다. 하나님께서 그들을 완악하게 하신 것은 이미 그들이 400년 동안 마귀처럼 살았기 때문이다. 하나님은 그들의 마음을 완악하게 하시기 전에, 그들 『**아모리인들의 죄악**』이 가득 차서 넘치도록 내버려 두신 것이다(창

15:16). 주님께서는 죄인이 먼저 악을 행하기 전에 죄인의 마음을 완악하게 하시지 않는다. 이것은 인간이 "스스로를" 완악하게 하지 말아야 한다는 것을 경고하고 있는 것이다.

『**오직 오늘이라고 부르는 동안 매일 서로 권면하여 너희 중 아무도 죄의 속임수에 빠져 완악하게 되는 일이 없도록 하라**』(히 3:13).

이제 그리스도인을 위한 영적 교훈을 찾아보도록 하자. 주님께서는 육신이 영을 대적해서 일어나는 것을 허락하신다. 육신을 누르고 수치스럽게 하고 패배시키기 위해서 그렇게 하시는 것이다. 신약의 좋은 예가 바로 시몬 베드로이다. 베드로는 스스로를 대단한 제자로 알고서 자만하고 오만해졌다. 주님께서 제자들에게 그들이 모두 주님을 버리고 도망갈 것이라고 겟세마네 동산에서 말씀하셨을 때, 베드로는 『**설령 모든 사람이 주로 인하여 실족할지라도 나는 결코 실족하지 아니하겠나이다.**』(마 26:33)라고 호언장담했다. 주님께서 베드로에게 성경의 예언을 인용하시며 『**내가 목자를 치리니 양떼가 흩어지리라.**』(마 26:31)고 했을 때도, 베드로는 오늘날로 치자면 "원본에는 그렇게 되어 있지 않아요. '저를 제외한' 모든 양들이 흩어지리라고 말씀하신 겁니다."라고 한 것이다.

주님께서는 베드로의 옛 육신이 일어나도록 허락하셨고, 베드로는 예수님을 칼로 지키려고 했지만 주님은 칼을 거두라고 말씀하셨다. 베드로는 무서워서 달아났고, 그는 그 일 때문에 주님께 화가 났다. 베드로가 불 옆에서 주님을 욕하고 부인했던 것은 바로 그것 때문이었다. 즉 주님께서 자신을 겁쟁이처럼 보이도록 만드신 것에 화가 났던 것이다.

베드로는 불 가에서 마구 욕을 해대고 있었고, 바로 그때 주님께서 안나스 앞에서 심문을 받다가 나오시는 길에 베드로를 쳐다보신 것이다. 주님은 아무 말씀도 하실 필요가 없었다. 베드로의 눈을 정면으로 바라보셨을 뿐이다. 그때 닭이 울었고, 베드로는 예수님께서 그가 닭이 울기 전에 주님을 세 번 부인하리라고 하신 말씀을 기억했다. 베드로는 더 이상 견딜 수가 없었다. 그는 그곳에서 달려 나와 동산으로 돌아가서 무릎을 꿇고 울면서 기도했다. 즉 시몬 베드로의 육신이 일어나도록 허락하신 것은 그것이 꺾이고 다시 영이 주도권을 잡을 수 있도록 하시기 위해서였던 것이다.

자, 만일 당신이 구원받았다면 당신은 구원을 잃어버릴 수 없다. 그리스도인에게는 주님께서 그를 끝까지 지키실 것이라는 하나님의 약속이 있다.

『**우리가 알거니와 하나님을 사랑하는 자들, 곧 그분의 목적에 따라 부르심을 받은 자들에게는 모든 일이 합력하여 선을 이루느니라**』(롬 8:28).

『**우리가 이것을 확신하노니 너희 안에서 선한 일을 시작하신 그분께서 예수 그리스도의 날까지 그 일을 완성하시리라**』(빌 1:6).

죄가 당신을 넘어뜨려 당신을 정복한 것처럼 보인다면 이 말씀을 기억하라. 『**어린 자녀들아, 너희는 하나님께 속하였고 또 그들을 이겼으니, 이는 너희 안에 계신 분이 세상에 있는 자보다 더 크시기 때문이라**』(요일 4:4). 그 무수한 무리의 북쪽 연합군에 대한 승리를 여호수아에게 주신 바로 그 하나님께서 "당신 안에 사신다." 당신이 예수 그리스도를 구주로 믿어 구원받았고, 또 하나님께서 당신에게 주신 무기들을 하나님께서 말씀하신 방식대로 사용하여 싸운다면(롬 6장), 여호수아를 승리케 하신 바로 그 하나님께서 반드시 당신에게 죄를 이기는 승리를 주실 것이다.

11:22 이스라엘 자손의 땅에는 아낙인이 하나도 남아 있지 않고 가자와 가드와 아스돗에만 남아 있더라.

23 그리하여 여호수아가 주께서 모세에게 말씀하신 모든 것대로 온 땅을 취하였으니 여호수아가 자기들 지파의 구분에 따라 그 땅을 이스라엘에게 유업으로 주었더라. 그 땅에 전쟁이 그치니라.

『**아낙인**』은 민수기 13:33에서 정탐꾼들을 무섭게 한 바로 그 거인들이다. 여호수아는 그 땅의 헷인들, 히위인들, 기르가스인들, 프리스인들, 아모리인들, 카나안인들, 여부스인들을 무찔렀듯이 주저하지 않고 정면으로 맞서 싸웠다. 이 거인들이 여호수아가 무찔러야 했던 마지막 무리였다. 여기서 우리는 마지막으로 갈수록 전투가 더 치열해진다는 사실을 알 수 있다. 맨 마지막에 있는 전투가 가장 치열한 법이다.

따라서 그리스도인은 베드로가 마태복음 26장에서 했던 것처럼, 자신은 특정 상황에서 무엇을 할 것이라거나, 자신에게 그런 상황이 닥치면 이러이러하게 할 생각이라고 자랑해서는 안 된다(20절 주석을 보라). 바울은 이렇게 경고했다. 『**그러므로 서 있는 줄로 생각하는 사람은 넘어지지 아니하도록 주의하라**』(고전 10:12).

한번은 시리아 왕이 이스라엘 왕에게 자신이 많은 군사들을 데리고 와서 이스라엘 백성을 치려고 한다고 떠벌였다(왕상 20:10). 당시 이스라엘 왕은 이방의 우상을 숭배하는 자였으나, 그는 시리아 왕에게 이런 격언으로 응수했다. 『**갑옷 입는 자가 갑옷 벗는 자처럼 자랑하지 말라**』(왕상 20:11). 쉽게 말해, 탈의실에 와서 경기복도 아직 착용하지 않은 주제에 시작도 하지 않은 경기를 이기겠다느니 하며 자랑하지 말라는 것이다. 경기가 시작되기 전에 일어날 수 있는 일은 수도 없이 많다. 영어 속담에 이런 말도 있지 않은가! "병아리가 부화하지도 않았는데 세지 말라"(Don't count your chickens before they're hatched). [우리 속담에도 "김칫국부터 마시지 말라."고 했다. - 역자 주]

싸우기 전에 믿음으로 승리를 선언하는 행동에는 잘못된 것이 없다. 그러나 그 믿음은 자신의 능력과 열정을 믿는 것이 아니라, 반드시 하나님께서 말씀하신 바에 근거를 두고 그것을 믿는 믿음이어야 한다. 민수기 13,14장에서 여호수아와 칼렙이 보여 줬던 믿음이 바로 그런 믿음이었다. 다른 열 명의 정탐꾼들이 거인들에 비하면 자신들은 메뚜기 같다고 우는 소리를 하고 있을 때, 칼렙은 이렇게 말했다. "그들은 우리의 밥이다. 우리가 그들을 이길 것이다!"(민 13:30) 그의 믿음은 하나님의 약속들과 축복들에 근거를 둔 것이었다.

『만일 주께서 우리를 기뻐하시면, 그가 우리를 이 땅으로 데려다가 그것을 우리에게 주시리니, 곧 젖과 꿀이 흐르는 땅이라. 오직 너희는 주를 거역하지 말며 또한 너희는 그 땅의 백성을 두려워하지 말라. 그들은 우리의 밥이요, 그들의 보호자는 그들에게서 떠났으나, 주께서는 우리와 함께 계시니, 그들을 두려워 말라." 하니라』(민 14:8,9).

따라서 45년 후(14:10을 보라.), 마침내 여호수아와 칼렙은 민수기 13, 14장에서 그들이 믿음으로 주장했던 그 땅을 차지하게 되었던 것이다. 그러나 명심할 것은 그들이 그렇게 주장한 것은 하나님께서 그것을 그들에게 약속으로 주셨기 때문이다(민 14:24,30). 오늘날 유행하는 긍정주의 신학은 성경에 근거를 둔 것이 아니다. 그들은 "원하는 것을 말하고 그것을 주장하라."고 외치지만 그런 것을 성경에 없다. 그들은 단지 그들의 정욕에다 쓰려고 뭔가를 구하고 있을 뿐이다(약 4:3).

이것을 명심하라. 주님께서 당신을 부르셔서 뭔가를 하도록 하셨다면, 주님께서는 정탐꾼들이 민수기 13:23,24에서 했던 것처럼 열매 중의 일부를 먼저 보여 주실 것이다. 동시에 주님께서는 "거인들"도 조금 보여 주실 것이다. 여기서 "거인들"이란 하나님께서 당신을 부르셔서 시키려고 하시는 일의 방해물들이다. 그렇다면 하나님께서는 왜 그렇게 하시는가? 하나님께서는 당신이 그만두는지 계속하는지를 보고자 하시는 것이다. 하나님께서는 당신이 믿음으로 약속을 주장하는지, 아니면 포기하는지를 보고자 하시는 것이다. 만약 포기한다면, 당신은 이스라엘 자손들이 광야에서 40년 동안 방황했듯이, 그리스도인으로서 목적도 없이 방황하는 삶을 살게 될 것이다.

미국은 광야에서 "40년 동안" 방황하며 죽어가는 그리스도인들로 가득 차 있다. 그들은 목사나 집사, 다른 그리스도인들과 운영 회의나 다른 문제에서 갈등을 겪고 그리스도인으로서의 삶 자체를 포기한 것이다. 쉽게 말해서 그들은 "화가 나서" 하나님을 섬기기를 중단한 것이다. 복음을 전파하다 보면 이런 류의 사람들을 만나게 된다. 그들은 교회를 다니다가 그만둬 버린 것이다.

여호수아와 칼렙에게서 배울 수 있는 또 다른 교훈은, 당신이 하나님의 약속들을 믿음으로 주장할 때 그 결말이 눈으로 보이지 않을지도 모른다는 것이다. 약속이 성취되는 데는 시간이 필요하다. 여호수아와 칼렙에게는 45년이 걸렸다. 주님께서는 당신이 그토록 오래 기다리도록 하지 않으실 수도 있지만, 때로는 꽤나 긴 시간을 기다릴 수도 있다. 윌리엄 캐리나 아도니람 저드슨 같은 지난 세대의 선교사들은 첫 번째 회심자를 얻기까지 수년간 사역을 지속해야 했다. 그들은 그렇게 오래 기다리고 나서야 하나님께서 그들에게 약속하신 "땅"을 본 것이다. 이웃고 캐리는 하나님의 말씀이 40개의 언어로 번역되는 열매를 보았고, 저드슨도 성경이 버마어로 번역될 뿐만 아니라 침례교회들이 버마에 우후죽순으로 생겨나는 것을 보았다. 그러나 그렇게 되기까지 그들은 평생을 사역하면서 기다린 것이다.

펜사콜라성경신학원(PBI)를 졸업하고 사역에 뛰어든 젊은이들이 많이 있었다. 그들은 일 년, 이 년, 삼 년, 사 년 혹은 그 이상을 자신의 집 차고나 거실에서 가족과 몇몇 회원들만 데리고 열심히 사역한다. 그런 후 사역이 활기를 얻고 주님께서 괜찮은 규모의 회중도 주시고 건물도 주시는 것을 볼 수 있다. 중요한 것은, 그들은 포기하지 않았다는 것이다. 그들은 주님께서 복 주실 때까지 그 사역을 계속한 것이다.

『**이스라엘 자손의 땅에는 아낙인이 하나도 남아 있지 않고 가자와 가드와 아스돗에만 남아 있더라**』(22절). 여호수아는 이스라엘인들이 차지한 땅의 거인들을 멸했다. 남은 곳은 가자와 가드와 아스돗이었다. 이곳은 바로 필리스티아인들의 영토였다(수 13:3, 삼상 6:17). 당신은 골리앗이 가드 출신 거인임을 기억할 것이다(삼상 17:23). 성경에서 골리앗과 그의 네 아들들은 거인들 중에 마지막으로 남은 자들이었으며, 다윗과 그의 용사들에게 죽임을 당했다(삼하 21:16-22).

23절은 카나안 정복 전체에 대한 마지막 요약이며, 뒤이은 장들에서 열두 지파에게 땅을 분배하는 일이 있을 것임을 암시하고 있다. 이 구절에서 우리는 "구별 없는 모든"과 "예외 없는 모든"의 차이를 보여 주는 성경의 많은 예들 가운데 하나를 볼 수 있다. 여호수아가 16,17절의 경계 내에 있던 『**모든 땅**』을 정복했다고 할 때, 이것은 "구별 없는 모든"을 의미한다. 그러나 "예외들"도 있었으며, 그 예외들이 여호수아 13:1-6에 주어져 있다. 또한 이곳 여호수아 11장은 『**그 땅에 전쟁이 그치니라.**』(23절)로 끝나지만, 재판관기 3:1-4을 보라.

『**주께서 남겨 두신 민족들은 이러하니, 그들을 통하여 이스라엘, 곧 카나안의 모든 전쟁을 알지 못하는 이스라엘의 많은 사람들을 시험하시고자 함이며, 오직 이스라엘 자손들의 세대들, 즉 적어도 전에 그 전쟁들에 관하여 아무것도 모르는 자들에게 전쟁을 가르쳐 알게 하시려 함이었더라. 이름하여 필리스티아인 다섯 군주와 모든 카나안인들과 시돈인들과 바알 헤르몬 산에서부터 하맛 입구까지 레바논 산에 거하는 히위인들이니 이들은 주께서 모세의 손을 통해 조상들에게 명령하신 주의 계명들에 이스라엘이 경청하려 하는지 이들을 통하여 시험하시고자 했던 자들이더라.**』

그래서 주님께서는 이 이방 백성들 중에서 일부를 살아남도록 허락하신 것이다. 이렇게 하신 데는 이유가 있는데, 첫째로 이스라엘의 다음 세대에게 전쟁을 가르치기 위함이었다. 나는 이것이 "전쟁은 지상에서 저질러지는 가장 큰 악"이라는 현대 철학과 반대된다는 것을 알고 있다. 사실 전쟁은 사람이 죽는 방법들 중 "하나"일 뿐이다. 질병, 재앙, 살인, 노환 등 죽을 이유들이 많이 있는데 그중 하나일 뿐이다.

성경은 『**주는 전사시요**』(출 15:3)라고 말씀한다. 『**하나님은 사랑이시라.**』(요일 4:16)는 말씀만 되풀이하는 무리들은 수용하기 어렵겠지만, 있는 그대로의 진리가 그렇다. 형제들이여, 우리 구원의 대장께서(히 2:10) 권능으로 돌아오셔서 그분의 모든 적들을 무찌르시기까지 이 땅에서 전쟁들은 중단되지 않을 것이다. 바로 그때가 "그들이 더 이상 전쟁을 배우지" 않을 때이다(사 2:4). 그전까지는 전쟁이 계속될 것이다.

영적 교훈도 잊지 말라. 곧 각 세대가 죄와 싸우는 법을 배워야 한다는 것이다. 이전 세대의 무용담만을 붙들고 있을 수는 없다. 당신은 오늘날 미국의 현 세대가 왜 그리스도인으로서 제대로 된 "인격"도 갖추지 못한 채 쓸모없는 자들이 되어 버렸는지 알고 싶은가? 현 세대가 처음부터 은그릇에 담긴 밥을 떠먹여 주는 것으로 자랐기 때문이다. 나는 대공황과 제2차 세계대전을 겪은 세대이다. 우리는 음식을 얻기 위해 "싸워야" 했고, 직업을 얻기 위해 "싸워야" 했고, 독일인들과 일본인들에게 패배하지 않기 위해 "싸워야" 했다.

죄와 육신을 대항해서 싸우는 부분에 있어서는, 청교도들이 어떻게 했고, 조나단 에드워즈, 데이비드 브레이너드, 찰스 피니, D.L. 무디, R.A. 토레이, 빌리 선데이, 모데카이 햄, 밥 존스 시니어, 존 R. 라이스, 리 로버트슨, 레스터 롤로프가 어떻게 했다는 것은 중요하지 않다. 당신 자신이 직접 "전쟁을 배워야" 하는 것이다.

하나님께서 이방 민족들을 남겨 놓으신 두 번째 이유는, 다음 세대가 여호수아와 그의 세대처럼 주님을 따르는지 보시기 위함이었다. 이곳 여호수아 11:15에서는 다음과 같이 말씀하고 있다.

『주께서 그의 종 모세에게 명령하신 대로 모세도 여호수아에게 명하였으며 여호수아도 그렇게 명했으니 그가 주께서 모세에게 명령하신 모든 것을 하나도 행하지 아니한 것이 없었더라.』

여호수아는 주님께서 그에게 명령하신 대로 모든 것을 행했고, 여호수아가 사는 날들 동안 이스라엘은 하나님을 섬겼다.

『백성이 여호수아의 사는 날 동안과 주께서 이스라엘을 위하여 행하신 주의 모든 위대한 일을 보았던 여호수아보다 오래 산 장로들의 모든 사는 날 동안에 주를 섬겼더라』(판 2:7).

그러나 여호수아의 세대가 죽자 성경은 이렇게 말씀한다. **『그들 후에 다른 세대가 일어났으나, 그들은 주를 알지도 못하며, 주께서 이스라엘을 위하여 행하신 일도 알지 못하였더라』**(판 2:10). 따라서 하나님께서는 이방 백성들을 남겨놓으셔서 이스라엘의 새로운 세대가 그분을 따르는지 그렇지 않은지를 보시고자 하신 것이다(판 2:21-23).

그리스도인들은 각 세대마다 세상과 육신과 마귀를 대적하는 전쟁을 싸워야만 한다. 새로운 세대가 그냥 앉아서 이전 세대의 승리들만을 의존하고 있을 수는 없는 것이다. 그런데 오늘날 라오디케아 교회 시대의 그리스도인들은 그렇게 하고 있다. 싸우기를 중단하고 세상과 어울리고 있는 것이다. 여기저기 흩어져 있는 몇몇 무리들을 제외하면, 미국의 거의 모든 그리스도인들은 배교해 버렸다. 그들은 "전쟁을 배워야" 하며, "주의 명령들에 경청해야" 하는 것이다.

여호수아 12장

12:1 이스라엘 자손이 해 돋는 곳을 향한 요단 저편, 즉 아르논 강에서
헤르몬 산까지와 동쪽에 있는 모든 평원을 차지하고 쳐 죽인 그 땅
의 왕들은 이러하니라.
2 헤스본에 거한 아모리인의 왕 시혼으로 그가 다스린 땅은 아르논 강
둑 위에 있는 아로엘과 강의 중간과 길르앗 절반에서부터 암몬 자손
의 경계에 있는 얍복 강까지며
3 평원에서 동쪽에 있는 킨네롯 바다까지며 평원의 바다, 즉 동쪽에
있는 염해 벧여시못에 이르는 길까지며 남쪽으로부터 아스돗피스가
아래까지라.
4 또한 거인들의 잔류자에게 속한 바산 왕 옥으로 그의 지경, 즉 아스
타롯과 에드레이에 거했으며
5 헤르몬 산과 살카와 온 바산을 치리하였고 그술인과 마아캇인의 경

계와 길르앗 절반과 헤스본 왕 시혼의 경계까지 다스렸더라.
6 주의 종 모세와 이스라엘 자손이 그들을 쳤으며 주의 종 모세가 그 땅을 르우벤인과 갓인과 므낫세 반 지파에게 소유로 주었더라.

12장에는 요단 강 이편과 저편에서 여호수아와 이스라엘이 정복한 왕들과 그들이 통치했던 영토가 열거되어 있다. 1절부터 6절까지는 요단 강 동편에서 정복한 왕들과 그 지역들이며, 그 전투는 민수기 21장에 기록되어 있다. 『**아르논 강**』은 최남단 경계이고, 헤르몬 산은 최북단 경계이다(1절).

이 영토는 성경에서 말하는 모압과 암몬의 영토와 함께 1921년 "트랜스요르단"이라고 명명되었다. 구원받지 못한 드루이드족 얼간이 처칠(Churchill)이 "펜 끝으로" 트랜스요르단을 만들어 낼 수 있다고 장담하면서 벌인 일이며, 오늘날에는 "요르단 하시미테 왕국"(the Hashemite Kingdom of Jordan)이라고 부른다. 사실 "팔레스타인" 사람들의 왕국이 아니라 "아랍"인들의 왕국이다. 쉽게 말해서 처칠은 르우벤, 갓, 므낫세 반 지파, 즉 "유대인" 지파들에게 속한 영토를(6절) "아랍인 모슬렘들"에게 넘겨준 것이다. 이스라엘은 제2차 세계대전이 일어나기 이전에 이미 마호메트에게 그들의 영토의 절반을 잃은 상태였다. 이 부분에 대해서는 필자의 〈죽음의 재 같은 땅 이스라엘〉의 제10장을 읽어 보라.

처칠은 영국 정부가 발행한 "백서"(White Papers)로 성경을 짓밟아 버린 것이다. 그 땅은 "트랜스요르단"이 아니라, "길르앗"(2절)과 "바산"이었다(4,5절). 그 땅을 르우벤과 갓과 므낫세 반 지파에게 주신 분은 "모세"가 아니라 "하나님"이셨다(신 3:18). 처칠은 "여호와 하나님의" 땅을 훔쳐서 그것을 "아랍의 달 신"(알라)에게 넘겨준 것이다. 영국이 제2차 세계 대전이 끝난 후에 세계 권력에서 제6위의 나라가 된 것은 당연한 것이다. 그전에는 "대영제국에는 해가 지지 않는다."라고 했다. 그러나 1921년에 그 해는 지고 말았다. 하나님께서 영국이 지배했던 모든 식민지를 빼앗아가신 것이다.

2절부터 5절까지 언급된 모든 장소를 살펴보지는 않을 것이다. 좋은 성경 지도를 구하면 직접 쉽게 찾을 수 있다. 간략하게 짚어보면, 『**킨네롯 바다**』는 갈릴리 바다를 말하며, 『**염해**』는 사해를 말한다(3절). 시혼의 왕국은 아르논 강에 있는 모압의 북쪽 경계에서부터 사해와 갈릴리 바다 사이에 있는 얍복 강까지이다. 옥의 왕국은 얍복 강에서 헤르몬 산까지로, 요단 강 동편에 있다. 옥은 요단 강 동편에서 통치했던 거인들 중 마지막 거인이었다(신 3:11).

21세기에 이런 지명들을 일일이 읽어 내려간다는 것이 어쩌면 조금 지루할 수도 있다. 먼 옛날에 있었던 헤스본, 아로엘, 벧여시몬, 아스돗피스가, 아스타롯, 에드레이 등의 성읍들에 누가 관심을 가지겠는가? 사람들은 오히려 뉴욕, 워싱턴 D.C., 애틀랜타, 네쉬빌, 시카고, 로스앤젤리스, 런던, 파리, 로마, 메카, 다마스커스, 이슬라마바드, 벵가지, 바그다드, 테헤란에 관심을 가진다. 그러나 우리가 성경에서 다루는 이 성읍들은 모두 우리의 주와 구주이신 예수 그리스도께서 다시 오셔서 다스릴 영토와 관련이 있다.

영적인 교훈도 잊지 말아야 할 것이다. 곧 주님께서 당신에게 주신 구체적인 승리들과 응답하신 기도 제목들을 목록으로 만들어 놓는 것이 좋다는 것이다. 만약 주님께서 주신 승리들과 응답들을 기억하지도 못한다면, 어떻게 찬송가에 나와 있듯이 "주신 복을 세어볼" 수 있겠는가? 기억하지 못한다면 어떻게 그 복들을 하나씩 거명하면서 주님께서 주신 것을 보면서 놀랄 수 있겠는가? 나는 그런 목록을 가지고 있다. 나는 주님께서 출간하게 하신 책들과 복음전도지들의 목록을 가지고 있고, 주님께서 주신 차들과 사게 하신 집과 또 내 아들들의 편도선을 비용도 지불하지 않고 제거하게 하신 일과 내가 손수 주석을 단 세 권의 성경을 잃어버렸고 도무지 찾을 수 없는 상황이었는데 다시 찾게 하신 일과 처갓집 식구들을 구원받게 하신 일과 사역의 방해를 제거해 주신 일과 법정 싸움에서 이기게 하신 일들을 모두 낱낱이 기억하고 있다. 목록을 만들어 놓지 않는다면 당신은 잊어버릴 것이며, 그러면 주님께서 당신을 위해 해 주신 일이 없는 것처럼 투덜거리며 불평불만을 쏟아놓게 될 것이다.

12:7 여호수아와 이스라엘 자손이 요단 이편 서쪽에서 친 나라의 왕들은 이러하니, 레바논 골짜기에 있는 바알갓에서 세일로 올라가는 할락 산까지에 이르는 그 땅은 여호수아가 이스라엘 지파들에게 그들의 구분에 따라 소유로 주었으니

8 곧 산지와 골짜기와 평원과 샘들과 광야와 남쪽 지역, 즉 힛인과 아모리인과 카나안인과 프리스인과 히위인과 여부스인의 땅이더라.

9 여리코 왕이 하나요, 벧엘 곁에 있는 아이 왕이 하나요,

10 예루살렘 왕이 하나요, 헤브론 왕이 하나요,

11 야르뭇 왕이 하나요, 라키스 왕이 하나요,

12 에글론 왕이 하나요, 게셀 왕이 하나요,

13 드빌 왕이 하나요, 게델 왕이 하나요,

14 호르마 왕이 하나요, 아랏 왕이 하나요,

15 립나 왕이 하나요, 아둘람 왕이 하나요,

16 막케다 왕이 하나요, 벧엘 왕이 하나요,

17 탑푸아 왕이 하나요, 헤펠 왕이 하나요,

18 아펙 왕이 하나요, 라샤론 왕이 하나요,

19 마돈 왕이 하나요, 하솔 왕이 하나요,

20 심론므론 왕이 하나요, 악삽 왕이 하나요,

21 타아낙 왕이 하나요, 므깃도 왕이 하나요,

22 케데스 왕이 하나요, 칼멜의 욕느암 왕이 하나요,

23 돌의 해안에 있는 돌 왕이 하나요, 길갈의 민족들의 왕이 하나요,

24 티르사 왕이 하나라. 모든 왕이 서른한 명이더라.

위의 본문은 요단 서편에서 있었던 정복 사건들을 나열하고 있다. 7절에서 다시 한 번 하나님께서 여호수아에게 주신 땅의 최북단 경계와 최남단 경계를 제시하고 있다. 『**그 땅은 여호수아가 이스라엘 지파들에게 그들의 구분에 따라 소유로 주었으니**』(7절)라고 했다. 이는 천년왕국에서의 유업을 예표로 보여 주고 있는 것이다(겔 47,48장).

이 땅은 이스라엘 지파들을 위한 것일 뿐만 아니라, 그리스도인을 위한 것이기도 하다. 만일 당신이 구원받아 그리스도의 몸에 속한 그리스도인이고, 또 "믿음의 선한 싸움"을 싸운다면(딤전 6:12), 당신은 구주이신 주 예수 그리스도와 함께 천년왕국의 유업을 받게 될 것이다(딤후 4:7,8). 사도 바울도 이렇게 말했다. 『**우리가 참으면 우리도 그와 함께 다**

스릴 것이요』(딤후 2:12). 그런데 문맥을 보라. 『**그런즉 너는 예수 그리스도의 훌륭한 군사로서 고난을 견뎌 내라**』(딤후 2:3).

나는 다시 한 번 "팔레스타인 사람들"로 구성된 나라나 왕국은 없었음을 지적하고자 한다. 그 땅에는 31명의 왕들이 있었다(24절). 각 왕이 자신의 성읍을 독립된 정치적 국가로 통치하고 있었다. 중세 시대에 그 땅을 정복한 모슬렘들은 "팔레스타인 사람들"이 아니었다. 그들은 아랍인, 이집트인, 터키인들이었다. 알렌비 장군이 예루살렘을 1917년에 해방시켰을 때, 그는 오토만 트루크족으로부터 예루살렘을 빼앗은 것이지, "팔레스타인 사람들"에게서가 아니었다('팔레스타인'이라는 말도 필리스티아인들의 땅에 대한 로마식 이름이며, 카나안 땅의 90% 정도는 처음부터 필리스티아인들과 아무런 상관이 없었다). "가자 지구"에 살았던 필리스티아인들 외에는 "팔레스타인 사람들"로 구성된 정치적 국가가 존재한 적이 없었으며, 그 팔레스타인인들의 정치적 국가는 살인을 일삼는 이집트인 테러리스트(야세르 아라파트)의 상상에 근거한 것일 뿐이다. 레바논에서 시내 반도까지 "팔레스타인" 전체를 통치한 유일한 정치 국가는 "이스라엘"이라는 정치적 국가이며, 이스라엘은 그 땅을 "전능하신 하나님의 명령에 근거하여" "31명의 독립된" 왕들로부터 취했던 것이다.

9절에서 13절까지 우리는 여호수아가 싸운 첫 번째 세 개의 주요 전쟁을 볼 수 있다. 즉 여리코가 제일 처음이며, 그 다음이 아이 성이고, 그 다음이 10장에서 다섯 왕들과의 전쟁이다(예루살렘, 헤브론, 야르뭇, 라키스, 에글론). 13절에서 16절은 남쪽 정벌의 나머지를 보여 준다. 여호수아가 남쪽에서 취한 모든 성읍이 여호수아 10장에 전부 열거된 것이 아님에 주목하라. 게델과 호르마, 아랏, 아둘람은 여호수아가 남쪽 정벌에서 취했지만 여호수아 10장의 전투에는 나와 있지 않았다.

17절은 명백하게 북쪽 정벌에서 취한 성읍들이다. 왜냐하면 17,18절에서 나열한 장소들은 남쪽 정벌에서 언급한 경계에서 북쪽에 위치하고 있기 때문이다(수 10:41). 그러나 11:1에서 북쪽 연합군과 관계된 왕들은 이곳 12:19,20에 와서야 언급이 된다. 탑푸아, 헤펠, 아펙, 라샤론(샤론이라고 부르기도 한다, 사 35:2)은 카나안 땅 중앙에 있으며, 에프라임 산의 서쪽에 있다. 이것은 "어쩌면" 여호수아가 북쪽 정벌을 11:1-3의 연합군이 결성되기 "전에" 시작했다는 것을 의미할 수도 있다. 에프라임 산의 북쪽 끝에 있는 티르사를 제외하면, 19-23절의 나머지 성읍들은 북쪽 연합군과 관계있는 것으로 보인다.

23절의 『**길갈**』은 여호수아가 진을 쳤던 그 길갈이 아니다(4:19,20 주석을 보라). 이 길갈은 카나안 땅 북쪽에 있으며 아마도 돌과 칼멜 근처에 있는 것으로 보인다(22,23절). 23절 본문은 『**길갈의 민족들**』이라고 말하고 있기 때문에, 해석가들은 길갈이 『**이방인들의 하로셋**』과 관계가 있다고 생각한다(판 4:2,13,16).

구약에 익숙한 사람이라면 이 장에 열거된 성읍들 중의 일부가 성경에서 중요한 사건들이 일어난 장소임을 알아차렸을 것이다. 벧엘과 아이 사이에서(9절) 아브라함은 카나안 땅에 들어가 처음으로 제단을 쌓았고(창 12:8), 아브라함이 이집트에서 돌아올 때도 역시나 이 장소에서 영적으로 바로 서게 되었다(창 13:3). 9절의 여리코는 6:26에서 이미 주석을 단 바 있다.

10절의 헤브론은 아브라함과 이삭과 야곱이 장사된 곳이다(창 23:19; 49:29-31; 50:13). 칼렙은 자신이 민수기 13,14장에서 보여 준 믿음으로 인하여 헤브론을 자신의 유업으로 받게 되었다(수 14:13,14). 헤브론은 도피 성읍이 되었다(수 20:7-9). 헤브론은 다윗이 왕이 되었을 때 처음으로 다스린 곳이기도 하다(삼하 2:3-11). 헤브론은 전투 중 아브넬이 요압의 아우 아사헬을 죽인 것으로 인해 요압이 아브넬을 죽여 복수한 장소이기도 하다(삼하 3:27). 그러나 헤브론은 도피 성읍이었기 때문에 아브넬은 안전을 보장받았어야만 했다(민 35:11,12). 헤브론은 압살롬이 자신의 아버지 다윗을 대항하여 반역을 일으킨 곳이기도 하다(삼하 15:9,10).

물론 9절의 벧엘은 "하나님의 집"이란 뜻을 가진 장소로 야곱이 하늘에까지 닿는 사다리를 본 곳이다(창 28:10-19). 야곱은 그 땅으로 돌아왔을 때 바로 이 벧엘에서 영적인 회복을 가졌다(창 35:1-6). 그러나 벧엘은 여로보암이 금송아지들 중 하나를 세움으로써 북왕국을 배교로 이끈 장소이기도 하다(왕상 12:26-33, 암 3:14; 4:4; 5:5). 결국 벧엘은 "하나님의 집"이 아니라 『**왕의 예배당**』이 되었다(암 7:13).

아둘람은(15절) 다윗이 사울과 필리스티아인들을 피해 숨었던 장소이다(삼상 22:1, 삼하 23:13). 므깃도는(21절) 요한계시록에서 말하는 아마겟돈이다(계 16:16). 칼멜은(22절) 칼멜 산이다(왕상 18장). 티르사는(24절) 오므리가 사마리아를 세우기 전에(왕상 16:24) 북왕국의 첫 번째 수도였다(왕상 15:33; 16:8,15,23). 티르사는 아름답기로 유명했다(솔 6:4).

기억해야 할 것은, 여호수아가 이 성읍들을 정복했지만 이스라엘 사람들이 그것들을 전체적으로든 부분적으로든 즉시 차지하지 않자, 그 땅의 거민들이 다시 성읍들로 들어가 방어하기 시작했고, 그래서 그것들을 재탈환해야만 했다는 사실이다. 예를 들어 여호수아는 10장에서 예루살렘 왕을 죽였는데, 재판관기 1장에 가면 여호수아가 죽은 후에 유다는 다시 예루살렘과 싸우고 완전히 불태워 버린다(판 1:8). 그러고 나서도 그들은 거기에 살고 있던 여부스인들을 완전히 몰아내지 못했다(수 15:63, 판 1:21). 그래서 결국에 가서는 다윗이 왕이 되었을 때에야 그 성을 완전히 점령하기에 이르렀던 것이다(삼하 5:5-9). 벧엘도 여호수아가 죽은 후 다시 정복해야 했다(판 1:22-25). 타아낙, 돌, 므깃도, 게셀, 아펙 등도 모두 여호수아가 성읍들을 취한 후 이방 민족들이 다시 살기 시작했다(판 1:27-31).

여호수아가 정복한 땅을 이스라엘이 실제로 차지하는 데 있어 이처럼 불완전한 순종을 보였기 때문에 재판관기 2,3장에서 목도하는 배교를 낳은 것이다. 신약 성도가 여기서 받아야 하는 영적 교훈은, 우리의 "여호수아"께서 우리를 위해 정복하신 "그 땅을 차지하지" 않는다면(롬 6:1-10), 우리는 죄에 굴종하는 삶을 살 수밖에 없으며(롬 6:16), 심지어 그 육신 때문에 정죄받기까지 한다는 사실이다(롬 8:1-13).

여호수아 13장

13:1 그때 여호수아가 나이가 많아 늙으니 주께서 그에게 말씀하시기를
"너는 나이가 많고 늙었으나 아직도 차지할 많은 땅이 남아 있도다.
2 아직도 남은 땅이 이러하니 필리스티아인의 모든 접경과 온 그술인
의 *땅으로*
3 이집트 앞에 있는 시홀에서 카나안에 속한 북쪽 에크론의 접경에 이
르며 필리스티아인 다섯 군주, 즉 가자인과 아스돗인과 에스칼론인
과 가드인과 에크론인과 아위인의 *땅*까지라.
4 남쪽으로부터는 카나안인의 모든 땅과 시돈인 곁에 있는 메아라와
아모리인의 접경 아펙까지며
5 기블인의 땅과 해 돋는 곳을 향한 모든 레바논과 헤르몬 산 아래 바
알갓에서 하맛 입구까지요,
6 레바논에서 미스레봇마임까지에 이르는 산간 지방의 온 거민과 온

시돈인들이니 내가 그들을 이스라엘 자손 앞에서 쫓아낼 것이라. 너는 내가 너에게 명한 대로 그 땅을 얼마씩 분할하여 이스라엘에게만 유업으로 줄지니라.

『**그때 여호수아가 나이가 많아 늙으니**』(1절). 여호수아 14:10에 나온 칼렙의 나이를 잣대로 삼으면, 여호수아는 이때 85세가 넘었을 것이다. 이미 헤브론과 드빌에 있는 아낙인들을 정복하고 나서의 일이며(11:21, cf. 15:13-15), 23:1과 24:29을 근거로 볼 때 여호수아는 이때 90세나 100세 정도였을 것이다.

『**아직도 차지할 많은 땅이 남아 있도다**』(1절). 11,12장에서 여호수아가 행한 모든 것을 읽었다면, 주님께서 여기에서 무엇을 말씀하시는지 약간 의아해할 수도 있다. 우리는 지금까지 여호수아가 카나안 땅에 들어가서 모든 성읍들을 차지하고 모든 거민들을 죽였다고 알고 있다. 그렇다면 『**아직도 차지할 많은 땅이 남아 있도다.**』는 무슨 뜻인가?

군 사령관이라면 누구나 본문이 말씀하는 바를 알 수 있을 것이다. 땅을 정복하고 그 거주민들을 일시적으로 몰아냈다고 해서 그 땅을 "소유"한 것은 아니다. 때때로 당신이 전쟁에서 패배시킨 사람들이 결과적으로는 당신이 전투에서 빼앗은 땅을 더 많이 소유하기도 한다. 당신이 그들로부터 빼앗기 전보다 그들은 그 땅을 더 많이 소유하는데, 일례로 일본인들이 미국인들보다 오아후 섬을 더 많이 소유하고 있다. 일본인들은 오아후 섬을 "소유하기" 위해 진주만을 폭격할 필요가 없었다. 그들은 전쟁에서 패배했지만 "그것을 사들였기" 때문이다. 이스라엘 자손들은 그 땅을 정복했고 군대를 동원한 전투로 차지하게 되었지만, 실제로 그 땅에 들어와 집을 짓고 성읍을 세운다는 의미에서 아직 "소유"하지는 못했던 것이다.

그리스도인도 모두 영적인 정복자들이다. 제리 폴웰은 "그리스도를 위해 도시를 점령한다."는 표현을 썼었다. 그것이 복음과 성경의 진리를 그 도시에 있는 모든 사람에게 전파한다는 뜻이라면 의미 있는 일일 것이다. 그러나 신약에는 존 칼빈이 제네바에서 그렇게 행했듯이 그리스도인이 물리적인 영토를 차지하여 구원받지 못한 시민들에게 "그리스도인의 법"을 강요하는 실행은 나와 있지 않다. 미국의 초기 정착자들과 건국 시조들처럼 그리스도인들이 함께 모여서 성경에 근거한 법들을 도입할 수도 있겠지만, 신약 성도들이 해야 할 바가 한 나라를 "기독교화"하는 것은 아니다. 신약 성도들이 해야 할 일은 그 나라에 복음을 전파하는 것이다.

그리스도인은 교회 시대에서는 영적으로 "정복하고" 천년왕국에서는 물리적으로 "소유한다." 므나의 비유에서 "정복"은 종들이 그들의 주인이 돌아올 때까지 므나로 "장사"하는 것(occupying)이었다(눅 19:13). 즉 그것은 주인이 준 돈으로 거래하여 이익을 남기는 것이다. "소유"는 종들의 신실함에 대한 보상으로 주인이 종들에게 통치하라고 준 성읍들이었다. 바울 서신의 표현을 빌리자면, 『**우리가 참으면**[이것이 "정복"이다.] **우리도 그와 함께 다스릴 것이요**[그리고 이것이 "소유"이다.]』이다(딤후 2:12).

골로새서에서도 찾아보자. 『**무슨 일을 하든지 마음을 다하여 주께 하듯 하고 사람에게 하듯 하지 말라**["정복"]. **이는 너희가 유업의 상을 주께로부터 받을 줄 앎이니**["소유"]』(골 3:23,24).

지금 천년왕국에서 다스리고 있는 그리스도인은 없다. "과거학파"나 "후천년주의자"나 "무천년주의자"들은 모두 틀렸다. 휴거가 있기까지 어떤 그리스도인도 통치할 수 없다. 통치하는 것과 유업은 우리 주님께서 오실 때, 곧 미래에 있을 일이다. 지금은 십자가를 져야 할 때이며, 면류관은 미래에 받을 것이다.

2절부터 5절까지에서 보는 예외들에 대해서는 이미 11:22,23에서 설명했다. 2절에서 주목해야 할 것은 13장에서 두 개의 『**그술**』이 나온다는 사실이다. 하나는 요단 강 서편으로 카나안 땅 남쪽에 있고, 이것이 여기 2절의 그술이다. 『**그술인**』의 또 다른 땅은 요단 강 동편으로 북쪽 바산에 위치해 있으며, 그것이 13절에 나오는 그술이다(수 12:5, 신 3:14). 성경에서 적그리스도와 가장 많이 일치하는 예표들 중 하나인 압살롬이 바로 이 두 번째 『**그술**』 출신이다(삼하 3:3; 13:37; 15:8).

『**이집트 앞에 있는 시홀**』(3절). 시홀은 『**이집트의 길**』(렘 2:18, 사 23:3) 곧 "비아 마리스"(Via Maris)에 있는 강이며, 출애굽기 13:17에서는 이 길을 『**필리스티아인의 땅의 길**』이라 부르기도 한다. 이 길은 이집트와 카나안 땅을 북부 시내 반도를 통해서 연결하는 고대의 무역 경로였다. 어떤 주석가들은 이 "시홀"이 나일 강이라고 규명하기도 하고, 어떤 이들은 시내 반도 북쪽에 있는 소위 "이집트의 강"이라고도 한다. 〈국제표준성경백과사전, ISBE〉는 (시홀에 관한 항목에서) 고대에는 나일 강 삼각지의 지류가 "이집트의 강"까지 죽 흘러갔다고 기술한다. 어떤 경우든, 시홀은 필리스티아인들의 최남단 경계로 이집트와 분리되는 곳이다. 『**에크론**』은 필리스티아인들의 최북단 성읍들 중 주요 성읍이었다(3절).

3절의 『**아위인**』(the Avites)은 신명기 2:23의 『**아위인들**』(the Avims)

이다. 신명기 2:23에 따르면 이들은 『**하세림**』("마을들"을 의미하는 히브리어)에 살았고, 이후에 "앗사"라고 불리는 필리스티아인들의 성읍과 관계가 있다(렘 25:20). 그 후 필리스티아인들의 사촌쯤 되는 『**캅톨인들**』(신 2:23)이 차지하고 산다(창 10:14과 그 주석). 『**아위인**』은 필리스티아인들 가운데 남아 있었던 거인들의 족속이다(11:22 주석을 보라).

『**기블인의 땅**』(5절)은 원래 레바논에 있는 그발이라는 페니키아인들의 성읍이다(겔 27:9). 헬라인들은 그 성읍을 "비블로스"(Byblos)라고 불렀다. 바로 이 이름에서 성경에 해당하는 영어 단어 "바이블"(Bible)이 나온 것임을 즉시 알 수 있는 것이다. 그 성읍이 비블로스라고 불린 것은 그곳이 "파피루스"를 지중해 전역에 수출하는 것으로 유명했기 때문이다. 파피루스는 고대의 값싼 종이로, 이집트 나일 강을 따라 풍성하게 자생하는 동일명의 갈대 같은 식물로 만들었다. 파피루스로 두루마리 형태의 책들을 만들기도 했으며, 결국 "코덱스"도 만들게 되었다(코덱스는 오늘날의 "책" 형태를 지닌 최초의 문서였는데, 초기 그리스도인들이 신약성경을 전파할 목적으로 발명한 것이었다, 〈The Christian's Handbook of Biblical Scholarship〉, 1999, pp.64,67). 그래서 그 이름이 "비블로스"가 된 것이며, 그것은 "책"(the Book)이라는 뜻이다(Ibid., p.64).

『**하맛 입구**』(5절)는 하맛이라는 고대 시리아의 성읍으로 들어가는 길을 말한다. 이 길은 레바논 산과 헤르몬 산 사이에 있는 레바논 골짜기에 있다. 이곳은 이스라엘의 최북단 경계이며(민 34:8), 다윗과 솔로몬의 시대가 되어서야 이스라엘이 완전하게 "소유"했다(왕상 8:65). 르호보암 때 왕국이 분열된 후 이스라엘은 이 지역을 잃었으며, 여로보암 2세 때 다시 회복한다(왕하 14:25). 이곳은 이스라엘의 북쪽 경계로 천년왕국에서도 이스라엘의 유업으로 남아 있을 것이다(겔 48:1).

6절에서 우리는 비록 그 땅을 완전하게 소유하지는 못했지만 여호수아에게 땅을 분할하라는 명령을 하신 것을 볼 수 있다. 성경에는 이와 유사한 사건들이 몇 개 있다. 주님께서는 아브라함에게 그의 씨가 받을 유업의 땅을 말씀하셨지만(창 15:18), 유대인들은 거의 1,000년 뒤에 다윗의 시대가 되어서야 그 땅을 차지했고(삼하 8:3), 예수 그리스도께서 다윗의 보좌에 앉으셔서 천년왕국을 다스리실 때 다시 차지하게 될 것이다. 하나님께서는 천년왕국 기간에 열두 지파가 얻을 땅의 경계를 에스겔 48장에서 이미 말씀하셨지만, 열두 지파는 아직 에스겔서에 나와 있는 대로 그 땅을 받지 못했다. 그러나 그렇게 받게 될 것이다!

그렇다. 하나님께서는 성경에 자신의 명예를 거신 것이다. 예수 그리스도께서 오시기 전에 이방 종교들에도 동정녀 탄생, 부활, 삼위일체와 유사한 교리들이 있었다. 그러나 성경은 인간적인 안목에서는 도저히 성취 불가능한 진술들을 기록하고 있으며, 그것은 글자 그대로 정확하게 성취되었다. 마호메트도 자신의 종교를 하나의 책, 곧 코란 위에 세웠다고는 하지만 마호메트는 시간 요소가 개입되지 않는 마지막 심판을 제외하고는(계 10:6) 역사 속에서 일어나는 일을 단 한 가지도 예언하지 못했다. 성경은 2014년 현재 이후에 일어날 일을 예언하는 데 망설임이 없다. 초림 때 그보다 400년에서 1,500년 전에 말씀하신 예언들 48개가 정확하게 성취되었듯이, 우리는 편안하게 앉아서 성경의 예언들이 성취되는 것을 지켜보면 되는 것이다. (예언에 관해서는 6:26의 주석을 참조하라.)

그렇다면 무슨 뜻인가? 이 말은 성도가 성경을 전적으로 믿고 신뢰할 수 있다는 뜻이다. 성경은 말씀한다. 『**진실로 진실로 내가 너희에게 말하노니, 내 말을 듣고, 또 나를 보내신 분을 믿는 자는 영생을 얻고, 정죄에 이르지 아니할 것이며, 사망에서 생명으로 옮겨지느니라**』(요 5:24). 당신은 영원한 생명을 얻기 위해서 예수 그리스도를 믿었는가? 그렇다면 당신은 성경의 말씀에 따라서 정죄에 이르지 않을 것이다. 만약 정죄에 이른다면 하나님께서 "거짓말쟁이"가 되시고 성경이 "가짜"가 되는 것이다. 아멘! 바로 그것이 신약 성도가 구원을 잃어버릴 수 있다고 가르칠 때 일어나는 일이다. 하나님과 그분의 책을 거짓말쟁이로 만드는 것이다.

13:7 그러므로 이제 이 땅을 아홉 지파와 므낫세 반 지파에게 유업으로 나누라." 하시니라.

8 르우벤인과 갓인은 요단 동편에서 모세가 준 그들의 유업을 받았는데 주의 종 모세가 그들에게 준 것은 이와 같으니

9 아르논 강둑 위에 있는 아로엘과 그 강 중간에 있는 성읍과 디본에 이르는 메드바의 온 평원과

10 헤스본에서 치리했던 아모리인의 왕 시혼의 온 성읍들로부터 암몬 자손의 경계까지며

11 길르앗과 그술인과 마아캇인의 경계와 온 헤르몬 산과 살카까지 이른 온 바산이며

12 거인들의 잔류자로 남아 있던 자들을 아스타롯과 에드레이에서 치리했던 바산에 있는 옥의 모든 왕국이니 모세가 이들을 쳐서 쫓아냈었

도다.

13 그래도 이스라엘 자손은 그술인과 마아캇인을 쫓아내지 아니하였으
므로 그술인과 마아캇인은 오늘까지도 이스라엘 가운데 거하더라.
14 레위 지파에게만은 여호수아가 아무 유업도 주지 않았으니 이는 주
께서 그들에게 말씀하셨던 바와 같이 불로 드리는 이스라엘의 주 하
나님의 희생제물이 그들의 유업임이라.
15 모세가 르우벤 자손의 지파에게 그들 족속대로 유업을 주었더라.

이제 땅의 분배와 어느 지파가 어떤 지역을 받는지가 나온다. 설명을 필요로 하는 성읍들이 몇 개 나오지만 모두 그런 것은 아니다. 반복되는 내용도 있다. 예를 들어 8-12절은 요단 동편의 시혼과 옥의 왕국들을 다시 언급하고 있고, 이 땅은 르우벤과 갓과 므낫세 반 지파에게 주신 것이며, 이에 대해서는 12:1-6에서 이미 다루었다.

르우벤 지파와 갓 지파와 므낫세 반 지파는 『**요단 동편에서 모세가 준 그들의 유업을**』 받았다(8절). 이것이 이 지파들에게는 흔히 말하는 "아픈 곳"이 되었다. 그들이 처음 민수기 32장에서 모세에게 요단 동편에서 유업을 받기 원한다고 했을 때 모세는 그들이 다른 지파들이 땅을 차지하는 일을 돕지 않겠다는 말로 들었다. 모세는 이렇게 말했다. 『**그러나 만일 그들이 너희와 함께 무장하고 건너지 않거든, 카나안 땅에서 너희 가운데 소유를 줄지니라**』(민 32:30).

싸움이 모두 끝나고 세 지파가 요단 동편에 있는 그들의 유업으로 돌아왔을 때, 그들은 자신들이 비록 요단 동편에 살지만 주의 희생제물들에 분깃이 있다는 것을 보여 주는 증거로서 한 제단을 세운다. 다른 지파들은 그들이 성막에 있는 놋 제단에 반대하여 또 다른 제단을 만든다고 생각했다. 다른 지파들은 르우벤과 갓과 므낫세 반 지파에게 이렇게 말했다. 『**그렇지만 만일 너희 소유의 땅이 불결하다면 너희가 주의 성막이 있는 주의 소유의 땅으로 건너와서 우리 가운데서 소유를 취할 것이지 너희가 주 우리 하나님의 제단 외에 다른 제단을 쌓음으로써 주께 반역하거나 우리에게 반역하지 말라**』(수 22:19).

이 세 지파는 두 번이나 요단 동편에 사는 것에 대해서 경고를 받았다. 앗시리아인들이 북왕국 이스라엘을 포로로 잡아가려고 침략했을 때, 처음으로 사로잡힌 것이 바로 이 세 지파였다(대상 5:26).

요단 동편에 있는 이 세 지파는 "약속의 땅" 가까이 살기 원하지만 여전히 세상 가까이에 머물기 원하는 그리스도인들의 모형이다. 당신은 구원받지 못한 세상 체계와 친구이면서 동시에 하나님의 친구일 수는 없다. 『**너희 간음하는 남자들과 간음하는 여자들아, 세상과 친구 되는 것이 하나님과 원수 되는 것임을 알지 못하느냐? 그러므로 누구든지 세상의 친구가 되고자 하는 자는 하나님의 원수가 되느니라**』(약 4:4).

우리는 이미 2절에서 11절과 13절의 『**그술인**』에 대해서 살펴보았다. 열두 지파가 그 땅의 이방 거민들을 몰아내라는 하나님의 명령에 불완전하게 순종한 것이 13:13에 처음으로 언급되어 있다("13"이라는 숫자가 나오는 것을 주목하라. 〈성경의 숫자들〉을 참조하라). 그술인들과 마아캇인들은 므낫세 반 지파에게 주어진 영토에 살았고, 므낫세 반 지파는 그들을 몰아내지 않은 것이다. 이것은 뭔가가 잘못되고 있다는 첫 번째 신호였다. 주님은 그 유대인들에게 말씀하셨다. 『**그 땅 거민을 너희 앞에서 다 몰아내고 그들의 모든 그림들을 파괴하고 모든 부어 만든 형상들을**

다 파괴하며 산당들을 다 뽑아 낼 것이며 너희는 그 땅의 거민을 다 쫓아내고 그곳에 거하라』(민 33:52,53).

요단 동편의 한 지파가 그 시작부터 두 이방 족속을 몰아내지 않고 "넘어가게" 한 일은, 결과적으로 "므낫세 지파의 나머지"는 물론 카나안 땅에 거했던 "일곱" 지파가 그들의 유업에서 이방 민족들을 쫓아내지 않는 일로 이어졌다(판 1:19-36). 그 불완전한 순종은 재판관기에서 백성의 우상 숭배를 낳았고, "배교, 노예 상태, 회개, 구출, 다시 배교"라는 악순환이 반복되게 했다(판 2:11-19). 한 지파의 불완전한 순종으로 이스라엘 전체가 완전히 무정부상태가 되어 버렸던 것이다. 『**그 당시에 이스라엘에 왕이 없었으니 사람마다 자기 눈에 옳은 대로 행하였더라**』(판 21:25). 한 지파가 그들의 영토에 이방의 우상 숭배자들이 살도록 허락한 것이 문자 그대로 수천 명의 사람들이 고통당하는 비극으로 끝났던 것이다. 다윗이 그의 왕국에서 문제에 봉착한 것도 그 어미가 그술인들과 마아캇인들 출신인 한 아들 때문이었다(삼하 3:3).

그리스도인이 받아야 할 교훈은 이방인들의 실행과 타협해서는 안 된다는 것이다. 그리스도인이 자신의 삶에 있는 죄 문제를 처리하기를 거절할 때, 그 죄는 자라나서 그에게 고통을 주며 결국에는 재판관기에서 이방 민족들이 이스라엘을 통제했듯이 그를 통제하기까지 할 것이다.

여호수아가 땅을 "분할하기" 시작하기 전에 하나님께서 이렇게 말씀하신다. 『**이스라엘의 주 하나님의 희생제물이 그들의 유업임이라**』(14절). 33절은 주님께서 레위인들에게 어떤 유업도 주시지 않은 이유가 『**이스라엘의 주 하나님께서 그들의 유업이**』 되셨기 때문이라고 말씀한다. 레위인들은 지파 전체가 살면서 농작물과 가축을 키울 땅을 받는 대신 이스라엘 전역에 흩어져 개별적인 성읍들에 살아야 했다. 그들의 "생계"는 성막으로 가져오는 십일조와 희생제물들이었다(민 18:20-24, 신 18:1-5). 주님께서 레위인들의 『**유업**』이셨다. 왜냐하면 레위인들은 출애굽기 32장에서 금송아지 사건이 있었을 때 주님을 위해서 일어난 사람들이었기 때문이다. 그 일로 인해 하나님께서는 레위 지파를 그분의 제사장들이 되도록 선정하셨다(신 10:8,9). 그들은 성막에서의 섬김을 감당해야 했기 때문에, 땅과 농작물과 가축과 관련된 일들에 몰두해선 안 되었다.

이 레위인들은 지상의, 영구적인 유업에 관한 한 교회 시대의 그리스도인들을 예표한다. 하나님의 거듭난 자녀는 『**예수 그리스도로 인하여 하나님께서 기뻐하실 영적인 제물들을**』 드리도록 부르심을 받은 거룩하고 왕 같은 제사장직의 일원이다(벧전 2:5,9). 그렇다면 지금 그리스도인에게는 지상에 영구한 소유가 없는 것이다. 지상에서 그리스도인이 가진 모든 것은 주님을 섬기기 위해 빌려 쓰는 것일 뿐이다.

옛날 찬송가에도 이런 가사가 있지 않은가? "이 세상은 내 본향이 아니네. 나는 단지 지나갈 뿐이라네." 만일 당신이 구원받았다면, 당신의 본향은 구주와 함께 셋째 하늘의 영광 중에 있다(빌 3:20, 고후 5:8, 요 14:3). 지상에서 당신은 『**이 악한 현 세상**』(갈 1:4)에 대해 순례자요 타국인일 뿐이다(벧전 2:11).

레위인들처럼 그리스도인의 유업도 주님이시다. 그리스도인이 죽으면 그는 "하늘에 예비된 유업"이 있는데(벧전 1:4), 이는 주님께서 친히 그곳에 계시기 때문이다(고후 5:8, 빌 1:23). 그래서 성경은 성도에게 『**위에 있는 것들에 너희 마음을 두고 땅에 있는 것들에 마음을 두지 말라.**』고 말씀한다(골 3:2). 왜냐하면 그의 보물이 바로 하늘에 쌓여 있기 때문이다(마

6:19,20). 주님께서 지상으로 돌아오셔서 1,000년을 통치하실 때, 당신도 주님과 함께 돌아올 것이다(계 19:14, 살후 1:7-10). 지금 신실하게 주님을 섬긴다면, 그때 주님의 왕국에서 유업을 얻게 될 것이다(고전 6:9,10, 갈 5:19-21).

13:16 그들의 지경은 아르논 강둑에 있는 아로엘에서 강의 중간에 있는 성읍과 메드바 곁의 온 평원과
17 헤스본과 평원에 있는 그 모든 성읍들, 즉 디본과 바못바알과 벧바알므온과
18 야하사와 크데못과 메파앗과
19 키랴다임과 십마와 골짜기의 산지에 있는 사렛사할과
20 벧프올과 아스돗피스가와 벧여시못과
21 평원의 모든 성읍들과 아모리인의 왕 시혼의 모든 왕국이니, 그가 헤스본에서 다스렸던 곳으로 모세가 그와 그 땅에 거하는 시혼의 귀족들이었던 미디안의 고관들과 에위와 레켐과 수르와 훌과 레바를 쳤더라.
22 브올의 아들 점쟁이 발라암도 이스라엘 자손에 의하여 죽임당한 자들 가운데서 죽임을 당하였더라.
23 르우벤 자손의 경계는 요단과 그 경계라. 이것이 르우벤 자손이 그들 족속에 따라 받은 유업이니 그 성읍들과 그 촌락들이라.

르우벤은 야곱의 장자이기 때문에(대상 5:1) 제일 먼저 유업을 받는 지파이다. 르우벤 지파는 남쪽 끝으로는 아로엘부터 시혼의 수도 성읍인 헤스본까지 이르는 시혼의 왕국 중에서 아래쪽 절반을 받는다.

20절에서 『**벧프올**』과 『**아스돗피스가**』를 주목하라. 이곳은 이스라엘 사람들이 모압과 미디안의 여자들과 함께 우상 숭배와 음행을 자행했던 바로 그 프올이며(민 25장), 피스가 산은 모세가 약속의 땅을 보고 죽으려고 올라간 곳이다(신 34장). 21절에서 우리는 모세가 바알프올의 죄로 인해 미디안의 고관들을 쳤던 것을 알 수 있다(민 25:16-18).

22절에서는 발라암의 죽음에 대해서도 언급하고 있다. 발라암은 모압의 발락왕이 이스라엘 자손들을 저주하라고 고용한 선지자였다. 민수기 23,24장을 읽어 본 사람이라면 발라암이 이스라엘 자손들을 저주하려고 세 번이나 시도했던 것과, 성령님께서 발라암의 입을 관장하셔서 오히려 이스라엘 민족을 축복하게 하신 것을 알 것이다. 예언을 끝마칠 때쯤, 발라암은 발락에게 주 예수 그리스도의 초림과 재림에 대해서 예언했다.

발라암에 관해서는 설명할 것이 많이 있지만 여기서 다룰 수는 없다. 이 부분에 대해서 더 공부하기 원하는 사람은 〈킹제임스성경에 감추어진 심오한 진리들, The Unknown Bible〉의 1장을 읽고 베드로후서 2:15과 유다서 1:11, 요한계시록 2:14에 대한 필자의 주석을 공부하라. 여기서 간략하게 짚어 본다면, 발라암에게는 『**발라암의 길**』(벧후 2:15)과 『**발라암의 잘못**』(유 1:11)과 『**발라암의 교리**』(계 2:14)가 있다. 『**발라암의 길**』은 발락이 그에게 이스라엘을 저주하라고 준 돈을 사랑한 것이다. 발라암은 『**불의의 삯**』을 너무도 사랑하여 하나님께서 발락에게 전파하라고 그에게 주신 메시지 중 3분의 2를 "삭제해" 버렸다(민 22:12-14).

『**발라암의 잘못**』은, 이스라엘을 저주할 수 없는 것을 본 발락이 발라암을 돌려보냈음에도(민 24:10,11,25), 발라암이 다시 발락에게로 "돌아가" 하나님께서 친히 이스라엘을 저주하시게 할 방법을 제시한 것이었다. 이스라엘인들이 미디안인들을 쳤을 때 그가 미디안인들과 함께 있었던 것은 바로 그 이유 때문이었다(민 31:8). 발락에게 돌아간 발라암은, 이스라엘로 하여금 우상 숭배와 미디안 여인들과의 음행에 빠지게 하는 법을 발락에게 가르쳐줬고, 그리하여 하나님께서 이스라엘 백성을 역병으로 치시도록 했던 것이다. 그것이 바로 『**발라암의 교리**』였다(계 2:14, 참조 민 25:1-9; 31:16).

발라암은 "선지자"였다. 그는 예수 그리스도의 초림과 재림에 대해 정확하게 예언할 수 있었다. 그는 하나님의 전가된 의에 대해서 전했다(민 23:21, cf. 미 6:5). 또한 하나님과 교제하기도 했다. "그러나 그는 지옥에 가고 말았던 것이다."

그렇다면 무엇이 문제였는가? 무엇보다도 그는 돈을 사랑했다. 성경은 이렇게 말씀한다. 『**돈을 사랑하는 것이 모든 악의 뿌리니, 이것을 욕심내는 어떤 사람들이 믿음에서 떠나 방황하다가 많은 슬픔으로 자신들을 찔렀도다**』(딤전 6:10). 발라암은 "문자 그대로 찔렸던" 것이다.

둘째로, 발라암은 "성직자"가 "평신도"보다도 우월하다고 가르쳤다(계 2:15). 그는 평범한 사람이 하나님께 다가가려면 자신을 통해야 한다고 생각했다. 세 번째 요점을 말하기 전에 당신에게 질문을 하나 하고자 한다. 교회의 이미지에 신경 쓰면서 "성"(sex)을 통해서만 회원수를 늘리는 "교회"를 아는가? 그러니까 교회 안에서의 결혼만 허락하고, 만약 교회 밖에서 결혼한다면 아이들을 "믿음 안에서" 키우겠다고 서약해야 하며, 복음 전파가 아닌 출생을 통해 회원수를 늘리고자 낙태를 금지하는 교회를 아는가? 또 평신도가 자신의 죄들을 면제받기 위해서 "제사장 계급"을 찾아가야 하는 "교회"를 아는가? 스스로를 "교회"라고 부르는 이런 집단이 있음을 알고 있는가? 그 이름을 댈 수 있는가? 나는 그것이 어떤 집단인지 언급하지는 않겠다. 다만 당신이 알고 있는지 확인하고 싶었을 뿐이다.

그 교회는 그것의 성직자 계급을 위해 특별한 『**예복**』(vestments)을 가지고 있다(왕하 10:22). 그것의 제사장들을 "아버지"(Father, 신부)라고 부르라고 강요한다(판 18:19, 마 23:9). 심지어 이 집단의 수장은 아버지 하나님의 이름을 도용한다(요 17:11). 이런 "교회"를 아는가? 이 "교회"는 사도신경의 모든 항목을 믿는다고 하지만 실은 구원받지 못한 자들의 집단이다.

마지막으로 발라암은 문제가 있는 사람들과 어울렸다. 발라암은 음행하는 우상 숭배자들과 어울렸고, 자신도 동일한 운명에 처했다. 성경은 이렇게 말씀한다. 『**어리석은 자들의 친구는 멸망하리라**』(잠 13:20). 그리스도의 몸 안에 있는 구원받은 거듭난 성도에게 주는 경고가 있다. 『**미혹되지 말라. 악한 사귐**[즉 악한 친구나 악한 동료들과의 사귐]**은 좋은 행실**[하나님을 위해서 살고자 하는 방식]**을 부패시키느니라**』(고전 15:33).

13:24 모세가 갓 지파에게 유업을 그들의 족속에 따라 갓 자손에게 주었으니

25 그들의 지경은 야셀과 길르앗의 모든 성읍들과 암몬 자손의 땅 절반과 랍바 앞에 있는 아로엘까지며

26 헤스본에서 라맛미스바와 브토님까지와 마하나임에서 드빌 경계까

지요,

27 골짜기에 있는 벧아람과 벧님라와 숙콧과 사본으로 헤스본 왕 시혼
의 왕국 중 남은 땅 요단과 그 경계에서 요단 동쪽 저편에 있는 킨
네렛 바다의 끝까지라.

28 이것이 갓 자손이 그들 족속에 따라 받은 유업이니 그 성읍들과 그
촌락들이라.

요단 동편에서 유업을 얻는 다음 지파는 갓 지파이다. 갓 지파의 영토는 르우벤 지파의 영토가 끝나는 곳에서 시작한다. 즉 헤스본에서 시작하는 것이다. 그 영토는 길르앗의 땅이었고 얍복 강까지 주욱 올라갔다(신 3:16). 25절에서 이것은 『**암몬 자손의 땅 절반**』이라고 불린다.

재판관기에서는 이 지역이 암몬 자손들과 길르앗인들 간에 갈등의 원인이 된다. 이스라엘 자손들이 광야에서의 방황을 끝내고 그 땅으로 들어왔을 때, 주님께서는 그들에게 그 모압인들과 암몬인들의 땅을 건들지 말라고 말씀하셨다(신 2:9,19). 그렇다면 왜 갓 지파는 『**암몬 자손의 땅 절반**』을 차지하는 것일까? 그것이 재판관기 11:13에서 암몬 자손이 터뜨린 불만이었다.

『**암몬 자손의 왕이 입다의 사자들에게 대답하기를 "이스라엘이 이집트에서 올라올 때에 아르논에서부터 얍복과 요단까지 내 땅을 빼앗아 갔기 때문이니 그러므로 이제 그 땅을 평화로이 다시 돌려 달라." 하더라.**』

특히 신명기 2:19,37의 관점에서 보자면, 암몬 자손의 왕이 합리적인 요구를 한 것 같지 않은가? 그러나 이스라엘은 모세와 여호수아 아래서 암몬의 땅을 단 1센티미터도 취하지 않았다. 그 일은 이스라엘이 그곳에

도착하기 전에 일어났다.

『**이는 헤스본이 아모리인들의 왕 시혼의 성읍이라. 그가 모압의 이전 왕과 싸워, 그의 손에서 그의 모든 땅, 곧 아르논까지를 탈취하였더라**』(민 21:26).

모압은 랍바 서편에서(25절, cf. 신 3:11) 요단 강까지와, 얍복 강과 아르논 강 사이에 놓인 암몬의 영토를 모두 차지했었다. 그런데 시혼이 나타나더니 바로 그 땅을 모압에게서 빼앗아 버렸다. 따라서 이스라엘이 등장했을 때 그들이 빼앗은 것은 "시혼의" 땅이지 암몬의 땅이 아니었던 것이다.

갓의 영토는 헤스본에서 얍복 강까지였고, 그곳 얍복에서 요단 강을 옆에 끼고 위로 올라가서 갈릴리 바다에까지 이르는 저지대였다(27절, cf. 신 3:17). 『**마하나임**』(26절)은 야곱이 하란에서 돌아올 때 『**하나님의 천사들**』을 만난 곳이며(창 32:1,2) 다윗이 압살롬을 피해 도망갔던 장소이기도 하다(삼하 17:24).

13:29 모세가 므낫세 반 지파에게 유업을 주었으니 그들의 족속대로 므낫세 자손의 반 지파가 받은 소유는 이러하니라.

30 그들의 지경은 마하나임에서 온 바산과 바산 왕 옥의 모든 왕국과 바산에 있는 야일의 모든 고을 육십 성읍이며

31 길르앗 절반과 바산에 있는 옥의 왕국의 성읍들과 아스타롯과 에드레이는 므낫세의 아들 마킬의 자손에게 속하게 되었으니 마킬 자손의 절반에게 그들의 족속대로 주었더라.

32 모세가 여리코 동쪽 요단 저편, 모압 평원에서 유업으로 분배한 지

역들이 이와 같으니라.

33 그러나 레위 지파에게는 모세가 유업을 주지 아니하였더라. 이스라
엘의 주 하나님께서 그들의 유업이 되셨으니 주께서 그들에게 말씀
하신 대로더라.

요단 동편에서 주어진 마지막 유업은 므낫세 반 지파에게, 특히 므낫세의 장자인(17:1) "마길"의 아들들에게 돌아갔다(본문 31절, 신 3:15). [마길이 므낫세의 "독자"였는지에 대해서는 의문점이 있다(대상 7:14,15을 보라). 31절을 주의해서 읽어 보라. 『**마길의 자손에게 속하게 되었으니 마길 자손의 절반에게 그들의 족속대로 주었더라.**』] 므낫세 반 지파의 유업은 마하나임에서 야르묵 강까지인데, 이것은 길르앗의 땅의 나머지였다(31절). 이뿐 아니라 야르묵 북쪽에서 헤르몬 산까지도 이 지파에게 속하는데, 이곳은 옥이 다스렸던 바산의 땅이었다.

30절에서 『**야일의 모든 고을**』이라는 표현을 주목하라. 야일은 마길이 그의 딸을 통해서 얻은 손자였다. 그는 이미 길르앗에 23개의 작은 고을을 가지고 있었는데, 그것은 그가 전투에서 취한 것이었다(민 32:41, cf. 대상 2:22). 그러나 그는 바산으로 가서 아르곱에 있는 육십 고을을 더 취한 것이다(30절, cf. 신 3:14). 야일의 "부동산 투자"는 성공했다. 훗날 솔로몬 당대에 야일이 바산에서 취한 고을들은(야일은 그가 취한 고을들을 "하봇야일"이라고 불렀는데, "하봇"은 "고을들"에 해당하는 또 하나의 히브리어 단어이다.) 『**성벽과 놋빗장이 있는 큰 성읍**』이 되었다(왕상 4:13).

이런 역사는 모슬렘 통제하의 팔레스타인이 얼마나 황폐하고 황량했으며, 유대인 국가 아래서의 이스라엘 땅이 얼마나 비옥하고 풍요하게 되었는가를 생각나게 한다. 러시아인과 유대인이 함께 기차를 타고 여행을 하다가 대화를 하게 되었다. 러시아인이 유대인에게 말했다. "우리 마을에는 유대인이 한 명도 없어요." 그 말에 유대인은 이렇게 대답했다. "그래서 그 마을이 고작 마을밖에 안 되는 겁니다."

그 이스라엘 사람들이 팔레스타인 땅에 돌아와 고대 이스라엘의 도시들을 다시 세웠을 때, 그곳에는 고작 터키인들의 작은 마을 몇 개와 아랍 유목민인 베두인족의 텐트만 몇 개 있었을 뿐이었다. 그들은 수백 에이커의 척박한 땅을 다시 관개 작업을 하여 일구어 냈고, 마크 트웨인이 "잡초만 무성한 황폐한 나라"와 "무가치한 땅"으로 묘사했던 곳이(The Innocents Abroad, 1881) 지금은 수많은 종류의 곡물들이 자라는 경작지로 바뀌었다. 그 터키인들은 그 유대인들이 돌아와서 그 땅에서 해낸 일을 결코 하지 못했던 것이다.

한때 "나무나 덤불도 쉽게 볼 수 없는 땅"이었던 것이 이제는 나무들이 심겨진 숲들이 있는 땅이 된 것이다. "팔레스타인인들"이 그렇게 한 것이 아니라 이스라엘인들이 해낸 것이다. 경작과 재식림 작업을 할 수 있었던 이유들 중 하나는 늘어난 강우량이었다. 하나님께서 여호수아서에서 그들 유대인들에게 주신 땅으로 그들을 돌려보내시자, 매년 2.1인치였던(1931-1960년) 강우량이 21.1인치가 되도록(1960-1980년) 늘려 주신 것이다.

1948년에 『**무화과나무**』에 싹이 난 이래로(렘 8:11-13, cf. 막 13:28,29, 눅 21:29-32), 그 땅은 너무나 많이 바뀌어서 "수세기" 동안 사라졌던 짐승들과 새들이 다시 돌아왔다. 사라진 지 15세기가 지난 맹금류가 이스라엘에 둥지를 틀고 있다. 야생 표범들이 엔게디 주변에 다시 출몰했고,

야생 염소(ibex) 떼가 다시 모습을 보이고 있다.

이 모든 것이 무엇을 의미하는지 아는가? 단지 유대인들이 모슬렘들보다 더 부지런해서 그렇게 된 것이 아니다(물론 그 말은 그 자체로 사실이다). 또 단지 하나님께서 유대인들이 돌아오자 그 땅을 축복하셔서 그런 것만은 아니다(물론 하나님께서 축복하셨다). 그것들은 모두 "주 예수 그리스도의 임박한 재림"을 가리키는 표적들인 것이다. 물론 표적들은 이스라엘을 위한 것이므로(고전 1:22), 그것들은 휴거가 아닌 "지상 재림"을 위한 표적들이다. 그러나 그리스도인은 지상 재림에 대한 표적들을 읽고서 휴거가 가까이 왔음을 알 수 있는 것이다(살전 5:1-11). 왜냐하면 휴거가 지상 재림보다 앞서기 때문이다.

『그러나 이런 일이 일어나기 시작하면 위를 보고 너희의 머리를 들라. 이는 너희의 구속이 가까이 왔음이라."고 하시더라』(눅 21:28).

여호수아 14장

14:1 이스라엘 자손이 카나안 땅에서 유업으로 받은 지역들은 이러하니,
제사장 엘르아살과 눈의 아들 여호수아와 이스라엘 자손 지파의 족
장들이 그들에게 유업으로 분배하였더라.
2 주께서 모세의 손을 통해 명령하신 대로 그들의 유업을 제비뽑아 아
홉 지파와 반 지파에게 주었더라.
3 모세가 요단 저편에서 두 지파와 반 지파에게 유업을 주었으나 그들
가운데서 레위인에게는 아무 유업도 주지 아니하였더라.
4 요셉의 자손은 두 지파 므낫세와 에프라임이었으니 그러므로 그들이
그 땅에서 레위인들에게는 오직 거할 성읍들과 그들의 가축과 그들
의 소유물들을 둘 외곽 지역들 외에는 아무 몫도 주지 아니하였더라.
5 주께서 모세에게 명하신 대로 이스라엘 자손이 그렇게 행하여 그들
이 땅을 나누었더라.

13장은 르우벤과 갓과 므낫세 반 지파에게 요단 동편의 땅을 분배한 사건을 다뤘다. 14장에서는 카나안 땅을 나머지 아홉 지파와 므낫세 반 지파에게 분배해 준다(1,2절). 『**그들의 유업을 제비뽑아 아홉 지파와 반 지파에게 주었더라**』(2절).

우리는 앞서 7:14에서 일종의 제비뽑기 사건을 만난 적이 있다. 성경에서 제비란 갈대 같은 것을 뽑거나 주사위 같은 것을 던지는 형태였다. 곧 그릇에 몇 개의 흰 돌들을 검은 돌과 함께 넣는다. 그런 후 제비를 뽑아야 되는 사람들이 앞으로 나와서 한 명씩 그릇에서 돌을 집는다. 검은 돌을 뽑는 사람이 택함을 받는 것이다. 이것이 제비를 뽑는 방식이었다.

제비를 던질 때, 한 사람이 앉아서 그의 옷자락을 펼쳐 팽팽하게 만들곤 했다. 그러면 제비를 뽑는 사람들이 그의 주위에 모이고, 옷을 편 사람이 그 그릇 안에 있는 돌들을 흔들었다. 그런 후 그 돌들을 자신의 무릎 위의 옷자락에 쏟아 놓는데, 그때 그 검은 돌이 누구를 향해 떨어지든지 바로 그 사람이 선택되었다.

이것이 성경에서 심각한 문제들에 있어서 결정을 내리던 방식이다. 잠언 18:18은 말씀한다. 『**제비를 뽑는 것은 다툼을 그치게 하며 힘있는 자들 사이를 나누느니라.**』 중요한 사안을 놓고 제비를 뽑는 것이 경솔하게 보일지 모르지만, 제비를 뽑는 것은 지금도 계속되고 있다. 생사를 가르는 판국에 누군가가 죽어야만 다른 사람들이 살 수 있는 상황에서, 제비뽑기는 누가 죽어야 하는지를 판단하는 데에 자주 사용된다. 제비뽑기는 편파적일 수 없기 때문이다.

구약에서 제비를 사용했던 이유는, 하나님께서 제비의 결과에 직접적으로 역사하신다고 유대인들이 믿었기 때문인데, 그것은 사실이었다. 성경은 『**제비는 마음대로 뽑으나, 그 일의 결과는 주께 있느니라.**』(잠 16:33) 고 말씀하고 있는 것이다. 이것이 바로 사도들이 사도행전 1장에서 유다를 대체할 사람을 선정할 때 제비를 사용했던 이유이다. 그들은 구약성경에서 사용되는 구약적 체계 아래서 행하고 있었던 것이다. 당시, 즉 사도행전 1장의 시점에는 아직 신약이 없었으며, 사도행전 2,3,4,5,6,7,8장에서도 마찬가지였다. 그리스도의 몸에 대한 바울의 계시는 사도행전 9장이 지나서야 주어졌고(갈 1:11-24), 심지어 그때도 교회들에게 보내는 최초의 신약성경(서신서)은 단 한 권도 기록되지 않았었고, 비로소 사도행전 17장이 되어서야 기록되었다(데살로니가전서). 또한 사도행전 11:26에 이르기까지는 아무도 "그리스도인"이라고 불리지 않았다.

신약 교회를 위한 교리를 얻기 위해 사도행전 2장으로 가는 것이 "어리석은" 것은 바로 그 때문이다. 사도행전 2장에는 "그리스도인들"이 없다. 2장 전체에 등장하는 것은 유대인들과 유대인 개종자들뿐이다. 믿기지 않는다면, 직접 찾아보라. 사도행전 2장에 『**그리스도인**』이라는 단어가 등장하는지 찾아보라! 없다. 그렇다면 왜 그리스도인이 등장하지도 않는 사도행전 2장으로 가서 물 침례를 받음으로 성령을 받으려고 하는가? 자기 의로 충만한 종교인들은 사도행전 15:9-11; 13:38,39; 16:31, 로마서 4:5, 에베소서 2:8,9, 디도서 3:5 등의 말씀을 내버려 두고 굳이 사도행전 2:38로 가서 지옥으로 떨어지려고 하는 것이다.

다시 제비뽑기 문제로 돌아가도록 하자. 『**제비는 마음대로 뽑으나, 그 일의 결과는 주께 있느니라.**』 도박이 잘못된 이유가 바로 이것이다. 왜냐하면 도박은 하나님의 섭리를 시험하는 것이기 때문이다. 예수님은 말씀하셨다. 『**너는 주 너의 하나님을 시험하지 말라**』(마 4:7, 눅 4:12, 신 6:16).

제비를 던지는 것이 주님께 속한 것이라면, 당신이 도박판에 앉아 카드를 돌리고 주사위를 던지고 숫자를 뽑을 때 "그 결과를 결정하시는 분은 주님이시다." 말하자면 도박이라는 것은, 좋은 수를 주시거나 좋은 숫자를 뽑게 해달라고 하나님을 시험하는 일인 것이다.

성도에게는 "우연"이란 것이 없다. 즉 하나님께서 참으로 모든 것을 아시고 당신의 머리카락의 수까지도 알고 계신다면(마 10:30), 하나님께서 주사위가 어떻게 던져지고 카드가 어떻게 들어올지 모른다고 생각하는가? 옛말에 "당신의 우연은 하나님의 지도이다."(Your hap is God's map.)라는 말이 있다.

이는 하나님께서 우리가 "우연"(happenstance)이라고 부르는 것을 관장하신다는 뜻이다. 성경이 『**그녀가... 우연히 엘리멜렉의 친족인 보아스에게 속한 밭의 한쪽에서 줍게 되었더라.**』(룻 2:3)고 말씀할 때, 하나님께서 무대 뒤에서 룻을 그녀의 친족-구속자에게로 이끌어 주신 것이다. 따라서 당신이 도박을 하거나 우연에 의한 게임을 할 때, 당신은 섭리적으로 좋은 수를 주시라고 하나님을 시험하는 셈인데, 그런 경우 하나님께서는 꽤나 자주 당신에게 나쁜 수를 주셔서 교훈을 주신다.

소위 "지식의 말씀"과 "번영의 복음"을 믿었던 은사주의자에 대한 오래된 농담이 있다. 그는 라스베이거스로 가서 자신이 평생 저축한 돈을 죄다 카지노에서 배팅했다. 그는 하나님께서 자신을 부자로 만들어 주시기 원하신다고 확신했던 것이다. 하나님께서 그에게 좋은 수만 주실 것이라고 생각했던 것이다. 무슨 일이 일어났는지 당신도 짐작할 것이다. 그는 자신이 입고 있는 옷만 달랑 건지고 모든 것을 잃고 만 것이다.

그는 라스베이거스를 걸어 나오면서 하나님께 부르짖었다. "주님, 어떻게 이런 일이 벌어지게 하실 수 있습니까? 이제 저는 땡전 한 푼도 없습니다!" 그러자 하늘에서 음성이 나와 이렇게 말하는 것이었다. "너의 호주머니를 살펴보도록 하라!" 호주머니를 뒤져 보니 그가 언제 구겨 넣었는지도 모르는 20달러짜리 지폐가 있었다. "다시 가서 빨간색 21번에 걸어라!"

그래서 그는 방향을 틀어서 다시 라스베이거스의 가장 가까운 카지노로 들어갔다. 그래서 룰렛 휠(Roulette wheel)로 가서 남은 돈을 빨간색 21에 걸었다. 그런데 검은색 13이 걸린 것이다. 이 불쌍한 남자는 빈털터리가 된 채 다시 돌아가면서 이렇게 말씀드렸다. "주님, 제게 빨간색 21에 걸라고 하셨잖아요?" 하늘에서 다시 음성이 나더니, "이제 정신 좀 차렸느냐!" 하는 것이었다.

당신도 교훈을 받아야 한다. 도박하지 말라. 도박을 하면, 주님께서는 모든 것을 잃게 하신 뒤 "이제 정신 좀 차렸느냐!"라고 하실 수도 있는 것이다.

이제 일어날 일은, 땅의 도면을 펼쳐 놓고 각 지파의 대표가 여호수아 앞에 나와 각 지역을 받아가는 것이다. 어떤 지역이든 제비로 걸리기만 하면 어떤 지파든 그것을 차지할 수 있었다.

여호수아 14장으로 돌아가도록 하자. 『**그들 가운데서 레위인에게는 아무 유업도 주지 아니하였더라**』(3절). 레위인들에게는 유업을 주지 않은 이유를 12:14에서 이미 살펴보았다. 주님과 성막의 희생제물들과 십일조가 레위인들의 유업이었다. 그러나 4절에 보면 왜 레위 지파가 다른 지파들처럼 땅을 유업으로 받지 못하는지 또 다른 이유를 알 수 있다.

『요셉의 자손은 두 지파 므낫세와 에프라임이었으니 그러므로 그들이 그 땅에서 레위인들에게는 오직 거할 성읍들과 그들의 가축과 그들의 소유물들을 둘 외곽 지역들 외에는 아무 몫도 주지 아니하였더라』(4절).

요셉이 한 지파를 차지하지 않고 므낫세와 에프라임의 두 지파를 가진 것이다. 요셉이 두 지파를 차지하는 것은 장자권 때문에 그가 두 배의 분량을 얻기 때문이다(대상 5:1, cf. 신 21:17, 창 48:22). 창세기 48장에서 야곱은 요셉에게 여분의 몫을 더 주는데, 이는 야곱이 자신의 첫 번째 두 아들 르우벤과 시므온 대신에(창 48:5) 요셉의 두 아들을 자신의 아들로 삼았기 때문이다. 우리는 왜 르우벤이 그의 장자권을 잃어버렸는지를 다뤘다(대상 5:1). 그러나 야곱이 시므온까지 내친 이유는 무엇인가? 그 답을 알기 위해서는 창세기 49:5-7로 가서, 시므온이 레위와 어떤 관련이 있는지를 잘 살펴야 한다.

『시므온과 레위는 형제 간이요 잔인한 도구가 그들의 거처 안에 있도다. 오 내 혼아, 너는 그들의 비밀에 들어오지 말며 그들의 모임에 참여하지 말지어다. 내 명예야, 너는 그들과 결합하지 말지어다. 이는 그들이 자기들의 분노로 사람을 죽이고 그들의 완고함으로 벽을 파 내려갔음이라. 그들의 분노가 저주를 받으리니 이는 그것이 혹독함이며, 그들의 진노가 저주를 받으리니 이는 그것이 잔인함이라. 내가 그들을 야곱 가운데서 나누며, 이스라엘 가운데서 흩으리라.』

야곱은 시므온과 레위가 그들의 누이가 강간당한 일을 복수하려고 세켐과 그의 도시를 친 사건을 말하고 있다. 창세기 34장을 읽어 보면 당시 일어난 일을 모두 알 수 있다. 그들은 증오와 복수심과 잔인한 분노로 그런 일을 자행했으며, 그래서 하나님께서는 그들을 이스라엘의 지파들 가운데서 흩으실 것이라는 것이다. 시므온 지파는 다른 지파들처럼 실제적인 유업이 없었고, 그들은 유다 지파의 유업 안에서 몇 성읍들을 가지고 있었을 뿐이다. 레위 지파가 시므온 지파보다 조금 나은 대우를 받은 것은 금송아지 사건과 바알프올 사건 때문이었고(출 32:26-28, 민 25:7-13), 레위는 다른 지파들과 공유하는 성읍들만을 가졌다.

그리스도인이 여기서 받아야 할 교훈은, 그리스도인은 자신에게 저질러진 잘못들로 인해 스스로 복수해서는 안 된다는 것이다. 신약에서 바울은 이렇게 명령했다. 『**사랑하는 자들아, 너희 스스로 복수하지 말고 진노하심에 맡기라. 기록되었으되 "원수 갚는 것은 나의 일이니 내가 갚으리라. 주가 말하노라."고 하였느니라**』(롬 12:19).

이것만 봐도 그리스도인의 신앙과 이슬람이 얼마나 다른지 알 수 있다. 예수님과 바울은 원수들에게 잘해 주고 그들을 사랑하라고 가르치셨고(눅 6:27,35, 롬 12:19-21), 복수는 하나님께 맡기라고 하였다. 마호메트는 그의 추종자들에게 가르치기를, "보복하라"(필요하다면 "피를 흘려서"), 자기가 최상이라고 생각하는 방법으로 "직접 복수하라"고 했다[수라 2:178,194; 23:9(note 1727)]. "자비로우신" 알라의 진면모가 이런 것이다. 마호메트는 자신을 놀리기만 해도 고문하고 죽였다(문서화된 증거를 원한다면 필자의 〈Will the Real "Allah" Please Stand Up?〉, pp.82, 83,113을 참고하라).

14:6 그때에 유다 자손이 길갈에 있는 여호수아에게 오니 크네스인 여푼네의 아들 칼렙이 그에게 말하기를 "당신은 주께서 하나님의 사람

모세에게 카데스바네아에서 나와 당신에 관하여 말씀하신 것을 아시
나이다.
7 내가 마흔 살이었는데 주의 종 모세가 카데스바네아로부터 그 땅을
탐지하라고 나를 보냈을 때 나는 내 마음속에 있는 대로 그에게 보
고하였나이다.
8 그럼에도 불구하고 나와 함께 갔던 내 형제들은 백성의 마음을 녹였
으나 나는 온전히 주 나의 하나님을 따랐나이다.
9 모세가 그 날 맹세하여 말하기를 '네 발로 밟고 있는 그 땅은 반드시
너와 네 자손의 영원한 유업이 되리니 이는 네가 온전히 주 나의 하
나님을 따랐음이라.' 하였나이다.
10 이제 보소서, 주께서 이 말씀을 모세에게 말씀하신 이래로 이스라엘
자손이 광야에서 방황하던 동안 주께서 말씀하신 대로 사십오 년간
을 나로 살게 하셨나이다. 이제 보소서, 오늘에 내가 팔십오 세니이
다.
11 나는 모세가 그 날 나를 보내었을 때처럼 오늘에도 여전히 강건하며
나의 힘이 그때처럼 지금도 강건하여 전쟁을 위하여 나가고 들어올
수 있나이다.
12 그러므로 이제 그 날에 주께서 말씀하신 이 산을 나에게 주소서, 거
기에는 아낙인이 있고 그 성읍들은 크고 방벽을 둘렀다는 것을 당신
도 그 날 들었거니와 만일 주께서 나와 함께하신다면 주께서 내게
말씀하신 대로 내가 그들을 쫓아내리이다." 하였더니

이 부분은 갈렙이 여호수아에게 나아와서 하나님께서 민수기 14:24,

신명기 1:36에서 그에게 약속하신 땅을 구한 일을 보여 준다. 여기서도 우리는 성경의 서술이 항상 연대기적으로 이어져 있지 않음을 알 수 있다. 12,13절을 보면 칼렙이 헤브론에 있는 아낙인들을 쫓아내고 싶어 하지만, 이 일은 여호수아 11:21,22에서 이미 일어난 일이다. 그 구절은 필리스티아인들의 성읍들을 제외하고 『**아낙인이 하나도 남아 있지 않고**』라고 말씀하는 것이다. 따라서 14장의 나머지 부분은 11:21,22의 일이 있기 전에 일어난 일을 다루고 있다.

이런 현상은 성경에서 전혀 특별할 것이 없다. 다음 장에 가면 칼렙이 드빌을 차지하는 말씀이 있는데, 이 또한 여호수아 11:21,22에서 이미 서술한 내용이다. 그러나 이 내용은 다시 재판관기 1장에 나오며, 재판관기 1장은 다음과 같이 시작한다. 『**여호수아가 죽은 후 이스라엘 자손이 주께 물어 말씀드리기를**』(판 1:1). 이런 것은 성경의 "모순"이 아니라 단지 성령님께서 보충적인 내용을 그분이 보시기에 기쁘신 곳에 넣으신 것이다. 당신은 "왜 그렇게 하셔서 사람을 혼란스럽게 하시죠?"라고 물을지도 모른다. 하나님께서 그렇게 하신 이유는, 하나님께서 하신 말씀을 거부할 변명거리를 찾는 교만한 교육받은 학자들을 덫에 걸리게 하시기 위해서다.

형제들이여, 성경은 하나님께서 덩치 큰 곰도 잡을 수 있도록 놓으신 철로 만든 덫이다. 당신이 잘못된 마음자세와 그릇된 태도로 성경에 접근하면, 주님께서는 당신이 속는 것을 "허락"하실 뿐만 아니라 당신을 속이는 일에 적극적으로 가담하신다(겔 14:1-11을 주의 깊게 읽되, 특히 9절에 주목하라).

특별히 6절에서 『**하나님의 사람**』이라는 표현을 주목하라. 이것은 이 표현이 성경에서 두 번째로 쓰이는 용례이다. 처음으로 쓰인 곳은 신명기 33:1이며, 거기서는 모세를 일컬을 때 사용했다. 그 다음에는 재판관기 13장에 나오는데, 마노아와 그의 아내에게 삼손이 태어날 것을 알리는 주의 천사를 지칭할 때 썼다(판 13:6,8). 다윗 또한 역대기하 8:14, 느헤미야 12:24,36에서 『**하나님의 사람**』이라고 불린다. 이 표현이 가장 많이 나오는 곳은 열왕기상하이며, 열왕기상에서 19회, 열왕기하에서 36회 사용된다. 구약 전체에서 그것은 하나님께서 주신 메시지를 전달하는 선지자에 대해서 사용된다.

성경의 예언에 관해 시몬 베드로는 『**하나님의 거룩한 사람들이 성령으로 감동을 받아 말한 것**』이라고 했다(벧후 1:20,21).

이 표현이 신약에서도 두 번 나오는데, 한 번은 에베소 교회의 목사인 디모데를 가리킬 때 쓰였고(딤전 6:11), 또 한 번은 성경으로 사역하는 사역자를 지칭하는 일반 용어로 쓰였다(딤후 3:17). 침례인 요한 또한 『**하나님께로부터 보내심을 받은 사람**』이라고 일컬어지지만(요 1:6), 『**하나님의 사람**』이라는 호칭을 받지는 못했고 사도들도 마찬가지였다. 그러나 신약의 두 번의 용례를 볼 때, 이 용어는 복음과 하나님의 모든 계획을 전파하는, 하나님께서 부르신 모든 설교자들에게 적용될 수 있다.

분명한 것은, 이 표현이 결코 흑마술과 식인제사(미사)로 검은 제의를 입은 바알의 제사장들(신부들)과 로마의 포도주 중독자(교황)에게는 절대로 적용될 수 없다는 사실이다. 또한 물침례로 죄들을 씻는다고 가르치는 그리스도의 교회, 곧 캠벨주의자들이나, 외국어가 아닌 가짜 방언을 주장하는 은사주의자들이나, 하나님은 사랑이시기 때문에 결코 아무도 지옥에 보내지 않으실 거라고 하면서 입에서 꿀을 떨어뜨리는 자유주의자들에게도 결코 적용할 수 없다. 그들은 사도 베드로가 거룩한 『**하나님의 사**

람들』과 대비하며 경고한 『**거짓 선지자들**』과 『**거짓 교사들**』이다(벧후 2:1). 그들은 저주받을 이단들을 비밀리에 불러들여서 주님을 부인하고 자신과 자신의 회중을 모두 저주한다(벧후 2:1,2). 그들은 "하나님의 사람들"이 아니라, "사탄의 사람들"인 것이다(고후 11:14,15).

그들이 전하는 메시지를 들어보면 금방 알 수 있다. 그들은 시체같이 영적 생명이 없는 "과장하는 말"(great swelling words)을 한다(벧후 2:18, 유 1:16). 그들은 정중한 말과 그럴듯한 언변으로 순진한 사람들의 마음을 미혹한다(롬 16:18). 그들의 메시지는 "긍정적"이다(렘 23:16,17). "모든 것이 잘될 것입니다. 지옥은 없습니다!" "당신이 행하는 선한 행위로 하늘나라에 갈 수 있습니다!" "저도 좋고 당신도 좋습니다." 이런 것들은 모두 마귀의 일꾼들이 전하는 메시지인 것이다.

7,8절은 칼렙이 민수기 13,14장에서 일어난 일을 정리한 것이다. 7절에서 "탐지하다"는 뜻의 "espy"는 "정탐하다"는 뜻의 "spy"와 같은 말이다. "점검하고 발견하다"는 뜻을 가진 단어로, 군사 용어로 치자면 "정찰하다"와 같은 뜻이다.

『**나는 내 마음속에 있는 대로 그에게 보고하였나이다**』(7절). 예수님께서는 『**이는 마음에 가득한 것을 입이 말하기 때문이라.**』(마 12:34)고 말씀하셨다. 칼렙은 올바른 마음을 소유했다. 그의 마음은 믿음으로 가득 찼으며, 그는 하나님께서 약속하신 그 땅을 차지할 수 있다고 믿었다.

『**나는 온전히 주 나의 하나님을 따랐나이다**』(8절). 칼렙이 자랑하는 것 같이 보이지만 자랑이 아니었다. 그는 단지 성경을 인용했을 뿐이다(9절, 신 1:36). 구원받지 않은 자들은 우리 거듭난 그리스도인들이 하늘나라에 갈 것을 안다고 말하면 우리를 오만하고 건방지다고 생각한다. 그러나 우리는 건방진 것이 아니라 단지 하나님의 약속을 인용하고 있을 뿐이다(요일 5:13).

『이제 보소서, 주께서 이 말씀을 모세에게 말씀하신 이래로 이스라엘 자손이 광야에서 방황하던 동안 주께서 말씀하신 대로 사십오 년간을 나로 살게 하셨나이다. 이제 보소서, 오늘에 내가 팔십오 세니이다. 나는 모세가 그 날 나를 보내었을 때처럼 오늘에도 여전히 강건하며 나의 힘이 그때처럼 지금도 강건하여 전쟁을 위하여 나가고 들어올 수 있나이다』(10, 11절). 칼렙이 부르심을 받았을 때 그의 나이 40세였다. 그러나 이제 85세가 되어 그의 인생을 향한 하나님의 목적을 성취하고 있는 것이다. 모세는 80세에 부르심을 받았고, 120세가 될 때까지 섬겼다. 당시에는 사람들이 좀 더 오래 살았지만(여호수아는 110세까지 살았다, 수 24:29), 칼렙의 이런 말은 오늘날로 치자면 60대나 70대가 된 사람이 여전히 강건하게 주님을 위해 섬기고 있다고 말하는 것과 같다.

내가 노인들에 대해서 가진 의문 하나는, 늙은 사람들이 자신의 건강이 좋은데도 왜 앉아서 놀고만 있냐는 것이다. 본 주석서를 쓰고 있는 나는 지금 92세이며, 주님께서 나에게 건강과 시력을 허락하시는 한 계속 주님을 위해 뭔가를 할 것이다. 지금은 시력이 많이 나빠지고 있지만 지금 가진 시력으로라도 할 수만 있다면 뭐든지 하며 주님을 섬길 것이다.

당신의 나이가 많다고 주님께서 당신을 쓰실 수 없다고 생각하지 말라. 주님께서는 사도 요한이 90대였을 때 그를 쓰셨고, 다니엘도 80대였을 때 그를 사용하셨다. 빌리 선데이는 75세에 루시우스 에디(Lucius

Eddy)라는 사람을 구령했고, 에디는 복음 사역에 뛰어들어 향년 87세로 죽기까지 4,000명의 사람들을 주님께로 이겨왔다.

『**이제 보소서... 주께서 말씀하신 대로 사십오 년간을 나로 살게 하셨나이다**』(10절). 얼마나 옳은 말인가! 당신은 92세인 내가 어떻게 아직도 왕성하게 활동하며 살아 있는지 아는가? 그 이유는, 주님께서 나를 살게 하셨기 때문이다. 만약 주님께서 그렇게 하지 않으셨다면, 나는 묘지의 들꽃을 피우는 비료가 되었을 것이다. 나는 이렇게 오랫동안 살 수 있었던 이유가 두 가지라고 생각한다. 하나님의 자비와 하나님의 백성의 기도가 있었기 때문이다. 괜히 경건하게 보이려는 것이 아니라, 그것이 있는 그대로의 사실이다. 만약 수많은 그리스도인들이 나를 위해서 기도하지 않았고 주님께서 나에게 자비를 베푸시지 않았다면, 나는 이미 오래 전에 관에 누웠을 것이다.

『**주께서... 나로 살게 하셨나이다.**』 하나님께서 살게 하시지 않은 사람들도 많다. 나의 동년배들은 제2차 세계대전에서 싸웠다. 이 주석서를 쓰는 지금 300명의 회중 중에 단지 2명만이 나와 같은 연배이다. 나와 교회 재정담당 위원들 중 하나인 로버트 미첼이다. 그러면 나머지 나의 동년배들은 어떻게 된 것인가? 그들은 모두 죽었다. 그들 중 많은 이들이 벌지, 이요 지마, 오키나와 등의 격전지에서 살아 돌아오지 못했다. 그들은 25세가 되기도 전에 묻혔던 것이다.

사역에 있어서 나의 동료들은 어떤가? 그들도 지금은 본향으로 가서 주님과 함께 있다. "패피" 리빌("Pappy" Reveal)도 갔다. 그는 인디애나 주의 에반스빌 구제 선교의 책임자였다. 내가 밥존스대학을 졸업하던 날 나에게 안수한 사람이 바로 그였다. 로드히버 강당에서 학위를 받아 나오는데 "패피"가 자기 차 안에 앉아 있었다. 그가 나를 부르더니 무릎을 꿇으라고 했다. 그리고는 손을 내게 얹고 기도해 주었다. 그가 죽을 때 그가 얼마나 나를 아꼈는지, 그는 자신이 손수 쓴 설교 개요로 가득 찬 노트 두 권을 내게 남겨 주었다. 주님은 그를 1959년에 본향으로 부르셨다.

나를 사역에 넣어 주었던 사람은 글렌 슝크(Glenn Schunk)인데, 그는 1978년에 죽었다. 사역에 있어서 나의 절친한 친구였던 에드먼드 디낭트(Edmund Dinant)는 회심한 깡패인데, 미시간 주 플린트에서 사역하다가 1989년에 본향으로 갔다. 나를 그리스도께로 인도한 휴 파일 목사는 2010년에 하늘나라로 갔다. 수많은 나의 동료들이 본향으로 갔는데, 왜 나는 아직 남아 있는가? "주님께서 나로 살게 하셨기 때문이다." 나는 살아 있고 건강이 허락하는 한 주님을 위해 무언가를 할 작정이다.

『**나는 모세가 그 날 나를 보내었을 때처럼 오늘에도 여전히 강건하며 나의 힘이 그때처럼 지금도 강건하여**』(11절). 칼렙은 처음 시작했을 때처럼 여전히 마지막에도 강건한 사람이었다. 그는 85세의 나이에도 40세 때처럼 강건했던 것이다. 이것이 대단한 것이 아니라고 생각한다면, 한번 시도해 보라.

전쟁은 젊은이들만 하는데, 그럴 만한 이유가 있는 것이다. 젊은이들은 스테미너와 힘과 속도와 체력이 받쳐 주기 때문에 전투에서 필요한 것이면 무엇이든지 할 수 있는 것이다. 나이가 들수록 쉽게 숨이 차고 느려지고 관절이 뻣뻣해지는 것이다. 나는 언젠가부터 "몸을 만들기" 위해 스포츠센터에 가는 것이 아니라 "유지 관리"를 위해서 가게 되었다. 그러나 칼렙은 그렇지 않았다. 그는 85세의 나이에도 거인들과 맞붙을 준비가 되어 있었다. 칼렙이 그렇게 강건할 수 있었던 이유는, 하나님께서 모세의 체력을 지켜주셨듯이(신 34:7) 그를 돌봐 주셨기 때문이다.

『**전쟁을 위하여 나가고 들어올 수 있나이다**』(11절). 칼렙은 전투에 나갔다가 안전하고 무사하게 돌아올 수 있다고 말하고 있는 것이다. 군인들이 전쟁터에 나갔을 때 항상 그대로 돌아오는 것은 아니다. 베트남, 이라크, 아프가니스탄 등에서 있었던 전쟁에 참전한 젊은이들 중 많은 이가 다리가 잘리고 팔이 날아간 상태로 돌아왔다. 그들은 휠체어에 앉아서 생활하거나, 의족이나 의수를 달기도 한다. 마른 전투에(Marne, 1914년) 참여했던 프랑스인들은 택시를 타고 갔다가 관에 실려 돌아왔다. 양키들은 밝은 노란색과 빨간색과 녹색으로 된 군복을 입고 불런 전투를(Bull Run, 1861년) 위해 행진했으나 그것 역시 "run"(도주)이었다. "조니 렙"(Johnny Reb)이 그들을 워싱턴 D.C.까지 도주하게 만든 것이다. 나폴레옹은 거대한 군대를 정렬시켜 러시아에 들어갔으나 돌아올 때는 목발을 짚고 절뚝거리고 들것에 실린 부상병들뿐이었다. 히틀러는 번개처럼 러시아로 돌격했으나 2백만 명의 사상자만 안고 돌아왔다. 전쟁에 나갔을 때처럼 돌아오지는 못하는 것이다.

『**그러므로 이제 그 날에 주께서 말씀하신 이 산을 나에게 주소서**』(12절). 성경은 『**오히려 너희는 최상의 은사들을 열망하라.**』(고전 12:31)고 말씀한다. 다른 말로 하자면, 당신이 이왕 뭔가를 주시라고 말씀드릴 것 같으면 뭔가 가치 있는 것을 구하라는 것이다. 탕자는 『**저에게 돌아올 재산의 몫을 주소서.**』(눅 15:12)라고 했다. 그는 잘못 구한 것이다. 그는 자신의 정욕에 불태우기 위해서 그것을 구한 것이다(약 4:3). 그는 먼 나라에서 그것을 모두 탕진해 버렸고, 결국 돼지나 치는 빈털터리가 되어 버렸다. 만일 하나님께 "만족할 줄 아는 경건"을 구했더라면 훨씬 좋았을 뻔했다(딤전 6:6).

헤로디아의 딸은 헤롯에게 『**침례인 요한의 머리를 쟁반에 담아 여기서 내게 주소서.**』(마 14:8)라고 함으로써 자신의 혼을 저주했다. 유다는 선임 제사장들에게 『**내가 그를 당신들에게 넘겨주리니, 나에게 무엇을 주겠나이까?**』라고 묻고 은 삼십 개에 자신의 혼을 팔아 버렸으며(마 26:15) 지옥에서 종말을 맞았다(행 1:25). 지옥에 간 부자는 "물을 달라"고 했지만(눅 16:24) 너무 늦어 버렸다. 그는 기회가 있을 때 생명수를 구했어야 했다(요 4:10,15).

당신이 이왕 주님께 무엇을 구하려고 한다면 주님을 기쁘시게 하는 뭔가를 구하도록 하라. 솔로몬은 이렇게 말했다. 『**이제 나에게 지혜와 지식을 주시어 나로 이 백성 앞에 나가고 들어오게 하소서. 이렇게 많은 주의 백성을 누가 재판할 수 있으리이까?**』(대하 1:10) 성경은 『**솔로몬이 이것을 구한 그 말이 주를 기쁘시게 한지라.**』(왕상 3:10)라고 말씀한다.

다윗은 솔로몬보다 더 주님을 기쁘시게 했다. 그는 『**주의 말씀대로 내게 명철을 주소서.**』(시 119:169)라고 했다. 단지 『**지혜와 지식**』이 아니었다. 지식(knowledge)은 어떤 사물에 대한 사실들을 아는 것이며, 지혜(wisdom)는 그 사실들을 어떻게 적절하게 쓸지를 아는 것이고, 명철(understanding)은 그 사실들과 그 사실을 사용함이 하나님과 더불어 어떤 관계를 맺는지를 이해하는 것이다. 하나님께서 당신에게 주시는 지혜와 지식을 어떻게 하면 올바로 사용할 수 있는지 알고 싶은가? 그렇게 할 수 있는 유일한 방법은 『**주의 말씀대로**』 하는 것이다.

칼렙은 올바른 것을 구했다. 그는 하나님께서 그분의 말씀으로 그에게 약속하신 바, 즉 『**그 날에 주께서 말씀하신 이 산**』을 구했다. 그리고 12절 끝을 보라. 『**주께서 나와 함께하신다면 주께서 내게 말씀하신 대로 내가 그들을 쫓아내리이다.**』 칼렙은 허풍을 떨고 있었던 것이 아니라, 하나님의 약속을 주장하고 있었던 것이다.

기도할 때 따라야 할 중요한 법칙이 바로 이것이다. 당신이 백만 달러를 구한다면, 주님께서 보시기에 그것이 당신에게 손해가 될지 아닐지에 따라 그것을 받을 수도 있고 받지 못할 수도 있다. 만일 새 차나 새 집이나 초고화질 TV나 당신의 정욕에 소진할 어떤 것을 놓고 기도한다면, 주님께서는 그것을 당신에게 주시지 않을 것이다(약 4:3). 그러나 예수 그리스도를 믿는 당신에게 약속하신 뭔가를 성경에서 발견하고 그 약속을 기도로 끈질기게 주장한다면, 당신은 주님께서 보시기에 좋을 때에 그 응답을 받게 될 것이다(눅 11:5-8; 18:1-8과 그 주석을 보라).

14:13 여호수아가 여푼네의 아들 칼렙을 축복하고 그에게 헤브론을 유업으로 주었더라.

14 그러므로 헤브론이 오늘까지 크네스인 여푼네의 아들 칼렙의 유업이 되었으니 이는 그가 이스라엘의 주 하나님을 **온전히 따랐음이라.**

15 헤브론의 이전 이름은 키럇아르바라. 아르바는 아낙인 가운데서 가장 위대한 사람이었더라. 그 땅에 전쟁이 그쳤더라.

본문은 칼렙의 유업을 다루고 있다(13,14절). 그리스도인을 위한 예표로 보자면, 그리스도인이 현 교회 시대에 예수 그리스도를 섬긴 것으로 천년왕국에서 유업을 상속받는 것과 같다(12:7의 주석을 보라). 칼렙이 유업을 받은 이유는 『**그가 이스라엘의 주 하나님을 온전히 따랐음이라.**』(14절)는 말씀에 나타난다. 므나의 비유에서(눅 19:11-27) 종들은 신실하게 섬긴 것으로 자신이 다스릴 성읍들을 받는다. 당신이 지금 예수 그리스도를 신실하게 섬긴다면 천년왕국에서 다스릴 성읍들을 받게 될 것이다. 슬프게도 대부분의 그리스도인들은 천년왕국에서 돌아다니는 개를 잡는 사람으로도 뽑히지 못할 정도로 주님을 충분히 섬기지 않고 있다.

당신은 "그들도 구원을 받았어요!"라고 말할지도 모른다. 그렇다. 하지만 그것이 전부이며, 그 후 달라진 것이 아무것도 없다. 복음을 전파하고 예수 그리스도를 증거하는 부분에 있어서 그들은 정말 하늘나라에 가는 사람들이 맞나 하는 생각이 들게 만든다. 형제들아, 그리스도인에게 구원이 전부가 아니다. 누가복음 19장에서 주인의 므나를 수건에 싸서 놓아 둔 그 종을 주인은 『**악한 종**』이라고 부르셨다(눅 19:20-22). 물론 주인의 원수들과 함께 죽지는 않았으나(눅 19:27), 그는 동료 종들과 함께 다스리지 못했다(눅 19:24-26). 그러면 그는 어떻게 되었는가? 그는 "통치자"가 되기보다는 "종"으로 남아 있었던 것이다.

우리는 12:10에서 이미 『**헤브론**』에 대해 주석을 달았다. 창세기 13:18에 처음 나오고 아낙인들의 소유였던 그 성읍의 원래 이름은 "아르바의 성읍"이란 뜻의 『**키럇아르바**』였다(15절). 아르바는 거인 아낙의 아버지였고, 이 아낙의 이름을 따라 "아낙인들"이라는 이름이 지어졌다(수 15:13;

21:11). 『**헤브론**』의 뜻은 "교제" 혹은 "신실함"이다.

그리스도인이 받아야 할 교훈은, 당신이 만약 예수 그리스도의 왕국에서 유업을 얻기 원한다면 신실해야 한다는 것이다(눅 17:10과 그 주석을 보라). 그리스도인이 신실할 수 있는 방법은 주님의 "말씀들"을 통해 주님과 "교제"를 갖는 것이다(요 15:1-7).

당신에게 한번 물어보겠다. 당신은 "하나님의 말씀들"을 가지고 있는가? 신정통주의자들이 말하는 하나님께로부터 온 "메시지"로서의 "하나님의 말씀"(the Word of God)을 말하는 것이 아니다. 또한 "신뢰할 만한 번역본"을 가지고 있냐는 뜻도 아니다. 심지어 "하나님의 보존된 말씀"(the preserved word of God)을 가지고 있냐는 것도 아니다. 나는 당신이 있는 그대로 "하나님의 말씀들"(God's words)을 가지고 있냐고 묻고 있는 것이다. 하나님께서는 그 말씀들이 "순수하다"고 하셨는데(시 12:6), 이는 그 말씀들 하나하나가(잠 30:5) 순수하다는 뜻이다. 또 그 말씀들이 "보존되어 있다"고도 하셨는데(시 12:7), 이것은 단순히 "말씀"(the word)이 보존되었다는 뜻이 아니다. "하나님의 말씀"(the word of God)은 개별적인 "말씀들"(words)로 구성되어 있다(마 4:4). 그것은 "영"이요 "생명"인 그 "말씀들"이며(요 6:63) 당신을 정결케 할 수 있는 "말씀들"이다(요 15:3,7). 당신은 그 말씀들을 가지고 있는가?

만일 "뉴"킹제임스성경을 가지고 있다면, 당신은 그것이 약 500개 정도의 『**말씀들**』을 변개했음을 알아야 한다. "뉴"ASV를 가지고 있다면, 그것은 약 36,000개의 『**말씀들**』을 망쳐 놓았음을 알아야 한다. NIV를 가지고 있다면, 그것은 64,000개의 『**말씀들**』을 망쳐 놓았음을 알아야 한다. 정도의 차이는 있지만, RV, ASV, RSV, NRSV, NEB, ESV, CEV, Good

News, 케네스 테일러의 "리빙 바이블"과 그것을 계승한 "The New Living Translation," 또 최근에 나온 "Modern English Version"도 모두 똑같이 하나님의 말씀들을 변개했다.

만일 당신이 영어를 모국어로 말하는 사람이고 하나님께서 당신이 가지기를 원하시는 하나님의 모든 말씀들을 담은 하나의 성경을 원한다면, 1611년판 〈킹제임스성경〉을 구하도록 하라. 킹제임스성경은 로마서 8:1의 하반절과 요한일서 5:7 전체를 삭제하지 않았다. 또한 골로새서 1:14에서 그리스도의 피를 제거하지 않았고, 디모데전서 3:16에서 그리스도의 신성을 제거하지도 않았다. 또 성경을 공부하고 상고하라는 명령도 고스란히 가지고 있다(딤후 2:15, 요 5:39). 사도행전 4:27,30에서 성육신의 교리를 공격하거나 누가복음 2:33에서 동정녀 탄생의 진리를 공격하지도 않는다. 킹제임스성경이야말로 하나님께서 당신이 영어로 가지기를 원하시는 모든 말씀들을 담은 성경인 것이다.

다시 헤브론을 다루자면, 헤브론은 오늘날 착취와 협박을 통해서 "웨스트뱅크"(West Bank)의 일부로 모슬렘들의 영토가 되어 버렸다. [모슬렘들은 "우리가 요구하는 땅을 주면 너희들에게 더 이상 로켓을 쏘지 않겠다."라고 했지만 거짓말이었다. 그들은 헤브론에서 이스라엘 사람들과 모슬렘들이 함께 살 때보다 헤브론을 배타적으로 차지하고 난 뒤에 "웨스트뱅크"와 "가자 스트립"으로부터 더 많은 로켓을 이스라엘에 쏘아댔다. 그뿐 아니라 "웨스트뱅크"라는 말도 뉴스 미디어가 만들어낸 거짓된 표현에 불과하다. 그 땅 15에서 30마일 이내에는 어떤 강둑(bank)도 없다.] 모슬렘들이 이런 일을 자행하는 이유는 그들이 이스마엘의 후예이며 결국 아브라함이 그들의 조상이라 생각하기 때문이고, 헤브론이 이슬람의 네 개의 "거룩한 도시들" 중 하나라고 생각하기 때문이다. 그러나 헤브론에 묻힌 것은 아브라함과 이스마엘이 아니다. "아브라함과 이삭과 야곱," 이 세 명의 "유대인" 족장들이 묻힌 것이다. 아브라함은 이스마엘의 어머니 하갈이 아니라 사라, 곧 "히브리인들"의 어머니 "사라"와 함께 묻혔다.

소위 "팔레스타인" 땅에 "유대인" 국가의 왕과 관련된 두 개의 도시, 곧 베들레헴과 헤브론이 있는데, 그 도시들이 "모슬렘"의 수중에 들어간 것이 특이하지 않은가? 모슬렘들이 원하는 대로 모두 할 수 있었다면, 그들은 유대인들의 왕께 가장 중요한 도시인 예루살렘마저도 집어삼켰을 것이다. 누군가가 왕께서 돌아오시는 것을 기뻐하지 않는 것인데(시 2:1-3), 그것이 바로 그들이 A.D. 1187년에 닫힌 예루살렘 동문을 시멘트로 막아 버린 이유이다. 그들은 "유대인들의 왕"께서 "유대인들"의 성경에 있는 에스겔 44:1-3; 46:1,2을 성취하시는 것을 막으려고 하는 것이다. 그뿐 아니라 그들은 그 "유대인들의 왕"께서 죽은 시체들로 결코 자신을 더럽히지 않을 거라고 생각하면서 그 동문 앞에 모슬렘 묘지를 만들었다.

그러나 여호와 하나님께서 그들을 얼마나 놀라게 하실지를 안다면 그들은 까무러칠 것이다. 코란이 말하는 바와 달리(수라 23:50, note 1723, 3:54; 5:75, note 724), 유대인들의 왕께서는 이미 이 땅에 오셨고, 십자가에서 죽으셨으며, 빌린 무덤에 장사되셨다가 죽은 자들로부터 부활하셨다. 그분께서는 지금 하늘에서 그분의 "아버지의" 오른편에 계신다(코란은 이것도 거짓말이라고 한다. 왜냐하면 "알라에게는 아들이 없다."라고 믿기 때문이다, 수라 3:58; 9:30; 17:39; 2:116; 72:3; 6:102; 37:152). 그 유대인들의 왕께서는 아버지께서 자신을 다시 보내셔서 예루살렘의 산에 있는 자신의 보좌에 앉게 하실 날을 기다리고 계시는데(시 2:6), 그곳에 현재 바위 사원(the Mosque of Omar)이 세워져 있다. 그런데 그분은 설상가상으로 마호메트의 "하늘을 나는 말"을 타고 돌아오실 것이다(하디스, 부카리, Vol. V, Book 58, No. 227).

그 일이 일어나면, ("웨스트뱅크"가 아니라) "유다" 출신이신 "유대인들의 왕"께서 B.C. 574년에 그분의 성경에 그렇게 하시겠다고 예언하신 것처럼 동문을 통해서 예루살렘에 들어가실 것이다. 그렇게 하실 때, 주님은 모슬렘들의 시체가 있는 묘지나 시멘트로 막은 문 따위는 염려하지 않으실 것이다. 알다시피, 그땐 이미 2억 명에 달하는 UN 군대를 짓밟아 피가 강물처럼 흐르게 하는 일을 끝마치신 상태일 것이다(계 14:14-20, 사 63:1-4). 그런 주님께서 이미 죽어서 수세기 동안 지옥에 있는 모슬렘들의 시체들을 염려하실 것 같은가? 그뿐 아니라 주님은 그 시멘트로 막은 문을 부수시지 않은 채 통과하실 수가 있다(요 20:19). 현재 모슬렘 사원이 들어선 그 언덕에 주님께서 좌정하시면, (만일 그 모슬렘 사원이 그 자리에 유대인의 성전을 세우기 위해 이미 무너뜨려진 상태가 아니라면, 살후 2:4) 주님은 그 사원을 부숴 버리실 것이며, 그곳에 보좌를 두고 모든 "팔레스타인인들"을 "그분의 영토"에서 몰아내실 것이다(슥 14:21).

예루살렘, 헤브론, 베들레헴과 나머지 소위 "팔레스타인" 땅은 다시 유대인들의 왕께 복속될 것이다. 주님께서는 그것을 그분의 백성에게 나눠 주실 것인데(겔 48장), 이때 "백성"이라 함은 모슬렘들이나 아랍인들이나 "팔레스타인"사람들이 아니다. 그날 모든 모슬렘은 알라가 아닌 주 예수 그리스도께 복종할 것이며, 만일 그렇게 하지 않으면 그분의 철장으로 머리를 얻어맞게 될 것이고(시 2:9), 그들이 복종할 때까지 그들의 땅에 비가 내리지 않을 것이다(슥 14:18). 이것이 미래의 "여호수아"께서 마호메트의 모슬렘들과 “팔레스타인”사람들에 대해 가지고 계신 계획이다.

15절의 나머지 부분에 관해서는 앞서 11:23에서 이미 설명했으니 참고하도록 하라.

여호수아 15장

우리는 이제 본격적으로 땅의 분배를 다룰 것이다. 15장부터 19장까지는 특별히 주석이 필요하지 않다. 기본적으로 어느 지파가 어떤 성읍들을 받는지를 나열해 놓았기 때문이다. 각 지파의 영토를 살펴보기 원한다면 본 주석서 끝에 첨부한 카나안 땅의 열두 지파에 관한 지도를 보면 된다.

솔직히 말해서 성경에는 그리스도인들이 읽을 때 지루하게 여기는 부분들이 있다. 여호수아 15장에서 19장까지가 그중 하나이며, 역대기상 1장에서 10장까지도 마찬가지이다. 그래서 수많은 그리스도인들이 성경을 통독하지 않는 것이다. 성경 읽기를 시작하자마자 몇 장 넘기지 않아서 첫 번째 "지뢰"인 창세기 5장의 계보를 만난다. 창세기 5장을 지나면 출애굽기 36장에서 39장까지 성막의 치수와 구조에 대한 말씀들이 기다리고 있다. 그 후에는 레위기에 수록된 제사들이 있고, 그 뒤에도 그런 부분들이 드문드문 나오는 것이다.

물론 성경에는 흥미진진한 부분들도 많이 있고 용기를 주고 위로를 주는 부분들이 수도 없이 많다. 그러나 이처럼 매우 지루한 부분들도 있는 것이다. 만약 내 말이 믿기지 않거든 에스라 2장과 느헤미야 7장을 읽어보고, 그 장들을 읽고 나서 목소리를 높여 하나님을 찬양하고 싶은지 아닌지 말해 보라. 구원받지 않은 코미디언들이 성경을 조롱하고자 할 때 그들이 단골로 찾는 부분들이 있다. 그들은 이런 식으로 말한다. "흔히 성경을 위대한 책이라고 하죠? 그렇다면 이 부분은 어떤지 한번 들어보십시오..." 그런 후 성경에서 지루하게 여겨지는 부분을 찾아 읽어 주는 것이다.

그러면 하나님께서는 왜 성경에 지루하게 보이는 본문들을 실어 놓으신 것인가? 지금부터 살펴보려는 본문은 하늘나라, 지옥, 종교, 의, 거룩한 생활, 구원이나 그런 것과는 전혀 관계가 없다. 그렇다면 왜 이런 부분을 기록해 놓으셨는가?

첫 번째로 하나님께서 하나님의 책에 이런 부분을 넣어 놓으신 이유는 당신이 하나님의 말씀들을 얼마나 귀하게 여기는지 보시기 위함이다. 성경은 말씀한다. 『**모든 성경은 하나님의 영감으로 주어진 것으로... 유익하니**』(딤후 3:16). RV(1885), ASV(1901), 로마카톨릭 듀웨이-림즈(1582)에서 암시하듯이 당신이 영감받았다고 생각하는 부분만 유익한 것이 아니다. 이런 변개된 성서들은 "하나님의 영감을 받은 성경은 모두... 유익하니"라고 번역하여 영감받지 않고 유익하지 않은 성경도 있는 것처럼 만들어 놓았다.

『**모든 성경은 하나님의 영감으로 주어진 것으로**』. 그렇다. 지루하고 재미없는 부분들도 영감으로 주어졌고 유익한 것이다. 『**하나님의 모든 말씀은 순수**』하다고 하셨다(잠 30:5). 또한 『**사람이 빵으로만 사는 것이 아니요 하나님의 입에서 나오는 모든 말씀으로 사느니라.'고 하였느니라.**』(마 4:4)고 하셨다.

대개 사람들은 이런 부분이 나오면 슬쩍 건너뛰려는 속성이 있다는 것을 나도 알고 있다. 나도 그렇게 했던 적이 있다. 그러나 성령님께서 『**하나님의 모든 말씀**』이라는 말씀으로 내게 찔림을 주셨고, 그래서 나는 성경의 "모든" 말씀을 다시 읽기 시작했다. 지루한 부분을 슬쩍 건너뛰고 대충 읽으면 『**모든 말씀**』을 읽지 않는 것이며, 그러면 성령님께서 소위 "지루한" 부분 한가운데 숨겨 놓으신 축복의 보화를 놓치게 되는 것이다.

땅의 분배를 여기에 기록한 이유는 이러한 분배가 미래의 역사 속에서 다시 일어날 것이기 때문이다. 천년왕국에서 우리가 이전에도 언급했듯이 땅을 나누실 것인데, 당신이 신실하다면 당신은 천년왕국의 유업의 일부를 받게 될 것이다. 즉 성경의 이 장들을 읽을 때 당신은 쉽게 말해서 자신의 "땅문서"(title deed)를 읽고 있는 것일 수도 있다. 그러나 읽지 않으면 어떻게 되는가? 읽지 않으면 놓치게 되는 것이다.

15:1 유다 자손의 지파가 그들의 족속대로 뽑은 제비가 이러하니, 남쪽 지경의 말단인 남쪽으로는 진 광야 에돔의 경계까지요,
2 그들의 남쪽 경계는 염해의 해변, 즉 남쪽이 바라보이는 만으로부터
3 남편으로는 마알레아크랍빔까지 이르며 진을 지나서 남편으로 카데스바네아까지 올라가서 헤스론을 지나 아달로 올라가 돌아서 칼카아

에 이르러
4 거기서부터 아스몬 쪽으로 뻗쳐 이집트 강까지 가며 그 지경이 끝나
는 곳이 바다니 이것이 너희 남쪽 지경이 되리라.
5 동쪽 경계는 염해니 요단 끝까지라. 북부에 있는 그들의 경계는 요
단의 말단에 있는 바다의 만으로부터인데
6 그 경계는 벧호글라로 올라가서 벧아라바 북쪽을 지나며 그 경계는
르우벤 자손 보한의 돌까지 올라가며
7 그 경계는 아콜 골짜기로부터 드빌을 향해 올라가 북쪽으로 향하여
강 남편에 아둠밈에 이르는 오르막 길 앞에 있는 길갈을 바라보며
그 경계는 엔세메스 물을 지나 그 끝나는 길은 엔로겔에 있으며
8 그 경계는 힌놈의 아들의 골짜기로 올라가서 여부스인의 남쪽에 이
르니 곧 예루살렘이며 그 경계는 북쪽 거인들의 골짜기 끝에 있는
서쪽 힌놈 골짜기 앞에 놓여 있는 산꼭대기에 이르고
9 그 경계는 산꼭대기로부터 넵토아 샘물까지 그어지며 에프론 산의
성읍들에까지 이르고 또 그 경계는 키랏여아림, 곧 바알라까지 그어
졌으며
10 그 경계는 서쪽 바알라로부터 세일 산까지 이르고 북편에 케살론이
있는 여아림 산의 옆을 따라 벧세메스로 내려가 팀나를 지나고
11 그 경계는 북쪽으로 에크론 편까지 나아가며 그 경계는 시크론에 그
어지고 바알라 산을 따라 얍느엘까지 나아가며 그 경계의 끝은 바다
에 이르는도다.
12 서쪽 경계는 대해와 그 해변이니라. 유다 자손이 그 족속대로 얻은
사면의 지경이 이러하니라.

유다가 지파들 중에서 유업을 받는 첫 번째 지파이다. 그 이유는 역대기상 5:2에 나와 있다.

『이는 유다가 그의 형제들보다 뛰어났으며, 그에게서 최고 치리자가 나왔으나 장자권은 요셉에게 있었음이더라.)』

창세기 44:16-34의 사건에 익숙한 사람이라면 누구나 어떻게 "유다가 자기 형제들보다 뛰어나게 되었는지" 잘 알 것이다. 르우벤과 달리(창 42:37) 유다는 스스로를 베냐민을 위한 보증으로 내세웠으며, 이는 예수 그리스도의 대속적인 죽음을 예표하는 것이다(해당 본문에 대한 창세기 주석을 보라).

유다가 유업을 받는 첫 번째 지파인 이유는 하나님께서 그분의 왕을 유다 지파로부터 선정하시기 때문이다(『**최고 치리자**』). 야곱은 메시아께서 유다 지파에서 나오실 것임을 예언했다.

『홀이 유다에게서 떠나지 않을 것이며 실로가 오실 때까지 입법자가 그의 발 사이에서 떠나지 아니하리니, 그에게 백성의 모임이 있을지어다』(창 49:10).

유다의 유업은 에돔 위에 있는 사해 남부로부터(1,2절) 남서쪽으로 『**이집트 강**』까지 이르고(4절, 『**시홀**』은 이미 13:3에서 다뤘다), 서쪽으로는 지중해 해안에 이르며(12절), 동쪽으로는 사해가 있고, 요단 강이 사해로 유입되는 곳이 북동쪽의 경계이며(5절), 북쪽으로는 벧호글라까지 이르는데 그것은 벧아라바의 북쪽에 있고, 이 벧아라바에서 예수님께서 침례를 받으셨다(3:8의 주석을 보라). 『**르우벤 자손 보한의 돌**』(the stone of Bohan the son of Reuben, 6절)은 르우벤의 "아들"을 따라 이름 붙여진 돌이며, 이 돌이 베냐민과 유다의 경계이다. 르우벤의 "아들"이라고 할 때, 그의 문자적인 아들들 중의 한 아들일 수도 있으나(창 46:6, 출 6:14) 르우벤의 자손을 말한다고 보는 것이 더 그럴 법하다.

7절의 『**드빌**』은 15절의 『**드빌**』이 아니다. 15절에 있는 드빌은 유다 산지의 칼렙의 유업의 일부인 드빌이다. 이 드빌은 아콜 골짜기의 북쪽 지방에 자리 잡고 있다(7:26에 관한 주석을 보라). 『**아둠밈**』은 여리코와 예루살렘 사이의 중간 지점에 있으며 선한 사마리아인의 비유의 배경이 되는 곳이라고들 말한다(눅 10:30-37).

3절의 『**카데스바네아**』는 물론 카나안의 최남단 성읍으로 모세가 열두 명의 정탐꾼들을 보낸 곳이기도 하다(민 32:8; 13:26). 『**마알레아크랍빔**』(3절)은 『**아크랍빔의 비탈**』을 히브리어로 음역한 단어이다(민 34:4).

이제 이 모든 지역들을 보라. 그중 하나도 "종교"나 구원과 관계있는 것이 없다. 이 지명들은 모두 성읍들과 바위들과 강들의 위치를 알려 줄 뿐이다. 당신이 성경을 믿는다고 할 때, 당신은 절대로 성경이 부처의 "삼장(三藏)"과 같은 종교적 철학이나 마호메트의 "코란"과 같은 종교적 우화와 같다고 여겨서는 안 된다. 성경을 대할 때, 우리는 역사적으로 검증이 가능한 역사적인 믿음을 다루고 있는 것이다. 주님께서는 우리가 "맹목적인 믿음"을 발휘하기를 요구하시지 않는다. 우리가 가진 믿음은 역사적인 부분들을 자세히 연구하고 탐구하여 검증할 수 있는 것이다.

8절에서 야기되는 의문은 예루살렘이 어느 지파에게 속하는가이다. 여호수아 18:28을 보라.

『**셀라와 엘렙과 여부시, 곧 예루살렘과 기브앗과 키랏으로 열네 성읍과 그 촌락들이더라. 이것이 베냐민 자손이 그 족속대로 얻은 유업이었더라.**』

창세기 44:16-34을 찾아서 읽고(실제로 이 구절들을 찾아서 관련 구절들을 읽어 보지 않으면 알 수 없음을 명심하라.), 또 여기 여호수아 15:1에 달아 놓은 주석을 읽어 보면, 유다와 베냐민이 같은 성읍에 함께 있음을 알 수 있을 것이다. 열왕기상 12장에서 르호보암 아래서 왕국이 분열되었을 때 유다 지파와 베냐민 지파는 함께했다. 8절에 따르면 예루살렘은 『**힌놈의 아들의 골짜기**』를 경계로 하여 반으로 나눠졌고, 성읍의 남쪽은 유다가, 북쪽은 베냐민이 차지했다.

『**힌놈의 아들의 골짜기**』는 신약 헬라어로는 "게헨나"이며, 이곳은 우상숭배자들이 아이들을 몰렉에게 바쳤던 곳이다(대하 28:3; 33:6, 렘 7:31; 19:2-6; 32:35). 요시야왕은 이곳을 성읍의 쓰레기장으로 만들었고(왕하 23:10), 이곳은 더럽고 구더기들이 있고 영속적으로 불타오르는 장소가 되었다. 그래서 예수님께서 이곳을 지옥을 묘사하는 것으로 말씀하신 것이다(막 9:43-48). 또한 이곳이 『**거인들의 골짜기**』와 관련된다는 사실에 주목하라. 이 골짜기는 예루살렘에서 베들레헴 아래쪽까지 이른다. 이곳은 사무엘하 5:18,22에서는 "르파임 골짜기"라고 불린다("르파임"은 "거인들"을 일컫는 히브리어 단어이다, 창 14:5).

9절의 『**기럇여아림**』은 기브온인들의 성읍들 중의 하나이다(수 9:17). 이곳은 필리스티아인들이 언약궤를 빼앗아 이스라엘에 돌려보내기 전에 그것을 두었던 장소이다(삼상 6:21; 7:1,2). 『**바알라**』라는 다른 이름으로 불리기도 한다(『**바알레**』로 쓰기도 한다, 삼하 6:2, cf. 대상 13:6). 60절에서는 이곳을 일컫는 또 다른 이름을 볼 수 있는데, 바로 『**기럇바알**』이다("바알의 성읍"). 기럇여아림은 "숲의 성읍"이라는 뜻이다(cf. 시 132:6).

『**딤나**』(10절)와 『**에크론**』(11절)은 필리스티아인들의 지경에 있다(판 14:1,

수 13:3). 『**대해**』(12절)는 성경이 지중해를 지칭할 때 쓰는 표현이다.

유다에는 『**얍느엘**』이 있고(11절), 북쪽의 납탈리 지파의 지경에도 『**얍느엘**』이 있다(수 19:33). 베들레헴도 마찬가지다. 유다에 베들레헴이 하나 있고, 스불론에도 베들레헴이 있는 것이다(수 19:15,16). 우리는 여호수아 19:15을 다룰 때 그 중요성을 설명할 것이다.

15:13 여호수아는 주께서 그에게 내린 명령대로 유다 자손 가운데서 한 몫을 여푼네의 아들 칼렙에게 주었으니 그것은 아낙의 아비 아르바의 성읍, 곧 헤브론이더라.

14 칼렙이 거기서 아낙의 자손, 곧 아낙의 세 아들 세새와 아히만과 탈매를 쫓아내었고

15 그가 거기서 드빌의 거민에게로 올라가니라. 드빌의 이름이 전에는 키랏세벨이더라.

16 칼렙이 말하기를 "키랏세벨을 쳐서 그것을 취하는 자에게 내가 내 딸 악사를 아내로 주리라." 하였더니

17 칼렙의 형제 크나스의 아들인 옷니엘이 그것을 취하므로 그가 자기 딸 악사를 그에게 아내로 주었더라.

18 그녀가 그에게 갈 때 그녀가 그를 움직여 그녀의 아비에게 밭을 구하게 하더라. 그녀가 나귀에서 내리자 칼렙이 그녀에게 말하기를 "네가 무엇을 원하느냐?" 하니

19 그녀가 대답하기를 "내게 복을 주소서. 아버지께서 나에게 남쪽 땅을 주셨으니 내게 샘물들도 주소서." 하였더니 그가 그녀에게 윗샘

들과 아랫샘들을 주었더라.

13,14절에 대해서는 여호수아 14:14,15에 대한 주석에서 이미 다뤘다. 여기서 추가적으로 알 수 있는 것은 14절에 아낙의 세 아들들의 이름이 나와 있다는 것이다. 13절에서 19절까지의 내용은 재판관기 1:10-20에 반복되며, 왜 그런가 하는 이유에 대해서는 14:6-12을 다룰 때 이미 설명했다.

15절에서 19절은 드빌을 차지하게 된 경위를 자세히 언급하고 있으며, 드빌은 11:21에도 언급되어 있다. 우리는 헤브론과 같은 성읍이 하나 이상의 이름을 가질 수 있다는 점을 이미 살펴보았다(13절). 드빌은 이름이 세 개이다. 원래 이름은 『**키랏세벨**』이었고 그 이름은 "책들의 성읍"인데 『**키랏산나**』라고도 불렸다(49절). 15,16절이 의미하는 바는 칼렙이 그 성읍을 정복하고 나서 그 이름을 바꿨다는 뜻이다. 『**드빌**』은 "성소"를 뜻한다.

칼렙은 누구든지 앞장서 드빌을 공격하고 정복하면 자신의 딸을 주겠노라고 제안한다. 이와 유사한 것을 구약에서 종종 볼 수 있다. 사울도 자신의 딸 미칼을 골리앗을 죽이는 자에게 주겠다고 제안했다(삼상 17:25). 다윗은 예루살렘에 있는 여부스인들의 요새를 차지하는 자에게 자신의 군대 대장 자리를 내걸었다(삼하 5:8).

자매들이 만약 자신의 결혼이 이런 식으로 결정된다고 한다면 어떻게 여기겠는가? 오늘날 미국에서는 이런 방식으로 결혼하지 않지만, 오래전에는 정말 아버지들이 자신의 딸들을 누구와 결혼할지 정해서 넘겨주었다. 즉 아버지가 자신의 딸을 데려와 남편이 될 사람에게 건네주고 온 것이다. 라반이 창세기 29:23에서 했던 바와 같은 것이다. 이런 방식이 여자들에게 "불공평하다"고 여긴다면, 이렇게 결혼한 것이 소위 현대인들이 말하는 "사랑에 빠져서" 결혼한 것보다 훨씬 그 결합이 오래 지속되었다는 사실을 기억하라.

내가 펜사콜라의 브렌트침례교회를 담임했을 때에 제이콥 첼리(Jacob Chelli)라는 인도인 선교사가 와서 교회의 자매들 중 몇 명에게 설교를 했다. 그는 인도에서는 여전히 정략결혼을 한다고 했다. 자매들이 그것을 비웃자 그 선교사는 미국의 이혼율이 얼마나 되냐고 물었다. 그때도 지금처럼 두 쌍 중 한 쌍이 이혼으로 갈라섰다. 인도의 이혼율은 미국에 비하면 새 발의 피에 불과했다. 자매들이 그 선교사에게 어떻게 여자가 사랑하지도 않는 남자와 결혼할 수 있냐고 물었더니, 그는 이렇게 대답했다. "결혼한 후 아내들이 자기 남편을 사랑하는 법을 배워 가는 것입니다." 다른 말로 하자면 사랑은 단지 감정이 아니라 선택이라는 것이다. 당신이 배우자에 대해 씌었던 "콩깍지"가 벗겨진다 해도 여전히 사랑할 것을 선택하면 되는 것이다.

17절에서 『**크나스의 아들인 옷니엘**』이 성경에 처음 나온다. 그는 재판관기에서 이스라엘을 구원하는 최초의 재판관으로 등장한다. 이러한 점에서 그는 예수 그리스도의 예표이다(롬 11:26). 그래서 우리가 여기서 알게 되는 것은 옷니엘이 예수 그리스도의 예표이며, 악사가 그리스도의 신부의 예표라는 사실이다. 골로새서 2:15은 예수 그리스도께서 죽으실 때 『**정사들과 권세들을 벗겨**』내셨으며 그분의 신부(엡 5:30-32)인 그분의 몸(골 2:17,19)을 위해 그들을 이기고 승리하셨다고 말씀한다.

칼렙은 결혼 선물로 그의 딸에게 『**남쪽 땅**』을 주지만(19절), 악사는 그것이 대단하다고 생각하지 않은 것 같다. 그녀는 자기 아버지에게 『**내**

게 복을 주소서.』라고 말한다. 즉 남쪽 땅 자체는 축복이 되지 않는다는 것이다. 그 땅의 기후가 건조했기 때문에 그녀는 샘들도 달라고 말한 것이며, 자연적으로 생긴 샘에서 물을 얻을 권리들을 원했던 것이다. 그래서 그는 악사에게 땅을 조금 더 준다. 하나의 대지는 샘이 있는 고지대이고(『**윗샘**』), 다른 하나는 샘이 있는 저지대였다(『**아랫샘**』).

영적인 교훈도 잊지 말라. 요한계시록 22:17, 이사야 55:1, 요한복음 7:37,38을 읽어 보라. 당신이 생수를 원한다면 하나님께 믿음으로 나아와서 그것을 값없이 얻으면 된다. 주 예수 그리스도께로 나아오면 주님은 성령님을 당신 안에 넣어주시고, 그러면 당신은 자신 안에 지하수가 샘솟는 샘을 가진 듯 『**생수**』를 누리게 되며 결코 목마르지 않게 된다(요 4:14). 옛날 찬송가의 노랫말도 있잖은가! "평생토록 나는 정결한 샘에서 나오는 물 한 모금을 먹기 원했다네. 내 속에 있는 타는 듯한 갈증을 해소할 수 있는 샘을 원했다네. 내가 그렇게 오랫동안 갈망했던 주님을 찾았다네. 예수님은 내 갈함을 해소하셨고 그 보혈로 나를 구원하셨다네."

15:20 유다 자손의 지파가 그 족속대로 얻은 유업이 이러하니라.
21 남으로 에돔 지경을 향한 유다 자손의 지파의 맨 끝 성읍들은 캅스엘과 에델과 야굴과
22 키나와 디모나와 아다다와
23 케데스와 하솔과 잇난과
24 십과 텔렘과 베알롯과
25 하솔과 하닷타와 크리욧과 헤스론 곧 하솔과

26 아맘과 세마와 몰라다와
27 하살갓다와 헤스몬과 벧팔렛과
28 하살수알과 브엘세바와 비스요다와
29 바알라와 이임과 아셈과
30 엘돌랏과 케실과 호르마와
31 시글락과 맛만나와 산산나와
32 르바옷과 실힘과 아인과 림몬이니, 모두 스물아홉 성읍과 그 촌락
들이요,
33 골짜기에는 에스타올과 소레아와 아스나와
34 사노아와 엔간님과 탑푸아와 에남과
35 야르뭇과 아둘람과 소코와 아세카와
36 사라임과 아디다임과 그데라와 그데로다임이니 열네 성읍과 그 촌
락들이요,
37 스난과 하다사와 믹달갓과
38 딜레안과 미스페와 욕드엘과
39 라키스와 보스캇과 에글론과
40 캅본과 라맘과 키들리스와
41 그데롯과 벧다곤과 나아마와 막케다니 열여섯 성읍과 그 촌락들이
요,
42 립나와 에델과 아산과
43 입타와 아스나와 네십과
44 크일라와 악십과 마레사니 아홉 성읍과 그 촌락들이요,
45 에크론과 그 고을들과 촌락들이니,

46 에크론으로부터 바다까지 아스돗 곁에 있는 모든 *성읍과* 그 촌락들
이었으며,
47 아스돗과 그 고을들과 촌락들이며 가자와 그 고을들과 촌락들이니
이집트 강과 대해와 그 경계까지더라.
48 산지는 사밀과 얏틸과 소코와
49 단나와 키럇산나 곧 드빌과
50 아납과 에스트모와 아님과
51 고센과 홀론과 길로니 열한 성읍과 그 촌락들이요,
52 아랍과 두마와 에스안과
53 야눔과 벧탑푸아와 아페카와
54 훔타와 키럇아르바, 곧 헤브론과 시올이니 아홉 성읍과 그 촌락들
이요,
55 마온과 칼멜과 십과 윳타와
56 이스르엘과 욕데암과 사노아와
57 카인과 기브아와 팀나니 열 성읍과 그 촌락들이요,
58 할훌과 벧숲과 그돌과
59 마아랏과 벧아놋과 엘테콘이니 여섯 성읍과 그 촌락들이요,
60 키럇바알, 곧 키럇여아림과 랍바니 두 성읍과 그 촌락들이라.
61 광야에는 벧아라바와 밋딘과 스카카와
62 닙산과 소금 성읍과 엔게디니 여섯 성읍과 그 촌락들이라.
63 예루살렘 거민 여부스인에 관해 말하면 유다 자손이 그들을 쫓아내
지 못하였으므로 여부스인이 오늘까지 예루살렘에서 유다 자손과
더불어 거하니라.

위의 본문은 유다 지파가 받은 유업에 포함된 성읍들을 모두 나열한 목록이다. 이 성읍들은 열세 개의 그룹으로 나뉘고, 예루살렘은 따로 맨 마지막 그룹에 포함된다.

15장의 주석을 시작할 때 언급했듯이 성령님께서 개개의 성읍들을 모두 나열하신 이유는 지금 신실하게 주님을 섬긴 것으로 천년왕국에서 이 성읍들을 다스리는 통치권을 주실 것이기 때문이다(눅 19:17-19). 성읍은 오늘날의 도시를 말한다. 전 세계 도처에 있는 도시들을 생각해 보라. 누군가가 분명히 펜사콜라, 제이, 센추리, 플로메이톤, 밀톤, 페이스, 홀트, 크레스트뷰, "투 에그," 포트 월튼 해변, 메리 에스더, 걸프 브리즈, 나바르, 스페니쉬 폴트, 베이 미넷, 모빌, 에버그린 등의 도시들을 다스릴 것이다. 오늘 주님을 신실하게 섬긴다면 당신도 다스릴 수 있다.

우리가 앞서 말했듯이 이와 같은 본문에는 특별한 주석이 필요 없다. 이 성읍들 중의 일부는 성경에 단 한 번만 언급된 것들도 있다. 우리는 이 성읍들 중에서 중요한 의미를 갖는 몇 개의 성읍들만 다루고 넘어갈 것이다.

21절에서 32절까지 첫 번째 그룹의 성읍들이 있는데, 이 성읍들은 사해 아래에 있는 에돔과 맞닿아 있는 최남단 성읍들이다. 『**케데스**』(23절)는 카데스바네아를 줄여 붙인 이름이다. 성경을 비평하려는 자들을 혼란케 하시려고 성령님께서는 본문에 "하솔"이라는 성읍을 세 개나 넣어 놓으셨다(23,25절). 『**시클락**』(31절)은 다윗 시대에는 필리스티아인들이 지배한 성읍이었고, 다윗이 사울을 피해 도망갔을 때 가드 왕이 다윗에게 준 성읍이기도 하다(삼상 27:6). 『**브엘세바**』(28절)는 이스라엘 땅 전체에서 가장 남쪽에 있는 성읍이다(판 20:1, 삼상 3:20, 삼하 3:10, 왕상 4:25, 대상 21:2).

첫 번째 그룹의 성읍들 중 가장 눈여겨볼 성읍은 『**크리욧**』이다(25절). 성경에는 크리욧이 두 개가 있는데, 하나는 유다에 있고 또 하나는 모압에 있다(렘 48:24,41, 암 2:2). 이 성읍이 중요한 이유는 유다 이스카리옷이 바로 크리욧 출신이기 때문이다. “이스카리옷”은 크리욧 사람이라는 뜻이다. 사복음서의 기록에 따르면 유다 이스카리옷만이 갈릴리 출신이 아닌 타지 출신이다. 따라서 유다 이스카리옷은 유다의 성읍 크리욧 아니면 모압의 성읍 크리욧 출신이다. 나는 유다 이스카리옷이 모압에서 왔다고 보는데, 그 이유는 예레미야 48:24,25에 보면 모압의 크리욧을 언급하면서 그것을 멸망의 아들과 연관시키기 때문이다(단 7:8; 8:9의 『**작은 뿔**』이 렘 48:25에 있음을 주목하라).

두 번째 그룹의 성읍들에서는, 삼손이 『**소레아**』와 『**에스타올**』 사이에서 자라났음을 주목하라(33절, 판 13:25; 16:31). 『**아둘람**』(35절)은 다윗이 사울로부터 도망할 때 그를 따르는 400명과 함께 굴 속에 숨었던 곳이며(삼상 22:1,2), 미카 1:15에 보면 재림과 연관된 장소이기도 하다.

첫 번째 그룹의 성읍들과(32절) 두 번째 그룹의 성읍들(36절)의 숫자가 맞지 않는 것을 알 수 있다. 이것은 시므온이 유다의 성읍들 가운데서 그의 유업을 받았기 때문인데(19:9), 따라서 21절에서 36절까지 기록된 성읍들 중 일부가 19:2-8에서도 발견되는 것이다.

세 번째 그룹의 성읍들에서는 『**미스페**』(38절)가 11:3에서 다뤘던 그 미스페가 아님을 알아야 한다. 지금 다루는 미스페는 유다의 남쪽 지방에 있는 성읍이다. 『**욕드엘**』(38절)은 “하나님께서 정복하신”의 의미이며, 후에 열왕기하 14:7에서 아마샤가 대환란 때 유대인들이 적그리스도를 피해 도망가게 될 에돔의 셀라 페트라의 바위 성읍을 『**욕드엘**』이라고 부른다.

또한 『**야르뭇**』(35절), 『**라키스**』(39절), 『**에글론**』(39절), 『**막케다**』(41절)는 여호수아 10장에 기록된 다섯 왕과의 전투와 관련된 성읍들이다. "벧엘"이 "하나님의 집"이라는 뜻이듯, 『**벧다곤**』(41절)은 "다곤의 집"이라는 뜻인데, 다곤은 필리스티아인들의 물고기 신을 말한다(판 16:23, 삼상 5:1-5).

45-47절에서는 필리스티아인들의 주요 성읍들을 언급하고 있는데, 그것은 원래 유다 지파의 유업의 일부이지만 유다 지파가 그 성읍들로 가서 그들을 몰아내지 않은 것이다. 그 결과 그들은 다윗의 통치가 끝날 때까지 줄곧 필리스티아인들과 갈등을 겪게 된다. 즉 하나님께서 유다 지파에게 하라고 하신 말씀을 무시한 것으로 인해 약 300년이 넘는 기간 동안 갈등을 겪은 것이다. 그 지역은 지금도 이스라엘에게 문젯거리가 되고 있다. 말하자면 이곳은 "가자 스트립"으로서, "팔레스타인인들"이 이스라엘의 도시들에 로켓으로 공격을 가하는 곳이 바로 이곳인 것이다. 이스라엘이 군대를 동원해 그들의 공격을 중단시키려고 하면 유럽 연합, 아랍 동맹, 유엔, "미국"이 발작을 일으킨다. 그들은 이스라엘을 도와주지도 않으면서 이스라엘이 그런 공격들을 참아 주기를 원하는 것이다.

57절에는 『**카인**』이라는 성읍이 나온다. 구약의 인물의 이름을 따라 성읍의 이름을 붙인 것이다. 특별히 이상할 것은 없다. 미국에도 사람 이름을 따라 붙인 지역명이 수두룩하다. 잭슨빌은 앤드류 잭슨 대통령을 따라 붙인 것이고, 워싱턴 D.C.는 조지 워싱턴을, 네브래스카 주의 링컨은 아브라함 링컨을, 텍사스 주의 오스틴은 텍사스 주를 식민지로 개척했던 스티븐 오스틴의 이름을 따라서, 텍사스 주 휴스턴 시는 텍사스 혁명의 지도자가 되어 멕시코를 이기고 텍사스 공화국의 초대 대통령을 지냈고 훗날 텍사스 주를 미국에 합병했던 샘 휴스턴의 이름을 따라서 붙였다. 『**카인**』이라는 성읍 이름에서 알 수 있는 사실은 심지어 카나안인들조차도 노아의 홍수 이전에 살았던 카인이 실존 인물임을 알았다는 사실이다.

몇몇 주석가들은 『**소금 성읍**』(62절)이 롯이 소돔에서 피하여 갔던 소알이라고 말한다(창 19:22,23). 신명기 34:3은 소알이 모세와 여호수아의 당대에 존재하고 있었음을 보여 준다. 『**엔게디**』는 다윗이 사울을 피해 도망갔던 장소들 중 하나이며(삼상 23:29) 역대기하 20:2에 보면 『**하사손타말**』이라는 이름으로 불리기도 했음을 알 수 있다.

무신론자들과 영지주의자들이 "성경의 모순들"을 운운할 때 이 점을 기억하라. 그들이 말하는 소위 "모순들" 중 상당수는 성경의 인물들과 장소들이 두 개의 이름을 가지거나 때로는 이름이 네 개인 경우도 있다는 사실을 이해하지 못해서 야기된 것이다. 펜사콜라는 단지 "펜사콜라"로만 불리는 것이 아니라 "다섯 개의 깃발이 있는 도시"와 "해군항공의 요람"으로도 부른다. 미국 현충일 주간에 동성연애자들이 이곳을 침입하려고 했을 때는 심지어 "게이 리베리아"로 불리기도 했다.

『**예루살렘 거민 여부스인에 관해 말하면 유다 자손이 그들을 쫓아내지 못하였으므로 여부스인이 오늘까지 예루살렘에서 유다 자손과 더불어 거하니라**』(63절). 유다 지파도 므낫세 지파처럼 그곳 거민들을 쫓아내지 못했다(13:13과 그 주석을 보라). 그들은 여부스인들을 모두 몰아내지 않았고, 그것이 후에 그들에게 엄청난 문제를 야기시켰다.

재판관기 19장을 펼쳐 보라. 왜 하나님께서 카나안 땅의 모든 족속들에 대해서 학살을 명령하셨는지 알 수 있을 것이다. 그것은, 마호메트가 자신의 종교를 강요하듯이, 카나안인들이 유대인들의 종교를 받아들이지 않기 때문에 죽이라고 명령하신 것이 아니다. 마호메트 추종자들은 그들의 종교를 수용하지 않는 자는 누구든지 죽이라는 명령을 받는다.

"그러므로 그들(즉 이슬람을 믿지 않는 '불신자들,' 수라 2:191)을 대적하여 싸우되 더 이상 불화가 없을 때까지, '그리고 오직 알라만 경배받을 때까지' 싸우라"('거룩한' 코란, 수라 2:192).

여호수아서에서 하나님께서 이스라엘 지파들에게 카나안 땅의 족속들을 제거하라고 하신 것은 마호메트 추종자들의 학살과는 다르다. 그들을 "개종시키라."는 명령은 여호수아에게 하시지도 않았다. 카나안인들은 하나님께서 소돔과 고모라를 불태워 버리도록 하신 동일한 죄들을 실행하고 있었다. 재판관기 19장에서 여부스인들은 소돔인들이 창세기 19장에서 저질렀던 그 죄를 짓고 있었다. 못 믿겠으면 직접 찾아서 창세기 19장과 재판관기 19장을 처음부터 끝까지 읽어 보라! 재판관기 19장의 여부스인들과 창세기 19장의 소돔인들 간의 유일한 차이점은, 여부스인들은 동성연애를 하면서도 이성에 대한 "성적 선호"를 완전히 잃지 않았다는 것이었다. 그들은 완전히 동성연애만 하는 자들이 아니라 "양"성애자들이었던 것이다. 그러나 재판관기 19장을 볼 때 그들이 양성애에서 동성애로 옮아가고 있었음을 알 수 있다. 하나님께서 구약에서 동성연애의 죄에 사형을 언도하신 이유는, 당신이 동성연애자들을 죽이지 않으면 그들이 당신을 죽일 것이기 때문이었다. 나는 지금 "예수님을 위해서 동성연애자를 죽이라."고 말하는 것이 아니다. 성경에 따르면, 그것은 국가가 해야 할 일이지 한 개인이 스스로의 무력으로 해야 할 일은 아니다(롬 13:3,4). 그러나 동성연애라는 더럽고도 사악한 죄를 용인하는 사회는 결국 멸망할 수밖에 없다.

동성연애자들은 그들이 퍼뜨리는 질병으로 당신을 죽이지 못한다면(출 15:26, cf. 레 18:3,22), 결국 수적으로 증가하여 당신을 대놓고 죽이는 것을 서슴지 않을 것이다. 지금은 그들이 자신들을 "용인"해 달라고 하지만, 소위 "게이 공동체"는 그리스도인들이 그들의 압력에 굴하지 않으면 그리스도인들을 죽일 수도 있다는 위협을 하고 있는 것이다. 정부가 동성연애자들의 편을 들어주고 또 동성연애자들이 정부를 장악하게 되면, 무슨 일이 일어나겠는가? 오바마, "힐러리," 민주당이 이끌고 있는 미국이 바로 지금(2014년) 이 꼴이 되고 있는 것이다. 우리는 하나님께서 소돔과 고모라를 심판하셨듯이, 또 거룩하신 하나님께서 자신의 백성 이스라엘이 죄를 지었을 때 그들을 심판하셨듯이(암 4:11, 사 3:8,9, 왕상 14:24), 이제 미국도 심판하실 것임을 알 수 있는 것이다.

여호수아 16장

16:1 요셉의 자손이 제비뽑은 것은 여리코 옆 요단으로부터 동쪽에 있는
여리코의 물까지니, 벧엘 산지를 거쳐 여리코로부터 올라가는 광야
까지 이르니,
2 벧엘로부터 루스로 나아가 아르키의 접경을 따라 아타롯에 이르고
3 서쪽으로 야블렛인의 지경까지 내려가서 아래 벧호론의 지경과 게셀
까지며 그 길의 끝은 바다더라.
4 요셉의 자손 므낫세와 에프라임이 그들의 유업을 그같이 얻었더라.

이 본문은 요셉의 두 아들 므낫세와 에프라임의 유업을 다루고 있다. 우리는 여호수아 14:4에서 어떻게 요셉이 두 배의 몫을 차지하게 되었는지를 설명했다.

에프라임의 동쪽 경계는 여리코의 샘에서 요단까지 갔다가 『**아타롯**』까지 올라간다(2절, 5절에서는 『**아타롯앗달**』이라고 불린다). 남쪽 경계는 여리코의 샘에서 『**벧엘**』(2절)까지 올라가서 서쪽으로 『**벧호론**』(위 벧호론과 아래 벧호론, 3,5절)까지 갔다가 다시 『**게셀**』로 내려온다(3절).

『**여리코의 물**』(1절)은 여리코 성읍의 쓴 물이 나오는 샘인데, 이후에 엘리사가 이 물을 치유한다(왕하 2:19-21). 『**벧엘로부터 루스**』(2절)라는 표현은 독특한데, 왜냐하면 벧엘이 곧 루스이기 때문이다(판 1:23). 그러나 창세기 28:19에서는 야곱이 돌을 베고 잠을 잤다가 하늘에 닿는 사다리의 환상을 본 장소(벧엘)와 그 장소 가까이에 있는 성읍(루스)을 구분하고 있음을 볼 수 있다.

『**아르키**』(2절)는 다윗의 참모였고, 압살롬이 반란을 일으켰을 때 이중첩자로 행동했던 후새의 출신 성읍이다(삼하 16:16). 역대기상 7:22-24에 따르면 두 개의 벧호론은 모두(3,5절) 에프라임 지파에 속하는데, 이는 에프라임의 "딸" 『**세라**』가 두 성읍을 세웠기 때문이다(대상 7:24).

16:5 에프라임 자손이 그 족속대로 얻은 경계는 이러하니라. 동편에 있는 그들 유업의 경계는 아타롯앗달에서 윗 벧호론까지였으며

6 그 경계는 바다를 향하여 북쪽에 있는 믹메다에 이르며 또 그 경계는 동쪽으로 돌아 타아낫실로에 이르며 동편으로 그곳을 지나 야노하까지라.

7 야노하로부터 아타롯과 나아랏으로 내려가서 여리코에 와서 요단으로 나아가니라.

8 그 경계는 탑푸아로부터 서편으로 카나 강에 이르며 그 끝은 바다

라. 에프라임 자손의 지파가 그 족속대로 얻은 유업이 이러하니라.
9 또 에프라임 자손을 위하여 구별한 성읍들이 므낫세 자손의 유업 가
운데 있었으니 그 모든 성읍과 그 촌락들이더라.
10 그들이 게셀에 거하는 카나안인을 쫓아내지 아니하였더라. 그리하여
카나안인이 오늘까지 에프라임 가운데 거하며 조공으로 섬기더라.

『**믹메다**』(6절)는 에프라임의 북쪽에 있는 장소이며 므낫세의 지경과 경계를 이룬다(수 17:7). 6절의 『**타아낫실로**』는 성막이 세워졌던 실로의 또 다른 이름이다(수 18:1).

『**탑푸아**』(8절)는 지역명이기도 하고 그 지역에 있는 성읍의 이름이기도 하다. 탑푸아 땅은 므낫세 지파에게 속하지만 탑푸아 성읍은 에프라임 지파에 속한다(수 17:8). 탑푸아로부터 에프라임의 북쪽 경계는 카나 강을 따라 지중해까지 이른다(8절). 여호수아 17:9에 따르면 카나 남쪽에 있는 모든 성읍들은 에프라임에 속하고, 그 강의 북쪽에 있는 성읍들은 모두 므낫세에 속한다. 탑푸아의 경우처럼 므낫세 지경 안에 있지만 실제로는 에프라임에 속한 성읍들이 있는 것이다(9절).

10절은 에프라임 지파가 게셀에서 카나안인들을 몰아내지 않음으로 불완전한 순종의 죄를 범했음을 보여 준다(13:13; 15:63의 주석을 보라). 훗날 게셀에 있는 카나안인들을 제거하실 때 하나님께서는 이방 왕을 들어서 그 일을 행하신다(왕상 9:16). 에프라임 지파도 그 일을 하지 않았고, 재판관들도 마찬가지며, 사울왕도 하지 않았고, 심지어 다윗도 이 일을 이루지 않았고 솔로몬도 하지 않았다. 정작 이 일을 이룬 사람은 파라오로, 그는 솔로몬과 결혼한 자신의 딸에게 "결혼 선물"을 주기 위해서 게셀을 치고 카나안인들을 죽인 것이다.

여기서 우리는 죄와 세상의 유혹과 싸우는 그리스도인의 영적 전쟁에 대해 교훈을 받아야 한다. 곧 죄를 대항하여 싸우고, 세속적이 되지 않도록 싸우라는 것이다. 죄와 세상에게 “원조와 편리”를 제공하지 말라. 죄와 세속적임이 당신의 삶에 자리 잡도록 하지 말라. 성령님께서 당신의 삶에 있는 우상을 알려 주시거든 완전히 부셔 버리라(고후 10:5). 그렇게 하지 않으면 그것이 계속 불쑥불쑥 튀어나와 당신을 괴롭힐 것이며, 그렇게 내버려 두면 결국에는 당신을 지배하고야 말 것이다. 끝까지 싸우는 것 외에 다른 방법이 없는 것이다.

내가 전쟁사에서 교훈을 얻은 일화들을 다른 그리스도인들도 모두 읽을 수 있으면 좋겠다. 수많은 용맹한 군인들이 정말 막강한 적군을 대항해서 싸운 기록들이 수도 없이 많다. 그러나 그들은 정작 무엇을 위해서 그렇게 싸운 것인가? 허무한 것을 위해서 싸운 것이다.

제2차 세계대전에서 독일인들은 마귀들린 정신병자를 위해 싸웠다. 당시 독일군 모두가 나치였던 것은 아니다. 그들은 대부분 조국을 위해서 싸웠을 뿐이다. 그러나 스탈린그라드 같은 곳에서 히틀러를 위해 싸웠던 용맹한 군인들이 많이 있었는데 그들은 대부분 전사하고 10명 중 1명꼴로 살아서 돌아왔다. 베트남전에서 미국 군인들은 음행하는 카톨릭교도인 존 F. 케네디를 위해서 싸운 것이다. 얼마 전에도 마르크스주의 모슬렘 대통령인 오바마를 위해서 젊은 미군 병사들은 싸우다 죽고 부상당했다. 미군 병사들은 대개 마르크스주의자도 모슬렘도 아니지만 단지 명령에 따라 싸우고 있는 것이다. 군인들은 다만 명령에 따라 싸울 뿐이다.

만약 이 땅의 군인들이 구원받지 못하고 지옥을 향해 가는 죄인을 위해서 그렇게 용맹하게 싸울 수 있다면, 그리스도인이 더 용맹하게 싸우지 못할 이유가 무엇이란 말인가? 당신의 구원의 대장께서 구원받지 못한 죄인인 국가의 통수권자보다도 못하다는 말인가? 우리의 구원의 대장께서는 가장 높으신 최고의 사령관이시다. 아니면 당신이 싸우는 영적 전쟁의 명분이 지상전의 명분보다 하찮은 것이라고 생각하는가? 구원의 대장이 누구시며 무엇을 위해 싸우는 줄 분명히 안다면, 용맹하게 싸우라!

여호수아 17장

17:1 므낫세 지파를 위하여 제비뽑은 것도 있었으니, 이는 그가 요셉의
장자였기 때문이라. 즉 므낫세의 장자요 길르앗의 아비인 마길을 위
해 뽑은 것이라. 그가 전사였으므로 길르앗과 바산을 얻었더라.
2 므낫세의 나머지 자손이 그 족속대로 제비뽑은 것도 있었으니, 곧
아비에셀의 자손과 헬렉의 자손과 아스리엘의 자손과 세겜의 자손과
헤펠의 자손과 스미다의 자손이니, 이들은 그들 족속대로 요셉의 아
들 므낫세의 남자 자손이더라.

이 구절들은 므낫세 반 지파의 유업을 소개하고 있다. 1절에서 『**길르앗**』이라는 이름이 어떻게 쓰여졌는지 보라. 길르앗이 『**전사**』라고 말할 때 그것은 그 한 사람만을 묘사한 것이 아니라 그의 이름을 따라 불린 모든 사람들에게 해당하는 묘사이다. 이런 현상을 성경에서 자주 볼 수 있는데, 족장 야곱이 아니라 이스라엘 민족을 가리키는 부분에서 반복적으로 "야곱"을 말하는 것이다(예를 들어 사 9:8; 10:21; 17:4; 27:9; 29:22; 40:27; 41:8; 43:1; 44:1,2; 48:12). 길르앗이라는 인물은 이스라엘 자손들이 길르앗과 바산을 차지하기 한참 전에 죽었다. 길르앗은 요셉의 무릎에서 컸기 때문이다(창 50:23, cf. 민 26:29). 또한 약속의 땅으로 보냈던 정탐꾼들이 악한 보고를 했기 때문에 20세가 넘은 사람 중에 카나안 땅에 들어간 사람은 여호수아와 칼렙밖에 없었다(민 14:29,30). 입다와 길르앗 거민들이 에프라임 사람들을 재판관기 12장의 전투에서 친 것을 읽어 보면 길르앗이 "전사"라는 말씀을 이해할 수 있다.

『**므낫세의 남자 자손**』(the male children of Manasseh, 2절)은 므낫세의 증손자들을 말한다. 그들의 계보는 므낫세, 마킬, 길르앗으로 이어지고, 길르앗에게 아들들이 있었는데 그들은 예에셀(여기 17:2에서는 아비에셀), 헬렉, 아스리엘, 세켐, 스미다, 헤펠이다(민 26:29-32). 카나안 땅에 정착하는 것은 다름 아닌 이 므낫세의 증손자들로 구성된 족속들이다(대상 7:15-17에는 길르앗에게 다른 아들들도 있음을 보여 주는데, 이들은 요단 동편에 정착했을 수도 있다).

성경의 분명한 "모순들"에 관해 이야기할 때에는 "아들"(son)과 "자손"(children)이라는 용어들의 사용법을 반드시 명심해야 한다. 성경은 "아들"(son)이나 "자녀"(child)라는 용어를 한 아버지의 직계 아들이나 자녀가 아닌 사람을 지칭할 때도 사용한다. 즉 손자도 될 수 있고, 증손자도 될 수 있고, 먼 훗날의 자손이 될 수도 있는 것이며, 더 나아가 사위나 양자나 그 계보에 들어온 누군가를 지칭할 수도 있는 것이다. 당신은 "그렇다면 각 경우마다 어떤 뜻으로 쓰였는지 어떻게 압니까?"라고 물을 것이다. 쉽다. 문맥을 읽어 보고, 성경을 성경으로 비교해 보면 된다. 아리송한 문제를 만났을 때, 사람일 뿐인 당신이 하나님의 말씀들을 판단하려 들지 말고 먼저 '성령님께서 성경 말씀을 그렇게 기록하신 데에는 성령님만이 아시고 내가 아직 모르는 그럴 만한 이유가 있다.'고 여겨야 하는 것이다.

이제 우리는 성경이 크게 강조하며 자주 사용하는 표현을 만나게 된다. 당신은 그것을 대수롭지 않게 여길지 모르지만 성경은 그렇지 않다. 대개 성경을 읽을 때 이런 부분들은 별 생각 없이 읽고 넘겨 버린다. 그러나 단 두 구절에서 이 표현들이 얼마나 많이 사용되는지 보라.

『요셉의 장자』

『므낫세의 장자』

『아비에셀의 자손』

『헬렉의 자손』

『아스리엘의 자손』

『세켐의 자손』

『헤펠의 자손』

『스미다의 자손』

『요셉의 아들 므낫세의 남자 자손』

주님께서는 성경 전체에서 아들들에 대해서, 자손들에 대해서, 또 태어나고 낳는 일에 대해서 끊임없이 기록해 놓으셨다. 성경에서 하나님께서 사람에게 주신 첫 번째 명령도 바로 "다산하고 번성하며 땅을 다시 채우라."였다(창 1:28). 그렇다면 왜 그런 명령을 주셨는가?

왜냐하면 누구든지 이쪽이나 저쪽으로 반드시 하나의 가족에 속하게 되어 있기 때문이다. 이 주석서를 읽고 있는 당신은 분명 둘 중 하나이다. 마귀를 아비로 둔 불순종의 자녀요 진노의 자녀이거나(엡 2:2,3, 요 8:44), 하나님의 아들이신 예수 그리스도를 믿고 썩지 않을 씨로 거듭나서 하나님을 아버지로 모신 하나님의 자녀인 것이다(벧전 1:23, 갈 3:26; 4:6). 하나님께서는 계보에 관심이 많으시다. 성경은 계보들을 다루는 데 50장 이상을 할애하고 있다. 그러면 자연스럽게 떠오르는 질문이 "당신은 어느 가족에 속하느냐?"는 것이다.

『**이는 그를 통하여 우리 둘이 한 성령으로 아버지께 나아감이라. 그러므로 이제부터 너희는 더 이상 나그네도 타국인도 아니요, 오히려 성도들과 같은 시민이며 하나님의 가족이니라**』(엡 2:18,19).

『**또다시 "내가 주를 신뢰하리라." 하시고, 또다시 "보라, 나와 하나님께서 내게 주신 자녀들이라."고 하셨느니라**』(히 2:13).

17:3 헤펠의 아들이요, 길르앗의 손자며 마킬의 증손이요, 므낫세의 현손인 슬로프핫은 아들들은 없고 딸들뿐이라. 그의 딸들의 이름은 이러하니, 말라와 노아와 호글라와 밀카와 티르사라.

4 그들이 제사장 엘르아살과 눈의 아들 여호수아와 고관들 앞에 가까이 나와서 말하기를 "주께서 모세에게 명하여 우리 형제들 가운데서 우리에게 유업을 주라고 하셨나이다." 하니 그러므로 주의 명령에 따라 그가 그들에게 그들 아비의 형제들 가운데 유업을 주었더라.

5 요단 저편에 있는 길르앗과 바산의 땅 외에 므낫세에게 열 몫이 돌

아갔으니

6 이는 므낫세의 딸들이 그의 아들들 가운데서 유업을 얻었기 때문이라. 므낫세의 나머지 아들들은 길르앗 땅을 얻었더라.

위의 본문은 민수기 27장에서 대두된 문제를 해결해 준다. 므낫세 지파의 여섯 가문이 카나안 땅의 요단 서편에 유업을 받았는데, 문제는 유업이 아버지에게서 아들에게로 간다고 할 때, 헤펠은 아들이 슬로프핫 하나밖에 없었고 슬로프핫은 아들을 갖지 못했다는 것이다. 슬로프핫에게는 딸만 다섯 있었는데, 그렇다면 헤펠의 가문에게 주어진 유업은 어떻게 되느냐는 것이다.

슬로프핫의 딸들이 이 문제를 모세에게 가져왔을 때 주님은 슬로프핫의 딸들의 요청을 받아들이셨다. 이 문제에 대한 판결이 민수기 27:8-11에 기록되어 있는데, 유업을 이어받을 아들이 없는 경우 딸도 땅을 받을 수 있다는 것이었다. 자녀들이 전혀 없는 경우는 그의 형제들이 그 땅을 받는다. 또한 유업을 남기고 죽는 사람이 "외아들"이라면 그에게 가장 가까운 친척이 그 땅을 받는다. 이 규례에서 친족 구속의 법이 나왔고(신 25:7-10), 이 법은 룻기의 중심축을 이루며 신약 구속의 예표를 보여 준다. 그래서 조금은 지루하게 보일지 모르지만 사실은 신약의 그리스도인이 받는 구원의 중요한 예표가 나와 있는 것이다.

이제 이름들을 몇 개만 살펴보도록 하자. 『**호글라**』(hoglah)는 영어로는 그렇게 좋은 어감을 가진 이름은 아니다. "호글라"라고 하면 "호그," 즉 돼지를 연상하게 되기 때문이다(물론 히브리어로 "호그"는 "자고새"를 의미한다). 여기서 볼 수 있듯이 이런 히브리어 단어를 다른 언어로 번역하면 조금 우습게 들리기도 하는 것이다. 아마 영어 이름들 중의 어떤 것도 다른 언어로 음역하면 우습게 들릴 것이다.

또한 『**노아**』라는 이름을 주목하라. 문맥을 보면 여자의 이름임을 알 수 있다. 그러나 우리는 "노아"라는 이름을 들으면 떠오르는 남자가 있다. 이처럼 어떤 이름은 남자도 여자도 쓸 수 있는 것이다. 영어에서도 "프랜시스" 하면 여자 이름으로만 쓸 것 같지 않은가? 그러나 남자 "프랜시스"도 있다(Francis Scott Key, St. Francis of Assisi). 존 F. 케네디도 친한 사람들은 대개 "잭"(Jack)이라고 불렀고 그것을 남자 이름으로만 쓸 것 같지만, 그의 아내의 이름도 "재키"(Jackie)였다. 또 "바비" 젠트리라는 여자 컨트리 가수가 있는가 하면, "바비" 리차드슨은 남자 야구 선수이다.

왜 이런 사실이 중요한지 아는가? 이 부분과 관련된 소위 유명한 "성경의 모순"이 있기 때문이다. 창세기 36:12에서는 『**팀나**』가 에서의 아들 엘리파스의 첩으로 나오는데, 역대기상 1:36에서는 엘리파스의 아들의 이름이 『**팀나**』이며, 사람들은 이것이 모순이라고 주장한다. 이 불신자들은 (자유주의자든 근본주의자든) 두 인물 모두 "팀나"라는 이름을 가졌을 수도 있다는 사실을 생각도 해 보지 못한 것이다. 한 가족 안에 동명이인이 있는 것이다. 에서의 아들 엘리파스의 첩의 이름도 팀나이고, 엘리파스의 아들의 이름도 팀나인 것이다. 이런 것도 깨우치지 못하고 모순이라고 말하는가?

언젠가 밥존스대학에 다니는 대학원생이 나에게 편지를 보낸 적이 있다. 그 편지에서 그는 킹제임스성경에 대한 나의 믿음이 "모순투성이"라고 했다. 왜냐하면 킹제임스성경에 "수많은 모순들"이 있기 때문이라는 것이다. 그 대학원생은 전미교회연합에 소속된 자유주의자가 쓴 킹제임스성경의 오류에 관한 내용을 다섯 장이나 나에게 보낸 것이다. "정통주의의 요새"라고 자처하는 "근본주의 학교"를 다니는 학생이 성경에 대해서 구원받지 않은 자유주의자와 똑같은 믿음을 가진 것이다. 그의 교수가 이 학생에게 자유주의자가 쓴 자료를 줘서 하나님의 말씀을 믿는 그의 믿음을 파괴해 버린 것이다.

나는 이 애송이 대학원생에게 "점잖고 친절하게" 답장을 썼다. 그 답장에서 나는 그의 교수가 얼마나 어리석으면 그런 초보적인 문제도 해결하지 못하냐고 꾸짖었고, 그런 어리석은 자에게 교육이라는 것을 받고 있느니 그런 학교를 때려치우고 돈 낭비하지 않는 편이 좋겠다고 했다. 내가 여기 펜사콜라성경신학원에서 가르치는 학생들 중에는 고등학교도 마치지 못한 학생이 있지만, 그 학생도 이런 문제들을 해결하는 데 전혀 어려움을 느끼지 않는다고 써서 보냈다.

나는 그 대학원생이 보낸 "모순들" 중에 네 개를 설명해 주고, 그의 교수가 나머지 "모순들"을 다음 강의에서 설명해 주지 못한다면 그런 교수는 사임하는 편이 낫다고 했다. 그런 교수는 신학대학원이 아니라 주일학교에서도 가르칠 자격이 없다. 스스로가 성경을 믿지도 않을뿐더러 성경에 많은 모순들이 있다고 생각하고, 또 그 "모순들"을 설명할 수도 없다면, 그런 자는 성경을 가르칠 자격이 없는 것이다. 열여덟 살 먹은 청년도 성경을 조금만 가르쳐 주면 이런 문제쯤은 쉽게 해결할 수 있다.

본문으로 다시 돌아가도록 하자. 므낫세는 결국 카나안 땅에서 『**열 몫**』을 받는다(5절). 남자 상속자들이 있는 다섯 족속들이 각각 한 몫을 받고, 슬로프핫의 다섯 딸들이 각자 한 몫씩 받았기 때문이다(6절).

17:7 므낫세의 지경은 아셀로부터 세겜 앞에 있는 믹메다까지며, 그 경계
는 오른편으로 따라가서 엔탑부아 거민에게까지 이르니라.
8 그때 므낫세는 탑푸아 땅을 갖게 되었으나 므낫세의 경계에 있는 탑
푸아는 에프라임 자손에게 속하였으며,
9 그 지경은 강의 남쪽 카나 강으로 내려가며 에프라임의 이 성읍들은
므낫세 성읍들 가운데 있으며 므낫세의 지경은 또한 강의 북편에 있
고 그 끝은 바다에 있더라.
10 그 남쪽은 에프라임에 속하였고 그 북쪽은 므낫세에 속하였으며 바
다가 그의 경계며 그 땅들이 북쪽에서는 아셀에서 동쪽에서는 잇사
칼에서 함께 만나니라.
11 므낫세는 잇사칼과 아셀에도 소유를 가졌으니 벧스안과 그 고을들이
요, 이블르암과 그 고을들이며 돌의 거민과 그 고을들이요, 엔돌 거
민과 그 고을들이며 타아낙 거민과 그 고을들이요, 므깃도 거민과
그 고을들이니 곧 세 지역이라.

위의 본문은 요단 서편에 있는 므낫세 지파에 속한 경계와 그 성읍들이다. 우리는 이미 16:9에서 므낫세가 그 남쪽 경계를 에프라임과 공유한다는 사실을 살펴보았다. 북쪽에서는 아셀과 잇사칼과 경계를 공유했는데(10절), 키손 강과 이스르엘 골짜기가 그 경계들이었다. 서쪽 경계는 지중해였다(10절). 에프라임처럼, 므낫세는 다른 지파들 안에 성읍들을 가지고 있었다. 아셀 지파의 경계 안에 돌(Dor)이라는 성읍이 있었고, 잇사칼 지파의 경계 안에도 벧스안, 이블르암, 엔돌, 타아낙, 므깃도를 그 소유로 가지고 있었다(11절).

성경을 읽는 그리스도인은 『**엔돌**』이 사울왕이 신접한 여인을 찾아가서 사무엘의 영을 불러올렸던 곳임을 기억할 것이다(삼상 28:7-14). 『**므깃도**』는 물론 지상 재림 때 아마겟돈 전쟁이 있을 장소이다(계 16:14-16, 슥 12:11).

17:12 므낫세 자손이 그 성읍들의 거민을 쫓아내지 못하였으므로 카나안인이 그 땅에서 거하기 원하더라.
13 이스라엘 자손이 강성하게 된 후에야 카나안인에게 조공을 부과했고 그들을 완전히 쫓아내지 아니하였더라.

이것은 요단 서편 므낫세 지파의 불완전한 순종을 보여 준다. 그들은 타협한 것이다. 카나안인들을 쫓아내지 못하자 그들에게 조공을 부과한 것이다. 그것은 모슬렘들이 한 지역을 정복했을 때 그리스도인들과 유대인들에게 부과하는 "지즈야"(jizya)라는 "인두세"와 같았다. (마호메트는 자기 자신의 아이디어로 해낸 것이 없었다. 그는 이 "지즈야"라는 인두세를 구약에서 차용했다. 이외에도 그들의 정복 전쟁을 "성전(聖戰)"이라고 부르는 것과 메카를 향해 하루에 다섯 번 절하는 것이나, 마호메트에게 복종하는 것이 곧 하나님께 복종하는 것과 같다는 가르침, 그들의 자선 행위 등은 모두 쉽게 말해서 성경을 베낀 것이다. 마호메트는 이처럼 자신만의 독특한 것을 가르치지 못하고 성경에서 그 가르침들을 모두 도용하고 왜곡하여 써먹은 것이다.) 문제는 하나님께서는 므낫세 지파에게 카나안인들에게 조공을 부과하라고 하신 적이 없다는 것이다. 그들을 제거해야만 했다. 그들에게 조공을 부과한 것은, 카나안인들이 이스라엘에게 그들의 거짓 신들과 우상 숭배의 죄악을 전염시킬 수 있는 가능성을 여전히 열어 둔 것이었을 뿐이다(신 20:17,18). 아니나 다를까 그 일이 재판관기에서 일어나고 말았다(판 1,2장).

17:14 요셉 자손이 여호수아에게 말하여 이르기를 "주께서 지금까지 나에게 이처럼 복 주시므로 내가 큰 백성이 되었는데 어찌하여 당신은 나에게 오직 한 몫, 한 분깃만 유업을 받게 하시나이까?" 하니

15 여호수아가 그들에게 대답하기를 "네가 큰 백성이 되었고 에프라임 산지가 너에게 너무 좁다면 너는 산림 지역으로 올라가서 프리스인과 거인들의 땅에서 스스로 개간하라." 하더라.

16 그때 요셉의 자손이 말하기를 "산지는 우리에게 충분하지 아니하며 골짜기 땅에 거하는 모든 카나안인, 즉 벧스안과 그 고을들에 거하는 자들과 이스르엘 골짜기에 거하는 자들은 모두 철병거를 가졌나이다." 하니

17 여호수아가 요셉의 집, 즉 에프라임과 므낫세에게 고하여 말하기를 "너는 큰 백성이요 큰 능력이 있으니 너는 한 몫만 가질 것이 아니니라.

18 그러나 산지는 네 것이 되리니 그것이 삼림이므로 너는 그것을 개간할지니 그것의 끝까지 네 것이 되리라. 그들이 철병거를 가졌고 강할지라도 네가 카나안인들을 쫓아내리라." 하니라.

1절에서 13절까지는 므낫세 지파에 대한 내용이었고, 이제는 에프라임과 므낫세 지파가 함께 여호수아에게 나아온다. 14절에서 『**요셉 자손**』이라고 한 것은 므낫세와 에프라임 지파 둘 다를 말하는 것이다(17절).

『**어찌하여 당신은 나에게 오직 한 몫, 한 분깃만 유업을 받게 하시나이까?**』(14절) 전혀 사실이 아니었다. 에프라임이 한 몫을 가졌고 므낫세도 한 몫을 가졌기 때문이다. 게다가 므낫세 지파는 요단 동편에 또 다른 몫을 가지고 있었기 때문에, 그렇다면 요셉의 자손들은 총 세 개의 몫을 가졌던 것이다.

『**내가 큰 백성이 되었는데**』(14절). 교만이 작용하고 있음을 볼 수 있다. 이는 두 지파의 수에 대해서 말한 것인데 완전히 틀린 것이다. 민수기 26장에서 시행한 조사에 따르면 므낫세는 더 적은 영토를 받았던 잇사칼이나 스불룬보다 그 수가 적었다. 에프라임은 베냐민보다 그 수가 적었으나 땅은 베냐민이 에프라임보다 더 적게 받았다.

그러면 무엇이 문제인가? 그들은 하나님께서 그들에게 주셨던 축복들에 감사하지 않았던 것이다. 그들은 『**주께서 지금까지 나에게 이처럼 복주시므로**』(14절)라고 인정했다. 여기까지는 맞는 말을 했다. 그러나 그들은 하나님께서 그들에게 유업으로 주신 땅에 대해서 말한 것이 아니었다. 그들은 그들의 소유물들, 즉 전쟁에서 거둬들인 탈취물을 언급하고 있었던 것이다. 그들은 누가복음 12:16,17의 어리석은 부자처럼 되었다. 다른 어떤 지파보다도 많은 영토를 받았음에도(어쩌면 그 영토는 다른 지파들보다 더 좋았을 수도 있다) 더 많은 것을 원했던 것이다.

물론 이 부분은 그리스도인들이 인생에서 하나님께서 자신에게 주신 것에 대해서 불평하는 것에 적용할 수 있다. 바울은 『**그리스도 안에서 천**

상에 있는 모든 영적인 복으로 우리에게 복 주신 하나님, 곧 우리 주 예수 그리스도의 아버지께서는 복되시도다.』(엡 1:3)라고 말하지만, 그들 그리스도인들이 보는 것은 "그들이 갖지 않은 것"뿐인 것이다. 그들은 풍성하게 받고 나서도 여전히 이것저것이 없다고 불평한다. 탐욕이 문제이고, 감사하지 않음이 문제이고, 만족하지 않음이 문제인 것이다.

『**내가 궁핍하므로 말하는 것이 아니니 이는 내가 어떤 처지에서도 스스로 만족하는 법을 배웠기 때문이라**』(빌 4:11).

『**너희의 생활방식에 탐욕이 없도록 하고 현재 가진 것들로 만족하라. 이는 그가 말씀하시기를 "내가 너를 떠나지 아니하고 너를 버리지 아니하리라."고 하셨음이라**』(히 13:5).

『**그러나 만족할 줄 아는 경건은 큰 이익이 되느니라**』(딤전 6:6).

『**여호수아가 그들에게 대답하기를 "네가 큰 백성이 되었고 에프라임 산지가 너에게 너무 좁다면 너는 산림 지역으로 올라가서 프리스인과 거인들의 땅에서 스스로 개간하라." 하더라**』(15절). 여호수아는 그들의 말을 그대로 사용하여 되받아쳤다. 즉 "그렇게 게으름 피우며 불평할 시간이 있으면, 나가서 정복하라! 지금까지 받은 유업이 적다면 산림 지역으로 가서 개간하여 새로운 성읍들을 세우라! 가서 거인들을 상대하라!"

16절에서 이들이 어떻게 대답하는가 보라. 『**"산지는 우리에게 충분하지 아니하며 골짜기 땅에 거하는 모든 카나안인, 즉 벧스안과 그 고을들에 거하는 자들과 이스르엘 골짜기에 거하는 자들은 모두 철병거를 가졌나이다.**』 앞서 14장의 칼렙처럼 믿음으로 하나님의 약속들을 주장하지 않고 그들은 계속 불평하며 변명을 대고 있다. "우리는 카나안인들을 몰아낼 수 없습니다. 그들은 우리보다 더 좋은 장비와 더 좋은 무기를 가졌단 말입니다!" 그 병거들은 여호수아 11장에서나 후에 재판관기 4장에서나 아무 힘도 발휘하지 못했다. 이스라엘 사람들은 철병거보다 더 나은 것을 가지고 있었다. 1장에서 주신 하나님의 약속들을 주장할 수만 있다면 하나님께서 그들의 편이셨던 것이다!

『**벧스안과 그 고을들에 거하는 자들과 이스르엘 골짜기에 거하는 자들**』(16절). 자, 그렇다면 이 지역들을 다시 잇사갈에게 주고 그가 너희보다 잘해 내는지 지켜보도록 하자.

물론 여호수아는 그렇게 말하지 않았다. 그는 그들이 행동을 취할 수 있도록 용기를 북돋아주려고 노력한다. 『**여호수아가 요셉의 집, 즉 에프라임과 므낫세에게 고하여 말하기를 "너는 큰 백성이요 큰 능력이 있으니 너는 한 몫만 가질 것이 아니니라. 그러나 산지는 네 것이 되리니...**』(17,18절) 요셉의 자손들은 믿음이 없었지만 여호수아는 그들이 카나안인들을 몰아낼 수 있다는 믿음을 가지고 있었다. 여호수아는 이렇게 말한 것이다. "그게 산이든지, 거인들이 많든지, 철병거가 있든지 아무 상관없다. 만약 너희들이 그렇게 큰 백성이고 그렇게 큰 능력이 있다면 가서 정복하면 되는 것이다!"

그리스도인에게 주는 교훈은 무엇인가? 전혀 가능성이 없어 보이고 승리가 불가능해 보일지라도 성경에는 그리스도인들이 주장하고 그에 따라 믿음으로 실행하면 승리를 쟁취하게 할 수 있는 약속들이 있는 것이다. (물론 나는 "건강과 재산"에 대해서 하는 말이 아니라, 죄와 육신과 세상과 마귀를 이기는 것에 대해서 말하고 있다.)

『그렇다면 이런 일에 대하여 우리가 무슨 말을 하리요? 하나님께서 우리를 위하신다면 누가 우리를 대적하리요?』(롬 8:31)

『그러나 이 모든 일에서 우리를 사랑하시는 그분으로 말미암아 우리가 이기는 자들보다 더 나으니라』(롬 8:37).

『그러므로 우리가 담대히 말하기를 "주는 나를 돕는 분이시니, 사람이 내게 무엇을 하든지 내가 두려워하지 아니하리라." 하노라』(히 13:6).

이 약속들을 단지 읽지만 말고, 믿고 그 믿음에 따라 뭔가를 행해야 하는 것이다. 앉아서 투덜거리며 불평만 하고 있다면 전투에서 승리할 수 없다. 일어나서 싸우라!

여호수아 18장

18:1 이스라엘 자손의 온 회중이 실로에 함께 모여서 거기에 회중의 성막
을 세웠으며, 그 땅이 그들 앞에 굴복하였더라.
2 이스라엘 자손 가운데는 아직 그들의 유업을 받지 못한 일곱 지파가
남아 있더라.
3 여호수아가 이스라엘 자손에게 말하기를 "너희는 너희 조상의 주 하
나님께서 너희에게 주신 그 땅을 차지하러 가기를 언제까지 게을리
하겠느냐?
4 지파 별로 세 사람씩 너희 가운데서 선정하라. 내가 그들을 보내리
니 그들은 일어나서 그 땅에 두루 다니며 그들의 유업대로 *지도를* 그
려 가지고 내게로 다시 오라.
5 그들은 그 땅을 일곱 부분으로 나눌지니 유다는 남쪽에 있는 그들의
지경 안에 거할 것이요, 요셉의 집은 북쪽에 있는 그들의 지경들 안

에 거할지니라.

6 그러므로 너희는 그 땅을 일곱 부분으로 그려서 이곳 내게로 그 그림을 가져올지니라. 그리하면 내가 주 우리 하나님 앞 여기서 너희를 위하여 제비를 뽑으리라.

7 레위인은 너희 가운데 몫이 없나니 이는 주의 제사장 직분이 그들의 유업임이요, 갓과 르우벤과 므낫세 반 지파는 동편에 있는 요단 건너편에서 그들의 유업을 받았으니 주의 종 모세가 그들에게 준 것이니라." 하더라.

8 그 사람들이 일어나 떠나니 여호수아가 그 땅을 그리러 가는 그 사람들에게 명하여 말하기를 "가서 그 땅을 두루 다니며 그것을 그려 가지고 내게로 다시 오면 내가 여기 실로에 있는 주 앞에서 너희를 위하여 제비를 뽑으리라." 하더라.

9 그 사람들이 가서 그 땅을 두루 다니며 그 성읍들을 일곱 부분으로 책에다 그려 가지고 실로에 있는 진중의 여호수아에게로 다시 왔더라.

10 여호수아가 주 앞에서 실로에 있는 그들을 위하여 제비를 뽑았으며 여호수아가 그 땅을 이스라엘 자손에게 그들의 구분대로 분할하였더라.

1절에서 5절은 북쪽 열 지파와 남쪽 두 지파 사이에 있었던 질투와 경쟁의 근거가 된다. 그 첫 번째가 영구적인 경배 장소로서의 성막을 어디에 둘 것인가였다.

광야에서 방황하는 동안 구름 기둥과 불 기둥이 이스라엘을 인도하며 어디에 진을 쳐야 할지를 보여 줌에 따라 이스라엘은 성막을 이곳에서 저곳으로 이동시키며 다녔다. 여호수아가 카나안 땅에 들어갔을 때, 성막은 여호수아의 본부가 있었던 길갈에 세워졌다. 그러나 전쟁이 끝나자 에프라임의 실로로 성막을 옮겼는데, 그곳 에프라임은 여호수아가 그의 유업을 얻고(19:49,50) 대제사장 엘르아살과 피느하스도 그들의 유업을 얻었던 곳이다(24:33). 성막을 때때로 이동시키기도 했지만(24:26의 설명을 보라.), 사무엘상 4장에서 필리스티아인들이 성막의 언약궤를 빼앗아 가기 전까지 성막은 주로 실로에 있었다. 홉니와 피느하스의 죄로 인해 하나님께서는 『**실로의 성막...을 떠나시고**』(시 78:60, cf. 렘 7:12; 26:6) 『**요셉의 장막을 거절하시고 에프라임 지파를 택하지 아니하**』셨다(시 78:67).

시편 78편은 『**유다 지파, 곧 그가 사랑하시는 시온 산만을 택하시어**』라며 계속 말씀을 이어간다(시 78:68). 우선 역대기상 5:2은 비록 『**장자권은 요셉에게 있었**』지만 『**유다가 그의 형제들보다 뛰어났**』다고 말씀한다. 다윗은 "유다" 지파 출신이었는데, 그는 언약궤를 다시 가져올 때 그것을 "예루살렘"으로 되가져왔다. 솔로몬은 성전을 지을 때 그것을 "예루살렘"에 지었다.

시편 132:13은 『**주께서 시온을 택하시고 그의 처소로 삼고자 하셨도다.**』라고 말씀하고, 시편 87:2은 『**주께서는 야곱의 모든 처소보다도 시온의 문들을 더 사랑하시는도다.**』라고 말씀한다. 따라서 에프라임은 "제외된" 것이다.

예수 그리스도께서 사마리아의 여인에게 말씀하실 때도 그 여인은 주님께 『**우리 조상은 이 산에서 경배를 드렸는데 당신들은 경배드려야 할**

곳이 예루살렘에 있다고 말하나이다.』(요 4:20)라고 했다. 사마리아 여인이 말한 산은 "에프라임" 산 안에 있는 그리심 산이다. 따라서 경배에 관한 에프라임과 유다 사이의 논쟁은 신약까지 이어지는 것이다. 하나님께서는 유다와 예루살렘을 세우셨고, 에프라임과 실로를 버리셨다.

북쪽 열 지파와 남쪽 두 지파를 분열시킨 두 번째 요인은 14-17장에 기록된 기본적인 땅 분배 문제이다. 땅은 기본적으로 유다와 요셉(므낫세와 에프라임)으로 나눠졌다(5절). 므낫세와 에프라임이 카나안 땅에서 한 몫을 받는다고 말한 이유는 그들이 요셉, 곧 야곱에게 속한 한 아들로 여겨졌기 때문이다.

주님께서 르호보암 통치 기간에 왕국을 나누실 때, 주님은 유다에게 한 지파를 주신다(베냐민, 이것은 유다가 창 44장에서 베냐민을 위해 자신의 목숨을 내놓은 것에 근거한다). 그리하여 유다와 베냐민 지파가 함께 "유다" 왕국을 형성하게 된다. 나머지 지파들은 야곱이 앞에 세운 요셉의 아들, 곧 에프라임과 동일시된다(창 48:20). 다음 구절들을 보라. 이사야 7:2,5,8,9, 예레미야 31:9,18,20, 에스겔 37:16,19, 호세아 5:3,5,9,11-14; 6:4,10; 11:8,12; 13:1, 슥 9:10,13. 이 모든 참조 구절들에서 "에프라임"은 바로 이곳 여호수아 18장에서 시작된 "북쪽 열 지파"를 대표하는 것으로 사용되는 것이다.

자, 르우벤과 갓과 므낫세 반 지파는 이미 요단 동편에 자기들의 유업을 받았다. 유다와 에프라임과 므낫세 지파의 나머지도 카나안 땅에서 유업을 받았다. 그러나 다른 일곱 지파는 아직껏 앞으로 나와, 남겨진 땅의 어떤 부분도 주장하지 않았다. 그래서 여호수아가 『**그 땅을 차지하러 가기를 언제까지 게을리하겠느냐?**』(3절)라고 말한 것이다. 그들은 카나안 땅을 정복했지만 그 후 실제로 그것을 차지하기 위해 아무것도 하지 않고 있었다. 그들은 하나님께서 책망하실 때까지 그저 서성이며 기다리고 있었던 것이다.

나머지 일곱 지파에서 각각 세 명씩 선정되고, 그들이 가서 "그려 온" 땅은 일곱 부분으로 나뉘어 제비뽑기를 통해 분배된다. 그 땅에 대해 "조사"한 것이 한 『책』에 기록되었고, 우리는 그 기록을 오늘날 여호수아서의 일부분으로서 가지고 있는 것이다.

18:11 베냐민 자손의 지파의 제비가 그들 족속대로 나왔으니 그들이 제비뽑은 지경은 유다 자손과 요셉 자손 사이에 나왔더라.

12 북편에 있는 그들의 경계는 요단으로부터며 그 경계는 북편으로 여리코 쪽으로 따라 올라가고 서쪽으로 산지를 넘어가서 그 끝이 벧아웬 광야에 이르니라.

13 그 경계는 거기서부터 루스로 넘어가서 남쪽으로 벧엘인 루스 편까지요, 그 경계는 아타롯아달로 내려가서 아래 벧호론 남편에 있는 산 근처까지라.

14 그 경계는 거기서 뻗어나와 남쪽 벧호론 앞에 있는 산으로부터 남향한 바다의 모퉁이를 돌아 그 끝은 유다 자손의 성읍 키럇여아림인 키럇바알에 이르렀으니 이것이 서쪽 지역이더라.

15 남쪽 지역은 키럇여아림 끝에서부터 시작하여 그 경계는 서쪽으로 나아가 넵토아 샘물까지 이르더라.

16 또 그 경계는 힌놈 아들의 골짜기 앞에 있는 산의 끝과 북쪽에 있

는 거인들의 골짜기에 있는 산의 끝까지 내려가며 힌놈의 골짜기로
내려가서 남쪽에 있는 여부시까지 이르며 또 엔로겔로 내려가
17 북쪽에서 뻗어나와 엔세메스로 나아가서 아둠밈 오르막길 맞은편에
있는 겔리롯으로 나아가 르우벤 자손 보한의 돌까지 내려가서
18 북으로 아라바 맞은편을 향하여 지나서 아라바로 내려가고
19 그 경계는 북으로 벧호글라 옆을 지나가고 그 경계의 끝은 요단 끝
남쪽에 있는 염해의 북쪽 만에 이르나니 이것이 남쪽 지경이니라.
20 요단은 동편에 있는 땅의 경계라. 이것이 베냐민 자손이 그들의 족
속대로 얻은 유업의 사면 지경이더라.
21 베냐민 자손의 지파가 그 족속대로 얻은 성읍들은 여리코와 벧호글
라와 케시스와
22 벧아라바와 스마라임과 벧엘과
23 아윔과 파라와 오프라와
24 케발함모나이와 오프니와 가바니 열두 성읍과 그 촌락들이요,
25 기브온과 라마와 브에롯과
26 미스페와 크피라와 모사와
27 레켐과 이르페엘과 타랄라와
28 셀라와 엘렙과 여부시, 곧 예루살렘과 기브앗과 키랏으로 열네 성
읍과 그 촌락들이더라. 이것이 베냐민 자손이 그 족속대로 얻은 유
업이었더라.

나머지 일곱 지파 중 처음으로 유업을 받는 것은 베냐민 지파인데, 이 베냐민 지파는 왕국이 나뉠 때 유다와 함께했다. 따라서 유다와 요셉 사

이에서는 유다가 먼저 유업을 받고, 베냐민과 또 요셉과 함께하는 나머지 지파들 사이에서는 베냐민이 먼저 유업을 받는 것이다. 베냐민은 이처럼 유다와 요셉 사이에서 "완충지대"가 된다. 왜냐하면 베냐민은 같은 어머니인 라헬에게서 태어난 요셉의 형제이며, 또 창세기 44장에서 베냐민을 구한 것은 다름 아닌 유다였기 때문이다.

베냐민 지파의 북쪽 경계는 여리코 쪽으로 올라가며 거기서 길갈로 넘어가 동쪽에 있는 요단 강까지 이른다. 서쪽으로는 벧엘 방향으로 가고 남쪽으로는 아래 벧호론의 아래 방향으로 이어진다. 『**바다의 모퉁이를 돌아**』(14절)는 지중해와 가장 가까운 베냐민의 경계에 관한 히브리어 숙어이며, "바다를 향한" 경계라는 뜻이다. 서쪽 경계는 벧호론의 남쪽이며 남쪽으로 키럇여아림까지 간다(14절, cf. 수 15:9,60). 베냐민의 남쪽 경계는 물론 유다 지파의 북쪽 경계와 맞닿아 있다(15-19절, cf. 수 15:6-9).

베냐민이 받은 성읍들 중에 가장 주목할 만한 것은 여리코이다. 여리코는 이스라엘이 카나안 땅에 들어올 때 첫 번째로 정복한 성읍이다. 물론 이것은 여호수아가 정복한 방벽을 두른 성읍 자체를 말하는 것이 아니다(6:26과 그 주석을 보라). 이것은 여리코 성읍과 관련된 촌락들을 말한 것일 것이다(28절).

22절의 『**벧엘**』은 야곱이 하늘까지 닿는 사다리의 환상을 본 곳이다(창 28:11-19). 그 뜻은 "하나님의 집"이며, 야곱이 하란에서 돌아와 하나님과의 관계를 바로잡은 곳도 바로 이곳이다(창 35:1-7). 여로보암이 북왕국에 두 금송아지를 세워 예루살렘에 있는 성전을 대적하고자 했을 때(왕상 12:28-33) 금송아지 하나를 벧엘에 세웠는데 그때부터 벧엘은 더 이상 "하나님의 집"이 되지 못했다. 단지 『**왕의 예배당**』이라고 불렸으며 하나님께서는 그곳에서 하나님의 말씀을 전파하는 것을 금하셨다(암 7:13).

여기서 얻을 수 있는 교훈은, 하나님께서 어떤 장소에 계시지 않으면 그곳은 더 이상 하나님의 집이 아니라는 것이다. 벧엘과 실로와 예루살렘 성전도 모두 마찬가지다. 하나님께서 계시지 않으면 더 이상 하나님의 집이 아니다. 이후에 어떤 목사가 교회 건물을 보고 "하나님의 성전"이라고 부르거든 이 진리를 기억하라. 교회 건물이 "하나님의 성전"으로 여겨질 수 있는 유일한 때는 그곳이 구원받은 사람들로 채워질 때이다. 왜냐하면 구원받은 사람들의 몸 자체가 성령의 전이며(고전 6:19), 그 건물에서 하나님의 말씀이 전파되고 가르쳐지기 때문이다(딤전 3:15). 그러나 그런 경우가 아니라면 하나님의 성전이라 말할 수 없다. "예배당"이나 "성소," "집회소," "성당," "강당" 등으로 부를 수는 있어도, 하나님의 집은 아닌 것이다.

24절의 『**케발함모나이**』(Chepharhaammonai)는 성경에서 세 번째로 긴 단어이다. 다음으로 긴 단어가 『**쿠산리사다임**』(Chushanrishathaim)으로, 영어로 글자 한 자가 많다(판 3:8). 그리고 성경에서 가장 긴 단어는 『**마헬살랄하스바스**』(Maher-shalal-hash-baz)로 영어로 18자이다(사 8:1).

25절의 『**기브온**』, 『**브에롯**』과, 26절의 『**크피라**』는 기브온인들에게 속했던 성읍들이다(9:17). 26절의 『**미스페**』는 벧엘과 함께 사무엘이 재판했던 성읍들 중의 하나였다(삼상 7:16).

28절의 『**셀라**』는 사울과 요나단이 최종적으로 묻혔던 장소이다(삼하 21:14). 『**기브앗**』은 "베냐민의 기브아"로도 알려졌으며(삼상 13:15,16) 사울의 고향이었다(삼상 10:26; 11:4). 예루살렘과 여부스인들에 관해서는 15:8,63에서 이미 주석한 바 있다.

여호수아 19장

19장에서 나머지 여섯 지파가 모두 유업을 분배받는다. 이 지파들은 북쪽 요셉의 지파들과 관련이 있다(18:11에 관한 주석을 보라). 시므온 지파의 유업이 1절에서 9절까지, 스불룬 지파의 유업이 10절에서 16절까지, 잇사칼 지파의 유업이 17절에서 23절까지, 아셀 지파의 유업이 24절에서 31절까지, 납탈리 지파의 유업이 32절에서 39절까지, 마지막으로 단 지파의 유업이 40절에서 48절까지 나와 있다.

19:1 두 번째 제비는 시므온에게, 곧 시므온 자손의 지파를 위하여 그 족속대로 나왔으며 그들의 유업은 유다 자손의 유업 안에 있더라.
2 그들이 그들의 유업으로 가진 것은 브엘세바 혹은 세바와 몰라다와
3 하살수알과 발라와 아셈과

4 엘돌랏과 브둘과 호르마와

5 시글락과 벧말가봇과 하살수사와

6 벧르바옷과 사루헨이니 열세 성읍과 그 촌락들이요,

7 아인과 림몬과 에델과 아산이니, 네 성읍과 그 촌락들이며

8 또 남쪽의 라맛과 바알랏브엘까지 이 성읍들 주위에 있는 모든 촌락들이라. 이것이 시므온 자손의 지파가 그들 족속대로 받은 유업이더라.

9 시므온 자손의 유업은 유다 자손의 분깃에서 취하였으니, 이는 유다 자손의 몫이 그들에게 너무 많음이더라. 그러므로 시므온 자손이 유다 지파의 유업 안에서 그들의 유업을 얻으니라.

시므온은 다른 지파에서 분리된 영토를 유업으로 받지 못하고 유다 지파의 영토 안에서 성읍들을 받았다. 우리는 그 이유를 여호수아 14:4에서 이미 한 번 설명했었다. 시므온 지파가 카나안 땅에 들어가고 나서는 유다 지파에 의해 삼킨 바 되었고, 그 이후에는 시므온에 대한 특별한 언급을 성경에서 찾을 수가 없다.

시므온이 다윗의 통치 기간 중에 유일하게 "두각을 나타낸" 것은, 그들에게 『**힘센 용사가 칠천백 명**』 있었다는 것이었다(대상 12:25). 역대기상 4:24-43이 그들의 업적들 가운데 얼마를 보여 주는데, 특히 역대기상 4:39-41에서 히스키야왕의 통치 기간 동안에 그들 중 일부가 유다에 속한 성읍인(수 15:58) 『**그돌의 어귀**』에 살았던 함족의 초장을 차지한 사건을 볼 수 있다. 또한 비슷한 시기에 그들 가운데 500명이 에돔에 있는 세일 산으로 내려가 사울이 사무엘상 15장에서 도망치게 했던 아말렉인들의 후손들을 죽이고 그들 대신 그 성읍들에서 살았다(대상 4:42,43).

이런 일들은 북왕국이 앗시리아에 포로로 사로잡혀 간 기간 동안 일어났을 것이다. 물론 시므온은 르호보암 아래서 왕국이 나뉘었을 때 북쪽 지파들과 함께했고, 시므온은 당시 북왕국 이스라엘에 성읍들을 가지고 있었다(대하 34:6). 그래서 앗시리아의 침입을 피하고 앗시리아의 통치 아래 살기 원하지 않았던 시므온 지파 사람들은 자연스럽게 "옛 고향 땅"으로 돌아가고자 했던 것이다.

카나안 땅에서의 이러한 지파들의 이동은 몇 구절 더 가서 스불룬 지파를 다룰 때 중요하다. 카나안 땅에서의 이스라엘의 역사를 살펴보면, 지파들 중의 일부는 여호수아가 그들에게 분할해 준 영토에 머물러 있지 않았다는 사실을 알 수 있다(단 지파가 좋은 예이다). 어떤 이들은 다른 지파들의 영토에 들어가서 그 지파들이 아무런 조치를 취하지 않은 성읍들을 차지하는 것이다.

좋은 예가 5절에 나와 있는 『**시클락**』이다. 시클락은 원래 유다 지파에게 주신 성읍인데, 여기 본문에서는 유다 영토에서 시므온 지파에게 주신 성읍들 중 하나로 나와 있다. 다윗 때에는 그것이 필리스티아인들의 지배 아래 있었다가, 그들이 그것을 다윗에게 주자(삼상 27:6) 다시 유다의 통제 아래로 들어가게 된다. 시므온 지파 사람들은 필리스티아인들을 몰아내지 못했거나 그것을 필리스티아인들에게 빼앗겼거나 둘 중의 하나인 것인데, 어쨌든 시므온 지파 사람들은 시클락을 잃어버렸던 것이다.

『**그들이 그들의 유업으로 가진 것은 브엘세바 혹은 세바와 몰라다와**』(2절). 이 구절도 기독교대학들과 신학대학원에 포진해 있는 모든 배교자들이 성경을 믿는 믿음을 파괴시키기 위해 자주 들먹거리는 킹제임스성경의 "오류"이다. 킹제임스성경의 어떤 판들에는 "그리고 세바"(AND Sheba)라고 되어 있고, 어떤 판들에는 "혹은 세바"(OR Sheba)라고 되어 있기 때문이다.

그들은 그것을 "엄청난" 오류라고 생각한다. 그렇게 말하는 자들이 요한복음 1:18을 변개하여 두 신들을 만들고, 누가복음 23:42과 사도행전 9:6에서는 죄인들의 고백에서 예수님의 신성을 제거했으며, 디모데전서 3:16과 요한일서 5:7에서는 그리스도의 신성과 삼위일체에 관한 가장 명확한 구절들을 삭제한 것인데, 실로 적반하장도 유분수가 아닐 수 없다. 그들은 성경을 변질시켜 그들 자신의 무지함에 맞추고, 성경에서 단어, 구, 절 전체를 삭제해 놓고서도, 킹제임스성경의 "or"과 "and"에 관해 불평하는 것이다. 위선자도 이런 위선자들이 없다.

혹자는 "럭크만 형제님, 그렇다고 'or'과 'and'가 둘 다 맞을 수는 없잖습니까?"라고 말할지도 모른다. 당신은 "중언법"(hendiadys)도 못 들어봤는가? 중언법은 하나의 개념을 설명하기 위해 접속사 "and"로 두 단어를 사용하여 표현하는 수사법이다. 일례로 디도서 2:13에 보면, 『**위대한 하나님이신 우리 구주 예수 그리스도**』(the great God and our Saviour Jesus Christ)라는 표현이 있다. 여기서도 "and"로 연결한 단어는 서로 다른 두 가지 대상을 말하는 것이 아니다. 휴거 때 신격을 구성하는 두 분, 곧 "위대한 하나님"과 "우리 구주 예수 그리스도" 두 분이 나타나실 것이라는 뜻이 아니다. 그것은 우리 구주 예수 그리스도가 바로 위대한 하나님이시며, 주님의 영광스러운 나타나심이 우리의 복된 소망임을 말씀하고 있는 것이다.

2절에서도 마찬가지다. 『**세바**』는 『**브엘세바**』를 줄여 부르는 말이다.

그래서 "브엘세바 혹은 세바"가 되어도 맞고, "and"를 사용하여 "브엘세바 곧 세바"라고 해도 옳은 것이다(후자가 중언법이며, 두 이름이 모두 한 성읍을 일컫는다). 배교자들은 그들이 만들어낸 변개된 성서들도 "중요한 교리에는 그 어떤 영향도 주지 않는다."라고 말하지만, 그들이 변개한 성서들은 모두 믿음의 근본 사항을 공격한다. 이런 위선적인 자들이 이 구절을 보고 "오류"라고 말하고 있는 것이다.

19:10 세 번째 제비는 스불룬 자손을 위하여 그 족속대로 나왔으니 그들 유업의 경계는 사릿까지 이르렀으며
11 그들의 경계는 바다와 마랄라로 올라가서 답바셋에 다다르고 욕느암 앞 강에 다다르며
12 동편 사릿으로부터 돌아 해 뜨는 편을 향하여 키슬롯다볼의 경계에 이르고 다브랏으로 나가서 야피아로 올라가서
13 거기서부터 동쪽으로 깃타헤벨을 지나 잇타카신에 이르며 렘몬메도아로 나온 길은 네아까지 가며
14 그 경계는 북편으로 돌아 한나돈에 이르며 그 끝은 입다엘 골짜기더라.
15 또 카탓과 나할랄과 심론과 이달라와 베들레헴이니 모두 열두 성읍과 그 촌락들이더라.
16 이것이 스불룬 자손이 그들 족속대로 받은 유업이니 이 성읍들과 그 촌락들이라.

우리는 여기서 스불룬의 유업을 볼 수 있는데, 문제가 있다. 카나안 땅에서 이스라엘 열두 지파의 위치를 보여 주는 일반적인 성경 지도를 보면, 스불룬의 서쪽에는 아셀이 있고, 남쪽에는 므낫세가, 동쪽에는 잇사칼이, 북쪽에는 납탈리가 있어 다른 지파들로 둘러싸여 있는 영토임을 알 수 있다. 그러면 당신은 물을 것이다. “그래서요? 뭐가 문제죠?” 그렇다면 창세기 49:13을 보라. 『**스불룬은 바다의 항구에 거하며 그는 배들의 항구가 되리라. 그의 지경은 시돈까지로다.**』

그러나 여호수아 19장에서 말하는 스불룬의 지경은 그렇지 않다. 시돈에 이르기까지 북쪽 해안과 맞닿은 성읍들을 차지한 것은 아셀 지파이다(28,29절, cf. 판 1:31). 드보라는 『**아셀은 계속해서 바닷가에 있고**』라고 했다(판 5:17). 지중해에 있는 므낫세와 경계를 이루는 것은 스불룬의 영토가 아니라 아셀의 영토인 것이다(수 17:7-10).

이 문제를 풀기 위해서 우리는 “히브리어”나 예수 그리스도 탄생 200년 후에 기록된 헬라어 “칠십인역”을 찾지 않을 것이다. 『**배들의 항구**』라는 표현은 델리취가 말하듯이 “배들이 항구를 찾는 멀리 있는 항구 도시에 접근하는 통로”가 아니다. 『**배들의 항구**』는 성경 본문에서 말씀하는 대로 배들의 항구일 뿐이다.

당신은 내 말이 무슨 뜻인지 알 것이다. 성경(AV 1611)과 그리스도인 학자의 의견 사이에서 선택해야 할 때, 나는 항상 자아 중심적이고 교만한 학자들의 의견을 버리고 성경을 택한다(그 학자들이 얼마나 “선하고” “경건하든지” 상관없다). 히브리어에 전문가라고 해서 성경에 대해 온전한 믿음을 가지는 것은 아니다. 예수님께서 지상에서 사셨을 때 바리새인들과 사두개인들도 히브리어를 모국어로 사용하는 사람들이었지만, 히브리어 성경이 주 예수 그리스도에 관해서 말씀한 진리들을 하나도 믿지 않았던 것이다. 성경의 언어들을 통달했다고 해서 그것이 정직과 상식을 대체할 수 없으며 앞으로도 그럴 것이다.

그렇다면 스불론이 『**바다의 항구**』에 있었다는 점에 대해 성경이 옳고 히브리어 학자들이 틀렸다는 증거가 무엇인가? 요세푸스는 스불론의 동쪽 경계가 갈릴리 바다 남쪽에 있었으며 그 서쪽 경계는 칼멜 산에서 가까운 지중해라고 말한다(Antiquities of the Jews, Book V, Chapter 1, Paragraph 22). 그렇게 되면 스불론에는 『**배들의 항구**』가 두 곳이 된다. 그렇다면 우리는 11절에서 15절까지 기록된 성읍들의 위치에 대해 고고학자들이 "잘못" 알고 있는 분명한 경우를 다루고 있는 것이다.

예를 들어 15절의 『**나할랄**』을 보라. 학자들은 『**나할랄**』(Nahallal)과 재판관기 1:30의 『**나할롤**』(Nahalol)이 같은 히브리어 단어인데 킹제임스성경이 철자를 다르게 옮겼다고 불평하면서도, 이 성읍의 위치를 잇사칼의 경계 가까이 동쪽으로 둔다. 그런데 이런 주장은 이 성읍이 심론과 베들레헴처럼 서쪽에 있는 성읍들과 함께 묶여서 언급되는 성경의 문맥을 완전히 무시한 것이다. 〈유대인 백과사전, Jewish Encyclopedia〉은 나할랄의 위치를 잇사칼의 경계에서 떨어진 나사렛의 남서쪽으로 둔다. 옥스퍼드 성경지도는 나할랄의 위치를 칼멜의 북쪽 키손 강 입구에 둠으로써 스불론에게 『**바다의 항구**』를 할당한다(Oxford Bible Atlas, 1989, p.61). 〈유대인 백과사전〉은 심지어 스불론의 무덤이 시돈 바깥에 있었다고 말한다. 즉 누군가가 창세기 49:13의 야곱의 예언을 진지하게 받아들였던 것이다.

그러면 스불론의 서쪽 경계는 어떻게 된 것인가? 우리가 앞에서 살펴봤듯이 지파들 간의 경계가 항상 분명했던 것은 아니다. 에프라임이나 므낫세 같은 지파들은 다른 지파들 안에 있는 성읍들을 소유하고 있었다. 여호수아 19장 본문에는 기록되어 있지 않지만 그 본문도 유사한 경우일 수 있다. 아셀은 해안에 있는 성읍들 중 네 곳, 즉 악코, 시돈, 알랍, 악십에 살았던 거민들을 쫓아내지 않았다(판 1:31). 스불룬은 다윗의 통치 기간에 가장 큰 군대를 가지고 있었고(대상 12:33,36), 창세기 49:13을 문자적으로 받아들이는 학자들은 그 구절이 다윗과 솔로몬의 통치 기간에 성취되었다고 믿는다(cf. 왕상 4:21).

북쪽 지파들이 포로로 끌려갔을 때, 스불룬은 그 땅에 여전히 상당수가 남아 있었으며(대하 30:10,11,18), 스불룬 지파는 예수님의 초림에 관한 예언에서 현저하게 두드러진다(사 9:1, cf. 마 4:13-15). 예수 그리스도께서 지상에서 사역하실 때, 투로와 시돈 출신의 유대인들이 주님의 말씀을 들으려고 왔는데(눅 6:17), 만일 우리가 야곱이 한 말을 있는 그대로 믿는다면, 그 유대인들은 의심의 여지없이 스불룬 지파와 관련이 있었다. 우리는 킹제임스성경의 본문이 말씀하시는 그대로 믿고 히브리어 학자들이 뭐라고 하든지 자기들끼리 놀도록 내버려 둘 것이다. 히브리어나 헬라어 문법과 구문론을 가지고 장난치지 않고 킹제임스성경을 있는 그대로 믿으면 더 많은 진리를 발견할 수 있는 것이다(〈썩지 않을 면류관〉, 말씀보존학회, pp.212,213).

스불룬에 관한 본문을 넘어가기 전에 몇 가지 주목해야 할 부분들이 있다. 먼저 13절에 있는 『**깃타헤펠**』이다. 이 성읍은 열왕기하 14:25의 『**가드헤펠**』과 같은 성읍으로, 요나의 고향이기도 하다. 당신은 왜 이 사실이 중요한지 아는가? 왜냐하면 요한복음 7장에서 바리새인들과 사두개인들이 예수님께서 모세와 같은 선지자이신가에 관해서 논쟁할 때(신 18:15),

그들은 니코데모에게 『**갈릴리에서는 어떤 선지자도 나오지 않는다고 했으니 찾아보라.**』(요 7:52)고 했기 때문이다.

그렇다. "우리는 찾아보았다!" 유대인 지도자들은 『**찾아보라.**』는 말만 하고는 모두 집으로 돌아가 버렸지만(요 7:53) 우리는 찾아보았다. 요나는 갈릴리 출신의 선지자였다. 왜냐하면 가드헤펠이 갈릴리 안에 있기 때문이다. 예수 그리스도께서 그분 자신을 선지자로서 말씀하실 때, 자신을 누구와 비교하신 줄 아는가? 바로 갈릴리 출신의 선지자 요나이다! 요나는 그리스도의 죽으심과 장사되심과 부활을 예표한다(마 12:39,40).

두 번째로 눈여겨볼 것은 15절의 『**베들레헴**』이다. 이 베들레헴은 유다에 있는 베들레헴이 아니라 북쪽의 스불룬의 영토 안에 있는 베들레헴이다. 그렇다면 이 사실이 왜 중요한 것인가? 왜냐하면 성경의 예언의 정확성을 알 수 있기 때문이다. 성경은 예언을 할 때 귀에 걸면 귀고리 코에 걸면 코고리 식으로 일반적인 사실들을 말하여 독자가 어떻게 적용해도 되도록 예언하지 않는다. 진 딕슨이나 노스트라다무스가 그런 식으로 말한 뒤에 예언을 했다고 속인 것이다. 성경의 예언은 매우 정확하다. 성경은 한 사람이 태어나기 200년 전에 그 사람의 이름을 명시해 놓은 책이다(왕상 13:2, cf. 왕하 23:16, 사 44:28-45:1, cf. 에스라 1:1-4). 예수님께서 탄생하실 성읍에 대해서도 미카 5:2에서 어떻게 말씀하셨는가 보라. 『**그러나 너 베들레헴 에프라타야, 네가 비록 유다의 수천 가운데서 작을지라도 이스라엘을 통치할 자가 너로부터 내게로 나오리라. 그의 나오심은 예로부터요, 영원부터였느니라.**』

성령님께서는 예수님께서 어떤 성읍에서 태어나실지 말씀하셨을 뿐만 아니라 그 성읍이 어느 지방에 있는지도 명시하셔서 같은 이름의 다른 성읍과 헷갈리지 않도록 하신 것이다. 즉 스불룬의 베들레헴이 아니라, 유다의 베들레헴인 것이다. 114개의 수라로 구성된 코란에서는 이렇게 정확한 예언을 단 하나도 발견할 수가 없다. 마호메트는 "예언자"가 될 자격이 없는 것이다.

19:17 네 번째 제비는 잇사갈 곧 잇사갈의 자손을 위하여 그들 족속대로 나왔더라.
18 그들의 경계는 이스르엘을 향하여 케술롯과 수넴과
19 하바라임과 시온과 아나하랏과
20 랍빗과 키시온과 아베스와
21 레멧과 엔간님과 엔핫다와 벧팟세스며
22 그 지경은 다볼과 사하시마와 벧세메스에 이르고 그 경계의 끝은 요단에 있으니 열여섯 성읍과 그 촌락들이더라.
23 이것이 잇사갈 자손의 지파가 그들 족속대로 받은 유업이니 이 성읍들과 그 촌락들이라.

이제 잇사갈의 유업이다. 그 서쪽 경계는 18절에 나와 있고, 북쪽 경계는 다볼이며, 동쪽 경계는 요단 강이며, 이스르엘 골짜기가 남쪽에 있는 므낫세 지파와 잇사갈의 경계가 된다. 『**이스르엘**』은 아합이 수도인 사마리아 외에 자신의 궁을 둔 곳이다(왕상 18:45; 21:1). 여기서 나봇을 살해하는 일이 일어났으며(왕상 21:1-13), 하나님께서 나봇을 살해한 죄로 이세벨과 아합의 집안을 심판하신 것도 이곳이었다(왕하 9:10-37; 10:1-11).

18절의 『**수넴**』은 엘리사를 돌봐 준 훌륭한 여인이 살았던 성읍이다(왕하 4:8).

22절의 『**타볼**』은 산간 성읍이다(렘 46:18). 바락이 재판관기 4장에서 시스라를 공격한 곳이기도 하며, 미디안인들의 왕들이 기드온의 형제들을 친 곳이기도 하다(판 8:18,19). 22절의 『**벧세메스**』는 유다에 있는 동명의 성읍과 다른 성읍이다(15:10의 주석을 보라). 이 『**벧세메스**』는 요단강 가까이 잇사칼에 있었다. 납탈리에는 이 둘과 다른 또 하나의 벧세메스가 있었다(38절).

19:24 다섯 번째 제비는 아셀 자손의 지파를 위하여 그들 족속대로 나왔더라.

25 그들의 경계는 헬캇과 할리와 베텐과 악삽과

26 알람멜렉과 아맛과 미스알이며 서쪽으로 칼멜에 다다르고 시홀립낫에 이르며

27 해 돋는 쪽을 향해 돌아 벧다곤에 이르며 스불룬에 다다르고 네이엘과 벧에멕의 북편을 향하여 입다엘 골짜기에 이르며 왼편으로는 카불에 이르고,

28 또 헤브론과 르홉과 함몬과 카나 즉 큰 시돈까지 이르며

29 그 지경은 라마로 돌아서 견고한 성읍 투로에 이르고 또 그 지경은 호사로 돌이키며 그 끝은 악십에 이르는 해안으로부터 바다에 이르니라.

30 또 움마와 아펙과 르홉이니, 스물두 성읍과 그 촌락들이라.

31 이것이 아셀 자손의 지파가 그들 족속대로 받은 유업이니 이 성읍들과 그 촌락들이라.

이제 아셀 지파의 유업이며, 이 지파는 스불룬 지파의 유업을 다룰 때 주석했듯이 해안선을 따라 이어진다. 그 경계는 돌의 남쪽에 있는 강인 『**시홀립낫**』에서 칼멜 산까지이다(26절). 키손 강의 입구에 있는 나할롤에서 스불룬과 영토가 겹치며(15절에서 『**나할랄**』에 대한 주석을 보라), 해안을 따라 레바논에 있는 시돈까지 올라간다(28절). 남쪽에서 북쪽까지 내륙에 있는 성읍들은 키손 근처의 『**헬캇**』(25절), 『**베텐**』(25절), 『**아펙**』(30절), 『**카불**』(27절), 『**벧에멕**』(27절), 『**카나**』(28절)이다.

성경 독자들은 선지자 엘리야가 바알의 선지자들과 대결한 칼멜 산에 익숙할 것이다(왕상 18장). 칼멜은 지중해 옆에 있는데(렘 46:18), 바로 이 점이 엘리야가 가뭄 기간 동안에 물을 어디서 구해서 그의 희생제물을 젖게 했는지 말해 준다(왕상 18:33-35).

『**카불**』은 솔로몬왕이 투로 왕 히람에게 준 스무 개의 성읍들이 있던 지역이다(왕상 9:11-13). 히람이 이 성읍들을 좋아하지 않았다는 것은(왕상 9:12) 그 이름의 뜻에서 알 수 있는데, "카불"은 "얼마나 작은가, 없는 것과 같은"의 뜻이다.

28절의 『**헤브론**』은 물론 14장에서 칼렙이 유업으로 받은 헤브론과 다른 성읍이다. 28절의 『**카나**』 또한 예수님께서 첫 번째 공개적인 기적을 행하신 장소인 요한복음 2:1의 갈릴리의 카나와 다른 성읍이다. 이 카나는 내륙에 있으며 투로의 남쪽에 있다.

『**투로**』(29절)와 『**시돈**』(28절)은 페니키아의 주요한 두 성읍들이며 오늘날에도 존재한다. 이세벨은 시돈 출신이다(왕상 16:31). 지중해 근방 전역에 바알과 아스타롯 숭배를 퍼뜨린 진원지가 바로 시돈이다(왕상 11:5,33; 16:31). 말하자면 아셀이 투로와 시돈의 거민들을 제거하지 않았던 것이고(판 1:31), 그리하여 바알과 아스타롯 숭배가 재판관기부터(판 1:31; 10:6) 솔로몬과 아합(왕상 16:31), 아달랴(왕하 11:18), 므낫세(왕하 21:3)의 통치 기간까지 계속 이스라엘에 퍼져 나갔던 것이다. 즉 시돈인들의 우상 숭배가 북왕국 이스라엘을 멸망시키고(왕하 17장) 남왕국 유다까지 몰락하게 한 것이다(렘 44장). 마지막에 제시한 참조 구절, 곧 예레미야 44장을 주목하라. 로마카톨릭은 마리아를 "하늘의 여왕"이라 부르며 숭배하고 있는데, 이런 가증한 우상 숭배는 시돈에서 비롯된 것이었다. 아셀 지파의 불순종이 지금도 수십 억의 사람들을 저주하고 있다는 얘기이다.

19:32 여섯 번째 제비는 납탈리 자손에게 나왔으니, 곧 납탈리 자손을 위하여 그들 족속대로 나온 것이라.
33 그들의 지경은 헬렙으로부터며 알론으로부터 사아난님과 아다미와 네켑과 얍느엘을 지나 라쿰까지 이르며 그 끝은 요단에 이르니라.
34 그 지경은 서쪽으로 돌아 아스놋타볼에 이르며 거기서부터 훅콕으로 나와서 남편으로는 스불룬에 다다르고 서편으로는 아셀에 다다르며 해 돋는 편으로는 유다의 요단까지더라.
35 그 방벽 친 성읍들은 싯딤과 세르와 함맛과 락갓과 킨네렛과
36 아다마와 라마와 하솔과

37 케데스와 에드레이와 엔하솔과

38 이론과 믹달엘과 호렘과 벧아낫과 벧세메스니 열아홉 성읍과 그 촌락들이더라.

39 이것이 납탈리 자손의 지파가 그들 족속대로 받은 유업이니 그 성읍들과 그 촌락들이라.

이제 납탈리의 유업이다. 납탈리는 남쪽으로는 스불룬이 경계이며, 서쪽으로는 아셀, 동쪽으로는 갈릴리 바다와 요단 강이 그 경계이다(34,35절). 『**사아난님**』(33절)은 재판관기 4:11의 『**사아나임**』이며, 시스라가 죽은 곳이다(판 4:17-22).

『**유다의 요단**』(Judah upon Jordan, 34절)은 유다의 영토가 납탈리의 영토와 전혀 가까이 있지 않음을 볼 때 독특한 표현이다. 칠십인역은 여기서도 틀렸다. 그것은 이 "문제"를 예후디의 칼로(렘 36:23) 『**유다**』를 문맥에서 제거함으로써 해결하려고 했다. 신약성경이 완성된 지 약 100년 후에 칠십인역을 기록한 오리겐은 무지하고 게으른 자였다. 우리는 오리겐과 같은 성경변개자가 아니기 때문에 성경을 공부하여 그 답을 찾을 것이다.

납탈리는 요단 동편에 있는 므낫세와 그 경계를 공유했다. 그곳에 정착한 사람이 야일이었는데(13:30의 주석을 보라) 야일은 『**므낫세의 자손**』으로 여겨졌을 뿐만 아니라(민 32:41, 신 3:14) 유다의 후손이기도 했다. 역대기상 2:3-5,21-23에서 유다의 계보는 파레스, 헤스론(그는 므낫세의 아들 마킬의 딸과 결혼했다), 스굽, 야일로 이어진다. 따라서 바산에 있는 야일의 영토는 『**유다의 요단**』(Judah upon Jordan)이었던 것이다.

『**킨네렛**』(35절)은 갈릴리 바다의 북쪽에 있는 성읍이며, 구약에서는 갈릴리 바다를 이 성읍의 이름을 따서 킨네렛 바다라고 불렀다(13:27의 주석을 보라). 36절의 『**하솔**』은 11:1에서 여호수아를 대적해서 동맹을 맺은 북쪽 지방의 성읍이다. 납탈리 지파가 들어가서 그 성읍을 차지하지 않았기 때문에 카나안인들이 그것을 다시 지어 재판관들의 시대에 이스라엘을 억압했다(판 4:2). 우리는 이스라엘 민족이 불완전한 순종을 했으며 그 대가를 치르는 것을 반복해서 확인할 수 있는 것이다.

38절에서도 성읍들의 숫자를 헤아린 것에 차이가 있는 것을 알 수 있다. 35절에서 38절에는 열여섯 개의 방벽 친 성읍들이 나오는데, 38절에서 말하는 "열아홉"보다 세 개가 적은 숫자이다. 33절에 있는 고유명사들을 합하면 스물세 개가 되는데, 38절의 열아홉보다 네 개가 더 많다. 답은 33절에 있는 모든 이름이 성읍인 것은 아니라는 데 있다. 그중 네 개는 『**알론**』과 『**아다미**』처럼(33절) 장소의 이름이다. 남아 있는 다섯 이름들 중 오직 『**방벽 친 성읍들**』만이 38절의 "열아홉" 성읍에 포함되는 것이다.

19:40 일곱 번째 제비는 단 자손의 지파를 위하여 그 족속대로 나왔더라.
41 그들 유업의 지경은 소라와 에스타올과 이르세메스와
42 사알랍빈과 아얄론과 예들라와
43 엘론과 딤나다와 에크론과
44 엘테케와 깁브돈과 바알랏과
45 예훗과 베네베락과 갓림몬과
46 메얄콘과 락콘과 야포 앞 경계와 함께하더라.

47 단 자손의 지경이 그들에게 너무 작게 되었으므로 단 자손들이 레
셈과 싸우러 올라가서 그것을 취하여 칼날로 쳐서 차지하고 그 안
에 거하였고 그들 조상 단의 이름을 따라 레셈을 단이라 하였더라.
48 이것이 단 자손의 지파가 그들 족속대로 받은 유업이니 이 성읍들
과 그 촌락들이라.

단은 유업을 받는 마지막 지파이다. 다른 곳에서도 설명했듯이, 단은 그 영토를 다른 지파들과 공유했다. 41절의 『**소라와 에스타올**』은 단의 영토였을 뿐만 아니라 유다의 영토였다(15:33). 43절의 『**에크론**』은 유다의 유업의 일부였다(15:45). 주석가들은 『**이르세메스**』(41절)를 유다에 있는 벧세메스와 같은 성읍으로 본다(15:10).

42절의 『**아얄론**』은 10:12에서 달이 섰던 바로 그곳이다. 재판관기 1:35은 단 지파가 아얄론과 사알빔에서 아모리인들을 몰아내지 않음으로 불완전하게 순종한 것을 기록하고 있다.

43절의 『**딤나다**』는 팀나를 다르게 부르는 이름이라고 한다(15:57에서 팀나에 관한 설명을 보라). 44절의 『**깁브돈**』은 북왕국에서 반역으로 인한 일종의 내전이 있었던 곳이다(왕상 15:27; 16:15). 46절의 『**야포**』는 욥파를 부르는 또 다른 이름이다(욘 1:3, 행 9:43).

단 지파는 인구가 많지만(민 26:42,43의 조사에서는 64,400명이었다), 상대적으로 작은 유업을 받았다. 그래서 그들은 요단 강 상류를 향해 북쪽으로 올라가서 『**레셈**』이라는 이름의 성읍을 차지하고(47절, 판 18:29에서는 『**라이스**』라고 불림) 그들 지파의 조상의 이름을 따라 『**단**』이라고 부른다.

길고 지루하게 이름들을 나열해 놓았다고 생각할 수 있지만, 이 목록 끝에 매우 중요한 정보가 숨겨져 있다. 이야기 중간에 잘 숨겨져 있어서 성경을 샅샅이 뒤지지 않고(요 5:39) 하나님께 인정받도록 공부하지 않는(딤후 2:15) 사람은 찾을 수 없는 정보이다. 곧 로마카톨릭의 기원이 나와 있는 것이다. 재판관기 17,18장에서 처음으로 『**제사장**』(priest)이 "아버지"(Father, 신부)라고 불린다(판 17:10; 18:19). 그는 "가난의 맹세"를 하고 오직 필수품만 공급받는다(판 17:10). 그는 "경배를 위한 도구"로 형상들을 사용한다(판 18:18-20). 바로 거기서 로마카톨릭의 신부 제도가 시작된 것이다. 훗날 그들은 『**예복**』을 추가하고(왕하 10:22), 그들의 숭배 시간을 주일 정오 12시로 정했으며(왕상 18:26), 하늘의 여왕에게 기도하기 시작한다(렘 44:17-19). 그러나 로마카톨릭의 기원은 바로 여기 여호수아 19장과 재판관기 17,18장에서 시작된다.

여기서 단 지파가 배교로 치닫게 되는데, 그들은 그 배교에서 한 번도 벗어나지 못했다. 여호수아 19:47에서부터 앗시리아인들이 열왕기하 17장에서 북쪽 지파들을 포로로 끌고 갈 때까지, 단은 잘못된 우상 숭배에 사로잡혀 있었다(판 18:30,31). 단 지파는 그들이 재판관기 18장에서 미카에게서 빼앗은 형상들을 숭배했고, 그런 우상 숭배를 사무엘상 1장까지 계속했다. 단 지파는 원래 레위 지파의 제사장들이 아닌 다른 제사장들의 가문이 있었던 것이다. 여로보암이 등극했을 때 그는 금송아지 두 개 중 하나를 단에다 세우고, 모든 백성이 예루살렘 대신 단으로 경배하러 가도록 했다(왕상 12:29,30). 이러한 우상 숭배가 단에게 큰 올무가 되어 대환란에서는 단 지파가 적그리스도와 그의 형상과 연관을 갖게 되며(창 49:16,17 주석을 보라), 대환란에서 인침을 받은 지파들의 명단에는 단 지파가 아예 빠져 있다(계 7장).

19:49 이스라엘 자손이 그들의 지경을 따라 유업으로 그들의 땅을 나누
기를 마치자 이스라엘 자손이 그들 가운데 있는 눈의 아들 여호수
아에게 한 유업을 주더라.
50 그들이 주의 말씀에 따라 그가 요구하는 성읍을 그에게 주었으니,
곧 에프라임 산지에 있는 팀낫세라더라. 그가 성읍을 세우고 거기
에서 거하더라.
51 이것들이 유업이니, 즉 제사장 엘르아살과 눈의 아들 여호수아와
이스라엘 자손 지파의 족장들이 실로에서 회중의 성막 문 앞 주 앞
에서 제비로 나눈 유업이라. 그리하여 그들이 그 땅을 나누기를 마
쳤더라.

열두 지파 모두가 카나안 땅을 나누어 받았고 마지막으로 여호수아에게 유업을 준다. 칼렙처럼 여호수아도 그가 선택한 성읍을 받는데, 이는 여호수아 역시 민수기 14장에서 선한 보고를 했기 때문이다. 에프라임 지파 출신인 여호수아는 『**에프라임 산지에 있는 팀낫세라**』를 받는데, 재판관기 2:9에서는 그 이름이 『**팀낫헤레스**』이다. 여호수아는 바로 이곳에 장사된다(수 24:30).

51절에서 하나님께서 일하시는 방식을 보라. 이스라엘은 하나님께서 시작하시고 보호하시는 민족이기 때문에 하나님께서 모든 일을 이루셔야 한다. 이것이 바로 "신정통치"(theocracy)이다. 신정통치에서는 종교와 정치가 함께 간다. 하나님께서 지도자를 선정하시고 하나님께서 대제사장을 선정하시며 하나님께서 모든 일을 운영할 법으로 하나의 책을 주시는 것이다.

신약 그리스도인은 그렇지 않다. 그리스도인들이 미국을 세웠고, 그 법규들이 성경에 근거를 둔 것이며, 심지어 오늘날에도 다수의 미국인들이 스스로를 "그리스도인"이라고 고백하지만, 미국은 절대로 하나님께서 운영하시는 "그리스도인 국가"가 아니다.

미국은 공화국(Republic)이다. 민주주의가 아니다. 민주주의는 대중이 다스리고, 공화국은 대표들이 다스린다. 미국 건국 선조들이 미국을 "그리스도인 국가"라고 여긴 것은, "그리스도인"이라고 고백하는 대중을 건국 선조들 자신이 대표한다는 의미에서 그렇게 한 것이었다. 미국대법원의 최초의 대법원장인 존 제이는 이렇게 말했다. "하나님께서 우리 국민에게 그 통치자들을 선정할 수 있는 권리를 주셨다. 그러므로 그리스도인들을 통치자들로서 선정하고 선호하는 것은 우리 그리스도인 국가의 특권이자 관심사일 뿐만 아니라 우리의 의무이기도 하다."

신약에서는 하나님께서 각 개인을 다스리신다. 만일 하나님께서 그 개인에게 자신의 통치자를 선정하고 법을 만들 수 있는 특권을 주신다면, 구원받은 성도는 하나님의 말씀의 도덕적 원리에 가장 잘 부합하고 그리스도인들에게 구주를 위해 살면서 복음을 전할 수 있는 자유를 줄 지도자들과 법규들을 선정해야 한다(하나님께서는 인도, 사우디아라비아, 이란, 시리아, 이집트, 베트남, 중국, 북한 등의 국가들의 성도들에게는 그런 권리를 주시지 않았다). 그러나 그 그리스도인은 자신의 믿음과 실행을 법규로 만들어서 다른 사람에게 강요할 수는 없다.

사실 이것이 애초에 미국의 건국 선조들이 미 대륙으로 건너온 이유이다. 즉 특정한 방식으로 경배를 드리도록 법으로 규정해 놓은 정부들로부터 피해 온 것이다. 이탈리아, 스페인, 프랑스, 오스트리아 등지에서는 미사에 참여하고 아기들에게 세례 주고 교황을 따르도록 법으로 강요받았고, 그렇게 하지 않으면 화형을 당하기도 했다. 독일에서는 루터교도가 되도록 강요받았고, 스위스에서는 개혁교회에 다니도록 강요받았으며, 영국에서는 영국국교회를 따르도록 강요받았다. 교회와 국가가 하나였던 것이며, 그렇기에 국가가 규정한 대로 경배하지 않으면 벌금을 물고 감금당하고 채찍에 맞고 재산을 몰수당하고 때때로 처형당하기도 했던 것이다. 그래서 미국의 건국 선조들이 헌법을 만들 때 코네티컷에 있던 침례교도들의 무리는 그들이 유럽에서 당했던 박해가 미국에서도 반복되는 것을 원치 않았다. 그렇기에 미국헌법 수정 제1조에는 국회가 종교를 세우는 법을 통과시키거나 종교의 자유를 금지하는 법을 통과시켜서는 안 된다고 되어 있는 것이다.

토마스 제퍼슨이 교회와 국가의 분리를 말했을 때, 그것은 정부가 해야 할 일들에 대해서 그리스도인들이 아무 말도 할 수 없다는 것이 아니라, 정부가 지역 교회들에게 이래라 저래라 지시해서는 안 된다는 것을 말한 것이었다. 공립학교에서 성경을 읽고 기도하는 것이 "종교를 세우는 일"이 아닌 것은, 성경과 기도는 "교회"가 아니기 때문이다. 미국의 지방법원이나 대법원 판사들이나 정부 관리들이 오늘날 하고 있는 일은 미국헌법과 권리장전을 쓴 사람들이 의도한 것과는 정반대이다. 미국 정부는 법과 규제로 (공립학교에서 성경과 기도를 금지하고) "세속적이며 무신론적인 인본주의"라는 "종교"를 "세우고" 있기 때문이다(1961년 미국대법원이 토카소 대 왓킨스의 사건에서 내린 판결은 정확하게 그렇다고 말하고 있다).

신정통치에서는 하나님께서 모든 것을 운영하신다. 인류 역사 6,000년 동안 단 한 번만 합법적인 신정통치가 있었고, 그것은 출애굽기와 신명기에 근거하여 세워졌다. 이스라엘의 신정통치와, 이슬람을 다스리는 마호메트가 세운 신정통치의 차이점은 유대인들의 신정통치에는 바른 성경과 참 하나님이 계셨다는 것이다. 다른 모든 신정통치는 말로만 신정통치이지 인간이 만들었거나 마귀적인 체계로 이루어져 있다(이슬람, 힌두교, 불교, 신도교, 카톨릭 등).

예수 그리스도께서 다시 오시기까지 참된 신정통치는 이뤄지지 않을 것이다. 예수 그리스도께서 돌아오시면, 주님은 하나님의 수도에서 하나님의 왕으로서, 하나님의 성전에서 하나님의 대제사장으로서 통치하실 것이다(사 2장, 슥 14장). 이 일이 있기까지 이 세상 정부들은 세상을 "지상에 펼쳐진 지옥"으로 만들기만 할 것이다(UN, EU, NATO, 바티칸, 아랍 연맹, 무슬림 형제단, 미국).

여호수아 20장

20:1 또 주께서 여호수아에게 일러 말씀하시기를
2 "이스라엘 자손에게 고하여 말하기를 '내가 모세의 손을 통해 너희에
게 말한 도피성읍들을 너희를 위하여 지정하여
3 부지불식간에 사람을 죽인 살인자를 그곳으로 도피하게 하라. 그곳
들이 피의 보복자로부터 너희의 피난처가 되리라.
4 그 성읍들 중에 하나로 도피하는 자는 그 성문 입구에 서서 그 성읍
의 장로들의 귀에 자기의 주장을 고할 것이요 그들은 그를 성읍 안
으로 그들에게 데려와 그에게 한 곳을 주어 그로 그들 가운데 거하
게 하라.
5 만일 피의 보복자가 그를 추격한다 해도 그들은 그 살인자를 그의
손에 넘겨주지 말지니 이는 그 살인자가 자기 이웃을 불식간에 쳤으
며 사전에 그를 미워하지 아니하였음이라.
6 그 살인자가 그 성읍에서 살 것이니 그가 회중 앞에 서서 재판을 받

기까지 살 것이며 그 당시의 대제사장이 죽기까지 살 것이라. 그후에 그 살인자는 돌아와 자기 고장과 자기 집으로 오리니 그가 도피하여 나왔던 성읍으로 돌아가는 것이라.'하라." 하시니라.

20장은 하나님께서 민수기 35장에서 모세에게 명령하셨던 도피성읍들을 다루고 있다. 미리 계획된 살인은 율법에서 엄격하게 금지되어 있었고, 그 형벌은 죽음이었다. 고의적 살인은 율법 이전과(창 9:6) 율법 아래와(민 35:30-34) 은혜 아래서(롬 13:4, 행 25:11) 모두 사형이다. 그러나 사람을 죽이고자 의도한 것이 아니거나 사고라면 하나님께서 피할 곳을 제공하신 것이다. 이것이 바로 도피성읍이다.

오늘날에는 이런 범죄를 "고살(故殺)죄"(manslaughter)라고 부른다. 만약 당신이 운전을 하다가 갑자가 어린이가 도로로 뛰어나와서 미처 제동하지 못하고 치어서 죽였다면 그것이 바로 고살이다. 아이를 치려고 기다린 게 아니라 우발적으로 일어난 일인 것이다. 모세의 율법에 이와 같은 경우를 처리하는 법규가 있었던 것이다.

성경에서 『**너는 살인하지 말지니라.**』(출 20:13)고 하셨을 때, 이 법을 생명을 앗아가는 결과를 유발한 모든 종류의 일에 적용할 수는 없다. 성경이 성경의 용어를 정의 내린다는 사실을 기억하라. 예수님은 그것을 『**살인**』(murder)이라고 부르셨다(마 19:18). 즉 이 계명은 일반적인 의미를 담고 있는 것이다. 출애굽기, 민수기, 신명기 등의 다른 부분들에서는 더 세부적인 사항들을 설명하고 있다. 하나님께서는 전쟁에 나가지 말라고 하신 것이 아니다. 전쟁은 때때로 필요하다. 만약 일본이 당신의 국가를 침략할 목적으로 해군 기지를 폭격한다면 어떻게 해야 하겠는가? 일본군이 당신을 죽이기 전에 그들을 먼저 죽여야 하는 것이다.

사람들은 이 부분을 잘 이해하지 못한다. 전쟁을 원하는 사람은 아무도 없다. 전쟁은 하나도 좋은 것이 없다. 그러나 일단 전쟁이 일어나면 사람들은 적을 죽이는 훈련을 받는다. 왜냐하면 적을 죽이지 않으면 자신이 죽기 때문이다. 심지어 여자들과 아이들까지 죽는다. 히로시마에 원자탄을 투하하는 폭격기를 위해 날씨 정찰에 나섰던 클라우드 이설리(Claude Eatherly)라는 조종사는 원자탄으로 죽은 아이들에 대한 죄책감으로 정신과 치료를 받아야 했다. 그렇다. 애들이 죽은 것은 나쁜 일이다. 그러나 원자탄을 떨어뜨리지 않았다면 나가사키와 히로시마에서 죽었던 사람들보다 훨씬 더 많은 미국인들과 일본인들이 서로의 땅을 침략하느라 죽었을 것이다. 일본인들이 만주와 필리핀 등에서 어떻게 온갖 종류의 사악한 만행들을 저질렀는지에 관해 많은 이야기가 있다. 그때 죽은 아이들에 대해서는 왜 입을 다무는가? 전쟁 상황에서는, 필요한 경우 군인이 적군을 죽이는 것에 대해서는 자책하지 말아야 한다.

한번은 기독교대학에 다니는 여대생이 나에게 편지를 쓴 적이 있다. 사연인즉, 자신의 친구가 테네시템플대학 졸업생이 담임하는 교회에 다니는데 그 목사가 강단에서 킹제임스성경이 틀렸다고 설교했다는 것이다. 자신의 친구가 이 목사에게 킹제임스성경은 완전한 하나님의 말씀이라고 하자, 목사는 그 자리에서 그 친구를 비웃었다고 한다.

그 테네시템플 출신 목사는 그 여대생에게 다음과 같이 말했다. "킹제임스성경에는 많은 오류가 있어. 예를 들어서 킹제임스성경은 『**너는 살인하지 말지니라.**』고 말하잖아. 그런데 주님께서는 카나안인들과 아말렉인들을 죽이라고 하셨거든. 출애굽기 20:13의 본문은 오류야."

기독교대학과 신학원 등에서 목회자 후보생들에게 이 따위를 교육이라고 가르치고 있는 것이다! 근본주의 학교의 졸업생이라는 자가 2세기의 이단이었던 켈수스와 말시온이 구약이 오류라고 주장하며 가르쳤던 것을 똑같이 써먹고 있는 것이다. 그 목사가 한 말은 불신자들의 논리이다. 그것도 1,800년이나 된 케케묵은 논리인 것이다. 그런데 그것을 프레드 애프만 같은 교수진이 성경의 권위를 용인할 수 없었기 때문에 근본주의 신학교에서 목회자 후보생들에게 가르쳐준 것이다.

성경이 이 부분에 관해 말씀하시는 바는 이렇다. 성경에는 죽음에 해당하는 범죄들이 있다(롬 1:32). 그리고 살인이 그중 하나이다(롬 1:29). 만약 한 사람이 사람을 죽였고 자신의 무죄를 입증할 수 있는 기회를 충분히 가졌는데도 배심원단이 그를 유죄라고 판결한다면, 그런 자를 에어컨이 나오는 감옥에 넣어 주고 텔레비전도 틀어 주고 하루 세 끼 다 먹여주고 건강을 돌봐 줄 일이 아니다. 전기의자에 앉혀야 하는 것이다. 스위치를 올리는 것을 주저해서는 안 된다. 그렇다! 예수 그리스도를 믿을 수 있는 기회를 먼저 주라. 그러나 그런 범죄를 저지른 자를 죽이지 않으면 성경은 당신이 그 땅을 오염시키고 더럽히게 된다고 말한다. 그 땅을 깨끗하게 하는 유일한 방법은 그 살인자의 피를 흘리는 것이라고 민수기 35:33에 나와 있다. 직접 찾아보라!

성경이 진리라면, 하나님께 미국을 복주시라고 기도하지 말라. 공연한 짓이며 이루어지지 않을 일이다. 미국에는 매년 15,000건의 살인이 일어난다. 1976년 이후로 오직 1,362명의 살인자만 그들의 범죄로 인해 사형을 당했다. 성경이 진리라면 미국은 이미 돌이킬 수 없을 정도로 더렵혀진 것이다.

낙태반대주의자들은 낙태가 살인이라고 말한다. 그렇다면 하나님께서 일 년에 백만 명 이상의 아기들을 죽이는 나라를 축복하실 것이라고 생각하는가? 미국은 대법원이 낙태를 합법화한 1973년 이후로 약 6천만 명의 아기들을 낙태시켰다. 낙태가 살인이라면 낙태 수술을 시술하는 의사들을 모두 처형해야 하지 않겠는가? "하나님께서 미국을 축복하기를"이라고 기도하지도, 노래하지도, 말하지도 말라. 『**그러므로 너희는 너희가 거하는 땅을 더럽히지 말라. 이는 피로 인해 그 보복이 그 땅을 더럽힘이니, 그 땅은 피를 흘린 사람의 피에 의하지 아니하고는, 그곳에 흘려진 피에 대해 깨끗해질 수 없느니라**』(민 35:33).

만약 사고로나 의도치 않게 누군가를 죽였다면 그것은 살인이 아니다. 과실 치사다. 그러나 이런 일을 처리하기 위해서 뭔가 조치를 취해야 하는 것이다. 구약에서는 죽은 자의 친족이 살인자를 잡아서 죽일 수 있는 권리가 있었다. 몇 년에 한 번씩 할리우드는 "데스 위쉬"(Death Wish) 같은 영화를 만드는데, 그 내용은 남편이 자기 아내의 죽음을 복수한다든지, 아버지가 자식의 죽음을 복수한다는 내용이다. 킹제임스성경의 진리가 그런 영화들에까지 스며들어간 것이다. 킹제임스성경은 죄인들이 좋아하든 싫어하든 법과 사람들의 오락에까지 그 영향력을 끼치고 있는 것이다.

구약에서 의도치 않게 누군가를 죽였다면, 그 사람은 가능한 한 빨리 가장 가까운 도피성읍으로 가야 했다. 왜냐하면 그렇게 하지 않으면 죽은 사람의 친족이 그를 붙잡아 죽여서 복수할 수 있기 때문이다. 의도된 살인이 아니라면 몸을 숨기고 도망갈 필요가 없으며, 오히려 가서 도피성읍의 장로들 앞에 자신이 일으킨 사고를 제시하면 되는 것이다. 물론 보복자에게 그 사람이 살인을 했다는 분명한 증거와 증인이 있다면, 도피성읍으로 간다고 해도 아무 소용이 없다. 그런 경우는 도피성읍에 갔다 해도 다시 죽은 사람의 친족에게 넘겨져서 죽게 된다. 왜 살인자에게 동정을 가져야 하는가? 그 살인자도 희생자에게 동정을 베풀지 않았다!

그러나 만약 사고로 누군가를 죽였다면 도피 성읍 안에 있는 한 안전을 보장받을 수 있었고, 대제사장이 죽을 때까지 그곳에 머물러야 했다. 이것은 우리가 받은 구원에 대한 좋은 모형이다. 우리는 모두 살인자다. 당신은 이렇게 말할 수 있다. "럭크만 박사님, 저는 누군가를 죽인 적도, 전쟁에 참전하지도 않았어요!" 아니다. 당신은 확실히 살인자다. 하나님의 아들을 죽인 살인자인 것이다. 당신의 죄들 때문에 주님께서 십자가에 못 박히셨기 때문이다.

『그가 친히 나무에 달린 자신의 몸으로 우리의 죄들을 담당하셨으니, 이는 우리가 죄들에는 죽고 의에는 살게 하려 하심이니라. 그가 채찍에 맞음으로 너희가 낫게 되었느니라』(벧전 2:24).

『그리스도께서도 죄들로 인하여 한 번 고난을 받으사 의인으로서 불의한 자를 대신하셨으니, 이는 육신으로는 죽임을 당하셨으나 성령에 의하여 살림을 받으심으로 우리를 하나님께로 인도하려 하심이라』(벧전 3:18).

하나님이신 예수 그리스도를 죽인 것에 대한 형벌은 영원한 죽음이며, "죽음의 권세"가 주어진 자는 마귀이다(히 2:14). 그러나 하나님께서는 사탄이 우리를 손댈 수 없는 도피처를 우리를 위해 마련해 주신 것이다.

『이는 하나님께서 거짓말하실 수 없는 이 두 가지 변치 못할 사실로 인하여 우리 앞에 놓여진 소망을 붙잡기 위해 피난처를 찾아 나온 우리로 든든한 위로를 받게 하려 하심이라』(히 6:18).

그렇다면 우리가 피난처로 와서 붙잡은 이 "소망"은 무엇인가? 그 소망은 우리를 위해 영원한 구원을 주시는 주 예수 그리스도이시며, 주님께서는 우리의 대제사장직을 수행하고 계신다(히 6:19,20; 5:8-10). 그 소망은 주님께서 죽은 자들로부터 부활하심으로 성취되었으며(벧전 1:3,21), 우리가 우리의 죄들로 죽인 바로 그분께서 우리에게 피난처와 구원을 주시는 구주가 되신 것이다. 만약 당신이 예수 그리스도 안에 있다면 당신의 죄들은 당신 자신에게 전가되지 않고 예수님께 전가된 것이며, 이로써 당신은 하나님과 화해하게 된 것이다(고후 5:19). 당신의 죄들 때문에 흘려진 그 보혈을 힘입어 하나님께 다가갈 수 있게 된 것이다(엡 2:13). 나의 대제사장께서 살아 계시는 한(히 3:1) 마귀는 나를 건드릴 수 없으며, 나는 율법이 정한 형벌에서 자유롭게 된 것이다(히 7:19-25). 하나님께 영광을!

20:7 사람들이 납탈리 산지의 갈릴리에 있는 케데스와 에프라임 산지의 세켐과 유다 산지의 헤브론인 키럇아르바를 지정하였더라.

8 또 여리코 동쪽 요단 저편에서는, 르우벤 지파 중에서 평지 위 광야에 있는 베셀과 갓 지파 중에서 길르앗에 있는 라못과 므낫세 지파 중에서 바산에 있는 골란을 정하였더라.

9 이것들은 이스라엘의 모든 자손과 그들 가운데 거하는 타국인을 위하여 지정한 성읍들이니 부지중에 사람을 죽인 사람은 누구든지 그곳으로 도피하여 그가 회중 앞에 설 때까지 피의 보복자의 손에 죽지 않게 하기 위함이니라.

이 성읍들이 바로 도피성읍들이다. 민수기 35:13,14에 따르면 도피성읍은 여섯 개이다. 요단 동편에 세 개, 카나안 땅에 세 개다. 도피성읍들은 요단 동편과 카나안 땅 두 편 모두에 북쪽에 하나, 중앙에 하나, 남쪽에 하나가 있다. 쉽게 말해서 이스라엘 땅 어디에 살든지 도피성읍을 찾아갈 수 있는 것이다.

또한 이 도피성읍들이 모두 고지대에 있다는 사실을 주목하라. 『**납탈리 산지... 에프라임 산지... 유다 산지... 골란**』(7,8절). 그래서 어디서든지 쉽게 볼 수 있고 쉽게 찾아갈 수 있는 것이다. 상상 속의 소위 "지상낙원"인 샹그릴라나 엘도라도처럼 아무도 모르는 숨겨진 골짜기에 있는 것이 아니다.

예수님께서는 『**산 위에 있는 성읍이 숨겨질 수 없느니라.**』(마 5:14)고 말씀하셨다. 즉 우리가 여기서 공부하고 있는 도피성읍들을 말씀하신 것이다. 여기서 그리스도인이 받을 수 있는 교훈은 그리스도인은 구원받지 않은 죄인들에게 그들의 피난처가 되시는 예수 그리스도를 찾도록 인도하는 빛이 되어야 한다는 것이다(『**너희는 세상의 빛이라.**』, 마 5:14).

7절은 카나안에 있는 세 개의 도피성읍을 말하고 있고, 8절은 요단 동편에 있는 다른 세 개의 도피성읍을 말하고 있다. 7절의 『**갈릴리에 있는 케데스**』는 훌레(Huleh) 호수 가까이에 있다. 『**세켐**』은 므낫세 지파의 영토에 있는 에프라임 산지에 있는 한 성읍이다(수 17:7). 『**헤브론**』은 칼렙이 유업으로 받은 성읍이다(14:13-15). 『**유다 산지**』는 칼렙이 아낙인들로부터 빼앗은 산을 말한다(14:12).

도피성읍인 헤브론에 대해서 살펴볼 점은, 그것이 사무엘하 3장에서 요압이 아브넬을 죽인 사건과 관계있다는 것이다. 아브넬은 전쟁 중에 요압의 동생 아사헬을 죽였는데(삼하 2:18-23) – 그것은 살인이나 과실치사가 "아니었다" – 요압과 그의 형제 아비새는 그 점에 대해 아브넬을 결코 용서하지 않았다. 아브넬이 북왕국을 다윗에게 돌리려고 헤브론으로 왔을 때, 요압은 다윗이 아브넬을 『**평안히**』 보낸 후에 도착했다(삼하 3:23). 요압은 아브넬이 속임수를 쓴다고 의심했지만, 동생의 죽음에 대해 개인적으로 복수하는 일에 더 관심이 있었다(삼하 3:25). 요압은 아브넬을 헤브론("도피성읍")으로 다시 불렀고, 그를 속임수를 써서 죽였다(삼하 3:27). 이 일로 다윗은 요압의 집과 그의 후손들을 저주했으며(삼하 3:29), 다윗이 죽으면서 남긴 유언에 따라 솔로몬이 요압을 처형했다. 왜냐하면 요압이 『**평화 속에서 전쟁의 피를**』 흘렸기 때문이다(왕상 2:5).

이 사건에서 두 가지 교훈을 배울 수 있다. 첫 번째 교훈은 사무엘하 3:30에 있다.

『**그리하여 요압과 그의 동생 아비새가 아브넬을 죽였으니, 이는 그가 그들의 형제 아사헬을 전쟁 중 기브온에서 죽였기 때문이더라.**』

왜 아비새에게 아브넬을 죽인 죄가 있는가? 아비새는 그곳에 있지도 않았다. 그러나 사도행전 8:1의 타소의 사울처럼 아비새 또한 아브넬의 죽음에 찬성표를 던진 것이다. 그도 그것을 원했고 용인한 것이다. 즉 그 일에 "동조"한 것이다.

예수님께서는 말씀하셨다. 『**너희는 옛사람들이 말했던 바 '너는 살인하지 말지니라. 살인한 자는 누구나 심판의 위험에 처하게 될 것이라.'고 한 것을 들었으나, 내가 너희에게 말하노니, 까닭없이 자기 형제에게 노하는 자는 누구나 심판의 위험에 처하게 될 것이며, 자기 형제에게 라카라 하는 자는 누구나 공회의 위험에 처하게 될 것이요, 또 어리석은 자라 하는**

자는 누구나 지옥불의 위험에 처하게 될 것이라』(마 5:21,22). 사도 요한도 이렇게 기록했다. 『**자기 형제를 미워하는 자는 누구나 살인자요, 살인자는 누구나 영원한 생명이 그의 안에 거하지 않음을 너희가 아느니라**』(요일 3:15).

꼭 무고한 사람에게 총을 쏘고 칼로 찔러야 살인자가 되는 것이 아니다. 합당한 이유 없이 그 사람을 마음속으로 미워하면 그것으로 살인자가 되는 것이다.

두 번째 교훈은 종교는 사람을 구원할 수 없다는 것이다. 솔로몬이 브나야를 보내어 요압을 치려고 했을 때, 요압은 성막으로 도망가서 『**제단의 뿔들을 붙잡았**』다(왕상 2:28). 그는 제단에 닿는 것은 무엇이나 거룩하게 되기 때문에(출 30:28,29) 자신이 죽지 않을 것이라 생각한 것이다. 그러나 하나님께서는 모세에게 말씀하셨다.

『**또한 너희는 살인죄를 범한 살인자의 생명의 속전을 받지 말고 그를 반드시 죽일지니라. 또 너희는 자기의 도피성읍으로 도피한 사람을 위한 속전을 받지 말지니, 이는 그가 대제사장이 죽으면, 그 땅에 다시 돌아가서 거할 것임이라**』(민 35:31,32).

도피성읍은 물론 제단도 살인자를 구원할 수 없었다. 레위기의 법에 살인을 위한 희생제는 없다. 그래서 다윗이 헷인 우리야를 죽였을 때 이렇게 말한 것이다. 『**오 하나님이여, 피흘린 죄에서 나를 구해 주소서... 주께서는 희생제를 원치 아니하시나이다. 그렇지 아니하였으면 내가 그것을 드렸으리이다**』(시 51:14,16).

만약 다윗에게 주셨던 하나님의 확실한 자비가 아니었다면(사 55:3, cf. 삼하 7:11-16, 시 89:28,35-37) 다윗 또한 죽었을 것이다. 하나님께서는 다윗에게 하신 약속 때문에 다윗에게 그 죄를 전가하시지 않으셨다(시 32:1,2, cf. 롬 4:7,8). 만일 그렇지 않았다면 다윗은 사형에 처해져야 했을 것이다. 다윗은 죽지는 않았지만 그의 가족 안에서 자신의 죄에 대해 대가를 치러야 했다(삼하 12:11-14).

예수 그리스도의 부활 이후에 살고 있다면 기뻐해야 한다. 왜냐하면 신약에서는 구약 시대에 살았던 사람이 갖지 못한 것을 가지고 있기 때문이다. 곧 살인에 대한 희생제이다. 형제자매들이여, 잘 들으라. 성경은 『**그의 아들 예수 그리스도의 피가 우리를 모든 죄에서 깨끗하게 하시느니라.**』(요일 1:7)고 말씀하는 것이다.

언젠가 나는 앨라배마 주 웨텀카에 있는 여자 감옥에서 집회를 가진 적이 있다. 그것은 내가 지금까지 가졌던 최고의 집회들 중 하나였다. 나는 많은 곳들에서 설교했지만 그날처럼 그렇게 자유롭게 설교를 한 적이 없었다. 그 여죄수들은 지금까지 마음이 가장 많이 열려 있고, 말씀을 가장 잘 받아들이고, 반응을 가장 잘하는 청중이었던 것 같다.

어느 밤에는 한꺼번에 8명의 여자들이 구원받았다. 문 밖으로 나가려는데 그들이 나를 붙잡고 말을 걸었다. 옆으로 눈을 돌리자 한 늙고 덩치가 큰 흑인 여자가 얼굴이 눈물범벅이 되고 눈물이 옷에까지 흐르는 채로 서 있었다. 그 여자가 물었다. "목사님, 살인자에게도 소망이 있어요?"

그 여자는 살인죄로 갇혀 있었고 자신의 죄를 절감하고 있었다. 그녀는 자신이 누명을 썼다는 변명을 하면서 자신을 정당화하려 하지 않았다. 단지 하나님께서 자신과 같은 살인자도 구원해 주시는지 알고 싶었던 것이다.

나는 말해 주었다. "그럼요, 하나님의 아들이신 예수 그리스도의 피가 우리를 모든 죄에서 깨끗케 하십니다."

그녀가 다시 물었다. "그건 알겠는데, 살인자에게도 소망이 있냐구요?"

나는 다시 더 힘주어서 말했다. "하나님의 아들이신 예수 그리스도의 피가 우리를 '모든' 죄에서 깨끗게 하십니다. 만약 그 보혈이 살인죄를 깨끗게 하지 못한다면, 그 피는 아무것도 깨끗게 하지 못하는 겁니다!" 그 여자도 앞으로 나와서 예수님을 구주로 믿고 구원받았다.

나는 누가 이 주석서를 읽는지 알지 못한다. 어쩌면 살인자나 사형수의 손에 들어갈지도 모르겠다. 당신이 그런 중범죄자라 해도 기쁜 소식이 있다. 당신이 누군가를 죽였다면 죽어야 마땅하다. 당신이 아직 죽지 않았다면, 하나님께서 당신에게 기회를, 또 한 번의 기회를 주신 것이다. 즉 구원받을 수 있는 마지막 기회를 주신 것이다. 당신이 그런 경우라면, 잘 들으라. 성경은 『**그의 아들 예수 그리스도의 피가 우리를 모든 죄에서 깨끗하게 하시느니라.**』(요일 1:7)고 말씀한다. 심지어 살인죄도 깨끗게 하신다. 결국 불못으로 들어가기 전에(계 21:8), 지금 재빨리 예수 그리스도께 달려가는 것이 좋을 것이다. 지금 주 예수 그리스도를 당신의 구주로 믿고 영접하라.

여호수아 21장

21:1 그때에 레위인의 족장들이 제사장 엘르아살과 눈의 아들 여호수아
와 이스라엘 자손의 지파의 족장들에게 가까이 나아와서
2 카나안 땅에 있는 실로에서 이들에게 일러 말하기를 "주께서 모세의
손을 통해 명령하시어 우리가 거할 성읍들과 우리의 가축을 먹일 외
곽 지역들을 우리에게 주라 하셨나이다." 하니
3 이스라엘 자손이 주의 명령에 따라 그들의 유업에서 아래 성읍들과
그 외곽 지역들을 레위인들에게 주니라.
4 코핫 족속들을 위한 제비가 뽑혔는데 레위인 중 제사장 아론의 자손
은 유다 지파와 시므온 지파와 베냐민 지파 중에서 제비로 열세 성
읍을 얻었더라.
5 코핫 자손 중 나머지는 에프라임 지파의 족속들과 단 지파와 므낫세
반 지파 중에서 제비로 열 성읍을 얻었더라.

6 게르손 자손은 잇사칼 지파의 족속들과 아셀 지파와 납탈리 지파와 바산에 있는 므낫세 반 지파 중에서 제비로 열세 성읍을 얻었더라.
7 므라리 자손들은 그들의 족속대로 르우벤 지파와 갓 지파와 스불룬 지파 중에서 열두 성읍을 얻었더라.
8 주께서 모세의 손을 통해 명령하신 대로 이스라엘 자손은 이 성읍들과 그 외곽 지역들을 레위인들에게 제비뽑아 주었더라.

이제 열두 지파 모두가 그들의 유업을 받았지만 열둘 가운데 있는 것으로 여기지 않는 한 지파가 있다. 바로 레위 지파인데, 우리는 그 이유를 여호수아 13:14; 14:3-11에서 살펴보았다. 레위인들은 나머지 이스라엘 지파들의 첫태생 대신에 하나님께 드려져서 다른 지파들로부터 성별된 것이다(민 8:16-18).

레위인들은 다른 열두 지파들로부터 48개의 성읍들을 받았는데(41절, cf. 민 35:7) 이 성읍들은 성읍의 벽에서 5,500피트(약 1,676m)까지 확장되는 "외곽"(suburbs)을 가지고 있었다(〈The "Errors" in the King James Bible〉에서 "민 35:4,5"에 관한 설명을 보라, p.115). 레위인들에게 준 그 성읍들과 관련된 "촌락들"(villages)은 그 성읍들이 원래 속해 있던 지파들의 소유로 남아 있었다(12절을 보라).

레위 지파는 세 족속으로 나뉜다. 즉 코핫, 게르손, 므라리 족속이다(민 26:57). 아론은 암람을 따라 코핫 족속에 속했다(민 26:58,59). 코핫 족속들 중에서도 아론의 자손들이 유다 지파와 시므온 지파와 베냐민 지파에서 열세 성읍을 받았다(4절). 나머지 코핫 족속은 에프라임, 단, 요단

서편의 므낫세 반 지파에서 열 성읍을 받았다(5절). 게르손 족속은 잇사
칼, 아셀, 납탈리, 요단 동편의 므낫세 반 지파에서 열세 성읍을 받았으
며(6절), 므라리 족속은 르우벤, 갓, 스불룬 지파에서 열두 성읍을 받았다
(7절).

**21:9 그들은 유다 자손의 지파와 시므온 자손의 지파 중에서 여기에 거명
한 이 성읍들을 주었는데**
**10 레위 자손 중 코핫 족속들에 속한 아론의 자손들이 얻었으니 이는
첫째 제비가 그들의 것이었음이라.**
**11 그들이 유다의 산지에 있는 성읍인 헤브론, 곧 아낙의 아비 아르바의
성읍을 그 주위에 있는 외곽 지역과 함께 그들에게 주었으나**
**12 그 성읍의 들과 그 촌락들은 여푼네의 아들 칼렙에게 그의 소유로
주었더라.**
**13 그들은 이같이 제사장 아론의 자손에게 헤브론을 그 외곽 지역과 함
께 주어 살인자를 위한 도피성읍이 되게 하였으며, 또 립나와 그 외
곽 지역과,**
14 얏틸과 그 외곽 지역과, 에스트모아와 그 외곽 지역과,
15 홀론과 그 외곽 지역과, 드빌과 그 외곽 지역과,
**16 아인과 그 외곽 지역과, 윳타와 그 외곽 지역과, 벧세메스와 그 외곽
지역이니 이 두 지파에서 아홉 성읍을 내었고,**
**17 또 베냐민 지파 중에서는 기브온과 그 외곽 지역과, 게바와 그 외곽
지역과,**

18 아나돗과 그 외곽 지역과, 알몬과 그 외곽 지역이니 네 성읍이더라.
19 제사장들인 아론 자손의 모든 성읍은 열세 성읍과 그 외곽 지역들이
더라.

위의 본문은 코핫 족속들 중에서도 아론의 자손들이 받은 성읍들을 다루는 첫 번째 부분이다. 지파들의 유업을 나눌 때와 같이, 유다가 처음으로 나온다. 11-13절에 보면, 레위인들이 칼렙이 유업으로 받았던 헤브론을 받는 것을 볼 수 있다(수 14:14). 우리가 여호수아 20:7에서 설명했듯이 헤브론은 도피성읍으로 지정되었다. 모든 도피성읍은 레위인들의 성읍이다(민 35:6). 그러면 레위인들과 칼렙 사이에 헤브론을 어떻게 나누어 가졌는가? 레위인들을 원래의 성읍과 그 외곽을 가지고 칼렙은 들과 그 성읍과 관련된 촌락들을 가진 것이다(12절). 레위인들은 또한 칼렙의 다른 성읍인 드빌도 받았다(15절, 수 15:15-19).

16절의 『**벧세메스**』는 사무엘상 6장에서 필리스티아인들이 언약궤를 돌려보낸 성읍이었는데, 그것을 그곳에 돌려보낸 이유는 그 성읍이 필리스티아인들의 영토에서 가장 가까운 레위인들의 성읍이었기 때문이다(삼상 6:15,16). 아론의 자손은 기브온 성읍을 받았는데(17절), 솔로몬이 성전을 지을 때까지 성막과 놋제단은 바로 이곳에 있었다(대상 16:39; 21:29, cf. 왕상 3:4, 대하 1:3-6). 18절의 『**아나돗**』은 대제사장 아비아달의 고향이며(왕상 2:26), 오랜 세월이 흐른 뒤에는 선지자 예레미야의 고향이기도 했다(렘 29:27).

21:20 코핫 자손 중에서 남은 레위인 코핫 자손의 족속들은 에프라임 지파 중에서 그들의 땅의 성읍들을 얻었으니
21 그들이 코핫 자손에게 세켐과 에프라임 산지에 있는 그 외곽 지역을 주어 살인자를 위한 도피성읍이 되게 하였더라. 또 게셀과 그 외곽 지역과,
22 킵사임과 그 외곽 지역과, 벧호론과 그 외곽 지역이니 네 성읍이라.
23 또 단 지파 중에서 엘테케와 그 외곽 지역과, 깁브돈과 그 외곽 지역과,
24 아얄론과 그 외곽 지역과, 갓림몬과 그 외곽 지역이니 네 성읍이라.
25 또 므낫세 반 지파 중에서 타낙과 그 외곽 지역과, 갓림몬과 그 외곽 지역이니 두 성읍이라.
26 남은 코핫 자손의 족속을 위한 모든 성읍들이 열 성읍과 그 외곽 지역들이더라.

위의 본문은 코핫 족속들 중 나머지가 받은 성읍들의 목록을 보여 주고 있다. 이 부분에서 첫 번째 성읍은 도피성읍인 『**세켐**』이다(수 20:7). 21절의 『**게셀**』은 레위인들이 에프라임 사람들과 카나안인들과 "공유"했던 성읍이다(16:10의 주석을 보라).

위에 제시한 목록과 역대기상 6장의 목록 사이에 몇 가지 차이가 있음을 알 수 있다. 22절의 『**킵사임**』은 역대기상 6:68의 『**욕므암**』이고, 27절의 『**브에스테라**』는 역대기상 6:71의 『**아스타롯**』이다(25절과 대상 6:70에도 동일하게 이름의 차이가 있음을 볼 수가 있다). 그러나 우리가 여호수아 14:15; 15:15에서 보았듯이, 이 성읍들도 이름이 두 개 이상이었던 것이다. 더군다나 900년이 흐르는 동안 성읍 이름이 바뀔 수도 있다는 사실을 모를 사람이 누구겠는가? 뉴욕은 처음에 그 이름이 뉴 암스테르담이었고, 비잔티움은 로마인들의 지배 아래서 이름이 콘스탄티노플로 바뀌었다가 모슬렘들이 지배하자 다시 이스탄불이 되었다. 공산주의자들은 센인트 피터스버그를 "레닌그라드"로 바꿨고, 베트남의 사이공은 "호치민 시티"가 되었다.

또 하나의 차이는 역대기상 6장에는 본문 23,24절에 나와 있는 단 지파에 속한 영토가 나와 있지 않다는 것이다. 24절에서 주어진 성읍들은 원래 에프라임의 소유라고 말한다(대상 6:66-69). 왜 그런지 우리는 그 이유를 여호수아 19:47에서 찾을 수 있다. 역대기상이 기록되었을 때, 단 지파는 이미 오래전에 북쪽에 있는 영토를 더 좋아하여 남쪽 유업을 포기했던 것이고, 그리하여 에프라임 지파가 24절의 성읍들을 차지했던 것이다.

21:27 레위 족속의 게르손 자손에게는 그들이 므낫세 다른 반 지파 중에서 바산에 있는 골란을 그 외곽 지역과 함께 주어 살인자를 위한 도피성읍이 되게 하였으며 또 브에스테라와 그 외곽 지역을 주었으니 두 성읍이라.
28 잇사칼 지파 중에서 키손과 그 외곽 지역과, 다바레와 그 외곽 지역과,
29 야르뭇과 그 외곽 지역과, 엔간님과 그 외곽 지역이니 네 성읍이라.
30 아셀 지파 중에서는 미살과 그 외곽 지역과, 압돈과 외곽 지역과,
31 헬캇과 그 외곽 지역과, 르홉과 그 외곽 지역이니 네 성읍이라.

32 납탈리 지파 중에서는 갈릴리에 있는 케데스와 그 외곽 지역을 주어 살인자를 위한 도피성읍이 되게 하였으며 또 함못돌과 그 외곽 지역과, 카르탄과 그 외곽 지역을 주었으니 세 성읍이라.

33 게르손인이 그들 족속대로 얻은 모든 성읍들은 열세 성읍과 그 외곽 지역이더라.

이제 게르손 자손들에게 주어진 성읍들이 나온다. 앞에서 살펴본 다른 목록들처럼 처음 주어지는 성읍은 도피성읍이다. 바로 『**바산에 있는 골란**』이다(27절, cf. 수 20:8). 『**갈릴리에 있는 케데스**』 또한 게르손에 속한 또 다른 도피성읍이다(32절, cf. 수 20:7).

21절의 『**게셀**』처럼, 31절의 『**르홉**』은 아셀 지파가 카나안인들을 쫓아내지 않았던 성읍들 중 하나이다(판 1:31).

21:34 레위인 중 남은 자 므라리 자손의 족속에게는 스불룬 지파 중에서 욕느암과 그 외곽 지역과, 카르타와 그 외곽 지역과,

35 딤나와 그 외곽 지역과, 나할랄과 그 외곽 지역이니 네 성읍이라.

36 르우벤 지파 중에서는 베셀과 그 외곽 지역과, 야하사와 그 외곽 지역과,

37 크데못과 그 외곽 지역과, 메파앗과 그 외곽 지역이니 네 성읍이더라.

38 갓 지파 중에서는 길르앗에 있는 라못과 그 외곽 지역을 살인자를 위한 도피성읍이 되게 하였고 또 마하나임과 그 외곽 지역과,

39 헤스본과 그 외곽 지역과, 야셀과 그 외곽 지역이니 모두 네 성읍
이라.
40 레위 족속의 남은 자인 므라리 자손이 그 족속대로 얻은 모든 성읍
들이 이러하니 제비로 얻은 열두 성읍이니라.
41 이스라엘 자손의 소유 안에서 레위인이 얻은 모든 성읍들은 마흔여
덟 성읍과 그 외곽 지역이더라.
42 이들 성읍들은 각기 성읍들 주위에 그 외곽 지역이 있으며 이 모든
성읍들이 그러하더라.

다른 족속들의 예와 달리 므라리에 속한 성읍들은 도피성읍으로 시작하지 않는다. 『**길르앗에 있는 라못**』(20:8)은 네 구절이 지나서야 나온다. 르우벤 지파의 『**베셀**』은 도피성읍임에도 불구하고(20:8) 도피성읍으로서 확인되지 않는다. 여기서 우리는 르우벤이 그의 아비의 첩과 행한 음행의 죄 때문에 거부당했던 사실을 다시 상기하게 된다(대상 5:1).

『**길르앗에 있는 라못**』은 열왕기상 22:3에서 시리아인들이 빼앗아간 성읍이다. 이곳은 아합과 그의 아들 요람이 전투에서 치명상을 입은 곳이며(왕상 22:29-37, 왕하 8:28) 예후가 왕으로 기름부음 받은 곳이기도 하다(왕하 9:1-10).

21:43 주께서는 그들 조상들에게 주시겠다고 약속하신 모든 땅을 이스라
엘에게 주셨더라. 그들이 그 땅을 차지하고 거기에서 거하였더라.
44 주께서는 그들 조상들에게 약속하신 모든 것대로 그들 주위에 안식

을 주셨으니 그들의 모든 원수 중에 한 사람도 그들 앞에 서지 못하였으며 또 주께서 그들의 모든 원수를 그들의 손에 넘겨주셨더라.

45 주께서 이스라엘 집에게 말씀하신 선한 일이 하나도 빠지지 않고 모두 이루어지니라.

앞서 13장에서 19장까지 읽었던 모든 불완전한 순종에 대한 언급들과 위의 본문을 비교해 보면, 모순이라고 생각될 수도 있다. 그러나 기억하라. 본문은 주 하나님께서 여호수아를 통해 성취하신 일들을 총체적으로 묘사하는 부분이다(11:23의 주석을 보라). 이 해석을 확실히 하기 위해, 성령님께서 44절에 관해서 직접 주석을 달아 놓으셨다.

『또다시 오랜 세월 후에 어떤 날을 정하시어, 다윗 안에서 '오늘'이라 말씀하셨으니, "오늘 너희가 그의 음성을 듣거든 너희 마음을 완악하게 하지 말라."고 함과 같으니라. 만일 예수가 그들에게 안식을 주었더라면 하나님께서 그후에 다른 날을 말씀하지 아니하셨으리라』(히 4:7,8).

이스라엘은 수많은 적들을 마주하고 있었으며, 43-45절에 언급된 것 외에도 수많은 전쟁이 있었다. 하나님께서는 아직 신명기 12:20에서 약속하신 대로 이스라엘의 경계를 넓혀 주신 것이 아니었다. 그 모든 것의 완전한 성취는 두 번째 "여호수아"께서 다시 오실 때 성취될 것이다. 그러나 하나님께서 여호수아 1장에서 약속하셨던 모든 것은 성취되었다.

여호수아서에서 재판관기로 이어지는 문제는, 하나님께서는 그분의 약속에 따라 그분의 몫을 행하셨는데 "이스라엘인들은 그들의 몫을 이행하지 않았다."는 것이다. 이것은 그리스도인의 영적 전쟁에서 나타나는 문제이기도 하다. 하나님의 약속들에 문제가 있는 것이 아니다. 문제는 우리에게 있는 것이다. 죄가 우리의 삶에서 득세할 때면, 그것은 언제나 내가 승리를 얻기 위해 성령님께서 말씀하신 것을 따르지 않았기 때문이다. 당신도 마찬가지이다. 만일 로마서 6장에서 주신 하나님의 약속들을 주장하고 그 성경 본문이 말씀하는 것을 실행한다면, 당신은 "그 후에" 승리를 얻게 되는 것이다.

『**이는 하나님께로부터 태어난 자는 누구든지 세상을 이기기 때문이라. 세상을 이기는 승리는 이것이니, 곧 우리의 믿음이라**』(요일 5:4).

『**내가 이것을 말하노니 성령 안에서 행하라. 그리하면 너희는 육신의 정욕을 이루지 아니하리라**』(갈 5:16).

『**그러므로 하나님께 복종하라. 마귀를 대적하라. 그리하면 그가 너희로부터 도망하리라**』(약 4:7).

여호수아 22장

22:1 그때에 여호수아가 르우벤인들과 갓인들과 므낫세 반 지파를 불러
2 그들에게 말하기를 "너희는 주의 종 모세가 너희에게 명한 모든 것
을 지켰고, 내가 너희에게 내 음성으로 명한 모든 일에도 복종하였
으며
3 오늘까지 그 많은 날 동안 너희 형제를 떠나지 아니하고 주 너희 하
나님의 계명을 지키는 의무를 다하였도다.
4 이제 주 너희 하나님께서 그들에게 약속하신 대로 너희 형제들에게
도 안식을 주셨느니라. 그러므로 이제 너희는 주의 종 모세가 요단
건너편에서 너희에게 주어 너희의 소유가 되게 한 땅으로 돌아가서
너희의 장막에 들라.
5 그리고 주의 종 모세가 너희에게 명한 계명과 율법에 매우 주의를
기울여 행하여 주 너희 하나님을 사랑하고, 그의 모든 길로 행하며

그의 계명들을 지키고, 그에게 밀착하며 너희 마음과 너희 혼을 다
하여 그분을 섬길지니라." 하더라.
6 그리하여 여호수아가 그들을 축복하고 돌려보내니 그들이 그들의 장
막으로 갔더라.
7 므낫세 반 지파에게 모세가 바산에서 소유를 주었으나 그들 다른 반
지파에게는 여호수아가 요단 서쪽 이편에 있는 그들의 형제 가운데
서 주었더라. 여호수아가 그들을 그들의 장막으로 보낼 때에 축복하
며
8 그들에게 일러 말하기를 "너희는 많은 재산과 심히 많은 가축과 은
과 금과 동과 철과 심히 많은 의복을 가지고 너희 장막으로 돌아가
서 너희 형제들과 더불어 너희 원수의 탈취물을 나눌지니라." 하더
라.
9 르우벤 자손과 갓 자손과 므낫세 반 지파가 돌아갔으니, 카나안 땅
에 있는 실로에서 이스라엘 자손을 떠나 모세의 손을 통한 주의 말
씀대로 그들이 차지했던 그들 소유의 땅 길르앗 지방으로 가니라.

1-4절은 요단 동편에 정착했던 르우벤과 갓과 므낫세 반 지파 출신의 전사들이 그들에게 주어진 임무를 완수했음을 보여 준다(1:12-15의 주석을 보라). 그들은 약속한 대로 카나안 땅을 정복하는 것을 끝까지 지켜보았고, 이제 여호수아는 그들을 떠나보내면서 축복하고 있다. 그들은 모세가 그들에게 명령한 임무를 완수했던 것이다(2절, cf. 신 3:20).

그들을 보내면서 여호수아는 다음과 같이 경고한다. 『**그리고 주의 종 모세가 너희에게 명한 계명과 율법에 매우 주의를 기울여 행하여 주 너**

희 하나님을 사랑하고, 그의 모든 길로 행하며 그의 계명들을 지키고, 그에게 밀착하며 너희 마음과 너희 혼을 다하여 그분을 섬길지니라』(5절). 요단 강으로 다른 지파들과 분리되어 있다는 것이 하나님의 율법으로부터 분리되었다는 뜻은 아니기 때문이다. 이것이 바로 모세의 언약의 핵심이다(출 15:26). 곧 "행위"가 있어야 하는 것이다. 이 지파들은 나중에 제일 먼저 포로가 되고 마는데, 이는 그들이 여호수아가 준 경고를 무시했기 때문이다(대상 5:25,26).

『**주 너희 하나님을 사랑하고**』(5절). 이 말씀은 첫째며 큰 계명이다(마 22:37,38). 이 계명은 네 이웃을 사랑하라는 계명과 함께 율법 전체의 요약이다. 율법의 요약이지 "복음"이 아닌 것에 주의하라(눅 10:27과 그 주석을 보라). 신약의 복음은 하나님께서 우리를 먼저 사랑하셔서 그분의 아들을 희생시키셨다는 것이다(요일 4:10, 롬 5:8). 갈보리 십자가의 사건 이후를 사는 우리에게, 하나님의 사랑은 율법을 지킴에 있는 것이 아니라 그리스도 예수 우리 주 안에 있는 것이다(롬 8:39).

『**그의 모든 길로 행하며**』(5절). 계명을 지키며 행위들을 견지해야 하는 구약의 계명이 여기에 응축되어 있다(신 5:33; 8:6; 13:4; 26:17; 28:9; 30:16, 시 119:1). 신약의 그리스도인을 위한 명령들은 다음과 같다.

"생명의 새로움 가운데 행하라"(롬 6:4).

"성령 안에서 행하라"(갈 5:16,25, 롬 8:1,4).

"보이는 것이 아닌 믿음으로 행하라"(고후 5:7).

"단정히 행하라"(롬 13:13).

“너희를 부르신 그 부르심에 합당하게 행하라”(엡 4:1).

“빛의 자녀들로서 행하라”(엡 5:8).

“하나님께 합당하게 행하라”(살전 2:12).

“지혜롭게 행하라”(골 4:5).

『**너희가 그리스도 예수를 주로 영접한 것같이 그분 안에서 행하라**』(골 2:6).

그리스도인은 구원받기 위해 선한 행위를 하는 것이 아니다. 그리스도인은 구원받았기 때문에 선한 행위를 하는 것이다(엡 2:8-10). 선한 행위는 『**주께 합당히 행하므로 모든 일에 기쁘시게**』 하기 위해 행한 것이 열매로 나타나는 것이다(골 1:10).

예수님께서 『**너희가 나를 사랑하면 나의 계명들을 지키라.**』(요 14:15) 고 말씀하셨을 때, 그 계명들은 십계명과 관련된 것이 아니었고 안식교인들이 주장하듯이 안식일을 지키는 것도 아니었다(롬 13:9, 골 2:16,17). 주님께서 말씀하신 계명들은 주님의 부활 이후에 성령님을 통해 주신 계명들을 말하는 것이며, 이 부분에 관해서는 요한복음 14:15과 요한일서 2:3,4; 3:23,24과 그 주석을 공부하라.

『**그에게 밀착하며**』(to cleave unto him, 5절). 여기서 “밀착하다”라는 뜻의 영어 단어 “클리브”(cleave)는 “나무를 쪼개다”에서처럼 “나누다, 쪼개다”의 의미가 아니다. 이 단어는 “달라붙다. 굳건하게 또는 충성스럽게 고수하다”의 뜻이다. “~에게”에 해당하는 전치사 “언투”(unto)가 있기 때문에 여기서도 “밀착하다”의 뜻인 것을 쉽게 알 수 있다.

주님께 밀착하라는 것은 신약의 그리스도인에게도 유익한 명령이다.

바나바가 안티옥의 이방인 교회와 함께했을 때, 그는 『**군센 마음으로 주께 붙어 있으라.**』(행 11:23)고 권면했다. 물론 거듭난 하나님의 자녀는 그리스도 예수 우리 주 안에 있는 하나님의 사랑으로부터 떨어져 나갈 수 없다(롬 8:39). 그러나 매일의 교제와 경배의 관점에서는 주님께로부터 멀리 떨어질 수 있는 것이다. 여기 여호수아 22:5에서 "행하는 것"(the walk)과 "밀착하는 것"(the cleaving)이 함께 나온 것은 바로 그 이유 때문이다.

『**너희 마음과 너희 혼을 다하여 그분을 섬길지니라**』(5절). 사랑과 섬김이 함께한다는 점에 주목하라. 첫째며 큰 계명은 『**네 마음을 다하고, 혼을 다하고, 생각을 다하여**』 주님을 사랑하는 것이다(마 22:37,38). 예수님께서는 말씀하셨다. 『**어떤 종도 두 주인을 섬길 수 없나니, 그가 한쪽을 미워하고 다른 쪽을 사랑하거나, 한쪽을 존중하고 다른 쪽을 경시하게 됨이라**』(눅 16:13). 그래서 그리스도인은 세상을 사랑해서는 안 되는 것이다. 세상을 사랑하게 되면 얼마 지나지 않아 자신이 사랑하는 세상을 섬길 것이기 때문이다(요일 2:15-17).

다시 여호수아 22장으로 돌아가도록 하자. 『**여호수아가 그들을 그들의 장막으로 보낼 때에 축복하며 그들에게 일러 말하기를 "너희는 많은 재산과 심히 많은 가축과 은과 금과 동과 철과 심히 많은 의복을 가지고 너희 장막으로 돌아가서 너희 형제들과 더불어 너희 원수의 탈취물을 나눌지니라." 하더라**』(7,8절). 여리코에서는 금지되었던 모든 것을(6:18,19을 보라) 이제는 소유하게 되었다. 아칸이 조금만 기다렸다면 200세켈의 은과, 금과 바빌론제 의복보다 훨씬 많은 것을 받을 수 있었을 것이다.

그리스도인은 여기서 교훈을 받아야 한다. 우리는 여기서 그리스도인이 그리스도의 심판석에서 보상을 받듯이 신실한 섬김에 대한 보상을 볼 수 있다. 8절에 있는 금과 은을 주목하라. 『**많은 재산**』은 고린도전서 3:12의 『**보석**』과 일치하며, 『**많은 의복**』은 성도들의 의인 세마포와 일치한다(계 19:8). "좋은 일들"은 그리스도를 섬기는 삶 뒤에 온다. 지상에서 받는 것이 아니다. 조엘 오스틴이 말하듯이, "지금이 당신의 최고의 삶"이 아닌 것이다. 맛있는 디저트는 "식사 끝에" 나온다.

자, 만일 주님께서 이생에서 돈을 주신다면 그것은 좋은 것이다. 하지만 그리스도인으로서 당신의 목표가 돈이 되어서는 안 된다. 바울은 다음과 같이 말했다.

『**그러나 부유하게 되고자 하는 자들은 유혹과 올무와 여러 가지 어리석고 해로운 정욕에 빠지리니, 이는 사람들로 파멸과 멸망에 빠지게 하는 것이라. 돈을 사랑하는 것이 모든 악의 뿌리니, 이것을 욕심내는 어떤 사람들이 믿음에서 떠나 방황하다가 많은 슬픔으로 자신들을 찔렀도다**』(딤전 6:9,10).

그리스도인의 보물은 "위에" 있다(마 6:20). 따라서 당신이 자신을 위해 땅에다 재물을 쌓아둘 때, 당신은 『**하나님 앞에 부요하지 못한 자**』가 되는 것이다(눅 12:21).

『**너희 형제들과 더불어 너희 원수의 탈취물을 나눌지니라**』(8절). 이것은 주님께서 민수기 31:27에서 말씀하신 법이며, 다윗도 이 법을 재확인했다.

『**이 일에 있어서 누가 너희에게 경청하겠느냐? 전쟁터에 내려간 자의**

몫과 소유물 곁에 머물렀던 자의 몫이 같으리니, 똑같이 나눌지니라." 하더라. 이 일이 그 날부터 그렇게 되어 다윗이 그것을 이스라엘을 위한 율례와 규례로 삼았으니 오늘까지 이르니라』(삼상 30:24,25).

그렇다면 이 진리가 그리스도의 몸 안에 있는 그리스도인에게는 어떻게 적용되는가? 그리스도인이 기쁘게 자원하는 마음으로 주님의 사역을 지원할 때(고후 9:7) 그 사람은 실제로 그 사역을 받드는 사람과 동일한 상을 받게 된다. 해외에서 복음이 전파되도록 헌금하였다면, 당신은 그리스도의 심판석에서 실제로 그곳에서 사역했던 선교사와 상을 "나누게" 되는 것이다.

예수님은 말씀하셨다.『**누구든지 너희가 그리스도께 속한 자라 하여 내 이름으로 너희에게 마실 물 한 잔이라도 주면, 진실로 내가 너희에게 말하노니, 그는 자기 상을 잃지 아니하리라**』(막 9:41).

바울도 히브리인들에게 이렇게 썼다.『**이는 하나님께서는 너희의 행위와 사랑의 수고를 잊으실 만큼 불의하지 아니하심이라. 그 사랑은 너희가 성도들을 섬겼고 또 지금도 섬김으로써 그분의 이름을 향해 보인 것이라**』(히 6:10).

9절은 특별한 설명이 필요 없다.

22:10 그들이 카나안 땅에 있는 요단의 접경에 오자 르우벤 자손과 갓 자손과 므낫세 반 지파가 거기 요단 가에 제단을 쌓았는데 보기에 큰 제단이더라.

11 이스라엘 자손이 듣고 말하기를 "보라, 르우벤 자손과 갓 자손과 므

낫세 반 지파가 카나안 땅 앞 요단의 접경 이스라엘 자손의 통로에
제단을 쌓았다." 하는지라.
12 이스라엘 자손이 그것을 듣자 이스라엘 자손의 온 회중이 실로에
함께 모여서 그들과 싸우러 가려고 하더라.
13 이스라엘 자손이 제사장 엘르아살의 아들 피느하스를 길르앗 땅으
로 르우벤 자손과 갓 자손과 므낫세 반 지파에게 보냈으며
14 이스라엘 온 지파를 통틀어 각 큰 가문에서 한 고관씩, 열 고관이
그와 함께하였으니 각자는 이스라엘의 수천 명 중 그들 조상 가문
의 우두머리라.
15 그들이 길르앗 땅에 이르러 르우벤 자손과 갓 자손과 므낫세 반 지
파에게 와서 그들에게 일러 말하기를
16 "주의 온 회중이 이르기를 '너희가 오늘 주를 따르는 데서 떠나서
너희에게 제단을 쌓았으니, 너희가 오늘 주께 반역하려고 이스라엘
의 하나님을 거역하여 저지른 이것이 무슨 죄인가?
17 프올의 죄악이 우리에게 너무 작은 것이냐? 주의 회중에 재앙이 있
었지만 우리는 오늘까지도 그 죄에서 정결케 되지 못하였도다.
18 그래도 너희가 오늘날 주를 따르는 데서 떠나야만 하느냐? 너희가
오늘날 주께 반역하면 내일은 그가 이스라엘 온 회중에게 진노하시
리라.
19 그렇지만 만일 너희 소유의 땅이 불결하다면 너희가 주의 성막이
있는 주의 소유의 땅으로 건너와서 우리 가운데서 소유를 취할 것
이지 너희가 주 우리 하나님의 제단 외에 다른 제단을 쌓음으로써
주께 반역하거나 우리에게 반역하지 말라.

20 세라의 아들 아칸이 저주를 받은 물건으로 범죄하여 진노가 이스라엘 온 회중에 떨어지지 아니하였느냐? 그의 죄악으로 멸망한 사람이 그 사람만은 아니었느니라.'고 하더라." 하니라.

르우벤 지파와 갓 지파와 므낫세 반 지파 사람들이 요단 강 동편에 있는 그들의 유업으로 돌아갈 때, 그들은 요단 강 동편 접경에서 멈추고 그곳에 큰 제단을 쌓아서 지나가는 사람이라면 누구나 볼 수 있도록 했다. 10절의 『**보기에**』(to see to)는 영어로는 조금 익숙지 않은 문장 구조처럼 보일 수 있지만 오늘날에도 자주 쓰는 표현이다. 오늘날 "See to it." "See to that"이라고 말하면 "그것에 주의를 기울여라," "그것을 처리하라"는 뜻이다. 몇 구절 더 내려가면 제단을 세운 목적을 완전하게 알 수 있지만, 여기 10절에서도 우리는 그것이 단지 실제로 사용하기 위해서가 아니라 "보여 주기" 위해서 세워졌음을 알 수 있다.

왜 이 점이 그렇게 중요한 것인가? 왜냐하면 이스라엘 사람들은 오직 성막에 있는 놋제단에서만 번제를 드려야 했기 때문이다(레 17:8,9, 신 12:5,6,27). 다른 지파들은 요단 강 동편에 있는 이 세 지파가 주 하나님의 제단을 대적하여 그들 자신을 위해 다른 제단을 세운 것으로 받아들였다(19절). 나머지 지파들은 이 문제를 그냥 놔두면 바알프올과 아칸의 죄와 같이(17,20절) 이스라엘 백성 전체가 하나님께 저주를 받게 될 것으로 생각하고, 요단 동편에 있는 르우벤 지파와 갓 지파와 므낫세 반 지파와 전쟁을 하려고 한 것이다(12절).

서쪽에 있는 지파들이 성급하게 판단하기는 했지만 그들은 그 문제를 올바로 다뤘다. 그들은 일종의 "위원회"를 보내서 무엇이 어떻게 돌아가는

지 알려고 했고, 요단 동편에 있는 세 지파가 죄를 지었다면 회개할 수 있는 기회를 준 것이다. 서쪽 지파들은 진리를 위해 열성을 냄으로써 의로운 분노를 품은 것이다. 즉 그들은 의로운 일에 대해 분노를 품었던 것이다. 성경은 『**화를 내되 죄는 짓지 말고**』라고 말씀한다(엡 4:26). 바꿔 말하면, 올바른 이유로 인해 화를 내되, 당신이 그럴 때에는 그 화를 올바른 방식으로 처리하라는 것이다.

서쪽 지파들은 "율법이 말씀하는 바"에 따른 의에 관해 주의를 기울인 것이지만, 후에 재판관기에서는 그렇게 하지 않았다. 그들은 "하나님께서 그분의 책에 말씀하신 바"에 따르지 않고 『**사람마다 자기 눈에 옳은 대로 행하였**』던 것이다(판 21:25).

한 민족이 하나님께서 그분의 책에 정하신 하나님의 의를 따라 행하지 않으면 "자유"(liberty)는 없고 "방종"(license)만 있게 된다. 자유는 "옳은" 것을 마음대로 행할 수 있음을 말하고, 방종은 "사람이 원하는 것"은 무엇이든지 할 수 있음을 말한다. 구원받지 못한 사람은 아담의 성품을 가졌고, 그것은 하나님의 말씀으로나 그분의 율법으로 전혀 규제될 수가 없다. 그렇기에 구원받지 못한 사람이 원하는 것은 어떤 방식으로든 육신을 만족시키며 탐닉하는 것이 되는 것이다. 한 사회가 그런 지경까지 가면 무정부 상태가 되거나 사회를 통제하기 위해 전체주의적 독재를 시행하게 된다.

미국이 오늘날 이 지경까지 오게 된 것은 미국 국민이, 심지어 그리스도인들까지도 하나님의 말씀에 대한 열성을 잃어버렸기 때문이다. 누구도 어떤 문제에 대해서 하나님의 뜻이 무엇인지 신경을 쓰지 않는다. 이런 현상은 "진보"(진화)가 아니라 "퇴보"이다. 즉 정글의 윤리와 정글의 법칙만이 작용하는 정글의 문화로 돌아가는 것이다. 즉 "내가 먼저고 당신은 나중"인 사회, 치고 박고 싸우는 약육강식의 정글인 것이다.

내가 때때로 회중에게 읽어 주는 자료가 있다. 19세기에 한 상점 주인이 직원을 채용한다는 "구인 광고"이다. 고용주는 하루에 12시간 일하고, 적절하게 옷을 입고, 술과 도박을 하지 않고, 주일에는 교회에 가서 예배를 드리며, 매일 성경 읽기와 기도로 자신의 가족을 이끌 수 있는 사람을 구하는 광고를 냈다. 그러나 시간이 지나면서 미국 정부가 규정과 법규를 만들어 고용주가 더 이상 자신의 사업체에 고용할 사람을 어떤 조건으로 뽑겠다는 요구조차 하지 못하게 했다. 즉 다른 사람의 종교적 "권리"와 시민으로서의 "권리"를 침해한다는 것이다. 그래서 고용주는 자기 사업체의 기준도 만들지 못하게 되었다. 그런데 그것도 모자라 이제는 오바마가 회사들에 압력을 가해서 변태 성행위와 낙태를 지지하지 않으면 연방정부가 그 회사의 문을 닫도록 만들었다. 요컨대 국민이 정부의 노예가 된 것이다. 미국 시민의 자유는 사실상 완전히 사라져 버린 것이다.

동쪽 지파들에게 보내는 대표단은 제사장 엘르아살의 아들 피느하스가 그 대표가 되었다(13,14절). 이유는 17절을 보면 알 수가 있다.

『프올의 죄악이 우리에게 너무 작은 것이냐? 주의 회중에 재앙이 있었지만 우리는 오늘까지도 그 죄에서 정결케 되지 못하였도다.』

우연의 일치가 아니다. 이 "피느하스"가 바알프올의 죄로 인해 하나님께서 이스라엘에게 보내신 역병을 멈추게 했던 바로 그 인물인 것이다.

『제사장 아론의 손자, 엘르아살의 아들 피느하스가 그것을 보고 회중 가운데서 일어나 손에 창을 들고 그 이스라엘 남자를 따라 그의 장막으로 들어가서, 그 이스라엘 남자와 그 여인의 배를 꿰뚫었더니, 그 재앙이

이스라엘 자손에게서 멈추었더라』(민 25:7,8).

주님께서는 『**피느하스가 그들 가운데서 나를 위해 열심을 내**』었다고 말씀하셨다(민 25:11). 이 때문에 주님께서는 피느하스와 그의 뒤에 올 그의 씨에게 『**영원한 제사장 직분**』을 누릴 수 있는 『**화평의 언약**』을 주셨다(민 25:12,13). 이 제사장직은 천년왕국까지 계속 이어진다(대상 6:4-8, cf. 겔 40:46; 43:19; 44:15; 48:11).

한 가지 더 중요한 것은 피느하스가 구약의 구원과 신약의 구원이 다름을 보여 주는 가장 확실한 예들 중 하나라는 것이다. 시편 106:30,31을 보라.

『**그때 피느하스가 일어나 처벌하자 그 재앙이 그쳤으며 그 일이 모든 세대에 걸쳐 영원무궁토록 그에게 의로 여겨졌도다.**』

성경은 피느하스가 로마서 4:3의 아브라함의 경우처럼 "의로 여겨졌다"고 말씀한다. 그러나 피느하스의 경우에는 믿음이 개입된 것이 아니었다. 피느하스는 순전히 행위에 근거해서 전가된 의를 받은 것이다. 즉 주 하나님을 위해 열성을 내어 음행하는 우상 숭배자들을 창으로 그 배를 뚫어버린 것이다. 이것은 전혀 믿음을 통해 은혜로 말미암아 받는 구원이 아니다. 교회 시대의 사람들은 예수 그리스도께서 우리를 위해 십자가에서 대속적인 죽음으로 죽으시고 죽은 자들로부터 살아나셨음을 믿고 하나님의 전가된 의를 받는다(롬 4:24,25). 구약 아래서의 구원은 신약 아래서의 구원과 다르며, 이것은 "선하고 경건한" 근본주의자들이 뭐라고 말하든지 상관없다. 선하고 경건한 근본주의자가 성경과 다르게 믿고 성경과 다르게 가르치면 그 부분에서는 그를 완전히 무시해 버려라!

22:21 그때 르우벤 자손과 갓 자손과 므낫세 반 지파가 이스라엘 수천의
우두머리들에게 말하기를
22 "신들 중의 주 하나님, 신들 중의 주 하나님께서 아시나니 이스라엘
도 알지니라. 만일 이 일을 주께 반역하는 마음이나 범죄하는 마음
으로 행했다면 (오늘 우리를 구원하지 마옵소서.)
23 우리가 단을 쌓은 것이 주를 따르는 데서 돌이키기 위함이거나, 그
위에 번제나 음식제사를 드리려 함이거나, 그 위에 화목제물을 드
리려 함이거든 주께서 친히 그것을 요구하시기 원하노라.
24 만일 우리가 단을 쌓는 일을 행하지 아니하면 이런 일이 있을까 두
려워하노니, 즉 훗날에 너희 자손이 우리 자손에게 말하여 이르기
를 '너희는 이스라엘의 주 하나님과 무슨 상관이 있느냐?' 하면서
25 '너희 르우벤 자손과 갓 자손아, 주께서 요단으로 우리와 너희 사이
에 한 경계를 만드셨으니 너희는 주 안에 어떤 몫도 없도다.' 하리
니, 그렇게 되면 너희 자손이 우리 자손으로 주를 두려워함에서 그
치게 할까 해서
26 우리가 말하기를 '우리에게 한 제단을 쌓을 준비를 하자.' 하였으니
번제를 위함도 희생제를 위함도 아니요,
27 다만 우리와 너희, 또 우리 다음 세대 사이에 증거가 되게 하여 우
리로 그분 앞에서 우리의 번제와 우리의 희생제와 우리의 화목제로
주를 섬기는 일을 하게 하여 너희 자손이 훗날 우리 자손에게 '너희
는 주 안에 어떤 몫도 없다.'라고 말하지 못하게 하려 함이라.
28 그러므로 우리가 말하기를 '그들이 훗날에 우리나 우리 후손들에게
말하면 우리가 다시 말하되, 우리의 조상이 만든 주의 제단의 모양

을 보라. 그것은 번제를 위한 것도 아니요, 희생제를 위한 것도 아
니고, 다만 우리와 너희 사이에 한 증거니라 하리라.' 하였도다.
29 우리가 주께 반역하고 오늘 주를 따르는 데서 돌이켜 그의 성막 앞
에 있는 주 우리 하나님의 제단 외에 번제나 음식제사나 희생제를
위하여 한 제단을 쌓는 일을 결코 하지 아니하리라." 하니라.

이제 요단 동편 지파들이 제단을 세운 이유를 설명한다. 그들은 먼저 『**주께 반역하는 마음이나 범죄하는 마음으로 행했다면 (오늘 우리를 구원하지 마옵소서.)**』(22절)라고 밝히고 시작한다. 즉 세 지파는 다른 지파들에게 바울이 페스토에게 한 것과 같은 말을 하고 있다. 『**만일 내가 무엇을 위반했거나 죽을 만한 일을 했다면 죽기를 사양치 아니하리이다**』(행 25:11). 쉽게 말해서 "우리가 반역을 했거나 이 부분에 있어서 죄가 있다면, 우리를 죽여도 좋다."라고 말하고 있는 것이다.

이제 동편 지파는 설명하기를, 앞으로 한두 세대가 지나면 그들이 모세가 민수기 32장에서 요단 동편 지파들과 세운 언약을 잊어버리고, 급기야는 하나님께서 이스라엘과 세우신 언약에서 요단 동편 지파들을 제외시킬 수 있다고 말한다. 그들은 자신들이 약속의 땅인 카나안 땅에 있지 않다는 이유로 "파문당하여" 성막에서 경배드리지 못할까 봐 두려웠던 것이다.

아버지 세대가 더 좋은 환경에서 살게 하기 위해 행한 일들을 다음 세대가 잊어버리는 경향이 있다는 것은 사실이다. 출애굽기 1:8에는 『**요셉을 모르는 새 왕**』이 『**이집트**』에서 일어났다고 되어 있다. 이 왕은 이집트 역사상 가장 중요한 인물을 알지 못하는 왕이었다. 이집트뿐만 아니라

중동 지역 전체를 기근에서 구한 사람에 관해 아무것도 모르는 사람이었던 것이다. 여호수아와 그와 함께 살았던 장로들이 죽은 뒤, 이스라엘에는 그의 선조들이 그 땅을 얻기 위해 싸운 싸움에 대해 전혀 알지 못하는 세대들이 일어났다(판 3:1,2). 그 결과 그들은 그 땅에 남겨진 이교도들과 함께 정착했고, 마침내 그들의 거짓 신들을 숭배하기에 이르렀다(판 3:5-7). 따라서 요단 동편 지파들이 가진 두려움에는 충분한 근거가 있었던 것이다.

그들이 세운 제단은 희생제를 위한 것이 아니었다. 단지 그들이 카나안 땅에 있는 지파들과 동일한 하나님을 섬긴다는 증거였다. 오늘날의 지역 교회들에도 동일한 것이 있다. 지역 교회 예배당에서 설교단과 가까운 곳에 사람들이 초청에 응하여 나와서 기도할 수 있는 "기도의 제단"이 있는 것이다. 그곳은 실제적인 제물들을 드리는 제단이 아니라 성도들이 나와서 자신의 몸을 산 제물로 드리는 제단이다(롬 12:1).

물론 우리는 그리스도인이 하나님과의 관계를 바로잡을 수 있는 장소가 그곳뿐만이 아니라는 것을 알고 있다. 그러나 "기도의 제단"은 교회 건물 안에서 성도들이 가서 기도할 수 있는 좋은 장소이다. 가끔씩 극단적 세대주의자가 우리 교회에 찾아와서 이런 말을 한다. "신약성경에는 '기도의 제단'이 없습니다. 도대체 무슨 근거로 '기도의 제단'을 만든 거죠?" 그렇다면 화장실, 전구, 주일학교, 교회 버스도 신약성경에 없고, 심지어 교회 건물도 신약성경에 없는데 그것은 어떻게 설명할 것인가?

나의 말을 오해하지 말라. 위에서 예로 든 것에는 잘못된 것이 없다. 내가 말하고자 하는 것은 오늘날 지역 교회들에는 신약성경에서 찾을 수 없는 것들이 많이 있다는 사실이다. 사도 바울이 교회의 "음향 시스템"에 대해서 말한 적이 있는가? 그런 부분을 찾을 수 없다고 해서 반드시 그것이 비성경적이라고는 말할 수 없는 것이다. 이럴 때 일반적으로 따를 수 있는 원칙은 그것이 성경과 반대되지 않는다면, 즉 확실하게 잘못된 것이 아니라면, 하나님의 영광과 죄인들의 구원과 성도들을 세우는 데 그것을 사용할 수 있다는 것이다.

22:30 제사장 피느하스와 그와 함께 있던 회중의 고관들, 곧 이스라엘 수천의 우두머리가 르우벤 자손과 갓 자손과 므낫세 자손이 한 말을 들으니 그 말이 그들을 기쁘게 하였더라.

31 제사장 엘르아살의 아들 피느하스가 르우벤 자손과 갓 자손과 므낫세 자손에게 말하기를 "오늘 우리는 주께서 우리 가운데 계신 것을 아노니 이는 너희가 주를 거역하여 이 죄를 짓지 아니하였음이니라. 이제 너희가 이스라엘 자손을 주의 손에서 구해 내었느니라." 하더라.

32 제사장 엘르아살의 아들 피느하스와 고관들이 르우벤 자손과 갓 자손을 떠나 길르앗 땅에서 카나안 땅으로 돌아와 이스라엘 자손에게 이르러 그들에게 다시 말을 전하였더니,

33 그 일이 이스라엘 자손을 기쁘게 한지라. 이스라엘 자손이 하나님을 송축하고 르우벤 자손과 갓 자손이 거하는 땅에 가서 싸워 그들을 멸하자고 아니하였더라.

34 르우벤 자손과 갓 자손이 그 제단을 에드라 칭하였으니 이는 그 단이 우리 사이에 주가 하나님이시라는 증거가 됨이더라.

피느하스와 그의 대표단은 그들의 설명을 받아들였고, 성경은 『**그 말이 그들을 기쁘게 하였더라.**』(30절)고 말씀한다. 또 33절을 보라. 『**그 일이 이스라엘 자손을 기쁘게 한지라.**』 당신은 위의 본문을 읽을 때 하나님께서 그 일을 특별히 기뻐하셨다는 기록이 없다는 사실을 알아차렸는가?

위의 본문에는 하나님께서 특별히 그 일에 대해 분노하셨다는 말씀도 없다. 그러나 당신은 이 부분에 대해서 요단 동편 지파들이나 카나안 땅 지파들 양자 모두가 기도하지 않았다는 사실을 알아차렸는가? 르우벤 지파와 갓 지파와 므낫세 반 지파는 그 제단을 증거로 세우는 일에 대해 주님께서 어떻게 생각하시는지 묻지 않았다. 맞은편에 있는 피느하스와 요단 서편의 아홉 지파와 반 지파도 주님께서 그 일에 대해 어떻게 생각하시는지 또 그 일을 어떻게 해야 할지 주님께 묻지 않았다. 실로에 있는 회중 전체도 주님께 묻지 않았다. 처음부터 끝까지 인간적인 편의주의였던 것이다. 형제들이여, 기도는 마지막에 하는 것이 아니라, 가장 먼저 필수적으로 해야 할 일임을 명심하라!

『**르우벤 자손과 갓 자손이 그 제단을 에드라 칭하였으니 이는 그 단이 우리 사이에 주가 하나님이시라는 증거가 됨이더라**』(And the children of Reuben and the children of Gad called the altar *Ed*: for it *shall be* a witness between us that the LORD *is* God, 34절). 먼저 킹제임스성경의 본문에서 『**에드**』(*Ed*)와 『**됨이더라**』(*shall be*)가 이탤릭체로 되어 있음을 주목하라.

근본주의자들과 보수주의자들은 항상 킹제임스성경이 "원본"에 없는 이탤릭체 단어들을 넣었다고 불평한다. 물론 이탤릭체 단어들이 "원본"에 없을 수도 있지만, 만일 이탤릭체가 없다면 문장이 어떻게 되는지 보라. "르우벤 자손과 갓 자손이 그 제단을 칭하였으니 이는 그 단이 우리 사이에 주가 하나님이시라는 증거."

말이 되지 않는 것이다! 그들이 "그 제단을 칭했다니"(called the altar) 이게 대체 무슨 말인가? 무엇이라고 칭했다는 것인가? 그리고 "그 단이 증거"(for it a witness)는 또 무엇인가? 서술어가 없어서 문장이 완성되지 못한 것이다. ASV의 디모데전서 3:16을 보면 이런 식으로 하나님의 말씀이 말이 안 되는 문장으로 변개되어 있다. 그들은 "육신으로 나타난" 것에 대한 주어가 없는 문장을 만들어 놓았다(〈피터 럭크만의 주석서 목회서신〉에서 해당 부분의 주석을 공부하라).

킹제임스성경은 이곳에 "증거"에 해당하는 히브리어 단어(『**에드**』)를 명시해 놓았다. 왜냐하면 그것이 히브리어 원문의 양식이기 때문이다. 즉 히브리어 단어를 쓰고 그 다음에 정의를 내리는 것이다. 예를 들어서, 창세기 29:32-35; 30:6-24에서 야곱의 아들들의 이름을 짓는 부분을 보라. 만약 킹제임스성경이 『**됨이더라**』(*shall be*)를 추가하지 않았다면 동사가 없고 주어만 있는 문장, 영어로 따지면 비문이 되는 것이다. 그래서 킹제임스성경은 올바른 문장을 만들기 위해 단어를 추가해야 할 경우, 그 단어들이 히브리어나 헬라어 원문들에는 없지만 영어로 이해하기 용이하도록 넣었다는 의미에서 이탤릭체로 명기한 것이다. 쉽게 말해서 킹제임스성경은 다른 변개된 현대 번역본들과 달리 정직한 번역본이다. 현대의 변개된 번역본들은 단어들을 추가시켜 놓고도 그 추가한 단어들을 표시하지 않으면서 "킹제임스성경"의 이탤릭체에 대해 불평하는 것이다. "배교한 위선자들"이 하는 짓이 그런 것이다.

그 다음으로 살펴볼 것은 이렇게 돌들을 증거로 세운 일이다. 야곱도 창세기 31:45-48에서 그렇게 하고, 여호수아도 여호수아 24:27에서 그렇게 한다. 우리는 이 주제에 대해서 24장의 해당 구절이 나올 때 다룰 것이다.

여호수아 23장

23:1 주께서 이스라엘 주위의 모든 원수들로부터 이스라엘에게 안식을
주신 후 오래 되었을 때 여호수아가 나이 많고 늙었더라.
2 여호수아가 온 이스라엘과 그들의 장로들과 그들의 우두머리들과 그
들의 재판관들과 그들의 관원들을 불러서 그들에게 말하기를 "내가
나이 많고 늙었도다.
3 너희는 주 너희 하나님께서 너희로 인하여 이 모든 민족들에 행하신
모든 것을 보았나니 주 너희 하나님은 너희를 위하여 싸우셨던 그분
이시라.
4 보라, 내가 너희 지파에게 유업이 되게 하려고 남아 있는 이들 민족
들과 내가 베어 버린 모든 민족들을 요단에서 서쪽 대해에 이르기까
지 제비로 너희에게 나눠 주었느니라.
5 주 너희 하나님, 그분께서 너희 앞에서 그들을 쫓아내사 너희 목전에

서 그들을 몰아내실 것이요, 주 너희 하나님께서 너희에게 약속하신 대로 너희는 그들의 땅을 차지하리라.

여호수아는 이제 나이가 많이 들었다. 약 110세 정도가 되었다. "노병은 죽지 않는다. 다만 사라질 뿐이다."라는 말이 있다. 어떤 사람이 전쟁에 6개월 동안 참전했다면 60년도 견딜 수 있다. 또 어떤 군인이 처음 서너 번의 전투에서 살아남는다면 그런 사람은 대개 전사하지 않고 살아남아 늙어 죽는다.

이상하게 들릴지 모르지만 거의 모든 경우에 있어서 그렇다. 군인들이 전사한다면 대개 그들이 투입된 첫 번째 혹은 두 번째 전투에서 죽는 것이다. 군인들이 서너 번의 전투에서 싸우고 살아남는다면 대개 전쟁이 끝날 때까지 죽지 않고 살아남는다. 사실 이런 삶은 노년이 되면 조금 측은해지기도 한다. 왜냐하면 젊은 시절에 그들은 싸우다가 장렬하게 전사하기를 바랐기 때문이다.

나의 선친께서는 나와 형에게 남자가 얻을 수 있는 최고의 명예는 조국을 위하여 부대를 이끌며 싸우다가 전사하는 것이라고 했다. 지금 미국이 어떤 꼴이 되었는지를 고려할 때, 나는 더 이상 누군가가 자신의 조국인 미국을 위해 싸우다가 죽는 것이 최고의 명예라고 생각하지 않는다. 나는 한 사람이 가질 수 있는 최고의 명예는 하나님께서 자신에게 하라고 하신 일을 하다가 죽는 것이라고 생각한다. 그러나 전투에서 산전수전을 다 겪은 베테랑들은 대개 그렇게 죽지 못한다(이것은 이 세상의 군대에 속한 군인이나, 영적 전쟁을 하는 예수 그리스도의 군사들에게나 모두 사실이다).

한번은 나의 딸 다이아나가 자신의 침실에 네 개의 그림을 걸어 놓았다. 그 그림들은 우리 가문에서 미군에서 복무했던 네 세대를 그린 것이었다. 그중 하나는 남북전쟁에서 싸우셨던 나의 증조부께서 장군의 군복을 입고 있는 그림이었다. 그 다음은 필리핀 전쟁에서 싸우셨던 나의 조부께서 장군의 군복을 입고 계신 그림이었다. 그 다음이 제2차 세계대전까지 복무하시고 중령으로 전역하신 나의 선친의 그림이었다. 선친의 제복에는 제1차 세계대전에 참전하셔서 받은 세 개의 성장(星章)이 박혀 있었다. 마지막으로 내 그림이 있었는데, 딸은 내가 군복 입은 사진을 구하질 못했다. 나는 제2차 세계대전에서 소위로 복무했다. 우리 가문의 군인들은 모두 전사하지 못하고 늙어서 죽었다.

내 선친은 세 번이나 전쟁에 참전한 경력을 가지셨었다. 제2차 세계대전이 발발했을 때 60대이셨는데, 미 육군은 그때 선친을 병기부대(무기개발)에 배속했다. 선친은 그 일로 상심이 이만저만이 아니셨다. 실제 전투에서 싸운 군인으로서, 보병부대에서 싸우다 전사할 기회를 원하셨던 것이다. 그러나 그렇게 되지는 않았다. 선친은 전역하셨고, 그의 말년은 (델라웨어) 리호보스 해변에서 산책을 하고, 브릿지 게임을 하며, 영화를 보러 다니는 일로 채워졌다. "노병은 죽지 않는다. 다만 사라질 뿐이다."

맥아더 장군은 한국전에서 돌아와 미 의회에서 고별 연설을 했고, 그런 후 눈에 보이지 않는 곳으로 사라졌다. 그는 나이가 많이 들어 웨스트포인트사관학교에서 연설을 하고 2년 뒤에 작고했다. 맥아더는 베라크루즈(미-멕시코 전쟁), 제1차 세계대전, 제2차 세계대전, 한국전에 참전했으나 미국의 한 병원에서 희귀한 폐병으로 생을 마감했다. 패튼 장군은 6연발 권총을 차고 탱크를 타고 전선에서 공격을 지휘하곤 했다. 그 또한 전투에서 죽지 못했다. 종전 후 차 사고로 유명을 달리했다. 독일의 롬멜 장군 또한 총알이 빗발치는 가운데 공격을 지휘하며 걸어 다녔고, 총알받이가 되지 않으려고 땅바닥에 엎드려 있는 병사들을 놀려대곤 했다. 그는 병사들을 놀리며 일어나서 주변을 둘러보라고 말하곤 했다. 롬멜도 전투에서 죽지 않았다. 히틀러를 암살하려 했다는 혐의를 받고 독을 먹고 자살하라는 강요를 받고 죽었다. "노병은 죽지 않는다. 다만 사라질 뿐이다."

『**여호수아가 나이 많고 늙었더라**』(1절). 여호수아는 연수가 많았고 예전처럼 칼이나 창을 사용할 수 없었다. 그의 시력도 나빠졌고, 남자다웠던 가슴도 내려앉았다. 더 이상 젊은이들처럼 전쟁에 나갈 수 있는 상태가 아니었다. 다윗은 늙었을 때 군대를 이끌고 앞장서서 공격을 주도하려고 했었다. 그러나 누구나 어느 시기가 지나면 더 이상 예전에 하던 일을 하지 못하는 때가 온다. 성경은 『**다윗이 지쳐 있는데**』라고 말씀하며(삼하 21:15) 그때 그는 거인에게 거의 죽을 뻔했다(삼하 21:16). 다윗의 병사들은 그에게 "이제 더 이상 나오지 마십시오!"라고 말해야 했다(삼하 21:17). "노병은 죽지 않는다. 다만 사라질 뿐이다."

노년에서 가장 위험한 요소들 중 하나는 패배주의이다. 오래 살면 살수록, 먼저 간 친구들이 많아질수록, 더 외로워지는 것이다. 몸은 약해지고, 넘어져서 뼈가 부러질까 봐 걱정해야 하고, 다치면 좀처럼 잘 낫지 않는다. 예전에 했던 일을 할 수 없게 되고 스스로가 무가치하게 느껴진다. 나는 노인들이 내게 "아무도 저를 필요로 하지 않아요. 이제 아무짝에도 쓸모가 없어요."라고 말하는 것을 자주 들었다.

늙었다는 것 자체가 낙담하게 한다는 것을 나도 알고 있다. 나 또한 좋아하던 하키를 더 이상 하지 못하고, 낚시도 더 이상 할 수 없고 달리지도 못한다. 정원에서 일하던 것도 예전처럼 그렇게 오랫동안 하지 못한다. "황반변성"(mascular degeneration)이 두 눈에 와서 시력이 거의 보지 못할 정도가 되고 있다. 기억력도 쇠퇴했고 청력도 가고 있다. 성경은 여호수아가 『**늙었더라.**』(STRICKEN in age)고 말씀한다. 즉 노화가 여호수아를 가격하고 때렸다는 것이다. 이제 나는 이 말이 무슨 말인지 정확하게 이해한다. 노화가 당신을 때려눕혔다는 뜻이다.

그러나 늙는다는 것에도 축복이 있다. 육신, 곧 옛 성품에 덜 시달리게 되고, 옛날처럼 그렇게 많이 유혹받지 않는다. 왜냐하면 할 수 있는 것이 별로 없기 때문이다. 누군가가 나를 차에 태워 라디오 채널을 틀어 주고 "록" 음악을 들려준다 해도 전혀 신경 쓰지 않을 것이다. 왜냐하면 "그것을 들을 수 없기" 때문이다.

또한 늙으면 늙을수록 하나님을 신뢰하기가 훨씬 쉬워진다. 왜냐하면 내가 할 수 있는 것이 거의 없기 때문이다. 나는 내가 그렇게 큰 믿음을 가졌었다고 생각하지 않는다. 그러나 내가 어떤 일에 대해서 아무것도 할 수 없을 때, 나는 단순하게 하나님을 신뢰하고 그 일을 맡기고 그 일에 대해서 더 이상 염려하지 않는다. 젊은 그리스도인들은 무엇을 해야 할지 고민하고 스스로 그 일을 해결하려고 안간힘을 쓴다. 왜냐하면 젊음이 주는 힘과 정신적 예리함을 가지고 있기 때문이다. 그러나 그것이 없어지고 나면 단지 주님 손에 맡기고 다른 일을 시도하지 않는 것이다.

나이가 많은 그리스도인들에게는 젊은이들이 갖지 못하는 구령할 기회도 있다. 나이 많은 자매들은 쇼핑몰에 가서 아무것도 하지 않고 앉아 있는 청소년들에게 다가가 부드럽게 손을 올리고 말할 수 있다. "만나서 반

갑구나! 나는 너에게 주님께서 너를 사랑하시고 나도 너를 사랑한다는 것을 말해 주려고 왔단다. 나는 네가 하늘나라에 가길 원한단다. 주 예수 그리스도에 관한 이 전도지 읽어 볼래?" 자기 할머니와 같은 사람이 그렇게 말하는데 생각도 안 해보고 그냥 거절할 청소년은 별로 없을 것이다.

너무 약해져서 집 밖으로 나가지 못할 상황인가? 그렇다면 전화번호부를 구해서 수화기를 들고 전화번호부를 뒤지라. 그리고 전화를 걸었을 때 당신과 대화하고자 하는 사람에게 복음을 전파하라. 톰 말론(Tom Malone)의 교회의 한 성도는 전화번호부를 네 번이나 훑으며 전화로 복음을 전했다고 한다. 그 성도는 언젠가 전화를 걸어 자살하려는 사람을 그리스도께 인도한 적도 있다고 했다. 자살을 하려는데 전화가 와서 그 길로 복음을 듣고 구원받은 것이다.

사람들에게 말하는 것이 두려운가? 그렇다면 전도지를 편지로 보내면 된다. 테네시 주의 한 그리스도인은 정말 사람과 대화하는 것 자체가 너무 힘들어서 토하곤 했다. 복음을 전하기 원했는데 너무 수줍음을 많이 타서 대화를 시작조차 할 수 없었다. 그래서 그가 내게 물었다. "럭크만 박사님, 어떻게 하면 좋을까요?" 그래서 나는 그에게 "전화번호부를 보고 전도지를 우편으로 보내세요."라고 답해 줬다. 그래서 그는 우리 서점에서 파는 〈수백만 명이 사라지다, Millions Disappear〉라는 소책자들을 구입하여, 만일 수신자가 구원받게 될 경우 보낼 수 있는 반송 주소 카드를 동봉하여 사람들에게 발송했다. 그는 그 소책자를 읽고서 그리스도를 영접한 사람들에게서 "500장의 결신 카드"를 받았다고 한다. 당신이 늙고 밖에 나갈 수조차 없다면, 그렇게도 할 수 있는 것이다.

다시 여호수아 23장으로 돌아가도록 하자. 우리는 여호수아가 어떻게

2백만 명의 사람들에게 말할 수 있었는지를 1:10,11에서 논의한 바 있다(2절). 또 하나님께서 어떻게 이스라엘을 위해서 싸우셨는지도 10:14에서 주석했었다. 당신의 삶 속에 있는 죄를 다루고, 세상과 육신과 마귀를 대적해서 싸울 때 그 점을 기억하라. 당신이 혼자 싸우는 것이 아니다. 성령님을 통해 당신 안에 계시는 주님께서도 싸우시는 것이다. 자기 자신을 하나님께 드리면 승리를 얻을 수 있다(롬 6:13). 주 안에서와 주의 힘의 능력 안에서 강건해야 한다(엡 6:10). 다윗은 말했다. 『**하나님은 나의 힘이시요 능력이시니**』(삼하 22:33).

4절에는 군사적인 면에서의 승리가 나와 있다. 『**내가 베어 버린 모든 민족들을**』. 5절에는 정치적인 면에서의 승리가 나와 있다. 『**주 너희 하나님께서 너희에게 약속하신 대로 너희는 그들의 땅을 차지하리라.**』 모든 군사적 승리에는 정치적인 승리가 뒤따라와야 한다. 만일 그렇게 하지 않으면 전쟁에서 성취한 모든 것이 무용하게 된다. 제1차 세계대전이 끝난 후 연합국들은 국가 연합으로 모여서 독일에게 전쟁 배상금을 물림으로써 4년간의 수고를 허사로 만들었다. 그 일이 아돌프 히틀러와 제2차 세계대전을 위한 무대를 만든 것이다. 제2차 세계대전이 끝나고 나서도 똑같은 일이 일어났다. 모두가 UN에 모여서 러시아와 중국의 공산주의자들에게 의석을 하나씩 내어준 것이다. 이 일로 한국전, 베트남전, "냉전"이 일어났다.

그래서 승리한 "후"가 승리하기 "전"만큼이나 중요한 것이다. 이스라엘 사람들은 카나안의 이교도 족속들의 군대를 무찔렀지만 그들은 계속 밀어붙여서 그 땅에 잔존하고 있는 자들을 처리하지 않았던 것이다. 오히려 남아 있는 카나안인들과 잘 지내려고 했고, 이것이 재판관기에 기록된 모든 문제들의 원인이었던 것이다.

23:6 그러므로 너희는 매우 담대하게 모세의 율법책에 기록된 모든 것을 지켜 행하고, 그로부터 오른편이나 왼편으로 돌이키지 말며
7 너희는 너희 가운데 남아 있는 이들 민족들 가운데 가지 말며 그들의 신들의 이름도 부르지 말고, 그것들을 두고 맹세하지도 말며 그것들을 섬기지도 말고, 그것들에게 절하지도 말라.
8 오직 주 너희 하나님께 밀착하되 너희가 오늘까지 행한 것처럼 하라.
9 주께서 너희 앞에서 크고 강한 민족들을 몰아내셨으므로 너희로 말하자면 오늘까지 너희 앞에 설 수 있는 자가 아무도 없었느니라.
10 너희 중에 한 사람이 천 명을 쫓아내리니 이는 주 너희 하나님께서 너희에게 약속하신 대로 너희를 위하여 싸우시는 그분이심이니라.
11 그러므로 너희는 스스로 주의하여 주 너희 하나님을 사랑하라.

6절의 『**모세의 율법책**』은 24:26에서는 『**하나님의 율법책**』으로 언급된다(눅 2:22,23에서도 같은 현상을 볼 수 있다). 안식교도들 중 일부가 이 두 표현이 서로 다른 것을 가리킨다고 주장하는데, 전혀 말도 안 되는 소리다. 두 표현은 같은 것을 가리킨다. 하나님께서 『**입법자**』(lawgiver)시며(사 33:22, 약 4:12) 모세도 마찬가지이다(민 21:18, 요 1:17; 7:19). 살아 계신 말씀(the living Word)이신 예수 그리스도께서 100% 하나님이심과 동시에 100% 사람이신 것처럼(요 1:1,14), 기록된 말씀(the written word)인 성경 또한 100% 하나님께 속함과 동시에 100% 사람에게 속한 것이다.

따라서 여호수아 23:6과 24:26은 성경의 첫 다섯 책을 하나님께서 영감으로 주셨음을 증명하는 말씀이다. 6절은 모세가 모세오경의 저자라고 말하며, 예수 그리스도께서도 이 점을 확증하셨다(막 1:44; 7:10; 10:3-8; 12:26, 요 5:46). 고등비평가들이 지어낸 "J," "E," "P," "D," "H," "R" 기록자들은 독일 합리주의자들이 하나님께서 말씀하신 바를 고의적으로 거부하기 위해서 만들어낸 허상일 뿐이다. 그러나 하나님께서는 말씀하셨다. 『**주의 말씀은 처음부터 참되며 모든 주의 의로운 명령들은 영원히 지속되나이다**』(시 119:160).

6절은 앞서 1:7에서 하나님께서 여호수아에게 주신 명령이며, 이제 여호수아가 그 동일한 명령을 백성에게 주고 있다. 그것은 모세가 신명기 5:32에서 이스라엘 백성에게 주었던 명령을 반복한 것이기도 하다.

『**그들의 신들의 이름도 부르지 말고, 그것들을 두고 맹세하지도 말며**』(7절, 출 23:13을 보라). 유대인들은 그들 이전에 카나안 땅에 있었던 민족들의 거짓 신들을 언급하는 것조차 금지되어 있었다. 옛말에도 "마귀에 대해서 말하면 마귀가 나타난다."라고 하였다. "이름"은 경배와 관련 있다. 『**나는 그들이 바치는 피의 술제물을 바치지 아니하고 그들의 이름들도 내 입술에 두지 아니하리라**』(시 16:4). 이 구절은 예언적으로는 대환란 때 적그리스도와 그의 형상을 숭배하는 사건과 주 예수 그리스도께서 재림 때 돌아오시는 것과 관련이 있다. 주님은 이렇게 말씀하셨다. 『**내가 그녀의 입에서 바알들의 이름들을 제거하리니 그들이 다시는 그들의 이름으로 기억됨이 없으리라**』(호 2:17). 천년왕국에서는 아무도 바알, 아쉬토렛, 미트라스, 쥬피터, 머큐리, 다이아나, 토르, 오딘, 쉬바, 브라마, 칼리, 비쉬누, 가네쉬, 알라, 산타클로스, 마리아, 성 베드로, 성 미카엘, 성 요셉, 성 유다, 성녀 베르나데따, "복자 비오 9세" 등을 기억하지 않을 것이다.

8절에서 11절까지의 내용은 22:5에서 이미 주석한 바 있다. 물론 22:5에서 주님을 사랑하는 것에 대해 논할 때는 교리적인 면들을 살펴보았다. 그러나 사랑은 실제적이며 개인적인 것이다. 지역 교회에서 일어나는 거의 모든 일이 바로 "사랑" 때문에 일어난다. 예를 들어 그리스도인들이 헌금을 하지 않는 것은 주님께 드릴 만큼 주님을 사랑하지 않기 때문이다. 주님께서는 요한계시록 2:4에서 에베소 교회에게 이렇게 말씀하셨다. 『**그러나 너를 책망할 것이 다소 있나니, 이는 네가 너의 첫사랑을 저버린 것 때문이라.**』

만일 당신이 자신과 주님 사이에 벌어진 틈을 메우고 그 관계에 있는 문제를 해결한다면, 다른 많은 문제들이 해결될 것이다. 주님과 당신 사이에 뜻을 달리하는 부분이 있거나 불만이 있다면, 그것이 다른 사람들과의 관계와 당신의 삶의 다른 영역들에 영향을 미칠 것이다. 당신은 자신과 하나님 사이에 그 사랑을 따뜻하고 뜨겁게 유지해야 한다. 죄나 분노나 쓴 뿌리나 탐욕이 당신과 주님 사이를 가로막고 있다면 그 사랑을 뜨겁게 유지할 수 없기 때문에, 그것부터 제거해야 한다.

10절은 이스라엘 민족이 율법을 지킨다는 조건하에서 이스라엘에게 주어진 약속이다(레 26:3-8). 그러나 그 반대 상황도 일어날 수 있음을 잊지 말아야 했다.

『그러나 너희가 만일 내게 경청하지 아니하며, 이 모든 계명들을 행하지 아니하고, 또 나의 규례들을 무시하거나 너희 혼이 나의 명령들을 싫어하여, 나의 모든 계명들을 행하지 아니하고 너희가 나의 언약을 어기면... 내가 너희를 대적하여 내 얼굴을 두리니 그러면 너희는 너희 원수들 앞에서 죽임을 당하리라. 너희를 미워하는 자들이 너희를 다스릴 것이요, 너희는 너희를 쫓는 자가 없는데도 도망하리라』(레 26:14,15,17).

『그러나 만일 네가 주 너의 하나님의 음성에 경청하지 아니하고 내가 오늘 네게 명령하는 그분의 모든 계명들과 그분의 규례들을 지켜 행하지 아니하면 이 모든 저주가 네게 임하고 네게 미치리라... 주께서 네 원수들 앞에서 너를 패하게 하시리니 네가 그들을 대적하러 한 길로 들어가서 그들 앞에서 일곱 길로 도망할 것이며, 땅의 모든 왕국들로 옮겨지게 되리라』(신 28:15,25).

『그들의 반석이 그들을 팔지 않았고, 주께서 그들을 닫아 버리지 않으셨다면 어떻게 한 사람이 천 명을 쫓으며 두 사람이 만 명을 도망치게 할 수 있겠는가?』(신 32:30)

만약 유대인들이 하나님의 율법을 지킨다면 하나님께서는 그들이 전투에서 패배하지 않을 것이라고 약속하셨다. 즉 하나님께서 그들의 대적들을 몰아내실 것이라는 뜻이다. 그러나 그들이 율법을 지키지 않고 다른 신들을 숭배한다면, 오히려 그들이 대적들 앞에서 쫓겨 다닐 것이며 결국 포로가 될 것이라고 하셨다. 하나님께서 유다를 포로로 잡혀가게 하셨을 때 하나님은 이렇게 말씀하셨다. **『비록 너희가 너희를 대적해 싸우는 칼데아인들의 온 군대를 쳐서 그들 가운데 부상자들을 남긴다 해도, 그들이 각기 자기 장막에서 일어나 불로 이 성읍을 사르리라』**(렘 37:10). 다른 말로 하자면, 유대인들이 느부갓넷살왕의 군대를 마지막 한 명까지 부상을 입힌다 해도, 하나님께서는 그 절름발이 되고 팔다리가 잘리고 불구가 된 사람들과 부상병들을 일으키셔서 예루살렘을 취하게 하시고 그것을 완전히 불태워 버리겠다고 하신 것이다. 하나님께서는 그분의 백성에게 그 정도로 화가 나 계신 것이다.

눈이 있다면 똑바로 뜨고 미국을 보라. 그러면 오늘날의 미국이 바로 이런 상태임을 알 수 있다. 과거에는 미군이 나타나면 온 세상이 두려워 떨었다. 지난 스페인-미국 전쟁 기간에, 한 미국인이 쿠바에서 난관에 봉착하여 이제 죽기 직전이었다. 그는 미국 국기로 자기 자신을 둘러싼 후 이렇게 말했다. “감히 쏠 수 있으면 쏴 봐라!” 아무도 쏘지 못했다. 그러나 오늘날에는 그런 상황이 되면 누구든 쏠 것이다. 국기와 함께 당신을 불태워 버릴 것이다. 그들은 이란에서 미국 대사관을 접수할 것이고(지미 카터 시절), 케냐에서는 대사관을 폭파할 것이고(클린턴 시절), 리비아에서는 대사를 죽일 것이다(오바마 시절). 그들은 그렇게 하면서도 두려워하지 않을 것이다. 왜냐하면 미국이 그것에 관해 아무 일도 하지 않을 것을 알기 때문이다. 오바마 행정부 아래서 미 육군, 해군, 해병대 모두가 여자들과 동성연애자들로 가득 차게 되었기 때문에 어느 누구도 미군을 보고 두려워 떨지 않는다. 모슬렘들은 미군을 비웃고 미군의 목을 잘라 버리려 할 것이다.

형제들이여, 말하자면 주님께서는 미국에 대해서 불만이 많으시다. 주 하나님께서는 그분 자신의 백성이라도 악을 행할 때 용인하지 않으셨는데, 하물며 미국을 그대로 내버려 두시겠는가?

23:12 만일 너희가 어떤 식으로든 뒤돌아서서 이런 민족들의 남은 자, 즉 너희 가운데 남아 있는 이들에게 밀착하여 그들과 혼인하고, 그들에게 들어가고, 그들이 너희에게 들어가면
13 분명히 알지니, 주 너희 하나님께서 이들 민족들 중 누구도 너희 앞에서 다시는 쫓아내지 아니하실 것이요, 도리어 그들이 너희에게 올무와 덫이 되며 너희 옆구리에는 채찍이, 너희 눈에는 가시가 되어서 주 너희 하나님께서 너희에게 주신 이 아름다운 땅에서 너희가 멸망할 때까지 그리하리라.
14 보라, 나는 오늘 온 땅의 길로 가노라. 너희는 너희 온 마음과 너희 온 혼으로 아나니 이는 주 너희 하나님께서 너희에 관하여 말씀하신 모든 선한 일이 하나도 실패 없이 너희에게 다 이루어지고 하나도 실패하지 아니하였음이라.
15 그러므로 주 너희 하나님께서 너희에게 약속하신 모든 선한 일이 너희에게 임한 것같이 주께서는 모든 악한 일들도 너희에게 가져오사 주 너희 하나님께서 너희에게 주신 이 좋은 땅으로부터 너희를 멸하실 때까지 그리하실 것이라.
16 너희가 주 너희 하나님께서 너희에게 명하신 그의 언약을 범하고 가서 다른 신들을 섬겨 절하면 주의 분노가 너희를 향하여 일어나리니, 그리하면 너희는 그가 너희에게 주신 그 좋은 땅에서 속히 멸망하리라." 하니라.

12절은 8절과 대조하며 읽어 보라. 당신은 주님께 밀착하든지, 세상과 자신의 육신에 밀착하든지 둘 중의 하나이다. 예수님께서는 말씀하셨다.

『어떤 종도 두 주인을 섬길 수 없나니, 그가 한쪽을 미워하고 다른 쪽을 사랑하거나, 한쪽을 존중하고 다른 쪽을 경시하게 됨이라. 너희는 하나님과 재물을 동시에 섬길 수 없느니라."고 하시더라』(눅 16:13). 당신은 이편을 사랑하든지 저편을 사랑하든지 둘 중 하나이다. 둘 다 사랑할 수는 없다. 만약 세상을 사랑하면 아버지를 사랑함이 그 사람 안에 있지 않은 것이다(요일 2:15).

12절에서 이교도들과 결혼하는 것을 금한 것은 좋은 신약 교리이다. 사도 바울도 말했다. **『믿지 않는 자들과 멍에를 같이 메지 말라. 의가 불의와 어찌 관계를 맺으며 빛이 어두움과 어찌 사귀겠느냐?』**(고후 6:14) 젊은 자매가 이 주석서를 공부하고 있다면, 분명히 알아 두라. 구원받지 않은 남자와 결혼하면 그 사람을 주님께로 이겨올 수 있다고 착각하지 말라. 그런 일은 거의 일어나지 않는다. 오히려 구원받지 않은 배우자가 당신이 하나님께 나아가려고 할 때마다 방해하고 싸움을 걸어서 집안이 난장판이 될 것이다. 더 나아가 구원받은 사람이 그 구원받지 못한 배우자 때문에 오히려 하나님을 섬기는 것을 중단하고 구원받지 않은 사람처럼 사는 것이다. 여호수아가 여기서 경고하는 바도 바로 그것이다.

『분명히 알지니, 주 너희 하나님께서 이들 민족들 중 누구도 너희 앞에서 다시는 쫓아내지 아니하실 것이요, 도리어 그들이 너희에게 올무와 덫이 되며 너희 옆구리에는 채찍이, 너희 눈에는 가시가 되어서 주 너희 하나님께서 너희에게 주신 이 아름다운 땅에서 너희가 멸망할 때까지 그리하리라』(13절, cf. 민 33:55). 이것이 그리스도인이 마귀와 세상 사람들과 친구하고 잘 어울려 보려고 할 때 일어나는 일이다. 신약은 어떤 그리스도인이 마귀의 뜻대로 덫에 걸려 사로잡혀 있다고 말씀한다(딤전 3:7, 딤후

2:26). 성경은 『**악한 사람의 죄과에는 덫이 있으나**』(잠 29:6)라고 말씀한다. 죄는 마귀가 그리스도인을 사로잡는 덫이다. 그리스도인으로서의 삶에 죄가 스며들어오는 것을 허락한다면, 당신은 사탄이 당신을 사로잡을 덫을 놓는 일을 돕고 있는 것이다.

『**옆구리에는 채찍**』(13절). 사람을 때릴 때 쓰는 철 조각이 달린 채찍을 말한다. 사람들의 옆구리를 휘갈겨서 갈비뼈가 나오고 장기가 드러날 때까지 때리는 것이다. 『**눈에는 가시가 되어서**』. 이 말씀은 바울이 가졌던 "육신의 가시"를 생각나게 한다(고후 12:7). 신약성경은 그 "가시"가 무엇인지 직접적으로 말씀하지는 않았지만 갈라디아서 6:11의 말씀을 볼 때 바울은 눈에 문제가 있었던 것임을 알 수 있다.

그러나 바울의 경우, 그 가시가 벌이나 죄에 대한 결과로 받은 것이 아니었다. 고린도후서 12:7은 『**지극히 위대한 계시들의 풍성함으로 인하여 내가 자고하지 않도록**』이라고 말씀한다. 바울은 하늘나라에 올라갔다 왔으며, 그는 사도 요한이 요한계시록에 묘사한 모든 영광을 목도하고 돌아왔다(고후 12:1-4). 그러한 특권을 받은 것으로 인해 교만해지지 않도록 주님께서 사도 바울에게 연약함을 주셔서 그를 계속 겸손하게 하셨던 것이다(고후 12:5-7).

그러나 이곳 여호수아 23:13에서는 그런 경우가 아니다. 정욕과 탐욕으로 뭔가를 봄으로써, 당신이 마귀에게 당신의 삶에서 유익을 취하도록 허락한 것이다(고후 2:11). 예수님께서 말씀하셨다. 『**몸의 빛은 눈이라... 네 눈이 악하면 너의 몸도 어두움으로 가득하리라**』(눅 11:34). 당신이 옳지 않은 것을 본다면, 그것은 당신을 『**열매 없는 어두움의 일들**』로 이끌

것이다(엡 5:11). 우리는 그것을 7장에서 확인했다. 아칸은 바빌론제 옷과 은과 금을 "보았고" 그것을 탐내어 취한 것이다(7:21). 그는 보지 말아야 할 것을 보았고 그것이 그를 죄로 이끈 것이다. 다윗이 저지른 일도 마찬가지다. 그는 여인이 목욕하는 것을 "보았고" 그것이 그를 간음으로 이끈 것이다(삼하 11:2-4). 성경은 이브가 『**보니 그 나무가 먹음직하고 보기에도 즐겁고 현명하게 할 만큼 탐스러운 나무**』였다고 말씀한다. 그런 후 이브는 죄를 지어 그 금지된 열매를 먹었다(창 3:6). 여호수아 23:13의 "눈에 가시"는 성도가 삶에서 『**안목의 정욕**』(요일 2:16)에 영합할 때 일어나는 일인 것이다.

『**주 너희 하나님께서 너희에게 주신 이 아름다운 땅에서 너희가 멸망할 때까지 그리하리라**』(13절). 하나님께서는 유대인들에게 말씀하시기를, 그들이 하나님의 율법을 저버리고 우상들과 거짓 신들을 숭배하기 시작하면 하나님께서 그들의 성읍들을 쓸어버리시고 그 땅을 황폐케 하시며 이스라엘 민족을 이교도 민족들 가운데 흩어 버리실 것이라고 하셨다(레 26:31-33). 하나님께서는 『**주께서 너희에게 선을 행하시고 너희를 번성케 하시기를 기뻐하신 것같이 주께서 너희를 멸하시며 너희를 망하게 하시기를 기뻐하시리라.**』(신 28:63)고 말씀하셨다. 즉 하나님께서 그분의 택하신 백성을 축복하시고 그들에게 땅을 주시기를 기뻐하셨던 것처럼 그들을 멸하시는 것을 즐거워하실 것이라는 말씀이다.

이 구절은 성경에서 가장 무서운 구절들 중의 하나이며, 잠언 1:26-31, 예레미야 14:11, 마태복음 7:23; 25:41 등과 일맥상통하는 말씀이다. 죄인은 하나님께서 제시하신 구원의 방법을 받아들이든지, 아니면 하나님의 진노를 받아야 한다(요 3:36). 죄인이 하나님의 오래 참으심을 다 소진하고 나면 더 이상 그가 받을 사랑과 동정이 없는 것이다. 주님께서는 아무도 멸망하는 것을 원하시지 않고(벧후 3:9) 악인의 죽음을 기뻐하시지 않지만(겔 33:11), 그렇다고 그분의 아들을 거절한 자들을 지옥에 보내기를 조금이라도 주저하실 것이라고 생각하지 말라. 하나님께서는 『**사랑**』이실 뿐만 아니라(요일 4:8), 『**소멸케 하시는 불**』이신 것이다(히 12:29).

다시 여호수아 23장으로 돌아가도록 하자. 『**보라, 나는 오늘 온 땅의 길로 가노라**』(14절). "죽게 될 것이다"를 이렇게 표현한 것이다. 다윗도 동일하게 말했다(왕상 2:2). 죽음은 사람의 『**영원한 집**』(long home, 전 12:5)이라고 불린다. 그것은 또한 『**모든 살아 있는 것들을 위하여 정해 놓은 집**』이다(욥 30:23). 주님께서 지체하시면 확실하게 일어날 일이 한 가지 있다. 누군가가 당신을 무덤에 뉘이고 삽을 들고 흙으로 당신을 덮어주는 것이다. 옛말에 "인생에서 확실한 것이 두 가지가 있는데, 죽음과 세금이다."라고 했다. 죽음 뒤에 심판도 확실함을 잊지 말라(히 9:27). 사망을 피할 수 있는 길은 오직 하나이며, 그것은 스스로를 부활이요 생명이라고 하신 분을 통해서만 가능하다. 『**예수께서 그녀에게 말씀하시기를 "나는 부활이요, 생명이니 나를 믿는 자는 죽어도 살 것이며 또 살아서 나를 믿는 자는 누구나 영원히 죽지 아니하리라. 네가 이것을 믿느냐?"고 하시니**』(요 11:25,26).

『**이는 주 너희 하나님께서 너희에 관하여 말씀하신 모든 선한 일이 하나도 실패 없이 너희에게 다 이루어지고 하나도 실패하지 아니하였음이**

라』(14절). 우리는 "모든 선한 일이 하나도 실패 없이 이루어졌다."고 했을 때 그 한계를 21:43-45에서 논했었다. 이 말씀은 여호수아 1장에서 주신 약속들과 연결된다. 동전에 앞면이 있다면 뒷면도 있다. 하나님께서 그들이 율법에 순종한 것으로 복을 주신다면 그들이 율법을 어기면 저주도 주시는 것이다(15,16절). 에발 산과 그리심 산에서 축복들과 저주들을 읽었던 것과 같은 맥락이다. 여호수아 8:30-34의 주석을 보라. 그들이 받는 축복들은 조건적이다. 즉 이스라엘이 율법을 지킨다는 것을 조건으로 하는 것이다.

그리스도인의 경우는 이와 다르다. 그러나 내 말을 오해하지 말라. 당신은 당신의 육신으로 지은 죄들에 대해서 대가를 지불해야 할 것이다. 육신에 심었다면 썩은 것을 거두게 되는 것이다(갈 6:8). 몸으로 악한 것들을 행했다면 그리스도의 심판석에서 상들을 잃게 된다(고후 5:10). 그러나 당신이 그리스도 안에 있다면 당신은 하나님께서 이루실 것이라고 약속하신 모든 좋은 일이 성취되는 것을 보게 될 것이다. 언젠가 마침내 영원에 있게 될 때, 당신은 당신의 구주와 함께 새 예루살렘에서 살게 될 것이다. 그곳에는 더 이상 죽음도, 질병도, 고통도, 눈물도 없다. 당신은 주님의 몸과 같은 영광스러운 몸을 갖게 될 것이다. 그때 옛날 감리교도들이 찬양했듯이 열정적으로 주님을 찬양할 것이다. 이런 축복을 받고도 하나님을 소리 높여 찬양하지 않는다면 그 사람은 자신이 받은 구원의 축복의 진가를 아직도 잘 모르고서 살고 있는 것이다.

오늘날의 오순절 은사주의자들은 고함치며 찬양하지 않는다. 단지 손을 흔들고 신음소리를 내며 찬양이라는 것을 한다. "할렐루야, 할렐루야, 할렐루야." 그러나 옛날 감리교도들은 껑충껑충 뛰고, 발로 힘차게 바닥을 구르며, 온 건물을 뛰어다니며 하나님을 찬양했다. 언젠가 우리도 마침내 『**주 너희 하나님께서 너희에 관하여 말씀하신 모든 선한 일이 하나도 실패 없이 너희에게 다 이루어지고 하나도 실패하지 아니하였음이라.**』(14절)고 하신 말씀의 성취를 확인하게 될 때 그런 열정적인 찬양을 드릴 것이다. 영광을 주께, 할렐루야!

여호수아 24장

24:1 여호수아가 이스라엘 모든 지파를 세겜에 모으고, 이스라엘 장로들
과 그들의 우두머리들과 재판관들과 관원들을 부르니 그들이 하나님
앞에 나서더라.
2 여호수아가 온 백성에게 말하기를 "이스라엘의 주 하나님이 이같이
말하노라. 옛날에 하수 저편에 거한 너희 조상들, 곧 아브라함의 아
비요, 나홀의 아비인 테라까지도 다른 신들을 섬겼느니라.
3 내가 너희 조상 아브라함을 하수 저편에서 데려다가 카나안 온 땅을
거쳐 인도하여 그의 씨를 번성케 하였으며 그에게 이삭을 주었느니
라.
4 내가 이삭에게 야곱과 에서를 주었고 내가 에서에게는 세일 산을 주
어 차지하게 하였으나, 야곱과 그의 자손들은 이집트로 내려갔느니
라.

5 내가 모세와 아론도 보냈고, 또 내가 이집트에 재앙을 내렸으니 내
가 그들 가운데 행한 그대로라. 그후에 내가 너희를 인도하여 내었
느니라.
6 내가 너희 조상을 이집트에서 인도하여 내었더니, 너희가 바다까지
왔는데 이집트인들이 병거와 기병들로 너희 조상을 추격하여 홍해에
이르렀느니라.
7 너희 조상이 주께 부르짖으니 그가 너희와 이집트인들 사이에 흑암
을 두고 바다를 그들 위로 가져와서 덮었나니 너희 눈으로 내가 이
집트에서 행한 일을 보았느니라. 또 너희가 오랜 기간을 광야에서
거하였느니라.
8 내가 너희를 요단 건너편에 거하는 아모리인의 땅으로 인도하였더니
그들이 너희와 싸우므로 내가 너희로 그들의 땅을 차지하게 하려고
그들을 너희 손에 주어 내가 그들을 너희 앞에서 멸하였느니라.
9 그때 모압 왕 십폴의 아들 발락이 일어나 이스라엘을 대적하여 싸우
고 사람을 보내어 브올의 아들 발라암을 불러다가 너희를 저주하게
하였으나,
10 내가 발라암에게 경청하기를 원치 아니하였으므로 그가 오히려 너희
를 축복하였으니 내가 너희를 그의 손에서 구해 냈느니라.
11 너희가 요단을 건너 여리코에 이르니, 여리코 사람들과 아모리인, 프
리스인, 카나안인, 힛인, 기르가스인, 히위인과 여부스인이 너희를
대적하여 싸우므로 내가 그들을 너희 손에 넘겼느니라.
12 내가 말벌을 너희 앞에 보내었고 그 벌이 아모리인의 두 왕을 너희
앞에서 몰아내었으니 너희 칼로나 너희 활로 한 것이 아니니라.

13 내가 너희에게 너희가 수고하지 아니한 땅과 너희가 짓지 아니한 성읍들을 주었더니 너희가 그 안에 거하고 너희가 만들지 아니한 포도원들과 올리브 밭들에서 나는 것을 먹는도다.

24장은 여호수아가 이스라엘 민족에게 남기는 마지막 말, 곧 그의 "고별사"를 담고 있다. 한 사람이 죽기 전에 남기는 마지막 말은 대체로 매우 중요한 법이다. 야곱의 마지막 말은 창세기 49장에 기록되어 있고, 모세의 마지막 말은 신명기 32,33장에, 다윗의 마지막 말은 열왕기상 2장에 있으며, 우리 주 예수 그리스도께서는 요한복음 13장에서 17장까지를 마지막 말로 남기셨고, 바울은 디모데후서 4장에 마지막 말을 남겼다.

2절에서 『**하수 저편에**』(the other side of the flood)라고 말할 때 이것은 노아의 홍수를 말하는 것이 아니다. 왜냐하면 『**하수 저편에**』 살았던 사람으로 『**아브라함의 아비... 테라**』를 포함시키고 있기 때문이다. 테라는 노아의 홍수 이후에 살았던 사람이다. 따라서 여기에서 『**하수**』(the flood)는 노아의 홍수가 아닌 것이다.

성경 용어의 정의는 성경이 내리는 법이다. 시편 66:6을 보라.

『**그가 바다를 마른 땅으로 바꾸셨으므로**[홍해, 출 14:21,22], **그들이 걸어서 큰 물**[the flood]**을 통과하였으니**[요단 강, 수 3:15-17]』.

따라서 여기서 『**큰 물**』(the flood, 『**하수**』)은 범람 상태에 있는 강에 대한 언급이다(cf. 시 74:15). 이곳 시편 66:6에서의 강은 유프라테스 강일 것인데, 이는 하나님께서 아브라함을 칼데아 우르에서 부르기 전에 아브라함과 그의 아버지가 살았던 곳이 바로 유프라테스 강 유역이기 때문이다(3절, 창 15:7, cf. 행 7:2).

2절의 『**하수**』가 노아의 홍수가 아닌 것을 알 수 있는 두 번째 이유는 그 구절에 복수의 『**신들**』이 나오기 때문이다. 노아의 홍수 이전에는 많은 신들을 섬기는 다신론자가 없었다. 모두가 일신론자였다. 그러나 창세기 6장에서 "신들"이 나타나서(시 82편 주석을 공부하라.) 이름을 떨친다(창 6:4). 노아의 홍수가 지나서야 사람들은 신들을 형상들로 만들었고 그 형상들을 숭배하기 시작했다. 성경에서 처음 『**형상들**』(images)이라는 단어가 쓰였을 때 그것은 우상을 가리키는 말이었는데, 창세기 31:19에서 라헬이 자기 아버지 라반에게 속한 형상들을 훔쳐갔을 때 그 단어가 처음 등장했다. 라반은 유프라테스 저편에 있는 하란 출신이었으며, 그곳은 라반의 조부 테라가 아브라함과 함께 칼데아 우르를 떠난 뒤에 정착한 곳이기도 하다(창 11:31,32).

테라의 우상 숭배에 있어 한 가지 흥미로운 점은, 칼데아 우르에서 사람들이 주로 섬긴 신은 "월신"(月神)인데, 메소포타미아의 수메르인들은 그 신을 "신"(Sin)이라고 불렀다는 사실이다[영어로 죄를 "sin"(신)이라고 부른다!]. 바로 이 "신"(Sin) 신의 이름을 따서 "시내"(Sinai) 반도와 "신"(Sin) 광야의 이름을 붙인 것이다(출 16:1; 17:1, 민 33:11,12). 바로 이 월신 "신"(Sin)을 고대 아라비아에서 "알-일라"(al-ilah)라고 불렀으며, 그 뜻은 "신"(神)이었다. 그것이 현대 아랍어로 줄여져서 "알라"가 된 것이다. 이 월신 "알-일라"를 마호메트가 최고의 신에서 유일신으로 승격시켜 준 것이다. 따라서 (자신이 이스마엘을 통해서 나온, 아브라함의 후손이라고 주장했던) 마호메트의 "신"(알라)은 아브라함과 이삭과 야곱의 하나님이 아니다(출 3:6). "알라"는 테라가 칼데아 우르를 떠나기 "전에" 섬겼던 테라의 신인 것이다(2절, cf. 창 31:53). [알라가 이교도들의 월신이라는 고고학적 증거를 철저히 다룬 자료로는, 〈이슬람의 침입, The Islamic Invasion〉의 부록 C를 보라(Robert Morey, Christian Scholars Press, Las Vegas, NV, 1992).]

처음 11구절에서 여호수아는 이스라엘의 역사를 요약하면서 그들이 어떻게 지금까지 올 수 있었는가를 보여 주고 있다. 스테판도 사도행전 7장에서 그렇게 했으며, 바울도 사도행전 13장에서 그렇게 했다. 느헤미야도 느헤미야 9장에서 이스라엘의 역사를 훑었고, 다윗도 시편 몇 편에서 그렇게 했다(예를 들어 시 78,105,106,136편). 이렇게 이스라엘의 역사를 요약하고 반복해서 제시하는 데는 시편 78:1-8에 나와 있듯이 세 가지 이유가 있다.

1. 출애굽기, 민수기, 여호수아 등에서 읽는 내용은 미래의 재림 때에 일어날 일을 보여 주는 역사적인 "비유"이다(시 78:2). (성경은 일차적으로 교리적으로 해석해야 하며, 교리적 해석은 자주 예언적인 해석이 된다, 계 19:10).

2. 세대에서 세대로 진리를 전달하여 『**주를 찬양함과 그의 능력과 그가 행하신 경이로운 일들**』을 알게 하기 위함이다(시 78:4).

3. 과거에 일어난 일들을 상기함으로써, 『**그들의 소망을 하나님께 두게 하고**』, 또 그 일들을 잊지 않음으로써 하나님 앞에서 마음이 정직하지 못한 『**완고하고 거역한 세대**』가 되지 않게 하기 위함이다(시 78:7,8).

3,4절은 하나님께서 택하신 씨가 누구인지를 다시 상기시켜 준다. 하

나님께서는 이스마엘이 아니라 이삭을 택하셨고, 에서가 아니라 야곱을 택하셨다. 더 나아가 하나님께서는 마호메트가 아니라 예수 그리스도를 택하셨다. 만약 마호메트가 이스마엘로부터 70대 손이라면 그는 버림받은 씨에서 난 자임을 증명하는 셈이다(창 21:12, 롬 9:9, 히 11:18). 많은 인종학자들은 마호메트의 아랍인들은 사실 창세기 10장에서 아라비아에 정착한 함족들과(즉 노아의 저주받은 아들을 조상으로 가진 족속들과, 창 9:25) 아브라함의 거부된 자손들이 뒤섞여서 태어난 자들이라고 말할 것이다(창 25:1-6, 시 83:1-9). 알라의 "선택받은 백성"은 물리적으로나 영적으로 여호와 하나님께서 완전히 거절하신 자들인 것이다. 그들이 하나님께로 나아올 수 있는 유일한 방법은 하나님의 아들이신 예수 그리스도를 믿는 길밖에 없다(요 14:6).

자, 우리는 본문에 기록된 모든 내용에 대해 살펴보지는 않을 것이다. 5절에서 7절의 내용은 출애굽기 5장에서 14장에 기록되어 있다. 7절에서 10절의 내용은 민수기에 나와 있다. 우리는 발라암을 여호수아 13:22을 주석할 때 다루었고, 시혼과 옥을 정복한 사건도 13장에서 다루었다.

12절에 대해서는 10:10에서 이미 주석한 바 있다.

『**내가 너희에게 너희가 수고하지 아니한 땅과 너희가 짓지 아니한 성읍들을 주었더니 너희가 그 안에 거하고 너희가 만들지 아니한 포도원들과 올리브 밭들에서 나는 것을 먹는도다**』(13절). 이스라엘의 역사를 이처럼 언급하는 이유는, 이스라엘 민족이 하나님께만 소망을 두고 누가 그들에게 복들을 주셨는지 잊지 않음으로써 죄를 짓지 않게 하기 위해서이다. 여호수아가 13절의 말씀을 말한 것은 바로 그 이유 때문인 것이다.

모세도 신명기 6장에서 그들에게 경고하기를, 그들이 성읍들을 얻고 집들과 올리브밭들과 포도원들을 얻을 때, 『**너는 주의하여 이집트 땅, 종의 집에서 인도하여 내신 주를 잊지 말지니라.**』(신 6:10-12)고 했다.

철학에서는 그것이 "물질주의"로서 알려져 있다. 즉 사람들이 자신이 가진 "것들"에 마음을 빼앗겨 그것들을 주신 분을 잊어버리는 것이다. 오늘날의 미국이 딱 이 꼴이다. 더 정확하게 말해서 라오디케아 교회 시대를 사는 미국 그리스도인들이 바로 이런 상태인 것이다.

『**네가 말하기를 "나는 부자며, 부요하고, 아무것도 부족한 것이 없다." 고 하지만 너는 비참하고, 가련하며, 가난하고, 눈멀고, 헐벗은 것을 알지 못하는도다**』(계 3:17).

형제들이여, 한 사람 혹은 어떤 사역이 얼마나 영적인가는 멋진 교회 종탑이나 기숙사, 수십억짜리 별관 시설들, 수영장, 스포츠센터, 카톨릭 작품으로 채운 박물관, 분수대, 가지런히 정돈한 잔디밭, 고가의 부동산, 고급 양복, 롤렉스시계, 수정으로 된 예배당, "그리스도인" 테마 파크, 개인용 제트기 등등에 의해서 측정되는 것이 아니다. 이 모든 "쓰레기"는 "불타 버릴" 것이다(벧후 3:10). 당신이 얼마나 영적인가는, 당신이 성경을 얼마나 신뢰하고, 그 성경이 당신과 주 예수 그리스도와의 관계에 얼마나 영향을 미치고 있는가로 측정된다. 물질적인 것들은 영적인 것과 아무런 상관도 없다. 그것들은 그 사람이나 사역이 영적이라는 것을 전혀 증명해 줄 수 없는 것이다.

24:14 그러므로 이제 주를 두려워하고 성실과 진리로 그분을 섬기라. 너

희 조상들이 하수 저편과 이집트에서 섬겼던 신들을 버리고, 너희
는 주를 섬기라.
15 만일 주를 섬기는 것이 너희에게 악하게 보이거든 하수 건너편에서
너희 조상이 섬기던 신들이거나 너희가 거하는 땅의 아모리인의 신
들이든 간에 너희가 섬길 자를 오늘날 너희가 택하라. 그러나 나와
내 집은 주를 섬기리라." 하니

『**그러므로 이제 주를 두려워하고**』(14절). 우리는 주를 두려워함에 대해서 4:24에서 이미 다뤘다. 하나님을 두려워하는 것은 어느 연령대의 누구에게든 좋은 조언이다(전 12:13).

『**성실과 진리로 그분을 섬기라**』(14절). 당신은 하나님을 "성실로" 섬겨야 한다. 즉 위선이자 가장이나 기만이 없이 "성실로" 섬겨야 한다. 예수님께서는 신약에서 이와 유사한 명령을 주시는데, 즉 하나님을 『**영과 진리로**』 경배하라는 것이다(요 4:24).

사도 바울은 우리가 주의 만찬을 『**묵은 누룩이나 또 악하고 가증한 누룩으로도 말며 오직 누룩 없는 성실과 진리의 빵**』으로 지켜야 한다고 말했다(고전 5:8). 이 세상에서 그리스도인의 생활은 『**진지함과 경건한 성실함으로 하되 육신의 지혜가 아닌 하나님의 은혜로**』 이루어져야 한다(고후 1:12). 그리스도인은 자신의 구주이신 주 예수 그리스도와 형제들을 "성심껏"(in sincerity) 사랑해야 한다(엡 6:24, 고후 8:8). 또한 자신의 선한 행실을 진실하게 보여 줘야 한다(딛 2:7).

만약 당신이 하나님을 섬기려고 한다면 성심껏 섬겨야 한다. 당신의 섬김이 크거나 대단해 보이는 것이 아니라 해도, 최소한 성심껏 섬겨야 한다. 거기서 당신이 어떤 “결과들”을 얻든지 개의치 말고, 왜곡되지 않은 정직하고 진실한 섬김으로 하나님을 섬겨야 한다. 쉽게 말해서, 당신이 영적이지 않다면 영적인 것처럼 보이려 하지 말라는 것이다. 당신이 현재 가진 것으로 하나님을 섬기고, 주님께 당신을 영적으로 만들어 주시라고 기도하라. 다만 영적이지 않은데 그런 척하지는 말라.

여기서 우리는 단지 “성실로”만 섬기는 것이 아니라 『**성실과 진리로**』라고 말씀하셨음을 주목해야 한다. 지금은 고인이 된 폴 레빈(Paul Levin)이라는 복음 전파자는 “당신은 ‘진실하지만 틀렸을지도’ 모릅니다”라는 전도지를 나눠 주곤 했다. 즉 자신의 신앙에 있어서 얼마나 진심으로 하는가는 그렇게 중요하지 않을 수도 있다는 것이다. 자신의 믿음이 “거짓”에 기초를 둔 것이라면 당신이 아무리 “성실하고” 진실해도 가장 악질적인 위선자처럼 지옥에 가게 되는 것이다. 카톨릭교도들도 스스로의 경배와 섬김을 “성실하게,” 즉 진심으로 하고 있다. 그들은 카톨릭 성직자들만큼 부정직하지는 않다. 다만 알고 있는 것이 그들 성직자들과 다르지 않을 뿐이다. 그러나 그 “성실함”이나 진실함이 구원에 있어서는 아무런 소용이 없다. 왜냐하면 그들의 믿음의 기반이 신학적으로 살얼음판 같고 그 위에 살짝 발을 딛기만 해도 깨져서 풍덩 빠져 버리기 때문이다. 당신의 섬김과 경배는 반드시 “진리”에 기초를 두어야 하며, 진리는 소위 “무오하게 가르치는 교회”(로마카톨릭)가 아닌 하나님의 말씀에서 찾을 수 있다(요 17:17).

성경을 변개시키는 자들과 현대 역본들의 출판사들은 하나님을 『**진리로**』 섬기고 있지 않다. 킹제임스성경을 뜯어고치는 자들 가운데에는 성경을 변개시키는 그 일에 자신이 신실하며 그 일에 자신이 최선의 동기들을 지녔다고 믿는 이들이 소수(아주 극소수) 있을지도 모른다. 그러나 "진리"로 섬기는 부분에 있어서는 완전히 부패한 자들인 것이다. 바울을 통해 주신 말씀을 보라.

『**우리는 하나님의 말씀을 변개시킴으로써** *이익을 취하는* **여러 사람들과 같지 않고 오직 성실함으로써 또 하나님께로부터 난 자로서 하나님 앞에서와 그리스도 안에서 말하노라**』(고후 2:17).

만약 성경을 바꾸고 성경을 고치고 성경에서 삭제한다면, 당신은 신실하지도 정직하지도 않은 것이다. 당신이 선호하는 생각과 다른 사람의 의견을 따르고 있는 것이며, 절대적인 진리의 기준 없이 행하고 있는 것이다.

다시 14절을 보도록 하자. 『**너희 조상들이 하수 저편과 이집트에서 섬겼던 신들을 버리고, 너희는 주를 섬기라.**』 이스라엘은 우상들과 거짓 신들을 그들 가운데 지니고 있는 한 주 하나님을 섬길 수 없었다(19,20장의 주석을 보라). 하나님을 올바로 섬기기 위해서는 "알라"와(2절 주석 참조) 이시스, 호루스, 셉(IHS), 하늘의 여왕 등을 제거해야 했던 것이다.

신약의 그리스도인들도 여기서 교훈을 받고 이방 신들을 제거해야 한다. 『**여러 가지 구상과 하나님을 아는 지식을 거역하여 스스로 추켜세운 모든 높은 것들을 무너뜨리며 모든 생각을 사로잡아서 그리스도께 복종케 하니**』(고후 10:5). 이 말씀이 의미하는 것은, 현대의 그리스도인들은 그들의 마음과 생각에서 미국이 섬기는 세 가지 큰 신들을 제거해야 한다는 것이다. 즉 돈과 섹스와 교육이다. 그리스도인은 육신과 자아를 십자가에 못박아야 한다. 이 우상들을 사로잡아 그리스도께 복종시켜야 하는데, 그렇지 않으면 그것들이 하나님께 대한 당신의 섬김을 망칠 것이다.

이제 15절을 보라. 『**만일 주를 섬기는 것이 너희에게 악하게 보이거든 하수 건너편에서 너희 조상이 섬기던 신들이거나 너희가 거하는 땅의 아모리인의 신들이든 간에 너희가 섬길 자를 오늘날 너희가 택하라. 그러나 나와 내 집은 주를 섬기리라.**』 이 구절은 모든 그리스도인 가정의 문위에 혹은 집안의 가장 잘 보이는 곳에 걸려 있어야 할 말씀이다. 그 집의 가장인 "남자"가 직접 그것을 걸어 놓아야 한다.

당신은 여호수아가 이런 선언을 했을 때 그의 부인이 어떻게 생각했을지 생각해 본 적이 있는가? 여호수아는 자기 아내에게 묻거나 의논하지 않았다. 여호수아는 주님만을 섬기기로 결단했고, 그의 집안의 모든 사람들도 그의 결단을 따라야 했으며, 그렇지 않으면 "그 집에서 나가야" 했던 것이다. 여호수아의 부인은 이 문제에 있어서 가타부타 말할 수 있는 권한이 없었고 다만 "그럼요, 여보!" 정도만 말할 수 있었다.

만일 그것이 미국인 주부였다면 아마도 이런 답변이 들려왔을 것이다. "아 그래요? 어디 그렇게 할 수 있나 두고 봐요!" 그렇게 말하고는 가정이 박살이 날 때까지, 아니면 남편이 "항복"할 때까지 온 집안을 난장판으로 만들어 놓았을 것이다. 자매들이여, 들으라. 남자는 자신의 가정을 다스리든지, 그것을 망치든지 할 것이다. 만약 당신에게 주님을 사랑하고 주님을 섬기고자 하는 그리스도인 남편이 있다면 남편을 전폭적으로 지지하는 것이 좋을 것이다. 왜냐하면 그렇게 하지 않으면 그 대신 "재앙"이 있을 것이기 때문이다.

이제 이스라엘 사람들은 선택을 해야 했다. 『**만일 주를 섬기는 것이 너희에게 악하게 보이거든 하수 건너편에서 너희 조상이 섬기던 신들이거나 너희가 거하는 땅의 아모리인의 신들이든 간에 너희가 섬길 자를 오늘날 너희가 택하라. 그러나 나와 내 집은 주를 섬기리라**』(15절). 엘리야도 그의 당대 유대인들에게 동일하게 선택하도록 촉구했다. 『**너희가 얼마나 더 두 의견 사이에서 지체하려느냐? 주가 하나님이시면 그를 따르라. 그러나 만일 바알이면 그를 따르라**』(왕상 18:21).

검은 것이든 흰 것이든, 선이든 악이든, 하나님이든 사탄이든, 예수 그리스도든 마호메트든, 창조든 진화론이든, 성경이든 사람들의 의견이든, 둘 다 선택할 수는 없다. 양편을 다 만족시키는 중립적인 자세는 있을 수 없다. 예수님은 이렇게 말씀하셨다.

『**나와 함께하지 않는 자는 나를 반대하는 자요, 또 나와 함께 모으지 않는 자는 흩뜨리는 자니라**』(마 12:30).

"중립" 같은 것은 없다. 하나님과 주 예수 그리스도와 성경 편에 서든지, 그 반대편에 서든지 둘 중 하나이다. 이제 선택하라! 당신은 어느 편인가? 당신은 예수 그리스도를 구주로 받아들이는가, 아니면 그분을 거절하는가?

당신은 이렇게 말할지도 모른다. "아, 저는 예수님을 영접하지 않는 것도 아니고, 거절하는 것도 아니에요." 그러나 당신은 이미 예수 그리스도를 거절한 것이다. 예수 그리스도를 받아들이지 않으면 그분을 거절한 것이 되는 것이다.

한번은 엄청나게 많은 군중이 예수님을 따랐다. 주님께서 오천 명 이상의 사람들을 먹이시자, 그들은 공짜로 끼니를 해결하려고 주님을 따랐던 것이다. 이들을 떨쳐내기 위해 예수님은 그분의 살을 먹고 그분의 피를 마셔야 한다는 충격적인 말씀을 하셨다. 그래서 진리에 관심이 없는 얄팍한 자들을 실족시키셨던 것이다. 그 무리가 떠나가자 예수님은 열두 제자에게 물으셨다. 『**너희도 가려느냐?**』(요 6:67) 그들은 선택해야 했다. 그 무리와 함께 떠나든지, 예수님과 동고동락하든지 해야 했다. 이때 베드로가 그동안 지켜보며 깨달은 것을 큰 소리로 말씀드렸다. 『**주여, 우리가 누구에게로 가오리까? 주님께는 영생의 말씀들이 있나이다**』(요 6:68).

당신도 원한다면 예수 그리스도를 거절하고 떠날 수 있다. 그러나 만일 그렇게 한다면, 당신은 당신을 구원하실 수 있고(행 4:12) 당신을 아버지 하나님께로 인도하실 수 있으며(요 14:6) 당신에게 영원한 생명을 주실 수 있는 유일한 분을 거절하는 것이 된다(요일 5:11-13).

24:16 백성이 대답하여 말하기를 "우리가 주를 버리고 다른 신들을 섬기는 일을 결코 하지 아니하리니,

17 이는 우리와 우리 조상을 이집트 땅, 종의 집에서 인도하여 내신 분은 주 우리 하나님이심이라. 그분이 우리 목전에서 그런 큰 표적들을 행하시고, 우리가 간 모든 길에서와 우리가 지나간 모든 백성 가운데서 우리를 보호하셨으며

18 또 주께서 모든 백성, 곧 그 땅에 거한 아모리인까지도 우리 앞에서 몰아내셨나이다. 그러므로 우리도 주를 섬기리니, 이는 그분이 우리 하나님이심이니이다." 하더라.

19 여호수아가 백성에게 말하기를 "너희가 주를 섬기지 못하리니 이는

그는 거룩한 하나님이시요, 그는 질투하는 하나님이시니 그가 너희 허물과 죄들을 용서하지 아니하실 것임이라.
20 만일 너희가 주를 버리고 이방 신들을 섬기면 그가 너희에게 선을 행하신 후에라도 돌이켜 너희를 해하시고 너희를 진멸하시리라." 하더라.
21 백성이 여호수아에게 말하기를 "아니니이다. 우리는 주를 섬기리이다." 하니
22 여호수아가 백성에게 말하기를 "너희가 주를 택하고 그를 섬기겠다고 하였으니 너희가 너희 자신에게 증인이라." 하니 그들이 말하기를 "우리가 증인이니이다." 하더라.
23 여호수아가 말하기를 "그러므로 이제 너희 가운데 있는 이방 신들을 버리고 너희 마음을 이스라엘의 주 하나님께로 돌이키라." 하니
24 백성이 여호수아에게 말하기를 "우리가 주 우리 하나님을 섬기고 그의 음성을 우리가 복종하리이다." 하더라.

『백성이 대답하여 말하기를 "우리가 주를 버리고 다른 신들을 섬기는 일을 결코 하지 아니하리니, 이는 우리와 우리 조상을 이집트 땅, 종의 집에서 인도하여 내신 분은 주 우리 하나님이심이라』(16,17절). 정말 경건하게 들리지 않는가? 이 구절들만 보면 이스라엘 민족이 진심으로 말한 것처럼 보인다. 그러나 여호수아가 이스라엘 백성이 한 말에 대해서 뭐라고 응답했는지 보라.

『너희가 주를 섬기지 못하리니 이는 그는 거룩한 하나님이시요, 그는 질투하는 하나님이시니 그가 너희 허물과 죄들을 용서하지 아니하실 것

임이라. 만일 너희가 주를 버리고 이방 신들을 섬기면 그가 너희에게 선을 행하신 후에라도 돌이켜 너희를 해하시고 너희를 진멸하시리라』(19, 20절).

이 말씀은 오늘날의 "긍정적인 사고방식"(positive-thinking)과 "가능성 사고방식"(possibility-thinking)을 주장하는 "프라미스키퍼" 같은 무리들을 책망하시는 말씀이다. 여호수아는 이스라엘 민족이 그들의 믿음을 긍정적으로 "재확인"을 하는 것을 받아들이지 않고 있다. 여호수아가 구하고 있는 것은, 그가 알기로 이스라엘 가운데 있는 거짓 신들에 대한 "부정적인 거절"(negative rejection)인 것이다. 그러나 "그는 그러한 반응을 결코 얻지 못한다." 21절을 보라.

『**백성이 여호수아에게 말하기를 "아니니이다. 우리는 주를 섬기리이다." 하니**』(21절). 똑똑히 보라. 거짓 신들과 그 우상들을 제거한다는 말이 하나도 없다. 그들은 열왕기하 17:41의 사마리아인들처럼 하나님도 두려워하고 자신의 우상들도 섬기기를 바랐던 것이다.

위의 구절들이 그리스도인에게 주는 교훈은 자명하다. 그리스도인이 되고 나서도 주머니에 담배를 가지고 다니고, 냉장고에 맥주를 넣어 놓고, 은밀한 곳에 더러운 잡지들을 숨겨 놓고, 록 음악을 듣고, 교만과 쓴 뿌리와 증오와 탐욕을 품고 있는 사람들이 있다. 이러한 것들을 제거해야만 예수 그리스도께 온전히 헌신했다고 할 수 있는 것이다. 물론 이런 것들을 제거하는 것이 구원과 관련된 것은 아니다. 구원은 예수 그리스도께서 흘리신 보혈을 믿는 믿음을 통해 은혜로 받는 것이기 때문이다. 그러나 구원받은 후, 그러한 모든 것을 여전히 지니고 있다면 당신은 주님을 올바로 섬길 수 없게 된다.

자, 당신이 여기서 읽는 것은, 여호수아가 이스라엘 백성에게 하나님을 섬기고 우상들을 버리라고 촉구하는 내용이다(14절). 여호수아와 백성의 대화를 이해하기 쉽게 꾸며 보면 다음과 같다.

이스라엘 백성은 대답한다. "네, 하나님을 섬기죠"(18절).

여호수아는 말한다. "너희가 목에 십자가를 걸고 다니고, 서랍에 묵주를 넣어두고, 차 운전대 앞에 성 크리스토퍼 형상을 두며, 네 앞뜰에 마리아 상을 놓아두는 한, 너희는 하나님을 섬길 수 없다"(19,20절).

백성은 다시 여호수아에게 대답한다. "에이, 걱정하지 마세요. 주님을 섬길 거라니까요!"(21절)

여호수아는 말한다. "좋아. 그렇다면 너희는 너희 스스로를 대적한 증인이 되어 주님을 섬길 것이라고 말한 것이다."

백성이 말한다. "맞아요. 우리가 증인입니다!"(22절)

여호수아가 말한다. "그럼, 우상들을 제단으로 가져와라. 여기서 불태워 버리자!"(23절)

백성이 말한다. "우리가 주님을 섬길 거라고 말했잖아요! 이제 성가시게 좀 하지 마세요!"(24절)

물론 위의 대화는 내가 구성한 것이지만 당신은 위의 본문에서 핵심을 파악했을 것이다. 이스라엘 백성은 결코 그들의 우상들을 제거하지 않았다. 긍정 일색이고 부정적인 말은 전혀 하지 않은 것이다. 그들은 자신의 우상들과 형상들과 그림들을 가지고 있었고, 바로 그것 때문에 재판관기에서 타락하게 되었던 것이다.

24:25 그러므로 여호수아가 그 날에 그 백성과 더불어 언약을 세우고 세겜에서 그들에게 율례와 규례를 정해 주더라.
26 여호수아가 이 모든 말씀을 하나님의 율법책에 기록하고, 큰 돌을 취하여 거기 주의 성소 옆에 있는 상수리나무 아래에다 세우더라.
27 여호수아가 온 백성에게 말하기를 "보라, 이 돌이 우리에게 증거가 되리니 이는 주께서 우리에게 하신 모든 말씀을 이 돌이 들었음이라. 그러므로 너희가 너희 하나님을 부인하지 못하도록 이 돌이 너희에게 증거가 되리라." 하더라.
28 그리하여 여호수아가 백성을 떠나게 하니 각자 자기 유업으로 가니라.

1절에서 여호수아는 백성을 실로가 아닌 세겜으로 모아서 주님 앞에 나오게 했다. 만일 그 당시에 성막이 세겜에 있었다는 사실에 의심이 간다면, 25,26절이 그 문제를 해결해 줄 것이다. 『**주의 성소**』(26절)가 바로 세겜에 있었기 때문이다(cf. 출 25:8, 레 4:6, 민 3:31,32).

"칠십인역"은, "바티칸 사본"과 "시내 사본"에서 발견되는 것처럼(!), "세겜"을 "실로"로 바꿈으로써 하나님을 도와주려 하고 있다. 그러나 그들은 1절의 『**하나님 앞에**』와 동일한 구조의 말씀이 재판관기 11:11에도 나온다는 사실을 간과했다(『**미스페에서 주 앞에**』, 판 20:1도 참조하라). 여호수아 24장의 본문이 변개되었다고 할 것이 아니라(그들은 『**세켐**』이라는 "오류"가 본문 속으로 유입되었다고 생각한다.), 성경이 말씀하는 그대로 믿어야 하는 것이다. 성막은 여호수아 24장의 행사를 위해서 실로에서 세겜으로 이동했던 것이고, 재판관기 11장과 20장에서는 당시에 성막이 미스페에 있었던 것이다.

『**그러므로 여호수아가 그 날에 그 백성과 더불어 언약을 세우고 세켐에서 그들에게 율례와 규례를 정해 주더라**』(25절). 이 언약은 아브라함의 언약과 모세의 언약과 다른 별도의 언약이 아니다. 이것은 주님을 섬길 것이라는 그들의 약속을 인치는 백성들의 언약이다(18,21,22,24절). 이 언약은 백성들이 출애굽기 24:3-8에서 모세에게 한 것과 같은 것이며, 그들이 출애굽기에서 금송아지를 숭배함으로써 약속을 저버렸듯이 그들은 이 언약 또한 깨뜨릴 것이다. 이 구절의 『**율례**』와 『**규례**』는 그들이 한 약속을 법문으로 체계화했다는 뜻이다.

『**여호수아가 이 모든 말씀을 하나님의 율법책에 기록하고**』(26절). 우리가 23:6에서 보았듯이 『**하나님의 율법책**』은 『**모세의 율법책**』이다. 따라서 여호수아가 창세기, 출애굽기, 레위기, 민수기, 신명기 등에 추가적인 내용을 넣었음을 알 수가 있는 것이다.

그러나 이것은 고등비평가들이 말하듯이 모세오경에 "여호와"라는 단어를 쓴 기록자("Jehovistic" writer)가 있고, "엘로힘"이라는 단어를 쓴 기록자("Elohimic" writer)가 따로 있고, "제사장적인" 기록자("Priestly" writer)가 있고, "신명기적" 기록자("Deuteronomic" writer)가 있고, "수정자"(Redactor)가 또 따로 있었다는 그 이교도적 난센스의 무신론적 이론이 아니다. 다만 여호수아가 모세가 기록한 것에 추가한 부분들이 있더라도 모세가 성경의 첫 다섯 책의 기록자라는 데에는 변함이 없다는 것이다. 그래서 모세오경에서 모세가 썼을 리가 없는 부분을 읽게 되면, 여호수아가 넣은 부분이 바로 그 부분임을 알면 되는 것이다.

예를 들어 창세기 14:14에 보면, 아브라함이 롯을 사로잡아간 군대를 『**단까지**』 추격하였다고 기록되어 있다. 그런데 아브라함 당시에는 "단"이라는 장소가 존재하지 않았다. "단"이라는 성읍은 모세가 죽은 후에 생겨난 것이었다. 하지만 여호수아는 단이 어디에 있는지 알고 있었고 당대 사람들이 이해할 수 있도록 그 내용을 삽입했던 것이다.

창세기에서 신명기까지 이런 내용이 계속해서 발견된다. 모세의 죽음과 그를 위한 "추도 연설"이 신명기 34:5-12에 기록되어 있는데, 모세는 죽었으므로 그가 그 내용을 쓸 수는 없었다. 그렇다면 어떻게 된 것인가? 여호수아가 신명기 끝에 그 내용을 추가하였던 것이다.

민수기 12:3은 『**(그런데 그 사람 모세는 매우 온유하여 지면 위의 모든 사람보다 더 온유하더라.)**』고 말씀한다. 모세가 그렇게 겸손한 사람이었다고 한다면 왜 자신에 대해서 그렇게 기록한 것인가? 모세가 쓰지 않았던 것이다. 모세가 어떤 인물인지 개인적으로 잘 알았던 여호수아가 그 내용을 추가적으로 써놓았던 것이다.

성경의 "참된" 저자이신 성령님께서 후대에 누군가(여호수아)를 움직이셔서 추가적인 내용을 쓰게 하셨다고 해서 그 책을 원래의 기록자(모세)가 쓴 것이 아니라고 하는 논리는 틀린 것이다. 이제 몇 절이 지나가면 여호수아와 엘르아살이 죽었다는 내용도 나온다. 여호수아가 자신의 죽음을 예언적으로 말한 것일 수도 있지만 그렇게 보이지는 않는다. 가장 가능성이 있는 경우는 재판관기의 저자가(아마도 사무엘) 재판관기 2:7-9을 기록하면서 여호수아서의 마지막에 그 정보를 추가한 것일 것이다. 그렇다고 해서 그것이 여호수아서의 나머지 부분마저 여호수아가 기록하지 않았음을 의미하지는 않는다. 왜냐하면 우리가 4:23과 5:1에서 보았듯이, 그것은 그 모든 사건들을 바로 그 현장에서 끝까지 겪으면서 살았던 누군가가 기록한 것이기 때문이다. 그것이 여호수아였던 것이다.

『큰 돌을 취하여 거기 주의 성소 옆에 있는 상수리나무 아래에다 세우더라』(26절). 이 구절에서 두 가지를 주목하라. 곧 『**돌**』과 『**상수리나무**』이다. 상수리나무를 먼저 살펴보자. 상수리나무는 성경에서 좋은 뜻으로 쓰이지 않았다. 상수리나무가 성경에 처음 나오는 곳은 창세기 35:4인데, 그 구절에서 야곱은 라헬이 그의 집안에 퍼뜨렸던 모든 우상들을 묻는다(창 31:19, cf. 창 35:4). 그는 그 우상들을 『**세켐 근처에 있는 상수리나무 아래에다**』 묻었고(창 35:4), 바로 이곳에 여호수아가 이스라엘 백성의 우상 숭배를 대적한 증거로서 그 돌을 세운 것이다. 만약 우리가 칠십인역처럼 본문의 세켐을 "실로"로 수정한다면 우리는 창세기 35:4에 대한 참조 구절을 잃어버렸을 것이다. 권위를 인정받은 킹제임스성경의 본문을 고치는 것은 계시를 잃어버리는 결과를 낳는 것이다.

리브카의 유모가 묻힌 곳도 다름 아닌 벧엘 아래 상수리나무 밑이었다(창 35:8). 성경에서 적그리스도에 대한 중요한 모형들 중 하나인 압살롬도 바로 상수리나무에 머리가 걸려서 요압이 거기에 걸려 있는 압살롬을 죽였던 것이다(삼하 18:9-14). 사울 또한 적그리스도의 모형인데, 그 역시 야베스에 있는 상수리나무 아래 묻혔다(대상 10:12).

이스라엘이 우상 숭배를 저질렀던 것도 상수리나무 아세라들에서였으며(겔 6:13), 상수리나무를 깎아서 우상들을 만들기도 했다(사 44:14-17). 적그리스도가 대환란 기간에 식인 행위를 경배 의식의 일부로 제정할 때,

유대인들의 십분의 일이 "상수리나무처럼 먹힐" 것이다(사 6:13). 13세기 초 중세 유럽에서는 혹독한 겨울이 여러 번 있었으며 번개를 동반한 폭풍들이 일어나 곡물들을 쓸어버렸는데, 사람들은 기근을 이겨내기 위해 상수리나무에서 나는 도토리를 먹었다.

상수리나무에는 역사가 있다. 켈트족 문화에서 상수리나무는 남성(바알)을 의미하고 라임 나무는 여성(아쉬토렛)을 나타낸다. 켈트족 제사장들을 "드루이드"라고 불렀는데 "상수리나무 인간"이라는 뜻이다. 켈트어로 "드라이네메툼"(Drynemetum)이라고 하면 "신성한 상수리나무 숲"이나 "상수리나무 사원"을 의미한다.

유럽에서 가장 오래된 성지들은 "숲"에 있다. 1840년 러시아 리보니아에서 어떤 러시아정교회 사제는 제사장이 거대한 상수리나무에 향을 피우며 술 취한 채로 난잡한 잔치를 여는 것을 목격했다고 한다. 사람들은 그 상수리나무에 엎드려 절하며 "거룩한 상수리나무여, 할렐루야! 우리를 위해 기도해 주소서!"라고 기도했다고 한다. 아일랜드의 킬데어(Kildare)에서는 카톨릭교도들이 성 브리젯에게 한 교회를 봉헌했는데, 그 교회를 "상수리나무 교회"라고 불렀다고 한다.

고대로부터 사람들은 상수리나무가 천둥과 번개와 연관이 있다고 믿었다. 상수리나무는 번개를 가장 빈번하게 맞는 나무이다. 사람들은 하늘에서 신들이 상수리나무 막대기 두 개를 서로 비벼서 번개를 만들어낸다고 믿었었다. 번개를 맞은 상수리나무는 무기로 만들었는데, 이는 번개를 맞은 상수리나무에는 신들이 하사한 힘이 깃들어 있다고 여겼기 때문이다. 번개를 맞은 상수리나무의 목재는 번개로부터 집을 지키는 데 사용되기도 했다.

노르웨이 신화에서 천둥의 신은 토르(Thor)인데, 토르는 상수리나무를 신성하게 여겼다고 한다. 그리스 신화에서 제우스는 번개를 관장했는데, 그의 로마 이름이 쥬피터였다(행 14:12,13; 19:35). 제우스와 쥬피터는 "폭풍"의 신 "바알"을(왕상 18장) 그리스 신화와 로마 신화에서 각각 달리 부르는 이름일 뿐이다. 그들은 모두 전자기력(electromagnetic forces)과 관련이 있다(단 11:38).

쥬피터는 뇌우(thunderstorm)를 관장하는 신인 데 더하여 상수리나무 신이기도 하다. 모든 그리스, 로마 왕들은 왕관으로 상수리나무 잎으로 만든 월계관을 썼다. 왜냐하면 그리스 왕들은 모두 제우스라고 불렸고, 로마 황제들도 쥬피터를 가장하며 경배를 받았기 때문이다. 또한 알렉산더 대왕은 제우스가 처녀를 통해 낳은 사람이라고 여겨졌다. 그가 이집트를 정복했을 때 그는 제우스를 이집트의 최고신 암몬과 연계시켰다. 암몬은 프리메이슨의 바포멧처럼 "염소 머리를 한" 신이었다(단 8:5,8,21). 조로아스터교도들은 이 암몬을 "마귀"(Devil)로 여겼다.

상수리나무가 사탄과 우상 숭배와 관련된 정보들을 찾고 성경 안팎에서 볼 수 있는 이러한 연관 관계를 고려할 때, 나에게 예수 그리스도께서 못박히신 나무를 추정하라고 한다면 층층나무(dogwood tree)는 아니었을 것이라고 생각한다. 그것은 주님께서 십자가를 지고 가시는 길에서 주님의 땀을 닦아 주었다고 하는 베로니카의 손수건, 성배, 토리노의 수의, "성의"처럼 허무맹랑한 로마카톨릭 우화일 뿐이다. 십자가는 의심의 여지없이 "상수리나무"로 만들었다.

26절에서 주목해야 할 또 하나의 물건은 여호수아가 세운 『**큰 돌**』이다. 27절에 그 돌의 의미가 명시되어 있다. 『**이 돌이 우리에게 증거가 되리니 이는 주께서 우리에게 하신 모든 말씀을 이 돌이 들었음이라. 그러므로 너희가 너희 하나님을 부인하지 못하도록 이 돌이 너희에게 증거가 되리라.**』 이것을 "의인화"(anthropomorphism)로 선불리 생각하고 넘어가지 말라. 성경 전체에 걸쳐서 돌은 일종의 증거와 관련이 있다.

야곱은 하나님께서 벧엘에서 그에게 나타나셨다는 사실을 기념하며 돌기둥을 세웠다(창 28:18-22). 야곱은 또한 요단 건너편 미스파에서도 돌을 세워 그와 라반 사이에 증거로 삼아, 야곱 자신이나 라반이 그곳을 넘어 서로를 해치지 않겠다는 약속을 했다(창 31:45-53). 야곱이 바로 서고난 뒤 벧엘로 돌아왔을 때 그는 다시 돌기둥을 세우고 거기에 술을 제물로 드렸다(창 35:14,15). 사무엘 또한 돌을 세워 하나님께서 필리스티아인들이 쳐들어왔을 때 이스라엘을 도우셨다는 증거로 삼았다(삼상 7:12). 여호수아는 요단 강둑에 열두 돌을 세우고 또 요단 한가운데에 열두 돌들을 세움으로써, 그것으로 주 하나님께서 이스라엘이 요단 강을 건너도록 그 강을 마르게 하셨다는 증거로 삼았다(수 4:3-21).

다윈을 맹종하는 자들은 26,27절을 매우 마음에 들어 할지도 모른다. 왜냐하면 다윈에 따르면 유기체의 생명이 "비유기체인 화성암"에서 나왔기 때문이다. 이것이 바로 "어른들을 위한 동화"인 진화론인 것이다. 즉 지구가 태양에서 떨어져 나왔을 때 약 6,000도였으며 그것이 식어서 바위가 되었다. 그리고 번개를 맞은 후 살아난 프랑켄슈타인의 괴물처럼, 식어가는 바위에서 수증기가 응집되었고 아미노산이 만들어져 생명이 생겨나게 되었다고 한다. 그리고 수십억 년이 지나서 오늘날의 인간인 당신이 등장하게 된 것이다.

성경은 다윈보다 3,400년이나 앞선다. 바위들은 들을 수도 있고 말할 수도 있다. 예수님은 제자들이 그분을 찬양하지 않으면 『**돌들이 즉시 소리를 지르리라.**』(눅 19:40)고 말씀하셨다. 침례인 요한은 『**하나님께서는 이 돌들로도 아브라함의 자손이 되게 하실 수 있느니라.**』고 했다(눅 3:8과 그 주석을 보라). 예수 그리스도께서는 『**건축자들이 버린 돌**』이시며(막 12:10) 『**모퉁잇돌**』이시다(벧전 2:6). 그리스도인들은 하나님의 『**영적인 집**』의 『**산 돌들**』이다(벧전 2:5).

바위들이 소리를 듣고 말을 하며, 들은 것을 증거하는 일이 그리 이상한 일도 아니다. 내가 어렸을 때에 우리는 "광석 라디오"(crystal radio)라는 기계를 가지고 있었다. 수정을 이용해서 전파를 수신하고 그것을 목소리와 소리들로 전환하여 사람들이 들을 수 있게 한 라디오였다. 이 광석 라디오는 후에 트랜지스터 라디오에 그 자리를 내줬는데, 트랜지스터 또한 실리콘으로 만든 것으로 실리콘도 돌에서 나온 모래라 할 수 있다. 녹음용 테이프와 컴퓨터 칩도 마찬가지다. 돌들이 있기 때문에 소리와 영상을 저장할 수 있고 재생할 수도 있는 것이다. 1993년에 과학자들이 음파가 지나간 지 24시간 후에 돌로부터 음파를 추출해 낼 수 있는 장치를 개발했다는 보도를 접한 적이 있다. 과학자들에게 시간을 좀 더 많이 주면 여호수아서에 기록되어 있는, B.C. 1400년에 있었던 과학적인 내용을 따라잡을지도 모른다.

당신은 말들(words)과 돌들(stones)의 관계를 생각해 본 적이 있는가? 욥은 이렇게 부르짖었다. 『**오, 내 말들이 지금 기록된다면! 오, 내 말들이 책에 쓰여진다면! 내 말들이 철필과 납으로 바위에 영원히 새겨진다면!**』

(욥 19:23,24) 실제로 욥의 말들은 책에 기록되었다. 그것이 바로 우리가 읽는 욥기이다. 하나님께서 그분의 말씀을 지상에서 처음 기록하셨을 때 성경은 『**하나님께서 손가락으로... 돌판들**』에 그 말씀을 기록하셨다고 말씀한다(출 31:18). 구약의 대제사장에게는 이스라엘 열두 지파의 이름이 새겨진 두 개의 얼룩마노가 있었는데, 그 두 돌을 『**금장식**』에 물려서 그의 의복에 달았다(출 39:6). 제사장의 흉배에는 열두 개의 보석이 있었는데, 그 각각의 보석에는 열두 지파 중 하나의 이름이 새겨져 있었다. 하나님께서는 그 보석들에 빛이 들어오게 하셔서 하나님께 묻는 자와 의사소통을 하셨다(출 25:7, cf. 삼상 23:9-11; 30:7,8). 그리고 예레미야는 다음과 같이 기록했다. 『**유다의 죄는 철필과 금강석 끝으로 기록되었고, 그들의 마음판과 너희의 제단들의 뿔들에 새겨졌으며**』(렘 17:1).

그래서 하나님의 말씀들은 돌에 기록되었고, 사람의 말들과 죄들도 돌에 기록된 것이다. 이 점을 잠시 곰곰이 생각해 보라. 성경은 큰 백보좌 심판에서 『**책들이 펴져 있으며 또 다른 책도 펴져 있는데 그것은 생명의 책이라. 죽은 자들은 자기들의 행위에 따라 그 책들에 기록된 대로 심판을 받더라.**』(계 20:12)고 말씀하고 있다. 만약 그 책들이 당신이 위에서 읽은 것처럼 "돌들"이라면 어떻게 될까? 하나님께서는 돌들 몇 개를 들어 올려서 그 해당 죄인에 관해 기록된 필요한 정보를 재생시키시면 되는 것이다.

인간이 돌에서 가로 세로 1인치에 31,675,383,808 "바이트"를 기록하는 컴퓨터를 개발할 수 있다면, 하나님께서 빌 게이츠나 게르하르트 디크스(Gerhard Dirks)가 상상도 못할 컴퓨터를 만드시는 게 무슨 대수란 말인가? 성경은 이렇게 말씀한다. 『**너는 많은 백성을 멸함으로 네 집에 수**

치를 불러들였으며 네 혼을 거슬러 죄를 지었도다. 담에서 돌이 부르짖고 들보가 그 나무에서 그것에 응답하리라』(합 2:10,11).

사람들이 회개해야 할 때가 다가오고 있다. 그리고 『**사람이 말하는 어떠한 빈말이라도 심판 날에는 그에 관하여 설명하게**』 될 것이다(마 12:36).

24:29 이런 일 후에 주의 종, 눈의 아들 여호수아가 일백십 세에 죽었느니라.

30 백성이 팀낫세라에 있는 그의 유업의 경계 안에 그를 장사했으니 팀낫세라는 가아스 산 북편에 있는 에프라임 산지에 있더라.

31 이스라엘은 여호수아의 모든 날과 여호수아보다 오래 산 장로들의 모든 날과 그분께서 이스라엘을 위하여 행하신 주의 모든 일을 알았던 날 동안 주를 섬겼더라.

32 이스라엘 자손이 이집트에서 가져온 요셉의 뼈를 세켐에 장사하였으니 이곳은 야곱이 세켐의 아비 하몰의 아들들에게 은 일백 개를 주고 산 한 필지인데 그 땅이 요셉 자손의 유업이 되었더라.

33 아론의 아들 엘르아살도 죽으니 백성이 그를 그의 아들 피느하스에게 속한 언덕에 묻었는데 에프라임 산지에서 그에게 주어진 언덕이더라.

여호수아는 110세에 죽는다. 그는 그의 조상인 요셉과 같은 나이에 죽는다(창 50:22,26). 32절에 요셉의 뼈를 장사했다는 일화가 기록되어 있다. 여호수아는 사도 바울처럼 말할 수 있었다. 『**내가 선한 싸움을 싸우**

고 달려갈 길을 마치고 믿음을 지켰으니』(딤후 4:7).

31절은 여호수아서 다음에 오는 재판관기를 이해하는 열쇠가 되는 구절이다. 여호수아와 하나님께서 여호수아를 통해서 이루신 역사들을 목도한 모든 장로들이 살아 있는 동안 이스라엘은 올바로 행했다(판 2:7). 그러나 그 세대가 죽자 모든 것이 변했다. 지난 20년 동안 미국에서 일어난 일이 바로 이것이다. 1950년대와 60년대, 그리고 70년대에 근본주의 운동을 크게 일으켰던 목사들의 세대가 1980년대와 90년대에 지나가 버리자, 클린턴이 나타난 시기부터는 완전히 난장판이 된 것이다.

바울은 『**내가 그리스도를 따르는 것처럼, 너희는 나를 따르는 자가 되라.**』(고전 11:1)고 했다. 사람들은 내가 가르치는 펜사콜라성경신학원의 졸업생들에게 "당신은 사람을 따르고 있는 거요! 럭크만을 추종하잖습니까!"라고 말하곤 한다. 그러나 어떤 사람이 예수 그리스도를 따르고 있다고 할 때, 그 사람을 따르는 것은 전혀 잘못된 일이 아니다.

나는 구원받고 몇 개월 동안 나를 그리스도께로 인도한 휴 파일 목사에게 영적으로 도움을 받았고, 지금도 그 일을 후회하지 않는다. 나는 나의 삶과 사역에 있어서 영감이 되어 주었던 사람들 중에 그 누구를 따랐던 일도 후회하지 않는다. 물론 그들도 완벽하지는 않았지만, 나는 하나님께서 그런 사람들을 내게 주신 데 대해 무척 감사드리고 있다.

밥 존스 시니어는 내가 6년간 밥존스대학을 다니는 동안 영감이 되어 주었다. 물론 밥 존스 시니어는 자신의 교수진과 아들을 너무 신뢰하여 그리스도인 사역 기관이 돈과 시간을 낭비해서는 안 될 문화적인 요소들을 학교에 들이는 우를 범했지만, "올드 맨"(old man) 밥 존스 시니어는 지혜가 풍성했으며 나는 개인적으로 그에게 많은 것을 배웠다.

"올드 맨 밥"은 지금은 죽고 없다. 그러면 그가 없다고 나도 사역을 중단해야 하는가? 제임스 맥긴리(James McGinley)는 그리스도인이 된 지 얼마 안 되어서 나에게 큰 영감이 되어 주었다. 그도 주님께로 갔다. 그렇다고 나도 그만둬야 하는가? 글렌 슝크(Glen Schunk)는 내가 사역에 입문하는 것을 도와주었다. 그도 죽었는데 그렇다면 나도 사역을 내려놔야 하는가? 알렉스 던렙(Alex Dunlap)도 내게 영감이 되어 주었다. 그런데 그도 죽었다. 뷰챔 빅(Beauchamp Vick)은 사역에 있어서 나의 가장 친한 친구 중 하나였다. 그는 나와 동고동락했다. 그런데 그도 죽었다. 나의 영적 아버지인 휴 파일도 얼마 전에 죽었다. 이 하나님의 사람들이 다 주님께로 갔다 해서 나도 그냥 중단해야 하는가?

그리스도인이여, 한 그리스도인을 따르고 그의 성경적인 실행을 따르는 것은 잘못된 일이 아니라 오히려 잘하는 일이다. 그러나 그리스도인으로 성장하다 보면 그들에게 기대지 않고 독립적으로 서야 하는 때가 오는 것이다. 더 이상 남의 믿음과 성경 지식과 영적 능력에 의지하며 살 수 없는 때가 오는 것이다. 자기 자신이 믿음과 성경 지식을 갖추고, 자기 자신이 영적으로 변모되어야 하는 것이다. 남에게 의지하지 않고, 스스로 하나님의 말씀을 공부하고, 스스로 기도 생활을 하며, 스스로 주님과 교제해야만 하는 것이다. 그렇게 지속적으로 그리스도인으로 성장하고 성숙하여 당신의 "여호수아"가 죽었을 때도, 당신은 주님과 함께 계속해서 길을 갈 수 있도록 해야 한다는 말이다.

아멘, 아멘, 아멘! 정말 좋은 설교감이지 않는가!

『이스라엘 자손이 이집트에서 가져온 요셉의 뼈를 세겜에 장사하였으

니 이곳은 야곱이 세겜의 아비 하몰의 아들들에게 은 일백 개를 주고 산 한 필지인데 그 땅이 요셉 자손의 유업이 되었더라』(32절). 이 구절은 믿음으로 한 맹세가 성취된 것을 보여 준다(창 50:25, cf. 히 11:22). 요셉이 죽을 때가 되었을 때 그는 하나님께서 언젠가 이스라엘 자손들을 이집트에서 데리고 나가셔서 아브라함과 이삭과 야곱에게 약속하셨던 땅으로 인도하실 것을 믿었다. 역사적으로 이 일은 출애굽기 13:19과 32절 본문에서 성취되었지만, 예언적으로는 재림 때에 일어날 것이다.

요셉은 성경에서 예수 그리스도에 대한 가장 위대한 모형이다(아더 핑크의 〈Gleanings in Genesis〉에서는 152개의 일치점을 제시한다). 또한 이집트는 이 세상의 모형이다. 요셉의 뼈들이 이집트에서 옮겨간 것은 부활과 승천 때에 예수님의 뼈가 이 세상에서 옮겨진 것과 같다(창 50:25, 출 13:19, 히 11:22의 주석을 각각 찾아보라). 예수님께서 재림하실 때 예수님의 뼈들은 약속의 땅에 있게 될 것이며, 이스라엘은 주님께서 창세기 15:18에서 아브라함에게 약속하셨던 완전한 유업을 얻게 될 것이다.

역사적인 측면에서 주목할 만한 부분은, 동전들은 진화론적인 고고학자들과 역사학자들이 인정하기 훨씬 전부터 존재했다는 사실이다. 학자들은 원래 동전은 로마인들에 의해서 발명되었다고 주장한다. 그런데 누군가가 터키와 그리스 주변의 문명권을 발굴하고 나서는 "아니오. 우리는 B.C. 600년경에 사용했던 동전을 발견했습니다."라고 말했다. 그러나 사실 동전은 교환도구로서 B.C. 1900년부터 사용되었다(창 20:16). 당시의 "동전"은 단지 특정한 무게의 귀금속(금, 은, 동) 조각이었다(창 20:16). 에더쉐임의 역사에 따르면(Vol. II, p.666), 로마인들과 그리스인들은 동전 발명에 있어서는 한참 후발주자였다고 한다.

『야곱이 세켐의 아비 하몰의 아들들에게 은 일백 개를 주고 산 한 필지』(32절)라는 말씀은 창세기 33:19,20의 사건을 일컫는다. 이 필지가 요셉의 뼈를 장사하는 데 사용되었기 때문에, 관련 구절은 사도행전 7:15,16에서 스테판의 말로 이어진다. 사도행전의 그 구절들은 학자들이 킹제임스성경의 오류라고 말하는 것 중 하나이다. 왜냐하면 아브라함이 장사지낼 장소로 산 장소는 에프라임 산에 있는 세켐이 아니라 남부 유다에 있는 헤브론 바깥의 막펠라의 굴임이 분명하기 때문이다(창 23:19,20). 야곱이 장사된 곳 또한 에프라임 산에 있는 세켐이 아니라 막펠라의 굴이었다(창 50:13).

우리는 이 "문제"에 대해서 사도행전의 해당 구절 주석과 필자의 〈The "Errors" in the King James Bible〉(p.32-35)에서 충분히 논의했다. 여기서는 학자들과 성경을 믿지 않는 자들이 말하는 "문제들"은 킹제임스성경의 본문을 기록된 그대로 믿지 않는 불신에서 발생한 것임을 지적하고 넘어가기로 한다. 창세기 33:19은 야곱이 누군가를 장사지내기 위해서 무슨 땅을 샀다고 말하지 않는다. 또 사도행전 7:15,16도 요셉이 장사되는 것에 대해서는 말하지 않는다. 여호수아 24:32을 두 본문과 연관하여 읽음으로써 없는 "문제"를 만들어 낸 것이며, 학자들은 이렇게 만들어진 "문제"를 자신들의 의견대로 성경을 수정하여 "해결"하려고 한 것이다. 배교한 학자들이 하는 일들이 바로 이런 것이다.

여호수아서 주석을 마무리하면서, 여호수아서의 마지막 다섯 구절에 예수 그리스도의 모형이 되는 세 인물이 장사되는 것을 주목하라. 성경은 여호수아(29,30절), 요셉(23절), 대제사장 엘르아살(33절)의 장사됨을 언급하고 있는 것이다. 이 셋은 모두 주 예수 그리스도의 모형이며, 모형은 실제 원형을 보여 주는 그림이라 할 수 있지만 실제 원형은 아니다. 실제 원형이신 "여호수아"는 죽으시고 장사되셨다가 다시 살아나셨다. 그분은 하늘에 계시며, 아버지의 보좌 오른편에 앉아 계시고, 그곳에서 영원하며 변치 않는 대제사장 직분을 수행하시면서 우리를 위해 중보하고 계신다(히 7:24,25). 여호수아와 요셉과 달리, 예수님은 과거에도 현재에도 죄가 없는 분이시다. 『**그러한 대제사장은 우리에게 적합하니, 거룩하고 악이 없으며, 더러움이 없고 죄인들에게서 성별되시며, 하늘들보다 더 높이 되심이라. 그는 대제사장들처럼 먼저 자신의 죄들을 위하고 그 다음에는 백성들의 죄들을 위하여 제사드리는 일을 매일 할 필요가 없으시니, 이는 그가 자신을 제물로 드림으로 단번에 이루셨음이라**』(히 7:26,27).

요셉은 그의 형제들에게 "물리적이고" "일시적인" 구원을 제공해 줄 수 있었지만(창 50:20), 예수 그리스도께서는 우리의 『**영원한 구원의 근원이 되셨**』다(히 5:9). 그리고 여호수아가 하지 못한 것을(히 4:8) 예수님께서 재림 때에 이루실 것이다. 두 번째 "여호수아"이신 예수 그리스도께서 재림하실 때, 주님께서는 여호수아서에 기록된 대로 이방 민족들을 쳐부수실 것이며(슥 14:3, cf. 수 10:14,42), 주님께서 그 일을 끝내실 때는 여호수아서 마지막과 재판관기 첫 부분에서 볼 수 있는 불완전한 순종 따위는 없을 것이다. 주님께서는 모든 이방 신들을 낮추실 것이며(슥 14:9) 모든 "팔레스타인 사람들"을 "그분의 땅"에서 몰아내실 것이다(슥 14:21). 그리고 만일 당신이 "지금" 주님께 속해 있고 "지금" 주님을 신실하게 섬기고 있다면, 주님께서 돌아오실 때 주님은 그분의 왕국에서 당신에게 유업을 상으로 주실 것이다(골 3:24).

이처럼 교훈적으로는 그리스도인의 영적 전쟁을 말하고, 예언적으로는 예수 그리스도의 재림을 말하는 여호수아서의 주석을 마치면서, 여기에 신약 성도로서 당신이 명심해야 할 것을 제시하고자 한다. 말하자면 당신은 "영원한 생명을 붙잡기 위해 믿음의 선한 싸움을 싸워야 한다!"(딤전 6:12) 하늘에 보물을 쌓아 둬야 한다는 의미에서 "영원한 생명을 붙잡아야" 하는 것이다(딤전 6:19, cf. 마 6:19-21). 바울은 이것을 『**그리스도 예수 안에서 하나님의 고귀한 부르심의 상을 위하여 그 푯대를 향해**』 좇아가는 것이라고 부른다(빌 3:14).

그리스도의 군사로서, 당신은 『**규칙대로**』 싸워야 한다(딤후 2:5). 당신은 "절제"하며 싸우고 "확신"을 가지고 싸워야 한다(고전 9:25,26). 왜 그런 것인가? 주님께서 다시 오실 때 당신을 위한 면류관이 예비되어 있기 때문이다(딤후 4:7,8). 당신의 주님께서는 당신이 전투에서 승리한 것에 대해 상을 주려고 오시기 때문에, 당신은 『**선한 싸움을**』 싸워야 하는 것이다"(딤전 1:18).

『**이기는 자는 모든 것을 상속받으리니, 나는 그에게 하나님이 될 것이요 그는 나에게 아들이 되리라**』(계 21:7).

이 구절은 재림 때의 환란 성도만을 위한 구절이 아니다. 이것은 이 시대의 그리스도인들을 위한 말씀이기도 한 것이다(요일 5:4).

시돈
헤르몬 산
다마스커스
투로
단(라이스)
단
▲ 도피성읍
■ 필리스티아 성읍
마일 척도
0 5 10 15 20 25 30
아셀
카데스
하솔
바산
납달리
스불론
킨네렛 바다
골란
칼멜 산
타볼 산
잇사칼
라못길르앗
므깃도
므낫세
므낫세
대해
이스라엘 산지
세켐
요단 강
아라바
길르앗
그리심 산
에프라임
갓
암몬
실로
단
벧엘
아이
싯딤
여리코
피스가 산
베셀
베냐민
아스돗
예루살렘
필리스티아인들
아스클론
아라바해(염해)
유다 산지
르우벤
가자
라키스
헤브론
아로엘
아르논 강
유다
드빌
모압
브엘세바
시므온
네게브 사막
에돔

여호수아 때의 카나안 땅

- 옮긴이 / 김 진 석
- · 킹제임스성경신학교 강사
- · 서울크리스찬중고등학교 교사

피터 럭크만의 주석서

여호수아

2017년 8월 24일 초판인쇄
2017년 8월 31일 초판발행

지은이 피터 S. 럭크만
옮긴이 김 진 석
펴낸이 이 송 오
펴낸곳 말씀보존학회

서울시 강서우체국 사서함 제90호
전화 (02) 2665-3743 / 팩스 (02) 2665-3302
인터넷 / www.biblemaster.co.kr
출판등록 1988. 12. 12. 제16-223호

값 30,000원